新世纪高等学校教材
历史学系列教材

普通高等教育“十五”国家级规划教材

北京高等教育精品教材

中国现代史

（第4版）

ZHONGGUO
XIANDAISHI

王桧林◎主　编

北京师范大学出版集团
BEIJING NORMAL UNIVERSITY PUBLISHING GROUP
北京师范大学出版社

图书在版编目（CIP）数据

中国现代史／王桧林主编．—北京：北京师范大学出版社，2016.6（2023.8 重印）

新世纪高等学校教材．历史学系列教材

ISBN 978-7-303-18338-8

Ⅰ．①中… Ⅱ．①王… Ⅲ．①中国历史－现代史－高等学校－教材 Ⅳ．①K27

中国版本图书馆 CIP 数据核字（2014）第 310985 号

营销中心电话　010-58808006

北京师范大学出版社新史学策划部微信公众号　新史学 1902

ZHONGGUO XIANDAISHI

出版发行：北京师范大学出版社　www.bnup.com

北京市西城区新街口外大街 12-3 号

邮政编码：100088

印　　刷：保定市中画美凯印刷有限公司

经　　销：全国新华书店

开　　本：730 mm×980 mm　1/16

印　　张：29

字　　数：505 千字

版　　次：2016 年 6 月第 4 版

印　　次：2023 年 8 月第 35 次印刷

定　　价：60.00 元

策划编辑：高东风　刘东明　刘松弢　　责任编辑：赵雯婧

美术编辑：王齐云　　装帧设计：王齐云

责任校对：陈　民　　责任印制：马　洁　赵　龙

第1版序

1840年至1949年的中国史，都属于中国近代史的范围，而以五四运动为标志，又可把近代史划分为前后两个时期。1949年以后，中国历史才进入现代的行程。本书论述1919年至1949年的历史而称作“中国现代史”，是沿袭近几年习用的名称，也是高等学校课程表上一直还在使用的名称。

实事求是，是历史研究和编写的一条基本原则。这也是我国史学的一个优良传统。我国古代有见识的史学家，虽然有时代的阶级的局限性，但还是大多崇尚“直书”，反对“曲笔”，即主张写信史。有人甚至为此牺牲了生命。他们对写信史的意义也是相当了解的。任何一个阶级的政治家、思想家，都要总结历史经验，用以指导本阶级、阶层或集团的行动。但也只有从真实的历史资料中，才能总结出较正确的历史经验，从而吸取有用的东西。马克思主义者是最有远见和大公无私的，没有剥削阶级的偏见。历史工作者只有采取马克思主义的态度，才能真正把实事求是的原则贯彻到底。本书是力求贯彻这一原则的。当然做到实事求是需要有各种充分的条件。在可能的条件下尽量写信史，这是本书的一个优点。

科学的生命在创新。如果科学工作者总是穿新鞋走老路，科学的生命也就停止了。自然科学如此，社会科学也如此。但历史科学有它的特点和难处。史学工作者面对的是过去的资料，整天跟故纸堆打交道，怎能创新呢？这就需要有一种“化腐朽为神奇”的见识和功夫。所谓“化腐朽为神奇”，并不是神秘的魔法，也不是主观主义的“自由创造”，只要努力学习马克思主义的立场观点方法，充分占有材料，并把二者很好地结合起来，就可以逐步做到。人们的认识是无止境的，社会现实要求史学工作者提供有效的参考资料和历史经验的总结也是无止境的。因此历史研究的创新是无穷无尽的。当然，对历史资料，史学工作者只能给以新的解释，而不能加以抹杀或歪曲。并且这种解释只能是历史资料中所含有的，而不是史学工作者硬加的。史学研究上的创新只能如哥伦布发现新大陆，不能如瓦特发明蒸汽机。

本书的作者注意到在实事求是基础上的创新，在全书的体系上，在具体史实的分析和结论上，都有不少新的处理和看法。

1919年至1949年的历史是一门年轻的学科。高等学校开设这门课是全国解放以后的事。到今天为止，大多数学校在“中国现代史”名称之下讲的是中共党史或新民主主义革命史，并没有综合论述这一时期历史的全貌。史学界对这段历史的研究还很不够。资料虽多，但非常杂乱而未加整理。本书能在已有成果的基础上前进一步，这对大中学校的历史教学和历史教育，会有一定的好处。当然缺点和错误是难免的，相信细心的读者是会指出来，给作者以帮助的。

我对这段历史是没有什么研究的，只是看见同志们的辛勤劳动和成就，很高兴，所以愿意说说我对本书的感受。

白寿彝

1982年3月于北京师范大学

目　　录

第一章　北洋军阀统治的继续　新民主主义革命时期的开始

（1919 年 5 月至 1923 年 12 月）

第一节　从中华民国建立到五四运动

一、中华民国的建立及其对中国政治的影响

1911 年爆发的武昌起义，迅速得到全国响应。12 月 29 日，有 17 省代表参加的各省代表会选举孙中山为中华民国临时大总统。1912 年 1 月 1 日，孙中山在南京宣誓就职，宣告中华民国临时政府成立，并改用公历，当年称中华民国元年。

孙中山领导的中华民国临时政府，是中国第一个按照资产阶级民主政治原则建立起来的政府。孙中山在《临时大总统宣言书》中表示，要以全力"尽扫专制之流毒，确定共和，以达革命之宗旨"。并宣布政府的对内方针是实现民族统一、领土统一、军政统一、内治统一和财政统一；对外方针是"尽文明国应尽之义务，以期享文明国应享之权利。满清时代辱国之举措与排外之心理，务一洗而去之；与我友邦益增睦谊，持和平主义，将使中国见重于国际社会，且将使世界渐趋于大同"。①

南京临时政府成立后，仿照西方资本主义的政治体制，采取一系列改革措施，以废除延续两千多年之久的君主专制，建设资产阶级共和国。

《中华民国临时政府组织大纲》是南京临时政府成立后颁布的第一部法规，该法规明文规定，中华民国将采用民主的选举制度，选举国家元首。1912 年 1 月 28 日，临时参议院开正式大会，以美国国会为蓝本，拟定了国

---

① 《临时大总统宣言书》，见《孙中山全集》第 2 卷，1～2 页，北京，中华书局，1981。

会组织法大纲和议员选举法大纲。

在孙中山主持下，南京临时政府制定了代行宪法的《中华民国临时约法》。临时约法共7章56条，确定了国体和政体。临时约法规定："中华民国由中华人民组织之"，"中华民国之主权属于国民全体"。临时约法确定了政府的组织形式为立法、行政、司法三权分立，并分别规定了政府的立法权、行政权和司法权："中华民国之立法权，以参议院行之"；"临时大总统代表临时政府，总揽政务，公布法律"；"法官独立审判，不受上级官厅之干涉"。临时约法规定了中华民国国民应享有的民主自由权利："中华民国人民，一律平等，无种族、阶级、宗教之区别"；人人享有人身、财产、居住、迁徙、言论、出版、集会、结社、通信等自由；人人皆有选举、被选举、考试、请愿、诉讼等权利。①

南京临时政府颁布了一系列改革社会风俗、鼓励发展经济、革新文化教育等法令，诸如限期剪辫，劝禁缠足，废止肉刑，禁止买卖人口，严禁种植和吸食鸦片；成立实业部，制定工商章程，鼓励发展工商业；成立教育部，改革教育机构和课程；颁行报律，主张新闻自由等。

南京临时政府所颁布的条文法规，尽管还不够完善，但对中国政治发展产生了巨大的影响。它从根本上否定了封建君主专制制度，初步确认了"主权在民"的原则和天赋人权、自由平等的民主精神，在广大人民群众面前树立起民主共和制度的具体形象。从此，民主共和的观念深入人心，任何违反这一观念的言论和行动，都将遭到反对。

在当时的民主潮流影响下和南京临时政府公布的民主法令鼓动下，中国政界的许多人士纷纷组织政党和政治团体，开展活动，中国一度出现了空前活跃的民主政治局面。

二、袁世凯的独裁统治及政治设施

孙中山领导的南京临时政府所颁布的政治、经济、社会、文教等方面的革新政策和法令，体现了社会近代化全面发展的需要。在孙中山的主政下，中国社会曾出现一些革新气象。然而，南京临时政府在对待列强和封建势力方面却是软弱无力的。1912年4月，孙中山被迫让位于袁世凯。袁

① 《中华民国临时约法》，见《孙中山全集》第2卷，220～224页，北京，中华书局，1981。

世凯在北京当上中华民国临时大总统，由此开始了北洋军阀统治中国的时期。

袁世凯执掌的北洋军阀政府，虽然仍挂着中华民国的牌子，但实质上是地主、买办联合专政的工具。袁世凯为建立独裁统治，进行了一系列扼制民主共和的活动。为了消除实现独裁统治的首要障碍，他派人杀害了积极推进民主政治的国民党领导人宋教仁；接着镇压了民主派的“二次革命”；旋即用武力胁迫国会议员选举自己为正式大总统；随后又下令解散国民党，解散国会、各地自治会和各省议会；进而又废除《中华民国临时约法》，代之以《中华民国约法》。袁世凯制定的《中华民国约法》明文规定，“大总统为国之元首，总揽统治权”，从而取消了责任内阁制和国会对总统行使权力的牵制，大总统实质上已拥有至高无上的专制皇帝的权力。

在肆意践踏南京临时政府所创立的民主共和制度之后，袁世凯着手改组政府机构，建立自己的独裁体制。

1914 年 5 月 1 日，袁世凯撤销国务院和总统府秘书处，成立政事堂。并宣布凡一切军国大事皆由政事堂议决施行。政事堂设国务卿一人，赞襄大总统政务，承大总统之命监督政事堂事务。通过政事堂，袁世凯把行政权集中在自己手中。6 月 8 日，袁世凯下令成立“陆海军大元帅统率办事处”，为最高军事机关。办事处设办事员，由参谋总长、陆军总长、海军总长、大元帅特派之高级军官及办事处总务厅长担任。按规定，办事员轮流在办事处值日，但一切要政都必须呈大总统兼陆海军大元帅袁世凯定夺。通过中央军事机关改组，袁世凯又将军权收归自己掌握。

在改组中央政府机关的同时，1914 年 5 月 23 日，袁世凯公布了地方官制草案，改革地方官制及权限。按规定，地方文官采用省、道、县三级制。全国分 22 省区及蒙古、西藏 2 地方；省分若干道，由道辖县。省置巡按使，道置道尹，县置县知事。巡按使管辖全省民政各官及巡防警备等队，并受政府之特别委任，监督财政和司法行政等。巡按使一律由大总统任命，不许地方保荐。对于地方武官，袁世凯于 6 月 30 日下令裁撤各省都督，设立将军名号。通过改革地方官制，加强了袁世凯的个人集权。

为强化其独裁统治，袁世凯还建立了较为系统的警察制度和特务机关。中国的警察制度始于清末。与清末一样，北洋军阀政府的警察，其主要任务并不是维护社会秩序，而是防范和压制民众反抗。北洋军阀政府内务部设有警政司，总揽全国警务。警政司下辖四科，第一科管行政警察，第二科管高等警察，第三科管著作审查，第四科管出版事项。在各省及大商埠设有警察局(厅)，由内务部及各省民政长管辖。各县设警察事务所，多由县知事兼任。在袁世凯执政时期，各省先后成立了“军法课”“探访局”“绥靖处”“军警联合会”一类的特务机关。

从1914年到1915年，袁世凯公布了一连串条例，限制民众的自由。1914年4月2日，内务部公布《报纸条例》。规定，所有报刊不得刊载“淆乱政体”和“妨碍治安”的新闻。所有新闻都需邮局检查内容，政府阅看大样。1914年12月4日，袁世凯又公布了《出版法》，规定出版文书图画，应于发行或散布前禀报该管警察官署，并将出版物以一份送该官署，一份经该官署送内务部备案。并规定凡“淆乱政体”“妨碍治安”“败坏风俗”等文书图画，一律不得出版。据这些条例，警察机关便可随时以“妨碍治安”等理由，任意查封报社书局，禁止报纸图书发行，以至逮捕编辑、记者。

1914年3月2日，袁世凯公布《治安警察条例》，严禁秘密结社和“劳动工人之聚集”。5月20日，又公布《地方保卫团条例》，命令各县属未设警察地方，由县知事监督，建立“保卫团”，以负责“清查户口”“搜查盗匪”等。11月，又先后公布了恢复肉刑的《易笞条例》和《惩办盗匪法》。

在对内加强独裁统治的同时，袁世凯对外却一味地屈辱、退让，以博得外国列强的承认和支持。袁世凯执掌民国政权后，为了取得列强的“明示承认”，曾多次表示将承认清政府所签订的一切不平等条约。1913年10月10日，袁世凯在就任大总统的宣言中声明：“所有前清政府及中华民国临时政府与外国政府所订条约、协约、公约，必须恪守。前政府与外国公司、人民间所订之正当契约，亦当恪守。又各处外国人民在中国按国际契约及国内法律并各项成案成例，已享之权利并特权、豁免各事，亦切实承认，以联交谊，而保和平。”①

不仅如此，袁世凯对于俄、英、日等国还不惜让予新的权益作为交换条件。沙俄乘承认袁世凯政府之机，蓄意扩张它在蒙古地区的侵略权益。声言“不看到蒙古问题的解决，将不会予以承认”。经过交涉，袁世凯终于屈服俄国的压力，互换了《中俄声明文件》，满足了俄国的无理要求。英国则以承认问题要挟袁政府派代表参加由它控制的西姆拉会议，企图进一步染指西藏。日本也乘机挟制袁世凯，勒索满蒙地区的铁路建筑权。1913年10月5日，袁世凯政府秘密签发了中日关于满蒙五路借款预约换文。通过该项换文，日本的侵略势力由南满扩张到热河一带。1914年，日本乘欧洲

① 《政府公报》，1913-10-11。

各列强忙于第一次世界大战，借口对德宣战，出兵侵入我国山东，强占了青岛和胶济铁路沿线。1915 年 1 月 18 日，日本向袁世凯秘密提出灭亡中国的“二十一条”。袁世凯为换取日本的支持，于 5 月 9 日接受了日本的大部分要求。

至 1915 年，袁世凯依靠帝国主义和封建势力的支持，建立了较为系统的专制独裁统治。但他并不就此满足，还企图“承天建极”，力谋恢复帝制。12 月 12 日，袁世凯终于冒天下之大不韪，公然宣布复辟帝制，并决定改 1916 年为“洪宪”元年。

袁世凯的倒行逆施，立即遭到全国人民的反对。蔡锷在云南组织护国军，通电讨袁，许多省份相继响应。护国战争结束了“洪宪帝制”，1916 年 3 月 22 日，袁世凯被迫撤销帝制。同年 6 月 6 日，袁世凯在全国人民的唾骂声中死去。

三、军阀割据纷争局面的出现

袁世凯死后，北洋军阀分为几个派系，开始争夺中央政权和地盘，其他地方军阀也拥兵自重。中国出现了军阀割据纷争的局面。

在北洋军阀系统中，主要有三大派系。一是以段祺瑞为首的皖系，二是以冯国璋为首的直系，三是以张作霖为首的奉系。① 皖系军阀控制安徽、山东、浙江、陕西、福建等省。直系军阀控制江苏、江西、湖北、直隶等省。奉系军阀则占据东北三省。非北洋系的地方军阀，在北方，有割据山西的晋系阎锡山。在南方，势力最大的是以唐继尧为首的滇系和以陆荣廷为首的桂系。前者占有云贵，后者占有两广。

1916 年 6 月 6 日袁世凯死后，副总统黎元洪“继任”大总统，而实权则操在袁世凯时期曾任国务卿兼陆军总长的段祺瑞手中。在全国各界的压力下，黎元洪为大总统的北京政府对袁世凯时期的政治体制进行了新的调整，基本废除了袁世凯制定的条例、法规和设立的机构。6 月 10 日，北京政府下令裁撤陆海军大元帅统率办事处，其职权分别归还陆军部、海军部和参谋本部接掌办理。6 月 29 日，北京政府决定恢复民国元年的临时约法，废止袁世凯制定的约法，并决定于 8 月 1 日召开国会；与此同时，北京政府发

---

① 因段祺瑞是安徽合肥人，冯国璋是直隶（今河北）河间人，张作霖是奉天（今辽宁）海城人，故名。

布命令，先后废止了袁世凯颁布的《颁爵条例》《纠弹法》《文官官秩令》等一系列法规条例。对于地方政府，北京政府也废除了有帝制色彩的将军、巡按使等名称。各省督理军务长官改称督军，民政长官改称省长。

1916年8月1日，国会恢复开会，通过了特任段祺瑞为国务院总理的议案。9月初，段祺瑞组阁，掌握北京政府大权。

段祺瑞执掌北京政府后，对外投靠日本，对内排斥异己。段祺瑞的举动不仅激化了北洋军阀内部的矛盾，激化了与地方军阀的矛盾，也引起了英美等国的不满。于是，各派军阀为争权夺利，明争暗斗。1917年初，日本为了进一步控制中国，促使段祺瑞对德宣战。美国反对日本独占中国，支持黎元洪反对参战。黎、段也各有企图。段企图借参战名义扩充实力；黎则因害怕段派势力过于扩张于己不利，因而利用人民的反段要求进行抵制，并下令将段免职。这就是所谓“府院之争”。此时，盘踞徐州的军阀张勋，在德国支持下，伪装黎、段调停人，率兵进京。7月1日拥戴溥仪复辟。段祺瑞暗中支持张勋复辟，他在利用张勋赶走黎元洪和解散国会后，又组织“讨逆军”，于7月12日攻入北京，驱逐了张勋。溥仪再次宣布退位。副总统冯国璋代理大总统，段祺瑞重任国务总理，掌握中央政府大权。8月14日，段祺瑞政府对德宣战。

段祺瑞以“对外宣而不战，对内战而不宣”的手段，借口“参战”，以出卖国家主权为交换条件，先后从日本借得总额约五亿日元的“西原借款”，① 用以扩充军事实力。1918年5月，段祺瑞政府与日本又以反对苏俄为名，签订了《中日共同防敌军事协定》，使日本取得了在中国驻兵及战时直接指挥中国军队的权力。随后，大批日军开入我国东北。9月，日本提出了霸占山东各项权利的要求，段祺瑞政府竟表示同意。

段祺瑞对外出卖国家主权，对内则打着共和、统一的旗号，实行军阀独裁统治。他一方面拒绝恢复《临时约法》和国会，纠集一些政客召集了由各省军阀指派的临时参议院，重新制定国会组织法及参众两院议院选举法，另行选举了新的议员；另一方面，则借口实现“统一”，对地方军阀不宣而战。

对于段祺瑞的毁法行为，孙中山于1917年7月发起了护法运动，提出了打倒假共和、建设真共和的主张，号召恢复《临时约法》和国会。8月25日，在广州召开国会非常会议。9月，成立护法军政府，孙中山任大元帅，

① 因这些借款是由日本人西原龟三从中协调促成，故称“西原借款”。

陆荣廷、唐继尧任元帅，宣布段祺瑞为民国叛逆，并出兵北伐，开始了护法运动。护法军政府的成立，形成了南北分立对峙的局面。

南方军政府的护法运动为段祺瑞所不容。段祺瑞调直系军队讨伐南方军队，1917 年 10 月，直系军队进入湖南，南方军队也开入湖南与之对抗。直系军阀与段祺瑞素有矛盾，为保存实力，主张停战息兵，和平解决。11 月，段祺瑞被迫辞职。

与此同时，孙中山的军政府内部也发生了重大分裂。滇、桂军阀参加军政府，本为利用“护法”的旗号，以对抗北洋军阀。当直系军阀主张停战息兵之议一起，便图谋排挤孙中山。1918 年 5 月，孙中山被迫辞职。他在辞职通电中痛切地指出：“顾吾国之大患，莫大于武人之争雄，南与北如一丘之貉。虽号称护法之省，亦莫肯俯首于法律及民意之下。”[①]护法运动遂告失败。

皖系首领段祺瑞辞去国务总理职务后，并不甘心坐视直系势力的扩张。旋即以“参战督办”的名义继续向日本借款扩充其实力，并组织了以徐树铮、王揖唐为首的“安福俱乐部”，操纵新国会。1918 年 3 月，段祺瑞联合奉系军阀入关声援，皖系各省督军也要求段祺瑞复职，冯国璋被迫再次任命段为国务总理。9 月，“安福国会”选举徐世昌为大总统，钱能训任国务总理，把以冯国璋为首的直系势力排挤出中央政府。1919 年冯国璋死后，曹锟、吴佩孚成为直系军阀的首领，与南方军阀建立了较密切的联系，并进一步取得英美的支持。直、皖两系的矛盾更加尖锐。

1918 年 10 月，第一次世界大战即将结束，全国人民和社会各界都要求消除战争，南北议和。英、美反对亲日的皖系军阀推行武力统一政策，赞成中国南北议和。10、11 月间，美国先后向北京政府和南方政府提出议和“劝告”。日本在英、美压力下也被迫同意美国提出的南北停战议和主张。1919 年 2 月，南北双方在上海举行“和平会议”。由于各派军阀间矛盾重重，会议无任何成果。至 5 月，谈判宣告破裂。此后，更大规模的军阀混战连年不断。

帝国主义对中国的侵略和北洋军阀的反动统治，使帝国主义同中华民族的矛盾、封建主义同人民大众的矛盾进一步激化。

---

① 《辞大元帅职通电》，见《孙中山全集》第 4 卷，471～472 页，北京，中华书局，1981。

四、民国初年的经济状况及社会结构的变动

发展民族资本主义工商业，是中华民国南京临时政府发展经济的总政策。在孙中山的支持下，南京临时政府不仅在中央设立实业部，专门司理农业、工业、商业、矿业、山林渔猎各业，而且颁布了一系列保护工商业的法令规章，鼓励人们兴办实业。在南京临时政府的鼓励下，全国各地的实业团体，如雨后春笋般出现。各地工商界纷纷投资申请开办工厂、企业。全国兴起了兴办实业的热潮。1914 年第一次世界大战爆发后，由于欧洲几个主要帝国主义国家忙于战争，暂时放松了对中国的侵略，中国民族资本主义在民国初年获得了前所未有的发展。

据统计，从 1840 年到 1911 年的 72 年间，中国历年所创办资本额在万元以上的工矿企业总数约 950 家，创办资本总额约 2 亿元；而 1912 年至 1920 年的 9 年间，新建万元以上工矿企业有 1048 家，创办资本总额约 2.3 亿元，超过了以往 72 年的投资总额。[①] 其中纺织业和面粉业发展最快。如棉纺织业，1913 年至 1921 年，全国华资纱厂的纱锭，由 48.4 万余枚增至 124.8 万余枚，增长了 157.8%；布机，由 2016 台增至 5825 台，增长了 188.9%。在面粉业方面，1913 年至 1920 年，新设面粉厂 47 个。1914 年前，面粉每年入超，从 1915 年起，变为出超。1915 年至 1920 年，面粉出超量由 5.79 万余担增至 344.97 万余担，增加了 58 倍以上。其他轻工业如缫丝、火柴、造纸、卷烟、制革等也得到了较大发展。这一时期，重工业的有些部门如煤、铁、机械等方面也有相当的发展。如民族资本经营的煤矿产量，1912 年为 80 多万吨，1919 年增至 330 多万吨。与民族工商业发展的同时，中国民族资本的银行业也得到迅速发展。1911 年年底，中国本国银行共 16 家，实有资本总额 215 万元，到 1920 年，增至 103 家，实有资本总额达 880 万元。

在民族工业的迅速发展中，涌现出了一批有作为的民族资本家。江苏无锡的荣宗敬、荣德生兄弟，早年经营钱庄，1901 年投资面粉业，先后在无锡、上海创办了茂新面粉厂和福新面粉一、二、三厂。1905 年又投资棉纺织业。中华民国成立后，荣氏进一步扩充营业，在上海建立了茂新二厂

---

① 参见杜恂诚：《民族资本主义与旧中国政府(1840—1937)》，106～107 页，上海，上海社会科学院出版社，1991。

和福新四、六厂，在汉口建立了福新五厂。1916年在上海创办申新纱厂，1917年又建立了申新二厂。五四运动爆发后，荣氏趁全国掀起抵制日货运动的时机，继续扩展企业。经几年筹划，在上海建起茂新三厂，福新七、八厂，在济南建茂新四厂，在无锡、汉口分建申新三、四厂。到1922年，荣氏企业面粉厂达到12个，纱厂4个，形成了荣家企业体系，成为中国最大的民族资本集团。

此外，广东侨商简照南、简玉阶兄弟，清末在香港创办南洋兄弟烟草公司，以“中国人请吸中国烟”的口号作宣传，产品畅销华南和南洋各地。1916年在上海设立分厂，1918年将企业改为股份有限公司，同时改上海厂为总厂，香港厂为分厂，两厂均进行扩建。后在上海、香港两地共设五厂，拥有职工万余人。简氏兄弟由华侨商人成了著名的民族卷烟业资本家。上海人穆藕初，第一次世界大战期间先后在上海、郑州创办了德大、厚生、豫丰等纱厂。广东人郭乐、郭顺兄弟，早年在澳洲经商，后把资金移回国内，1918年创办了上海永安百货公司，1920年发起招股筹办上海永安纱厂，得到许多侨胞的支持。1922年9月正式投产，拥有纱锭3万余枚。以后永安系统的纺织厂发展到4个，在民族棉纺织业中，仅次于申新。浙江人刘鸿生，1920年在苏州创办鸿生火柴厂，以后发展成为民族资本火柴业中最大的资本集团。湖南人范旭东，1914年在大沽口开办久大盐业公司，1918年后又在塘沽创办永利碱厂，出碱后打破了英国卜内门公司对中国纯碱市场的垄断。湖南人聂云台，1919年在上海创办大中华纱厂，拥有纱锭4.5万枚，在同业中被称为“模范纱厂”。这些民族资本家都是实业家，注意采用当时先进的经营管理方法，在发展中国民族工业方面做出了重大贡献。

值得注意的是，中国民族工业虽然在民国初年得到了迅速发展，但是它在整个国民经济中所占的比重依旧很小，并且仍然带有半殖民地半封建的特征。新开办的企业轻工业多，重工业少。小工厂多，大工厂少。即使在这期间，中国民族工业也没有摆脱帝国主义的控制和封建势力的束缚。

民国初年中国民族资本主义经济的发展，引发了中国社会层间的流动和社会结构的新变动。在这一时期，地主阶级依然在社会经济、政治生活中占据着重要地位。但随着工商业的发展，地主阶级的内部结构发生了新的变化。一些地主在工商业利润的驱动下，在收租以外，开始向近代工商业投资。如直系军阀首领曹锟，是天津静海一带有名的大地主，在兼并土地的同时，创办了恒源纱厂，成为工商地主。民国总统黎元洪，不仅是大地主，而且投资创办了一批企业，如中兴煤矿、中原煤矿等12家厂矿和中华汇业银行。

作为中国社会主体的农民阶级此时也发生了明显的分化。由于新兴的军阀、官僚地主和工商地主的大批出现，随之而来的是大量的土地被兼并。于是大批的自耕农迅速降为少地或无地的农民。如江苏昆山的农户，1905年时，自耕农占26%，半自耕农占16%，佃农占58%；而到20世纪20年代初，自耕农和半自耕农分别下降到8%和14%，佃农却上升到78%。[①] 有相当一部分无地农民，被迫离乡背井。其中有的长期在社会上游荡，成为游民；有的则进入城市、矿山，成为工矿企业中的工人。

此一时期，随着中国民族资本主义的进一步发展，民族资产阶级的力量有了新的增长。据1918年统计，全国商会会员有16.2万人，华侨商会会员有2.1万人。由于民族资本主义的发展受到帝国主义和封建主义的严重阻挠，民族资产阶级同帝国主义和封建主义的矛盾进一步加深，民族资产阶级的革命要求进一步增长。但是，由于民族资产阶级的经济力量仍然很小，并且始终摆脱不了帝国主义和封建主义的压抑和束缚，这就决定了这个阶级仍然是软弱的。

工人阶级是近代中国社会的新兴阶级，是近代大工业的产物。中国最早的一批产业工人，产生于19世纪中叶外国资本在中国直接经营的企业里。此后，伴随着外国资本、中国民族资本所创办的企业在中国的不断出现，中国工人阶级的人数也随之增多。到19世纪末，中国产业工人约有10万人。民国初年，随着资本主义工矿企业的发展，中国工人阶级的队伍得到迅速发展。据史料记载，1913年，全国产业工人约50万，而到1919年，全国产业工人已有260多万，其中铁路工人16万，邮电工人3万，工厂工人83万，矿业工人70万，建筑工人40万，搬运工人30万，海员15万，汽车、电车工人3万。[②]

民国初年社会阶级、阶层的这种变动，反映了中国社会结构的新变化，决定性地影响了中国社会的发展。尤其是中国资产阶级和工人阶级的发展，代表着新的政治力量的增长，为中国反帝反封建革命运动的发展提供了社会基础。

---

① 严中平：《中国近代经济史统计资料选辑》，276页，北京，科学出版社，1955。

② 刘明逵：《中国工人阶级历史状况》，122页，北京，中共中央党校出版社，1985。

五、新文化运动的兴起

中华民国成立后，随着中国民族资本主义的进一步发展，新生的社会力量在经济上迫切要求摆脱帝国主义、封建主义所代表的旧的生产关系的束缚，在政治上要求中国的进步和改革，改变帝国主义和封建主义的反动统治。这种要求反映到文化思想上，便是代表中国人民新觉醒的反封建的新文化运动的兴起。

1912年袁世凯执掌民国政权后，为了复辟帝制，极力推崇封建纲常名教，大搞祭天祀孔。一帮帝国主义分子、保皇分子、封建余孽也为袁世凯称帝鼓噪。他们公开诋毁民主共和，鼓吹君主复辟。一时间，社会上“孔教会”“经学会”等尊孔社团纷纷出现，形成了一股尊孔复辟逆流。有鉴于此，一部分资产阶级和小资产阶级激进民主主义知识分子，深感必须发动一场反封建的思想启蒙运动，来唤起大多数人民的民主主义觉悟，扫除人们头脑中的封建愚昧思想和旧的生活习惯。

1915年9月，陈独秀在上海创办《青年》(从二卷一号改名《新青年》)杂志，标志着新文化运动的开始。1917年1月，蔡元培就任北京大学校长，实行“思想自由”和“兼容并包”的治校方针，聘请了一大批具有新思想的学者到北大任教。1917年1月，陈独秀受聘为北大文科学长后，《新青年》编辑部从上海迁到北京。在北京大学任教的李大钊、胡适、刘半农、钱玄同、鲁迅等先后参加了《新青年》的编辑或撰稿，逐渐形成了以《新青年》为核心的新文化阵营。

新文化运动的主要内容是提倡民主和科学。陈独秀在《青年》杂志创刊号发表的《敬告青年》一文，历数当时中国社会的黑暗，敬告国人“欲脱蒙昧时代，羞为浅化之民也，则急起直追，当以科学与人权并重”。① 旗帜鲜明地举起了民主与科学两面大旗。

在民主的大旗下，新文化运动的倡导者们大力宣传民主思想，反对封建专制。陈独秀抨击君主专制“以君主之爱憎为善恶，以君主之教训为良知，生死予夺，唯一人之意志是从”，造成“人格丧亡，异议杜绝”，使“民德、民志、民气”扫地以尽。指出由专制政治趋于民主政治，是不可抗拒的历史潮流，中国欲求生存，必须抛弃数千年相传的“官僚的专制的个人政

---

① 《青年》，1卷1号，1915-09-15。

治”，易以“自由的自治的国民政治”。[①] 李大钊也指出：“民与君不两立，自由与专制不并存，是故君主生则国民死，专制活则自由亡。”号召人民同那些“播专制之余烬，起君主之篝火”的复辟之辈作坚决的斗争。[②]

新文化运动提倡的科学，指的是自然科学、社会科学和科学态度、科学方法。在科学的大旗下，新文化运动倡导者们大力宣传科学思想，宣扬理性，反对封建迷信和愚昧、盲从。他们指出：“今且日新月异，举凡一事之兴，一物之细，罔不诉之科学法则，以定其得失从违；其效将使人间之思想云为，一遵理性，而迷信斩焉，而无知妄作之风息焉。”[③]号召人们用科学态度来对待传统观念和一切社会问题，破除迷信，坚持真理，打破“宗教上、政治上、道德上自古相传的虚荣、欺人、不合理的信仰”，树立“真实的合理的”信仰。[④] 鲁迅曾著文主张用“科学”这味药来“医治思想上”迷信、愚昧、不改现状、不思变革的病。[⑤] 新文化运动提倡者还运用自然科学常识，驳斥了鬼神迷信，提出了“以科学代宗教”的口号。

新文化运动的倡导者们在提倡民主、科学，反对专制、迷信的过程中，对于以孔子为代表的旧礼教、旧道德，发动了猛烈的攻击。他们批驳了那种要求“以孔子为大教，编入宪法”，鼓吹以封建礼教为“立国精神”的谬论，还击了尊孔复古的逆流。易白沙首先公开指名批判孔子。他认为孔子是历代封建统治者惯于利用的“百世之魂”，要否定封建专制统治，就必须否定孔子。[⑥] 陈独秀指出，孔子所提倡的“封建时代之道德、礼教、生活、政治”，已不适于现代生活。它同政治上的民主，经济上的财产独立，法律上的平等，伦理上的独立自主人格是不相容的。“对于与此新社会、新国家、新信仰不可相容之孔教，不可不有彻底之觉悟，猛勇之决心，否则不塞不流，不止不行！”[⑦]吴虞则以激烈的言辞指出，“儒家以孝、悌二字为二千年来专制政治与家族制度联结之根干”，其流毒“不减于洪水猛兽”。[⑧] 鲁迅对孔教的揭露和批判十分深刻，他的《狂人日记》借狂人之口揭露了封建礼教

---

① 陈独秀：《吾人最后之觉悟》，载《青年》，1卷6号，1916-02-15。

② 李大钊：《民彝与政治》，载《民彝》，创刊号，1916-05-15。

③ 陈独秀：《敬告青年》，载《青年》，1卷1号，1915-09-15。

④ 陈独秀：《偶像破坏论》，载《新青年》，5卷2号，1918-08-15。

⑤ 鲁迅：《随感录》三十八，载《新青年》，5卷5号，1918-11-15。

⑥ 易白沙：《孔子平议》，载《青年》，1卷6号，1916-02-15。

⑦ 陈独秀：《宪法与孔教》，载《新青年》，2卷3号，1916-11-01。

⑧ 吴虞：《家族制度为专制主义之根据论》，载《新青年》，2卷6号，1917-02-01。

“吃人”的本质。

新文化运动的另一重要内容是文学革命。他们提倡白话文，反对文言文；提倡新文学，反对旧文学。1917 年 1 月，胡适发表《文学改良刍议》，提出了改良文学的八大主张：须言之有物；不模仿古人；须讲求文法；不作无病呻吟；务去滥调套语；不用典；不讲对仗；不避俗字俗语。[①] 随后陈独秀发表《文学革命论》，把反对文言文和封建文学同政治革命联系起来，明确地竖起了文学革命的大旗。他提出了推倒贵族文学，建设国民文学；推倒古典文学，建设写实文学；推倒山林文学，建设社会文学“三大主义”，成为文学革命的纲领。[②] 新文化运动倡导者力图通过文学革命，把宣传封建主义的旧文学，改造为适合传播民主和科学的新文学。这是中国文学史上的重大变革。

随着新文化运动的深入发展，从 1917 年开始，全国各地陆续出现了一批宣传新文化、新思想的社团或刊物。如恽代英等在武昌组织的互助社；毛泽东、蔡和森、何叔衡、萧子升等在长沙发起成立的新民学会；李大钊、王光祈、曾琦等在北京发起成立的少年中国学会；邓中夏、黄日葵、许德珩等在北京成立的国民社(出版《国民》杂志)；傅斯年、罗家伦等成立的新潮社(出版《新潮》杂志)；陈独秀、李大钊等创办的《每周评论》；匡互生、周予同等发起成立的工学会；邓中夏、廖书仓等发起组织的北京大学平民教育讲演团等。它们旗帜鲜明地宣传新思想、新文化、新道德，有力地推动了新文化运动在全国的发展。

新文化运动的蓬勃发展，引起了封建势力的仇视与恐惧。他们污蔑新文化运动是“异端邪说”“洪水猛兽”，对新文化运动进行攻击。1919 年 3 月，守旧文人林琴南在北京《公言报》上发表了给蔡元培的信，攻击新文化运动的倡导者“覆孔孟，铲伦常”，是“叛亲蔑伦”“人头畜鸣”。他在上海《新申报》上发表《蠡叟丛谈》，以小说的形式发泄其对新文化运动的仇视。封建守旧势力还利用报刊，传播陈独秀、胡适、钱玄同、刘半农等人已被北京大学“驱逐”的谣言。

对于封建势力的攻击，新文化运动倡导者没有退缩，进行了有力的反击。陈独秀在《新青年》上撰文指出：“西洋人因为拥护德、赛两先生，闹了多少事，流了多少血，德、赛两先生才渐渐从黑暗中把他们救出，引到光

---

① 胡适：《文学改良刍议》，载《新青年》，2 卷 5 号，1917-01-01。

② 陈独秀：《文学革命论》，载《新青年》，2 卷 6 号，1917-02-01。

明世界。我们现在认定只有这两位先生，可以救治中国政治上道德上学术上思想上一切的黑暗。若因为拥护这两位先生，一切政府的迫压，社会的攻击笑骂，就是断头流血，都不推辞。”并明确表示，“要拥护那德先生，便不得不反对孔教，礼法，贞节，旧伦理，旧政治。要拥护那赛先生，便不得不反对旧艺术，旧宗教。要拥护德先生，又要拥护赛先生，便不得不反对国粹和旧文学”①。陈独秀等人对封建守旧势力的回击，维护了新文化运动。

新文化运动的兴起有着重大的历史意义。它高举民主、科学大旗，在政治和思想上沉重地打击了封建主义，破除了传统的封建教条对人们思想的束缚，极大地启发了人们的民主主义觉悟，推动了现代科学在中国的发展。新文化运动作为一场空前的思想解放运动，进一步激励了中国先进分子探索救国道路、追求社会公正与进步的热情。它是新时代到来的前奏。

六、第一次世界大战和俄国十月革命对中国的影响

正当中国社会内部发生重大变化、新文化运动蓬勃开展的时候，世界政局发生了两件大事：第一次世界大战和俄国十月社会主义革命。这两件重大历史事件，不仅改变了世界历史的进程，同时对中国产生了至深的影响。

1914 年 6 月 28 日，奥匈帝国在波斯尼亚首府萨拉热窝，组织了以俄国支持的塞尔维亚为假想敌人的军事演习。奥国皇储弗兰茨·斐迪南亲临检阅，被塞尔维亚青年刺死。这一事件引爆了第一次世界大战。从 1914 年 7 月 28 日奥匈帝国对塞尔维亚正式宣战，到 1918 年 11 月大战结束，全世界共有 31 个国家参战，波及六大洲共 15 亿人口。这次战争，就其参战国家之多，地域之广，规模之大，破坏力之强，都是空前的，是第一次真正世界性的战争，是人类历史上一场大浩劫。在这次战争中，双方军人死亡共 1300 万人，受伤、失踪者达 2000 多万。双方战费开支共达 1800 多亿美元，外加生产和财产损失等，全部经济损失达 2700 多亿美元。这次大战给人类带来的灾难，促进了世界各国人民反战意识的增长和革命运动的发展。

第一次世界大战的爆发，根源在于资本主义在垄断基础上的强烈竞争性和资本主义经济政治发展的不平衡规律，是 19 世纪末期以来帝国主义列

① 陈独秀：《本志罪案之答辩书》，载《新青年》，6 卷 1 号，1919-01-15。

强争夺霸权重分世界斗争的结果。这次战争的爆发，使西方资本主义文明遭遇到前所未有的信任危机。在战争刚刚结束的1918年，德国人斯宾格勒即推出《西方的没落》一书，断言西方文化正在走向没落。斯宾格勒的观点代表了相当一部分欧洲人对西方资本主义的悲观情绪。

第一次世界大战的爆发，给中国也带来了深远的影响。日本帝国主义趁西方列强陷于战争，无暇东顾之机，借口对德宣战，派兵登陆中国山东半岛，夺得了德国在山东的权益。中国的主权进一步遭到侵犯。

这次大战的爆发，使得西方列强忙于战争，暂时放松了对中国的侵略，客观上便利了中国民族资本主义的发展。

这次大战对中国社会的影响，还突出地反映在思想层面上。一部分人开始对西方资本主义文化产生怀疑，要求重新审视、评价西方文化。《东方杂志》主编杜亚泉，在第一次世界大战爆发初期，即连续发表了《大战争与中国》《大战争之所感》等文，认为西方文化在战争中已尽露弊端，因而要求国人重新评价西方文化和东方文化，绝不能全盘照搬西方。一向对西方文化抱有好感的梁启超，通过对欧洲参战各国的考察，写成了《欧游心影录》，也无奈地感叹西方文化已经破产。于是在中国思想界逐渐形成了一股批判西方文化，推崇东方文化的思潮。这股思潮的兴起，固然有一部分出于对新文化运动的不满，但也有一部分人是出于对第一次世界大战和西方文化的反思。长期争论不休的中西文化之争，从此凸显在中国现代历史上。

在第一次世界大战期间，1917年11月7日(俄历10月25日)，俄国无产阶级和劳动人民，在列宁和布尔什维克党的领导下，用革命暴力推翻了地主资本家的政权，建立了世界上第一个社会主义国家。十月革命改变了世界历史的方向，开辟了无产阶级社会主义世界革命的新时代，给一切被压迫人民和被压迫民族指出了彻底解放的道路。在十月革命的影响下，一度在世界范围内出现了革命高潮。

俄国十月革命和由它引起的世界革命高潮，对中国产生了巨大影响。十月革命爆发后的第三天，1917年11月10日，中国的一些报纸就做了报道。中国人民从报刊报道中初步了解了俄国革命的情况。1918年2月，中国报纸登载了在十月革命第二天俄国苏维埃政府宣布废除一切不平等条约，放弃沙俄在国外攫取的全部特权的消息，使中国人民更加了解十月革命。革命民主主义者孙中山，对十月革命表示了真挚的同情和欢迎，他指导下的《民国日报》，在1918年元旦的社论中说："吾人对于此近邻的大改革，不胜其希望也。"1918年夏，孙中山在上海致电苏俄政府和列宁，表示"极大的敬意”，并“希望中俄两国革命党团结一致，共同奋斗”。

十月革命促进了中国人民的觉醒，一部分先进的中国人，从十月革命的胜利中看到了中国的新出路，他们开始抛弃西方资产阶级的政治理念，转向研究和宣传十月革命和马克思列宁主义，开始用无产阶级的宇宙观来观察中国的问题。于是在中国出现了一批赞成俄国革命、主张走俄国人道路的具有初步共产主义思想的知识分子。李大钊是其中杰出的一位。他在1918年7月、11月先后发表了《法俄革命之比较观》《庶民的胜利》《布尔什维主义的胜利》等文，热烈欢呼十月革命的胜利。他指出，对德国军国主义的胜利，“是民主主义的胜利，是社会主义的胜利，是布尔什维主义的胜利”；布尔什维主义就是德国马克思的学说，“就是革命的社会主义”。“俄国的革命，不过是使天下惊秋的一片桐叶罢了。布尔什维主义这个字，虽为俄人所创造，但是他的精神，可是二十世纪全世界人类人人心中共同觉悟的精神。所以布尔什维主义的胜利，就是二十世纪世界人类人人心中共同觉悟的新精神的胜利。”①1919年元旦，李大钊发表的《新纪元》一文更是明确表示，中国人民应当走俄国革命的路。

总之，第一次世界大战与俄国的十月革命，震动了世界，也震动了中国。它引发了中国人民对中国命运新的思考、新的抉择。这就为马克思主义和社会主义思想在中国的传播，为五四爱国运动的兴起创造了条件。

第二节　五四运动　新思潮的竞起和中国共产党的成立

一、五四运动

五四运动的导火线是中国在巴黎和会上外交的失败。

1918年11月，第一次世界大战以德、奥等同盟国的失败而告结束。1919年1月，27个战胜国在法国巴黎召开“和平会议”，拟定对战败国的“和约”。中国由于在大战中参加了协约国方面，所以作为战胜国之一，也派出了陆征祥(北京政府外交总长)、王正廷(南方军政府代表)、顾维钧(驻美公使)、施肇基(驻英公使)、魏宸组(驻比公使)五人为全权代表出席巴黎和会。

中国人对这次和会曾寄予热切的期望。第一次世界大战结束后，美、

① 李大钊：《BOLSHEVISM的胜利》，载《新青年》，5卷5号，1918-11-15。

英等国和北洋政府宣扬大战的结果是“公理战胜强权”。尤其是美国总统威尔逊提出的《和平条款十四条》，高唱反对秘密外交，主张民族自决等，影响了很多人。人们期望通过这次和会，中国能争得在国际上的独立平等地位。

带着全国人民的期望和压力，中国代表团向和会提出了七项希望条件，即废弃势力范围；撤退外国军队、巡警；裁撤外国邮局及有线无线电报机关；撤销领事裁判权；归还租界；关税自主等。后在中国留欧学生的呼吁下，又提出了取消“二十一条”的要求。

但巴黎和会实际上是由美、英、法三国操纵的帝国主义分赃会议。对中国代表团所提的要求，美、英、法等国以不在会议权限以内为由，予以拒绝。于是，在巴黎和会上，与中国相关的，只有德国在山东的权益问题。在清末，德国曾压迫清政府签订不平等条约，把山东划入自己的“势力范围”。如今，作为战败国的德国，无条件地向中国归还在山东强占的权益，应是理所当然的。1 月 27 日，和会开始讨论德属殖民地问题。中国代表向会议陈述了德国在山东胶州湾租界地、胶济铁路及其他权利均应直接归还给中国的理由，并提交了关于山东问题的详细说帖。然而，中国的要求却遭到了日本的无理阻挠。日本以武装占领的既成事实和中国曾有“欣然同意”的换文为借口，蛮横坚持德国在山东强占的权益应让予日本。在会议期间，中国代表曾多次吁请美、英等国予以支持，但终因他们与日本有着共同利益，而拒绝了中国的请求。

4 月 30 日，美、英、法三国会议在邀请日本参加，拒绝中国代表出席的情况下，决定将德国在山东的权益全部转让给日本，并写进了《协约国参战各国对德和约》。

这样，经过几个月的讨论，作为战胜国之一的中国，在巴黎和会上不仅毫无所获，竟与战败国一样受到惨痛宰割。巴黎和会上中国外交的失败，进一步激化了帝国主义同中华民族、封建军阀与人民大众的矛盾，终于酿成了一场声势浩大的反帝爱国运动。

5 月 1、2 日，巴黎和会关于山东问题的无理决定传出后，全国愤慨至极。5 月 3 日晚，北京大学及北京中等以上学校的学生代表在北大聚会，决定 4 日齐集天安门，举行学界大示威。

5 月 4 日下午，北京大学、北京高师、汇文大学、中国大学等 13 所学校 3000 多学生，冲破教育部代表和军警官吏的阻挠到天安门前集会。学生们手执写有“还我青岛”“收回山东权利”“拒绝在巴黎和会上签字”“取消二十一条”“抵制日货”等口号的旗帜，一致要求惩办曹汝霖(交通总长，订“二十一条”时为外交次长)、陆宗舆(币制局总裁，订“二十一条”时为驻日公使)、章宗祥(驻日公使)三个卖国贼。集会讲演后，即列队游行示威。学生们一路散发传单，发表爱国宣言。《北京学界全体宣言》写道：“全国工商各界，一律起来设法开国民大会。外争主权，内除国贼”，“中国的土地可以征服而不可以断送”，“中国的人民可以杀戮而不可以低头”。[①] 队伍先向东交民巷使馆区进发，被外国巡捕无理拦阻。学生们义愤填膺，乃决定去找卖国贼曹汝霖问罪。于是，游行队伍转向赵家楼的曹汝霖住宅。北京高师学生匡互生从临街窗口跳入曹宅，打开曹宅大门，群众一拥而入。学生们痛打了正在曹宅的章宗祥，并火烧曹宅。北洋军阀政府出动大批军警，逮捕了滞留在曹宅附近的学生32人。5日，北京专科以上学校的学生举行总罢课，抗议北京政府对学生爱国行动的镇压，要求释放被捕学生。6日，正式成立了北京中等以上学校学生联合会。

北京学生的爱国运动，使北京政府十分震惊。4日晚，国务总理钱能训召开内阁紧急会议，研究对策。5日，教育部下令各校，严禁学生游行示威，并宣称有不守约束者“立予开除”。6日，大总统徐世昌训斥军警镇压不力，下令加强弹压，对不服弹压者即“逮捕惩办”。7日，又下令禁止召开国民大会。但同时，北京政府又迫于全国人民的压力，于7日释放被捕学生。

北京政府在被迫释放被捕学生后，看到各校已经复课，便对学生继续进行镇压。5月8日，徐世昌下令警察厅将释放的学生送交法庭审办。随后，北京检察厅传学生预审。与此同时，北京政府还对北大校长蔡元培施加压力。9日，蔡元培被迫辞职出走。

蔡元培的出走，震动了教育界。学生们随即掀起了挽留蔡元培的斗争。5月11日，北京各大专学校教职员联合会成立，表示和学生们一起战斗。5月19日，北京学生再次实行总罢课。罢课以后，学生们组织“救国十人团”，奔赴大街小巷开展讲演活动和抵制日货运动。

北京学界爱国运动的进一步发展，引起了帝国主义的恐慌。日、美、英、法等国驻华公使，联合向北京政府施加压力。日本公使更直接向外交部发出警告，催促北京政府加紧镇压学生运动。6月1日，北京政府以大总统名义接连下两道命令：一道命令公然为曹汝霖、章宗祥、陆宗舆三个卖国贼辩解，说什么曹、章、陆三人在任期间，“各能尽维持补救之力，案牍

---

① 《每周评论》，第21号，1919-05-11。

俱在，无难复按”。[①] 另一道命令责成教育部，“警饬各校职员，约束诸生。即日一律上课”，并宣布查禁学生联合会、义勇队等组织。[②] 面对帝国主义和军阀政府的高压政策，学生们并没有屈服。6月3日，北京20多所学校数百名学生，大张旗鼓地上街讲演。北京政府派出大批军警驱散听众，并逮捕讲演学生170多人。4日，学生更大规模地出动讲演，又被捕去700多人。5日，学生出动数千人，怒涛汹涌，军警已无法拘捕。

北京学生爱国运动爆发后，天津、济南、上海、武汉、长沙、南京、苏州、杭州、开封、安庆等地学生群起响应，相继举行了罢课、示威游行、讲演和抵制日货等活动。各界知识分子也纷纷参加到运动中来，要求立即释放被捕学生、严惩卖国贼和拒签巴黎和约。到5月底，五四运动已逐渐扩展到全国。

6月5日，上海工人阶级举行大罢工，五四运动由此突破知识分子的范围，进入一个新的阶段，发展成为以工人阶级为主力，包括城市小资产阶级、民族资产阶级在内的广泛的群众爱国运动。运动的中心也由北京移到上海。

首先举行政治罢工的是上海日资的内外棉厂工人。6月5日上午，上海日资的第三、第四、第五纱厂和日华纱厂的工人，为声援北京学生运动，揭开了上海工人罢工的序幕。接着，上海纱厂、商务印书馆、中华书局、电车工人、铁厂工人、码头工人、海员等相继举行罢工。6月10日，上海工人罢工达到高潮，因海运、铁路、市政等行业的工人参加罢工，致使上海的水陆交通断绝。据不完全统计，自6月5日至11日，上海罢工的企业有50多个，罢工工人达六七万人。

在工人、学生爱国运动的影响下，6月5日，上海商人也举行了罢市，从而实现了工人罢工、学生罢课、商人罢市的“三罢”斗争。

上海的“三罢”斗争有力地推动了五四运动的发展，全国22个省区、150多个城市纷纷响应，形成了全国规模的“三罢”斗争新局面。在此形势下，北京政府终于被迫在6月10日下令免去曹汝霖、陆宗舆、章宗祥三人职务。

曹、陆、章虽被罢免，但山东问题仍未解决。6月10日后，要求拒签和约，便成为五四运动的中心内容。6月17日，北京政府电令专使在和约

---

① 《青岛潮》，见《五四爱国运动》（上），296页，北京，中国社会科学出版社，1979。

② 《青岛潮》，见《五四爱国运动》（上），297页。

上签字的消息传出后，全国各地随即掀起了拒签和约运动的高潮。19日，全国学联致电北京政府，表示暂不承认和约签字。20日，山东各团体代表到新华门请愿，提出了拒签和约、废除密约、惩办国贼等要求。25日，全国学联发出紧急宣言，号召全国不承认和约。27日，上海各界群众举行万人集会，一致反对在和约上签字，并要求废除中日间一切不平等条约。同日，山东、天津、北京、陕西等地代表联合到总统府请愿，要求拒签和约。与此同时，全国各地还纷纷举行拒签和约的人民外交大会，发表拒签和约通电。通电警告出席巴黎和会的中国代表"如或违背民意，不保留青岛及山东主权而签德约者，当与曹、章、陆同论"。①

6月28日为巴黎和约签字之日，旅法的中国工人和留学生包围了中国代表住所，不准他们前往签字。在全国人民的压力下，中国代表拒绝在和约上签字。至此，五四爱国运动的直接斗争目标实现。

五四爱国运动在取得拒签和约的胜利以后，全国各地反帝反封建军阀的斗争仍在继续向前发展。

五四运动具有伟大的历史意义：第一，五四运动是一场伟大的爱国主义运动。它带着辛亥革命还不曾有的姿态，表达了中国人民彻底地不妥协地反帝国主义和彻底地不妥协地反封建主义的精神。第二，五四运动又是一场文化革新运动，一场空前的思想解放运动。它促进了马克思主义及其他各种新思潮在中国的传播，极大地提高了中国人民的觉悟，推进了新式知识分子群体的成长。第三，在五四运动中，中国工人阶级登上政治舞台，显示了自身的力量。经过五四运动，一批具有初步共产主义思想的知识分子，开始认识到工人阶级力量的伟大，积极投身到工人中间进行马克思主义的宣传工作和组织工作，从而为中国共产党的成立，做了思想上、干部上的准备。第四，五四运动揭开了中国新民主主义革命的序幕。从此，中国革命开始进入新民主主义革命时期。

二、"五四"后新思潮的竞起

五四运动后，西方各种社会思潮蜂拥而至。由于这些思潮不同于中国封建传统文化，在当时都被称为新思潮。这种思潮，既包括社会主义思想，也包括各种小资产阶级思想和资产阶级的民主主义思想。在这些新思想中，

① 《新闻报》，1919-06-25。

流传较广、影响较大的有马克思主义、实用主义、基尔特社会主义、无政府主义、工读主义、新村主义、泛劳动主义、合作主义、平民教育等。

马克思主义是在19世纪40年代形成的无产阶级学说。在五四运动前，中国的学人对马克思及其学说已有较多的介绍，但中国人自觉地接受马克思主义，是五四运动以后的事。

1919年五四运动的兴起，极大地促进了马克思主义在中国的传播。在五四运动中，工人阶级的觉悟有了很大的提高，他们迫切需要马克思主义的启蒙教育。先进的知识分子，通过五四运动，抛弃了对帝国主义的幻想，走上了反帝的道路，并联系俄国十月革命，开始学习和研究马克思主义。五四运动后，马克思主义在中国思想界得到了广泛传播。

第一，各地出现了一批宣传马克思主义的刊物，翻译出版了不少马克思主义的著作。五四运动后，全国各地不仅涌现了一批相当数量的以宣传社会主义思想为宗旨的刊物，而且许多早期宣传新文化的报刊也纷纷转向介绍和宣传马克思主义。据统计，1919年至1920年，在全国400余种报刊中，不同程度具有社会主义倾向的报刊就有200余种。其中对传播马克思列宁主义起了较大作用的有《新青年》《每周评论》《晨报》副刊、《民国日报》副刊、《觉悟》《湘江评论》《新社会》《少年世界》等。

与此同时，随着宣传马克思主义的进步刊物不断出现，国内逐渐掀起了一股翻译马克思、恩格斯、列宁著作的热潮。到1920年，国内翻译出版的马克思、恩格斯、列宁的原著已近20种，如马克思、恩格斯的《共产党宣言》《社会主义从空想到科学的发展》《雇佣劳动与资本》，列宁的《民族自决》《过渡时代的经济和政治》《国家与革命》等。此外，还翻译出版了一批介绍马克思主义的论著，如考茨基的《马氏资本论释义》《阶级斗争》，河上肇的《马克思唯物史观》等。上述著作的翻译出版，一方面反映了马克思主义在中国的传播情况，另一方面又为当时进步的知识分子学习、研究马克思主义创造了条件。

第二，涌现了一批宣传和传播马克思主义的先进分子，并在各地成立了一批宣传和研究马克思主义的团体，形成了一支宣传马克思主义的理论队伍。

五四运动后，李大钊是宣传和传播马克思主义最杰出的一位。1919年5月，他把他主编的《新青年》6卷5号辟为“马克思研究专号”，开始连载他的《我的马克思主义观》。这篇长文系统地介绍了马克思主义的唯物史观、政治经济学和科学社会主义的基本原理，并指出这三个部分“都有不可分的关系，而阶级竞争说恰如一条金线，把这三大原理从根本上联络起来”①。之后，李大钊还通过《少年中国》《新社会》《新生活》《平民教育》等刊物介绍马克思主义的基本原理，特别是唯物史观。同时，他还在北京大学和北京女子高等师范开设了《唯物史观》《社会主义与社会运动》《社会主义的将来》等课程，把马克思主义深入到高等学校的讲坛上。

五四运动之后，陈独秀也是马克思主义的积极宣传者。他相继发表的《马尔萨斯人口论与中国人口问题》《上海厚生纱厂湖南女工问题》《劳动者的觉悟》《谈政治》等文章，宣传了马克思主义的剩余价值学说与阶级斗争、暴力革命理论，阐述了无产阶级专政的历史必然性。

在李大钊、陈独秀等人影响下，毛泽东、蔡和森、周恩来、李达、李汉俊、杨匏安、陈望道、邓中夏、张太雷等人，开始接受马克思主义，成为中国早期马克思主义宣传运动中的先进分子。

在这批先进分子的努力下，1920 年前后，中国从南到北，相继成立了一批学习、研究马克思主义的团体。在北京，1920 年 3 月，邓中夏、高君宇等人在李大钊的倡导下，成立了北京大学马克思学说研究会。在上海，1920 年 5 月，陈独秀、李汉俊、李达、俞秀松等人发起成立了马克思主义研究会。在湖南，1920 年 8 月，毛泽东等人以新民学会会员为骨干，联合教育、新闻界人士，发起创办了长沙文化书社。同年 9 月，毛泽东与何叔衡等又发起成立了长沙俄罗斯研究会。在湖北，1920 年 2 月，恽代英等人组织了利群书社。此外，周恩来、郭隆真、邓颖超等人在天津成立了觉悟社；王烬美、邓恩铭等人也在山东成立了济南马克思主义研究会。这些团体的成立，进一步促进了马克思主义在中国的传播。

上述情况表明，五四运动后，马克思主义在中国已经传播开了。

实用主义是 19 世纪末 20 世纪初在美国发展起来的一种资产阶级唯心主义哲学流派。实用主义否认客观真理和人类社会发展的规律，认为凡是能提供利益和符合需要的便是真理。实用主义还否认事物的根本变革，因而主张一点一滴的进化和改良。实用主义是胡适等人引入中国的。胡适在美国留学时接受了实用主义。1919 年，他发表了《实验主义》等文章，系统地介绍了实用主义。他把实用主义称作实验主义。他在文中否认世界存在的客观性和真理的客观标准，认为真理是“人造的”，“是人造出来供人用的”；

---

① 《李大钊选集》，177 页，北京，人民出版社，1959。

一种观念能否冠以“真理的美名”，全看它是否“大有用处”。①

应该指出，胡适在五四时期宣传实验主义时，提倡“存疑主义”，认为“天下没有永久不变的真理”，主张“重新估定一切价值”，是具有积极意义的。胡适在宣传实验主义时，还把实用主义的思想方法概括为“大胆的假设，小心的求证”，宣扬这是普遍适用的科学方法。就其方法论本身而言，也含有积极因素和合理成分。但由于实验主义否认世界的物质性和规律的客观性，这样，其方法就成了没有客观依据的东西。特别是实验主义作为资产阶级唯心主义哲学，在政治上，主张一点一滴的改良，反对根本的社会革命，这与马克思列宁主义的社会革命论又是格格不入的。

1919 年，应胡适的邀请，杜威来华讲学，在中国停留了两年又两个月，曾到 11 个省讲演。他的讲演集再版过十几次，《新青年》出了杜威专号。杜威来华讲学，使实验主义在中国风行一时。

基尔特社会主义也叫行会社会主义，是 20 世纪初产生于英国的一种资产阶级改良主义思想。它主张在保存现有国家政权的条件下，组织基尔特②，来管理生产，实行生产自治，产业民主，而由国家负责产品的分配和保证全民的消费，从而达到消灭剥削，实现劳动者的解放。五四时期，梁启超、张东荪等是这种主义的积极鼓吹者。1920 年 9 月，英国哲学家、基尔特社会主义者罗素来华讲学，在中国停留了 10 个月，先后到过江苏、北京、湖南等地。罗素在他的讲演和文章中，宣扬基尔特社会主义。梁、张等附和并宣扬罗素的理论，把它作为反对马克思主义的武器。1921 年 9 月，他们在《时事新报》上开辟了《社会主义研究专栏》，宣传基尔特社会主义。

无政府主义是一种小资产阶级的社会思潮。20 世纪初被当作一种社会主义学说介绍到中国。1907 年在法国的巴黎和日本的东京最早出现由中国人创办的鼓吹无政府主义的刊物和团体。辛亥革命后，无政府主义开始在国内流传，并有较大的发展。一些无政府主义者相继发起组织了晦鸣学社、心社、无政府共产主义同志社、进化社等团体，出版《晦鸣录》《民声》《进化》等刊物，积极开展无政府主义的宣传。无政府主义派主张个人绝对自由，反对强权和国家，幻想通过宣传和暗杀等手段建立一个生活平等、工作自由、各尽所能、各取所需、互助互爱的无政府共产主义社会。由于无

---

① 《实验主义》，见《胡适文存》(二)，上海，上海亚东图书馆，1921。

② 基尔特，为英文 guild 的音译，意为行会、同业组织、协会。

政府主义者表现了与封建专制、封建礼教势不两立的姿态，五四运动后，一度被那些不满于中国社会的黑暗，向往没有阶级、没有人剥削人社会的小资产阶级知识分子所接受。不少早期共产主义者也曾受过它的影响。从1919年至1920年，无政府主义的团体有近50个，刊物近70种。但随着马克思主义的进一步传播，一些进步的知识分子开始摒弃无政府主义。

工读主义或“工读互助主义”，是综合当时流行的俄国无政府主义者克鲁泡特金的“互助论”，俄国作家托尔斯泰的泛劳动主义，以及新村主义等“新思潮”而形成的。工读主义主张劳心与劳力、工与读相结合，教育与职业合一，学问与生计合一，把工读互助团办成“人人工作，人人读书，各尽所能，各取所需”的新组织，将来各地的这类小组联络起来，实行“小团体大联合”，创造一个新社会。

1919年12月，少年中国学会执行部主任王光祈发表了《城市中的新生活》一文，主张在城市中组织“工读互助团”，开展“新生活”的实验。并提出在北京先行着手组织，然后在其他城市推行。这一倡议得到蔡元培、陈独秀、李大钊、胡适等许多有影响的人物的支持。从1919年年底到1920年年初，北京组织了工读互助团四个组，在社会上引起了很大反响。随后，南京、上海、天津、武汉、广州等地先后成立了工读互助团。工读主义的提倡与实践，表现了青年知识分子改造中国的热切愿望，但它的空想性决定其必然失败。北京和其他地方的工读互助团仅仅存在了几个月就因经济困难、内部不统一等原因而解散了，流行一时的工读主义也随之而烟消云散。

新村主义主张脱离旧社会的恶势力，另辟一块小天地，建立没有压迫，没有剥削，没有脑力和体力劳动对立，人人平等，互助友爱的新村。随着新村的普遍，一个理想的社会即会到来。五四运动前，中国已有人介绍新村主义，但当时在社会上的影响较小。1919年3月，周作人发表了《日本的新村》一文，详细介绍了新村主义的理论与实践。同年7月，他到日本九州参观了武者小路实笃创办的新村。归来后，他不仅撰文介绍，并在北京、天津讲演，宣传新村主义，还于1920年2月在北京设立了“新村支部”。经周作人等人的鼓动，当时一些青年知识分子相继接受了新村主义，展开了新村主义的热烈宣传和实践活动。

合作主义也是五四时期流行的一种新思潮。合作主义主张通过组织合作社，来消灭剥削，实现社会主义。五四时期，一部分小资产阶级知识分子曾把合作主义看成最适于改造中国的办法，各地先后出现了一批研究和宣传合作主义的小团体。其中成立最早、影响较大的是上海复旦大学教员和学生们组织的平民周刊社（后改为平民学社）。该社 1920 年 5 月开始发行的《平民》周刊，是中国宣传合作主义的主要阵地。此外，在上海、长沙、成都、无锡、武昌等地出现过各种类型的合作社。

五四时期，在中国思想界还流行一种提倡“平民教育”或“平民主义教育”的思潮。它主张通过普及教育来改造社会和救国。这种思潮是在杜威的教育思想影响下出现的。1919 年杜威在中国讲学活动中，大力宣扬教育万能论，宣称教育“是人类社会进化最有效的一种工具”。只要“普及平民教育”，就能解决社会问题。在杜威的影响下，1919 年下半年，北京高等师范的教职员和学生成立了研究宣传及实施平民教育的平民教育社，创办了《平民教育》杂志，后来还成立了讲演部。平民教育的倡导者认为不是政治决定教育，而是教育决定政治，通过教育的改革，把教育普及到一般平民身上，使个人受到一定程度的教育，就可以求得社会中各分子的真正平等自由，造成一个真正的共和国。

上述思潮在中国的竞相传播，使中国思想界一度出现了百家争鸣的局面。

从 1919 年到 1922 年，马克思主义在中国的传播过程中，与各种非马克思主义思潮进行了三次争论。

马克思主义与非马克思主义的第一场争论，是与实用主义者的争论。这场争论亦被称为“问题与主义”论战。

这次论战开始于 1919 年 7 月。五四运动以后，中国早期马克思主义者运用马克思主义关于阶级斗争和无产阶级专政的学说，对中国社会进行根本改造的主张，引起实用主义者胡适等人的不满。1919 年 7 月，胡适在《每周评论》第 31 号上发表了《多研究些问题，少谈些“主义”》一文，挑起了“问题与主义”之争。

胡适在文章中具体发挥了杜威的工具论，鼓吹“学理是我们研究问题的一种工具”，要求人们“把一切‘主义’摆在脑背后，做参考资料，不要挂在嘴上做招牌”。他声称舆论界的大危险，就是“高谈主义，不研究问题”。他以讥讽的口吻说：“空谈好听的‘主义’，是极容易的事，是阿猫阿狗都能做的事，是鹦鹉和留声器都能做的事”。因而他“奉劝”人们“多多研究这个问题如何解决，那个问题如何解决”，不要高谈主义。胡适的这种说法意在阻挠马克思主义在中国传播，把人们引向改良主义的道路。

李大钊看到胡适的文章后，写了《再论问题与主义》①一文，反对胡适的论点。李大钊批驳了胡适把“宣传主义”与“解决问题”对立起来的观点，指出“问题”与“主义”是不可分离的，解决问题，离不开“主义”。我们的社会运动，一方面固然要研究实际的问题，另一方面也要宣传理想的主义，这是“交相为用”“并行不悖”的。李大钊在文中公开声明“我是喜欢谈谈布尔什维主义的”。他说：“布尔什维主义的流行，实在是世界文化上的一大变动。”他还指出，社会问题“必须有一个根本解决，才有把一个一个的具体问题都解决了的希望”。依马克思的唯物史观，“经济问题的解决，是根本解决”。经济问题一旦解决，一切具体问题都可以解决。

李大钊的《再论问题与主义》发表后，胡适又写了《三论问题与主义》《四论问题与主义》等文，继续鼓吹他的实用主义。1920 年 1 月，李大钊发表了《由经济上解释中国近代思想变动的原因》，用唯物史观进一步批判了胡适的观点。

问题与主义的争论，是马克思主义的社会革命论与社会改良主义的争论，争论的意义在于它揭示了中国社会改造的一个重要问题，即必须以马克思主义为指导，进行“根本解决”。

马克思主义与非马克思主义之间的第二场争论，是与基尔特社会主义者的争论。这场争论亦被称为关于社会主义的论战。

这场论战的起因是英国哲学家、基尔特社会主义者罗素来华讲学。1920 年 9 月，罗素来华讲学。他在讲演中反对阶级斗争，宣扬基尔特社会主义。他以中国实业不发达为由，劝告中国人暂不主张社会主义。罗素的讲演得到张东荪、梁启超等人的喝彩。1920 年 10 月，张东荪等陪同罗素到湖南讲演。11 月，他从湖南回到上海后，即在研究系主办的《时事新报》上发表了《由内地旅行而得之又一教训》的时评，将罗素的论调加以重弹和发挥，向马克思主义挑起争论。12 月，他又在《改造》第 3 卷第 4 号上发表了《现在与将来》一文，论述了他反对社会主义的观点。次年 2 月，梁启超在《改造》第 3 期第 6 号上发表了《复张东荪书讨论社会主义运动》，对张东荪的观点加以支持。

张东荪、梁启超等人表面上研究社会主义，实际上宣传改良主义。他们宣称“资本主义必倒，社会主义必兴”，同时又说世界上没有不经过资本主义而能达到社会主义的。“中国若想社会主义实现，不得不提倡资本主

① 该文刊登在《每周评论》第 35 号上。

义”。他们声称：“中国的唯一病症就是贫乏。”救中国只有一条路，就是增加富力，而增加富力就是开发实业，开发实业只能用资本主义的方法。他们还认为中国产业落后，否认中国有实行社会主义的物质条件与阶级基础，反对正在兴起的社会主义运动，反对建立工人阶级政党。认为在中国真的劳农主义绝不会发生，而伪的劳农革命恐怕难免。“党是代表那阶级的，若他背后没有阶级，必不成立，中国现在离劳动阶级的完成与自觉尚早。”

张、梁的言论，立即遭到马克思主义者和社会主义拥护者的反驳。他们在《民国日报》副刊《觉悟》和《新青年》等报刊上发表了大量批驳张、梁的文章，其中比较重要的有李达的《讨论社会主义并质梁任公》《社会革命的商榷》，陈独秀的《社会主义批评》，李大钊的《中国的社会主义与世界的资本主义》，蔡和森的《马克思学说与中国无产阶级》，何孟雄的《发展中国的实业究竟要采取什么方法》等。

马克思主义者和社会主义拥护者针对张东荪、梁启超的言论指出，社会主义者并不反对经济落后的中国增加富力，开发实业，问题在于“用什么方法去增加富力开发实业”。他们从理论上和事实上论述了资本主义制度的不合理性腐朽性和社会主义制度的优越性，强调在中国“在今日而言开发实业，最好莫如采用社会主义”。中国只有走上社会主义道路才能真正开发实业，彻底解决“穷”的问题。马克思主义者和社会主义拥护者还驳斥了张、梁所宣扬的中国没有大工业制度，没有真正劳动阶级，“不能发生社会主义运动”的观点，指出，中国虽然同欧美产业发达的程度不同，但“社会主义运动的根本原则却无有不同”，“中国无产阶级所受的悲惨，比欧美、日本的无产阶级所受的更甚”。因此，“中国不但有讲社会主义的可能，而且有急于讲社会主义的必要”。他们还指出，张、梁“主张借资产阶级的国家立法，施几项温情政策，略略缓和社会问题，并不是想根本的解决社会问题”。要解决中国社会问题，必须“采用劳农主义的直接行动，达到社会革命的目的”。

为扩大这场论战的影响，1920 年 12 月，陈独秀在《新青年》第 8 卷第 4 号上，专门开辟了一个“关于社会主义的讨论”专栏。

关于社会主义的争论，是关系到中国要不要走社会主义道路，要不要组织无产阶级政党，要不要用革命手段来改造中国社会的大争论。张、梁的理论虽然也包含某些合理成分，如肯定资本主义发展在当时中国的社会意义，不同意“现在中国就实行社会主义”等，但他们理论的基本出发点是反对马克思的科学社会主义，反对成立共产党，马克思主义者对张、梁的批判，肯定了中国社会发展的方向是社会主义，宣传了马克思主义的社会革命论，对中国共产党的建立起了促进作用。在这场争论中，当时的马克思主义者存在着明显的缺点，他们完全否定资本主义在中国存在和发展的必然性与进步意义，主张在现实的中国直接实现社会主义目标是不符合国情的。

马克思主义与非马克思主义之间的第三场争论，是与无政府主义的论战。

马克思主义的广泛传播，使马克思主义同无政府主义的对立日益尖锐起来。从 1919 年到 1921 年，以黄凌霜、区声白为代表的无政府主义者，发表了《马克思学说的批评》《我们反对"布尔什维克"》等文章，攻击十月革命和马克思主义。1920 年 9 月，陈独秀发表了《谈政治》一文，阐述了马克思主义关于国家的学说，对无政府主义的基本观点进行了批判。1920 年年底陈独秀到广州后，继续对无政府主义进行批判。区声白写信给陈独秀表示异议，双方来往辩论的信件有 6 次之多。这样，马克思主义者同无政府主义者便展开了公开的争论。当时的马克思主义者发表了大量批判无政府主义的文章，影响较大的有蔡和森的《马克思学说与中国无产阶级》，李达的《社会革命的商榷》《无政府主义解剖》，施存统的《我们要怎么样干社会革命》，李大钊的《自由与秩序》，以及陈独秀编辑的《讨论无政府主义》等。

无政府主义者反对一切强权、一切国家，尤其集中地攻击无产阶级专政。他们从极端个人主义出发，主张个人绝对自由，反对一切组织纪律和政治权力的作用。

马克思主义者在争论中批判了无政府主义者反对一切强权、一切国家的言论，强调了用革命手段夺取政权和建立无产阶级专政的必要性。指出：我们的最终目的，也是没有国家的，不过"在阶级没有消灭以前，却极力主张要国家，而且是主张要强有力的无产阶级专政的国家的"。马克思主义者批判了无政府主义者鼓吹的"个人绝对自由"，阐明了组织纪律和集中统一领导的重要性。指出，在人类社会中，自由是相对的，而不是绝对的，个人绝对自由是根本不存在的。马克思主义者还批判了无政府主义者关于生产和分配的观点，指出，社会主义不是把生产资料全部分散给个体小生产者，而是实行集中的有计划有领导的现代化大生产，这样才能高速度地发展社会生产力。分配原则是由生产力发展水平决定的，在生产力未发达的时期，若用"各取所需"的分配原则，"社会的经济的秩序就要弄糟了"，势必破坏生产力的发展。

马克思主义同无政府主义的争论，持续了一年多。这场论战的实质是要不要无产阶级专政的问题。通过这次争论，使大批激进的青年划清了马克思主义与无政府主义的界限，不少信仰过无政府主义的人转向马克思主义。

上述三次论战，进一步促进了马克思主义在中国的传播，使更多的先进知识分子接受了马克思主义，为中国共产党的建立起了重要作用。这几次争论，在当时，是有重大意义的。但是争论所涉及的中国的根本问题，是不可能在几次论辩之后就消失的，它们将长期存在于中国政治史和思想史上。

三、中国共产党的成立

无产阶级政党是马克思主义与各国工人运动相结合的产物，这是马克思主义建党学说的一条基本原理。中国共产党是中国无产阶级的政党，它的建立，是马克思主义同中国工人运动相结合的产物。

到20世纪20年代，中国工人阶级队伍不断壮大，马克思主义在中国得到广泛传播。社会政治经济发展的种种迹象表明，中国建立无产阶级政党的历史条件已经具备。中国的先进分子已意识到这一点。在五四运动的推动下，先进的中国知识分子开始投身于工人群众中，促使马克思主义与中国工人运动结合起来。

1920年年初，在李大钊的支持下，邓中夏等人组织了北京大学平民教育讲演团，开始深入到北京郊区的卢沟桥、长辛店等地的工厂农村，同工人农民进行直接接触。开展讲演宣传，组织工人运动。1920年4月18日，陈独秀参加了上海工界7个团体发起召开的“世界劳动节纪念大会”筹备会，被推为顾问。陈独秀在筹备会上专门讲演了劳工问题，号召劳工组织起来。5月1日，上海、北京、广州、香港、唐山等地的工人，在各地进步的知识分子参与下，举行了一定规模的五一节纪念活动。上海的纪念活动，虽受到军警阻挠，仍有上千人参加了集会。据记载，各地参加1920年五一节纪念活动的工人和知识分子有五六万人。这次五一节纪念活动是马克思主义同中国工人运动相结合的一次较大规模的尝试。

随着马克思主义的广泛传播及其同中国工人运动的日渐结合，建立无产阶级政党的问题被提上历史日程。1920年1月，李大钊和陈独秀在北京开始探讨成立共产党的问题。不久，陈独秀迁居上海，和李大钊分别在南方和北方进行建党的准备工作。

中国共产党在创建过程中，得到了列宁领导的共产国际的直接帮助。1920年3月，经共产国际批准派出的俄共(布)党员魏经斯基等人来到中国。魏经斯基首先在北京会见了李大钊。4月，经李大钊介绍到上海会见了陈独秀、李汉俊等人。在魏经斯基的帮助下，陈独秀等人积极展开了建党活动。经过一段时间的酝酿和筹备，于8月在中国工业和工人运动中心的上海，建立了中国共产党发起组，成员有陈独秀、李达、李汉俊、俞秀松、陈望道、赵世炎、施存统等，陈独秀被推为书记。

与此同时，李大钊在北京也积极酝酿创建共产党组织。1920年10月，李大钊发起成立了北京共产党小组，成员有张申府、邓中夏、张国焘、罗章龙、刘仁静、张太雷、何孟雄等，李大钊被推为书记。

陈独秀和李大钊在创建中国共产党的过程中做出了极其重要的贡献。南方的建党活动主要由陈独秀负责指导，北方的建党活动主要由李大钊指导进行。

从1920年秋到1921年上半年，董必武、陈潭秋、刘伯承等在武汉，毛泽东、何叔衡等在长沙，谭平山、谭植棠、陈公博等在广州，王烬美、邓恩铭等在济南，张申府等在法国巴黎，施存统、周佛海等在日本东京，相继建立了中国共产党的早期组织。各地的共产党早期组织名称并不统一，后来被习惯地一律称为共产主义小组。

各地共产党组织建立后，为正式建立中国共产党，积极开展了下列活动：

第一，加紧了对马克思主义的宣传，开展对各种反马克思主义思潮的斗争。为扩大马克思主义的宣传，上海小组于1920年11月创办了第一个党刊《共产党》月刊，阐明党的基本主张，并以大量篇幅宣传马克思列宁主义的建党思想，介绍国际共产主义运动的情况和俄国共产党的经验。

第二，加强了对工人的宣传和组织工作。在这方面，各地党小组都开展了下列3项活动：(1)出版通俗读物，向工人进行阶级教育。如上海小组的《劳动界》、北京小组的《劳动音》、广州小组的《劳动者》、济南小组的《济南劳动》，在当时都是有影响的刊物。(2)举办工人补习学校，向工人讲述马克思主义。如北京小组在工人集中的长辛店举办了劳动补习学校；上海小组在纱厂集中的沪西小沙渡开办了劳动补习学校；武汉小组则在武昌第一纱厂和汉阳兵工厂开办了识字班。通过这种形式，对工人进行直接的马克思主义的启蒙教育。(3)帮助工人建立工会，开展工人运动。如上海小组先后组织了上海纺织工会、上海机器工会、上海印刷工会等；北京小组组织了长辛店工人俱乐部。在帮助建立工会的过程中，各地党小组还普遍组织工人举行了1921年五一劳动节的庆祝活动，有的还领导工人进行了罢工斗争。各地共产主义小组的上述活动，有力地促进了马克思列宁主义同中国工人运动的进一步结合。

第三，加强对青年的团结、教育工作。为了组织青年参加革命斗争，各地共产主义小组都进行了建立社会主义青年团的工作。1920年8月22日，在上海共产主义小组领导下，上海社会主义青年团首先成立。此后，在当地共产主义小组领导下，北京、武汉、长沙、广州也先后成立了社会主义青年团。同年11月，成立了团的临时中央局，俞秀松为书记。

第四，加强各自的组织发展工作。各地共产主义小组建立后，通过陈独秀、李大钊等人的努力，不仅取得了互相间的联络，而且在促使马克思列宁主义与工人运动相结合的过程中，均加强了自身的组织建设。各地的组织建设主要体现在两个方面：(1)清除混进党组织的无政府主义者。如广州小组就将无政府主义者区声白等人清除出党。(2)大力发展小组成员。经过各地党组织发起人的努力，到1921年7月召开中共一大时，全国党员总数已有50余人。

上述中国共产党早期组织的建立和发展，为中国共产党的创建直接做了组织上的准备。

1921年7月23日，中国共产党第一次全国代表大会在上海召开。出席大会的代表共13人，他们是：上海代表李达、李汉俊，北京代表张国焘、刘仁静，长沙代表毛泽东、何叔衡，武汉代表董必武、陈潭秋，济南代表王烬美、邓恩铭，广东代表陈公博、包惠僧，东京代表周佛海。共产国际代表马林、尼柯尔斯基也出席了大会。党的主要创始人南陈(独秀)北李(大钊)，都因公务繁忙未能参加大会。大会在上海法租界贝勒路树德里3号(解放前曾改为望志路106号，现为兴业路76号)秘密举行。30日晚，受到租界巡捕的搜查后，大会转移到浙江嘉兴南湖的一艘游船上举行。

会议的议程包括各地代表向大会报告工作情况，起草并讨论和通过党的纲领与工作计划，选举党的中央机构。

大会通过了党的纲领，规定：党的名称为“中国共产党”。党的奋斗目标是：以无产阶级革命军队推翻资产阶级，采用无产阶级专政，废除资本私有制，直到消灭阶级差别。纲领还规定了民主集中制的组织原则和党的组织纪律：党组织“采取苏维埃的形式”；凡接受党的纲领和政策，愿意忠于党，不分性别、国籍，由一名党员介绍，并经当地党组织审查，经过半数以上党员同意，再经该地区执行委员会批准，方可接受其入党；党员应根据不同职业，在工人、农民、士兵和学生组织中进行活动；在公开时机未成熟前，党的主张以至党员身份都应保守秘密；除为现行法律所迫或征得党的同意外，不得担任政府官员或国会议员。

大会通过的关于当前实际工作的决议，规定党成立后的中心任务是组织工人阶级，从事工人运动，并做出了建立工会、开办工人补习学校、出版工会报刊和小册子、成立研究工人运动的机构等具体规定，并强调在工人运动中必须加强党的领导。决议还规定在政治斗争中，在反对军阀和官僚的斗争中，在争取言论、出版及集会的自由中，党应“坚守无产阶级的立场”，不与其他党派建立任何关系。

大会选举产生了党的领导机构——中央局，陈独秀为书记，张国焘分管组织工作，李达分管宣传工作。

中国共产党第一次全国代表大会，完成了具有划时代意义的伟大使命。从此，在中国出现了完全新式的、以共产主义为目的、以马克思列宁主义为行动指南的工人阶级政党。

中共“一大”后，党的中央局在秘密状态下，以积极、谨慎的姿态，一方面组织党员努力开展活动，另一方面，则不失时机地加强自身建设。1921年11月，共产党以中央局书记陈独秀的名义，发出了《中国共产党中央局通告——关于党的组织和宣传工作》。《通告》要求各地党组织积极、大胆地做好党的发展工作，要求“上海、北京、广州、武汉、长沙五区早在本年内至迟亦须明年七月开大会前，都能得同志三十人，成立区执行委员会”。同时提请各地党组织切实加强马克思主义的宣传活动，加强党对工会、青年、妇女工作的领导。根据该《通告》精神，全党进行了大量的卓有成效的工作。

四、工人农民等群众运动的初步开展

中国共产党成立后，开始集中力量从事工人运动。1921年8月，成立了中国劳动组合书记部，作为党公开领导工人运动的机关。总部设在上海（后迁往北京）。张国焘、邓中夏先后任主任。随后，又在北京、汉口、长沙、广州、济南等地设立分部。中国劳动组合书记部成立后，经过一年的努力，共产党领导的工会组织有100多个，会员达80多万，并爆发了中国工人运动的第一次高潮。

香港海员罢工是这次工人运动高潮的起点。1922年1月12日，香港海员6000多人为了反抗英国资本家的压迫剥削，要求增加工资，在中华海员工业联合总会的领导下举行大罢工。到3月初，海员罢工发展成为香港工人同盟总罢工，罢工人数达10万以上，使香港的海上航运、市内交通和生产企业全部陷入瘫痪。设在广州的海员罢工总办事处采取封锁香港的斗争策略，动员罢工工人由香港回广州。3月4日，当步行回广州的罢工工人途经沙田时，遭到英国军警开枪射击，制造了死6人、伤数百人的沙田惨案。这次罢工，得到中国劳动组合书记部、广东政府和全国各地工人的支援。罢工坚持了56天，港英当局被迫于3月8日接受海员提出的增加工资、抚恤死难家属以及取消封闭海员工会命令的要求。罢工的胜利，有力地推动了全国第一次工人运动高潮的出现。

为适应工人运动日益高涨的需要，中国共产党通过劳动组合书记部发起，于1922年五一节在广州召开了第一次劳动大会。到会代表173人，来自12个城市，代表110多个工会约34万会员。大会通过了《八小时工作制》《罢工援助案》《全国总工会组织原则案》等10项议案，发表了《全国劳动大会宣言》。大会决定在全国总工会成立之前，各地工会以中国劳动组合书记部为总通讯机关。这次大会实际上确认了中国共产党在工人运动中的领导地位。大会召开之后，中国共产党利用直系军阀宣称恢复国会、制定宪法的时机，通过劳动组合书记部发动了劳动立法运动，提出了劳动法大纲19条，主要内容为：工人有集会、结社、罢工、缔结团体契约、进行国际联合等权利；实行8小时工作制，改善劳动待遇；工人参加管理等。

劳动大会的召开和劳动立法运动的开展，推动了罢工高潮的兴起。从1922年下半年开始，罢工斗争在全国各地接连爆发。在北方，接连爆发长辛店铁路工人罢工、京奉铁路山海关铁工厂和唐山制造厂工人罢工、京绥铁路车务工人罢工、正太铁路石家庄机器厂工人罢工以及开滦煤矿工人的罢工。其中，以10月23日爆发的开滦五矿5万多工人参加的总同盟罢工规模最大。在南方，先后爆发了上海闸北丝厂女工罢工、粤汉路武长段工人罢工、安源路矿工人罢工、上海金银业工人罢工、长沙泥木工人罢工、长沙铅印活版工人罢工、上海日华纱厂和上海英美烟厂工人罢工、湖南水口山铅锌矿工人罢工等。其中，以李立三、刘少奇领导的有1.7万人参加的安源路矿罢工规模最大、组织最严密。

工人运动的最高潮，是1923年2月京汉铁路大罢工。从1921年下半年到1923年年初，在劳动组合书记部的帮助下，京汉铁路各站陆续成立了10

多个工会，有组织的工人达3万多人。工人迫切要求成立全路总工会。1923年2月1日，京汉铁路总工会在郑州举行成立大会，一向标榜“保护劳工”的直系军阀吴佩孚竟下令禁止。2月4日，京汉铁路工人3万余人举行全路总同盟罢工，号召工人为“争自由、争人权”而战。前后不到3小时，各次列车一律停驶，长达1200多公里的京汉铁路顿时陷入瘫痪。2月7日，吴佩孚在帝国主义的支持下，调集大量军警，对汉口、郑州、长辛店等地罢工工人进行了血腥屠杀，制造了震惊中外的“二七惨案”。结果有52人惨死，300多人受伤，40多人被捕入狱，1000多人被开除。京汉铁路总工会江岸分会委员长、共产党员林祥谦和京汉铁路总工会法律顾问、共产党员施洋惨遭杀害。“二七惨案”发生后，共产党和劳动组合书记部号召全国工人支持京汉铁路工人的斗争，各地纷纷举行游行示威，声援京汉铁路工人。海外侨胞、国际工人组织也表示了积极的声援。

“二七惨案”后，帝国主义和封建军阀加紧了对工人罢工运动的镇压，各地工会组织遭到严重摧残，许多工人领袖或被捕或被杀，全国工人运动暂时转入低潮。工人运动的第一次高潮，显示了工人阶级的强大力量，提高了工人阶级和共产党在全国人民中的威望。这次工人运动由高潮转入低潮的事实也表明，中国工人阶级孤军奋战是不能战胜强大敌人的，公开合法斗争形式的作用是有限的，它必须同其他革命阶级建立广泛的统一战线，组织武装力量，进行武装斗争，才能取得中国革命的胜利。

中国共产党在领导工人运动的同时，也加强了对农民运动的发动和领导。共产党人组织的农民运动，最早开始于浙江萧山县衙前村。1921年9月，共产党员沈玄庐等人在浙江萧山衙前村领导农民建立农民协会，开展减租斗争。不久，萧山、绍兴两县的农民纷纷仿效，约有80余村成立了农会组织。年底，在封建势力和反动当局的镇压下，浙江的农民运动低落下去。

在初期的农民运动中，规模和影响较大的是广东海丰、陆丰的农民运动。1922年6月，海丰农民运动在共产党员彭湃的领导下开展起来。1923年1月，海丰农会成立，会员约10万人，这是我国第一个县农会。接着陆丰、惠阳两县农会成立。1923年5月，彭湃将三县农会改组为惠州农民联合会，不久改称广东农会。后来紫金、惠来等县也成立了农会。

湖南也是农民运动兴起较早的地区。1923年年初，中共湘区委员会派人到衡山县的岳北、白果一带开展农民运动。9月，在白果召开了岳北农工会成立大会，到会万余人。不久，发展到10余万人。农工会领导当地农民开展平粜和阻禁地主谷米、棉花外运，以及减租减息的斗争。

中国共产党成立后，也很重视发展青年、妇女运动。共产党对青年运动的领导，主要是通过社会主义青年团进行的。早在1920年，共产党的早期组织就在各地相继建立了社会主义青年团。1922年5月，在广州召开了中国社会主义青年团第一次全国代表大会。大会通过了团的纲领和章程，选举了团的中央执行委员会，正式宣布了中国社会主义青年团的成立。青年团正式成立后，协助共产党广泛开展青年运动。1922年10月，团中央号召全国青年发扬五四运动精神，积极参加民权运动。1923年“二七惨案”发生后，团中央发表宣言，要求青年援助京汉铁路工人。同年10月，团中央发动各地青年积极投身反对曹锟贿选的活动。

在妇女运动方面，中国共产党成立后，很注意妇女工作的开展。1921年12月，共产党支持具有进步倾向的中华女界联合会创办妇女刊物《妇女声》，宣传妇女解放。1922年2月，共产党开办了平民女校，培养了一批妇女干部。

在共产党的影响下，劳动妇女运动在各地得到了发展。大批妇女走进工厂，成为中国产业工人的重要组成部分。此外，一些知识妇女还开展了女权运动和女子参政运动，要求在宪法上明文规定女子和男子完全平等和女子有参政权。1922年8月，北京的高等学校学生发起成立了女子参政协会和女权运动同盟，这两个组织曾扩展到全国许多城市。

五、“五四”后爱国反军阀斗争的继续

从“五四”开始的群众爱国运动在取得拒签和约的胜利以后，继续向前发展。11月10日，在上海成立了全国各界联合会。反帝斗争与反军阀斗争结合在一起，一浪接着一浪。

1919年7月22日，媚日军阀、山东济南镇守使马良，以“结党扰乱治安”为名，逮捕山东爱国团体回教救国后援会领导人。25日山东实行戒严。8月3日逮捕从事爱国活动的学生代表16人。8月5日杀害了回教救国后援会领导人。马良的横暴举动，在山东和全国激起强烈反抗。8月23日，山东、天津、北京各界代表30余人向总统徐世昌请愿，要求取消山东戒严令和惩办马良。徐拒不接见，反动军警将代表全数逮捕关押。8月26日，津京学生三千余人发动第二次请愿，要求惩办马良和释放被捕学生。28日反动政府调集大批军警对学生进行镇压。在全国一致声讨下，北京政府不得

不于 8 月 30 日将两次捕去的代表全部释放。10 月 1 日，上海、南京、天津和山东、河南等省代表 30 余人又进行第三次请愿。这次请愿除要求惩办马良外，同时要求拒绝与日本直接交涉山东问题、取消二十一条。结果，请愿代表又全数被捕，一个月后被释放。持续几个月的反马良的斗争，没有达到目的。

1919 年 11 月 16 日，发生福州惨案。这一天，日本暴徒百余人对正在进行抵制日货宣传的福州学生进行围殴，重伤学生 6 人、警察 1 人。随后，日本政府增派军舰来闽。惨案发生后，举国震惊，爱国运动再次掀起热潮。福州全城学生罢课，商人罢市，抗议日本侵略者的暴行。全国各省纷纷召开国民大会，举行游行示威，支援福建人民的斗争。抵制日货运动也在全国广泛展开。

1919 年 12 月，湖南爆发“驱张运动”。皖系军阀张敬尧，从 1918 年上半年统治湖南以后，给湖南人民造成巨大灾难。湖南人民把张敬尧称作张毒，把张氏兄弟四人称作“虎豹豺狼”。五四运动中，张敬尧肆意镇压湖南的爱国斗争。1919 年 11 月，在毛泽东等领导下，长沙 20 多所学校再行组织学联，继续进行抵制日货等爱国活动，并酝酿驱张斗争。12 月 2 日，湖南学联举行焚烧日货示威大会，张敬尧派人镇压，殴打侮辱学生。于是，驱张运动正式爆发。从 12 月 6 日起，长沙各中等以上学校陆续罢课。湖南学生联合会代表中等以上 13000 名学生发布驱张宣言，声明“张毒一日不除，学生一日不返校”。接着组成驱张代表团赴上海、北京、广州等地作请愿活动，一方面扩大驱张宣传，另一方面争取利用吴佩孚等同张敬尧的矛盾，把张驱走。1920 年 5 月下旬，爆发湘军驱张战争。6 月张敬尧逃离长沙。

1920 年 1 月，天津学生开展反对中日两国直接交涉山东问题和抵制日货运动。警察厅长杨以德对爱国运动进行严酷的镇压，逮捕天津各界代表 24 人，同时查封天津各界联合会和学生联合会。于是天津学生决定展开更大规模的反抗斗争。三千多名学生在周恩来等指挥下，向省长公署请愿，要求撤换杨以德，释放被捕代表，恢复学联和各界救国联合会；同时要求拒绝青岛问题中日直接交涉，尽快办理闽案。学生的斗争又遭到反动军警的镇压，50 多人被打伤，周恩来、郭隆真等 4 名代表被捕。事件发生后，京沪杭等地群众团体纷纷集会通电，声援天津学生。经过严重斗争，反动当局释放了捕去的学生代表。

五四运动后，全国各地展开了反对鲁案直接交涉的斗争。在出席巴黎和会的中国代表拒绝和约签字后不久，亲日派官僚徐树铮公然提出更换代表，补行签字的主张。由于全国爱国运动的蓬勃开展，北京政府未敢采纳。随后，日本政府派员来华活动，到1920年1月正式向中国政府发出照会，提出山东问题由中日直接交涉，以实现其攫取山东权益的目的。对此，全国各阶层人民奋起反对。4月，全国学生联合总会发表宣言，上海、南京学生全体罢课，都反对鲁案直接交涉。上海学生并进一步提出“推倒南北两政府，驱逐武人官僚政客”“组织平民政府”等主张。北京学生也展开广泛的宣传活动。在全国各方面的压力之下，北京政府没有敢与日本进行直接交涉。

以上这些斗争，表明五四运动后全国反帝爱国运动在继续发展。

第三节 各个军事政治集团之间的政争、战争和南北政局的演变

一、凡尔赛—华盛顿体系和共产国际体系的对立及其对中国的影响

第一次世界大战的惨重后果，促使不同的国家、不同的政党和政治组织，就战后的国际关系，从各自不同的立场出发，进行了新的观察和调整，逐渐形成了互相对立的两大国际政治体系，即以西方帝国主义列强为核心的“凡尔赛—华盛顿体系”和以苏联为核心的共产国际体系。

1919年的巴黎和会，是第一次世界大战的战胜国为重建战后国际政治秩序的会议。战胜国在巴黎和会上与德、奥等战败国相继签订了《凡尔赛和约》《圣日尔曼条约》等一系列和约，初步构筑了战后资本主义世界的新格局，即所谓的“凡尔赛体系”。凡尔赛体系是建立在掠夺战败国、反对苏维埃政权基础上，它虽然暂时调整了帝国主义列强在西方的关系，但对在远东、太平洋地区的矛盾没有得到解决，尤其是美国攫取世界霸权的计划未能得逞。因此，为了确定自己在国际秩序中的有利地位，为了进一步协调各帝国主义列强之间的矛盾，以对付日趋高涨的各被压迫民族的解放斗争，1921年11月至1922年2月，在美国的发起下，在华盛顿召开了解决远东太平洋问题和裁军问题的国际会议，即华盛顿会议。参加会议的有美、英、日、中、法、意、比、荷、葡九国。在美、英、日三国的操纵下，会议相继签订了美、英、日、法的《关于太平洋区域岛屿属地和领地的条约》，简称“四国条约”，美、英、日、法、意的《限制海军军备条约》和与会国共同签订的《九国关于中国事件应适用各原则及政策之条约》，简称“九国公约”。华盛顿会议实质上是巴黎和会的继续。如果说巴黎和会暂时调整了帝国主

义列强在欧洲的关系，那么华盛顿会议则基本确定了战后帝国主义在远东、太平洋地区的新秩序，从而形成了战后帝国主义支配的世界的新体系，即“凡尔赛—华盛顿体系”。

在帝国主义列强加强世界殖民体系的同时，各宗主国内的无产阶级革命运动和殖民地半殖民地各国的反帝民族解放运动也在日趋高涨。随着各国革命运动的深入开展和一些国家共产党的相继成立，1919 年 3 月，在列宁倡导下，各国共产党和左派组织代表在莫斯科召开会议，宣布成立共产国际。这是一个以反抗帝国主义及其殖民体系为己任的国际组织。它号召全世界无产者在共产国际旗帜下联合起来，推翻资产阶级政权，实现无产阶级专政；它还号召全世界无产阶级与被压迫民族联合起来，推翻帝国主义压迫，争取民族解放。1919 年 3 月召开共产国际第一次代表大会时，有 21 个国家 35 个政党和左派组织的代表参加了会议，到 1922 年 11 月召开共产国际第四次代表大会时，共有 58 个国家 66 个政党和左派组织的代表参加会议。共产国际力量的发展，标志着十月革命后共产国际体系的形成。

“凡尔赛—华盛顿体系”和共产国际体系两大国际政治体系的形成及其相互对抗，代表着战后世界国际关系的新格局，它极大地影响了世界政治发展的走向，对中国政治的发展也产生了深远的影响。

以帝国主义列强为核心的“凡尔赛—华盛顿体系”，是建立在维护各列强对殖民地半殖民地统治基础上的，是以牺牲殖民地半殖民地国家利益为代价的。在 1919 年的巴黎和会上，各列强签订的《凡尔赛和约》，即是以牺牲中国山东的权益为代价的。1922 年的华盛顿会议与会国签订的《九国公约》，虽然宣称“尊重中国之主权与独立，及领土与行政之完整”，但中国代表团提出的取消治外法权、撤退外国军警、恢复关税自主权、取消势力范围等项要求，一概未列入公约。公约的核心内容是要“维护各国在中国全境之商务实业机会均等之原则”，任何一国“不得因中国状况，乘机营谋特别权利”。在会议期间，在英美压力下，关于中国收回山东主权问题，日本做了一些让步，两国签订了《中日解决山东悬案条约及附约》。条约规定日军撤出山东省，胶州湾德国租借地和青岛海关的主权归中国，胶济铁路由中国用日本的银行贷款赎回。《九国公约》的签订，实际上打破了日本在中国的独占状态，使中国回到了几个帝国主义国家共同支配的局面。这种状况对中国这个弱国维持其独立地位有有利的一面。

以苏联为中心的共产国际体系，其指导思想是列宁的世界无产阶级革命思想。在世界革命总的背景下，除了号召和组织发达国家的工人阶级推翻其本国的资产阶级统治以外，共产国际还力图借助民族解放革命来破坏和摧毁帝国主义殖民地及其外围地区，两面夹攻铲除整个资本主义制度，以实现其理想。为此，共产国际成立后，在发动和指导无产阶级革命运动的同时，以较多的精力投身于殖民地半殖民地国家的民族解放运动。1922年1月，为了对抗帝国主义列强召开的华盛顿会议，促进远东殖民地半殖民地国家民族解放运动的进一步发展，共产国际在莫斯科召开了远东各国共产党及民族革命团体第一次代表大会。大会通过了《华盛顿会议的结果及远东形势》的决议，揭露了华盛顿会议的侵略实质，要求远东各国劳动群众与先进国家的无产阶级结成联盟去反对一切帝国主义。同年召开的共产国际“二大”，又专门讨论了民族和殖民地问题，制定了殖民地半殖民地国家民族革命运动发展的总的理论模式。共产国际制定的这种战略和策略，极大地推动了国际共产主义运动的发展，也推动了中国革命的新发展。中国共产党即是在共产国际的帮助下诞生的。1922年召开的中国共产党第二次代表大会议决正式加入共产国际。从此，共产党在相当长的一段时期内成为共产国际的一个支部，直接接受共产国际的领导。共产党进行的中国革命也由此纳入共产国际体系。

二、军事政治集团之间的政争、战争和南北政局的演变

袁世凯政权倾覆之后，国内政治军事集团之间争权夺利的斗争激烈地进行着。1919年五四运动后，徐世昌虽为北京政府总统，但实权仍操纵在皖系段祺瑞手中。段祺瑞对外投靠日本，对内依恃军事权力，排斥异己。段祺瑞的行为进一步激化了皖系与北洋军阀其他派系间的矛盾。

1919年12月冯国璋死后，川、粤、湘、赣四省经略使兼直隶总监曹锟和陆军第三师师长吴佩孚成为直系首领。他们为了和皖系争夺对北京政府的控制权，从各方面进行倒皖活动。1920年4月，曹锟在保定召集直、苏、鄂、赣、豫、奉、吉、黑八省联盟会议，形成直奉联合。5月，吴佩孚由湖南领兵北撤，通电指斥皖系“祸国殃民，卖国媚外，把持政柄，破坏统一”，要求解散安福俱乐部。7月4日，徐世昌在直奉两系压力下，下令免去皖系重要分子徐树铮西北筹边使和西北边防军总司令职务。

在直系的威逼下，皖系也不示弱，多次召开秘密会议，决定从军事上打击直系。1920年7月8日，段祺瑞在北京召开阁员及军政首脑联席特别会议，发出声讨曹、吴等通电，并胁迫徐世昌免去曹、吴之职。7月9日，

段在团河成立“定国军”总司令部，自任总司令，准备讨伐直系。针对皖系的举动，曹锟则以直系全体将士名义发布了《驱除安福系宣言书》，并由保定到天津举行誓师大会，将所部定名为“讨贼军”，以吴佩孚为前敌总司令。这时奉系军阀张作霖也率军入关，通电讨伐段祺瑞。

7月14日，直皖战争爆发。双方在京奉铁路沿线的杨村一带和京汉铁路的涿州、高碑店、琉璃河一带展开激战。战争之初，皖军在日军支持下曾获小胜，直军退出了高碑店、杨村。但到7月17日，战场形势突变，吴佩孚率一部直军突袭皖军前敌司令部所在地松林店，皖军前敌司令曲同丰和司令部全体高级将领被俘。皖军在西线战败。同时奉军在东线助直军作战，东线皖军全线崩溃，在此形势下，7月19日，段祺瑞宣布辞职。接着直、奉军队开到北京，直皖战争以皖败直胜而结束。北京政权落入直奉两系军阀手中。在直奉军阀支配下的北京政府，下令准免段祺瑞督办边防事务兼管理将军府事务各职。

直皖战争后，吴佩孚当上了两湖巡阅使，直系势力渗透到长江流域。奉系在战争中虽夺得大批皖军的辎重财物，却没抢到多少地盘。于是奉系与直系矛盾加深。为能在与直系的争斗中取得主动，奉系便与浙江的皖系军阀卢永祥和广州的孙中山结成反直的三角同盟。

直奉军阀争夺的核心仍是北京政权。在直皖战争结束后，获胜的直奉军阀改组了北京政府，组成了靳云鹏内阁。靳内阁开始亲奉，但不久被直系改造成亲直内阁。这为奉系所不满。1921年12月，张作霖进京推倒靳内阁，推荐交通系的亲日派官僚梁士诒组阁。梁上台后，在奉系军阀操纵下，采取了对外亲日、对内打击直系的方针。他先是赦免被通缉的安福系祸首；继而同意日本要求，借日款赎回胶济铁路，并将该路改为中日合办。与此同时，他还抑制吴佩孚的军饷。梁内阁的亲日行为遭到全国人民的反对，也为直系所不满。1922年1月，吴佩孚和直系各省督军抓住借日款赎路问题，猛攻梁士诒卖国，逼迫梁内阁下台。张作霖深知，直系的倒阁，意在反奉。于是张作霖一方面亲自出马为梁士诒辩护，另一方面紧急调兵遣将做战争准备。4月14日，奉军大举入关，驻京津及津浦线附近，以军粮城为大本营。此时，直系也在积极备战。4月21日，吴佩孚联合直系各省督军，发表抨击奉张的通电。22日，曹锟也通电指责奉张在京津布兵。

1922年4月29日，直奉战争终于爆发。双方各动用了约12万人兵力，在长辛店、固安、马厂一带展开激战。开始奉军猛攻，直军坚守。4月30日，吴佩孚下令转守为攻。5月5日，长辛店直军获得大捷，西线奉军溃败，东线奉军也开始溃退。张作霖见各路俱败，即下总退却令。5月10日，北京政府在直系指使下，免去张作霖本兼各职，令其听候查办。但张作霖在日本支持下，于5月12日通电独立，自称“东三省自治保安总司令”，宣布东北“自治”，并派兵在秦皇岛附近与直军继续作战。此举引起沈阳各国领事联合向奉张提出警告。张作霖被迫接受英美调停。6月18日，直奉两军代表在秦皇岛海面英国军舰上签订了停战协定，以榆关为两军分界线，奉军撤出关外，直奉战争结束。

直奉战争后，直系军阀独霸了北京政权。为了制造“合法”的假象，直系军阀恢复了民国初年的国会，让黎元洪复任总统，标榜所谓“法统重光”。吴佩孚甚至还提出了“保护劳工”的口号。而当他们认为自己的统治已经稳定时，便策划踢开傀儡黎元洪，拥曹锟直接上台。1923年6月，在曹锟示意下，直系制造内阁危机，迫使张绍曾内阁总辞职。事后直系军人反而指责黎元洪干涉内阁职权，破坏内阁制，以所谓“市民请愿”“军警索饷”“公民示威”等手段逼黎下台。黎不得不出走天津，并被迫交出印信，发表辞职通电。到10月，曹锟便上演了贿选的丑剧。曹锟为了把自己“选”为总统，采取了高价收买和武力胁迫的手段。他以40万元收买了国会议长，以每张选票5000元到1万元贿买了500多个议员。1923年10月，这批受贿议员把曹锟“选”为总统。这就是臭名昭著的“曹锟贿选”。10月10日，曹锟就职。同日，公布了由这些受贿议员赶制的所谓《中华民国宪法》。

曹锟贿选，是对西方国会制度的极大讽刺。当时人们称受贿议员为“猪仔议员”，国会为“猪仔国会”，曹锟为“贿选总统”，宪法为“贿选宪法”。曹锟贿选遭到全国人民的强烈反对，很多省都对该省议员接受贿选投票予以声讨，否认其代表身份，有的还宣布开除其省籍。上海、杭州、芜湖等地还组织了集会游行，声讨曹锟贿选。

在北方军阀连续进行战争、政争的同时，南方桂系军阀与国民党及广东地方军阀间的斗争，也出现了错综复杂的局面。

1920年7月，当直皖战争发动时，控制南方军政府的桂系军阀在龙州召开会议，决定以讨伐福州北军为名，进攻粤军，从而挑起了第一次粤桂战争。8月11日，军政府发出进攻动员令，并以沈鸿英为总司令，兵分三路围击粤军。8月12日，在福建的粤军首领陈炯明决定回师广东，亦兵分三路迎战桂军。8月16日，粤桂战争开始。由于桂军在广东作恶多端，深为人民所痛恨。而粤军思归，士气高昂，加之“粤人自救”的口号也易为广东各地军民所接受。因此，战争爆发后，粤军取得节节胜利。10月23日，军政府首领岑春煊见大势已去，通电退职。24 日，岑春煊又与桂军首领陆荣廷等以军政府四总裁名义宣布撤销军政府。26 日，驻在广州的桂系莫荣新部被粤军逐出广州。第一次粤桂战争结束。

桂系军阀退出广东后，11 月 25 日，孙中山偕同唐绍仪、伍廷芳等由上海回广州重组军政府。29 日，军政府举行第一次政务会议，推举了各部部长，并派陈炯明为广东省省长兼粤军总司令。于是又形成了南北两政府的对峙局面。

孙中山重组军政府后，宣言继续护法，并积极筹建中华民国正式政府。1921 年 4 月 7 日，国会非常会议和参众两院联合通过了《中华民国政府组织大纲》，并选举孙中山为非常大总统。为稳定后方，平定西南，孙中山发动了讨桂战争。6 月 13 日，粤军连战皆捷，促使桂系土崩瓦解。7 月 9 日，原桂系将领沈鸿英宣布与陆荣廷脱离关系。驻柳州、桂林将领也纷纷响应。陆荣廷见大势已去，于 7 月 16 日通电下野。8 月 5 日，粤军和平开进南宁，第二次粤桂战争结束。尔后，孙中山决定乘胜出师北伐。为有利于北伐，孙中山还联络皖系、奉系，形成了孙、段、张反直三角同盟。

正当孙中山积极推进北伐之时，拥兵自重的广东政府陆军部长、原粤军总司令陈炯明在广州发动武装政变。1922 年 6 月 16 日，陈炯明派兵包围总统府，炮击孙中山住所。孙中山被迫离开广州回到上海。

孙中山不屈不挠，决定重整旗鼓，消灭陈炯明叛军，重建广东革命根据地。1922 年 10 月，孙中山将驻扎在福建的北伐军改名为讨贼军。1923 年初，孙中山通电讨陈。在讨贼军的攻击下，陈炯明迅速溃败，从广州退守惠州。2 月，孙中山返回广州，再次在广州建立政权，成立大元帅府，任陆海军大元帅。此后，孙中山在共产国际的帮助下，走上了与中国共产党共同革命的道路。

第四节　社会各界改造中国的主张和国共合作的酝酿

一、国民经济发展的迟滞与民众的痛苦生活

第一次世界大战结束后，各帝国主义国家加强了对中国的经济侵略。据统计，中国的入超情况日趋严重。1919 年外贸入超为 1618 万两，1920 年增至 22001 万两，一年间增加了 10 余倍。此外，各帝国主义国家在华竞相

增设银行，并大幅度地追加在华工业投资。在帝国主义加紧经济侵略的情况下，中国的国民经济的发展陷入迟滞状态。

在工业方面，第一次世界大战以后，虽然中国民族工业的个别部门和企业继续有所发展，但就民族工业的整体来说，迅速由繁荣转入萧条。如大战期间发展较快的棉纱业，战后也是险象环生。由于外资的竞争和排挤，华资纱厂的原料和市场都十分紧张，形成“棉贵纱贱”的状况。加上苛捐杂税、运输困难等原因，华资纱厂屡屡发生亏本现象。1922 年每生产 16 支纱一包就要亏银 12 两以上。这样，一些准备扩充的纱厂，都改变原来的计划。新建的纱厂往往开工不久即告停业。还有一些新厂，维持不下去，只好出租或出售。一些历史较久的老厂，也是时开时停。1922 年 8 月，华资纱厂联合会曾召集上海各纱厂开会，公定最小限价，以维持生产，但纱价仍然下跌。12 月，又做出停工 1/4 的决议，但是这也没有使市场情况好转。到 1923 年，有的厂就只好全部停工或仅作日工。或乘年关时节，提早停工。华资纱厂停工减产，外资纱厂就乘机扩张势力和占领市场，因此许多华资纱厂倒闭或被外资并吞。再如面粉业，战后各国的生产逐渐恢复，排斥中国面粉出口，使中国面粉的国外市场大大缩小。同时，日本、美国、澳大利亚、加拿大的面粉大量输入中国，充斥市场。1922 年面粉入超合银 1100 多万两，1923 年增至 3000 多万两。因此上海面粉厂倒闭停工的很多。其他各行业的情况也大致如此。

帝国主义对中国侵略的加紧和连年的军阀混战，也阻碍了中国农业的发展。战后，帝国主义向中国农村大量倾销日用消费品，收购其生产所需要的原料。这不仅打击了农村手工业，而且制约了农业的发展。帝国主义向农村倾销商品和收购原料，使农业中经济作物耕地上升，粮食作物耕地下降，粮食大量入超。从而加深了农村经济殖民化程度，使中国农村进一步成为帝国主义推销商品和供应原料的市场。与此同时，国内封建军阀不断的战争、政争，对人民群众的横征暴敛，也直接破坏了工农业生产，加剧了农村经济的凋敝。

在帝国主义和封建势力的双重压迫下，民众的生活日趋恶化。

中国工人遭受外国帝国主义和本国资本主义的双重压榨，不仅工时长，而且工资低。据记载，1920 年上海等地的工人日工作时间一般是 12 小时，多的达 15 小时。1920 年到 1921 年，上海纺织行业男工的日工资约在二角二分至五角之间，女工约在一角五分至三角一分之间，童工约在一角至二角之间。普通工人很难维持一家人的最低生活。资本家为榨取更大的剩余价值，工矿企业几乎没有劳动保险，以致伤亡事故不断。如本溪湖煤铁矿，1919 年死亡 2657 人。开滦煤矿 1920 年 10 月的一次瓦斯爆炸，工人死亡五六百人，伤者不计其数。

广大农民在帝国主义、封建势力和高利贷者的多重压迫下，既要交租付息，还要负担各种苛捐杂税。正税之外还有附税。经济榨取外，农民还常遇战祸天灾。在军阀混战当中，农民不仅被抽丁、拉夫，还不断遭到烧杀抢掠之害。而连年的天灾，更加剧了农民的困苦。1920 年，东北大旱，灾民达 2000 多万，死亡 50 多万人。在人祸天灾交迫之下，农村凋敝，田地荒芜，农民生活痛苦不堪。

城市中的小资产阶级，在帝国主义和封建军阀的压迫剥削下，大量破产，生活境遇也每况愈下。

中国各阶层民众日趋恶化的生活处境表明，中国人民同帝国主义和封建势力的矛盾日益尖锐。

二、资产阶级的政治改造主张

面对由于帝国主义的侵略和封建军阀连年混战而造成的民族危机与国内政治经济危机，中国人民迫切要求改变这种状况。为此，中国社会各阶级阶层从各自的角度，提出了改造中国的主张。一些不满现状而又不赞成用暴力革命手段改造中国的民族资产阶级和上层小资产阶级的知识分子，利用各自所办的报刊，发表了一系列改造中国的主张或设想。他们企图通过政治上的改良来谋求中国的出路。这些主张，由于符合了当时人们改造中国的愿望，因而一时广为传播。资产阶级知识分子提出的政治改造主张主要有“好人政府”“省自治”和“联省自治”、制宪救国、废督裁兵等。

(一)好人政府。这一主张最早由胡适提出。1921 年 8 月，胡适应邀在安庆作了题为《好政府主义》的演说。主张“好人”应该站出来“监督”与“修正”“不良政府”，为建立一个“好政府”而积极奋斗。1922 年 5 月，胡适同蔡元培、王宠惠、陶行知、梁漱溟、罗文干、汤尔和、李大钊、陶孟和、丁文江等 16 人在《努力周报》上发表了《我们的政治主张》一文，较为系统地提出了以组织一个“好人政府”来作为改革中国政治的基本主张。他们认为“中国所以败坏到这步田地，虽然有种种原因，但‘好人自命清高’确是一个重要原因”。因而他们要求“好人”们起来同恶劣政治作斗争，组织“好人政府”，并认为“这是政治改革的唯一下手工夫”。为此，他们还提出了所谓

“好人政府”的基准，即在消极方面，“要有正当的机关可以监督防止一切营私舞弊的不法官吏”；在积极方面，要“充分运用政治的机关为社会全体谋充分的福利”，“充分容纳个人的自由，爱护个性的发展”。为了实现这种“好人政府”，胡适等人还提出了今后改革政治的三条基本原则：要求一个“宪政的政府”，一个“公开的政府”，一种“有计划的政治”。①

1922 年 9 月，在吴佩孚支持下，曾在《我们的政治主张》上签名的王宠惠、罗文干、汤尔和等组阁，王宠惠为国务总理。当时这些人都被认为是无党无派的“好人”，因而这届内阁有“好人政府”之称。实际上它是听命于吴佩孚的“洛派”政府；这个政府为曹锟的“保派”直系军阀所不容，结果仅存在了 3 个多月就垮台了。“好人政府”昙花一现，成了历史的陈迹。

(二)省自治和联省自治。鼓吹省自治和联省自治的有两种人，一是军阀政客，一是资产阶级和上层小资产阶级改良派。前者是利用省自治和联省自治的名义，巩固自己的地盘；后者则是企图通过省自治和联省自治来改良政治，实现资产阶级的民主制度。早在清朝末年，就有人提出要学习欧美联邦制，实行地方自治问题。辛亥革命后，省自治和联省自治思想有所发展。1920 年下半年至 1923 年，形成了一个规模颇大的要求省自治和联省自治的浪潮，各地成立了许多自治运动的团体。

资产阶级知识分子倡导的“省自治”和“联省自治”，其内容包括省自治、联省自治的内涵，实行省自治、联省自治的依据与办法，以及处理省宪与国宪等。当时，以《太平洋》杂志为主要阵地，发表了大量文章。其中有代表性的有唐德昌的《联省自治与现在之中国》，丁燮林、王世杰等的《分治与统一商榷书》，胡适的《联省自治与军阀割据》，张季鸾的《关于联治问题之片断的感想》，周鲠生的《时局之根本的解决》等。主张省自治和联省自治的人认为，中国致乱的原因是军阀权力太大，中央政府无力制裁军阀，民众无权，地方无权。因此，救国治国的办法在于实行“省民自决主义”，各省制定宪法，实行自治，然后在省自治的基础上，建立一个“联省自治的共和国”。

1920 年以后，各地成立了不少自治运动的团体，如北京有江苏、安徽等 13 省市自治联合会，直隶、山东等 14 省自治运动同志会；天津有直隶、河南等五省一区自治运动联合办事处；上海有旅沪各省区自治联会；四川有全川自治联会。

省自治和联省自治作为一种政治改良主张，曾鼓噪一时。但在军阀专

---

① 蔡元培等：《我们的政治主张》，载《努力周报》，第 2 期，1922-05-14。

权的年代里，它成为军阀割据的口实。到1923年，由这一主张而引起的联省自治运动，在直系军阀“武力统一”政策的冲击下，逐渐销声匿迹。

（三）制宪救国。期望通过制定一部民主宪法，达到救国治国的目的，这是20世纪20年代初期资产阶级知识分子提出的改良政治的又一主张。当时的报刊就这一问题进行了广泛的讨论。《东方杂志》在1922年11月出版了两期《宪法研究号》。主张制宪救国的人认为，军阀掌权，人民无权，政治混乱，其原因在于中国没有一部根本大法——宪法。因此，“吾国今后唯一要途，无过于急速制宪以立国本”①。有了宪法，就能“绝乱源，定国基，然后徐图兴国之道”②。

要制定的宪法应包括哪些内容，有人主张要明文规定：各地方今后绝不许有督军、巡阅使及其他类似组织之存在；限定全国兵士及每年军费之最高额；男女两性在社会上法律上地位平等，明定国民之生存权等。

在知识分子的鼓吹下，1922年前后，曾一度出现了制宪高潮。一些省还先后制定了宪法。《浙江省宪法》在1921年9月公布。《湖南省宪法》在1922年1月公布。四川、广东等省也相继公布了“省宪草案”。这些省虽然制定了宪法，但军阀并不想实行，所制定的宪法仅是一纸空文。

（四）废督裁兵。辛亥革命后，军阀拥有重兵，连年混战，成为国家极大祸患。因此，在20世纪20年代初期，一些资产阶级团体或个人或发表文章，或发表演说、宣言，主张废督裁兵、化兵为工，并提出了种种裁兵办法，形成了有一定声势的裁兵运动。

主张废督裁兵的人认为，“兵祸”是国家最大的祸患，因此，全国应一致要求废督裁兵，化兵为工。1921年12月，梁启超在北京高师作演讲，认为“目前最痛切最普遍最简单的，莫如裁兵或废兵这个大问题。我们应该齐集在这面大旗底下，大大的起一次国民运动”。③ 1922年7月，上海的中华全国工商协会、中华国货维持会等20多个团体联合发表《废督裁兵宣言》，呼吁军阀应“顺从民意”，“放下屠刀，立地成佛”；呼吁全国官吏和国会议员“彻底觉悟，各凭良心，首先办到裁兵一件大事”。蒋方震在《努力周报》第16期上还发表了具体的裁兵计划书。

---

① 李三无：《宪法问题与中国》，载《东方杂志》，第19卷第21号，1922-11-10。

② 史维焕：《我国宪法应明定国民之生存权》，载《东方杂志》，第19卷第21号，1922-11-10。

③ 梁启超：《外交欤？内政欤？》，载《平民教育》，第46号，1922-02-25。

为了实现他们的主张，各地成立了裁兵团体并进行活动，如上海有裁兵促进会，北京有国民裁兵促进会，湖北有去兵运动团。安徽召开了废督裁兵大会。苏皖召开了全国裁兵大会。湖南各公团发表裁兵通电，学生们散发裁兵传单。

在一段时间里，孙中山也是废督裁兵、化兵为工的积极主张者。他在1922年6月至1923年2月间，相继发表了《工兵计划宣言》《和平统一宣言》《化兵为工和平统一》《裁兵宣言》等文告或讲演。他提出三条裁兵纲要："(一)本化兵为工之旨，先裁全国现有兵数之半；(二)各派首领赞成后，全体签名，敦请一友邦为佐理，筹划裁兵方法及经费；(三)裁兵借款……"①

上述各种资产阶级改良中国政治的主张由于未能把握中国国情的特点，没有一个取得实际效果。尽管如此，资产阶级实现民主政治的追求并没有因此中断。

三、中国共产党第二次全国代表大会和民主革命纲领的提出

1921年7月召开的中国共产党第一次代表大会，确定了消灭阶级差别、实行无产阶级专政、废除资本私有制和联合第三国际。但中共"一大"对当时中国革命的性质和任务缺乏认识，在革命纲领和策略的制定上，只是简单地模仿俄国十月革命的模式。这表明中国共产党还不懂得在半殖民地半封建的中国，不能直接进行反对资产阶级的社会主义革命。因此，随着中国革命运动的开展，制定正确的革命纲领和策略，就成为中国共产党的迫切任务。

中国共产党制定正确的民主革命纲领，是在对中国国情有了比较正确认识的情况下，并在共产国际的帮助下，经过"二大"完成的。

中共"一大"以后，全党投身于实际革命运动，以主要力量开展工人运动，同时，党在组织发展、宣传、青年、农民等方面的工作也有开展。这些实际工作的开展，不但要求中国共产党人正确认识中国国情，而且也为提高这种认识提供了客观条件。1922年1月15日出版的《先驱》发刊词，表明了中国共产党人对研究国情问题的重视。发刊词说，单有反抗的创造精神，"若不知道中国客观的实际情形，还是无用的"。所以，"本刊的第一任务是努力研究中国的客观的实际情形，而求得一最合宜的实际的解决中国

① 上海《民国日报》，1923-01-26。

问题的方案”。同“一大”前相比较，这时中国共产党人对中国革命问题的认识有了明显的变化，已不再主张在中国立即进行社会主义革命，而开始认为应该依据中国实际情况来运用马克思列宁主义，解决中国革命的问题。

对中国共产党民主革命纲领的制定，列宁和共产国际的帮助具有重要意义。1920年7月，共产国际在莫斯科召开第二次代表大会。这次大会专门讨论了民族和殖民地问题，制定了殖民地半殖民地国家民族革命运动的纲领和策略。列宁向大会作了《民族和殖民地问题委员会的报告》，大会通过了列宁起草的《民族和殖民地问题提纲》和罗易起草的补充提纲。列宁的报告和大会通过的文件，阐明了马克思列宁主义关于民族和殖民地问题的基本理论。其主要思想有：第一，必须把少数的压迫民族和大多数的被压迫民族区分开来。各民族的无产阶级和劳动群众为共同进行打倒地主和资产阶级的革命斗争，彼此应接近起来。各国共产党都要直接帮助殖民地和附属国人民的解放斗争，实行无产阶级的国际主义，以推翻整个国际资本主义。第二，被压迫的殖民地和半殖民地人民革命的第一步任务，是推翻外国资本主义的压迫，即进行资产阶级民主性质的民族革命运动。殖民地半殖民地国家的共产党组织，要参加民族革命运动，而且从一开始就应该掌握革命的领导权。第三，殖民地半殖民地国家的无产阶级要支持农民反对各种封建压迫的斗争，还应当与本国资产阶级民主派结成联盟，但同时要保持无产阶级的独立性。第四，落后国家在先进国家无产阶级的帮助下，可以不经过资本主义发展阶段而过渡到苏维埃制度，再经过一定的发展阶段过渡到共产主义。共产国际“二大”的上述思想，不仅把殖民地半殖民地国家的民族解放运动纳入世界无产阶级革命运动中，同时也为殖民地半殖民地国家的人民革命斗争指明了方向。但是这次大会的精神没有能及时地传到中国。

为了促进远东各国人民的觉醒，共产国际于1922年1月在莫斯科召开了远东各国共产党和民族革命团体第一次代表大会。这是一次对抗华盛顿会议，动员远东各国人民投入反帝国主义斗争的大会。中国派出了由37人组成的代表团，成员有共产党、国民党及青年、学生、妇女、文化等团体的代表。这次大会贯彻执行了共产国际“二大”关于民族与殖民地问题的基本思想，明确指出远东各国当前革命的首要任务就是反对帝国主义，谋求自己的解放。大会还着重研究了中国问题，要求中国的无产阶级和革命团体，向当前的主要敌人——帝国主义和军阀宣战，争取自由平等和独立。

1922年上半年，参加远东各国共产党和民族革命团体大会的中国共产党和社会主义青年团的代表陆续回国，通过他们，列宁和共产国际关于民族和殖民地的革命理论开始系统地传到中国。此后，中国共产党的思想路线开始逐步转变，在指导1922年5月在广州召开中国社会主义青年团第一次全国代表大会和第一次劳动大会时，提出了打倒“国际帝国主义和本国的军阀”的任务。1922年6月15日，中国共产党发表了对于时局的主张。这是中国共产党第一次公开发表重要政治声明，明确提出了反封建的民主革命主张。指出：“无产阶级在目前最切要的工作，还应该联络民主派共同对封建式的军阀革命，以达到军阀覆灭能够建设民主政治为止。”并提出了以反帝反封建为内容的11项斗争目标。①

与此同时，作为共产党中央局书记的陈独秀在《东方杂志》发表了《对于现在中国问题的我见》一文，则清晰地揭示了中国革命必须先进行民主革命，然后再进行社会主义革命，即革命分两步走的战略思想。他说：“（中国的）经济及政治状况，遂使中国的阶级争斗不得不分为两段路程：第一段是大的和小的资产阶级对于封建军阀之民主主义的争斗，第二段是新起的无产阶级对于资产阶级之社会主义的争斗。”②至此，中国共产党的民主革命纲领的基本原则已提出来了。接着，在第二次全国代表大会上，中国共产党制定了较为完整的民主革命纲领。

中共“二大”于1922年7月16日至23日在上海召开。到会的代表有陈独秀、张国焘、李达、高君宇、王烬美、邓恩铭、蔡和森等12人，代表党员195人。大会通过了《中国共产党第二次全国大会宣言》和关于民主联合战线，关于工会运动、青年运动、妇女运动，关于党的组织章程，关于加入第三国际（即共产国际）等决议案。

大会宣言反映了共产党关于中国革命的基本思想。宣言首先分析了第一次世界大战和俄国十月革命后的国际形势以及华盛顿会议后各帝国主义“协同”侵略中国的局面，指出中国人民的革命运动必须与世界革命运动联合起来，才能迅速地打倒共同的压迫者——国际帝国主义。

宣言接着分析了中国的政治经济状况，阐明了中国的社会性质、革命性质和革命动力。宣言指出：经过帝国主义列强80年的侵略，“中国已是事实上变成他们的殖民地了”。中国一切重要的政治经济，无不受帝国主义的操纵和支配。同时，中国在经济上尚停留在半原始的家庭农业和手工业的基础上，工业资本主义化的时期还很远；在政治上还处于军阀官僚的封建

① 《先驱》，第9号，1922-06-20。

② 《东方杂志》，第19卷，第15号。

制度把持之下。总之，“加给中国人民（无论是资产阶级、工人或农民）最大痛苦的是资本帝国主义和军阀官僚的封建势力”。因此，“反对那两种势力的民主主义的革命运动是极有意义的”。在中国社会各阶级中，“幼稚的资产阶级，已能结合全国的力量，反对外国帝国主义和北京卖国政府”；“三万万的农民，乃是革命运动中的最大要素”。“大量的贫苦农民能和工人握手革命，那时可以保证中国革命的成功。”工人阶级具有“伟大势力”，随着革命运动的“发展无已”，将会成为“革命领袖军”。

宣言指出：无产阶级“去帮助民主主义革命”不是降服于资产阶级，这是结束封建制度和养成无产阶级真实力量的必要步骤。民主革命成功后，资产阶级便会迅速发展，与无产阶级处于对抗地位，这时无产阶级便要“实行‘与贫苦农民联合的无产阶级专政’的第二步奋斗。如果无产阶级的组织力和战斗力强固，这第二步奋斗是能跟着民主主义革命胜利以后即刻成功的”。

宣言规定了党的最高纲领和最低纲领。宣言指出：“中国共产党是中国无产阶级政党。他的目的是要组织无产阶级，用阶级斗争的手段，建立劳农专政的政治，铲除私有财产制度，渐次达到一个共产主义的社会。”这是党为之奋斗的最终目的，即最高纲领。宣言同时指出，在当前的历史条件下，党的奋斗目标是：“消除内乱，打倒军阀，建设国内和平”；“推翻国际帝国主义的压迫，达到中华民族完全独立”；统一中国为“真正民主共和国”。这是党反帝反封建的民主革命纲领，即最低纲领。

宣言还提出了为实现党的纲领而必须采取的联合战线的策略。指出：“中国共产党为工人和贫农的目前利益计，引导工人们帮助民主主义的革命运动，使工人和贫农与小资产阶级建立民主主义的联合战线。”

大会决定出版党中央机关报——《向导》周报，以宣传党的反帝反封建的民主革命纲领。大会选举了新的中央领导机关。陈独秀、李大钊、张国焘、蔡和森、高君宇五人当选为中央委员，邓中夏、向警予当选为候补中央委员。陈独秀为委员长，蔡和森、张国焘分管宣传和组织。

中共“二大”有着伟大的历史功绩。党的最高纲领和最低纲领的提出，规定了中国革命必须分两步走的战略步骤。特别是反帝反封建的民主革命纲领的制定，不仅明确了中国革命的对象和任务，而且初步解决了革命性质、革命动力、革命方式、革命目标及革命前景等一系列问题。这对于当时的革命斗争具有极大的现实指导意义。党的民主革命纲领的提出，是马克思列宁主义同中国实际进一步结合的重大标志，为以后探索中国革命的基本规律奠定了基础。

“二大”后，中国共产党通过《向导》周报，向全国人民大力宣传民主革命纲领，批判资产阶级提出的“好人政府”“省自治”“联省自治”“制宪救国”，以及“废督裁兵”等政治改良主张，使打倒帝国主义、打倒军阀的口号迅速深入人心。

四、孙中山关于政治出路的寻求和国共合作的酝酿

辛亥革命后，孙中山历经“二次革命”和第一次护法运动的失败，但他毫不气馁，仍以坚韧不拔的毅力，继续为谋求中国的政治出路而奋斗，在斗争中寻求救国真理。俄国的十月革命和五四运动给了孙中山很大的启示。他从十月革命中，看到了“人类中的大希望”；从五四运动中，看到了人民联合斗争所收到的“绝伦之巨果”。他决定重整旗鼓，再造新民国。

1919 年 10 月，孙中山将中华革命党改组为中国国民党，以“巩固共和，实行三民主义”为政纲，改变了中华革命党“实行民权、民生两主义”的政纲，在反对帝国主义侵略的意义上恢复了民族主义。

1920 年 8 月，爆发粤桂战争，孙中山扶植的驻闽南的粤军陈炯明部，回粤讨伐窃踞广东的桂系。10 月，占领广东，把桂系逐回广西。11 月，孙中山在广东军民欢迎下由上海抵广州，重组军政府，并发起第二次护法运动。1921 年 4 月，国会非常会议选举孙中山为中华民国非常大总统。正当孙中山积极进行北伐直系军阀之时，不意发生陈炯明叛变之事。1922 年 6 月，陈炯明乘北伐军平定江西之机，在广州发动武装叛乱，派兵围攻总统府。孙中山被迫离广州到上海。护法运动再遭失败。

孙中山在陈炯明叛变和第二次护法运动失败后，深切认识到不能“单独倚靠兵力”，而要依靠党的力量。但当时的国民党，党员构成“非常复杂”，“大多数党员”都是以加入国民党为“做官的终南捷径”。孙中山痛感这个党有彻底改造之必要。

正是在孙中山急需帮助的情况下，列宁领导的苏俄政府、共产国际和中国共产党向他伸出了援助之手。孙中山接受苏俄政府、共产国际和中国共产党的帮助，开始了对中国出路的新探索。

早在 1918 年夏，孙中山和列宁领导的苏俄政府就有了函电来往。此后，共产国际远东局负责人魏金斯基、共产国际代表马林、少共国际代表达林，先后与孙中山会晤，建议他加强同苏俄的联系，并同中国共产党结成民主联合战线。陈炯明的叛变事件，推进了孙中山与苏俄的关系。事件发生后，

孙中山向达林表示，他已深信“中国革命的唯一实际的真诚的朋友是苏联”①。与此同时，中国共产党通过发表对时局的主张，赞扬了国民党在中国现存政党中，“是革命的民主派”，并提出邀请国民党等革命的民主派，开一个联席会议，“共同建立一个民主主义的联合战线”。

1922 年 8 月，马林与苏俄代表越飞来华。马林向孙中山提出共产党员以个人身份加入国民党和对国民党进行改组的建议。孙中山接受了马林的建议。同时，共产党领导人李大钊等也多次与孙中山会晤，讨论国共合作和改组国民党问题。孙中山答应李大钊“尽管一面做第三国际党员，尽管一面加入本党帮助我”。李大钊便第一个以个人身份加入国民党。稍后，中国共产党其他领导人先后加入国民党。

1923 年 1 月，苏俄代表越飞抵上海与孙中山会谈。1 月 26 日，发表了《孙文越飞宣言》。宣言表明了苏俄对中国革命的支持和建立平等的中苏关系。这个宣言的发表，标志着孙中山联俄政策的正式确立。

从 1922 年 9 月起，孙中山开始进行国民党的改组工作。9 月初，他在上海召开了改进国民党的会议，指定了包括共产党人在内的 9 名党章起草委员，成立了有共产党人参加的党务改进计划起草委员会。1923 年元旦，发表了《中国国民党宣言》，重申国民党的政纲三民主义。1 月下旬，孙中山重新指定了党本部各部部长、副部长及参议等人选，其中包括共产党人陈独秀等。

在这期间，中国共产党也在努力进行同国民党合作的工作。1922 年 8 月，中共中央在杭州西湖召开特别会议，专门讨论了与国民党合作的具体形式问题。会议做出了中国共产党党员以个人身份加入国民党以实行党内合作的决定。

1923 年 1 月，为了推进国共合作，共产国际做出了《关于中国共产党与国民党关系的决议》，指示中国共产党党员、青年团团员加入国民党，以“党内合作”的形式，把国民党改造成各革命阶级的联盟。

为了统一全党的思想，正式确定国共合作的方针，1923 年 6 月，中国共产党在广州召开了第三次全国代表大会，到会代表有陈独秀、李大钊、毛泽东、蔡和森、张国焘、瞿秋白、张太雷、向警予等 30 多人，代表党员 420 人。大会的主要议程是讨论共产党员加入国民党的问题。此时，关于这个问题的讨论，已不是要不要加入，而是全体党员加入还是部分党员加入，

---

① 达林：《中国回忆录》，126 页，北京，中国社会科学出版社，1981。

特别是要不要动员产业工人加入的问题。张国焘等人反对共产党员全体加入国民党，反对在工人群众中发展国民党的组织。马林、陈独秀等人主张共产党员全体加入国民党和吸引大量工人参加国民党。经过讨论，大会通过了《关于国民运动及国民党问题的决议案》，决定在保持党在政治上、组织上独立性的前提下，全体共产党员以个人身份加入国民党。

大会发表了宣言，修订了党章，通过了关于劳动运动、农民问题、青年运动、妇女运动等决议案。大会改选了中央委员会，选出陈独秀、李大钊、毛泽东、蔡和森、王荷波、罗章龙、项英、谭平山、瞿秋白9人为中央委员，由陈独秀、毛泽东、罗章龙、蔡和森、谭平山5人组成中央局，陈独秀任中央执行委员会委员长，毛泽东为秘书。

“三大”后，共产党积极协助孙中山改组国民党。孙中山也加快了国民党改组工作的步伐。1923年8月，孙中山派出以蒋介石为首、包括共产党人张太雷参加的“孙逸仙博士代表团”赴苏俄考察党务和军事。10月，应孙中山邀请苏联政府派到中国充任孙中山顾问的鲍罗廷抵广州，孙中山委任他为国民党组织教练员。10月19日，孙中山任命廖仲恺、汪精卫、戴季陶、张继、李大钊为国民党改组委员，协助自己进行改组工作。10月25日，改组国民党的特别会议在广州举行。会议委任廖仲恺、谭平山、胡汉民等9人组成新的国民党临时中央执行委员会，鲍罗廷为顾问，负责进行国民党的改组工作。11月12日，发表了《中国国民党改组宣言》。12月底鲍罗廷收到共产国际《关于中国民族解放运动和国民党问题的决议》。孙中山委托鲍罗廷起草党代表大会宣言，他根据决议起草了宣言。经孙中山同意提交大会讨论。

在此期间，孙中山在广州重新登记党员，着手组织市、区党部，同时委派廖仲恺、胡汉民到上海组织国民党临时中央执行委员会上海执行部，委派李大钊在北京进行国民党党务改组工作。年底，李大钊应孙中山之邀到广州，帮助筹备召开国民党第一次全国代表大会。至此，国共合作的局面已经形成。

第二章　国民革命　北洋军阀的末路

（1924 年 1 月至 1927 年 7 月）

第一节　北洋军阀势力的演变　国民革命的兴起

一、中国国民党第一次全国代表大会　第一次国共合作的建立　国民党政治制度的确立

经过一系列的准备工作之后，中国国民党第一次全国代表大会于 1924 年 1 月 20 日至 30 日在广州召开。出席大会开幕式的代表 165 人，一部分是由孙中山指派的，一部分是由各地党员推举产生的。其中有廖仲恺、邓泽如、冯自由、谭延闿、戴传贤(季陶)、于右任、孙科、何香凝等。加入国民党的中共党员李守常(大钊)、毛泽东、林祖涵(伯渠)、谭平山、罗迈(李维汉)、夏曦、于树德等出席了大会。陈独秀也是大会代表，但没有出席。加入国民党的共产党员约占大会代表总数的 14%。

孙中山以总理身份担任大会主席，并指定胡汉民、汪精卫、林森、谢持、李大钊五人组成主席团。共产党员参加了大会宣言、组织章程、组织宣传、组织党务等审查委员会的工作。

大会最重要的成果是通过了《中国国民党第一次全国代表大会宣言》。这个宣言是孙中山委托鲍罗廷起草、经反复讨论修改、由孙中山审定并提交大会一致通过的。

宣言第一部分为“中国之现状”。它分析了辛亥革命以后，“军阀之专横，列强之侵蚀，日益加厉”的情况，指出进行国民革命，实行三民主义，“为中国唯一生路”。

宣言的第二部分为“国民党之主义”。这部分重新解释了孙中山的三民主义，使之增添了新的内容。重新解释的三民主义中的民族主义，一是主

张"中国民族自求解放"，"免除帝国主义之侵略"；二是主张"中国境内各民族一律平等"。民权主义主张直接的、普遍的、革命的民权，即"为国民者，不但有选举权，且兼有创制、复决、罢官诸权"；民权"为一般平民所共有，非少数人所得而私"；"凡卖国罔民以效忠于帝国主义及军阀者……皆不得享有此等自由及权利"。民生主义的原则，一是平均地权，二是节制资本。国家当规定土地法、土地使用法、土地征收法及地价税法，以防止"土地权之为少数人所操纵"。"农民之缺乏田地沦为佃户者，国家当给以土地，资其耕作。"凡具有独占性质或规模过大之企业，要"由国家经营管理之"，使私人资本"不能操纵国民之生计"。宣言指出：国民党对于农夫工人之运动，要"以全力助其开展"。

宣言的第三部分为"国民党之政纲"。包括对外政策七条和对内政策十五条。其中有取消一切不平等条约，废除军阀政府所借外债；实行中央与地方的均权主义，各省自定宪法、自举省长，县为自治单位，实行不以资产为标准的普通选举制，人民有集会、结社、言论、出版、居住、信仰之完全自由，严定田赋地税之法定额，制定劳工法，帮助女权的发展等。

宣言通过后，孙中山就宣言的宗旨作了演说。他总结了国民党过去"与军阀官僚相妥协，相调和"，使革命"不免于失败"的教训，说明此次宣言的通过，"就是计划彻底的革命"，对内"终要把军阀来推倒，把受压迫的人民完全来解放"，对外联合世界被压迫人民，"反抗帝国主义"。

经孙中山提名，大会选出中央执行委员 24 人，其中有胡汉民、汪兆铭(精卫)、廖仲恺、戴传贤、林森、邹鲁、谭延闿、于右任、叶楚伧及加入国民党的共产党员李大钊、谭平山、于树德等。选出候补中央执行委员 17 人，其中有加入国民党的共产党员林祖涵、毛泽东、张国焘、瞿秋白等。41 名正式和候补中央委员中，有共产党员 10 名。选出中央监察委员邓泽如、吴敬恒(稚晖)等 5 人，候补监察委员蔡元培、许崇智等五人。大会闭幕第二天，孙中山主持召开国民党一届一中全会，推举中央常务委员，并组成中央党部。三名中央常务委员为廖仲恺、戴季陶、谭平山。中央机关由秘书处和八部组成。组织部长谭平山、宣传部长戴季陶、工人部长廖仲恺、农民部长林祖涵、军事部长许崇智。会议确定的各部部长、秘书 13 人中，共产党员有 5 人，占 38%。又决定在北京、上海、汉口设立执行部。

中国国民党第一次全国代表大会宣言对三民主义作了新的解释，为党的政纲政策增加了新内容，反映了人民的利益和要求。这次大会改组了国民党，共产党人的加入，使它增加了新的活力。大会宣言与中国共产党的民主革命纲领有一致性，它成为国共合作的政治基础。大会确立了联俄、容共、扶助农工的政策(被称为“三大政策”)。这些标志着国共合作的正式建立和国民革命的开始。

这次大会在原则上和在相当程度的事实上确立了国民党的党政军制度，即国家制度。孙中山在大会上讲，国基没巩固前要“以党建国”，巩固之后要“以党治国”。他又说：俄国革命“其能成功，即因将党放在国上”。“应重新组织，把党放在国上。”[①]在准备国民党改组期间孙中山确立了建立“党军”的思想，他说“党之基础……在于军队”。俄国革命党能于三数年间戡定内乱外患，“因军队全属党人故也”。“设无此庞大之党军，苏俄势力必无今日之盛。”[②]这次大会通过了《中国国民党总章》，其中有一章对“总理”作了专门规定：本党以“孙先生为总理”；“党员须服从总理之指导”；“总理为全国代表大会之主席”；“总理为中央执行委员会之主席”；“总理对于全国代表大会之议决，有交复议之权”；“总理对于中央执行委员会之议决，有最后决定之权”。这些规定实际上是：总理为终身制，总理为当然最高领袖不需经过选举，总理对于党的代表大会和中央执行委员会的各项决议有最后决定权，领袖个人高踞于党之上。经过这次代表大会，国民党正式确立了党在国家之上、领袖在党之上，军队党有党政军制度，即根本的国家政治制度。

二、孙中山系统阐述三民主义

从中国国民党第一次全国代表大会开会期间开始，孙中山系统演讲三民主义，以后持续演讲多次。民族主义、民权主义已经讲完，民生主义没有讲完，因故停止。演讲记录稿经孙中山修改后，三民主义合订本于1924年年底出版。

三民主义主要内容如下：

关于民族主义 孙中山列举了帝国主义用“政治力”和“经济力”侵略中国的事实，指出中国已处在比“完全殖民地”还要低一级的“次殖民地”的地位，并且随时都有亡国灭种的危险。他召唤人们认清这种危险，振起民族

① 孙中山：《关于组织国民政府案之说明》，见《孙中山全集》第9卷，104页，北京，中华书局，1986。

② 孙中山：《在广州国民党党务会议的讲话》，见《孙中山全集》第8卷，268页，北京，中华书局，1986。

精神，团结起“四万万人的大力量，共同去奋斗”。他认为要恢复中华民族在历史上的强盛地位，必须一方面发扬中国“固有的道德、知识和能力”，另一方面学习“欧美的长处”，即欧美的科学，如此“才可以和欧美并驾齐驱”。孙中山高度评价俄国十月革命的意义，认为“有了俄国革命，世界人类便生出一个大希望”。孙中山主张对弱小民族要扶持他，对世界列强要抵抗他，就是中国将来强盛了，也仍然要“扶倾济弱”，“把那些帝国主义来消灭”。

孙中山关于民族主义的讲演，贯穿着反对帝国主义侵略、争取民族独立和国家富强、联合社会主义苏联、支持世界被压迫民族的光辉思想。

关于民权主义 孙中山的民权主义包括自由平等观、权能分开、直接民权、五权宪法等一套理论和方案。

孙中山认为民权是历史进化的结果，是人们奋斗得来的。他把法国革命时期提倡的自由、平等、博爱三个口号，同他的三民主义相对照，认为法国的自由口号，大体上和他的民族主义相同(但不是争个人自由，而是争国家自由)；平等口号和民权主义相同；博爱口号和民生主义相通。他反对人为造成的政治上的不平等，承认人们“聪明才力”的差异，主张具有不同“聪明才力”的人各尽其能，为他人造福。孙中山认为中国“不可完全仿效欧美”，而要采用“一种新方法”，就是“把权与能来分开”。“权”即政权，“要把这个大权，完全交到人民手内”，使人民“可以直接去管理国事”。这个政权便是人民权。“能”即治权，“要把这个大权，完全交到政府的机关之内”，使政府“有很大的力量，治理全国事务”。这个治权，便是政府权。权与能分开，就可以使政府既成为“万能政府”又“完全归人民使用，为人民谋幸福”。这是孙中山政治学说的一个基本点。政权和治权的具体内容是什么呢？孙中山规定：人民应该享有选举、罢免、创制、复决四权，即选举和罢免官吏，制定和修改法律的权利。“能够实行这四个权，才算是彻底的直接民权。”中央政权要依据“五权宪法”的原则组织起来，行使行政、立法、司法、考试、监察五种治权。五权分立，互相制约。孙中山还规定，革命建国要分为军政、训政、宪政三个时期，依次进行。

孙中山的民权理论和政治方案，充满着民主主义精神。他的出发点是避免专制独裁和西方资本主义国家民主政治的流弊，真正做到“主权在民”。他的目的是使中国成为民有、民治、民享的国家。

关于民生主义 孙中山的民生主义是为了解决人们的衣食住行“四大需要”。“建设之首要在民生”。

在讲演中，孙中山阐述了他的社会历史观——民生史观。孙中山认为，“社会之所以有进化，是由于社会上大多数的经济利益相调和”。而所以有这种调和，又是“因为要解决人类的生存问题”。“古今一切人类之所以要努力，就是因为要求生存，人类因为要有不间断的生存，所以社会才有不停止的进化。”他认为“民生问题”“是社会进化的原动力”，是“历史的重心”。他把社会进化的原因归结为人们求生奋斗(物质活动)和求生欲望(意念活动)两个方面；否认阶级斗争是历史前进的动力，而把它看作社会进化过程中“所发生的一种病症”。孙中山一方面认为马克思的学说“是集几千年来人类思想的大成”；并一再说明：共产主义是民生主义的“好朋友”，甚至说“民生主义就是共产主义，就是社会主义”。另一方面又因为马克思提倡阶级斗争，而把马克思说成是一个“社会病理家”，而不是“社会生理家”。他断言马克思的学说不能解决民生问题。以后戴季陶、蒋介石等人把这些观点作为攻击马克思主义的重要口实。

孙中山在讲演中发展了他早期的民生主义思想，把解决民生问题同解除帝国主义压迫联系起来，而且明确提出了“耕者有其田”的口号。他说：“要民生问题能够解决得通，便要先从政治上来着手，打破一切不平等的条约，收回外人管理的海关”，保护民族工业。“将来民生主义真是达到目的，农民问题真是完全解决，是要‘耕者有其田’，那才算是我们对于农民问题的最终结果。”他还指出，要解决民生问题，不仅要节制资本，还要“发达国家资本”，“振兴实业”。

孙中山的三民主义是中国极其重要的政治理论，它在中国和东亚产生了非常广泛的影响。

三、革命武装的建立　革命势力统一广东

国民党一届一中全会决定在上海、北京、汉口、哈尔滨、四川5处设立中央执行部，分别领导附近若干省区的党务工作(实际建立的有上海、北京、汉口3处)。国民党中央向各省区派出筹备专员，负责筹组各省区党部。到1926年，全国建立正式国民党省党部12处，临时省党部9处，特别市党部4处。全国除云南、新疆、贵州等少数省份外，绝大部分省区都有了国民党组织。在1926年，党员人数(包括海外)约有50万。国民党改组以后迅速发展成为一个有重大影响的政党；党组织和广大党员(其中有很多共产党员)是开展国民革命的基本力量。

建立一支由国民党掌握的军队，是孙中山学习苏俄的要点之一。建立军官学校培养军事干部是建立党军的前提。因此创办了中国国民党陆军军官学校(通称黄埔军校)。学生于1924年5月5日入学，6月15日举行开学典礼。孙中山在典礼会上讲了建立革命军的道理，鼓励学生负起救国救民的责任。

孙中山兼军校总理。他任命蒋介石为校长，廖仲恺为党代表。军校最高领导机构为校本部，直接隶属于国民党中央执行委员会。校本部下属机构和领导人为：政治部，先后以戴季陶、周恩来等为主任；教授部，以王柏龄为主任，叶剑英为副主任；训练部，以李济深为主任，邓演达为副主任；何应钦为军事总教官；邓演达为军校总队长。1924年10月12日以毕业生为骨干，建立了两个教导团，不久扩编为师，1925年8月又扩组为国民革命军第一军。它是第一支“党军”。军校从成立到1926年北伐前招收学生5期，共7400余人。

黄埔军校是国共合作创办的一所军事学校，它得到苏联的大力帮助。它为中国革命培养了一批军事政治干部，为革命军的建立和北伐战争奠定了基础。军校为蒋介石培植了一批亲信骨干，也为共产党培养了军事政治人才。

1924年10月，广东革命政府依靠黄埔军校的学生和工农群众，平定了商团叛乱。广东商团成立于1912年，原是商人的自卫组织，后来被英帝国主义所操纵，发展成为一支拥有数千人的反动武装。团长是英国汇丰银行广州分行买办陈廉伯，副团长是佛山大地主陈恭受。这支反动武装得到在广州的军阀的支持。英帝国主义鼓动陈廉伯推翻广东革命政府，建立“商人政府”。1924年10月10日，商团军开枪射击庆祝辛亥革命十三周年的游行群众，当场打死打伤二三十人。接着，他们张贴“打倒孙政府”的布告，胁迫商人罢市，准备与军阀陈炯明配合，夺取广州的政权。英帝国主义开来军舰为商团助威。商团叛乱使广州的革命政权处在严重的危机中。10月14日，孙中山在共产党人的支持下，决定对商团实行镇压。黄埔学生军、一部分革命军和工团军，一起向商团军进攻。15日，商团军被缴械。商团叛乱的平定，给帝国主义、买办地主阶级以有力的打击，使广东革命政府得到初步稳定。但是，帝国主义、北洋军阀、陈炯明及滇桂军阀等反动势力，时刻企图推翻这个政府。广东革命根据地的统一还需要用大力去完成。

1924年11月，陈炯明乘孙中山北上之机，自封为“救粤军总司令”，准备进攻广州。他依仗英帝国主义及段祺瑞政府的支持，又与粤南军阀邓本殷和滇桂军阀相勾结，妄图推倒广东革命政府，恢复他在广东的统治。广东革命政府决定进行东征。第一次东征于 1925 年 2 月初至 3 月下旬进行。主力是黄埔学生军 3000 人和粤军许崇智部，由军校校长、粤军参谋长蒋介石统领。军校政治部主任周恩来负责指导学生军的战时政治工作。不到两个月，东征军就打垮了陈炯明的主力 3 万多人，占领了潮州、梅县等地，陈军退到江西和闽南。

当时，广东政府所属的滇、桂、湘、粤各军，都是旧军阀的部队。其中滇军杨希闵、桂军刘震寰是打着拥护孙中山三民主义旗号暗藏在广东内部的敌人。1925 年 5 月杨刘发动武装叛乱，占领电报局、火车站等要地。广州局势陷入严重危机。6 月 6 日，东征军回师广州镇压叛军。广九、粤汉各路工人爆发了声势浩大的总罢工，拒绝为叛军运兵运械。黄埔学生军、粤军、湘军等于 6 月 12 日向广州附近的滇桂军同时发动攻击，全歼滇桂军 2 万余人，迅速平定了叛乱。

第一次东征和平定杨刘的胜利，巩固了广东革命政府的地位。1925 年 7 月 1 日，广东革命政府由大元帅府改组为国民政府。国民政府实行委员制，汪精卫任主席，许崇智为军事部长，胡汉民为外交部长，廖仲恺为财政部长。国民政府发表宣言，宣布其唯一职责即在履行先大元帅遗嘱；当前任务是着手废除不平等条约和召集国民会议。7 月 6 日，国民政府军事委员会在广州成立。8 月，将所辖军队统一改编为国民革命军。黄埔新练的军队加入一部分粤军为第一军，蒋介石为军长；谭延闿所部湘军为第二军；朱培德所部滇军为第三军；在江西的粤军为第四军，李济深为军长。随后，李福林所部福军编为第五军；程潜所部援鄂军、吴铁城部一个师和一些零星部队合编为第六军，程潜为军长。各军中设各级党代表和政治部，许多共产党员担任了军队中的政治领导工作。

在革命军调回广州讨平杨刘叛乱时，陈炯明重新占领了东江一带，准备进攻广州。与此同时，粤南军阀邓本殷也调兵遣将，形成对广州的夹击形势。为了彻底消灭反革命势力，统一广东，国民革命军于 10 月 1 日开始第二次东征。东征军总指挥是蒋介石。周恩来担任东征军政治部总主任。10 月 14 日攻克惠州，歼灭了敌军主力。在省港罢工工人和东江农民的有力配合下，11 月初，东征军完全收复了东江，全歼陈炯明的军队。在第二次东征的同时，革命军又征讨粤南军阀邓本殷。到 1926 年 2 月，歼灭了海南岛上的邓军残部。至此，广东全省为革命军所统一。3 月，广西李宗仁等接受国民政府的领导，所部桂军编为国民革命军第七军。两广实现了统一。

随着军事的统一，国民政府开始进行行政和财政的整顿，统一行政管理，统一全省财政收支。广东全省的财政经济状况大为好转。广东革命根据地更加巩固。

广东革命根据地的统一为革命的更大发展提供了可靠的后方基地，革命的胜利增强了中国人民进行反帝反封建斗争的信心。这些就为北伐战争准备了条件。

四、第二次直奉战争　北京政变

中国是一个战争频繁的国家，国家政局在很大程度上是由战争决定的。1924年下半年的第二次直奉战争是对中国政局有巨大影响的一次战争。

第二次直奉战争的前奏是江浙战争。1922年第一次直奉战争后，直系控制了北京政府，并将其势力伸展到长江流域。曹锟的贿选和吴佩孚的“武力统一”遭到全国各方面的反对。孙中山率先通电全国宣布讨曹。同时，孙中山又同奉系张作霖、皖系浙督卢永祥结成反直的三角同盟。迷恋于武力统一的吴佩孚，企图以孙传芳从福建进攻广东，并以陈炯明做内应，推倒孙中山革命政府；以齐燮元夺取浙江，消灭卢永祥；自己则秣马厉兵，直接对付张作霖。这时，齐燮元、卢永祥之间的矛盾已十分尖锐。1924年9月3日，苏军向浙军发起攻击，江浙战争爆发。战争爆发后，北京政府下令讨卢，孙中山下令讨伐曹吴，张作霖、段祺瑞通电援卢，张并派兵入关。9月中旬孙传芳军越过仙霞岭进入浙江，卢永祥放弃浙江转赴上海，并于10月12日宣布下野。江浙战争结束。孙传芳被任命为闽浙巡阅使兼浙江军务督理，夏超(原卢永祥部属，江浙战争中投孙)被任命为浙江省长，齐燮元把势力扩张到上海。

江浙战争开始后10余天，第二次直奉战争爆发。江浙战争爆发后，张作霖以奉浙粤三角同盟关系，决定向关内进兵。张将奉军编为六个军，向山海关和朝阳进攻。9月17日曹锟发布讨张令，任命吴佩孚为讨逆军总司令，分兵三路迎战。第一军出山海关，第二军出喜峰口。第三军总司令为冯玉祥，吴命令他出古北口向热河前进，攻击奉军侧背。直军和奉军在沿长城线一带展开激战。

这时冯玉祥秘密倒吴策划正在顺利地实现着。冯和张作霖、段祺瑞已经暗中勾结。冯已和援军第二路司令胡景翼、北京警备副司令孙岳结成反吴同盟。冯玉祥受命后故意行动迟缓，不远离北京。冯乘直军在山海关一带作战不利，吴亲到前方督战的时机，突然倒戈回师。10月23日夜，冯军鹿钟麟部返抵北京，包围了总统府，占领了火车站、电报局、电话局。同时，孙岳部由冀南开到南苑，胡景翼部由迁安、遵化开回通州。23日冯、胡、孙通电呼吁“和平”。24日北京政府被迫下令停战并解除吴佩孚的职务。冯军监禁了总统曹锟。这就是震动全国的北京政变。

10月25日，冯玉祥等召开政治军事会议，决定组织中华民国国民军，冯为总司令兼第一军军长，胡、孙为副司令兼第二、三军军长。10月26日，冯、胡、孙发出拥护段祺瑞的电报。

吴佩孚得知冯玉祥政变的消息后，抽兵回救北京。10月底、11月初，奉军大败直军，占领山海关、秦皇岛、唐山、芦台等地。冯军亦在杨村、北仓一带打败吴军。11月2日曹锟辞职，由内阁摄行总统职权。3日，吴佩孚率残军2000余人由塘沽乘舰南下，由长江口上溯至武汉。第二次直奉战争打了近50天，至此结束。吴军主力基本被消灭。

11月5日，摄政内阁修改优待清室条件，国民军驱逐清废帝溥仪出皇宫。中旬，冯玉祥、张作霖、段祺瑞在天津举行会议，决定组织中华民国临时执政府，以段祺瑞为临时执政。11月24日公布《中华民国临时政府制》，其中规定临时执政“总揽军民政务，统率陆海军”，对外代表中华民国。临时政府不设国务院。不久，虽复设国务院，但国务院总理仍无实权。12月14日执政府决定解散国会，取消宪法和约法。至此，1912年中华民国建立时留下来的国会、内阁、总统选举全消失得无影无踪了。临时执政府踢开了那些残留的形式，是赤裸裸地建立在军阀官僚权力之上的政权。11月24日，段在就职宣言中声称“外崇国信”，即执行媚外亲帝的外交政策，因而段政府立即得到日本帝国主义的支持，西方帝国主义也表示愿意帮助它解决困难。在这个政府中，国民军、奉军、皖系势力进行着尖锐复杂的明争暗斗。

第二次直奉战争后，又有第二次江浙战争的爆发。1924年12月，段祺瑞政府任命卢永祥为苏皖宣抚使，免去齐燮元江苏督军职务。卢永祥、张宗昌带领奉军进到浦口、南京一带。齐表面服从命令，暗中加紧备战。1925年1月，齐燮元、孙传芳组织江浙联军，进攻北京政府派来上海的淞沪护军使张允明部，获得胜利。接着又与南下奉军交战于无锡附近。但孙传芳忽将所部撤回，齐军失败。1月28日齐通电下野。齐的部队被孙传芳接收。29日奉军进入上海。

五、废除不平等条约运动　国民会议运动　善后会议

1924年发生的全国性的废除不平等条约运动，是中国反对帝国主义斗争史上的一件大事。它发端于中苏协议的签订。1923年9月苏联驻华代表加拉罕代表苏联政府发表第三次对华宣言，声明愿意实行“完全尊重主权、彻底放弃从别国人民那里夺得的一切领土和其他利益”的政策。经过谈判，1924年5月31日签订了《中俄解决悬案大纲协定》，同时签订《中俄暂行管理中东铁路协定》。协定规定：废除帝俄与中国或第三国所订立的一切有损中国主权及利益的条约；苏联政府承认外蒙为中国的一部分；苏联政府放弃帝俄时代在中国划定的租界，放弃庚子赔款，取消治外法权和领事裁判权；中东路除商业性质以外的一切事务概由中国政府管理，铁路业务由两国共同经营，中国方面将出资赎回中东铁路及所属一切财产。

中俄协定的签订，大大鼓舞了中国人民的反帝斗争。上海闸北市民外交协会在庆祝中俄邦交恢复的通电中说：“我们当此中俄邦交恢复之时，一面固然要一致的庆祝中俄万岁；一面也要一致的向列强收回治外法权及庚子赔款，废除一切不平等之条约。”①这时，外国使团无视中国主权，拒绝交出中俄复交前被他们“代管”的俄国使馆，其根据是《辛丑条约》中关于使馆区“独由使馆管理”的规定。这件事使中国人民更深地感到不平等条约之害。大规模的废除不平等条约运动由此兴起。

6月末，著名记者邵飘萍在《京报》上发表《人类永久和平之关键安在?》一文，提出“和约即为永久平和之障碍，欲求世界之永久平和，非推翻一切不平之和约不可……如东方之《辛丑和约》及中日之二十一条，西方之《凡尔赛和约》等，即系人类永久平和之公敌，可作全人类向上运动之目标”。这篇文章在舆论界产生了号召的作用。

7月13日，参众两院、北京学生联合会、华侨实业协进会等50余团体的代表及各界人士230余人开会，决定成立反帝国主义运动大联盟。这个联盟提出的任务是：扑灭帝国主义的侵略政策，废除压迫中国的一切不平等条约；扑灭帝国主义的走狗汉奸。7月18日，北京国立专门以上八校教职员会代表联席会议发表废约宣言，主张“举凡对我一切不平等待遇，彻底撤销，另本相互平等的原则，重新构成国际关系，使我民族亦得享受人类应

---

① 《向导》，第71期，1924-06-18。

有之权利”。同时他们又表示要领导国民“以和平友谊的手段”，进行“此种合理合法的运动”。

此后，上海、武汉、湖南、山东、天津各地各界人士，纷纷组织反帝同盟，展开废除不平等条约的宣传活动。9月3日至9日，由反帝大同盟发起全国范围的反帝国主义运动周，广州、北京、天津、上海、武汉、长沙、济南、太原等地，都召开群众大会，进行反帝宣传。

在运动过程中，中国共产党努力把这次运动引导到彻底的民主革命轨道上来。共产党人指出：“军阀和帝国主义者必然相互勾结”，只反对一个而不反对另一个，是错误的。① 帝国主义对我们的废约，必百般顽抗，必指使他们的傀儡中国军阀“摧残对外运动”。因此“民族独立运动不是向列强和平请愿可以成功的”。② 号召“被压迫的民众——工人、农民、兵士、商人、学生，快快起来作举国一致反帝国主义的大运动，始终要到达驱逐任何帝国主义于中国领土之外”。③

在废除不平等条约运动高潮中，各地群众还发动了收回教育权运动和“非基督教”运动，反对帝国主义用学校和教会为工具对中国进行侵略。

冯、胡、孙在发动北京政变的同时，于10月23日发出“停战言和”的通电。10月25日冯、胡、孙电请段祺瑞、孙中山“入京主政”。10月27日孙中山分别致电段、冯，表示“拟即日北上”，“晤商”“建设大计”。冯等于11月1日复电孙中山，表示盼孙“早日莅都，指示一切”。11月4日、6日，又连电促孙早日北上。11月10日，孙中山以中国国民党总理名义发表《北上宣言》。宣言重申反帝反军阀的政治立场和国民革命的目的，“主张召开国民会议，以谋中国之统一与建设”。在国民会议召开前，先开由现代实业团体、商会、教育会、大学、各省学生联合会、工会、农会、反对曹吴各军及政党代表等组成的预备会议。这里所说的召开国民会议的主张，最早是1923年7月《中共中央第二次对于时局的主张》中正式提议的。孙中山接受了这个主张。11月13日孙中山偕宋庆龄等离开广州。为了进行宣传，扩大影响，孙经香港、上海，取道日本，前往北京。12月4日抵天津，31日至北京。

开始时，中国共产党一些领导人对于这次北京政变和孙中山决定北上，

---

① 《向导》，第75期，1924-07-23。

② 《向导》，第76期，1924-07-30。

③ 《向导》，第80期，1924-08-27。

持否定和反对的态度。陈独秀、蔡和森、彭述之都在1924年10月29日出版的《向导》第89期上发表文章，表示了这种态度。他们认为"此次北京政变，显然是英美帝国主义者抛弃了一个旧工具——吴佩孚，另换上一个新工具——冯玉祥"。有人甚至断言，孙中山"若上午入北京"，"他在革命上的信用下午便要破产"。国民党内也有人反对孙中山北上。

但是孙中山的态度很坚决。苏联驻国民党代表鲍罗廷和苏联驻华大使加拉罕认为"10月23日的政变及其后发生的事件给国民党提供了一个登上国民革命斗争大舞台并成为大政党的极好机会"，主张"利用这一机会"。① 中国共产党很快改变了上述态度，决定支持孙中山北上，推动国民会议的召开。11月19日出版的《向导》第92期发表《中国共产党对于时局之主张》，指出：解决中国政治问题的方法，不是各省军阀的和平会议，也不是段祺瑞提议的善后会议，"乃是本党去年北京政变(按：指1923年6月曹锟逼使黎元洪下台出京事件)时所主张的及中国国民党现在所号召的国民会议"。国民会议预备会，在正式政府成立以前，"即为临时国民政府——号令全国的唯一政府"。对这个临时国民政府和国民会议的最低限度的要求应包括废除一切不平等条约，保障人民集会结社出版言论罢工之无限制的自由权，规定最高限度的租额，八小时工作制，增加海关进口税等。

在国共两党大力推动下，全国很快掀起促成国民会议运动的高潮。广州、上海、北京、天津、武汉、济南、南京、徐州、张家口等地的人民团体，纷纷发表通电，拥护召开国民会议。上海、广东、湖北、湖南、浙江等省市成立了国民会议促成会或筹备处。上海国民会议促成会由143个团体组成。工人阶级在运动中发挥了重要作用。汉冶萍总工会、广州工人代表会、全国铁路工会第二次代表大会等，都号召工人积极投入运动。上海、北京还成立了妇女界国民会议促成会。

面对声势浩大的群众运动，官僚军阀政府极力用善后会议来抵制国民会议。1924年12月24日段政府公布了《善后会议条例》，规定善后会议由四种人组成：一为"有大勋劳于国家者"；二为"讨伐贿选制止内乱之军事领袖"；三为"各省区及蒙、藏、青海军民长官"；四为"有特殊之资望学识经验者，由临时执政聘请或委派之，但不得逾三十人"。根据这样的规定和段

---

① 《鲍罗廷〈关于国民党〉的书面报告》，见《联共(布)、共产国际与中国国民革命运动》(1920—1925)，566页，北京，北京图书馆出版社，1997。

政府所发出的邀请名单，能够参加这个会议的，除孙中山等少数人外，绝大多数都是军阀、官僚和附属于他们的知识分子。而且段政府还规定：善后会议是“专为整理军事、财政及筹议建设方案而设，质而言之，即沟通各方意思，由各省以及全国共谋统一”。这同中国共产党和孙中山关于国民会议的主张是完全对立的，它的目的是继续维护军阀的反动统治。善后会议于 1925 年 2 月 1 日开场，4 月 21 日闭幕。

段祺瑞的善后会议遭到国共两党和全国人民的一致反对。1924 年 12 月 26 日，国民党通电反对召开善后会议。1925 年 1 月 20 日，广东国民会议促成会组织 10 万人游行，反对善后会议。22 日，中国共产党第四次全国大会宣言指出：善后会议是段祺瑞“团结己派军阀”“以统治中国人民的工具”。31 日，孙中山指示国民党员拒绝参加善后会议。国民党中央随即向全党下达抵制善后会议的通知。为了同段祺瑞的善后会议对抗，国民会议促成会全国代表大会于 3 月 1 日在北京召开。代表成分包括工、农、知识分子、民族资本家，共 200 余人。他们代表 20 余省区，120 余个地方的国民会议促成会。大会坚决否认段祺瑞的善后会议，讨论了不平等条约及外国人特权、外国驻兵、军阀军队与内乱、人民自由、工人、农民、妇女等重大问题，通过了一系列决议。关于国际问题的决议指出：“中国国民欲求恢复民族独立与自由，即在依国民会议产生国民革命政府，宣布‘废除一切不平等条约’。”关于国内问题的决议，一再申述了打倒军阀的主张。大会各项决议是符合国民党一大宣言的，是共产党的民主革命纲领的具体化。这些决议当然不会为军阀政府所采纳。但这次大会在宣传和组织群众方面起了巨大的作用。

正当国民会议促成会代表大会进行的时候，孙中山于 1925 年 3 月 12 日在北京逝世。伟大的革命家孙中山的逝世，引起了全国人民的极大悲痛。中国共产党为孙中山的逝世发表了告民众书，号召全国民众加倍努力，一方面继续进行国民会议和废除不平等条约运动；另一方面保卫南方的革命根据地，清除横在革命面前的障碍。斯大林以苏共中央名义，季诺维也夫以共产国际名义给国民党发了唁电。全国各地举行了隆重的追悼大会。共产党人和国民党左派在追悼孙中山的活动中，大张旗鼓地宣传了联俄、联共、扶助农工的三大政策，宣传了打倒帝国主义、打倒军阀的革命纲领。这是一个大规模的群众性的政治宣传活动。

六、五卅运动　全国群众运动高潮

1923年"二七惨案"后，工人运动受到反动政府的摧残转入低潮，到1924年开始恢复和发展。安源工人在1923年和1924年的五一节，各举行了万人示威游行。1924年"二七惨案"一周年纪念日，秘密地成立了全国铁路总工会。国共合作后，加入国民党的共产党人在军阀统治区上海的一些地区开办了工人补习学校和工人俱乐部等工人组织。在广东，工会是合法的。1924年5月，广州工人召开代表会，决定建立工团军。7月，爆发了广州沙面工人的罢工。这是一次反对英法帝国主义妨碍中国人出入沙面租界自由的政治罢工。这次罢工取得了胜利。1924年北京政变后，冯玉祥的国民军对工人运动的压迫比较放松。共产党利用这个有利时机很快恢复了铁路工会的工作。1925年2月"二七惨案"两周年纪念日，召开了有12路代表到会的全国铁路工会第二次代表大会。会后，各地铁路工人举行了多次罢工。

国民党第一次全国代表大会确定的扶助农工的政策，便利了农民运动的开展。1924年6月底，国民党中央决定在广州成立农民运动讲习所。1924年7月至1925年11月，农讲所共举办五届，毕业生共454人。其中1/3由国民党中央农民部分派为广东各地特派员，2/3回原籍，在各地从事农民运动。在1925年一年中，广东省37县有了农民协会组织，会员62万人。1925年国际劳动节，广东省举行第一次农民代表大会，成立了省农民协会。1925年春毛泽东在湖南湘潭组织了许多个乡农民协会。年底，一批农讲所学员回湖南后，农民运动有了进一步的开展。在这一年里，江西、广西、河南等省的农民运动都开始有了发展。

1924年是中国革命形势从南到北不断高涨的一年。工农群众运动的恢复和发展，废除不平等条约运动和国民会议运动的兴起，广东革命根据地的初步巩固，这一切表明中国革命正处在巨大高涨的前夜。为了迎接和促进革命高潮，中国共产党于1925年1月在上海召开了第四次代表大会。出席大会的代表有陈独秀、瞿秋白、蔡和森、周恩来、李立三、李维汉等20人，代表党员994人。大会讨论的主要问题是党如何加强对日益高涨的革命运动的领导和为迎接革命高潮需要做的准备工作。陈独秀代表中央委员会做了工作报告。大会通过了关于中央委员会报告的议决案和关于民族革命运动、职工运动、农民运动、青年运动、妇女运动、宣传工作、组织问题等议决案，通过了党的第二次修正章程和大会宣言。

关于民族革命运动的议决案分析了中国民族革命与世界革命的关系以及中国各阶级在民族运动中的趋向，明确提出了无产阶级在国民革命中的领导地位问题。议决案指出："中国的民族革命运动，必须有最革命的无产阶级有力的参加，并且取得领导的地位，才能够得到胜利。"议决案阐明了党对于民族革命运动的政策，批评了"左"倾和右倾的错误。党的政策是：在国民党内扩大左派，指责右派的反革命事实，批评中派的游移态度。

关于职工运动的议决案指出，在民族革命时期，在与国民党合作的时期，党应该特别注意："中国共产党是中国工人阶级唯一的指导者。""参加民族革命以取得其领导地位"，是"中国工人阶级现在最需要的职任"。工人阶级必须有强固的群众的独立的阶级组织。必要时在一定区域内可使大产业工人群众加入国民党，促使国民党革命化。已经在国民党名义下的工人组织，我们应当参加进去，取得指导权。必须在工人群众中加强政治教育，加紧发展党的组织。

关于农民运动的议决案指出：农民问题在民族革命时代的中国"是特别的重要"。"农民协会运动在广东国民政府之下已成为政治生活里面的新动力。"中国共产党和工人阶级必须尽可能地教育和组织各地农民从事经济的和政治的斗争。党要引导农民组织农民协会、拒交苛捐杂税、反对土豪劣绅、实行乡村自治、成立农民自卫军等。

大会选举了新的中央委员会。中央执行委员有陈独秀、李大钊、蔡和森、张国焘、项英、瞿秋白、彭述之等九人。大会后召开四届一中全会，决定陈独秀为中央总书记兼中央组织部主任，彭述之任中央宣传部主任，张国焘任中央工农部主任，蔡和森、瞿秋白任中央宣传部委员，以上五人组成中央局。

中国共产党在第四次全国代表大会以后，加强了对革命斗争的领导。全国革命运动更加蓬蓬勃勃地向前发展。

1925 年 2 月上旬，上海日本纱厂工人为反对厂方以"养成工"代替成年男工和拘捕工人代表，愤而罢工。罢工的工厂很快发展到 22 个，罢工工人 4 万余人。5 月上旬，由于日本资本家决定取缔工会，工人又连续发动罢工。在青岛，4 月间日本纱厂 1 万多工人为要求厂方承认工会和增加工资举行罢工，取得一定的胜利。5 月 25 日，为反对日本资本家压迫工会，纱厂工人又举行第二次罢工。上海、青岛的罢工斗争是五卅运动的序幕。

五卅革命高潮的前夜，在中国共产党的领导下，由全国铁路总工会、中华海员工业联合会、汉冶萍总工会、广州工人代表会共同发起，于1925年5月1日在广州召开第二次全国劳动大会。第二次全国劳动大会和同时在广州召开的广东省第一次农民代表大会举行联合会议，一致通过了工农兵大联合、共同打倒帝国主义和军阀的决议。第二次全国劳动大会决定成立中华全国总工会。会后执委会推举林伟民为委员长，刘少奇为副委员长，邓中夏为秘书长兼宣传部长。这次大会的召开和中华全国总工会的成立，加强了共产党对全国工人运动的领导，推动了工人运动和全国革命运动的发展。大会闭幕不久，就爆发了全国规模的五卅革命运动。

5月15日，上海日本纱厂资本家对罢工工人实行报复，枪杀工人共产党员顾正红，伤10余人。这是五卅运动的导火线。事件发生后，在共产党的号召下，上海日本纱厂2万多工人立即罢工。各大学学生纷纷起来募捐，救济死难工人家属。帝国主义者竟野蛮地逮捕学生，妄加“扰乱治安”的罪名，准备于5月30日审讯。帝国主义还决定于6月2日实行“增订印刷附律”“增加码头捐”“交易所注册”“取缔童工”四提案，以进行威胁。5月28日，青岛日本纱厂资本家勾结奉系军阀枪杀罢工的中国工人8人，重伤10余人，逮捕70余人。这就更加激起了中国人民的愤怒。中共中央决定把工人的经济斗争转变为反帝国主义的政治斗争，5月30日在上海外国租界举行游行示威。

30日上午，各校学生2000多人在上海公共租界各马路散发反帝传单，发表反对枪杀顾正红、反对逮捕学生、反对“四提案”的讲演。下午，帝国主义巡捕大肆捕人。到15时仅南京路老闸捕房一处已拘押学生100多人。这时聚集在捕房外的万余群众，异常激愤，高呼“打倒帝国主义”，要求释放被捕学生。英帝国主义竟命令巡捕开枪屠杀群众，当场打死和伤后不久身亡者计13人，重伤几十人，逮捕数十人，制造了震惊全国的五卅惨案。

帝国主义的血腥屠杀，更激起中国人民的强烈愤慨。中共中央连夜召开会议，决定把斗争扩大到各阶层中去，结成反帝统一战线，展开工人罢工、学生罢课、商人罢市的“三罢”斗争。决定成立行动委员会领导这次斗争。31日晚，成立了上海总工会。在总工会领导下自6月2日起实行总同盟罢工，到18日罢工人数达20余万。自6月1日起，5万多学生举行了罢课。公共租界内绝大部分商人举行了罢市，甚至那里的华捕也有半数以上实行罢岗。7日，共产党通过上海总工会联合全国学生联合会、上海学生联合会、上海各马路商界总联合会(主要代表中小商人)，成立了上海反帝运动的领导机关工商学联合委员会。11日，在该会的主持下，举行了20万人参加的市民大会，通过了向帝国主义交涉的十七项条件。其主要内容为永远撤退驻华之英日军队，取消领事裁判权，华人在租界有言论、集会、出版之绝对自由，惩凶，赔偿，撤销“增加码头捐”“交易所注册”等。

自5月30日至6月10日英帝国主义多次屠杀中国人民，死60余人，重伤70余人。在这次反帝斗争期间，英国从香港调军队来沪，英、美、意、法等国增派军舰来华，并派水兵在上海登陆。

在“三罢”斗争中，上海总商会没有参加上海工商学联合委员会，另成立五卅委员会。在北京政府和帝国主义进行交涉时，它提供的交涉条件把工商学联合会提出的十七项修改为十三项，删弃了撤退外国军警、取消领事裁判权、工人有集会结社罢工之自由等重要条款。这时帝国主义者一方面提出进行“司法调查”和召开“关税会议”表示一定程度的妥协；另一方面又以停止借款、通汇，停止运输和电力供应相威胁。

五卅惨案发生后，北京政府派代表和外国在华公使团进行交涉，没有取得任何积极成果。6月25日上海政府与商界领袖讨论开市问题，总商会同意开市。6月26日罢市各商店开门营业。

停止罢市后不久，因暑假到来，学生纷纷离校，上海学生联合会的力量大为减弱，工人阶级孤立了。共产党鉴于此种情况，为了保存工人阶级的组织，争得一定的经济要求和地方性的政治要求，决定改总罢工为经济斗争和局部解决的策略。在日、英资本家答应一定条件后，罢工工人于八九月先后复工。从运动爆发至第二年6月，上海总商会经收的各界五卅捐款计洋240万元，银43万两，收支相抵不足11万元，大部由总商会等单位垫付。

五卅惨案发生后，革命风暴迅速从上海发展到全国。6月2日，广州各校学生数千人及工人、农民、军队等万余人，联合举行示威大游行，高呼“打倒帝国主义”“打倒军阀”“援助上海工人学生”。6月3日，北京百余学校共5万余人举行大示威游行，声援上海人民。6月14日，长辛店5000工人在天安门开会，会后游行至执政府及外交部请愿，要求惩办沪案祸首、收回租界、收回领事裁判权等。6月25日，北京各界又在天安门举行追悼被害同胞大会，参加团体达400余个，30余万人。6月3日，南京各界开市民外交大会，到会3万余人，各校一致罢教罢课，游行示威，继以罢工罢市。4日，南京各界继续游行。同日，汉口50余校学生22万余人，举行示威游行。6月5日，天津各学校教职员、学生及各团体数万人，举行游行示威。6月14日，天津开市民大会，追悼五卅被害同胞，到会10余万人。除上述各地之外，杭州、长沙、郑州、济南、太原、徐州、西安、成都、苏州、扬州、无锡、嘉兴、南通、镇江、绍兴、宁波、温州、芜湖、安庆、福州、厦门、汕头、开封、洛阳、九江、南昌、青岛、唐山、张家口等大中小城市的人民群众也都纷纷举行集会、游行示威或罢工、罢课、罢市。许多地方的农民也加入了斗争的行列。全国直接参加五卅运动的估计有1200万人次。

五卅运动的历史意义是巨大的。它提高了全国人民的觉悟和组织程度，提高了中国共产党和工人阶级的威信。这次运动把1924年开始高涨的革命运动大大地向前推进了一步。它是五四运动以后又一次全国规模的革命高潮。

五卅反帝斗争高潮中发生的罢工斗争，规模最大、影响最深、时间最长的是广州和香港工人的大罢工。

这次罢工是为支援上海工人阶级反帝斗争，为争取民族自由与国家独立，在中国共产党的直接领导下举行的。五卅惨案的消息传到广州后，中华全国总工会立即派苏兆征、邓中夏等到香港发动罢工。6月19日，首先由海员、电车、印刷等工人开始罢工，继之洋务、装卸、煤炭、机器、船坞等工人加入罢工。罢工工人发表的宣言中提出：拥护上海工商学联合会提出的解决五卅惨案的条件；对香港政府要求政治自由、法律平等、普遍选举、劳动立法、减少房租和居住自由。

6月21日，广州沙面租界的中国工人发动了罢工。23日，广州的罢工工人、郊区农民、学生、黄埔军校学生等10余万人，举行示威游行。当游行队伍经过沙面租界对岸的沙基时，英帝国主义竟开枪扫射示威的群众，当场死亡52人，重伤170余人，造成了沙基惨案。这更加激起中国人民的反帝怒火。香港罢工工人激增到25万，并有13万人陆续回广州。

共产党为了统一领导这场斗争，成立了以苏兆征为委员长的具有政权性质的省港罢工委员会。左派国民党人廖仲恺等积极支持和参加领导工人的罢工斗争。罢工委员会组织了2000多人的工人武装纠察队，协同广大群众，严密封锁香港及沙面租界，分驻各海口码头，截留出口粮食，扣押走私货物，厉行抵制英货。这些措施使香港交通运输中断，使香港变成了“死港”。在政治上经济上给英帝国主义以沉重的打击。在广州革命政府支持下，这次罢工坚持了16个月，到1926年10月宣告结束。

七、张冯吴孙各派军阀势力的演变　反奉倒段斗争

第二次直奉战争后，奉、冯、吴各派大军阀和其他次等军阀的军事实力和统治地盘不断发生变化，他们之间的关系也不断发生变化。1924 年 11 月初，吴佩孚兵败南下。11 月中到达汉口后，他以直系各省军事首领的名义发表通电，宣布组织护宪军政府，由这个政府代表中华民国执行对内对外一切政务。但直系各将领并不赞成吴的这个主张，因此所谓护宪军政府并未组织起来。1925 年内，吴佩孚逐渐控制了湖北，并于 10 月 21 日在汉口宣布成立 14 省讨贼联军总司令部，自封为总司令。他在武汉搜刮财富，招兵买马，并取得若干军阀的支持，又成为当时最大的军阀之一。

在吴佩孚组织 14 省讨贼联军的同时，孙传芳控制了东南五省。第二次直奉战争后奉军源源开往上海，这引起浙江军务督办孙传芳和直系其他军阀的恐慌和反对，并且促成了孙传芳与冯玉祥的联合。1925 年 10 月 15 日，孙传芳以浙闽苏皖赣五省联军总司令的名义通电讨奉。16 日孙军占领上海，19 日占领南京，23 日占领蚌埠，11 月 8 日占领徐州。奉军退至山东境内。孙传芳任命了苏、浙、闽、皖、赣五省的文武官员。这五省本列名于吴佩孚 14 省联军之内，至此已为孙传芳所控制。孙传芳也成了当时最大的军阀之一。

这时奉系军阀内部发生了一个重大事件，即郭松龄倒戈事件。奉军内部原存在新老两派的对立，新派中又分土洋两派。出身于陆军大学和保定军官学校的郭松龄、李景林(土派)与出身于日本士官学校的杨宇霆、姜登选(洋派)矛盾甚深。第二次直奉战争后杨宇霆、姜登选等皆得一省地盘，而在战争中出力甚大的郭松龄，却一无所得。于是郭决心推倒张作霖，清除杨宇霆。郭与冯玉祥秘密勾结，1925 年 11 月订立了郭冯密约。又联络李景林，形成反对张作霖的“三角同盟”。

11 月 23 日，郭松龄在滦州宣布倡导和平，班师回奉，要求张作霖下野，查办杨宇霆，拥护张学良为总司令。25 日，郭率所部 7 万余人由滦州向山海关进发。27 日占领山海关。12 月 6 日攻占锦州。奉军全线溃败。12 月 20 日郭军占领新民，距沈阳 100 余华里。这时张作霖在东北的统治岌岌可危。但是，由于日本帝国主义的武装干涉和李景林的中途变卦重新归张，郭军遭到了失败。12 月下旬经巨流河一战，郭军大败。郭松龄被杀。

郭松龄事件后，冯玉祥、张作霖、吴佩孚三者的关系发生了新的变化。

冯玉祥国民军在郭松龄举兵后进占热河，同时向李景林提出假道出关援郭的要求，李不允。冯军继续进兵，1925年12月下旬攻占天津。李军退往山东，与张宗昌结成直鲁联军。冯玉祥有意联吴制奉，但吴佩孚不忘旧仇，拒绝联合。郭松龄失败后，吴打电报给张作霖，表示愿与张联合讨冯。1926年1月初，张复电表示谅解。于是形成奉直两系联合进攻国民军的形势。冯玉祥在局势不利的情况下，宣布下野，随后把军队和地盘交给下属，自己准备到苏联去考察。吴张共同决定：吴军由京汉线北上；直鲁联军由津浦线北上；奉军负责关外(指西北)；奉张助吴军饷200万元；北京政局将来由吴主持。接着，奉军、直军、直鲁联军向国民军发动了进攻。

1月中旬，奉军入关进攻国民军，国民军退守滦州。2月，直鲁军由山东攻入直隶，直军与国民军大战于河南。月底，直军占开封，3月间占郑州、洛阳、信阳等地。河南的国民军一部溃散，一部为吴佩孚收编，一部退入陕西。同时，陕西刘镇华、山西阎锡山配合吴佩孚的攻势，分别出兵占领潼关、石家庄。形势对国民军十分不利。

3月8日，奉军兵舰由大沽口袭北塘，被国民军击退。国民军为阻止直鲁军继续用军舰运兵运械，封锁了大沽口。但日本帝国主义在12日继续用驱逐舰掩护奉舰两艘驶入大沽口，并炮击大沽口炮台。国民军奋起反击，将日舰逐走。16日，日本帝国主义纠合英美法意等八国公使，以维护《辛丑条约》为由，向北京政府发出最后通牒，提出奉国两军即刻停止在大沽口附近作战，国民军完全撤除海上水雷等要求，限18日正午以前答复。同时，各帝国主义军舰20余艘聚集大沽口。这是帝国主义对中国进行武力恫吓，也是日本帝国主义援助奉军的具体行动。

1926年3月间，国民军继续战败，奉军攻占滦州、唐山，直鲁军进占天津、丰台。4月，奉军汤玉麟部占领热河，国民军宋哲元部退往张家口。同时吴佩孚的军队也沿京汉路进抵北京附近。4月10日，驻北京的国民军鹿钟麟部驱逐了段祺瑞，推倒了段政府，同时恢复了曹锟的自由。鹿欲联吴抗奉，但为吴所拒绝。在张吴双方的进攻下，4月15日，国民军由北京退往南口。下旬，直鲁军进入北京。后国民军又放弃南口、张家口，向西退到绥远、甘肃。国民军退出北京后，北京政权成为张吴控制的政权。

北京政变后，段祺瑞与张作霖结合，掌握了北京政府。他们对内破坏国民会议运动，镇压人民革命斗争，对外向帝国主义屈辱妥协，同全国人民的矛盾极其尖锐。

1925年4月，段祺瑞政府与法国订立《中法协定》，承认了争执几年的金法郎案，答应1922年法国政府提出的中国对法庚子赔款用金法郎计算的办法，使中国将多付关银6200余万两。金法郎案遭到全国一致反对。

1925年10月爆发的孙传芳与奉系的战争，是军阀间的混战。但是反奉却是全国的普遍要求。中国共产党决定趁机将反奉倒段斗争推向高潮。10月20日，共产党中央和共青团中央联合发表《对反奉战争宣言》，号召全国爱国的民众“站在反奉运动之主体的地位”，积极参加反奉战争。宣言提出反奉战争的目的是“直到召集真正代表人民的国民会议，建立革命统一的民主政府，宣布关税自主，宣布废除一切不平等条约”。10月24日，国民党中央也发表号召民众参加反奉战争的《对时局宣言》。

10月26日，各帝国主义国家为缓和五卅运动以来中国人民强烈的反帝情绪，派代表参加了由段祺瑞政府召集的关税特别会议。但是帝国主义并不允许中国实行关税自主。段祺瑞政府也根本无意力争关税自主，只是希望提高一点税率，以减轻日益加剧的财政危机。中国人民坚决反对这个会议，掀起了争取关税自主的运动。11月10日，全国学生总会和广州外交代表团等团体在北京组织关税自主示威运动筹备会。筹备会组织了示威运动，电令段祺瑞“下野出京”。22日，北京各界举行关税自主民众大会，达数万人，群众高呼“反对欺骗中国的关税会议”“打倒媚外政府”“打倒帝国主义”等口号。各地商会也纷纷通电反对关税会议。

关税自主运动是反帝国主义运动，也是反奉倒段斗争的一个重要内容。以李大钊为首的中共北方区委领导了这个运动。郭松龄事件后，北方区委决定展开更大规模的群众斗争，推倒段祺瑞政府，建立国民政府。国民党政治委员会决定：11月28日开群众大会，压迫段祺瑞辞职，组织国民行政委员会。“首都革命”的斗争高潮由此掀起。

五卅运动期间，北京大学学生就在共产党领导下组织了学生军，作为“以革命手段打倒帝国主义之准备”。以后又在学生军的基础上组织了北京革命学生敢死队，在工人中组织了工人保卫队。28日下午，各学校、各工厂的学生敢死队、工人保卫队和广大群众共5万多人齐集神武门前，举行示威大会。会后，群众高喊着“打倒奉系军阀”“打倒段祺瑞卖国政府”“建设国民政府”等口号，包围了执政府。后又捣毁了章士钊等人住宅和《晨报》馆。次日，更多的群众在天安门前举行国民大会。大会通过了包括“即日解除段祺瑞一切政权，由国民裁判”；“解散关税会议，宣布关税自主”；“组织国民政府临时委员会，召开国民会议”等内容的决议案。连续的大规模的群众示威运动，形成五四运动以来北京革命斗争的一次高潮。由于运动的领导者和广大群众都缺乏经验，反动政府事先已有防备，原已联系好的国民军没有采取一致行动，这次打倒段政府的斗争没有成功。

以北京的斗争为起点，上海、开封、汉口、广州等地，都发动了要求打倒段祺瑞政府，建立革命的民众政权的斗争。

“首都革命”后不久，发生了三一八惨案。上述大沽口事件和帝国主义的通牒激怒了中国人民。3 月 17 日，国民党北京特别市党部、北京学生总会、北京总工会等发起召开北京各学校、各团体代表紧急会议，议决五条：严正驳覆通牒、不许日舰携带奉舰入口、驱逐八国公使出京、请国民军为废除不平等条约而战、3 月 18 日在天安门前召开国民大会。18 日，反对八国通牒国民示威大会准时召开，与会者 3 万余人。大会通过决议：废除《辛丑条约》及一切不平等条约，立刻撤退驻在京津及各地的外兵外舰，惩办大沽口战争祸首等。会后组织 2000 多人的请愿团，赴铁狮子胡同执政府和国务院请愿。请愿队伍到后不久，府院卫队即奉命展开大屠杀。一时间，枪弹、铁棍、大刀一齐向手无寸铁的群众袭来。群众死者 47 人，伤 100 余人。这就是三一八惨案。惨案发生后，段祺瑞政府反诬群众的爱国举动是共产党“聚众扰乱，危害国家”，下令通缉徐谦、李大钊等人。段政府从此人心丧尽。此后不久段祺瑞被赶下台。

三一八事件后北方革命斗争转入低潮。

第二节　革命阵营内部斗争的加剧和公开分化

一、国民党内部的分化　廖仲恺被刺事件

孙中山改组国民党，容纳共产党员以个人身份加入国民党，同时仍然做共产党员，共产党组织仍是独立的，仍是共产国际的下属组织。不少共产党的领导人同时是国民党中央和地方组织的领导人。共产党人加入国民党是要在孙中山领导之下进行国民革命，同时另有自己的纲领和政策。这些情况必然导致事先未预料到而又无法避免的纷争。革命阵营内部的斗争主要是围绕国共关系展开的。同时国民党内部派系复杂，它们之间存在着深刻的矛盾和斗争。而国民党内不同的人和派系之间的斗争也往往和国共关系纠缠在一起。

国民党改组以后，由于许多工人、农民、革命知识分子的加入，组织

有很大发展，力量有很大加强。但是，在改组后的国民党内，仍然保留有地主、买办分子和军阀、政客，他们是孙中山三大政策的反对者。这时从政策的主要倾向来看，国民党的主体是民族资产阶级。民族资产阶级与工人阶级之间既有反帝反军阀的一致方面，又有经济政治利益相冲突的一面。既然“国民党本是各阶级联合组织的政党”，“各阶级底经济背景不同，故其阶级性也必然不同，所以党内分出派别，是必然的现象”。①

1924 年夏，发生关于共产党在国民党内的“党团”问题的争论。6 月，邓泽如、张继、谢持三人以国民党中央监察委员的身份，向孙中山和国民党中央提出《弹劾共产党案》。他们“弹劾”的理由，就是发现了 1923 年 8 月印发的《中国社会主义青年团第二次大会议决案及宣言》、1924 年 4 月印发的团刊第 7 号。这两份材料包含有中共“三大”《关于国民运动及国民党问题决议案》和青年团的相应决议等文件。这些文件中写有青年团“应努力协助中国共产党，扩大国民党的组织于全中国”；团要接受共产党的“种种指挥”；加入国民党的共产党员对国民党的各种工作要做“一致努力”；在发展国民党组织的同时，共产党组织的发展“当然不能停止”等内容。据此，他们便认定共产党“实以共产党党团在本党中活动”，是“党中有党”，是“违反党义，破坏党德”，对国民党的生存发展，“有重大妨害”，要求“从速严重处理”。他们要求加入国民党的共产党员取下“共产党招牌”，否则“不如分道扬镳”。② 这是公然反对孙中山的容共政策。

邓泽如等人的攻击，受到共产党方面的反击。陈独秀、恽代英等著文逐点驳斥了他们的论点，指出这场争论“实在是国民党左派与右派之争，也就是国民党内革命派与不革命派之争”。③ 国民党中央否定了他们的弹劾案。国民党中央先是在 7 月发表《关于党务宣言》，接着在 8 月一届二中全会做出决议，指出：“本党既负有中国革命之使命，即有集中全国革命分子之必要。”“凡属一切真正的革命分子，不问其阶级的属性为何，吾党皆应集中而包括之。”“对于加入本党之共产主义者，只能问其行动是否合于国民党主义政纲，而不问其他。”张继、谢持一些人不服从国民党中央的决议，继续坚持反共立场，不久就走向公开的分裂。

---

① 陈潭秋：《国民党底分析》，载《中国青年》第 59 期，1924-12-27。

② 《中央监察委员会弹劾共产党案》《谢张两监察委员与鲍罗廷问答纪要》，见邓泽如：《中国国民党二十年史迹》，台北，正中书局，1948。

③ 陈独秀：《我们的回答》，载《向导》第 83 期，1924-09-17。

在共产党和国民党左派同右派的尖锐斗争中，1925 年 8 月发生廖仲恺被刺事件。

廖仲恺是坚定的国民党左派。他积极协助孙中山改组国民党，坚决拥护孙中山的联俄、联共、扶助农工的三大政策。国民党改组后，担任国民党中央常务委员、工人部长、黄埔军校党代表、国民政府常务委员、财政部长、军事委员会常务委员等重要职务。他为实现国共合作、建立黄埔军校，统一广东做出了重大贡献。因此他就成了国民党右派分子集中攻击的目标。从 1925 年 7 月初起，一些右派分子多次开会，密谋反对廖仲恺。8 月 20 日廖被刺牺牲。

刺杀廖仲恺，是国民党右派打击左派、反对国共合作的一个重要举动。中共中央致电国民党中央吊唁廖仲恺，指出反革命派刺廖的目的，是要“推翻国民政府，颠覆为民族民众利益而奋斗的政府”。唁电希望“用果决奋勇的精神扑灭反革命派，努力与帝国主义者奋斗，巩固国民革命的势力”。廖被刺后，设立了审理廖案特别法庭，逮捕了廖案嫌疑人。

在处理廖案过程中，一方面打击了右派势力，但另一方面却让蒋介石乘机夺取了广东的军政实权。廖案发生的当天，国民党中央、国民政府和军事委员会举行联席会议，决定由汪精卫、许崇智、蒋介石组织特别委员会，授以政治军事及警察全权，应付时局。8 月 24 日，蒋担任广州卫戍司令。26 日，国民政府编组国民革命军，蒋又担任了第一军军长。同时，他利用革命派对右派的愤恨情绪，借追查廖案的机会，把与廖案有牵连的地位比他高的胡汉民（国民政府外交部长，曾代理大元帅兼广东省省长）和许崇智（军政部长兼粤军司令）排挤出广州。蒋介石在国民党中的地位大大提高。同时汪精卫的职位也得到提高，他接替廖仲恺做了党军和黄埔军校的党代表，取代胡汉民做了中央政治委员会主席。

二、戴季陶主义与反戴季陶主义　国共两党政治理论斗争的激化

中国共产党人的基本思想和理论与许多国民党人的思想和理论是根本不同的。国共的合作不会消除这种分歧，而且由于共处于一个政治阵营之中，反而更容易发生纷争。这种斗争在适当时机会突出地表现出来。戴季陶所阐述的孙文主义的发表就是这种表现。

戴季陶是国民党新右派的重要理论家。他对孙中山确定联俄、联共、扶助农工三大政策，一开始就表示反对，曾同积极拥护三大政策的廖仲恺

“争论累日”。[1] 国民党“一大”后，他曾要求加入国民党的共产党员取消共产党党籍，做一个“纯粹”的国民党员。孙中山逝世后，1925年三四月间，他在北京、广州到处讲演，反对阶级斗争和国共合作。他在国民党三中全会上，极力主张确定国民党的“最高原则”，即以他所主张的三民主义作为中国革命的中心思想。五卅运动的风暴，显示了中国工人阶级的伟大力量和中国共产党领导中国革命的能力，这就更加引起一切反动势力对共产党的忌恨和仇视。革命统一战线中资产阶级同无产阶级争夺革命领导权的斗争日益尖锐起来。1925年六七月份，戴季陶相继写成《孙文主义之哲学的基础》和《国民革命与中国国民党》两本小册子，提出一套反动理论，对中国共产党和马克思主义，对革命统一战线和中国革命运动进行攻击。共产党对戴季陶主义进行了严厉的批判。这就出现了国共两党间尖锐的政治理论斗争。

戴季陶用儒家的所谓“仁爱”说和“道统”说解释孙中山的思想，反对马克思主义的阶级斗争学说。他说三民主义的“思想基础”是“民生哲学”，仁爱又是“民生哲学之基础”。孙中山的思想“完全是中国的正统思想，就是继承尧舜以至孔孟而中绝的仁义道德的思想”。他说中国“没有显明的强大的阶级区分”，“革命与反革命势力的对立，是觉悟者与不觉悟者的对立，不是阶级的对立”。治者阶级、资产阶级、地主阶级“觉悟了”，就可以为被治者阶级、劳动阶级、农民阶级“来革命”。因此“拥护工农群众的利益，不需要取阶级斗争的形式……可以仁爱之心感动资本家，使之尊重工农群众的利益”。戴季陶还把阶级斗争与民族斗争对立起来，用民族斗争否定阶级斗争。他攻击共产党是“争得一个唯物史观，打破了一个国民革命”。

戴季陶提出必须以他所解释的三民主义即戴季陶主义作为统一战线“共信”的基础，否则，“共信不立，互信不生；互信不生，团结不固；团结不固，不能生存”。他鼓吹团体的“排拒性”，召唤“真实的三民主义信徒，很勇猛精进的团结起来”，对于互相间没有“共信”的共产党人，发挥国民党的“独占性、排他性、统一性、支配性”。或者是共产党员“脱离一切党派，作单纯的国民党员”；或者是把共产党从国民党中排斥出去。

戴季陶主义出现后，曾广泛传播，成了以蒋介石为首的国民党新右派反共篡权的理论基础。

中国共产党对戴季陶主义进行了严厉的批判。共产党人驳斥了戴季陶

---

① 《戴季陶致蒋介石书》(1925年12月13日)，见《戴季陶文存》，第三册。

要求无产阶级在统一战线中放弃阶级斗争的谬论，捍卫了马克思主义的阶级斗争学说。他们指出：共产党不但不否认民族斗争，而且认为当前的民族斗争非常需要。但是承认民族斗争，并不能否认阶级斗争。若因为要完成国家和民族的需要，便抹杀阶级斗争的需要，那就是一个极大的错误。"殖民地半殖民地的国民革命之成功，当以工农群众的力量之发展与集中为正比例；而工农群众的力量，又只有由其切身利害而从事阶级的组织与争斗，才能够发展与集中。因此，在殖民地半殖民地主张停止阶级争斗，便是破坏民族争斗之主要的力量。"①

共产党人批驳了戴季陶的"道统"说和"仁爱"说。指出三民主义并不是孔孟"道统"的继承而是中国一般民众共同的政治要求。戴季陶的"仁爱"说，完全是欺骗工农的鬼话，历史上从来没有什么资本家对工人、地主对佃农有仁爱之心的。戴季陶的这种谬论，"是要想暗示农工民众停止自己的斗争，听凭上等阶级的恩命和指使，简单些说，便是上等阶级要利用农工群众的力量来达到他们的目的，却不准农工群众自己有阶级的觉悟"。"戴季陶虽然理论上反对阶级斗争，主张资本家的仁慈主义，然而他在实践方面——发行那《国民革命与中国国民党》的小册子，自己就实行思想上的阶级斗争，不过是资产阶级压迫无产阶级的一种斗争罢了。"②

共产党人批判了戴季陶反对国共合作的谬论。指出：戴季陶所说的团体有"排拒性"，不过是资产阶级排拒无产阶级而已。戴的所谓"共信不立"，也是站不住脚的。国共合作后的国民党是有共信的，这个共信就是"对外谋民族解放，对内谋政治自由，换句话说，就是打倒帝国主义打倒军阀"。当然无产阶级和资产阶级的理论观点是不同的。"无产阶级的阶级争斗说若不能做国民党的共信，资产阶级的劳资调协说也不能做国民党的共信，因为国民党不是一阶级的党。"中国国民党既非一个阶级的政党，而是各阶级联合的政党，"那么，于共信(即共同利害所产生的政治理想共同点)之外，便应该有别信(即各别阶级利害所产生的政治理想各别点)存在"。③

总之，中国国民革命运动的发展，只有两条路：一条路是注重工农阶级的阶级斗争，以无产阶级引导一切革命阶级前进；另一条路是侧重资产

---

① 陈独秀：《给戴季陶的一封信》，载《向导》，第129期，1925-09-11。

② 瞿秋白：《中国国民革命与戴季陶主义》，见《建党以来重要文献选编(1921—1949)》第2册，453、464页，北京，中央文献出版社，2011。

③ 陈独秀：《给戴季陶的一封信》，载《向导》，第129期，1925-09-11。

阶级的利益，反对阶级斗争，其结果是为买办阶级的力量所利用，完全到右派及帝国主义一方面去。

中国共产党对戴季陶主义的批判，取得了很好的效果。如戴自己所供认的，他的小册子一出版，立即受到“很大的攻击”。不但共产党人，而且许多国民党人，都一致对他的小册子“下总攻击”。在批判的攻势下，他的同伙，“一半是忍泪吞声，一半是委曲求全”。[①] 革命舆论发挥了很大作用。

三、西山会议派的出现和反西山会议派的斗争

孙中山确定了联俄容共政策以后，国民党右派的反共反国共合作的活动一直在进行。1925 年 11 月出现了一个反苏反共分裂国民党的西山会议派。反对西山会议派的国民党人和共产党人对西山会议派进行了尖锐的斗争。

11 月 23 日，邹鲁、谢持、张继等国民党右派中央委员和监察委员 10 余人在北京西山碧云寺召开所谓“国民党一届四中全会”，正式打出反对孙中山三大政策的旗号。他们冒称“中央全会”，但实际参加会议的人数不到国民党第一届中央执行委员和监察委员总数的 1/4。西山会议以反苏反共、破坏国共合作为中心，通过了一系列议案。其中包括《取消共产派在本党党籍案》《顾问鲍罗廷解雇案》《开除中央执行委员之共产派谭平山等案》《取消政治委员会案》《关于反对共产派被开除者应分别恢复党籍案》等。12 月，西山会议派组成伪国民党中央执行委员会。1926 年 2 月，在北京设立执行部。3 月，又在上海召开伪国民党第二次全国代表大会，成立伪第二届中央执、监委员会。

西山会议开幕后，国民党中央执行委员会致电各级党部，严厉驳斥在北京召开的这个非法会议。国民党北京执行部、广东省党部、海外各总支部、湖北省党部、国民革命军第二军特别党部、东江各县国民党代表大会等纷纷表示拥护国民党中央的通电，要求从严惩办西山会议派。毛泽东主编的国民党中央机关刊物《政治周报》大张旗鼓地进行了反击右派的宣传。指出右派集团“做了帝国主义的工具”，他们的反革命活动“适合了帝国主义的需要”。12 月，国民党召开一届四中全会，斥责了西山会议派的非法分裂活动，并决定于 1926 年 1 月召开第二次全国代表大会处理这个问题。

---

① 戴季陶：《〈国民革命与中国国民党〉重刊序言》，1927-11-04。

国民党“二大”于 1926 年 1 月 1 日至 20 日在广州举行。到会代表 256 人。其中加入国民党的共产党员约百人左右。共产党员和国民党左派在大会上占了压倒的优势，从而保证了大会的正确方向。大会听取了政治、军事、党务、宣传、工运、农运、商运、妇运等多项报告，通过了相应的决议，发表了大会宣言。

大会议决接受“总理遗嘱”和“一大”所定的政纲，重申了反帝反军阀的政治主张。大会宣言指出：中国之生路，“对外当打倒帝国主义”“对内当打倒一切帝国主义之工具，首为军阀，次则官僚买办阶级土豪”。关于达到后者的“必要手段”，“一曰造成人民的军队，二曰造成廉洁的政府，三曰提倡保护国内新兴工业，四曰保障农工团体，扶助其发展”。

大会议决继续执行联俄、联共、扶助农工的政策。大会宣言指出：国民党既抱定打倒帝国主义之目的，“故对于苏俄，以诚意与之合作”。大会关于《中央党务总报告决议案》指出：“革命的势力集中，为促进国民革命成功之不二原则。所以承认先总理容纳共产党员加入本党，共同努力。”大会通过了有利于工农运动的议案。

以上这些政治主张比国民党“一大”宣言更为明确，更前进了一步。

大会驳斥了国民党右派对共产党的攻击诬蔑，进行了反击右派的斗争。大会作出“弹劾西山会议”和“处分违犯本党纪律党员”的决议，对西山会议首要分子邹鲁、谢持“永远开除党籍”；对居正、石青阳等 12 人“提出警告”，如不接受警告，则予以开除。对戴季陶发出了“促其猛醒，不可再误”的警告。

大会选出中央执行委员 36 人，其中有汪精卫、谭延闿、胡汉民、蒋介石、谭平山、戴季陶、李济深、林伯渠、李大钊、宋庆龄、何香凝、吴玉章、恽代英等；选出候补中央执行委员 24 人，其中有白云梯、毛泽东、王乐平、夏曦、邓演达、董用威(必武)、屈武、邓颖超、何应钦等。在中央委员和候补中央委员中，各有共产党员七人。会后谭平山、林祖涵继续担任组织部长和农民部长，毛泽东为宣传部代理部长。各部做实际工作的秘书均为共产党员。同时，各地方党部大多数由共产党员主持。

国民党“二大”坚持了反帝反军阀的政治方向，坚持了革命的三大政策，打击了右派，对革命事业的发展起了积极推动作用。

四、三二〇事件　整理党务案

经过对廖仲恺事件的处理，汪精卫、蒋介石的职权都得到提高，而汪的权力和地位仍比蒋高一头。这时中共在国民党内和军队内的力量有很大发展。蒋介石和苏联顾问季山嘉的关系很紧张。而汪精卫同苏联顾问和中共的关系密切。这些是蒋介石进一步扩大权力的障碍和威胁。蒋的地位并不是稳定的。他处心积虑排除或减弱这种障碍和威胁。这是三二〇事件(或称中山舰事件)爆发的根本原因。

中山舰事件真相如何，至今仍不很清楚，大体上是这样的：1926 年 3 月 18 日晚，黄埔军校驻省(广州)办事处通知海军局，谓奉蒋介石命令，调派兵舰“开赴黄埔，听候差遣”。海军局代理局长李之龙(共产党员)即派“中山”“宝璧”二舰前往。19 日晨兵舰到达黄埔后，又被通知无调舰命令。兵舰又开回广州。在此期间，风传有人要搞变乱，劫持蒋介石去苏联。蒋为此采取果断行动，于 3 月 20 日凌晨下令在广州实行紧急戒严(他是广州卫戍司令)，调动大批军警，断绝广州市内外交通，逮捕了李之龙，监视和软禁了第一军和黄埔军校中的共产党人，包围省港罢工委员会并解除了工人纠察队的武装，包围了苏联顾问住宅和苏联领事馆。

蒋介石反对共产党的举动和专擅跋扈的做法，在国民党和国民革命军的领导人中，引起了强烈的不满，但并没有人出来反蒋。在广州的共产党人主张对蒋进行反击，但这种意见没有被苏联顾问团和中共中央采纳。中共中央和苏联顾问对蒋介石采取了妥协退让的方针。张国焘作为中共中央代表前往广州，表明中共继续支持蒋的态度。《向导》杂志发表陈独秀等人的文章和谈话，为蒋开脱，甚至说蒋“是中国民族革命运动中的一个柱石”，[①] 表明与蒋介石保持团结的态度。4 月底，苏联顾问鲍罗廷在回国三个月后返抵广州，他主张对蒋做最大限度的让步，承认蒋从 3 月 20 日以来所取得的权力，使蒋的意图得以实现，共产党则因此受到一次严重打击。按照蒋的要求，共产党员退出了国民革命军第一军，部分苏联顾问被辞退回国。对于汪精卫，共产国际本来是把他作为左派领袖予以支持的。蒋介石发动三二〇事件实际上也是打击汪的行动。事件发生后共产国际和中共

---

① 陈独秀：《中国革命势力统一政策与广州事变》，载《向导》，第 148 期，1926-04-03。

转而极力支持蒋，汪只好辞职出国。蒋的地位又大大提高了一步。蒋这次冒险行动，对他个人是极大的成功。这是他权力上升的一个关键，也是他整个政治生涯的一个关键。

蒋介石在三二〇事件中虽然实现了篡权阴谋，但是由于他的力量还不够大，还不敢和革命势力完全破裂，他还想进行更大的投机活动，于是继续玩弄两面手法。他上书军事委员会，假惺惺地说："此事起于仓促，其处置非常，事前未及报告，专擅之罪，诚不敢辞"，"自请从严处分，以示惩戒"。他又虚伪地表示："我对于共产同志，亲爱的精神，是不言而喻的。"① 又表示还要执行联俄政策。但不久，他又制造了限制和削弱中共在国民党内力量的"整理党务案"。

1926 年 5 月 15 日国民党召开二届二中全会，蒋介石以"消除疑虑，杜绝纠纷"，"改善中国国民党与共产党间的关系"做口实提出《整理党务案》。其中规定有：加入国民党的共产党员担任国民党中央党部、省党部、特别市党部的执行委员的名额，不得超过各该党部执行委员总数的 1/3；共产党员不得担任国民党中央机关的部长；共产党须将加入国民党的共产党员名册交给国民党中央保存；共产党发给参加国民党的共产党员的指示须交国共两党联席会议通过；等等。

对于蒋介石的这些要求，共产国际和中共中央继续采取妥协退让的方针。蒋介石的提案被通过。第 157 期《向导》上发表了《中国共产党致中国国民党书》，其中说，"吾两党之共同职任，即在努力巩固革命战线，肃清其内部，反抗以至于推翻帝国主义军阀之统治"。整理党务案系国民党"内部问题"，"无论如何决定，他党均无权赞否"。"至于《党务整理案》中，关于以后两党合作方式之问题，则吾两党本为革命联盟中之友军，可各自根据其党之决议以相协商，文函会议皆可。"国民党二届二中全会以后，担任国民党中央部长的共产党员全部离职。蒋介石担任了国民党中央组织部长（由陈果夫代理）、军人部长和国民革命军总司令。二中全会新设中央常务委员会主席一职，原定蒋介石担任，后由张静江代理。谭延闿代理中央政治会议主席和国民政府主席。实际上党政军大权都掌握到了蒋介石一人之手。蒋介石后来说，中山舰事件和整理党务案，是国共力量"消长的分水岭"。经过这两个事件，蒋介石扩张了权势，打下了以后实行反革命军事独裁的基础。

---

① 蒋介石：《关于中山舰案对黄埔军校全体党代表演说》，1926-05。

第三节 北伐战争 国民革命从高涨到失败

一、北伐前的政治军事形势 北伐的胜利进军

1925 年到 1926 年春，广东国民政府先后消灭了广东省和广东政权内部的反革命军阀势力，统一了军权财权，成立了国民革命军七个军，实现了两广的统一。这时革命的国民政府出师北伐，以结束 10 多年来北洋军阀的黑暗统治，成为客观形势的要求。与此同时，吴张两大军阀以“讨赤”为基础联合起来，在北方发动了对国民军的进攻，并积极准备向南方的革命势力发动进攻。在这种情况下，国民政府北伐，才是打破北洋军阀“南伐”的最好办法。

蒋介石是积极主张北伐的。经过三二〇事件和整理党务案，以蒋介石为代表的新右派打击了共产党和国民党内汪精卫派的势力，夺取了党政军的大部分权力。他们需要在向北发展中进一步扩张权势，实现更大的野心。

1926 年 2 月，中共中央曾在北京召开特别会议。会议指出：“党在现实政治上主要的职任是从各方面准备广东政府的北伐；而北伐的政纲，必须是以解决农民问题作主干。”准备北伐，“不仅是在广东做军事的准备，更要在广东以外北伐路线必经之湖南、湖北、河南、直隶等处预备民众奋起的接应”，“以建筑工农革命联合的基础，而达到国民革命的全国范围内的胜利”。1926 年四五月，在广州召开的广州第一次工人代表大会、广东省第二次农民代表大会和第三次全国劳动大会都提出了发动北伐战争的要求，催促国民政府“从速出师北伐”，“拯救处在帝国主义与军阀宰割下之水深火热中的民众”。这些都表明了中国共产党人对北伐的积极态度。但中共中央负责人陈独秀曾对北伐持不同看法。他在《向导》第 161 期上发表的《论国民政府之北伐》一文认为：“革命的北伐时期尚未成熟”，“现在的实际问题，不是怎样北伐，乃是怎样防御”。广东政府的职任应该是“防御战争”，全国民众的口号应该是“拥护根据地广东”。陈独秀的看法没有影响北伐的进行。在国共两党的努力下，北伐战争开始了。

北伐战争的序幕是援湘作战。湖南军阀赵恒惕是广东革命势力向北发展的障碍。他的部下湖南省防第四师师长兼湘南督办唐生智想取代他。唐在与两广取得联系后于 1926 年 3 月起兵驱赵，占领长沙、岳州，宣布代理

湖南省长。唐的举动为吴佩孚所不容。吴一面委任湖南省防第三师师长叶开鑫为湘军总司令，一面派遣直军入湘，攻打唐生智。5月初，唐军从长沙退往湘南衡阳等地。唐向两广求援，国民政府便决定调派国民革命军第四军的两个师和叶挺独立团及第七军一部先行赴湘援唐。6月初，唐生智宣布就任国民政府所委之第八军军长及前敌总指挥。国民革命军的援湘作战，揭开了北伐战争的序幕。

国民党中央于6月5日通过出师北伐案，任命蒋介石为国民革命军总司令。7月6日，通过国民政府出师宣言。宣言指出："目前中国之唯一需要在建设统一政府。统一政府成立，则外足以抵抗帝国主义之恫吓压迫，内足以断绝军阀之祸国殃民。"为建设统一政府及巩固国民革命根据地，"不能不出师以剿除卖国军阀之势力"。这个宣言揭示了北伐的目的，表明了北伐战争的正义性质。7月7日公布了《国民革命军总司令部组织大纲》，其中规定："国民政府特任国民革命军总司令一人，凡国民政府下之陆海航空各军，均归其统辖。""为图军事便利起见，凡国民政府所属军、民、财政各部机关，均须受总司令之指挥，秉其意旨，办理各事。"7月9日，国民革命军在广州誓师，北伐战争正式开始。

北伐开始时，国民革命军共八个军，约10万人。蒋介石为总司令，李济深为总参谋长，邓演达为总政治部主任。第一至第八各军军长分别是：何应钦、谭延闿(由副军长鲁涤平代)、朱培德、李济深(由副军长陈可钰率军北伐)、李福林、程潜、李宗仁、唐生智。第二、第三、第四、第六各军党代表兼政治部主任分别为中共党员李富春、朱克靖、廖乾吾、林伯渠。除李济深统领第四军一部、第五军大部留守广州，第七军一部留守广西外，其他各部均出师北伐。苏联顾问随军出征。广东广大工农群众热烈拥护北伐战争，掀起了一个轰轰烈烈的支援前线的运动。省港罢工工人组织了3000人的运输队、宣传队和卫生队随军出发，曲江等地农民数万人赶来帮助北伐军运输。

北伐战争所面对的军阀势力主要有三支：一是据有河南、湖北、湖南北部和直隶南部的吴佩孚，有军队约20万人；二是盘踞江苏、浙江、安徽、福建、江西五省的孙传芳，有军队20万人；三是据有东北和山东、直隶、热河、察哈尔等地的张作霖，有军队约35万人。从军队数量说，北洋军阀大大超过了国民革命军。但他们反动腐朽，祸国残民，遭到全国人民的反对。三大派之间矛盾重重，不可能协同作战。这些是他们政治上军事上的根本弱点。

根据敌我双方的军力情况，北伐军采取集中优势兵力、各个击破敌人的作战方针。首先以主力指向湖南、湖北战场。同时，为了防止敌人从侧背攻击北伐军，派出两支部队分别警戒江西、福建的敌人。计划在消灭吴佩孚的主力以后，再集中兵力转向东南各省，消灭孙传芳的军队。最后进入长江以北地区，消灭张作霖的部队。

根据上述作战计划，两湖便首先成为北伐的主要战场。北伐军以叶挺独立团为先锋，第四、第七、第八，三个军共约 5 万人投入战斗。

1926 年 5 月底 6 月初，叶挺独立团在湖南首战告捷，连克汝城、永兴、安仁、攸县、茶陵等地。第七军一部在衡阳附近击退叶开鑫军，唐生智率领第八军展开反攻。湖南人民纷纷成立反吴战争委员会，欢迎和支援北伐军。7 月上旬，北伐军攻占株洲、醴陵等地，长沙守敌闻讯弃城逃跑。湖南工团联合会组织工人维持秩序，收缴溃散敌军的枪械，迎接北伐军。7 月 11 日，北伐军进入长沙。

8 月中旬，北伐军总司令部迁往长沙，开始两湖战场的第二期作战。集中到湖南的北伐军分成左、中、右三路，东路监视江西之敌，西路封锁长江上游，中路直趋武汉。中路军于 8 月中下旬连克平江、岳州等地，接着进入湖北。这时正在北方指挥直军同国民军作战的吴佩孚星夜南下，命令 2 万多主力部队死守汀泗桥。汀泗桥是粤汉路上的军事要隘。8 月 27 日，独立团在当地农民的带领下，穿过高山抄小路绕到敌人背后，出其不意发起猛冲，突破了敌人的阵地。北伐军其他部队一起猛攻，敌人仓皇溃退。北伐军攻占了汀泗桥。接着，独立团很快攻占咸宁城，并在其他部队配合下，于 8 月 30 日攻占了鄂南另一战略要地贺胜桥，打开通往武汉的大门。这时，吴佩孚退守武汉，表示“城存与存，城亡与亡”。9 月初，北伐军总攻武汉三镇。汉阳兵工厂的工人举行罢工。9 月 6 日北伐军攻克汉阳，7 日占领汉口。吴佩孚逃往郑州。10 月 10 日，对武昌发起总攻，占领了武昌，全歼敌军 2 万多人。至此，吴佩孚的主力基本上被消灭，北伐军取得了湖南、湖北战场上的决定性胜利。

吴佩孚的势力被打垮后，主要战场转向江西。

北伐开始时，孙传芳以“五省保境安民”相标榜，实际是等着吴佩孚与北伐军两败俱伤，由他坐收渔人之利。八九月间，孙传芳把五省军队组成五个方面军，并大部调入江西，准备随时同北伐军作战。北伐军为平定江西，于 9 月上旬乘孙军尚未集中完毕之时，即派第二、第三、第六各军及第一、第五军各一部和独立第一师向赣西、赣北、赣南发起攻击，很快占领

20余县和赣南重镇赣州。9月19日第一次占领南昌，但不久即退出，第六军和第一军第一师受到重大损失。9月底10月初第七军从鄂南进入赣北作战，歼灭孙传芳部精锐谢鸿勋师，又打垮援赣联军3万余敌兵，截断南浔路。10月中下旬，独立第二师和第四军主力入赣。北伐军组成左、中、右三路，会攻南昌。11月5日，第四、第七军和独立第二师组成的左翼军攻克九江。孙传芳逃往南京。11月8日北伐军进入南昌。至此孙传芳的主力大部被消灭。

江西战场取得胜利后不久，福建战场也取得了胜利。北伐开始时驻守潮梅警戒福建之敌的第一军主力，于10月上旬向闽边发起攻击。10日攻克永定。后因福建军阀势力急剧分化，纷纷倒戈，北伐军未经大的战斗，占领了闽南。12月9日进占福州。

1927年年初，北伐军继续分三路进军。东路军以何应钦为总指挥，白崇禧为前敌总指挥，由赣东及闽北入浙，直逼杭州、上海。中路军由蒋介石自兼总指挥，下分程潜的江右军和李宗仁的江左军，由长江两岸向苏皖推进，与东路军会攻南京，并进入皖北阻止直鲁军南下。西路军以唐生智为总指挥，除留一部巩固武汉外，主力进入豫南，策应江左军作战，并与在陕西的国民军取得联系，相机进入豫中。此次计划的中心是夺取南京、上海，占领孙传芳在长江下游的统治地区。东路军于2月18日攻占杭州，3月中旬抵达上海郊区。3月22日，上海工人经第三次武装起义后占领上海。3月24日，中路军之江右军攻克南京。

北伐战争进行中，1926年9月，冯玉祥国民军正式加入革命阵营。冯宣布国民军全体加入国民党，并于9月17日在绥远五原宣誓就任国民军联军总司令。随后，国民军经甘肃向陕西进军，1926年年底占领陕西全省。后与北伐军会攻河南。

北伐军出师不到10个月，就消灭了北洋军阀吴佩孚、孙传芳的主力部队，从广州打到武汉、南京和上海，把革命势力从珠江流域一直推进到长江流域，席卷了半个中国，沉重地打击了帝国主义和封建军阀在中国的统治。

在北伐胜利进军的形势下，西南川、滇、黔各省地方军阀，也都转向拥护国民政府。

但是，在国民革命胜利发展的过程中也孕育着导致革命失败的因素。由于北伐战争的胜利，蒋介石和其他军事首领迅速扩大了自己的军事实力和地盘，因而他们的政治野心也大大膨胀起来。随着革命的迅猛发展，革命群众与剥削者之间的矛盾也激烈起来。革命形势在发展，潜伏的危机也在发展。

二、迁都之争和国民政府的北迁

北伐军于1926年10月10日占领武昌，于11月8日占领南昌。此后军事胜利进展更快，革命形势更加高涨。这时革命政府的辖区已经达到中国东南部广大地区，并正在向鄂北、河南和宁沪一带扩展。这时革命指导中心如仍在广州，就显得偏远和指挥不便了。在广州的国民党中央和国民政府北迁就成为革命形势发展的客观要求。但是由于蒋介石同以汪精卫为首的国民党左派之间存在着尖锐的权力之争，在迁都问题上出现了非常复杂的情况。

1926年10月国民党在广州召开第二届中央委员和各省各特别区市、海外各总支部代表联席会议。中央委员和各地代表共80人出席会议。其中有谭延闿、徐谦、宋庆龄、张静江、孙科、李济深、戴季陶、何香凝、吴玉章、毛泽东等。苏联顾问鲍罗廷参加了会议的筹备和领导工作。会议通过《对全国人民宣言》《中国国民党最近政纲》《全国人民团体联合会之纲领》《国民革命军代表条例》，以及国民政府发展问题等多项决议案。这是国民党"二大"以后国民革命胜利发展中召开的一次重要会议。

会议通过的国民党最近政纲的重要条文有：实现全国政治上经济上的统一；废除督军、督办等军阀制度，建设民主政府；保证人民集会、结社、言论自由；废除不平等条约，重新缔结尊重中国主权的新条约；实行关税自主；废除苛捐杂税；扶助本国工商业，取消在华外国工业的特权；减轻佃农田租25%；禁止重利盘剥，年息最高不得超过20%；保障农民协会之权利，农民协会有组织农民自卫军的自由；制定劳动法，保障工人的组织自由和罢工自由，等等。上述宣言和政纲，明确体现了反帝反封建的政治方向，反映了联合战线中各阶级阶层人民的共同愿望。这种民主主义性质的政纲，是适合中国国民革命的需要的。

会议通过了一项《请汪精卫销假案》。汪被蒋排挤出国以后，汪派力量大大减弱。而这时的蒋介石由于实力猛增，个人军事独裁的表现日益严重，更引起汪派和其他一些人的不安。他们请汪"回粤视事"以便和蒋抗衡。这个决议案的通过是蒋汪斗争的新发展。

这次会议中又一个重要事件是讨论了"迁都"问题。9月9日蒋介石在一封信中提出，攻克武昌以后，“武汉为政治中心，务请政府常务委员先来主持一切，应付大局”。经过讨论决定为了巩固革命根据地“国民政府仍暂设于广州”。此后蒋继续主张迁都武汉。

广州联席会议以后，为适应形势的需要，1926 年 11 月，国民党中央决定将中央党部和国民政府迁往武汉，随即派鲍罗廷、宋庆龄、陈友仁、孙科、宋子文、徐谦等到武汉考察，为迁都作准备。12 月 13 日，在武汉成立国民党中央执行委员及国民政府委员临时联席会议，代行国民党中央和国民政府职权。联席会议由徐谦、孙科、陈友仁、宋子文、宋庆龄、邓演达、吴玉章、唐生智、董必武等组成，以徐谦为主席，鲍罗廷为顾问，1927 年 1 月 1 日在武汉正式办公。

但是，曾力主迁都武汉的蒋介石，这时却一反前言，提出迁都南昌。12 月底，由粤迁汉的第二批人员(包括代理国民政府主席谭延闿、代理国民党中常会主席张静江)经过南昌时，被蒋介石截留。1927 年 1 月 3 日，蒋操纵召开所谓中央政治会议临时会议，擅自决定国民政府和中央党部“暂驻南昌”，并把此项决定通知武汉。蒋介石的目的就是要凭借军事力量，把国民党中央和国民政府掌握在自己手中。

武汉的共产党人、国民党左派和人民群众同蒋介石的行径进行了坚决斗争。宋庆龄、徐谦、陈友仁等接到蒋介石关于政府改迁南昌的通知后，立即回电驳斥，要求“中央党部及国民政府，照既定策略来鄂”。1 月中旬，蒋到武汉察看。在一次“欢迎”蒋的集会上，各界群众代表当场一致要求“国民政府中央党部从速迁鄂”。国民革命军总政治部主任邓演达率众高呼“中央党部立刻迁驻武汉！”“国民政府立刻迁驻武汉！”“一句百和，备极热烈。”① 随后，国民党湖北省党部、汉口特别市党部及省总工会、省学联、省妇女协会等群众团体和第四、第七军政治部，纷纷通电敦促政府“立即迁鄂”。在共产党人、左派国民党人和广大群众的反对下，蒋介石迁都南昌的图谋没有得逞。2 月 21 日，中央临时联席会议宣布结束，国民政府在汉正式办公。3 月上旬，代理国民政府主席谭延闿和一部分在南昌的中央委员到达武汉。

武汉的革命势力在迁都问题上战胜了蒋介石，后来又采取一系列措施限制蒋介石的权力和个人独裁。但此时蒋的实力和权力已经大大加强，武汉国民党中央已奈何他不得。蒋介石的反革命活动越来越肆无忌惮了。

---

① 汉口《民国日报》，1927-01-16。

三、群众革命斗争的大发展　上海工人的武装起义

1926年上半年，广东的中共和国民党左派受到蒋介石的排挤和压制，北方发生了“三一八”惨案，但全国革命形势仍在快速发展，工农群众运动更是在猛烈发展。五卅运动周年纪念时，仅上海一地罢工工人即有7万余人。上海总工会领导下有组织的工人增加到21万以上，几乎每个工厂中都有了工会的基层组织。这期间全国罢工在200次以上，罢工人数达80余万。这年5月全国有组织的工人从前一年同期的54万人增加到124万人，一年中增长将近130%。这时农民协会遍布广东、广西、湖南、湖北、江西、河南等10余省，农会会员将近百万人。农民一经组织起来，立即开始了抗粮抗税和反军阀的斗争。5月，毛泽东在广州主持的第六届农民运动讲习所开学。学员来自全国19个省区，共318人。这些学员结业后分赴各地，成为开展农民运动的骨干。

在北伐胜利进军的推动下，从1926年年底起，湖南、湖北、江西等省以工人阶级为中坚，展开了声势浩大的反帝运动。革命群众要求废除一切不平等条约，撤退外国驻华军队，收回租界，宣布对英日等帝国主义经济绝交。在群众性的反帝运动中，最重要的事件是汉口、九江英租界的收回。

1927年1月初，武汉人民连续举行盛大集会，庆祝北伐胜利和迁都武汉。3日下午，中央军事政治学校宣传队在汉口英租界前江汉关广场讲演，英国水兵登陆干涉，用刺刀向群众冲击，刺伤数十人，重伤三人。这就是英国侵略者制造的汉口“一三”惨案。

惨案发生后，国民政府外交部即向英领事提出抗议，限令24小时内撤退水兵，由中国政府派军队进驻英租界。4日，武汉工农商学各团体代表500余人举行联席会议，提出八条办法，要求国民政府执行：(一)立即向英领事提出严重抗议；(二)由英政府赔偿损失；(三)惩办肇祸凶手；(四)英政府立即撤退驻汉英舰及英租界之沙包电网等作战物；(五)英国政府向中国政府道歉；(六)英租界内的华人须有集会、结社、游行、演讲的绝对自由；(七)英租界巡捕及义勇队，须一律解除武装；(八)英租界须由中国政府派军警管理。并议定如英领事对于所提八条无圆满答复，要求政府自动实行下列四条：(一)立即收回英租界；(二)立即收回海关；(三)立即取消英轮内河航行权；(四)立即撤销英人领事裁判权。武汉国民政府支持群众的革命举动，答应“依议做到，以为人民报仇雪耻”。当天，许多群众自动

拥入租界，拔除电网、沙袋等作战设施，张贴“打倒英帝国主义”“收回汉口英租界”等标语。晚上，武汉卫戍司令部派兵进驻英租界。

1月5日下午，在李立三等领导下，武汉召开400余团体30余万人参加的反英示威大会。同日，中央临时联席会议决定组织英租界临时管理委员会，接管租界。

1月6日，九江也发生英国侵略者杀伤中国人的暴行，引起九江工人和市民的愤恨。7日，一部北伐军和工人纠察队进入英租界。10日，武汉政府外交部派出九江英租界临时管理委员会，接管一切。

汉案发生后，江西、湖南、上海、北京、天津、广东、福建、浙江、安徽等省市和湖北各县人民，纷纷组织反英援汉委员会，举行反英大示威，形成了一个全国范围的反帝斗争洪流。共产国际、苏联政府和英、德、法、意等国工人阶级纷纷通电支持中国人民收回英租界的斗争。

在收回英租界的斗争中，武汉政府执行了革命的外交政策。武汉政府不怕英帝国主义的威胁，支持群众的革命行动。同时由外交部通告外国人安心营业，政府负责保护外国人生命财产。1月12日，外交部长陈友仁开始与英国代表阿马利谈判。英代表提出恢复租界原状的无理要求，被陈友仁拒绝。1月22日，国民政府发表对外宣言，表示要“恢复国权”，在经济平等、彼此尊重主权的原则下与各国讨论修改条约，以实现中国的独立自由。1月底，英国政府决定调派大批军队来华，以上海为集中地。为此，武汉政府停止了与英国代表的谈判，以示抗议。结果，迫使来华英军大部分改向香港。2月19日和20日，收回汉口九江英租界协定先后签字。这是中国人民反帝斗争的巨大胜利。

随着北伐战争的胜利进展，工人运动更加蓬勃开展起来。北伐军占领长沙后，1926年12月，在长沙召开湖南省总工会第一次代表大会，此时有组织的工人有18万。会后全省工会会员迅速发展到40万，并普遍成立了工人纠察队。北伐军占领武汉后，1927年1月在武汉召开湖北省第一次工人代表大会。这时全省工会会员达30万人，也建立了工人纠察队。同时江西、安徽、浙江、江苏和上海等地的工人组织也很快地建立和发展起来。工会组织从工人集中的大城市迅速扩大到许多县城，而且都统一在全国总工会的旗帜下。

工人组织起来后，积极投入到反帝反军阀的革命洪流中去。工人运动出现了前所未有的高潮，在许多地方，工人运动已由罢工斗争发展到武装斗争，直接支援和配合了北伐战争。

这一时期，上海工人运动占有重要地位。为了配合北伐战争，上海工人阶级在1926年10月和1927年2月先后举行了两次武装起义。但是在帝国主义和军阀残酷镇压之下，都失败了。

两次起义失败之后，共产党总结了经验教训，经过周密准备，利用北伐军进抵上海市郊的时机，进行了第三次起义。1927年3月11日铁路工人罢工，切断铁路运输。20日晚，北伐军前锋抵达上海近郊龙华。21日，全市80万工人举行总罢工，第三次武装起义开始。各路纠察队，各个工厂、铁路、码头、市政、商店的成千上万工人群众，都按照计划向预定地点集合。工人纠察队带领着广大工人群众，先夺取警察的武装，武装自己，然后向警察署、兵营、火车站进攻。这时，电报、电话、自来水、电灯、公共交通都中断了，枪炮声和群众的口号声响遍全市。上海市民热烈支援这一场伟大的革命斗争。战斗分七个区进行，最后的激战集中于闸北，由周恩来、赵世炎直接指挥。当起义开始时，上海总工会曾派代表到驻在龙华的北伐军东路前敌总指挥部要求支援，但东路前敌总指挥白崇禧却按兵不动。以3000名工人武装纠察队为骨干组成的起义队伍，依靠广大群众的支援，同驻在上海的军阀毕庶澄部和其他军警总共5000余人激战两天一夜，于22日下午6时，攻克最后一个据点北火车站，取得了第三次武装起义的胜利，解放了上海。北伐军第一军第一师不折一兵、不费一弹开进上海市区。23日，召开市民代表大会，选举了政府委员，成立了上海特别市临时政府。起义胜利后，上海工人纠察队迅速壮大起来，新的工会纷纷成立，到3月底，登记的工会组织有500多个，会员80万。

工人运动的发展，是革命高潮的重要组成部分，对于动摇帝国主义和军阀在中国的统治，起了重要作用。但是这个时期的工人运动，特别是武汉地区的工人运动，也存在着“左”的倾向。如要求增加工资过高，缩减工时过多，甚至出现随便逮捕人，组织法庭监狱，检查轮船火车，随便断绝交通，没收分配工厂店铺等现象。北伐军占领武汉后的两个多月中，武汉工人、店员主要因为要求加薪而举行的罢工，有记载可考者达36次之多。频繁的罢工和罢工中的一些“左”的举动，加剧了劳资纠纷，严重影响了生产，使由于敌人的封锁而造成的经济困难更加严重。这些超出了国民革命的范围，破坏了社会秩序，对国民革命产生了极为不利的影响。

与城市反帝运动、工人运动不断高涨同时，在北伐军所占领的省份内，农民运动也蓬勃地发展起来，出现农村大革命的局面。1926年11月上旬，中共中央制定一个《农民政纲》，提出如下主张：推翻农村中的劣绅政权，建立农民平民政权；农民参加县政府；武装农民；没收大地主、军阀、劣绅及国家、宗祠的土地，归给农民；佃户有无限期的租佃权，并由农会同革命政权的代表共同规定租课额；禁止压迫契约、禁止重利盘剥、取消苛捐杂税等。

11月中旬，毛泽东担任中共中央农委书记，健全了中央农委机构。农委在汉口设立办事处，就近指导湘、鄂、赣、豫等省的农运工作。以邓演达为主任的国民革命军总政治部于1926年10月进驻武汉后，决定把工作重点转到农民运动方面。湘、鄂、赣等省出现了农村革命的高潮。

早在北伐前夕，湖南已有农民协会会员三四十万人。北伐军占领湖南后，农村革命进一步深入发展。1926年12月，湖南省第一次农民代表大会在长沙召开。参加大会的有52个县、两个特别区的代表170人，代表有统计的农会会员130多万人，工农群众20万人参加了开幕典礼。大会通过了宣言和减租减息、铲除贪官污吏土豪劣绅、建立农民政权、组织农民自卫武装等决议案。最后选举了湖南省农民协会委员会，并建议成立全国农民协会。到1927年1月，湖南全省已有50多个县组织了农民协会，会员激增到200万人，能直接领导的群众达1000万人。湖北的农民运动也有很大的发展。1926年7月，农协会员仅有7.2万人，到12月即增加到28.7万人。1927年3月，在武昌召开了湖北省第一次农民代表大会，正式成立了省农民协会。4月上旬农会会员达到100万人。在江西，1926年10月农协会员仅6000余人，11月就发展到5万余人，1927年1月达到38.2万人。2月在南昌召开江西省第一次农民代表大会，正式成立省农协。同时，河南、福建、浙江等地的农民运动都有相当的发展。到1927年3月中旬，全国各地农会会员达到500万人左右。1927年3月底全国农民协会临时执行委员会在武汉成立。

农民一经组织起来，便在农村开展了激烈的斗争。在农民运动先进地区，农民向地主阶级展开了猛烈的斗争，有的地方建立了自己的政权，组织了自己的武装，做到“一切权力归农会”。农民对地主阶级实行专政，对其中罪大恶极的分子，予以处决。在展开激烈的政治斗争的同时，农民还从经济上打击地主阶级，开展减租减息减押斗争。有的地方已经自动丈量土地，准备分配。广大农民对维护封建制度的宗法思想和制度进行了猛烈的冲击。农民禁止迷信活动，没收祠堂庙宇作会所或办学校。推翻了族长的族权和城隍土地菩萨的神权。农村革命冲击了束缚妇女的夫权。各级农协设立了妇女部，不少妇女拿起梭镖同男子并肩战斗。农民还进行经济文化建设，修道路，修塘坝，开办合作社，举办农民学校等。

农村大革命的兴起，使阶级斗争出现空前激烈复杂的形势。帝国主义、买办资产阶级、封建地主阶级和国民党右派对农民运动又怕又恨，诬蔑农民运动"糟得很"，是"痞子运动""惰民运动"。他们说农民运动"妨碍税收""破坏社会秩序""影响北伐"，作为攻击农民运动的借口。他们还成立反革命组织(如左社、白化党、保产会之类)和反革命武装，捣毁农会，残杀农会干部，甚至进行反革命暴乱。

湘、鄂、赣等省兴起的农村革命，极大地动摇了帝国主义、封建主义在该地区的统治基础。但是，一场急风暴雨式的群众革命运动，也存在着缺点和错误。如有的地方忽略中间阶层的利益，有的地方有吃大户、剪长衫之类"左"倾幼稚的举动。在农运中还曾出现过"有土皆豪，无绅不劣"的口号，扩大了打击面。这对国民革命产生了不利的影响。

1926 年至 1927 年上半年农民运动形成了高潮，同时也受到社会各方面的责难。在这个问题上，中共党内和国共之间产生了意见分歧。1927 年年初毛泽东在湖南农村做了一次调查，写了《湖南农民运动考察报告》一文。他坚决支持农民的革命行动，肯定农民运动的功勋。他提出了"矫枉必须过正"的看法。毛泽东等人的意见在中共党内有人支持，也有人反对。同时，在农民问题上国民党和共产党之间的矛盾日益扩大，成为武汉方面国共分裂的一个重要原因。

四、蒋介石与帝国主义的勾结　"四一二"政变和南京国民政府的成立　安国军政府的成立

北伐战争的迅速发展和工农运动的高涨，给予帝国主义沉重打击。帝国主义为了继续维护在中国的权利，加紧了对中国革命的干涉。同时采取分化革命阵营的手段破坏中国革命。

干涉中国革命的急先锋是英国。这是因为英国把长江流域看作自己的势力范围，北伐军向长江流域的推进，首先威胁了英国的侵华利益。1926 年 9 月初，当北伐军兵临武汉时，英国兵舰公然援助吴佩孚，炮击北伐军。接着，制造了万县惨案。1927 年初，英、美、法、日等国为了阻止革命势力向长江下游发展，都增派军队和调集军舰来华。据英国《泰晤士报》称：1927 年 3 月，聚集在上海的英军有 1.27 万多人，日军 4000 多人，美军 3500 多人，法军 2500 多人，连同所谓"万国商团"和巡捕等，帝国主义武装

共达3万多人。当时停泊在中国领海内的帝国主义军舰共有170余艘，停在上海附近者近60艘，驻上海的各帝国主义舰队组织了所谓"联合军"5000人，随时准备登陆。1927年2月，英帝国主义提出各帝国主义国家"联合武装保卫上海"的建议，之后美帝国主义又提出所谓将淞沪划为中立区的建议。企图阻止北伐军进入上海。

1926年年底和1927年年初，英、日、美等国先后发表对华政策的声明，表示"尊重保全中国之主权及领土，对于中国之内乱，严守绝对不干涉主义"①；对中国的国民革命运动，"予以同情而加以谅解"②；"希望中国团结、独立和繁荣"，愿意通过谈判使"关税控制和治外法权尽早放弃"。③ 英日美等帝国主义的这些声明，无非是想"用软的方法"，"从国民运动营垒中诱惑所谓稳健分子、所谓温和派，和他们妥协，以打击所谓急进派，根本削弱革命势力，破坏国民运动的联合战线"。④ 它们开动宣传机器，鼓动所谓"温和派"和"极端派""决裂"，暗示只要蒋介石能保护帝国主义在中国的利益，就准备与蒋谈判并支持他。1926年年底，日本外务省官员奔走于武汉、南昌、广州之间，日本的许多"要人"也纷纷来中国"考察"，极力拉拢蒋介石。1927年2月，英国也派了代表去南昌与蒋介石会谈。以蒋介石为首的国民党右派集团，成了帝国主义争取的对象。

1927年3月，帝国主义制造了炮轰南京事件。3月24日，即北伐军占领南京的当天，在混乱之中，曾有袭击外国领事馆、外国机关和住宅的事情发生。于是，英、美等帝国主义便借口保护侨民和领事馆，下令停泊在下关江面的军舰，对进入南京的北伐军和南京居民进行炮击，打死30余人，打伤数十人。南京惨案发生后，这伙帝国主义又在4月11日向中国方面发出最后通牒，提出惩凶、道歉、赔偿等无理要求，并以如不满足要求，将"不得不采取认为适当之手段"相威吓。南京事件是帝国主义武装干涉中国革命的严重事件。

3月26日，蒋介石到达上海，帝国主义立即加紧对他进行利诱和威胁，督促他迅速发动反革命政变。4月初，美国国务卿指示美国驻华公使说：

---

① 《中国近代对外关系史资料选辑》下卷第一分册，118页，上海，上海人民出版社，1977。

② 《中国近代对外关系史资料选辑》下卷第一分册，112页。

③ 《中国近代对外关系史资料选辑》下卷第一分册，119页。

④ 《向导》，第186期，1927-01-31。

“告诉蒋介石，除非他能表示可以满足我们要求的行动，列强各国将采取认为适当的措施。”日本外相表示，要蒋介石来“维持秩序，压平暴乱”。并且说：“我们的意见，是诱使蒋介石独有创举，决定方案，由蒋介石及其健康分子来安排。”《字林西报》在蒋介石到上海的第三天即公开说：“蒋介石、何应钦、白崇禧是唯一可以使长江以南的区域免于沦入共产党之手的保护力量……倘若蒋介石愿意拯救中国人民出于共产党之手，那么他必须迅速而决断地进行起来。”

蒋介石也迫不及待地同帝国主义勾结。他密令取消“打倒帝国主义”的口号，向帝国主义表示“决不用武力来改变租界的现状”，他将扫除“阻碍”，“使中外的关系更为密切而良好”。3 月 29 日，蒋介石出现在美国旗舰匹茨堡号上，并和帝国主义者商谈了关于“维持”秩序的办法。4 月 1 日，蒋介石驻上海的专员“拜访”英国领事，为“南京事件”表示歉意，保证“决不使其扩大”，并承担全部责任。帝国主义在得到蒋介石的保证后，答应可以通过租界为蒋提供一切便利，并以驻扎在上海的侵略军帮助蒋介石镇压革命。

蒋介石到上海后就和资产阶级代表人物进行联系，3 月 26 日接见了虞洽卿。3 月 28 日上海商业联合会代表见蒋，蒋表示“所有保商惠工各种条例，不日当可颁布，决不使上海方面有武汉态度”。上海的资产阶级向蒋提供大量款项，维持蒋的军费经费开支。资产阶级要求蒋方保护，使商界免受总工会“压迫”。这样蒋介石军事集团得到了上海资产阶级经济上的支持。

上海是一个黑社会势力很大的地方，蒋介石早就和他们有联系。蒋到上海后，就指使帮会头目成立上海工界联合会，和上海总工会对抗。蒋又指使帮会头目黄金荣、杜月笙、张啸林成立中华共进会，准备袭击上海总工会办事处。蒋准备了发动政变的突击队伍。

为了实现反革命政变，蒋介石做了精心的谋划和周密部署，并且逐步地迅速地进行着。为了稳定南京，蒋介石派何应钦去南京，把倾向武汉国民政府的北伐军三个团缴械，解散了南京共产党支部。在杭州组织流氓匪徒，袭击总工会。把同情工农的一部分北伐军调离上海，另调新收编的旧军阀部队进驻上海市区。从 4 月 1 日开始，蒋介石和李济深、李宗仁、白崇禧、黄绍竑及国民党中央监察委员吴稚晖、蔡元培、张静江、李石曾等连续召开秘密会议，商议反共“清党”问题。2 日，吴稚晖提出“弹劾”共产党的呈文，随即由吴稚晖、张静江等以中央监察委员会名义呈交国民党中央执行委员会，要求对各地共产党领导人给以“非常紧急处置”，“在所在各地就近知照公安局或军警机关，暂时分别看管监视”。4 月 1 日，汪精卫从国外回到上海。3 日，蒋介石发表通电，假意表示他以后要“专心军旅”，“所有军政、民政、财政、外交诸端”，都交给汪精卫指挥。汪参加了蒋召开的秘密会议，但在是否立即“清党”反共问题上，汪与吴稚晖等发生争执。汪主张在南京召开国民党四中全会，解决一切。

在上海及江浙一带时局危机已经呈现，在蒋介石即将大肆屠杀共产党人的危急时刻，共产党的领导人陈独秀却表现了严重的右倾麻痹。4 月 5 日，陈独秀与汪精卫公开发表《国共两党领袖联合宣言(告两党同志书)》。宣言说：共产党绝不会打倒国民党，反对三民主义。国民党继续实行“孙总理的联共政策”。“两党同志果能开诚合作，如兄弟般亲密，反间之言，自不获乘虚而入。”要两党党员“不听信任何谣言”。这个宣言，在汪精卫方面表示继续同中共“合作”，在中共方面则是呼吁国共团结。但是在当时的具体情况下，这个宣言实际上主要起了帮助蒋介石消解共产党员和革命群众思想戒备的作用。宣言发表后汪、陈相继离开上海去武汉。

4 月 5 日，蒋介石令东路军前敌总指挥白崇禧派兵查封驻上海的国民革命军总政治部机关。同时贴出布告：“一切武装纠察队与工会，一律在总司令部管辖下”，“否则以违法叛变论，决不允许存在”。8 日，蒋介石指使吴稚晖、白崇禧、陈果夫、钮永健等组织上海临时政治委员会，规定由该会“决定上海市一切军事、政治、财政之权”。蒋介石颁布《战时戒严条例》，禁止罢工、集会和游行，成立了戒严司令部，以白崇禧为司令。4 月 9 日，吴稚晖等以中央监察委员会名义发出所谓《护党救国通电》，对中国共产党和武汉国民党中央大肆进行攻击。同日晚，杜月笙将上海总工会委员长汪寿华诱至家中，然后杀害。

蒋介石在布置反革命大屠杀的同时，又玩弄政治欺骗手段。当工人代表要求蒋介石澄清关于军队收缴工人纠察队枪支的消息时，他表示：“纠察队本应武装，断无缴械之理。”4 月 6 日，蒋介石还假惺惺地派军乐队给工人纠察队“赠送”写有“共同奋斗”字样的锦旗，表示对上海工人的“敬意”。蒋介石在一切布置就绪后，9 日离上海去南京。上海的反革命政变由白崇禧指挥。

4 月 11 日，蒋介石发出“已克复的各省一致实行清党”的指令。当日下午，大批反革命军队布防上海街市。深夜，帝国主义侵略军越过租界，在南京、沪西、吴淞、虹口、闸北等区，拘捕共产党员和工人群众 1000 多人，送到蒋介石军队驻在龙华的司令部。12 日凌晨，停泊在高昌庙的军舰上发出信号，全副武装的青红帮流氓打手，向闸北、南市、沪西、吴淞、浦东等地的工人纠察队驻地进攻。工人纠察队奋起自卫反击。大批反动军队就以“调解工人内讧”为名，收缴工人纠察队武装。1700 条枪全部被缴，队员死伤 300 多人，上海总工会也被反动派占领。

13 日，上海丝厂、烟厂、电车厂的工人和海员、店员等 20 多万人举行罢工。同日上午 10 时，总工会在闸北青云路召开群众大会。虽然反动派沿途堵截，到会者仍有 6 万多人。大会一致决议收回工人武装。下午 1 时，群众冒雨游行示威，高呼“还我武装”“打倒新军阀”等口号。当队伍走到宝山路时，埋伏在那里的军队，从四面八方向游行群众射击，同时用机枪扫射。在这次大屠杀中，牺牲 100 多人，很多人受伤。接着，反动派下令禁止罢工游行，解散上海总工会，查封革命组织，捕杀共产党员和革命者。上海一片白色恐怖。据不完全统计，反革命政变后的三天中，共产党员和革命群众被杀 300 多人，被捕 500 多人，流亡失踪 5000 多人。继汪寿华被杀后，赵世炎、陈延年等也在“四一二”反革命政变后牺牲了。这时反动派压迫工人复工，外国资本家工厂大批开除工人。资产阶级支持蒋介石的反革命政变。包括 60 余团体的上海商业联合会致电蒋介石，表示“愿与三民主义相始终，对于当局清党主张愿为后盾”。工人陷入孤立无援的境地。为了避免无益牺牲，上海总工会于 4 月 15 日发出通知，忍痛复工。

继“四一二”反革命政变后，在广州的国民党李济深等人发动了“四一五”反革命政变。14 日，他们发出搜捕共产党人的命令，在广州实行戒严。15 日凌晨，反动军队和反共的工会组织向全国总工会、广州工人代表会、铁路工会、工人纠察军、农民自卫军、中山大学、妇女解放协会及共产党领导人的住宅，同时发起搜查和攻击，并派兵监视中央军事政治学校。当日捕去共产党员和革命群众 2000 余人，封闭工会等团体 200 多个。他们组织广州特别委员会，宣布与武汉中央党部和国民政府脱离关系，通令本省各级党部“于文到三日内，将共产党分子检举，密报本会查办”。血腥恐怖笼罩广州全市和广东全省。6 月，又进行第二次“清党”。总计杀害共产党员和工人积极分子 2100 多人。著名的共产党人和工人领袖萧楚女、熊雄、邓培、李启汉等都被杀害。

除上海、广东外，国民党反动派还在广西、江苏、浙江、福建、四川等省，相继进行“清党”和屠杀，无数共产党员和革命人民在反动派的屠刀下牺牲。

蒋介石发动政变，“清共”和打击国民党左派，其目的就是建立一个由他控制的国民政府，与武汉国民政府相对抗并取而代之。不久前他主张“迁都”南昌就是为实现这一目的而采取的行动，但目的没有达到。现在蒋介石等人一边在上海发动政变并在他们控制的地区大肆镇压革命，一边在南京成立国民政府。

4月15日国民党中央执行委员会开谈话会，讨论了以南京为国都，取消不合法之中央党部，取消汉口伪政府，通缉捣乱分子等问题。17日召开中央政治会议第73次会议，决定国民政府于18日在南京办公，同时举行庆祝典礼，宣告这个政府的成立。4月18日举行成立典礼和“庆祝国民政府迁都南京与恢复党权”大会。吴稚晖、胡汉民、蔡元培、蒋介石等在会上发表演说。同一天还发表了《国民政府定都南京宣言》和蒋介石的《告中国国民党同志书》《告全体民众书》等。宣言的主要内容是反共。诬蔑共产党“倾陷我领袖，诬蔑我总理”，“阻挠北伐阴谋之不轨”，“破坏国民革命之战线”，“为军阀帝国主义之工具”。“为完成国民革命计，固当驱除此叛逆。”这个政府虽然仍打着“肃清军阀打倒帝国主义”的旗号，仍然宣称“保护国内之实业”“保障农工团体之利益”“建设民主政治”“造成廉洁之政府”等，但实际上它是一个反人民反革命的政府。

4月26日南京国民政府发布秘字第一号令，内称：“查此次逆谋，实以鲍罗廷、陈独秀、徐谦、邓演达、吴玉章、林祖涵等为罪魁，以及各共产党首要次要分子，均应从严拿办。”被通缉的共产党人和左派国民党人士共190余人。5月5日成立了国民党中央清党委员会，大力开展清党运动。

至此中国一度呈现的大好政治形势严重逆转，国民革命出现了巨大危机。

与南京国民政府成立大体上同时，张作霖与其拥护者在北京成立了安国军政府。这是北洋军阀控制北京政权的最后一个政府。

孙传芳被北伐军打败，不得已向奉系统帅张作霖乞求援助，1926年11月18日秘密到天津，与张会面，拥护张为北洋军阀各派的领袖。11月30日孙传芳、张宗昌、吴俊升、张作相、张学良等15人，推戴张作霖为安国军总司令。12月1日张宣布就职，并任命孙传芳、张宗昌为副司令。1927年6月18日发布《中华民国军政府组织令》，宣称：“陆海军大元帅统帅中华民国陆海军。”“大元帅于军政时期代表中华民国行使统治权。”“军政府置国务员，辅佐大元帅执行政务。”张作霖正式自封为国家元首，安国军政府自认为代表全中国的中央政府。张作霖和他的安国军政府是非常反动的，在杀害了著名报界进步人士邵飘萍、林白水之后，于1927年4月6日派军警搜查苏联大使馆，逮捕李大钊等50余人。4月28日李大钊等20位革命者被杀害。

这样，在中国大地上出现了三个自命为代表整个中国的政权。此后在一个很短的时间内，中国历史主要成了三个政权互相斗争和自身演变的历史。

五、武汉国民政府的转向　中共的应急对策　徐州会议和七一五“分共”　国民革命的失败

蒋介石等人在上海发动政变和在南京成立国民政府之后，武汉地区掀起了声势浩大的讨蒋运动。汪精卫于4月10日到达武汉。4月13日汪精卫说：“反革命派已经与帝国主义军阀妥协”，“国民革命军的总司令已经变做讨赤联军副司令了”。他还表示要为上海被镇压的工人“复仇”。

4月17日，武汉国民党中央下令开除蒋介石的党籍，免去他本兼各职，“着全体将士及革命民众团体拿解中央，按反革命罪条例惩治”。20日，中共中央发表《为蒋介石屠杀革命民众宣言》，指出“蒋介石业已变为国民革命公开的敌人，业已变为帝国主义的工具，业已变为屠杀工农和革命群众的白色恐怖的罪魁”。22日，在武汉的国民党中央委员、国民政府委员和军事委员会委员40人联名讨蒋，号召全国民众、全体党员，尤其是革命军人，依照中央命令，“去此总理之叛徒，本党之败类，民众之蟊贼”。中央军事政治学校学生和民众团体，纷纷通电讨蒋。武汉、长沙先后举行大规模的讨蒋集会。“打倒新军阀蒋介石”的口号响遍广大城乡，“打倒蒋介石”的标语贴满武汉三镇。

武汉地区的工农运动在继续高涨。武汉的工人建立了一支拥有5000人、3000支枪的工人纠察队。6月，全国工会会员发展到290万人。全国农民协会会员增加到915万人。农民运动从减租减息，发展到摧毁地主政权和要求解决土地问题。两湖地区普遍建立了农民自卫军，不仅有梭镖队，而且不少地方还夺取了地主团防的枪支，在自卫军中成立了常备队。乡农民协会成为乡村的实际政权机关。湖南省农民协会颁布了惩治土豪劣绅暂行条例。两湖地区的农民协会还控制着粮食和食盐的运销，筹集了大批军粮供应前线。

四五月间，湖南的农民运动发展到要求解决土地问题的阶段。4月10日，由共产党人和国民党左派领导的国民党湖南省党部发表《告全省农民书》，提出农民运动的目的，不仅在打倒土豪劣绅、地主，尤在打倒土豪劣绅、地主所赖以生存的封建制度；不在减租减息，而在解决土地问题。在

土地问题日益突出的形势下，4月初国民党中央成立由邓演达、毛泽东等参加的土地委员会，开始研究制定解决土地问题的方案。经过一个月的讨论，土地委员会通过一个《解决土地问题决议草案》，规定“将大地主的土地，及官地公地荒地分配于无土地或土地不足以赡生之农民；对于小地主及为革命而努力之军人的土地，应由国民政府加以保障”。土地委员会同时通过一个《处分逆产条例》，规定：凡军阀、贪官污吏、土豪劣绅及一切反革命者的财产，“皆为逆产”，“一经合法发觉即没收之”。这个决议草案提到国民党中央政治委员会审核时，因谭延闿等人的反对，未被通过。不久，夏斗寅叛变、马日事变接连发生，土地问题的解决便被搁置了。

“四一二”政变之后，蒋介石、广东军阀、四川军阀、奉系军阀从东南西北四面，对武汉实行军事包围和经济封锁，加上工人“过火”行动造成的破坏性影响，武汉地区的经济状况和群众生活陷入极大困难之中。武汉的铁路和长江航运，均被切断，使一向被称作“九省通衢”的武汉成了孤岛。帝国主义一面出动大批军舰聚集汉口江面，对武汉政府进行武力威胁；一面关闭在武汉的银行、工厂、企业，套走现金，运走物资。从1926年11月到1927年1月，英国关闭了在汉口的全部企业。4月3日，日本侵略者在汉口制造了击毙中国民众九人、重伤八人、轻伤数十人的惨案，随后关闭了在武汉的所有日本企业。武汉地区的地主豪绅、反动军官和反革命分子，攻击工农运动，造谣中伤共产党和左派力量，分裂和破坏国民政府。与帝国主义和军阀联系密切的买办官僚资本家，抽逃现金，关厂罢业。武汉地区的民族资本家，由于经济封锁带来的困难和本身对于高涨的革命形势的惧怕，由于劳资纠纷不断加剧，纷纷关厂歇业。这样，武汉地区出现了严重的经济危机。5月中旬，武汉各大商行关闭的有130多家，继续经营的仅24家。到20日以后，各商店基本停业。由于对外贸易阻断，工厂开工严重不足，造成日用商品奇缺，粮煤供应紧张，影响了人民的生活。工人大批失业，仅武汉一地，失业者即达12万人。一方面生产缩小，财政收入日绌；另一方面又百业待理，军政支出浩大，结果政府的财政赤字越来越大。当时政府的月收入只有150万元左右，而支出却达1300万元。为了弥补赤字，只得大量增发纸币。这又必然使货币贬值，物价高涨，并且日趋严重。武汉政府曾采取一些措施，进行反经济封锁、反抽逃现金的斗争，但没能扭转危机局面。

这时，盘踞山西的阎锡山集团有兵力10余万人。宁汉分裂以后，他成为蒋介石、武汉方面、冯玉祥、奉系拉拢的对象。经过一段时间的观望和衡量，他决定转向蒋方。1927 年 6 月 6 日阎就任国民革命军北方总司令。蒋冯代表到会祝贺。阎宣誓表示：恪遵总理遗嘱，实行三民主义。这对武汉政府和奉系产生了不利的影响。

面对这种极其危急极其复杂的局势，武汉政府出路何在、如何应付，这对汪精卫等人，对共产国际和苏联代表、对中共中央，都是巨大的难题。如何确定对汪精卫等人的政策和对工农群众的政策，是中共的重大问题。鲍罗廷主张，限制工农群众的“过火”行动和过高要求；缓和同帝国主义的关系，缓解经济危机。他提出“西北学说”，主张武汉政府由唐生智率兵北伐，与冯玉祥会师中原，再图进一步的发展，打通与苏联的直接联系。这个主张得到陈独秀、汪精卫等的赞同，遭到共产国际代表罗易的反对。经过国共两党联席谈话会的协商，北伐主张占了上风，武汉国民政府决定北伐。

第二期北伐的主力是国民革命军第一集团军第四方面军，总计 6 万人，以唐生智为总指挥。这时河南的奉军约 8 万人。5 月中旬，北伐各军集中到驻马店地区，向奉军发起总攻。下旬，连克漯河、郾城、临颍、许昌、新郑。冯玉祥军也于 5 月 26 日攻占洛阳，然后分两路向新乡和郑州进兵。奉军被迫放弃郑州、开封。6 月 1 日，北伐军和冯玉祥军会师郑州。4 日占开封。

在武汉政府第二期北伐的同时，南京方面也北渡长江，攻打直鲁联军和孙传芳军。6 月 2 日占领徐州。

在革命的危急关头，中国共产党于 1927 年 4 月 27 日至 5 月 9 日在汉口召开了第五次全国代表大会。大会的总任务是如何制定正确的政策，应付目前局势，以推动革命向前发展。陈独秀代表党中央做了报告。大会听取了共产国际代表罗易关于共产国际执委第七次扩大全会对中国问题决议案的报告。大会根据共产国际决议的精神，做出政治形势与党的任务、土地问题、职工运动等决议案。

《政治形势与党的任务议决案》认为当前中国革命已发展到“工农小资产阶级之民主独裁制的阶段”，封建分子与资产阶级已经叛离，“无产阶级将实行其领导权”，使革命走向非资本主义前途。无产阶级“应该以土地革命及民主政权之政纲去号召农民和小资产阶级”。议决案批评了党中央过去所犯的右倾错误及陈独秀报告中提出的错误观点，指出：党在三二〇事件前后，“忽略了与资产阶级争取革命领导权的斗争”，使“资产阶级占了上风”；北伐开始后，“未能充分注意使革命的社会基础同时深入之必要”。党应该

“执行急进的土地改良政纲和创造乡村的革命民主政权”。否则，革命的地域就会丧失。到西北去的主张，反映了小资产阶级的“恐惧失败的情绪”，是“以扩大革命地域为借口，而实际上抛弃或削弱现时革命根据地的倾向”。

大会设立特别委员会讨论土地问题。对如何满足农民的土地要求，讨论中提出三种意见：一是土地的政治没收，即只没收反动军官和公开反革命的劣绅的土地和财产；二是没收大地主的土地，小地主和革命军官的土地除外；三是没收一切土地，不加任何限制。大会采纳了第二种意见。《职工运动议决案》提出了“职工运动新方针”七条，其中包括：“极力从政治上经济上向资产阶级勇猛的进攻，一直到要求没收一切银行、矿山、铁路、轮船、大企业、大工厂等归国有的实现”；“要求参加国有产业的生产管理，监督生产”；“要求政府实行高度劳工政策”。议决案提出，只要有工会的地方，就要组织公开的或秘密的工人纠察队，以作为保障工农小资产阶级民主政权的武装之一。号召工人去当兵，以促使军队的革命化。

在这次大会上，提出了不少正确的意见和政策，也提出了不少超过国民革命范围的主张。由于共产党处于幼年阶段，许多问题没有解决。而且与存在右倾错误同时，又出现了“左”倾错误。对于共产党直接掌握革命武装这一决定革命成败的关键问题，会议仍没有给予充分注意。参加大会的共产国际代表罗易和苏联顾问鲍罗廷，彼此意见冲突，加重了会上的意见分歧。尤其是时局非常紧张，变化又非常之快，正确政策也来不及实施。“五大”没有能担负起挽救革命的任务。

在国民革命面临重大危机的关头，由于帝国主义和武汉内外反革命势力的压迫，由于共产党力量的发展、工农运动的深入和所显示的巨大威力，由于工农群众的过火行为，武汉政府中“左派领袖”汪精卫等人，逐渐右转，开始公开压制工农运动和对共产党进行抨击。1927 年 4 月底，武汉国民党中央在汪精卫要求下，组织了查办湘、鄂、赣各省“过激”言论行动的特别委员会。5 月 8 日，武汉国民政府通告工农团体，不准集会和示威游行。20 日，国民党中央发布《保护公正绅耆训令》，诬蔑农民同地主的斗争是“扰乱破坏公共秩序”，“无异于反革命，应由各地党部随时制裁”。22 日，汪精卫下令湘鄂各地，制止赤化运动，声言要逮捕工会和农会的领导人，或者驱逐出境。24 日，国民政府指责农民运动“幼稚过当”，“骚扰后方，挠动人心，实可痛恨”。5 月底，国民政府下令解散湖北黄冈和黄陂两县的农民协会。

1927 年 4 月底，武汉政府所辖第三十五军军长何键在武汉召集一些军官开秘密会议，决定在两湖地区发动反共军事政变。5 月 13 日，独立第十四师师长夏斗寅勾结四川军阀杨森在鄂南叛变。19 日叛军被击溃。5 月 21 日，在何键的指使下，驻湖南长沙的第三十五军三十三团团长许克祥发动叛变。五六月间，江西省长朱培德将在江西省党政军中工作的共产党人“遣送出境”，下令停止全省农工运动。

武汉政府出师北伐，取得了胜利，实现了与冯玉祥会师。但这些与主张北伐者的意愿相反，不是挽救了危机，推进了革命，而是把武汉政府推上末路，促成了国民革命的失败。政局急转的关键是郑州会议和徐州会议。

北伐军与冯玉祥军会师郑州后，武汉国民党中央政治委员会主席团成员汪精卫、徐谦、顾孟余、谭延闿、孙科等以赴前方指导为名，于 6 月 8 日赶到郑州。9 日，冯玉祥亦到达郑州。10 日举行郑州会议。会上，冯主张停止宁汉之争，共同北伐。汪精卫等既谴责蒋介石的独断专行，又对共产党和工农运动表示不满。会议决定设立政治委员会开封分会，以冯玉祥为主席，负责指导陕、甘、豫等省的党务和政务；成立豫、陕、甘三省政府，分别以冯玉祥、于右任、刘郁芬为主席；在豫各军统由冯玉祥节制指挥。所有进入河南的北伐军全部撤回武汉地区；冯的第二集团军扩编为七个方面军。经过郑州会议，第二期北伐的成果为冯玉祥独占。这次会议酝酿了武汉的“分共”和宁汉的合流。

郑州会议后，6 月 19 日，冯玉祥至徐州与蒋介石、李宗仁等举行会议。20 日，南京方面的吴稚晖、胡汉民、张静江、蔡元培、李石曾等专程赶赴徐州参加会议。会议集中于“北伐”和“讨共”两个问题上，中心是“清党”反共。会议决定：第一，由蒋、冯二人联名通电，表示，要继续北伐，完成国民革命，实行三民主义；第二，由冯单独致电武汉，促汪精卫等反共。21 日会议结束。冯玉祥在致汪精卫、谭延闿、唐生智等人的电文中，攻击武汉地区的工农运动是“阳冒国民革命之名，阴布全国恐慌之毒”，要求汪精卫等与蒋介石“通力合作”，促使鲍罗廷解职回国，在反共和联合“北伐”问题上，“速决大计，早日实行”。随后，冯在他的军队中和他所管辖的地区内开始遣送共产党人离军和出境。徐州会议使国民革命走向完全的失败。

中共“五大”以后，鲍罗廷、陈独秀把处理与国民党左派的关系作为问题的中心，为了拉住汪精卫、唐生智等人，采取了退让和压制工农运动的做法。5 月下旬，由共产党人谭平山担任部长的国民政府农政部发出布告，纠正“农民所有一切幼稚举动”，对于“轶出正轨”者，“更不得不加以制裁”。5 月，共产国际给中国共产党发来紧急指示，提出如下挽救革命的措施：坚决“从下面实际夺取土地”，用一切办法去协助工农运动；吸收工农领袖“革新”国民党中央，依靠工会农会扩大国民党地方组织；动员 2 万共产党员、5 万工农群众成立一支新的可靠的军队；组织以有声望的国民党人为首的革命军事法庭，惩办反动军官。陈独秀等认为这个指示所提出的各项任务无法执行。共产国际代表罗易为了表示对汪精卫的信任，竟把这个指示拿给了汪精卫。这件事促使汪精卫下了“分共”的决心。6 月 14 日，中共中央宣传部发出通告：“放任农民无组织的自由行动来解决土地问题，已经引起了无数的过火行为，这种情形，必须纠正。”6 月 30 日，中共中央举行扩大会议，通过一个关于国共两党关系的议决案，议决案写道：国民党“当然处于国民革命之领导地位”；共产党人参加政府和召开国共两党联席会议，“并不含有联合政权的意义”，为避免政局的纠纷，共产党人可以“请假”的名义退出政府；“工农等民众团体均应受国民党党部之领导与监督”；“工农武装队均应服从政府之管理与训练”，等等。但是，这种让步，没能拉住汪精卫。

7 月 12 日，根据共产国际执委会的指示，中共中央进行改组，成立由李立三、李维汉、周恩来、张太雷、张国焘五人组成的临时中央政治局常务委员会，停止陈独秀的职务。13 日，中共中央发表《对政局宣言》。宣言揭露汪精卫等人“已在公开的准备政变，以反对中国人民极大多数的利益及孙中山先生之根本主义与政策”。宣言声明中国共产党“决定撤回参加国民政府的共产党员”，但是“共产党绝无理由可以退出国民党，或者甚至于抛弃与国民党合作的政策”。同日，国民党左派邓演达发表辞职宣言。他谴责国民党中央一些人曲解孙中山的三民主义和农工政策、“向蒋图谋妥协”“与共产党相分离”“残杀农工”等行径。① 7 月 14 日宋庆龄发表声明说：“本党若干执行委员对孙中山的原则和政策所作的解释，在我看来，是违背了孙中山的意思和理想的。因此，对于本党新政策的执行，我将不再参加。”②表明了她继续坚持孙中山三大政策的严正立场。

在经过多方布置之后，7 月 14 日，汪精卫召开国民党中央委员会主席团会议，决定在一个月内，开第四次中央执委会会议，讨论决定分共的问题。在开会以前，裁制共产党人违反本党主义政策之言论行动。15 日汪精卫召开中执会常务委员会第 20 次扩大会议。汪在会上报告说，他在罗易处看到共产国际给中共的电报，这个电报中提出的做法，“随便实行哪一条，

---

① 北京《晨报》，1927-07-17。

② 宋庆龄：《为新中国奋斗》，3 页，北京，人民出版社，1952。

国民党就完了”。“现在不是容共的问题，乃是将国民党变成共产党的问题。”汪的话受到孙科、顾孟余的支持。汪又说，中共7月13日发表的《对政局宣言》要撤回参加国民政府的共产党员，是“破坏本党容共政策之最大表示”。中共“既然退出国民政府，则在国民革命军中及各级政府机关中亦无须存在”。这就宣布了汪精卫集团与中国共产党的决裂。至此，国民革命遭到彻底失败。

1924年至1927年是中国现代历史的一个重要阶段。在此期间出现了全国性的革命高潮。这一阶段的革命斗争是以国民革命为中心口号，以打倒帝国主义、打倒军阀为基本内容而发展起来的。这次革命斗争虽然由于国民党内反人民集团的叛变和共产国际与共产党的错误而遭到失败，但它在中国革命的史册上仍是光辉的一章。它给广大人民群众留下了宝贵的经验教训，在中国的大地上产生了极大的影响，为革命的继续前进打下了基础。

这一阶段的历史，以国共合作开始，以“清党”“分共”告终。蒋介石、汪精卫的相继叛变标志着国民党及其政权性质的变化。国民党成为代表买办阶级、地主阶级利益的政党。各革命阶级联合的政权变成买办阶级、地主阶级的政权。

这个历史阶段，军阀势力发生了重大的消长变化。一部分旧军阀被打倒了；很大一部分旧军阀因革命高涨而归属于国民党旗帜之下。凭借各种机缘产生的国民党新军阀，在这一阶段的末期成了支配中国的主要的政治势力。北洋军阀的统治逐渐让位于打着国民党旗号的新的军阀的统治。这是这一历史时期的重大变化。

第三章　国民党在全国统治的确立 工农武装革命的开展

（1927 年 8 月至 1931 年 9 月）

第一节　国民党在全国统治的建立

一、第二次北伐和东北“易帜”

1927 年国共分裂时，中国政局极度混乱，社会矛盾错综复杂。革命同反革命、新军阀同旧军阀、新军阀内部各个派系之间，多种矛盾与对抗同时存在。当时国民党各派势力和尚存的旧军阀势力分布如下：

汪精卫和唐生智互相勾结控制着两湖和江西(1927 年 6 月唐被武汉政府任命为国民革命军第四集团军总司令兼该集团军第一方面军总指挥)；蒋系和桂系的一部分占据着南京、上海和江苏、安徽、浙江、福建各省；冯玉祥占据着陕西、甘肃、河南等地；阎锡山控制着山西、绥远和直隶一部；桂系的另一部分和粤军占领着两广；四川、云南、贵州则有若干地方军阀割据着(“七一五”前三省军阀均已改悬国民党旗帜，并站在蒋介石一边)。北方最大的军阀是张作霖，他占据着东北、京津和直隶、热河、山东等广大地区；孙传芳的残余势力占据着苏北。国民党内的政治派系则有：蒋介石派、汪精卫派、胡汉民派以及西山会议派。政客集团和军阀武力互相勾结，今天甲乙联合对丙，明天又乙丙联合对甲。你争我斗，一片混乱。

一段时间内，国民党的派系纷争，主要表现为宁汉两方的对立和争斗。武汉方面组织了东征军，集中江西，准备讨蒋；南京方面也派出军队与之相拒。双方处于武力对峙的状态中。冯玉祥在“七一五”前后几次发出劝和通电，主张通过会议解决宁汉纠纷。经过“七一五”政变，宁汉两方在反共问题上已经没有分歧，渐有妥协的趋势。

8 月 13 日，蒋介石突然宣告下野。其原因，一是武汉的汪精卫、唐生智等力主“倒蒋”，而且声势很大；二是桂系的李宗仁、白崇禧与蒋貌合神离，甚至蒋系的何应钦也很想取蒋而代之；三是蒋亲自指挥的津浦线上的战事打了败仗，并且受到日本出兵山东的干涉。蒋感到自己的地位还不巩固，于是采取了暂避锋芒、观望形势、乘机再起的策略，宣布辞去国民革命军总司令的职务。

蒋介石下野后，国民党中有影响的人物胡汉民、张静江、蔡元培、李石曾、吴稚晖亦纷纷离宁赴沪，南京方面的实权便主要落在桂系手中。但这样一来，促进了宁汉的合流，因桂系本有联汉攻奉之意。8 月下旬和 9 月上旬，武汉的谭延闿、孙科和汪精卫、陈公博先后到达南京。汪陈以国民党中央的“正统”自居，主张召开二届四中全会解决宁汉纠纷问题。但他们的主张没有得到宁方的响应。这时的谭延闿、孙科也不再听命于汪。在这种形势下，汪只得自认“防共过迟”，表示要“自劾下野”“听候处分”，并且不再坚持召开四中全会的主张。孙科提出成立特别委员会代行中央职权的建议，得到宁、汉、沪(西山会议派)三方的赞同。中国国民党中央特别委员会于 9 月 15 日成立。17 日，南京国民政府和军事委员会进行改组，并发表宁汉合作宣言，宣布国民党“统一”完成。但是这个“合作”很快又为新的分裂所代替。

特别委员会的实权把持在桂系和西山会议派手中。汪精卫由于没能掌握中央大权，于是便重回武汉，与唐生智联合，依靠鄂、湘、赣三省，反对特委会。这样宁汉合作又重新变为宁汉对立。到 10 月下旬，更演成李(宗仁)唐(生智)战争。结果唐军失败，放弃武汉，唐本人宣告下野，部队撤往湘南。桂系势力扩展到武汉。

与宁汉再次分裂同时，还有宁粤对立的发生。9 月底，汪派军人张发奎率国民革命军第二方面军(除参加南昌起义者外)到达广州。张打出“拥汪护党”的旗号，反对特委会。10 月底，汪也到达广州。

当宁汉、宁粤之间闹得不可开交的时候，蒋介石正为东山再起而积极奔走。他的一个主要举动是于 1927 年 9 月下旬开始出访日本，他企图以承认日本在中国东北的特殊权益和保证消除中国反日运动为条件，换取日本对他统治中国的支持。但在同日本首相田中义一的会谈中，田中只支持他反共和统一南半个中国，而不支持他北伐和统一整个中国。11 月 10 日，蒋介石返抵上海。以前势如仇敌的蒋、汪二人，这时为了共同制桂，达成了相约同时复职的协议：蒋复任总司令，汪复任国民政府主席。16 日，汪精卫、李济深一同从广州赴上海。就在汪李离开广州的第二天，张发奎的部队突然向驻粤的桂军发起攻击，迫使桂军退回广西。12 月 11 日，共产党领导的广州起义爆发，张发奎第四军所属的教导团和警卫团的大部参加了起义。这两次性质不同的广州事变，都被反汪各派抓住作为攻击汪的借口。他们指责汪精卫、陈公博是"准共产党"，"养奸成祸，害国殃民"。南京政府下令查办汪、陈。这样，汪派便在这场国民党的派系争斗中遭到失败。汪躲往国外，陈公博避居到上海租界，张发奎在镇压了广州起义后被赶出广州。于是，蒋介石重新成了国民党各派的中心人物。1928 年 1 月上旬，蒋复任总司令职务，并负责筹备召开国民党二届四中全会。特别委员会机构被取消。

国民党二届四中全会于 1928 年 2 月上旬在南京召开。会议通过"整理党务""改组国民政府""制止共产党阴谋""集中革命势力限期完成北伐"等议案。选举蒋介石、谭延闿等九人为国民党中央执行委员会常务委员，谭为国民政府主席，蒋为军事委员会主席。3 月 7 日，蒋又担任国民党中央政治会议主席。这样，国民党的军政大权重新集中到蒋介石一人身上。同时，李济深、李宗仁、冯玉祥、阎锡山分别被任命为广州、武汉、开封、太原四个政治分会的主席。这是承认各派国民党军阀割据的现状。

1928 年 2 月中旬，国民党军重新编组为第一、第二、第三集团军，分别以蒋介石、冯玉祥、阎锡山为总司令。4 月上旬，又将原桂军和两湖军队编为第四集团军，以李宗仁为总司令。另有海军舰队，以杨树庄为总司令。军队总数约 100 万人。蒋冯阎桂四派军阀取得了暂时的妥协，再度进行北伐，展开同奉系军阀的战争。

此前，1927 年 7 月下旬，直鲁联军和孙传芳军乘宁汉纷争之机，夺回徐州。8 月，孙军南下，直抵浦口，并偷渡长江。下旬，孙军 7 万人与国民党军 10 万人在龙潭一带展开激战，结果孙军大败，国民党军乘胜北进，12 月再占徐州。与此同时，阎锡山所部晋军(北方国民革命军)分路东进，攻打奉军。10 月攻占张家口、涿州、石家庄等地，后在奉军反击下，退守雁门、蔚县、井陉。二次北伐开始时，包括奉军、直鲁联军、孙传芳军在内的"安国军"，总兵力为 40 万人(号称百万)。

国民党军这次北伐的部署是：第一集团军在津浦线；第四集团军在京汉线；第二集团军在鲁西、直南，策应津浦、京汉两线；第三集团军攻石家庄。1928 年 4 月 5 日，蒋介石在徐州誓师，7 日下总攻击令，各路战事同时发动。经 19 日鲁西巨野一战，孙传芳部队基本被消灭。国民党军于 27 日攻下泰安，5 月 1 日占济南。

国民党军的北伐，同日本帝国主义分裂中国以便进一步霸占中国的野心发生尖锐矛盾。于是，日本政府以“保护日侨”为名，第二次出兵山东，并从5月3日起，对进入济南的中国军队和济南平民展开大规模的进攻和惨绝人寰的大屠杀。数日内，中国军民死伤六七千人。国民党战地政务委员会委员兼外交处主任、南京政府外交部特派山东交涉员蔡公时及其属下共17人，全部被日军残酷杀害。济南被日军占领达一年之久。

济南惨案发生后，蒋介石命令军队撤出济南，绕道北上。接着国民党军相继占领邯郸、保定、石家庄、大同、张家口、德州等地。张作霖见大势已去，放弃北京，于6月3日退回关外。次日，张在沈阳附近皇姑屯被日本帝国主义者炸死。8日，阎军商震部进入北京，12日阎军傅作义部进入天津。15日，南京政府宣布“统一告成”。20日，改直隶省为河北省，北京市为北平市。

张作霖死后，张学良被推为东三省保安总司令。他于7月1日发出通电，表示希望和平与不妨碍统一。7月中旬，蒋、冯、阎、李等在北平小汤山召开军事会议，决定东北问题采取和平方法解决。8月，进军到冀东的桂系白崇禧部与奉军杨宇霆部联合打败张宗昌、褚玉璞的直鲁军，直鲁军5万人全部被缴械遣散。1928年12月29日，张学良不顾日本帝国主义的威胁利诱，冲破种种阻挠破坏，毅然宣布东北“易帜”，拿下原北京政府的红黄蓝白黑五色旗，换上南京政府的青天白日旗，表示“遵守三民主义，服从国民政府”。南京政府任命张学良为东北边防司令官。在这之前，新疆杨增新、热河汤玉麟已分别于6月20日、7月19日宣布“易帜”。至此，国民党把它的统治扩展到了全国。

二、国民党“训政”的开始和中央政权机构的完备

孙中山三民主义政治学说的内容之一，是“革命程序”论，即主张中国民主政治的建设，要经过军政、训政、宪政三个时期。孙中山认为，只有经过这样的步骤，才能最后做到“主权在民”。1928年变成中国的新的统治者的国民党，接过孙中山的理论，在国民党军队占领北京后，即宣布开始“训政”。但国民党的“训政”，违背孙中山“主权在民”的初衷，成了剥夺人民权利的一党专政。

1928年9月初，热心“训政”研究的胡汉民在考察欧洲后回国，主持了有关“训政”文件的起草工作。10月3日，国民党中央常务委员会通过《训政

纲领》，并由国民党中央执行委员会通电公布。

国民党的《训政纲领》共6条。它规定：在“训政”时期，由国民党全国代表大会“代表国民大会领导国民行使政权”，大会闭会期间，把政权“付托国民党中央执行委员会执行之”；由国民党“训练国民逐渐推行”选举、罢免、创制、复决四种政权；“治权之行政、立法、司法、考试、监察五项，付托于国民政府总揽而执行之”；国民党中央政治会议“指导监督国民政府重大国务之施行”，负责“国民政府组织法之修正及解释”。可见，国民党的所谓“训政”，就是国民党的一党专政。1929年3月召开的国民党第三次全国代表大会，又通过《确定训政时期党政府人民行使政权治权之分际及方略案》，其中规定：对“中华民国之政权治权”，国民党要“独负全责”。国民党的最高权力机关“于必要时得就于人民之集会结社言论出版等自由权在法律范围内加以限制”。“中华民国人民须服从拥护中国国民党，誓行三民主义，接受四权使用之训练，努力地方自治之完成，始得享受中华民国国民之权利。”这就进一步剥夺了人民的民主权利，并且表明，只许国民党一党和被其篡改的三民主义一个主义存在，不许其他政党和主义存在。蒋介石在他的多次演说中，更明确地阐述过这样的主张。他说，要建设国家，必须确定“三民主义为中国唯一的思想，再不好有第二个思想，来扰乱中国”。①“我们在革命时代，不能不以党专政”，除了国民党，“决不容许再有第二党出来”，必须是“一个党，一个主义”。②

“训政”开始之时，国民党规定“训政”的期限为6年，即到1935年结束。后来，以种种借口一再拖延结束“训政”的时间。直至20年后，即1948年才打出“行宪”的招牌，而这时的所谓“行宪”，也不过是为其独裁统治披上一件“宪政”的外衣。“训政”名义下的一党专政体制，阻碍着中国社会的进步，同时也成为一切要求民主进步的人们群起反对国民党统治的一个重要原因。

1928年10月3日国民党中常会通过《训政纲领》的同时，还通过《中华民国国民政府组织法》，并于10月8日由国民政府公布。

这个组织法依据孙中山“五权宪法”理论和国民党《训政纲领》，规定了国民党中央政权一府五院的体制。组织法规定：

国民政府总揽中华民国之治权。国民政府以行政院、立法院、司法院、

---

① 蒋介石：《中国建设之途径》(1928年7月18日)。

② 蒋介石：《为什么要有党》(1929年7月4日)，见《中国现代政治思想史资料选辑》上册，566页，成都，四川人民出版社，1984。

考试院、监察院五院组织之，设主席委员 1 人，委员 12～16 人。国民政府统率海陆空军，国民政府主席兼海陆空军总司令。国民政府以国务会议处理国务，国务会议由国民政府委员组织之。

行政院为国民政府最高行政机关，设院长、副院长各 1 人。行政院设各部，分掌行政职权，对特定之行政事宜，特设委员会掌理之。重大内政、外交事项及各部、各委员会间不能解决之事项，须经行政院会议议决。

立法院为国民政府最高立法机关，设院长、副院长各 1 人。立法院有议决法律案、预算案、大赦案、宣战案、媾和案、条约案及其他重要国际事项之职权。立法院委员不得兼任中央政府、地方政府各机关之事务官。

司法院为国民政府最高司法机关，掌理司法审判、司法行政、官吏惩戒及行政审判之职权，设院长、副院长各 1 人。

考试院为国民政府最高考试机关，掌理考选、铨叙事宜，所有公务员均须依法律经考试院考选、铨叙方得任用。设院长、副院长各 1 人。

监察院为国民政府最高监察机关，依法律行使弹劾、审计职权。设院长、副院长各 1 人。

按上述国民政府组织法，国民政府中的五种治权，是相互分立、各自行使的。但实际上，所有管理国家的大权，最后均掌握在国民党手中。前述《训政纲领》中的条文规定和国民党“三大”的有关议案，充分说明了此点。在国民党这种以党治政的体制中，国民党中央政治会议是一个特殊而重要的机构。1928 年 10 月 25 日国民党中央执行委员会通过的《中央政治会议暂行条例》规定：“政治会议为全国实行训政之最高指导机关，对于中央执行委员会负其全责。”国民党中央执行委员、监察委员、国民政府委员为政治会议当然委员。须经政治会议讨论和议决的事项有：建国纲领；立法原则；施政方针；军事大计；高层机构组成人选(包括国民政府委员，各院院长、副院长、委员，各部部长、委员会委员长，各省政府委员、主席及厅长，各特别市市长，驻外大使、特使、公使及特任、特派官吏)等。“政治会议之决议，直接交由国民政府执行。”胡汉民对中央政治会议和国民政府的关系曾作这样的阐述：政治会议虽非政府本身机关之一，但“对于政府为其根本大计与政策方案所发源之机关”。“换言之，政治会议实际上总握训政时期一切根本之方针之抉择权，为党与政府间唯一之连锁，党与政府建国大计及其对内对外政策有所发动，必须经此连锁而达于政府，始能期其必行。”①总之，国民党中央政治会议与国民政府的关系，是决策与执行的关系。九一八事变后，中央政治会议(1935 年 11 月国民党“五大”后改称中央政治委员会)审议国防事宜的职能，由新设立的“国防会议”替代。1937 年抗战爆发后，国防会议改为“国防最高会议”(1939 年 2 月国民党五届五中全会又改称“国防最高委员会”)，政治委员会的职权曾由此会取代。

国民政府组织法公布的当天，国民党中常会推出国民政府委员、主席及五院院长。蒋介石为国民政府主席。行政、立法、司法、考试、监察五院院长分别为谭延闿、胡汉民、王宠惠、戴季陶、蔡元培。五院的设立，表明国民党一党专政的政权形式完备起来。

三、国民党统治初期的内政

国民党政权建立后，从政治、经济、思想文化诸方面，采取一系列政策和措施，巩固其对全国的统治。

厉行“清党”和推行镇压工农的政策 从“四一二”开始，国民党各反动派别即打起“清党”的旗号，实行反共屠杀政策。1927 年 4 月 18 日，国民党南京政府建立的当天，就发出“秘字第一号命令”，在“清党”的名义下，通缉共产党人和国民党左派人士。随后成立中央和地方“清党委员会”，主持“清党”事宜。汪精卫七一五“分共”后，武汉地区开始“清共”。8 月，汪精卫更表示要同共产党“决一死战”。在上海、南京、广州、长沙、武汉及所有建立了国民党政权的地区，反动当局都大肆捕杀共产党人，迫害进步人士和工农大众。对人民群众的反抗斗争，则进行残酷镇压。山西土皇帝阎锡山依附国民党后，采用中国古代封建统治者实行的连坐法，在军队中规定了“长官连带负责”制，以此办法进行“清党”。冯玉祥的“清党”办法较为和缓，规定共产党人愿走者发给川资，不愿走者必须宣言脱离共产党。1928 年 2 月国民党二届四中全会通过的《制止共产党阴谋案》规定，要全面“铲除”和“预防”“共产党之理论、方法、机关、运动”。3 月，国民党政府公布《中华民国刑法》，规定“意图颠覆政府僭窃土地或紊乱国宪”而实行暴动者，要处死刑、无期徒刑或七年以上徒刑。7 月，国民党政府公布《劳资争议处理法》。8 月，国民党二届五中全会通过《民众运动案》，规定：组织团体“必须受党部之指导与政府之监督”。这些法令和议案，把人民群众在大革命年代

---

① 胡汉民：《训政大纲提案说明书》，1928-09-15。

争得的民主权利完全取消了。到1931年1月，国民党政府又颁布《危害民国紧急治罪法》，对镇压人民群众的各种反抗斗争作了进一步具体规定。

整理财政 国民党南京政权建立后，面临着严重的财政问题。1928年的财政收入尚不足军费一项支出。国民党亟待整理财政，以支撑和巩固其政权。主要举措有：

大量举借内债。南京政府一成立，即开始发行国库券。据不完全统计，至1929年6月，南京政府发行的国库券和各种长短期公债，总计达36500万元，接近当时一年的财政收入。

划分中央与地方财政权限。规定：凡盐税、关税、常关税、烟酒特税、卷烟特税、煤油税、厘金及邮局税、矿税、印花税、国有营业收入、禁烟罚款11种收入，为国家收入。田税、契税、牙税、当税、商税、船捐、房捐、屠宰税、渔业税及其他杂税杂捐10种收入，为地方收入。这样的规定，把民国以来中央与地方长期争夺、混乱不堪的财政制度，统一了起来。

整顿税制。一是实行新的盐税法。1931年6月公布的《盐法》规定："盐就场征税，任人民自由买卖，无论何人不得垄断。"同时提高税率，增加盐税收入。二是实行"统税"，即对工业品征收统一的一次性捐税。首先在卷烟业中实行，1931年扩展至棉纱、火柴、水泥、面粉业，以后又扩大到其他工业品。1933年，全年统税已达1亿元以上。三是裁厘。经过几年酝酿，1931年与统税征收范围的扩展同时实行。裁厘有利于经济的发展。四是通过改订"新约"，实行关税自主，提高关税税率。

建立国家金融机构。1928年11月成立中央银行。按南京政府公布的《中央银行条例》规定，中央银行为国家银行，由国民政府经营，依法有发行兑换券、经理国库、募集或整理公债事务、铸造及发行国币等特权。第一任总裁由财政部长宋子文兼任。中央银行建立后，南京政府又控制了建立于清末的中国银行和交通银行，使前者变为国际汇兑性质的银行，后者变为发展全国实业的银行。

维护地主阶级土地所有制 国民党当权后，抛弃了孙中山"耕者有其田"的主张，维护农村旧有的土地制度。1930年6月国民党政府颁布《土地法》，条文多达397条，核心内容就是保护地主对土地的私有，其中也有改良性质的二五减租的规定，但实际并未实行。浙江等省的一些地方试行过二五减租，最后不了了之。在共产党领导的土地革命在农村革命根据地兴起后，1932年国民党颁布《剿匪区内各省农村土地处理条例》，规定农民在土地革命中分得的地主的土地，"一律以发还原主确定其所有权为原则"，即重新确立地主阶级的土地所有制。

实施“党化教育”　国民党为了从思想上扼制革命，使人们顺从其统治，大力推行所谓“党化教育”。“党化教育”首先在学校实行，而后灌入整个国民教育中。在国民党的各个地方党部，设立党化教育委员会。在各个学校，普遍建立训育制度。1928 年 5 月以后，国民党把党化教育改称“三民主义教育”。1931 年 6 月初公布的《中华民国训政时期约法》规定：“三民主义为中华民国教育之根本原则”，并对小学、中学、大学的“三民主义教育”提出不同要求。这时国民党的三民主义，已经抽去了孙中山三民主义的革命精神和内容。所谓的“党化教育”、三民主义教育，完全是国民党的反动教育。

大学区制的试行和中央研究院的设立　这是国民党政权初期在教育和科学方面的两项重要举措。主持者是有政治地位的教育家蔡元培。所谓大学区制，本是法国实行过的教育行政制度。蔡元培认为，这种制度可以克服教育机关官僚化的弊病，使教育与学术结合起来，提高教育水平，所以他建议国民党中央在中国实行。他的方案是，在中央设大学院，以为全国最高学术教育行政机关。在地方设若干大学区，每区设校长 1 人，由校长总理区内一切学术与教育行政事项。大学区设评议会和研究院，分别为本区教育立法机关和最高学术机关；设高等、普通、扩充三个教育部，分别管理本区大学、中小学、社会教育。国民党中央政治会议采纳了蔡元培的建议，并推蔡为大学院院长，主持各项事宜。大学区制曾在浙江、江苏两省和北平市试行，但不久即因许多人的非议和反对而宣告结束。先是蔡元培辞去大学院院长职务，接着改大学院为教育部，最后于 1929 年结束上述三地的试验。大学院和大学区制的取消加强了中央政府对教育的控制。蔡元培任职期间大学院的一些举措，对中国社会的进步和教育事业的发展是有积极意义的。如：1928 年 2 月，大学院通令全国废止春秋祀孔典礼；5 月，大学院召开全国教育会议，根据蔡元培的提议通过教育科学化、劳动化、艺术化的方针；7 月，大学院通令各省区制定《推行义务教育计划》；同月，大学院通令提高小学教员待遇等。

中央研究院正式成立于 1928 年 6 月，院长由蔡元培兼任。按 1928 年 11 月公布的《国立中央研究院组织法》规定，该院直隶于国民政府，为“中华民国最高学术研究机关”。其任务是：实行科学研究和指导、联络、奖励学术之研究。由院长兼任评议长的评议会，为“全国最高学术评议机关”。院下设研究所 14 个。至 1930 年初已有物理、化学、工程、地质、天文、气象、历史语言、心理学、社会科学 9 个研究所相继成立，另建自然博物馆 1 个。中央研究院的设立，对推动中国科学事业的发展，做出了贡献。

四、国民党统治初期的外交

南京政府刚一成立，一方面宣布修改不平等条约，另一方面对帝国主义表示妥协和友好，逐步放弃了国民革命的反对帝国主义的立场。1927 年 6 月 13 日南京国民政府的布告说："本府兴师北伐……非与各国为敌"，今后对外国人的生命财产，要"加意保护，以重邦交"。国民政府对美国等国炮轰南京的所谓宁案的处理采取了妥协屈服的做法。1928 年 3 月 30 日签订的《中美协定》规定，中国政府对美方"表示歉意"，答应惩办肇事者和赔偿损失，而美军炮轰南京给中国造成的损失则一字不提。

国民党政权初期，最重要的一项外交举动是改订新约。1927 年 8 月 13 日外交部部长发表声明，向列强提出改订新约问题。1928 年 6 月 15 日，趁"北伐告成"中国"统一"的有利形势，国民政府发表对外宣言，要求同有约各国"遵正当之手续，实行重订新约"。7 月 7 日，外交部提出重订新约的三项原则：条约已届期满者，废除旧约，另订新约；尚未期满者，以正当之手续解除另订；旧约已期满新约未订定者，另订临时办法处理一切。

改约宣言发出后，国民政府即就关税自主和废除领事裁判权问题，同有约各国进行交涉。

1928 年 7 月，美国首先同中国签订了《整理中美两国关税关系之条约》。条约承认中国"关税完全自主之原则"，但又规定缔约双方"在彼此领土内享受之待遇，应与其他国享受之待遇毫无区别"。即美国在中国享有最惠国待遇。随后南京政府陆续同德、挪、比、意、丹、葡、荷、瑞典、英、法、西班牙 11 国缔结了"友好通商条约"或"新关税条约"。到 1930 年 5 月，中日缔结了关税条约。所有这些条约都在原则上承认中国关税自主，但同时规定了最惠国待遇。在中英条约中规定：对英国货物所课税率，应与 1925 年关税会议所议之税率相同，即只能依照货物的品类性质，除原定的值百抽五外，再征收不得超过 5%～30%的附加税。根据最惠国待遇，这一规定当然也适用于其他国家。1929 年 2 月开始施行的《中华民国海关进口税税则》，对货物分 12 类、718 项，以品质及品价，按 7.5%、10%、12.5%、15%、17.5%、22.5%、27.5%七级征税。后税率又有所增加，最高税率到 1932 年增至 50%，1933 年增至 80%。除海关外，取消原陆关税率较海关少纳

1/3 的规定，使陆关与海关税率划一。

重新订立的关税条约，对中国起了积极作用：中国的关税自主权得到承认，中国的关税收入大为增加。据统计，改定关税之前的 1928 年，国民政府的关税收入为 1.34 亿元；1929 年增至 2.45 亿元；1930 年、1931 年又增至 2.92 亿元和 3.88 亿元。因日本侵占东北和在上海挑起战火，1932 年关税收入有所下降，但仍有 3 亿元；1933 年又升至近 3.4 亿元。但是，按新的关税条约，中国仍然没有得到实际上的完全的关税自主。因新税率的确定，仍受种种限制，同时总税务司和各地税务司仍基本掌握在外国人手里，就是说，关税的行政管理权还受控于外国。

关于取消领事裁判权问题，没有取得结果，在中国享有领事裁判权的国家，到 1928 年期满者有日、意、比、葡、丹、西六国，除日本外，其他五国都在新订立的条约中承认取消领事裁判权，但又作了如下保留：中国对此五国行使司法权的方式，须经双方同意，并须多数国家同意废除时始行废除。当时在华享有领事裁判权的国家共 16 个，直到 1937 年抗日战争爆发，英、美、日、法等六国也未表示同意取消该项权利。国民政府曾于 1931 年年初公布一个管理在华外国人实施条例，但实施日期一再延缓，最后搁置起来。

国民政府改订新约的目的，一方面在于制造国家独立自主的形象，借以缓和革命人民反帝和要求废除不平等条约的斗争；另一方面是以此取得各国的承认。国民政府吹嘘改订新约是“外交新纪元”的意义就在于此。

国民党统治初期就放弃了联俄政策，采取了反苏政策。1927 年 12 月 11 日共产党领导的广州起义爆发后，蒋介石于 12 月 13 日发表谈话，声称“要联合各国共同对付共产国际”。12 月 14 日，南京政府宣布，撤销对驻在国民政府统治下各省的苏联领事的承认，关闭苏联国有商业机构。1929 年 5 月，张学良派兵搜查苏联驻哈尔滨领事馆。逮捕正在集会的苏联籍共产党员 39 人，其中大部分为中东路工作人员。7 月，发生中东路事件。这是当时中国的又一重大外交事件。

1924 年 5 月签订的《中俄解决悬案大纲协定》《中俄暂行管理中东铁路协定》及同年 9 月签订的《奉俄协定》，规定建于清朝末年的中东铁路，纯系商业性质，由两国共同经营。但实际上，铁路管理权仍主要掌握在苏联人手中。东北易帜后，以张学良为首的东北当局决定逐步收回中东路管理权，与苏联发生严重的矛盾和斗争。1929 年 7 月 17 日苏联政府宣布对华绝交。7 月 21 日，蒋介石发表《告全国将士书》，声称“努力拒俄”，“一致对俄”。

1929年8月中旬，爆发边境武装冲突。10月，苏军发动进攻，东北军节节败退。与此同时，日本向长春增兵，举行实弹演习，颇有染指东北之势。在这种情况下，张学良派出代表与苏方议和，答应苏方提出的条件，恢复中东路冲突以前状态。12月22日，双方代表按苏方提出的条件，签订了《伯力协定》。

第二节　中国共产党领导的武装革命的开展

一、革命低潮和中共八七会议

由于国民党反动派的叛变和对革命人民极端残酷的镇压，中国革命转入了低潮。

首先是革命阵线缩小了。原来四个阶级联盟的国民党变成了大地主大资产阶级的政党，国民革命军成了屠杀人民镇压革命的工具。民族资产阶级附和了反革命，上层小资产阶级发生了很大的动摇。

其次是革命的主观力量遭到极大的摧残。大批共产党员被屠杀，一些不坚定的分子离开了党，少数人甚至当了叛徒。共产党员由5.7万余人很快减少到1万人左右，大多数的地方党组织被打散。工会会员在革命高潮时期是300万人，到1929年减少到3万人。曾拥有1000万会员的农会组织绝大部分不再存在。据周恩来在中共六大上关于组织问题的报告，大革命失败后一年中，共产党员和革命群众被杀害者约有31万至34万人，另有4600多人被监禁。全国工会组织由734个锐减为81个，而这些工会又都是秘密存在，群众很少。①

第三是工农运动由进攻转入防御，由轰轰烈烈转为冷冷清清。"七一五"以后，城市工人仍然坚持斗争，但都遭到镇压。工人斗争的次数明显减少，而且多以经济斗争为主，以失败告终者居多。农村斗争呈现着此起彼伏的状态，总的形势也是转入低潮。实际情况正如毛泽东1928年11月所说的："我们一年来转战各地，深感全国革命潮流的低落……红军每到一地，

---

① 中共中央文献研究室编：《周恩来传》第1册，211页，北京，中央文献出版社，1998。

群众冷冷清清，经过宣传之后，才慢慢地起来。”①

革命潮流是低落了，但是引起革命的矛盾一个也没有解决，而且在国民党新军阀统治之下，还越来越趋向激化。特别是国民党的高压和屠杀政策，必然引起革命者的激烈的反抗。新的革命高潮的到来是不可避免的。面对国民党反动派的血腥屠杀，“中国共产党和中国人民并没有被吓倒，被征服，被杀绝。他们从地下爬起来，揩干净身上的血迹，掩埋好同伴的尸首，他们又继续战斗了。他们高举起革命的大旗，举行了武装的抵抗，在中国的广大区域内，组织了人民的政府，实行了土地制度的改革，创造了人民的军队——中国红军，保存了和发展了中国人民的革命力量”。②

“七一五”以后，中共临时中央政治局常务委员会为了挽救革命，纠正过去的机会主义错误，确定今后新形势下的方针，决定召开中央紧急会议。

中央紧急会议由瞿秋白主持筹备，8 月 7 日在汉口举行。会期一天。出席会议的有中央委员邓中夏、任弼时、苏兆征、李维汉、张太雷、陈乔年、罗亦农、顾顺章、蔡和森、瞿秋白 10 人，候补中央委员毛泽东等 3 人，中央监委、中央军委、团中央、两湖地区代表 8 人，共产国际代表和中央秘书处负责人也参加了会议。会议由李维汉主持。会上听取了共产国际代表罗明纳兹的报告和瞿秋白关于党的新任务的报告；毛泽东、邓中夏、蔡和森、罗亦农、任弼时等在会上作了发言；会议通过了《告全党党员书》《最近农民斗争议决案》《最近职工运动议决案》《党的组织问题议决案》等文件。会后不久又做出《中国共产党的政治任务与策略的议决案》。

会议主要解决了两方面的问题：

第一，结束了陈独秀右倾机会主义在中共中央的统治，成立了新的党中央领导机构。

会议发布的《告全党党员书》，从共产党与工人运动、共产党与土地革命、共产党与国民党、共产党与国民政府、共产党与武装问题等各个方面，清算了陈独秀机会主义的错误。告党员书指出：“党的指导执行了很深的机会主义的错误方针。”最近几个月“中央行动的总出发点”、机会主义的“总的理论”，就是“必须退让”的理论。在这样的理论下，共产党的指导者成了国民党上层分子的政治上的俘虏。

---

① 《井冈山的斗争》，见《毛泽东选集》第 1 卷，77～78 页，北京，人民出版社，1991。

② 《论联合政府》，见《毛泽东选集》第 3 卷，1036 页，北京，人民出版社，1991。

会议成立了新的临时中央政治局。政治局委员有苏兆征、向忠发、瞿秋白、罗亦农、李维汉、彭湃、任弼时等；候补政治局委员有周恩来、邓中夏、毛泽东、彭公达、李立三、张太雷、张国焘。8 月 9 日中央政治局第一次会议选举瞿秋白、苏兆征、李维汉三人为常委。

第二，确定了土地革命和武装反抗国民党反动派的总方针。

会议指出："中国革命尚在资产阶级民权革命的阶段，它反对帝国主义之压迫及封建制度之一切社会经济政治的遗毒。现在中国革命的根本内容是土地革命，是工人阶级要求解除闻所未闻的压迫制度与奴隶制度之斗争。"关于土地革命问题，会议规定："没收大地主及中地主的土地，分这些土地给佃农及无地的农民"；"没收一切所谓公产的祠族庙宇等土地，分给无地的农民"，最近"不提出没收小田主土地的口号"，对小田主实行减租。

会议批判了右倾机会主义者在武装问题上的错误，指出中共中央过去"始终没有认真想到武装工农的问题"，"没有想着造成真正革命的工农军队"。会议提出共产党现实最主要的任务，是"利用今年秋收时期农村中阶级斗争剧烈的关键"，"有系统的有计划的尽可能的在广大区域中准备农民的总暴动"。会议通过了湘鄂赣粤四省秋收暴动大纲。毛泽东在会上发言指出："以后要非常注意军事。须知政权是由枪杆中取得的。"①这是中国共产党人对中国革命认识的一个重大进步。

八七会议具有重大的历史功绩。它反对了政治上的右倾机会主义，使党大进了一步。会议明确了共产党在新时期的斗争方针，给坚持革命的人们指出了前进的方向，鼓舞了他们的斗争勇气。从此中国革命进入了以土地革命为中心内容的工农武装革命的新阶段。但是，会议对中国革命一些根本问题的认识存在着错误。如会议认为中国资产阶级民权革命之完成，"必须实现于反对已成反革命的资产阶级之斗争之中"。"资产阶级民权主义革命与社会主义革命之间，并没有截然分为两段的界线。"这就混淆了资产阶级民主革命与社会主义革命的区别。会议没有恰当地估计当时革命和反革命的力量对比，因而没有制定出正确的策略。会议只批判了右倾，没有注意纠正和防止"左"倾。所有这些，就为"左"倾冒险主义敞开了门户。会议对过去所犯错误的批评，推卸了共产国际所应承担的责任，这不仅违背客观事实，也不利于摆正共产国际与中国共产党的关系。会议没有通知尚

---

① 《在中央紧急会议上的讲话》，见《毛泽东著作选读》上册，24 页，北京，人民出版社，1986。

未被正式罢免职务的陈独秀到会，听取他的申辩意见，这也是不适当的。

八七会议后，临时中央政治局决定设立中共中央北方局、南方局和长江局，委派王荷波、蔡和森赴北方局，张太雷赴南方局，罗亦农赴长江局工作。

二、各地武装起义的发动和苏维埃口号的提出

八七会议前，中国共产党依靠当时能够掌握的革命武装，已在1927年8月1日发动了南昌起义。起义的领导机关为党的前敌委员会，书记周恩来。成员有李立三、恽代英、彭湃。军事指挥者为周恩来、贺龙、叶挺、朱德、刘伯承。

这时共产党能够掌握的武装力量有：驻在九江的由叶挺率领的第十一军第二十四师、驻在南浔路马回岭车站的第四军第二十五师(骨干是周士第领导的七十三团，由原叶挺独立团改编而成)、新从鄂东开来九江由贺龙率领的第二十军。以上三支均属国民革命军第二方面军建制。还有朱德掌握的第五方面军第三军军官教育团和南昌公安局的两个保安队、卢德铭等领导的原武汉国民政府警卫团(属第二方面军)及中央军事政治学校武汉分校学员等。参加起义的部队为叶挺、贺龙、朱德领导的各部，总兵力2万余人。当时敌人正策划把叶贺部队调至南昌和九江之间的德安一带，包围吃掉。在南昌市内和近郊，敌人力量比较薄弱，兵力总计六个团约1万人。

8月1日1时许，南昌起义的枪声打响。经过五个小时的激战，即全歼守敌，占领南昌城。驻马回岭车站的第二十五师大部也于次日开进南昌，与市内起义部队会师。原武汉国民政府警卫团和中央军政学校武汉分校学员，在赶赴南昌途中受阻，后来分别参加了秋收起义和广州起义。

起义胜利后，随即成立了以共产党人为领导核心、有国民党左派人士参加的中国国民党革命委员会。推定宋庆龄、谭平山、贺龙、邓演达、郭沫若、恽代英六人组成主席团。发表了《中央委员宣言》，号召一切革命力量共同努力，为获得新的根据地，解决土地问题，反对帝国主义、封建势力和一切新旧军阀而斗争。由周恩来、贺龙、叶挺、刘伯承组成参谋团，负责军事指挥。起义军仍沿用国民革命军第二方面军的番号，由贺龙兼代总指挥，叶挺代前敌总指挥，郭沫若任总政治部主任，刘伯承任参谋长。

8月3日至7日，起义军按预定计划相继撤离南昌，取道临川、宜黄、广昌南下。9月中旬占领大埔县的三河坝，后进军潮州、汕头。9月底10月

初，起义军在汤坑、三河坝遭到优势敌人的攻击，激战数日，损失严重，潮州、汕头亦相继失守。随后，主力又在流沙一带遭敌截击。所留部队，一部约1200人由颜昌颐、董朗率领进入海陆丰地区；一部约2000人，由朱德、陈毅率领进入湘粤赣边开展游击战争。

南昌起义向国民党反动派打响了第一枪，以武装斗争反抗了国民党的屠杀政策，在中国人民中树起了坚持革命斗争的旗帜，具有伟大的历史意义。这次起义是中国共产党创建红军、独立领导武装斗争的开始，因此成为中国人民解放军诞生的光荣节日。

八七会议后，毛泽东被派到湖南领导秋收起义。中共湖南省委根据毛泽东的建议，确定在群众基础较好的湘东、赣西一带发动起义，并决定成立党的前敌委员会和党的行动委员会，作为秋收起义的领导机关。前委由各军事负责人组成，以毛泽东为书记；行委由起义地区各地方党委负责人组成，以易礼容为书记。毛泽东奔走于湘赣边界各县，发动群众，组织起义军。9月初，参加起义的部队统一编为工农革命军第一军第一师，毛泽东任前委书记，卢德铭任总指挥，余洒度任师长，下辖三个团。全师总计4000余人，2000多支枪。另外又收编夏斗寅残部组成第四团。计划分三路进攻平江、萍乡、醴陵和浏阳，然后共同进攻长沙。

9月9日，湘赣边界秋收起义爆发，但很快都遭到损失和失败。9月19日，各路起义军退集到浏阳县的文家市，前委重新讨论部队进军方向问题。毛泽东主张到敌人统治力量薄弱、群众条件较好的农村去。会议经过激烈争论，否定了"取浏阳直攻长沙"的主张，决定向湘赣粤边农村进军。

湘赣边界秋收起义发动的当月，中共中央鉴于复兴左派国民党的计划不能实现，国民党已经变成"政治的尸首"，做出《关于"左派国民党"及苏维埃口号问题议决案》，决定今后组织群众的革命斗争，不"再在国民党的旗帜下进行"，共产党的任务不仅要宣传苏维埃的思想，"并且在革命斗争新的高潮中应成立苏维埃"。这是一个重要的战略改变。此后近10年的时间，中国革命一直在苏维埃的旗帜下进行。

1927年12月，在张太雷、叶挺、叶剑英、周文雍、聂荣臻等领导下，举行了广州起义。当时，回粤的汪精卫派军人张发奎把桂军赶出广州，粤桂两军相持于梧州、肇庆一带，广州市内空虚。此前，以张太雷为书记的中共广东省委根据中共中央指示，已于10月下旬做出在广州发动工农武装起义的决定，随即并成立了行动委员会即总指挥部，张太雷任总指挥。起义前夕，叶挺也来到广州。参加起义的主力是叶剑英领导的第四军教导团

(由原中央军事政治学校武汉分校学员编成)，约1300人。另有周文雍任总指挥的工人赤卫队，约3000人，以及第四军警卫团一部和郊区农民武装。

12月11日晨3时左右，教导团全体官兵誓师起义。同时，市内各地工人赤卫队分路行动，投入战斗。第四军警卫团一部也在共产党员率领下解除反动武装宣布起义。仅经过两个多小时，起义部队便占领了市内绝大部分地区。当日，广州苏维埃政府——广州公社宣告成立，以苏兆征为主席(苏当时在上海，由张太雷代理)。其他成员有恽代英、张太雷、周文雍、彭湃等。叶挺为工农红军总指挥，叶剑英为副总指挥。苏维埃政府发布了宣言和政纲，宣布：一切政权归苏维埃；打倒反革命国民党和各式军阀；工人实行八小时工作制、监督生产；一切土地收归国有、归农人耕种，各村各区成立苏维埃政权；没收资产者的房屋和财产；联合苏联，打倒帝国主义。

起义爆发后，国民党军阀立即停止内争，集中军队5万余人进攻广州。起义人民经过三天三夜的英勇奋战，终于因为敌我力量过于悬殊而失败。起义的主要领导人张太雷在战斗中牺牲。革命群众七八千人惨遭杀害。在广州起义时宣告成立苏维埃政权并提出了社会主义的政策，因此长期被共产国际和中共看作中国革命进入新阶段的标志，但实际上是中国共产党挽救革命的一种举动。起义失败后，撤出的一部分武装，后来分别到达东江和右江地区，参加了当地的武装斗争。

除上述三次重要起义外，共产党还在湖南、湖北、江西、广东、江苏、福建、河北、陕西、河南、四川等省的许多地区发动了起义。其中有：1927年9、10月，广东东江地区人民在当地党组织和彭湃的领导下，先后两次举行起义；10月，杨善集、王文明、冯白驹等领导的广东琼崖起义；11月中旬，吴光浩、潘忠汝、戴克敏等领导的数万人参加的湖北黄(安)麻(城)起义；1928年1月，方志敏、邵式平、黄道等领导的赣东北弋(阳)横(峰)两县的年关暴动；1、2月，朱德、陈毅等领导的湘南年关暴动；1927年年底、1928年春，贺龙、周逸群、段德昌等在洪湖和湘鄂西领导的农民武装斗争；1928年3月，湖南平江20万农民，在罗纳川等领导下，举行大规模的“扑城”斗争；1928年3、4月，刘志丹、谢子长、唐澍等领导的陕西渭(南)华(县)起义；1928年春，郭滴人、邓子恢、张鼎丞等领导的闽西龙岩、永定的农民起义；1928年7月，彭德怀、滕代远、黄公略等领导的湖南平江起义。

总计从1927年秋至1928年，共产党在全国各地发动的武装起义达100

多次。所有这些起义，都是共产党领导人民对国民党屠杀政策的英勇回击。它们扩大了中国共产党在群众中的影响，使土地革命的口号深入农民群众之中。起义的武装力量有一部分保留下来。这些都为以后开展武装斗争建立农村根据地准备了条件。

三、盲动主义的发生和中共第六次全国代表大会

1927年革命失败后，共产党在坚持革命斗争大方向的同时，“左”倾盲动情绪也在领导机关中滋长起来。当时党内由于对国民党屠杀政策的仇恨和把革命失败的责任完全归之于陈独秀右倾机会主义的妥协退让投降，普遍存在着急躁和拼命情绪；犯过右倾错误的人怕重蹈覆辙，不少人认为“左”比右好，“左”是站着斗，右是跪着降，因而怕右不怕“左”。这些思想情绪在八七会议时已经存在，会后进一步发展。

1927年11月上旬由瞿秋白主持召开的中央临时政治局扩大会议，对中国革命斗争的开展有一定积极意义，特别是会议提出的农民暴动起来后，“党应当使这种暴动采取游击式的战争”，要防止“专意占据县城而忽略乡村中土地革命的根本工作”等意见，无疑是正确的。会议通过的《中国现状与共产党的任务决议案》，却犯有一系列理论上和基本政策策略上的错误。这个决议的通过，表明“左”倾盲动主义在中共中央领导机关取得了统治地位。

当时中国革命已转入低潮，但是会议决议却认为“革命潮流始终并不是低落的，而是高涨的”。因此反对退却，要求继续进攻，命令少数党员和群众举行毫无胜利希望的城市起义，命令条件不成熟的农村举行农民暴动。在革命性质问题上，决议混淆资产阶级民主革命和社会主义革命的界限，认为中国革命是“无间断的性质”，民权革命决不能“自告一段落”，它“必然要超越民权主义的范围”，“而急转直下的进于社会主义的道路”。要推翻豪绅地主阶级，就要“同时推翻资产阶级”。甚至认为小资产阶级也“已经不是革命的力量，而是革命的障碍”。因此制定了没收民族资本家工厂企业和中小商人财产的错误政策。关于革命道路问题，当时全党正在探索中。会议坚持“城市中心”，认为“城市工人暴动”是“革命胜利的关键”，要努力使“暴动的城市”成为“农民暴动的中心及指导者”。决议还主张“对于豪绅工贼及一切反革命派，应当采取毫无顾惜的歼灭政策”，“努力使农民暴动有民众式的性质，极端严厉绝无顾惜地杀尽豪绅反革命派”。盲目的杀戮政策，是这次“左”倾盲动主义的突出表现之一。

会议还通过共产国际代表提出的《政治纪律决议案》，确定处罚南昌起义、秋收起义领导人。这是惩办主义的表现。

由于盲动主义在实际工作中招致了许多损失，因此，1928 年年初在许多地方已经停止执行。2 月，共产国际批评了国际代表和中共中央的错误，指出那种认为中国革命是“不断革命”的意见，“是不对的”。4 月 30 日，中共中央发出通告，检讨了“玩弄暴动”“烧杀主义”等错误。这次“左”倾盲动主义基本上结束。

为了总结中国革命进入新阶段以来的经验教训，进一步确定当前革命的性质、任务和党的路线，中国共产党于 1928 年 6 月 18 日至 7 月 11 日在苏联莫斯科召开了第六次代表大会。

出席大会的共有 142 人，其中正式代表(拥有表决权者)有周恩来、蔡和森、瞿秋白、李立三、张国焘、向忠发等 84 人，代表党员 13 万多人。共产国际的书记布哈林作政治报告，讲了中国革命的性质、任务和形势等问题；瞿秋白作关于中国革命与共产党的补充报告；周恩来作组织问题和军事问题的报告；刘伯承作军事问题的补充报告。大会通过了《政治决议案》和关于苏维埃组织问题、土地问题、农民问题、职工运动、军事工作、民族问题等决议案，通过了新的党章，选举了新的中央委员会。

大会正确地肯定了中国现阶段的革命仍然是资产阶级民主革命。因为“中国并没有从帝国主义铁蹄之下解放出来”；“地主阶级私有土地制度并没有推翻”。认为中国革命已转变为社会主义性质的革命是错误的，认为现时中国革命是“不断革命”也是不对的。大会提出了中国民主革命的十项政纲：(一)推翻帝国主义的统治；(二)没收外国资本的企业和银行；(三)统一中国，承认民族自决权；(四)推翻军阀国民党政府；(五)建立工农兵代表会议(苏维埃)政府；(六)实行八小时工作制，增加工资，失业救济与社会保险等；(七)没收一切地主阶级的土地，耕地归农；(八)改善兵士生活，给兵士土地和工作；(九)取消一切苛捐杂税，实行统一的累进税；(十)联合世界无产阶级和苏联。

大会指出当前的革命形势是处在两个革命高潮之间，第一个革命浪潮已经过去，新的革命浪潮还没有来到，但是“新的广大的革命高潮是无可避免的”。当前“党的总路线是争取群众”。

大会批判了右倾机会主义和“左”倾盲动主义。指出：1927 年“革命失败的主要原因，就是当时无产阶级的先锋——共产党指导机关的机会主义政策”。这种政策客观上是背叛劳动群众的利益。大会着重批判了盲动主义，指出盲动主义是“不要群众不顾群众的盲乱的瞎干”，是“少数人的军事冒险”。党必须继续反对机会主义的斗争，但尤其要反对“左”的弊病。

大会选举了第六届中央委员会，有中央委员 23 人，候补中央委员 13 人。随后召开六届一中全会，选举了中央政治局，委员有苏兆征、项英、周恩来、向忠发、瞿秋白、蔡和森、张国焘 7 人，候补委员有关向应、李立三、罗登贤、彭湃等 7 人。选举中央政治局常务委员会，委员有苏兆征、向忠发、项英、周恩来、蔡和森 5 人，候补委员有李立三等 3 人。当时由于过分强调中央领导人的工人成分，全会选举工人出身的向忠发为中央政治局主席、中央常委主席。但他并没有起到主要领导人的作用。“六大”后，周恩来先后担任中央组织部长、秘书长、军委书记。李立三先任农民部长，后由政治局候补委员补为政治局委员和政治局常委，并担任宣传部长、秘书长。瞿秋白担任中共驻共产国际代表团团长。

中国共产党第六次代表大会的路线基本上是正确的，对中国革命的发展起了积极的作用。大会也存在着缺点和错误。它对于中间阶级的两面性和反动势力的内部矛盾，缺乏正确的估计和政策。大会认为，革命的动力只有无产阶级和农民。民族资产阶级是“最危险的敌人之一”。第三党是“反革命的工具”，是“统治阶级的奸细”。国民党的各个派别都是“一样的反革命”。各种反革命力量都一致地反对中国革命。这就不能团结可以团结的力量和利用敌人之间的矛盾。大会对于农村根据地的重要性和民主革命的长期性，也缺乏必要的认识。这些错误使得八七会议以来的“左”倾思想未能肃清，并被后来的“左”倾思想所片面发展和极端扩大。但大会的主要方面是正确的。大会后一个时期内的工作是有成绩的。

第三节　国民党各派势力的消长

一、国民党各派势力间的战争和政治争斗

国民党各派对张作霖的战争刚一结束，彼此间的矛盾立即尖锐起来。正如毛泽东所指出的：“国民党新军阀蒋桂冯阎四派，在北京天津没有打下以前，有一个对张作霖的临时的团结。北京天津打下以后，这个团结立即

解散，变为四派内部激烈斗争的局面。”[①]这四派的斗争是围绕着地盘分配和军队编遣问题展开的。

1928 年 6 月国民党军进入北京时，蒋、冯、阎、桂四派所占地盘如下：蒋介石占有南京、上海和东南各省；冯玉祥占有河南、陕西、甘肃、宁夏、山东等省；阎锡山占有山西、河北、绥远、察哈尔和平津两市；桂系李宗仁、白崇禧占有广西、湖南、湖北，支持桂系的李济深占有广东。四派当中冯玉祥虽然地盘很大，但多是贫瘠地区，山东的济南还在日本人之手。冯又认为他在对奉作战中出力最大，河北和平津应划给他，但在四派进入北京前，蒋就决定把这一省二市交给阎。冯对此十分不满。桂系李、白认为自己地盘小，又没有出海口，也不满意。阎锡山在蒋介石的支持下占据了河北和平津，这当然是他非常满意的，但他要把平津两市的税收全部据为己有，却为蒋所不满。阎虽主要倾向于蒋，但他更愿居于举足轻重的地位，成为蒋冯双方争取的对象，以便从中捞得更大利益。四派在地盘分配问题上钩心斗角，但斗争一时还没有表面化。

1928 年 7 月中旬，蒋、冯、阎、李等在北平小汤山开最高军事会议，除决定用和平方式解决东北问题外，还决定成立“编遣委员会”，编遣全国军队。根据这一决定，1929 年 1 月在南京召开了军队编遣会议。会议通过一个《国军编遣委员会进行程序大纲》，其中规定：取消国民革命军总司令、各集团军总司令、海军总司令、各总指挥及其他高级战时编制；全国划分六个编遣区，分别编遣第一、第二、第三、第四集团军和东北、西南各部队，中央直属部队和海军由中央直接缩编；全国陆军最多不超过步兵 65 个师、骑兵 8 个旅、炮兵 16 个团、工兵 8 个团，总计兵额为 80 万人；各省划分绥靖区，分驻各师旅。会议期间充满了矛盾和冲突，特别是蒋、冯之间的矛盾达到不可调和的地步。蒋以中央政府的名义，强调“统一”和“集中”，要求各集团军“奉还大政”，“归命中央”。冯则以种种理由企图少遣多编。冯提出一个有利于第二集团军的编军方案，但被蒋阎否决。冯便装病不再出席会议，2 月初离开南京回河南。会议没有解决任何问题。

谈判桌上解决不了问题就诉之于战争。1929 年 3 月，首先爆发蒋桂战争。战前，蒋桂间的斗争一直在进行。蒋为了制桂，暗送军火给湖南省主席鲁涤平，唆使鲁反桂。桂系便以武汉政治分会的名义将鲁免职，并进兵

① 《中国的红色政权为什么能够存在?》，见《毛泽东选集》第 1 卷，47 页，北京，人民出版社，1991。

长沙。蒋一面以调停湘案为由，将与桂系站在一起的李济深诱至南京加以软禁，并在广东策动陈济棠、陈铭枢等倒李，夺取广东的党政军大权；一面起用以前被桂系打败的唐生智，让唐携巨款赴冀东，策动被李、白收编的旧部反桂。3月下旬，南京政府下令讨桂，蒋桂战争爆发。由于被蒋收买的桂军一部在前方倒戈，桂军仓皇后退。4月上旬，蒋军进入武汉。桂军在鄂中鄂西一带被包围、收编。随后，蒋军进攻广西。5月上旬，李宗仁组织南路护党救国军，派兵进攻广东。6月下旬，受到蒋支持的粤军打败桂军。桂系的三个主要人物李宗仁、白崇禧、黄绍竑通电下野，蒋任命原桂系军人俞作柏为广西省政府主席。蒋桂战争结束。

蒋桂战争刚结束，蒋冯战争又在酝酿。冯本来答应同桂系联合反蒋，但在蒋桂胜负未定的时候，他采取陈兵以待、观望战局的态度。桂系败后，蒋冯两军的对抗便突出起来。冯集中兵力，令其部下通电讨蒋。5月，冯正在积极备战的时候，他的部下韩复榘、石友三等被蒋收买，叛冯投蒋，给冯一个沉重的打击。阎也通电促冯下野。冯见形势不利，只好宣告下野。但因此对蒋更加仇恨，反蒋之心更迫切。

正在冯极端忧愤的时候，阎约他到太原去休养，并向冯表示要合作对蒋。冯为了拉阎亲至山西。6月，冯一到山西就被软禁起来。阎的意图是把冯掌握在手，由自己左右北方大局，作为与蒋抗衡和对蒋要挟的一种手段。同时阎又向冯表示愿意联合出兵反蒋。10月，冯系将领宋哲元等通电反蒋，蒋调大军应战。这时阎却按兵不动。冯军由于内部不和很快失败，11月退回陕西。

1929年12月，在蒋桂战争中被蒋起用为师长的张发奎与驻广西的桂军联合，挂出“护党救国军”的招牌，进攻广东。蒋派何应钦率军援粤。张桂联军被击败。这是第二次蒋桂战争，或称粤桂战争。

同月，驻郑州的唐生智（蒋桂战争中为蒋起用）和驻安徽的石友三参加“护党救国军”，举兵反蒋拥汪。不久被蒋打败。

1929年内爆发的蒋桂、蒋冯、蒋唐战争，均以蒋派军阀势力的胜利告终。但是军阀内部的矛盾依然很尖锐。新的更大规模的军阀混战在酝酿着。

二、中原大战及其对中国局势的影响

1930年5月至10月，爆发了规模最大的军阀混战——中原大战。

阎锡山看到李冯两支势力均被分化和打败，自己成了蒋介石将要打击的主要目标；同时因为李冯被蒋打败，阎俨然成了反蒋派系的首领，因此他倒蒋的意图更坚定了。阎囚冯，冯系将领非常不满，暗中同蒋勾结，准备对阎发动战争，蒋表示支持。阎见对冯再软禁下去于己不利，便向冯表示愿真诚合作，共同倒蒋。1930 年 3 月冯回到自己的部队。汪精卫自 1928 年年初被排挤出国以后，屡次策动反蒋，都没成功。他看见冯阎同蒋的矛盾越来越尖锐，很想利用冯阎的兵力反蒋。冯阎也想利用汪在政治上和在国民党中的影响，扩大反蒋的政治力量。桂系在蒋桂战争失败后，局促于广西一隅，极想倒蒋扩大地盘。西山会议派正处在穷途潦倒没有出路的时候，也想借反蒋之机，提高自己的政治地位。这样，阎冯李各派军阀、汪精卫和西山会议派等政客，便互相联络，一度形成军事上政治上的反蒋大联合。

1930 年 3 月 14 日，第二、第三、第四集团军将领 57 人发出逼蒋下野通电，要他"以党政还之国人"。4 月初，阎和冯李分别就任中华民国陆海空军总司令、副总司令。5 月初，阎冯举行郑州会议，作了具体的作战部署。同时蒋也完成了军事部署。5 月中，蒋发出对阎冯的总攻击令，中原大战正式爆发。

大战开始后，冯阎由陇海、津浦、平汉三路进攻，以夺取徐州、武汉为第一期作战目标。陇海路位置在全局的中央，津浦、平汉两路是它的两翼，双方都把主要兵力用在陇海路方面。

5 月中旬，冯阎、蒋两军混战在豫、皖、鲁、苏交界地区展开。由于阎军一部叛阎投蒋，阎军后撤。蒋军攻到兰封。接着冯军投入战斗，冯阎发动新的攻势。蒋军全线动摇，后退到定陶、曹县、民权、河阳集一线。蒋在军事上吃了败仗，反蒋声浪几乎弥漫全国。蒋的形势十分不利。6 月中旬蒋提出停战议和，冯阎不理。

陇海线激战时，平汉路蒋军为了牵制冯军，在漯河以北发动攻势。6 月上旬桂军攻占长沙、岳阳(8 月又退回广西)。冯军配合作战发动进攻，蒋军纷纷退到漯河以南。

6 月下旬阎军攻入济南，进攻曲阜。7 月底蒋军反攻，阎军节节后退，损失惨重。8 月中蒋军复占济南。阎要求冯发动新的攻势。冯集中大部兵力在陇海线发动了大规模的 8 月攻势。冯的企图是一举攻下徐州，打通陇海、津浦两路，与阎军会师。在冯军猛烈进攻下，蒋军纷纷后退。这时恰逢大雨，冯军作战十分困难，官兵疲惫不堪，又得不到粮弹补充。再加阎军进展迟滞，冯军不得不停止进攻，蒋军溃乱的阵线得以稳定下来。冯的作战目的归于失败，阎军退到黄河以北。至此战争形势发生了根本变化。冯阎联军由主动转为被动，蒋军由被动转为主动。蒋军在津浦线的压力减轻以后，以重兵加强平汉线，意在截断冯军退路。9月上旬从平汉线分兵向西北，进攻登封、洛阳。

反蒋派军事上政治上的反蒋斗争同时进行。与中原大战酝酿和交战同时，以汪精卫为首的所谓“扩大会议”也在筹备和举行。1930年3月，汪精卫由香港派陈公博等到北方接洽。正值西山会议派邹鲁、谢持也在平津活动。陈邹与阎会商的结果是请汪北来。但汪精卫派同西山派争夺权力的斗争极其激烈。在其他各派平息内争、共同对蒋的要求下，汪于5月提出：首先召开“国民党中央党部扩大会议”，“以树中枢”，然后由这个扩大会议筹备召开国民党“三大”和“国民会议”。这个主张得到各方赞同。7月下旬汪抵平。8月，扩大会议在北平开会多次，通过了宣言，选举了常务委员会，决定组织政府，筹备召开国民会议，起草约法。扩大会议推阎、汪、冯、李、谢等为国民政府委员，阎为国民政府主席。9月9日阎汪等就职，冯李也各在所在地宣布就职。

中原大战爆发后，蒋介石和阎、汪、冯等都极力争取东北的张学良。张一直采取观望态度，最后决定倒向蒋方。9月18日，张学良发出拥蒋通电，随即派兵入关。21日占天津，26日占北平。阎汪退到太原。整个战局发生了急剧变化。

东北军进关之时，阎军已向黄河以北撤退。蒋军攻至洛阳附近，冯军退路被截断，只好退往豫北。10月6日蒋军占郑州。冯军全部崩溃，大部投蒋，一部分被东北军改编。阎仍保有山西地盘，冯则全军覆没，地盘全丢。10月23日冯宣告下野，阎则躲到大连去了。一场大规模的倒蒋战争完全失败。

奉军大举入关后，“扩大会议”由北平移至太原举行。在大势已去的情况下，汪为了掩盖争权夺势的本质，打着主张民主政治、反对蒋介石独裁的幌子，炮制了一个《约法草案》，于10月下旬由“扩大会议”通过并公布。接着许多与会分子纷纷逃离太原，“扩大会议”烟消云散。

经过1929年至1930年的几次混战，特别是经过中原大战，国民党各派军阀间的力量对比发生很大变化。蒋介石依靠美英帝国主义和江浙财阀的支持，利用反蒋各派间的矛盾，使用金钱收买、分化瓦解的政治策略，打败了所有的对手。中原大战后，冯的军队全部被消灭，阎又退回山西，桂系仍退回广西。从此他们失去了问鼎中原、与蒋一决胜负的形势和实力。蒋则在各派军阀中居于显然的优势。奉军乘机又一次把势力伸入关内。

中原大战的又一后果是国民党的改组派和西山会议派的消失。这两个派别最重要的一次反蒋活动是与阎冯联合倒蒋。冯阎失败后，作为国民党政治派别的改组派和西山会议派便消失了。

军阀混战，特别是中原大战，给人民造成极大灾难。黄郛在1930年发表的纪念世界大战结束12周年的文章中说："本年国内战起，战线之长，在近代世界史上，除欧战外无可与匹。战争之烈，在国内战史上，亦少其例。双方死伤总数达三十万人之巨，而战地人民之伤亡流离者，当十百倍于斯。"

军阀混战给红军和根据地的发展创造了有利的时机。

三、国民会议的召开和《训政时期约法》的公布

孙中山生前曾为召开国民会议而奋斗。汪精卫等成立的"扩大会议"，为了争取政治上的主动，也曾决定召开国民会议，并赶制了一部"太原约法"。中原大战结束前夕，蒋介石为了进一步从政治上加强他的地位，剥夺反对者的口实，同时确定打败阎冯后的行动方针，也打出了召开国民会议的旗号。1930年10月3日蒋介石发出召开国民会议、制定训政时期约法的通电。11月，国民党三届四中全会决定国民会议于1931年5月5日召开。

蒋介石的主张，受到胡汉民的抵制。胡汉民赞成召开国民会议，但反对由国民会议制定约法。理由是孙中山召开国民会议的主张中并没有制定约法的内容，而且孙中山的《建国大纲》及国民党一大宣言中的对内政纲，"较任何约法为完备"，无须再另外制定约法。"约法之争"，反映了蒋胡两派争权夺势的矛盾。

蒋介石软禁了胡汉民，国民会议如期在南京召开。蒋介石在会上致开会辞。他既反对共产主义，也反对英美的民主主义，公然主张法西斯主义。他说共产主义"不适于中国产业落后情形及中国固有道德"，"断言"中国"无需乎此"。英美民治主义"若在无此项历史社会背景之国家行之"，就会产生"纷乱"。适合于中国的只有法西斯主义。蒋说，法西斯蒂之政治理论，"认定国家为至高无上之实体，国家得要求国民任何之牺牲"。"统治权乃与社会并存，而无后先，操之者即系进化阶段中统治最有效能者。""今日举国所要求者，为有效能的统治权之行施。"①在蒋介石看来，法西斯主义就是最有

---

① 蒋介石：《国民会议开幕词》(1931年5月5日)，见《中国现代史资料选辑》第3册，222页，北京，中国人民大学出版社，1988。

效能的统治权。这个统治权正符合蒋介石集团企图消灭共产党、打倒异己军阀的政治需要。这种法西斯主义的公开叫嚣，是蒋介石集团巩固其反动统治的新药方。

会议通过了《训政时期约法》。这个“约法”是1928年10月国民党《训政纲领》的具体化。它的中心内容是加强蒋介石集团的统治效能。《约法》规定：“训政时期由中国国民党全国代表大会代表国民大会行使中央统治权；中国国民党全国代表大会闭会时，其职权由中国国民党中央执行委员会行使之。”按照这个规定，国民党中央就是国家最高权力机关。这样，国民党一党专政的政治体制又用国家大法的形式固定下来了。

会议通过了《昭告全国拥护和平统一案》。蒋介石集团的所谓巩固和平统一，声称是针对“军阀余孽及政客官僚”和红军的“破坏举动”的。但这里主要是针对前两者。该案中说桂系和阎冯等军阀“虽相继叛变，卒均次第消灭”。“相信自兹以后，必无人敢冒天下之大不韪，以破坏统一，为国人之公敌。”保障和平统一为“今后之最大任务”。蒋集团申明决心消灭异己军阀，巩固自己的独裁统治。

会议确定当前最紧要之工作是“扑灭赤匪”。为此国民党政府向会议提出了《剿灭赤匪报告书》，会议通过了相应的决议。决议叫嚷：国民政府“已集中全力于剿除赤匪之工作，聚大军于赣鄂等省，努力痛剿，期于最短期内，彻底歼灭赤匪之毒祸”。可见，打败阎冯后，蒋介石已把围攻红军作为重要任务。

这次会议把法西斯主义作为国民党的政治理论，决定大规模地进攻红军，从法制上进一步巩固了蒋介石集团的统治，是一次重要的反动会议。但是出乎意料的是，4个月之后，日本帝国主义发动的用武力侵占中国东北的九一八事变，打乱了蒋介石集团的政治方针和行动步伐。

第四节　革命根据地的初创和中共的白区秘密工作

一、革命根据地的初创

共产党领导的各地武装起义，大都保存了一部分革命武装力量。在此基础上，利用国民党新军阀混战的时机，革命武装和人民群众相结合，陆续创建了多处农村革命根据地。

最早开辟的一块著名的革命根据地，是井冈山根据地。毛泽东等领导的湘赣边界秋收起义部队从浏阳文家市南下后，于 1927 年 9 月底在永新县三湾村进行了改编。把部队由一个师三个团的建制缩编成一个团，称中国工农革命军第一军第一师第一团，全团约 1000 人；建立了部队中各级党的组织，班有小组，连设支部，营团设党委，连以上各级设党代表，整个部队由党的前敌委员会统一领导；成立士兵委员会，实行政治民主，经济公开，废除烦琐礼节，建立新型官兵关系。这次三湾改编，不仅对于改造湘赣边界秋收起义部队，使之成为真正由共产党领导的、有战斗力的人民军队，起了关键性作用；而且在整个人民军队建军史上，也具有里程碑的意义。10 月，部队进入位于罗霄山脉中段的井冈山地区。这里地势险要，远离中心城市，敌人统治薄弱，革命基础雄厚，经济可以自足，具有建立革命根据地的有利条件。毛泽东等领导部队攻夺县城，解放农村，建立革命政权，恢复共产党组织，改造地方农民武装，到 1928 年春，根据地初步建立起来。4 月底，朱德、陈毅率领南昌起义留下的部队和湘南暴动组成的农军到达井冈山。5 月 4 日成立中国工农革命军第四军(后改称工农红军第四军)，朱德任军长，毛泽东任党代表。同月成立湘赣边界工农兵苏维埃政府。工农革命军采用“敌进我退，敌驻我扰，敌疲我打，敌退我追”的游击战术，多次打败湘赣两省敌军的“进剿”和“会剿”。井冈山根据地全盛时期，面积达 7000 余平方公里，人口 65 万，包括宁冈、永新、莲花三县和吉安、安福、遂川、酃县各一部分。1929 年井冈山被敌人攻占后，根据地中心由宁冈移向永新，发展成为新的湘赣革命根据地。

较早开辟的革命根据地还有海陆丰、琼崖(海南岛)根据地。1927 年 10 月，海陆丰和琼崖均爆发武装起义。11 月成立海陆丰苏维埃政权。1928 年春，乐会、陵水、万宁等县先后建立县或区的苏维埃政权，7 月成立琼崖苏维埃政府。根据地丧失后，两地革命武装转入山区，继续坚持革命斗争。

中共六大前近一年时间内，共产党领导的革命武装起义达 100 多次。六大确定以争取群众为主的政策后，起义次数明显减少，但仍有一些后来产生重要影响的起义爆发。其中有 1928 年 7 月彭德怀、滕代远等领导的湖南平江起义、1929 年 12 月邓小平、张云逸等领导的广西百色起义。

到 1930 年，在历次武装起义基础上建立的革命根据地，主要有以下六个区域：

赣南闽西区　1928 年 12 月，彭德怀、滕代远率领平江起义后组成的红五军主力进入井冈山。1929 年 1 月，为了打破湘赣两省敌人的“会剿”和解决红军给养问题，红四军前委决定由毛泽东、朱德、陈毅率领红四军主力向赣南主动出击，由彭德怀率领红五军和红四军部分队伍守山。南下的红四军，在2月中旬与敌军激战于宁都、瑞金交界处的大柏地，大败敌军，使红军由被动转为主动。接着，红四军转移至兴国、吉安、永丰交界处休整。这时得知井冈山已失守，乃决定去闽粤交界处游击。

1929年3月中旬，红四军首次入闽，在长汀县的长岭寨打败土著军阀郭凤鸣部，乘胜占领长汀城。4月初，红四军转入赣南，利用蒋桂战争爆发的有利形势，在赣南的兴国、宁都、瑞金、于都、广昌一带发动群众，开展游击战争，建立红色政权。

5月中旬，在闽西地方党的积极配合下，红四军二次入闽，解放上杭、龙岩、永定地区。6月19日，第三次攻克龙岩城，打败另一土著军阀陈国辉部。9月，再克上杭，打败闽西第三个土著军阀卢新铭部。至此，以杭、岩、永为中心的闽西根据地建立起来。到1930年年初，闽西区已有6个县建立了苏维埃政府。3月18日，闽西苏维埃政府成立，邓子恢任主席。5月，闽西地方红军编为红十二军。

1930年年初，红四军大部自闽回赣，连克广昌、永丰、南康、信丰，使赣南红区打成一片。同时，罗炳辉领导了吉安、吉水、峡江、泰和等8县的保安队起义，加入红军，进一步扩大了赣南根据地。1930年春，江西苏维埃政府在东固成立，并把当地武装编为红三军。

1930年6月，以红四军为基础，红三、四、十二军合编为工农红军第一路军，不久改称第一军团。朱德任军团长，毛泽东任政治委员。各军负责人是：第三军军长黄公略，第四军军长林彪，第十二军军长伍中豪(罗炳辉代)。此外，两地发展起来的红军还有闽西的新十二军，赣南的红二十、二十二军，二十、二十二军亦编入红一军团。1930年，赣南闽西区已有17个县建立了县级革命政权，为中央革命根据地奠定了基础。

湘鄂赣、湘赣区 1928年7月22日，彭德怀、滕代远等领导彭德怀任团长的湖南独立第五师第一团官兵举行平江起义，随后占领平江县城，成立平江县苏维埃政府和中国工农红军第五军，彭德怀任军长，滕代远任党代表。红五军在湘鄂赣三省交界的平江、浏阳、通山、通城、修水、铜鼓、万载一带开展游击战争，建立苏维埃政权。10月中旬，成立湘鄂赣边界党的特委，以王首道为书记。11月，根据湖南省委指示，彭德怀、滕代远率红五军五个大队(连)开赴井冈山，黄公略率六个大队坚持湘鄂赣区的游击战争。12月11日，四、五两军在宁冈地区会师。

红四军主力进军赣南后，红五军以不足千人的兵力抵御十几个团敌人的围攻。最后因众寡悬殊，不得不撤离井冈山，转至赣南，4 月与红四军会师瑞金。两军会师后，决定红五军回师井冈山，恢复湘赣边区。这时，中共湘赣边特委鉴于井冈山已被敌占领，决定建立以永新为中心的新的湘赣根据地。此后，红五军主力转战于湘赣、湘鄂赣两个地区。1930 年 6 月，成立工农红军第三军团，彭德怀任总指挥，滕代远任政委。1930 年，湘赣、湘鄂赣两区连成一片。湘赣区发展到包括 10 个县的地区，湘鄂赣区建立了十几个县的苏维埃政权。

闽浙赣区 弋阳、横峰起义后，方志敏、邵式平等率领新成立的土地革命军退到两县交界的磨盘山地区坚持游击战争。1928 年 6 月，取得金鸡山大捷，粉碎敌人对赣东北红军的进攻。随后正式成立中国工农红军江西独立团。接着，又打退敌人的多次进攻，根据地得到巩固和发展。12 月，成立包括弋阳、横峰、上饶、万年、德兴、贵谿、玉山、余江八县的信江工农民主政府。1928 年冬，共产党领导了闽北崇安的农民起义。1929 年 4 月组成闽北红军独立团。

1930 年夏，赣东北红军攻克景德镇，使根据地进一步扩大到皖浙边界，红军扩充到 4000 余人，成立红军独立师。7 月，闽北独立团集中到赣东北，与红军独立师合编为红十军，周建屏任军长，邵式平任政委。8 月，成立赣东北革命委员会，方志敏为主席。奠定了后来闽浙赣区的基础。

鄂豫皖区 鄂东黄麻起义后，留下的工农武装于 1928 年年初转入黄陂的木兰山中，坚持艰苦的游击战争。4 月，返回起义地区，在黄、麻、光（山）边界，辗转游击。5 月，部队进入光山县界的柴山堡地区，开始建立游击根据地。7 月，成立中国工农红军第十一军三十一师。1929 年，三十一师粉碎敌人三次“会剿”，并乘胜发展，建立了鄂东北革命根据地。5 月，鄂东北红军领导人吴光浩牺牲，中共中央派许继慎、徐向前到该地工作。1929 年 5 月，共产党在河南商城地区发动起义，组成红十一军三十二师，开始创建豫东南革命根据地。1929 年 11 月，共产党又在安徽六安、霍山发动起义，组成红十一军三十三师，开始创建皖西革命根据地。

1930 年 3 月，中共鄂豫皖边区特委成立，统一领导三支红军和三块革命根据地，红军集中编为红一军，许继慎任军长。5 月，红一军乘蒋冯阎中原混战之机，大举出击，使根据地扩大到 20 余县，三个地区连成一片，形成鄂豫皖根据地。10 月，湘鄂赣区红八军一部由鄂中进入鄂豫皖，编为红十五军，军长蔡申熙。1931 年 1 月，在第一次反“围剿”中，红一军与红十五军合编为红四军，军长邝继勋，参谋长徐向前。

洪湖湘鄂西区 1928年初，贺龙、周逸群等受共产党中央派遣到监利县境，会合了贺锦斋、吴仙洲等领导的三支游击队，打起工农革命军的旗帜，并参加了由地方党发动的监利、石首、华容、南县等地的年关斗争。队伍很快发展到近千人。不久，贺龙、周逸群转到湘鄂西桑植、鹤峰一带活动，革命军大部失散。与此同时，大革命失败后回到洪湖一带的共产党人段德昌、段玉林等亦与地方党取得联系，展开小规模的武装斗争。

1928年春，贺龙到达桑植，利用亲友、旧部的关系，很快组织起3000人的武装，并进占桑植城。4月，遭国民党军队突然袭击，部队受到严重损失。周逸群转至沙市，组织鄂西特委，在洪湖地区开展工作；贺龙则率余部进入湘鄂交界的高山丛林中坚持斗争。至1928年年底和1929年春，部队重新获得发展，相继攻克建始、鹤峰、桑植等县城，使湘鄂边根据地初具规模。工农革命军编为红军第四军。在洪湖地区，由段德昌、段玉林领导的两支游击队，到1929年各发展到数百人，1930年春合编为红军第六军。红六军成立之后，先后攻占沔阳、潜江、石首、汉川等城镇，后又渡江南下，打下华容、公安等地。

1930年春夏，贺龙根据党中央指示率第四军东下洪湖地区。7月初，红四军与红六军会师公安城，红四军改称红二军，两军组成红二军团，贺龙任总指挥，周逸群任政治委员(后改邓中夏)。二军军长贺龙兼，六军军长邝继勋，政委段德昌。会师后，又在汉水以北发展了根据地，并使洪湖和湘鄂西两个根据地连成一片。

广西右江区 1929年夏，中共中央派邓小平、张云逸、叶季壮等到广西开展工作。11月，成立以邓小平为书记的前敌委员会，统一领导军队和地方党的工作。12月11日，张云逸率领广西警备第四大队、教导总队和当地农军在百色起义。起义后成立中国工农红军第七军，张云逸任军长，邓小平任政委，全军5000人。同时成立右江苏维埃政府。1930年2月，李明瑞、俞作豫率领广西警备第五大队在龙州举行起义，起义后成立工农红军第八军。不久，红八军被敌人打败，余部退入贵州，后并入红七军。

1930年10月，红七军主力奉命北调，留韦拔群等率部分队伍在当地坚持斗争。不久，根据地被敌占领。韦拔群于1932年牺牲。红七军主力于1931年7月到达中央苏区的兴国，成为中央红军的一部分。

1930年间，农村革命根据地已分布到江西、福建、湖南、湖北、广西、广东、河南、安徽、浙江等许多省份，红军主力部队发展到10多个军，7万余人，地方武装近3万人，枪约6万支。苏维埃区域和工农红军有了很大的发展。

二、“工农武装割据”理论的创立

在上述发动武装起义和创立农村革命根据地的过程中，中国共产党分析中国社会和中国革命的具体情况，总结各地斗争经验，创立了关于中国革命道路问题的理论——“工农武装割据”理论。这一理论的创立，是大革命失败后全党共同艰辛探索的结果。其中，毛泽东不仅在实践上，而且也在理论上做出了最重要的贡献。

1928年10月湘赣边界党的第二次代表大会上，毛泽东在他起草并由会议通过的《政治问题和边界党的任务》决议中，第一次论证了在白色政权的包围中，小块红色政权为什么能够存在和日益发展的问题。毛泽东指出五个条件：第一，中国是一个帝国主义间接统治的经济落后的半殖民地国家。地方性的农业经济和帝国主义对中国划分势力范围的分裂剥削政策，造成了各派军阀间的继续不断的战争，这种白色政权间的分裂和战争，使反动统治出现缝隙，给红色政权的发生和坚持以可乘之机。第二，1926年至1927年大革命的影响，在中国的广大地区内，特别是在湖南、湖北、广东、江西等省还广泛遗留。第三，因为引起中国革命的社会矛盾一个没有解决，跟着白色政权间的分裂和战争，全国革命的形势必将继续向前发展。第四，相当力量的正式红军的存在，是造成长期的和日益发展的割据局面的必要条件。第五，共产党组织的有力和政策的正确，是红色政权长期存在和发展的最要紧的条件。

以上五点，说明了中国苏维埃政权存在和发展的必然性和可能性。毛泽东在说明第四个条件时，提出一个重要观念——“工农武装割据”。他说：“‘工农武装割据’的思想，是共产党和割据地方的工农群众必须充分具备的一个重要的思想。”这是后来中国革命所走的建立农村革命根据地、以农村包围城市、最后夺取城市这条正确道路的最初表述。

红四军进军赣南闽西后，开创了建立农村根据地的新形势。但是，革命力量依然十分弱小，革命根据地还只是闪耀在全国黑暗之中的“星星之火”。因此，悲观思想不时出现，革命一遇挫折，就有人提出“红旗到底打得多久”的疑问。红四军第一纵队司令员林彪是当时悲观思想的代表者之一。具有悲观思想的人不相信革命高潮有迅速到来的可能，没有建设红色政权的深刻观念。他们主张用比较轻便的流动游击方式去扩大政治影响，等到各地争取群众的工作做好了，然后来一个全国暴动，再把红军的力量加上去，形成全国范围的大革命。针对这种悲观思想，毛泽东于1930年年初写了给林彪的一封信。①

在这封信中，毛泽东批评了林彪所代表的不愿经过艰苦工作创建农村根据地的错误思想，指出：那种“全国范围的、包括一切地方的、先争取群众后建立政权的理论，是于中国革命的实情不适合的”。毛泽东从中国是一个许多帝国主义国家互相争夺的半殖民地这一基本事实出发，得出结论说：“红军游击队及苏维埃区域之发展，它是半殖民地农民斗争的最高形式，也就是半殖民地农民斗争必然走向的形式。”红军与农民苏维埃“是半殖民地无产阶级斗争最重要的同盟力量”，“无疑义的它是促进全国革命高潮的重要因素”。“单纯的流动游击政策是不能达到促进全国革命高潮的任务，而朱毛式、贺龙式、李文林式、方志敏式之有根据地的，有计划地建设政权的，红军游击队与广大农民群众紧密地配合着组织着从斗争中训练着的，深入土地革命的，扩大武装组织从乡暴动队、区赤卫大队、县赤卫总队、地方红军以至于超地方红军的，政权发展是波浪式向前扩大的政策，是无疑义地正确的。必须这样，才能树立对全国革命群众的信仰，如苏俄之于全世界然；必须这样，才能给统治阶级以甚大的困难，动摇其基础而促进其内部的分解；也必须这样，才能真正的创造红军，成为将来大革命的重要工具之一。总而言之，必须这样，才能促进革命的高潮。”

在这里，毛泽东继《中国的红色政权为什么能够存在?》一文之后，进一步阐明了红军和农村根据地在整个中国革命中的伟大意义及其发展路线，进一步充实了“工农武装割据”理论的内容。这是对马克思列宁主义关于武装夺取政权理论的重大发展。

毛泽东在信中分析了中国社会各种尖锐矛盾，指出革命高潮“快要”到来的必然性。他说：“中国是全国都布满了干柴，很迅速的就要燃成烈火；‘星火燎原’的话，正是现时局面的适当形容词。”党内一些人产生悲观思想，是被敌强我弱的一时的现象所迷惑，而没有从实质上看问题的结果。

---

① 这封信收入《毛泽东选集》时，题目改为《星星之火，可以燎原》，内容与文字亦有改动。引文见中共中央党校出版社1989年8月出版的《中共中央文件选集》，第6册附录《毛泽东给林彪的信》。

在分散的农村游击战争的环境中，如何建设一支人民的军队，是一个极端重要而又迫切需要解决的问题。1929 年 9 月中共中央军委对红四军的指示信和随后召开的红四军党的第九次代表大会(即古田会议)，为人民军队的建设指明了方向。中共中央指示信是由陈毅[①]根据当时中央召开的军事会议和周恩来多次谈话精神代中央起草、经周恩来审定的。指示信充分肯定了红军斗争的“伟大意义”，对红军的基本任务和红四军内存在的各种错误思想，作了说明和分析。指示信指出：“先有农村红军，后有城市政权，这是中国革命的特征，这是中国经济基础的产物。”红军的基本任务是：(一)发动群众斗争，实行土地革命，建立苏维埃政权；(二)实行游击战争，武装农民，并扩大本身组织；(三)扩大游击区域及政治影响于全国。在中央指示信的指导下，红四军党的第九次代表大会于 1929 年 12 月在福建上杭古田召开。大会通过了毛泽东起草的决议。这个决议的第一部分“关于纠正党内的错误思想”，指出了红四军党内各种非无产阶级思想的表现及纠正方法。主要表现有：单纯军事观点，极端民主化，非组织观点，绝对平均主义，主观主义，个人主义，流寇思想，盲动主义残余。纠正方法主要是加强党的思想教育，同时严格组织纪律。中央指示信和古田会议决议是人民军队建设史上的重要文献。

在革命斗争中，毛泽东大力提倡进行社会调查。为了反对只靠搬运书本的教条主义倾向，推进调查工作的进行，1930 年 5 月毛泽东专门写了《关于调查工作》一文(1964 年收入《毛泽东著作选读》甲种本时题目改为《反对本本主义》)。该文提出“没有调查，没有发言权”；“调查就是解决问题”；“反对本本主义”；“离开实际调查就要产生唯心的阶级估量和唯心的工作指导”；“社会经济调查，是为了得到正确的阶级估量，接着定出正确的斗争策略”；“中国革命斗争的胜利要靠中国同志了解中国情况”等科学论断。这篇文章写作前后，毛泽东亲自做了大量社会调查，其中有：宁冈、永新两县调查，寻邬调查，兴国调查，长冈乡调查，才溪乡调查等。在毛泽东的大力倡导下，社会调查成为共产党人的重要的工作方法和认识路线。这是把马克思主义同中国革命具体实践结合起来的基础环节。

---

① 陈毅在红四军党的第七次代表大会上当选为前委书记，会后受前委派遣赴上海向中央汇报工作并参加中央军事会议。

三、中共白区秘密工作

中国革命进入土地革命战争阶段后，尽管一个时期内，中共中央还没有确立起以农村斗争为重点的思想，但事实上中共所领导的革命力量的主体已转入农村。从此，在农村开展武装斗争，建立和发展农村革命根据地，实行土地革命，建立苏维埃政权，成为中国革命的主要内容。与此同时，中共领导的另一部分力量和中共中央机关仍然留在国民党统治区域，即白色区域，在极端艰苦和危险的条件下坚持秘密的革命斗争。

1927 年 9 月底至 10 月上旬，中共中央领导机关陆续由武汉迁往上海。同时，在武汉设长江局，作为中央派出机关。此前，还决定设立北方局和南方局，并派员巡视各地，指导白区党的组织转入秘密状态。为加强同各地共产党组织的联系，中共中央还决定成立中央交通局，建立全国秘密交通网，负责传达党的文件，收集各地动态、消息，护送来往干部，输送宣传品和物资器材等。1929 年 10 月、12 月，先后在上海和香港设立秘密无线电台。后又在天津设立分台。1930 年秋，秘密开办无线电训练班，毕业的学员和从苏联归国的无线电台工作者，先后被派往中央苏区、鄂豫皖苏区、湘鄂西苏区，建立各地无线电通信工作。

在严重的白色恐怖的条件下，保证中共中央机关的安全，是一项严峻的任务。为此，中共中央于 1928 年 11 月 14 日决定成立中央特别委员会，由向忠发、周恩来、顾顺章负责。特委会下设中央特科。① 中央特科选派忠诚而又机智果敢的共产党员打入敌人内部，及时掌握敌人有关信息，这对保证中共中央机关和地下工作人员的安全，起了很大作用。李克农、钱壮飞、胡底等曾打入国民党高级特务机关，获取许多重要机密情报。1931 年 4 月，顾顺章在武汉被捕叛变，供出了中共中央秘密机关。由于中共中央及时得到情报，国民党破坏中共中央机关的图谋未能得逞。特科在营救被捕人员，严惩叛徒，搜集敌人情报配合红军和苏区斗争等方面，做了许多

① 关于中央特科成立的时间，这里依据中共中央文献研究室编：《周恩来传 1898—1949》，201 页，北京，人民出版社，1989；中共中央党史研究室：《中国共产党历史》上卷，249 页，北京，人民出版社，1991。另有研究者考证，中央特科成立的时间应为 1927 年 11 月，参见薛钰：《关于中共中央特科若干问题的探讨》，载《中共党史研究》，1999 年第 3 期。

工作。

整顿恢复因大革命失败而被打散或处在严重混乱涣散状态中的党组织，是当时中共中央白区工作的中心一环。1928 年中共六大后，中央政治局常委周恩来分工负责党的组织工作和军事工作，并兼政治局常委秘书长和中央组织部长，一段时间内实际上是中共中央的主要负责人。白区党组织的整顿恢复工作也是在周恩来的主持下进行的。1928 年 10 月，周恩来主持起草的中共中央《关于湖北组织问题的决议》，根据一年多来各地血的教训，提出了白区党的机关要“职业化”和“社会化”的原则。1928 年 12 月至 1929 年 1 月，先后解决了顺直省委①问题和江苏省委问题。前者曾由于个人意气之争和派别成见，工作很长时间内难以开展；后者曾发生不服从中央组织决定问题。经过耐心说服教育，初步扭转了两地党内存在的组织涣散和无纪律状态，使党的工作开始走上正常运转的轨道。到 1929 年 6 月中共六届二中全会前后，白区共产党组织已得到恢复和初步发展。全国已建立了广东、湖南、湖北、河南、顺直、山西、山东、满洲、江苏、安徽、浙江、福建、江西、云南、四川、陕西 16 个省委，1 个南洋临委，37 个特委，400 个县委，41 个区委，138 个特别支部。全国共产党员人数 7.3 万人（一说 6.9 万人）。到 1930 年春，全国党员人数发展到 10 万人。

白区中的群众工作，主要是领导城市工人运动。据记载，1928 年 5 月济南惨案发生后，随着反帝斗争的开展，工人罢工次数和参加人数明显增加，工会组织也有所恢复。1930 年，白区赤色工会会员，全国有近 5 万人。在上海、天津、武汉、厦门、无锡、哈尔滨等地，共产党还恢复了地方总工会。但由于“左”倾路线的推行，1931 年赤色工会会员又减为 1100 余人。

在坚持党在白区本身斗争的同时，中共中央利用所在地上海的有利条件，对全国各苏区的斗争予以指导和帮助。在中央发给各地的指示中，有不少指示具有积极的指导意义。中央选派许多干部到各苏区工作，加强了那里的军政领导力量。为交流各地红军斗争经验，中央军委于 1930 年 1 月创办《军事通讯》。1930 年 5 月，中共中央在上海先后召开全国红军代表会议和第一次全国苏维埃区域代表会议，推动了红军和苏维埃区域的建设。

---

①　顺直指北平市（清代曾设顺天府）和河北省（1928 年前称直隶省），顺直省委工作的范围曾包括原来中共中央北方局所领导的河北、山西、北平、天津、察哈尔、绥远、热河、河南北部和陕西北部等广大地区。

四、苏区土地革命和红军反“围剿”战争

土地问题是资产阶级民主革命的中心问题。中共八七会议通过《最近农民斗争的决议案》，决定用革命手段解决农民的土地问题。从此，土地制度的革命进入实施阶段。

1927 年 11 月召开的中共中央临时政治局扩大会议，通过了《土地问题党纲草案》，其中规定：“一切地主的土地无代价没收，一切私有土地完全归组织成苏维埃国家的劳动平民所公有。”“一切没收的土地之实际使用权归之于农民”，由苏维埃政府“按照土地之肥瘠水旱位置而分配”。这里确定了没收地主土地和土地公有、农民使用两条基本原则。土地公有的原则是不适当的。中共“六大”通过了《土地问题决议案》和《农民问题决议案》，在《政治决议案》中也有关于农民土地问题的规定。这些决议案分析了中国农村的土地关系和阶级关系，正确地指出“农民的土地革命，仍旧是中国革命现时阶段的主要内容”。规定：“无代价的立即没收豪绅地主阶级的土地财产，没收的土地归农民代表会议(苏维埃)处理，分配给无地及少地的农民使用。”土地革命中“主要的敌人是豪绅地主，无产阶级在乡村中的基本力量是贫农，中农是巩固的同盟者”。关于富农问题，决议案认为中国富农“具有资本主义的与资本主义以前的半封建剥削的性质”，应根据富农的政治态度决定对待他们的政策。当富农动摇于革命与反革命之间时，“不应该故意加紧对富农的斗争”，要“使这种富农中立，以减少敌人的力量”。“但贫农与富农的斗争应同时进行，决不能因为联合战线而对富农有让步。”“六大”的决议基本上是正确的，但也有错误和未弄清的问题。

各个革命根据地建立以后，都开展了土地革命斗争，并根据中共中央规定，经过实践摸索，形成进行土地革命的具体政策。

井冈山根据地建立之初，是发动群众打土豪，为分田做准备。1928 年 2 月后部分地区开始分田。6 月后出现全面分田高潮。宁冈全部，永新、莲花大部，遂川、酃县部分地区分了田。在总结斗争经验的基础上，1928 年 12 月制定了《井冈山土地法》。这个土地法规定，没收一切土地归苏维埃政府所有，用三种方法分配之：分配给农民个别耕种；分配给农民共同耕种；由苏维埃政府组织模范农场耕种。三种方法以第一种为主。土地分配后一律禁止买卖。分配土地主要以乡为单位，以人口为标准，男女老幼平均分配。这个土地法的一些规定是不恰当的，如没收一切土地而不是只没收地

主土地，土地所有权属政府而不属农民，禁止土地买卖等，但它是第一个土地法，它的制定是有重大意义的。

1929年4月，红四军到达兴国，在那里制定和颁发了《兴国土地法》。这个土地法是根据党的“六大”精神，在《井冈山土地法》的基础上修改制定的。把“没收一切土地”改为“没收公共土地及地主阶级土地”，这是一个原则的改正。7月在上杭召开的中国共产党闽西第一次代表大会通过了《土地问题决议案》，其中规定：“没收一切收租的田地山林”，“随即分配于贫农”。“自耕农的田地不没收。”“富农田地自食以外的多余部分，在贫农群众要求没收时应该没收。”“田地以乡为单位，按原耕形势，抽多补少平均分配。”后来闽西又提出“抽肥补瘦”的办法。这些规定都是正确的。在很短的时间中，在长汀、连城、上杭、龙岩、永定纵横300多里的地区内，解决了50多个区、500多个乡的土地问题，约有60多万人得到土地。1930年年初，红四军由闽西到赣南。2月7日在吉安陂头召开的会议，决定一要“分”、二要“快”的方针，推动了赣西南土地革命的进行。至1930年10月，根据地各县普遍分了田。

除上述地区外，湘鄂西区、鄂豫皖区、赣东北区、湘鄂赣区、湘赣区、广西右江区都进行了改革土地制度的斗争。

土地革命开始的几年内，各根据地都实行土地公有(苏维埃政府所有)、农民使用的原则，禁止土地买卖。1930年9月中共六届三中全会根据共产国际的指示，决定实行“没收地主土地归农民”的原则，“不禁止土地买卖和在苏维埃法律内的租佃制度。”1931年2月上旬，中共苏区中央局在一份关于土地问题的通告中指出：农民热烈地起来参加土地革命，目的“不仅要取得土地的使用权，主要的还要取得土地的所有权”。目前“土地国有只是宣传口号，尚未到实行的阶段”，必须使农民取得“他们唯一热望的土地所有权”。3月，江西省苏维埃政府宣布土地一经分定，即归农民所有。4月，闽西苏维埃政府在《土地委员扩大会议决议》中做了同样规定。其他一些根据地也在中共六届三中全会后，对确立农民土地私有权问题做出相应规定。

经过几年土地革命的实践，中国共产党逐步解决了土地革命中没收对象、阶级路线、分配方法、土地所有权等一系列重大问题。但富农问题没有恰当地解决。

中国工农红军和革命根据地的发展，引起国民党反动派的恐惧。蒋介石在结束对冯阎的战争后，立即开始对革命根据地发动大规模的军事“围剿”。

国民党军对以赣南闽西区为主的中央革命根据地的“围剿”，从1930年11月至1931年9月共进行三次，第一次“围剿”，蒋介石拼凑杂牌军8个师约10万人，以江西省主席鲁涤平为总司令，十八师师长张辉瓒为前线总指挥，采取“分进合击，长驱直入”的办法，由北向南分路进击。当时红军有主力一、三两个军团，加总部直属队共3.3万余人，连同二十二军缩编的六十四师，共约4万人。根据敌强我弱、敌大我小的特点，红一方面军总前委制定了“诱敌深入”的作战方针。军队主力有计划地逐步向南实行“求心退却”，待机歼敌。12月30日，红军在龙岗发起攻击，全歼张辉瓒师的师部和两个旅，活捉张辉瓒，俘敌9000余人。接着，红军乘胜追击，于1931年1月3日在东韶歼敌谭道源师一半。红军5天内打了两个胜仗，总计毙伤俘敌约1.5万余人，缴获各种武器1.2万余件。这时，其余各路敌军纷纷退去。红军胜利地粉碎了敌人的第一次“围剿”。

第二次“围剿”，蒋介石调集18个师又3个旅共20万人，以军政部长何应钦为总司令，采取“稳扎稳打，步步为营”的作战方针，于1931年4月初开始进击。这时红军只有3万多人，仍然采取“诱敌深入”的方针，并实行集中兵力，先打弱敌，在运动中各个歼灭敌人的战法，将主力隐蔽在东固附近，待机破敌。5月16日，红军选择侵入富田一带敌军较弱的两个师，发起猛烈进攻，然后迅速由西向东横扫，连连得胜。5月16日至31日15天中，红军从江西赣江边上的富田打到福建建宁，横扫700里，打了五个胜仗，共歼敌3万余人，缴枪2万余支，完好地缴获无线电台数部，取得第二次反“围剿”的胜利。第三次“围剿”于1931年7月初开始。蒋介石调集30万军队，以嫡系部队为主力，自任总司令，何应钦任前线总司令，重新采取“长驱直入”“分进合击”的打法，妄图压迫红军于赣江东岸而消灭之。当时红军仍然只有3万人左右，主力还在福建建宁，而且苦战之后，尚未得到休整补充。面对超过自己10倍以上的强敌，方面军总前委决定采取“避敌主力，打其虚弱”的作战方针，指挥红军主力从建宁绕道千里，回师赣南，集中于根据地西部兴国。8月4日，红军自兴国向东突进，乘夜通过敌军之间40华里的空隙地带，转到莲塘。接着从8月7日至11日，五天之内三战三捷，共歼敌两个师又两个团，缴枪万余支。这时敌军主力急忙调头东进，猛扑黄陂。红军主力则穿越敌军间一个10华里空隙的大山，回师兴国休整。敌军饥疲沮丧，只得下令撤退。红军又乘机追歼敌人，先后在老营盘和方石岭取得两次战斗的胜利。全战役历时两个半月，共歼敌17个团，毙伤俘敌3万余人，缴枪1.5万支。经过三次反“围剿”的胜利，赣南、闽西之间的

"白点"完全消灭，两块根据地连成一片，拥有人口250万，土地面积5万平方公里。

在中央苏区反"围剿"的同时，其他各苏区也都进行了反"围剿"战争。

鄂豫皖苏区红军于1930年11月至1931年3月取得第一次反"围剿"的胜利，歼敌1.3万余人，活捉敌三十四师师长岳维峻。3月下旬，蒋介石开始布置第二次"围剿"，限令5月底将鄂豫皖红军完全肃清。"围剿"部队增至11个师。经过一个多月作战，到5月红军又歼灭敌军6000余人，取得第二次反"围剿"的胜利。此后，蒋介石为集中兵力进攻中央苏区，对鄂豫皖改取守势。鄂豫皖红军趁机发动反击，扩大根据地，支援中央苏区的反"围剿"战争。9月，蒋介石亲自到武汉，布置对鄂豫皖苏区的第三次"围剿"。红军乘敌尚未布置就绪，便开始出击。1931年11月，鄂豫皖红四军和红二十五军合编为红四方面军，徐向前任总指挥，陈昌浩任政治委员，12月，红四方面军取得黄安大捷，俘敌师长赵冠英以下5000余人。1932年四五月，在皖西苏家埠一带，红军歼敌19个团另两个警卫旅，共3万多人，内生俘敌皖西"剿共"总指挥厉式鼎以下2万余人，缴枪2万余支，击落敌机一架。黄安、苏家埠及商(城)潢(川)，潢光(山)四次战役，共歼敌6万余人。此时，鄂豫皖苏区和红军获得猛烈发展。根据地东起淠河，西迄京汉线，北达潢川、固始，南至黄梅、广济，总面积约4.4万平方公里，人口350万，拥有六座县城，建立起26个县的革命政权，主力部队达4.5万人。

洪湖苏区自红军主力转移后，周逸群、段德昌等领导地方游击队坚持斗争，至1931年春又重新得到恢复。10月，移往湘鄂边的红三军重回洪湖。1932年1月，粉碎国民党军的进攻，俘敌6000余人。之后，红三军发展到1.5万余人。

经过反"围剿"战争，红军游击战的战略战术原则基本形成。其中的代表者是毛泽东。

毛泽东战略战术的基本原则是承认积极防御，反对消极防御。由于敌军强大，红军弱小，敌军总是企图把红军包围起来吃掉。因此，战略防御问题成为红军作战中最复杂和最重要的问题。毛泽东认为，防御有积极防御和消极防御之分，"消极防御实际上是假防御，只有积极防御才是真防御，才是为了反攻和进攻的防御"。① 本来容易陷入被动地位的防御战，经过努力，是能够转入主动的。这就要实行诱敌深入的方针和集中兵力、运

---

① 毛泽东：《中国革命战争的战略问题》，33页，北京，人民出版社，1952。

动战、速决战、歼灭战等作战原则。

毛泽东指出："围剿"和反"围剿"的长期反复，是"中国内战的主要形式"。当敌人举行大规模"围剿"时，红军"一般的原则是诱敌深入，是退却到根据地作战"。这种战略退却，是劣势军队处在优势军队进攻面前，"为了保存军力，待机破敌，而采取的一个有计划的战略步骤"，是使红军"最有把握地打破敌人进攻的办法"。

集中兵力之所以必要，是为了改变敌我之间的进退、攻守、外线内线的形势。实行集中兵力，就可以将敌军对我军的一个大"围剿"，改为我军对敌军的许多个别的小围剿；将敌军对我军的战略上的优势，改为我军对敌军的战役或战斗上的优势。处于劣势地位的中国红军，所以能够屡歼强敌取得赫赫战果，基本上靠了集中兵力的一招。

打运动战、速决战、歼灭战是红军战役战斗行动的主要特点。由于敌人的强大，红军的弱小和技术贫乏，红军的战争必然具有很大的流动性，没有固定的作战线。游击性的运动战是消灭敌人保存自己最好的战斗形式。"打得赢就打，打不赢就走"，但走是为了打，逃跑主义是错误的。战略的持久战，战役战斗的速决战，这是一件事的两方面。红军总的情况是数量少、补充困难、面对的敌人比较密集，因此必须在战役和战斗上力争速决。只有每一战役每一战斗速战速决，才能支持战略的持久战。歼灭战之所以重要，是因为只有歼灭敌人的有生力量，才能打破"围剿"和发展革命根据地。击溃敌军 10 个师不如歼灭其一个师。歼灭战不仅消灭了敌人的有生力量，而且从物质上人员上给红军以补充。

五、共产党内的路线之争

中共自停止瞿秋白代表的"左"倾盲动主义路线和召开六大后，一段时间内，路线大体是正确的。在中共中央的领导和各地党组织的共同努力下，农村革命根据地逐渐开辟，红军的力量不断壮大，白区工作也有开展，中国革命开始呈现新的面貌。但是，革命急性病和某些"左"倾观点"左"倾政策，仍继续存在并逐渐在发展。

1928 年七八月间召开的共产国际第六次代表大会，正式提出战后资本主义"第三时期"的理论，即认为：在经过 1918—1923 年严重危机、1923—1928 年相对稳定之后，从 1928 年起，世界资本主义进入总危机并将出现"大规模阶级搏斗"的时期。同时提出共产国际各支部目前主要的错误倾向是右倾的观点。联共(布)和共产国际开始反对布哈林的右倾。为了在中国革命中贯彻上述精神，共产国际于1929年相继向中共中央发出四封指示信，要求中共反对党内主要危险“右倾机会主义”，加紧反对富农，坚决反对“主要危险”势力国民党改组派，准备“推翻地主资产阶级联盟的政权，而建立苏维埃形式的工农独裁”。这四次指示，推动中共领导人一步步地向“左”的方面发展。

1930年春夏，由于受共产国际错误指导的影响，同时由于大规模军阀混战的酝酿和爆发及革命形势一定程度的好转，党内“左”的错误急剧发展起来。这年3月初，为解决中共中央与设在上海的共产国际远东局之间的矛盾，周恩来受中央派遣赴莫斯科汇报工作。此后半年时间，中央政治局常委兼宣传部长李立三成为总书记向忠发的主要依赖者和中共中央工作的实际主持者。四五月，李立三发表《新的革命高潮前面的诸问题》等文章，提出一系列“左”倾观点。6月11日，中央政治局通过由李立三起草的《新的革命高潮与一省或几省的首先胜利》的决议，使以冒险主义为特征的“左”倾错误再次统治了中央领导机关。

李立三否认当时仍然是敌强我弱的基本情况，极端夸大形势对革命有利的方面。他认为新的军阀混战“有极大的可能转变成为全国革命的胜利与军阀统治的最后死亡”。他认为当时已经具备了可以在全国举行武装起义的条件。他否认中国革命发展的不平衡性，认为“中国经济政治的根本危机，在全国任何一处都是同样继续尖锐化，没有丝毫根本的差别”。他也不承认世界革命发展的不平衡，认为中国革命的总爆发必将引起世界革命的总爆发，而中国革命又必须在世界革命的总爆发中才能成功。

李立三不承认中国革命的长期性，混淆民主革命和社会主义革命的界限。他说“革命转变的阶段论，无疑的是极端危险的右倾观念”。认为“民主革命的彻底胜利与推翻资产阶级的统治不可分离”。并为此制定了没收民族资产阶级企业、消灭富农和建立集体农庄等“左”倾政策。

李立三反对“工农武装割据”、以农村包围城市的思想，主张城市中心论。他认为中国革命“决不会有什么‘割据’‘偏安’的局面”。城市无产阶级的斗争“是决定胜负的力量”。“没有工人阶级的罢工高潮，没有中心城市的武装暴动，决不能有一省与几省的胜利。不特别注意城市工作，想‘以乡村包围城市’，‘单凭红军来夺取城市’，是一种极错误的观念。”

6月政治局会议后，李立三等人制定一个以武汉为中心的全国总暴动和集中红军进攻中心城市的计划，先后命令红一军团攻打南昌，红三军团攻打武昌和长沙，红二军团和红一军出兵汉阳、汉口，红十军进攻九江，红七军挺进柳州，幻想“会师武汉，饮马长江”。同时又要求上海、南京、广州、北平、天津、哈尔滨等中心城市举行总罢工、总起义，以造成全国革命的高潮。为了实现这一冒险计划，李立三将党、团、工会的各级领导机关，合并为准备武装起义的各级行动委员会，使一切正常工作陷于停顿。李立三在党内强调反对“右倾”，对持不同意见者加以打击。

李立三“左”倾冒险主义的推行，使革命受到严重挫折。红二军团由一万五六千人减少到3000人，缩编为红三军，离开洪湖根据地，撤往鄂西山中。广西红七军北上后，丧失了右江根据地，部队由6000人减少到2000人，最后进入中央根据地。红十军由2万人减少到3000人，由九江外围退回赣东北根据地。只有红三军团于7月28日乘虚攻占了长沙，但8月5日又被迫撤出。各大城市的总同盟罢工和武装起义计划也因为行不通而失败。白区的党和革命组织由于执行冒险计划，受到很大损失。这期间共产党员和革命群众损失了7.6万人。

李立三的“左”倾错误及其造成的严重危害，引起共产党内许多干部和群众的不满与反对。1930年9月24日至28日，在瞿秋白、周恩来的主持下，中国共产党在上海召开六届三中全会。会议指出李立三的错误，停止组织全国总起义和集中红军攻打中心城市的冒险计划，决定恢复党团工会的独立组织和经常性工作。会议改选了中央政治局，正式委员有向忠发、项英、周恩来、瞿秋白、李立三、关向应、张国焘7人，候补委员有罗登贤、罗迈、顾顺章、毛泽东等7人。向忠发、周恩来、瞿秋白三人为政治局常务委员。这样，就在中共中央领导机关结束了李立三“左”倾冒险主义的统治。

但是，三中全会对李立三冒险主义的纠正，并没能成为中共中央执行正确路线的起点。三中全会后三个多月，由于共产国际的干预和支持，经过1931年1月召开的六届四中全会，以王明(陈绍禹)为代表的新的“左”倾冒险主义又开始统治党中央。四中全会前，王明写成题为《两条路线》(后经补充再版时更名为《为中共更加布尔什维克化而斗争》)的小册子，在“拥护国际路线”“反对立三路线”“反对调和主义”的旗号下，提出一套比李立三更为“左”倾的错误理论和观点。王明不是批评李立三“左”，而是批评他的所谓“以‘左’倾词句掩盖的右倾机会主义”。

在中国社会性质问题上，王明批评李立三“根本否认殖民地半殖民地有相当的畸形的资本主义发展的事实”，即批评李立三对中国资本主义的发展程度估计不足，因而没有能够更急迫地由民主革命转到社会主义革命。王明认为这是李立三的右倾，是“从右方来取消革命”。

在阶级关系问题上，王明批评李立三承认“第三派”或“中间营垒”的存在。他说上层小资产阶级在武汉时期后已转入反动营垒，一切资产阶级改良派别“都各是反动营垒的一翼”。

在中国革命性质问题上，王明说：“现在阶段革命之所以还成为资产阶级民主性，是因为工人阶级反对资本主义的斗争，在经济制度上社会发展上及社会矛盾力量上的比重和地位，还次于民族解放及土地革命的地位和比重。”这是王明从革命性质问题上给极“左”思想以理论上的解释。他指责李立三不反对资产阶级(事实并不如此)，认为“现在阶段的中国资产阶级民主革命，只有在坚决进行反对资产阶级的斗争中，才能得到彻底胜利”。他同李立三一样把反资产阶级同反帝反封建并列。因此王明强调宣传社会主义、无产阶级专政和土地国有，要在工业农业方面“采取趋向社会主义的过渡性质的办法”，要在经济政策上“打击和抑制一切剥削者”。

在革命形势问题上，王明批评李立三在“左”的词句下，取消中国革命运动的新高潮，“否认了一省或几省首先胜利的可能”，是“‘左’表右里”。他抨击李立三不懂得“和平割据观念”“保守观念”“地方观念”等右倾观点的真正来源、内容和意义，因而“不懂得也不能够真正进行反对这些右倾倾向的斗争”。

王明否定广大干部、党员和革命群众的努力，否定实际工作中取得的巨大成绩，说“始终未能建立起真正工农民主专政的苏维埃政府”，“没有能够建立起一个真正成为最有保障的革命中心的根据地”。

王明批评三中全会“对立三路线的一贯右倾机会主义的理论与实际，未加以丝毫的揭破和打击”，“实际上继续着立三路线”。

在小册子的末尾王明提出：立刻公开宣布三中全会决议及最近中央各种通告无效。“根本改造党的领导”，成立临时的中央领导机关。“以能积极拥护和执行国际路线的斗争干部”，“来改造和充实各级的领导机关”。在全党“坚决实行两条战线的斗争”，“尤其要特别反对主要的危险右倾机会主义”。王明的“左”倾机会主义，由于以“国际路线”作掩护，具有较多的马列主义词句的伪装，因此危害更大。

六届四中全会及其以后的中央，一方面提拔了一些“左”倾教条主义者到中央的领导岗位，另一方面过分地打击了犯李立三冒险主义错误的中央领导人，错误地打击了所谓犯“调和路线错误”的瞿秋白等人，并进行宗派主义的“反右倾”斗争，打击了一直在白区坚持斗争的何孟雄、林育南、李求实等人。不久，何孟雄等被国民党逮捕，英勇牺牲。1931年3月，中共中央派夏曦至洪湖根据地，成立湘鄂西中央分局。接着又派中央代表团至中央苏区，派张国焘、陈昌浩等到鄂豫皖，派曾洪易等到赣东北，开展“反右倾”斗争，“改造各级党的领导”，推行新的“左”倾冒险主义。5月，中共中央发出《目前政治形势及党的紧急任务》的决议。这个决议否认中间派别的存在，拒绝利用敌人内部矛盾，提出在大城市中和红军工作中的“积极进攻”方针。强令上海、南京、北平、天津等地的党组织发动罢工、罢业、罢操，举行飞行集会和示威，以纪念五卅运动。这个决议表明王明“左”倾机会主义已在实际工作中贯彻。

六届四中全会前后，中国共产党内还发生过罗章龙等人分裂党的事件。1931年1月27日，中共中央政治局决定把罗章龙开除出党。

六、扩大化的肃反

国共两党的斗争是极其尖锐复杂的。国民党为了消灭共产党，不但在军事上发动“围剿”，在政治上思想上展开进攻，在经济上实行封锁，而且派遣人员打入共产党和根据地内部，进行各种破坏活动。因此，各根据地开展肃反斗争是十分必要的工作。但是，当时中共中央和各地共产党组织对内部敌情的估计都过于严重，在肃反中又采取逼供信的手段，再加上某些掌握肃反大权的人品质恶劣，借肃反来清除异己，结果，各个苏区的肃反无一例外地犯了扩大化的错误，使革命元气大受损伤。扩大化的肃反从1930年就开始进行，但普遍推开，形成高潮，则是王明路线统治党中央时期。

赣西南打“AB团”，是扩大化肃反的开端。“AB团”系1926年冬根据蒋介石的意图在江西成立的一个反共组织，仅存在三个月，即被共产党领导的革命群众所打散。到土地革命战争时期，一些原“AB团”分子重新在江西露面，进行反共和派系活动。这种情形很容易被看成“AB团”组织的继续存在或它的复活。所以，在1928—1929年江西共产党组织的一些文件中，常常提到“AB团”，把它作为国民党内的一个代表本省土豪劣绅、把持江西国民党党务的反动派别。到1930年，赣西南特委和红一方面军总前委进一步把它看成是混入共产党和苏维埃政权内部的、有组织地进行破坏活动的反革命团体，并且把一切被认为是反对革命甚至消极落后的人和事，都归结到"AB 团"的名下，因而展开了大规模的肃清"AB 团"的斗争。刑讯逼供下抓出的"AB 团"分子愈来愈多，并且由地方扩展至军队，又由军队扩展至省行委高层领导机关。至 12 月上旬，仅在 4 万人的红军中就抓出"AB 团"分子 4400 名。

大打"AB 团"引出了富田事变。1930 年 12 月，红一方面军总前委派人到吉安县富田和东固帮助江西省行委和红二十军进行肃反。100 多人被逮捕，20 多人被处决。由此引起红二十军部分官兵的武装反抗。反抗者包围军部、省行委和省苏维埃政府机关，收缴卫队枪支，释放在押人员。随后，事变领导人将红二十军拉到赣江以西，他们贴出"打倒毛泽东，拥护朱彭黄"的标语。这次事变最后被定性为"AB 团领导的反革命暴动"，参与者受到严厉处治。赣西南革命根据地主要创建人之一、中共江西省行委书记李文林，也以"AB 团"首领的罪名被软禁起来，1932 年 5 月被杀。

继江西打"AB 团"之后，闽西从 1931 年 3 月起，展开了肃清所谓"社会民主党"的斗争。其起因是一次纪念国际共产主义战士李卜克内西、卢森堡和列宁的大会上，几名缺乏历史知识的战士误喊了"拥护第二国际""社会民主党万岁"的口号。闽西党和军队领导人由此判断，本区域一定潜伏着一个名为社会民主党的反革命派别，必须予以彻底肃清。斗争由闽西苏维埃政府裁判部长兼肃反委员会主席林一株主持，他把肃反委员会变成了凌驾于党政军之上的独裁机关。中共中央曾就闽西问题发出指示，要求对"红军中、政府中、党部中的一切反革命分子"，必须"站在阶级立场上以最严厉的手段来镇压"。经过一年多的肃社民党，受害牺牲人数达 6000 多人。闽西苏维埃政府 35 名执委和候补执委，被害者半数以上。闽西共产党员由 8000 人减到 5000 人。30 个共青团区委几乎全部瘫痪。新红十二军连以上干部半数多被肃。闽西根据地受到重大损伤。林一株最后也被指为闽西社民党特委书记处死。到 1932 年春闽西肃反错误基本被纠正。

鄂豫皖苏区和红四军（后红四方面军）进行了规模更大、持续时间更长的肃反。张国焘是 1931 年 4 月到达鄂豫皖并担任该区主要领导职务（中共鄂豫皖中央分局书记、鄂豫皖区军事委员会主席）的。不久即在红军发展方向等问题上同原根据地军政领导人发生严重分歧。他不是用正常的解决党内矛盾的办法求得意见的一致，而是通过肃反把对方清除掉。1931 年 8 月，政治保卫局先后"破获"一个所谓"AB 团"的反革命组织和一些所谓"改组派"的县委、区委。据此张国焘断言，鄂豫皖"必然有一个反革命的极大组织”。恰在此时，发生一起国民党实施反间计的案件，案件涉及原红四军军长、时任十二师师长兼皖西军分会主席许继慎。自此，政治保卫局开始抓人。9月，以陈昌浩接替红四军政委曾中生的职务。10月，红四军移驻河南光山县白雀园地区，集中时间进行大肃反。这次肃反，肃掉2500名以上的红军指战员，十之六七团以上干部被逮捕、杀害，包括许继慎等。凡从白军中过来的、地主富农家庭出身的知识分子和青年学生，都在审查之列。1932年10月红四方面军主力撤出鄂豫皖后，肃反在鄂豫皖老区和新开辟的川陕苏区继续进行，又有几千人被逮捕、杀害，包括方面军总经理部主任余笃三、川陕省临时革命委员会主席旷继勋等。曾中生于1933年8月被捕(时任西北革命军事委员会参谋长)，监禁近两年，长征途中被秘密处死。

湘鄂西区和红三军中，在中央分局书记夏曦的主持下，从1932年做出《关于党在湘鄂西苏区同反革命团体斗争的决议》后，至1934年上半年，四反所谓“改组派”。前后逮捕3000多人，党和苏维埃干部中9/10被打成“改组派”，红军中9/10的连以上军事政治干部，被当反革命拘捕。甚至在1932年10月第四次反“围剿”失败、红三军被迫从大洪山一带向湘鄂边转移途中，仍进行了第二次肃反。“白天捉人，夜间杀人。捉人、杀人都没有材料根据，都是指名问供。”①在这次肃反中，不仅一批师、团、营、连级干部和政治工作人员被杀掉，就连与贺龙一起开创湘鄂西根据地、早在1931年5月已经牺牲的周逸群，也被说成是湘鄂西改组派的最高负责人。夏曦还曾两次企图加害贺龙，但未能得逞。在1933年上半年到达湘鄂边鹤峰后进行的第三次肃反中，曾任红六军军长和红九师师长、洪湖苏区主要创建人之一的段德昌被杀害。

除上述江西、闽西、鄂豫皖、湘鄂西四处外，在其他各革命根据地，包括湘赣、湘鄂赣、闽浙赣、陕甘等，也都无例外地进行了扩大化的肃反。成千上万的共产党员、革命骨干，尤其众多的高层军政领导干部、开创各革命根据地的元勋，没有牺牲在与敌人搏斗的战场，而是屈死在内部的残杀中。这种血的教训，是应该永远记取的。

---

① 贺龙：《回忆红二方面军》，载《近代史研究》，1981年第1期。

第五节　中间政派的政治主张和活动

一、第三党的组建及其平民革命论

以蒋介石集团为代表的国民党的统治，是买办地主阶级的反革命专政。在这个专政下面的全国平民以至民族资产阶级没有得到政治上经济上的解放。中国依然是一个半殖民地半封建的落后的国家。在大买办地主阶级的军事专政面前，不仅民族资产阶级的政治主张是不合法的，就是大资产阶级的改良主义也是不合法的。然而这些正是激发资产阶级中间路线和改良主义出现的政治背景。

五卅运动和北伐战争的革命洪流，曾把许多上层小资产阶级民族资产阶级人物以及一些投机分子卷了进来。但是正当革命轰轰烈烈向前发展的时候，突然发生了蒋、汪的两次叛变，蓬勃发展的革命形势顿时急转直下，全国陷入一片白色恐怖之中，革命阵营发生了分裂。中国共产党及其领导下的工农大众和革命知识分子，继续坚持和发展革命斗争。主要斗争形式是用武力推翻国民党。一些参加过革命的上层小资产阶级民族资产阶级分子(他们有的在革命高潮时加入过中国共产党)，在革命突遭惨败的震惊之下，反省自己的思想和活动。他们不满意继续受压迫的地位，不满意国民党反动派对政权的垄断及其内外政策，不满意国民党各派争权夺利的争斗；同时又从革命的暂时失败中得出共产党的主张不适合中国的错误结论。他们主张走国民党共产党以外的第三条道路。1927 年革命失败后，中间派别、资产阶级改良主义派别在这种情况下，发表他们的政见，进行实现本阶级政治要求的活动。

1927 年革命失败前夕，在国民党左派邓演达和共产党个别领导人之间，就曾有解散共产党，再次改组国民党，另组第三党的酝酿。这个主张被共产党领导人拒绝。革命失败后，邓演达去苏联，后又到欧洲考察。1927 年 11 月初，宋庆龄、邓演达、陈友仁在莫斯科以“中国国民党临时行动委员会”的名义发表《对中国及世界革命民众宣言》，声明该会的职责是：“宣告南京武汉的伪党部中央之罪过，以革命手段终止其受第二次大会委托之职权；并临时行使革命指导之机能。”这个临时行动委员会在当时并未形成一个组织，但得到国内一些人的响应。1927 年冬，谭平山、章伯钧、季方等在上海成立“国民党左派联合办事处”，开始筹组国共之外的第三党，并决定仿效孙中山在二次革命失败后组建中华革命党的办法，把党名也定为“中华革命党”。1928年春，该党初具规模。6月，谭平山起草《中华革命党宣言草案》，称该党——“时下所称为第三党”，“是劳动平民阶级的政党”。

1930年5月，邓演达自海外归国。8月召开10个省区负责干部会议，将第三党的名称正式定为“中国国民党临时行动委员会”，通过《政治主张》。邓被选为中央干事会总干事，负责主编《革命行动》月刊。谭平山在邓演达酝酿整顿改组第三党时，因在党名和指导思想上与邓发生分歧而离开了该党。该党经过一番整顿，一度发展很快，曾建立11个省区和三个市区的地方组织。

第三党积极进行反蒋活动，特别是邓演达利用他以前在黄埔军校和国民革命军中的影响，策动蒋系军官反蒋，给蒋介石的统治造成一定的威胁。

《政治主张》是第三党的纲领文件。它的基本主张是进行“平民革命”，推翻南京政府的统治，建立“平民政权”的国家，进而“实现社会主义”。它所规定的对外政策是：废除一切不平等条约，重新订立完全平等的新约；在“双方完全平等及不干涉中国革命”的前提下，与苏联恢复邦交；同各弱小民族结成反帝国主义的联盟。经济政策是：“消除帝国主义者在华的经济统治势力，消灭封建的残余，在集中与干涉的两个原则下面建设国家资本主义。”社会政策是：“改良工人的生活，确定八小时工作制和工人罢工的权利，使工人逐渐参加生产管理。”第三党十分注意农民的土地问题，它的土地政策是：“原则上主张土地国有，而用耕者有其田为过渡的办法。”实现耕者有其田的具体方案与程序是：由国民会议制定土地法，规定农民占有耕地的最高额和最低额；国家发行50年长期土地公债，将最高额以外的私有土地和国家以外的公共团体的土地收买为国有；同时将军阀、贪官污吏、土豪劣绅及反革命团体的全部财产没收为国有；将一切收为国有的土地，分配给农民耕种，农民只有使用权和收益权。

对如何进行“平民革命”和建立“平民政权”的问题，第三党领导人设计的基本方案是：被压迫人民经过各种职业（农工商业）及准职业（学生、妇女、兵士、警察等）团体团结起来，“自动去开国民会议”，“以推翻军阀官僚的统治，形成人民自己的政权”。[①] 但是在全副武装的国民党反动统治面前，要实现这样的主张是不可能的。邓演达也曾提出建立“平民革命军”的

---

① 《邓演达文集》，375页，北京，人民出版社，1981。

问题，但他并不是从革命群众中去建立，而是寄希望于那些“潜伏在国民革命军内而忠实于农工平民大众的分子，必然的能了解他们自己过去的光荣而与新起来的人民打成一片，形成新的革命武装——平民革命军”。① 这是说要凭借邓的影响把蒋军军官拉过来，去组织“平民革命军”。

邓演达一面倡导平民革命，一面却又反对真正代表工农民众利益的共产党及其领导的武装革命斗争。在他所发表的文章中，含有不少对共产党、对工农红军、对苏维埃政权的攻击之词。他说：中国共产党“不是中国客观的社会要求所产生”的。共产党的暴动政策和南京政权的横暴贪污的政策，都是“毁灭农村”。共产党政权与南京政权“互相依存”，第三党要把二者都消灭。② 邓演达反对共产党领导农民进行“烧田契、铲田界”的斗争，认为这“不过是代表极端情感的爆烈，而不是革命的正当手段”。只有按照第三党的方案，采取“有组织的争斗程序”，才是解决土地问题的正确方法。③ 而实际上，在大地主大资产阶级专政的条件下，第三党的方法恰恰是行不通的。

由于邓演达积极进行反蒋活动，被蒋视作眼中钉。1931 年 8 月，邓被逮捕。11 月，蒋把他秘密杀害于南京。邓演达的遇害，使第三党受到极大打击。此后第三党的成员，除一部分投靠蒋介石外，其他人继续坚持斗争，但在蒋介石高压政策下，他们只能在狭小的圈子内进行隐蔽的活动。

二、改组派的成立及其“改组”国民党的主张和活动

原武汉政府的汪精卫、陈公博一派人，本以国民党和国民政府的“正统”自居，准备在宁汉合流后的国民党中央和政府中占据主要地位，可是结果却受到其他派系的排挤，不但大权没有到手，而且竟被南京政府下令查办。汪精卫被迫躲往国外，陈公博等人避居上海租界。但他们并不甘心就此沉寂下去。为了同国民党中央掌权集团争夺权力，汪陈打出了“改组国民党”的旗号。汪陈等人是一批投机政客，但他们提出的若干主张，却迎合了民族资产阶级和上层小资产阶级的愿望，因而能够在东南沿海地区造成一个颇大的改良主义运动。改组派的下层群众中大部分是大学生和国民党党政机关的职员。他们是改组派得以成为一种政治势力的基础。

① 《邓演达文集》，311 页。

② 《邓演达文集》，273、271 页。

③ 《邓演达文集》，308～309 页。

1928年5、6月，陈公博、顾孟余在上海先后创办《革命评论》和《前进》杂志，宣传改组国民党的主张。《革命评论》共出18期，影响颇大。如何改组国民党呢？陈公博提出：要"巩固党的农工基础，确定农工小资产阶级的联合战线"；"提高党的权威，实行党的专政"；"促现党的民主化青年化，反对干部少数人的独裁"；"严密党的组织，森严党的纪律"。[①] 施存统著专文论述"恢复十三年国民党改组的精神"，主张复活"国民革命的联合战线的"国民党。[②]

改组派的政治主张，照陈公博的说法是："实行三民主义的法治"；"扫除政府机关中之一切昏庸老朽及投机分子"；"肃清军阀割据"；"实施革命的民权"；"积极反对英日帝国主义"，"有条件的与苏俄恢复邦交"；"建设国家资本、实行平均地权节制资本"等。对共产党的态度是："对其团体尽量反对，并严厉制止其活动。""对其主义与政策尽量指摘与批评。"[③]对第三党、西山会议派、无政府主义派、国家主义派及北洋军阀时期遗留的各派系，改组派也说要采取排斥和反对的态度。

1928年冬，陈公博等在上海正式成立"中国国民党改组同志会"。总部设在上海，由汪派国民党中央委员组成，具体工作由王乐平负全责。会员曾达到1万余人。

这时，蒋介石已经重新独揽了国民党的党政军大权，并正积极准备召开国民党第三次全国代表大会，进一步加强个人独裁。对待改组派，蒋介石采取排斥和镇压的政策。因此改组派的人们便把攻击的矛头集中指向蒋介石。1929年内，各地改组派，特别是南京、上海、江苏等地的改组派，反蒋活动十分活跃。3月，改组派掀起反对国民党中央圈定指派"三全大会"代表的浪潮。"三全大会"处分了汪精卫等人。5月，改组派成立"护党革命大同盟"，号召"打倒盗窃党权政权的蒋介石"，"打倒勾结帝国主义的蒋介石"，"打倒新军阀领袖的蒋介石"。宣称"继续反帝国主义"，"继续反新旧军阀及封建势力"。[④] 这年冬，乘张发奎与桂系联合举兵反蒋的机会，江苏改组派发动了溧阳暴动。改组派的刊物《民意》等还曾代表东南沿海的民族资产阶级发出反对南京政府增加捐税的呼声，指责国民党政府执行的政策

---

① 陈公博：《党的改组原则》，载《革命评论》，第10期，1928-07-08。

② 《革命评论》，第5期，1928-06-04。

③ 陈公博：《党的改组原则》，载《革命评论》，第10期，1928-07-08。

④ 《中国国民党革命大同盟成立宣言》，1929年5月。

不是“民生主义”，而是“民死主义”。

改组派的活动，遭到蒋介石的严厉镇压。改组派的刊物《革命评论》《前进》《民意》《中华晚报》等，相继被查封。设在上海的大陆大学和改组派的领导机关先后被封闭。南京改组派多人被捕，改组派负责人王乐平于 1930 年春在上海被暗杀。这样，改组派在各地的基层活动陷于停顿。

1930 年 8 月，在中原大战进行当中，汪精卫同冯玉祥、阎锡山、西山会议派在北平召开反蒋的“国民党中央党部扩大会议”。属于改组派的原国民党中央委员与平、沪等处改组派上层分子纷纷前往参加。但是仅仅两个月，随着阎冯军事上的失败，扩大会议也就烟消云散。汪陈先后出国，并发表了解散“改组同志会”的宣言，其他上层分子重新寓居到津、沪的租界去。改组派宣布瓦解。到 1931 年 5 月，又有反蒋各派在广州成立“国民党中央执行委员会非常会议”和另一个“国民政府”与南京对立。汪精卫重新搜罗各地原改组派分子 100 余人前往广州参加，但这件事也没搞出什么名堂来。1932 年 1 月，汪精卫与蒋介石达成权力分赃的协议。随着汪蒋的合流，改组派的上层分子都进入国民党的党政机关，取得了一官半职。

三、人权派的“争人权”及其“演进改革”论

20 世纪 20 年代末出现的改良主义派别之一，是以胡适、罗隆基为代表的高唱“人权”的“人权派”。

1928 年 10 月，国民党公布了《训政纲领》。在训政名义下确立起来的国民党一党专政的政治体制，是少数人对政治权力的极端贪婪的垄断。因此引起一部分在野的大资产阶级和民族资产阶级的不满。资产阶级代表人物胡适、罗隆基等，非常向往资本主义制度和资产阶级民主，同时认为扼杀民主奉行独裁并不利于巩固国民党的统治。因此，他们经常集合在一起，讨论政治问题，指责国民党的弊政。他们出版刊物《新月》，宣扬自己的主张。

在《新月》第 2 卷第 2 期(1929 年 4 月出版)上胡适发表了《人权与约法》一文，批评国民党的训政和国民党没有“保障人权”，提出“快快制定约法以保障人权”。接着罗隆基在《新月》2 卷 5 期(1929 年 7 月出版)上发表《论人权》一文，他说：“人权破产，是中国目前不可掩盖的事实。”因此需要发动一个“人权运动”，“争回人权”。他认为“国家的功用，就在保障人权”。他列举了“目前所必争的人权”35 条，其内容是仿效欧美国家的政治学说，主

张“国家的主权在全体国民任何个人或团体未经国民直接或间接的许可，不得行使国家的威权”。政府“应对全民负责任”。“法治的根本原则是司法独立。”“人民在法律上一律平等。”“国民应有思想、信仰、言论、出版、集会的自由。”罗隆基还提出所谓“专家政治”。他说：“只有专家政治，才能挽救现在的中国。”他把“国家一切行政官吏的选用，应完全以才能为根据”，列为“必争的人权”之一项。

1929年12月，胡适写了《我们走那条路》一文，发表在《新月》2卷10期上。该文是经过集体讨论，作为表达人权派对中国问题的“根本态度”而发表的。他们声称“要打倒五个大仇敌”(也称“五鬼”)，即贫穷、疾病、愚昧、贪污、扰乱。这五大仇敌之中，帝国主义、封建势力都“不在内”。人权派标榜：“我们要建立一个治安的、普遍繁荣的、文明的、现代的统一国家。”如何建立这样的“新国家”呢？他们主张走“演进的路”，“一步一步的作自觉的改革”，“一点一滴的收不断的改革之全功”。他们反对“有主义的革命”“用暴力推翻暴力的革命”，说革命只能是“煽动盲动残忍的劣根性，扰乱社会国家的安宁”。因此，他们“要用自觉的改革来替代盲动的所谓‘革命’”。

共产党问题是胡适、罗隆基等人议论的重要问题之一。1930年12月罗隆基在《新月》3卷10期发表的《论中国的共产——为共产问题忠告国民党》，是他们鼓吹所谓从根本上解决共产党问题的有代表性的文章。罗隆基说：国共相持的结果，只会造成“经济上破产”，“政治上亡国”。“为中国人民求生计，自然只有希望国民党剿共及早成功”。“然而国民党剿共工作的成败，有待于他们的策略。”罗认为，军事的胜利，只是“头痛医头，脚痛医脚”；“最根本最敏捷最聪明”的“剿共铲共的策略”，是“以思想代替思想的方法”。他说，只要做到两条：“解放思想，重自由不重‘统一’”；“改革政治，以民治代替‘党治’”，那么“共产学说”在中国就不能立足，共产党也就“不剿自灭了”。

人权派主张改良，反对革命，既不满意于国民党的独裁统治，又不同意共产党的主张。他们要求国民党允许他们自由地宣传自己的主张，使中国的政治得到改良。但就是这样的主张，也为独裁者蒋介石所不许。1930年11月，罗隆基一度被捕。胡适的言论也受到国民党的严厉指斥。1929年冬国民党人汇编出版《评胡适反党义近著》一书，说胡适“污辱总理大逆不道，有反革命罪”。教育部以此对胡适发出“警告”。

四、中国托派的活动和主张

中国托派是大革命失败后，中共内部出现的一个政治上与中共中央路线相对抗、组织上进行分裂活动的反对派别。它因拥护苏联托洛茨基派而得名。正式名称为“中国共产党左派反对派”，或“中国布尔什维克列宁派”，后改称中国共产主义同盟，一般也称托陈(独秀)取消派。

中国托派最早出现在莫斯科中山大学的中国留学生中。1927 年就有一批中国学生参加了苏联的托派组织，或成为托洛茨基观点的拥护者。11 月，在莫斯科举行的纪念俄国十月革命 10 周年游行中，中国托派学生与苏联托派分子一起公开打出拥护托洛茨基、反对斯大林的旗号。12 月，联共(布)十五大决定对托派进行清洗。中国学生中的托派分子，一部分被揭露遣送回国，一部分转入地下活动。1928 年，留苏中国学生中的托派数量进一步发展，达到一百四五十人。约在九十月间，在莫斯科建立了中国学生的托派组织。12 月，已回国的托派分子在上海召开会议，成立国内第一个托派组织。1929 年 1 月，联共(布)中央决定驱逐托洛茨基出国，更严厉地镇压托派活动。中国学生中的托派分子慑于镇压，纷纷回国，但隐瞒了自己的托派身份。

大革命失败后处于消极状态的陈独秀，在 1929 年春开始接触到托洛茨基有关中国问题的著作。托洛茨基的许多观点，特别是关于斯大林和共产国际应负中国革命失败责任的观点，与他完全合拍。陈独秀和受他影响的一些人，由此走上托派道路。

1929 年中东路事件爆发，中共中央提出了违背中国民族利益的“拥护苏联”“武装保卫苏联”等口号，陈独秀连续给中共中央写信，提出了自己的意见，批评了中共中央的错误。指出“拥护苏联”这样的口号“只有最觉悟的无产阶级分子能够接受，而不能动员广大的群众”。8 月 5 日，陈独秀就中国革命问题致信中共中央。他认为，经过 1925—1927 年的革命，“已开始了中国历史上一大转变时期”，即“资产阶级取得了胜利，在政治上对各阶级取得了优势地位”；“封建残余在这一大转变时期中，受了最后打击”，“变成残余势力之残余”。国民党政权“完全是资产阶级政权”，资本主义已在整个社会占有优势并将得到和平发展。因此，中国资产阶级民主革命已经过去，尚未完成的任务，只有在推翻国民党资产阶级政权、剥夺资产阶级财产、建立无产阶级专政的斗争中来完成。目前社会主义革命的条件尚未成熟，在没有革命局势的现阶段，无产阶级只能进行以召集“国民会议”为总的政治口号的合法运动。与此同时，陈独秀等人在党内进行宗派活动，反对中共中央。

托派活动对共产党构成了严重威胁，是党所绝对不能允许的。中共中央要求陈独秀同中央的路线保持一致，写文章反对反对派，并担负中央分派给他的工作。陈独秀予以拒绝。1929 年 10 月，中共中央做出《关于反对党内机会主义与托洛茨基主义反对派的决议》，指出陈独秀“走到了极可耻的取消主义”。决议说：照陈独秀所说资产阶级克服了封建势力，帝国主义也对它让步了，那么，在经济上封建势力与帝国主义的束缚都没有了，在政治上对封建势力、帝国主义的矛盾都没有了，这就取消了反帝反封建的斗争，“把整个的革命都取消了”。取消派既然肯定了资产阶级统治的稳定，否定了革命高潮不可避免地要到来，他们就“自然要在原则上采取合法运动，而‘国民会议’应该是中心的口号，苏维埃的旗帜只好取消”。决议从政治上批判了陈独秀取消主义的错误。中央政治局决定，陈独秀必须立即服从中央的决议，接受中央的警告，停止一切反党的宣传和活动，否则就要开除他出党。

陈独秀坚持自己的观点，继续进行分裂党的活动。11 月 15 日，中央政治局开会通过决议，开除陈独秀的党籍，同时批准江苏省委关于开除其同伙彭述之等人的决议。

共产党同托陈取消派的斗争是不可避免的。但当时的党中央在反取消派的斗争中，在正确地坚持了革命的大方向和基本政策之外，在许多方面是用“左”倾的错误思想和政策批判取消主义的，因此不能完全正确地解决问题。

陈独秀在受到批判之后，公开亮出了托洛茨基主义的旗帜，并且在组织上与托派结合起来。1929 年 12 月 15 日，陈独秀、彭述之等以 81 人名义发表《我们的政治意见书》。在这个长达万言的纲领中，陈独秀等人继续坚持他们的观点，攻击中共中央的路线、方针，为自己辩解。陈独秀在上海与彭述之、尹宽、郑超麟、马玉夫等正式成立托派组织“无产者社”，设中央机构，陈独秀任书记，出版《无产者》。陈独秀在《无产者》第二期上发表《关于所谓“红军”问题》一文，攻击共产党到农村建立根据地是“出卖中国工人运动”，断言工农红军只能或被统治阶级“击溃”“收买”，或“因自己内讧而溃散”，“此外不能有别的前途”。

1931 年 5 月初，以陈独秀为首的“无产者社”，同梁干乔、区芳、张特等人的“我们的话”派，刘仁静、王文元、宋逢春等人的“十月社”，赵济、刘胤等人的“战斗社”，在托洛茨基的指使下，合并组成一个“统一委员会”，在上海设立中央机构，决定发行刊物《火花》，选举陈独秀、彭述之、王文元、宋逢春等为委员，陈独秀任书记。

中国托派在反对中共中央革命路线的同时，也反对国民党的反动统治。陈独秀等在《我们的政治意见书》中说：我们主张召开国民会议，“是要利用国民会议的斗争来发动广大的下层民众反对国民党资产阶级的军事专政，走向‘武装暴动’和‘苏维埃政权’”。由托洛茨基起草被中国托派“统一大会”接受的《中国布尔什维克——列宁派（反对派）底纲领》中说：“反对派底任务是将工人与贫民团结以对抗整个反革命资产阶级底国家系统。”“我们的战略底总路线是夺取政权。”所以遭到国民党的镇压。托派中央成立不到一个月，即遭破坏，大部分中央委员被逮捕。1932 年 10 月，陈独秀、彭述之也被捕入狱。中国的托派遭到很大的打击。

第四章　日本帝国主义的武装侵略　由国内战争向抗日战争的过渡

（1931年9月至1937年7月）

第一节　“九一八”国难　全国抗日民主浪潮的兴起

一、从“九一八”到“一·二八”　东三省沦亡　伪“满洲国”成立

1929年秋，资本主义世界爆发了新的经济危机。这场危机于1930年春波及日本，激化了日本国内的阶级矛盾。面对着严重的政治经济危机，日本政府急于发动一场侵略中国东北的战争，借以转移日本人民的视线，缓和国内的阶级矛盾，并且侵略中国是日本的既定国策。日本成为东亚的战争策源地。

为了发动侵略中国东北的战争，日本政府向日本国民大肆宣传“满蒙生命线”遭到危机，大规模地扩军备战。1931年6月，日本陆军省和参谋本部共同拟定了《解决满洲问题方策大纲》。大纲规定日本对中国东北“终于不得不采取军事行动”，但“为争取国内外的谅解”，“约以一年为期，即到明春为止”，进行准备。[①] 但是日本关东军主张“立即断然采取行动”。于是关东军作了一系列具体的准备。

为了寻找发动侵略战争的借口，1931年7月，日本在吉林省长春市北万宝山，挑起中朝农民纠纷，造成流血冲突。接着在日本的煽动下，在朝鲜境内发生大规模的反华事件，一周内杀害华人109人，90多人失踪，160多人受伤。8月又利用日本参谋本部中村震太郎大尉和随员三人非法潜入大兴安岭地区进行间谍活动，被中国驻军抓获处死的所谓“中村事件”，叫嚣“应利用中村事件的机会诉诸武力，一举解决各项悬案”。同时，日本陆军

---

① 《中国近代对外关系史资料选辑》下卷第1分册，205页。

进行了人事调整，军内有名的"中国通"本庄繁就任关东军司令官，对关东军兵力部署作了调整。当时关东军的正规部队约有 1.04 万人。

1931 年 9 月 18 日晚上，日本关东军在沈阳北郊柳条湖村附近炸毁了南满铁路的一小段路轨，诬称中国军队破坏铁路、袭击日本守备队，突然向中国东北军驻地北大营和沈阳城发动进攻，制造了震惊中外的九一八事变。

九一八事变发生时，东北军的总人数约有 30 万人。除因军阀混战调到关内的 11 万人外，留在东北的有近 20 万人。由于张学良下令不作抵抗，东北军大都不战而退，军政大员四散逃避。19 日晨日军占领了沈阳城，同日又占领长春、营口、辽阳、鞍山、本溪、抚顺、四平、安东(今丹东)等 20 座城市。21 日，吉林省代理主席、军署参谋长熙洽叛国迎降，关东军占领了吉林市。驻朝鲜的日军也越境侵入中国东北。从 9 月 18 日至 25 日的一周里，日军占领了辽宁、吉林两省 30 座城市。日军在占领辽宁(除辽西)、吉林两省后，即积极作侵占黑龙江省的准备。黑龙江省代理主席兼黑龙江省军队总指挥马占山在嫩江桥抗战。11 月 19 日日军占领黑龙江省垣齐齐哈尔。之后，日军调转枪头进攻锦州，1932 年 1 月 3 日进入锦州。接着占领了辽西地区。随后将进攻方向转移到北满，2 月 5 日，日军占领了哈尔滨，接着占领了黑龙江全省。至此，历时 4 个月零 18 天，东北三省全部沦于敌手。

日本帝国主义强占我国东北，并策划成立伪"满洲国"，引起了国际极大的注视。为了转移视线，并压迫国民政府屈服，日本制造了一·二八事变。1932 年 1 月 28 日夜，日本海军陆战队向上海闸北发动进攻，驻上海的十九路军在全国人民抗日热潮的推动和影响下，在总指挥蒋光鼐、军长蔡廷锴的指挥下奋起抵抗。十九路军淞沪抗战得到了全国民众的热烈支援，全上海各界民众展开了巨大的捐献运动和支前运动。2 月中旬张治中率领的第五军开赴淞沪参战。由于十九路军和第五军的英勇抵抗以及广大民众的积极参战，上海抗战坚持了一个多月，杀伤日军一万多人，使得日军三易主帅而不能有所推进。但是，十九路军和第五军孤军作战，伤亡日重，急需支援，而蒋介石却拒绝再派兵增援，军政部还克扣军饷和截留捐款。日本侵略军在组成上海派遣军后于 3 月 1 日开始全线总攻击，并在七丫口登陆。在日军占领浏河后，中国军队腹背受敌，曾请求军政部速派两师兵力驰援浏河，军政部置之不理。当日夜十九路军和第五军被迫撤退，日军侵占了淞沪地区。与此同时，伪"满洲国"宣告成立。日本发动上海事变的目标已经完成。3 月 4 日，国联行政院决议中日双方实行停战。3 月 14 日，经英国公使兰普森斡旋，中日双方停止军事行动并进行停战谈判。5月5日，签订了屈辱的《上海停战协定》。依照协定及其附件的规定，中国军队只能留驻在昆山、苏州一带，不能进驻上海，而日本侵略军却可以继续留驻在上海。这个协定的签订激起了中国人民的极大愤慨。

日本帝国主义在发动九一八事变的同时，日本关东军参谋部于9月22日抛出了《满蒙问题解决方案》。确定“建立以宣统帝为元首，领土包括东北四省及蒙古，得到我国支持的新政权”。日本关东军于1931年11月将溥仪由天津挟持到东北。1932年1月，日本陆军省、海军省和外务省共同制定了《中国问题处理方针纲要》，其中规定把东北从中国主权下分离出来成为一个国家，这个国家的政治、经济、国防、交通、通信等受日本的控制，由日本人参与这个国家的中央和地方的行政。根据这个方针，关东军加紧了在东北建立伪国的活动。2月17日成立“东北行政委员会”，以汉奸张景惠为委员长。3月1日发表所谓“建国宣言”，宣布“满洲国”成立。9日溥仪出任“执政”，郑孝胥任“国务总理”，年号大同，“首都”长春，改称“新京”。表面上“满洲国”由一批汉奸头目当“总理”和各部大臣，但各部均由日本军国主义分子担任次长，掌握各部的实权。在伪政府中还设立了一个总务厅，由日本人任总务厅长官，总揽伪政府的一切大权。关东军司令官实际上是“满洲国”的太上皇。16日，日本外务省发表宣言正式承认“满洲国”。1934年3月，“满洲国”改称“满洲帝国”，溥仪由“执政”改称“皇帝”，年号“康德”。在日本帝国主义的殖民统治下，东北人民过着亡国奴的生活。

二、抗日民主浪潮的高涨　国民党统治的危机

九一八事变和一·二八事变使中国的政治形势和阶级关系发生了重大变化，中日两国的矛盾开始向主要矛盾转化，反对日本帝国主义侵略成为全国人民的共同要求，中国人民强烈的反日斗争和局部的抗日战争从此开始，全国的民主浪潮由此兴起。

全国人民对日本帝国主义的武装侵略和国民党政府的不抵抗主义，无不义愤填膺，纷纷要求进行抵抗。全国各方面纷纷发出通电，抗议日本帝国主义的侵略暴行，呼吁国民党“平息内争，一致御侮”，要求政府采取行动抵抗日本帝国主义的侵略。全国各大中城市纷纷召开各界抗日救国大会，举行游行请愿，参加阶层之广和规模之大都是空前的。9月23日，南京市各界10万多人举行抗日救国大会。会场响起哀乐，哭声震天，会上讲演者

挥泪陈词，呼喊“南京市民众应走在最前线，杀到日本去”。[①] 会后赴国民政府请愿。26日，上海举行抗日救国大会，参加的有800多个团体20多万人，会后举行游行。28日，北平各界召开抗日救国大会，参加的有250多个团体，约20多万人。大会通过20条决议案并通电全国，要求“国民政府改定外交方针，认定日本为目前中国最大敌人”，实行“对日宣战”，在全国“厉行对日经济绝交”，“组织抗日义勇军”，“国内各方停止内争，一致对外”。[②]

9月24日，上海3.5万名码头工人举行反日罢工。上海23家日资纱厂工人酝酿同盟罢工，工人纷纷退厂。上海日本商号的店员和私人雇用的佣工也纷纷离去。10月初，上海80多万工人组织抗日救国联合会。各厂工人纷纷组织抗日义勇军，派代表去南京要求政府发枪开赴抗日战场。10月中旬，北平工界抗日救国会成立。他们发出通电，强烈要求政府出兵抗日，并做出了组织义勇军和募集爱国捐款等项决定。其他各地的职工也都以发表宣言、向政府请愿、征募爱国捐款、禁售日货等多种形式，开展抗日爱国活动。

青年学生在反日浪潮中起了先锋作用。各地大中学生纷纷集会游行，发表通电，进行抗日宣传，建立抗日团体，组织抗日义勇军。要求国民政府停止内战，一致对外，武装民众，出兵抗日。9月20日，北京大学学生会向国民政府发出代电说：“为今之计，唯有速息内战一致抗日，并望我国民众实行武装，暂作政府后盾。”9月25日，北平师范大学学生电国民政府，谴责政府和军队“一遇外敌，辄取不抵抗政策，洵属奇耻”。9月27日，北平学生抗日救国联合会发表《为东三省事件告全国民众书》，指出：“向国联报告请求公判”，是“软弱无效，坐以待毙的政策”。主张工农兵学商“组织起来”“武装起来”，“成立全国的反日运动联合会”，“以群众的力量驱逐日军出境”，“打倒勾结日本帝国主义的走狗”。

各地学生纷纷向各地方政府请愿，并派代表或结队赴南京请愿。9月27日，宁沪两地学生两千多人赴国民党中央党部和国民政府请愿。在外交部，愤怒的学生痛打了外长王正廷，捣毁了他的办公室。11月，南京国民党第四次全国代表大会通过“请蒋速北上，收复失地”的紧急动议案，蒋介石也诡称“个人决心北上”。消息传出，全国各地学生立即发起“送蒋北上抗日运

---

① 陈觉：《九一八后国难痛史资料》，第3卷，42页，东北问题研究会，1932。

② 陈觉：《九一八后国难痛史资料》，第3卷，2～3页。

动”。11月25日，各地到南京敦促蒋介石出兵抗日的学生达两万多人。12月初，因国民政府代表向国联提议将锦州划为“中立区”，各地学生乃改请愿团为示威团赴南京示威。12月5日，北京大学示威团在南京街头举行示威，被军警包围，打伤30多人，逮捕185人。7日，上海各校学生1.5万人举行示威游行，声援北大学生。9日，上海学生上万人，包围了上海市政府，迫使市政府释放了北大学生代表，交出了绑架学生的凶手。接着上海学生组织了人民法庭，公审凶手，并捣毁了国民党上海特别市党部。12月15日，北平学生示威团200余人到国民党中央党部请愿，蔡元培、陈铭枢出来与学生相见，学生殴打了陈、蔡。17日，汇集南京的各地学生3万多人，联合举行大示威，示威学生在珍珠桥遭到大批军警的血腥屠杀，死30多人，伤100多人，被捕100多人。这就是骇人听闻的“珍珠桥惨案”。当夜，国民党当局又派出大批军警赴各校搜捕学生，并武装押送各地学生返回原地。

全国各城市的爱国工商业者纷纷参加到抗日救亡运动的热潮中来。他们联合起来拒绝日货、拒收日钞、拒绝与日商买办往来，要求政府实行对日经济绝交。北平市商会将北平市各商店所存日货一律封存，并声明绝对不贩售仇货及与日经济绝交，各商会会员均填表盖章。有的商会还筹资汇寄前方，支援抗日。

一些政派和政界舆论界代表人物纷纷发表言论，要求：“立息内争，共御外侮”，抨击国民党的不抵抗主义和一党专政。九一八事变刚一爆发，罗隆基写了题为《沈阳事件》的小册子，就日本侵略东北一事批评国民党当局的内外政策，提出“改组政府”的主张。他说：“在目前内忧外患的环境下，具体的救急办法，是根本改组现在的政府”，组织国防政府。① 10月，王造时发表《救亡两大政策》一文，提出“对外准备殊死战争，与日拼命到底，促成日本革命”。“对内取消一党专政，集中全国人才，组织国防政府。”②九一八事变后，青年党呼吁政党休战，共同抗日。在《我们的主张》中明确提出：第一，对日应断绝国交，立即宣战。第二，废除一党专政，组织国防政府。只有这样才能使四万万国民在精神上团结起来。当时的《申报》和《社会与教育》《民声周报》等刊登了大量抗日文章，抨击国民党的不抵抗政策和一党

---

① 罗隆基：《沈阳事件》，15页，上海，上海良友图书出版公司，1931。

② 王造时：《救亡两大政策》，见《荒谬集》，20页，上海，自由言论出版社，1935。

专政。

中间派别企图在国难深重、人民愤恨的情况下，以合法斗争的方式，要求国民政府改革内政，开放政权，实行民主政治。国民党内部的某些反蒋派，也标榜民主政治，作为反对蒋介石的一种手段。社会上的民主派和国民党内的反蒋派，一致呼吁召开国难会议或国民代表会议、国民救国会议之类的会议，以争取实现他们的主张。1931 年 12 月，各界人士熊希龄、马相伯、章炳麟、沈钧儒、左舜生、黄炎培等 60 余人组成中华民国国难救济会，发表宣言，并连续发表通电，申述自己的主张。他们认为招致日本侵略的重要原因之一，是“以国内一部分人之集团，标榜党治，掌握政权，自属于统治阶级，而无视大多数国民之国家主人地位”。他们要求国民党“立时解除党禁，进行制宪”，保障人民的集会结社等自由，“万不宜复袭训政之名，行专制之实”。①

此后在上海、北平、天津等地陆续成立了一批要求民主宪政的团体。当时有的报纸曾把上述这些活动称为中国的一次宪政运动。

对于上述抗日和民主要求，国民党当权派极力抵制。但在各方面的压力下，不得不答应召开国难会议。1931 年 12 月下旬，国民党四届一中全会决定：“国难会议由国民政府于半个月内召集，讨论御侮救灾绥靖各事宜。”1932 年 1 月 18 日国民政府下令召集国难会议。会议的召集由行政院办理。参加会议的会员“由国民政府就全国各界富有学识经验资望之人士聘任之”。

国民政府召开国难会议的命令颁布后，许多民主人士和民族资本家继续努力，争取借开会之机实现自己的主张。王造时、史量才、沈钧儒、黄炎培、荣宗敬、刘鸿生、穆湘玥、李璜等 62 人提出一项《救济国难之具体主张》。对外他们主张：不辞任何牺牲，维护国家主权及领土之完整。为贯彻此项主张，“应以武力自卫为主，以国际折冲为辅”。对内他们主张实行民主政治。在宪政未实施以前，要求政府立即确保人民言论、出版、集会、结社的自由，承认各政党的并立自由活动，集中全国人才组织有力政府，设立民选的国民参政会监督政府，筹备宪政并于八个月内制定民主主义的宪法。

国难会议于 4 月 7 日由汪精卫主持，在洛阳召开。原定会员为 227 人，到时出席者仅一百四五十人。主张抗日民主和不满蒋汪把持会议的人，几乎都没有参加。在讨论国内政治问题时，国民党人张继发言，他说：“现在

---

① 王造时等：《民宪运动之初步》，19 页，1931。

唯一希望，全国国民应一致帮助本党完成革命使命，同时督促政府，切实施行地方自治，以树宪政基础。”会议以这个发言作为讨论的终结。这样就把全国人民的民主要求，完全否定了。关于会议要讨论的“御侮”问题，最后作了这样的决议：“凡侵害国家政治独立及领土与行政完整之敌人，政府应用武力与外交，抵抗到底，有违上述宗旨之条约，概不得签订。”“在政府努力实行上项原则之时期内，全国人民，不分党派阶级概应尽最大力量，赞助政府，共同御侮。”这表明国民党要坚持现行的屈辱妥协的对外政策，不准人民起来抗日，拒绝开放政权实行民主改革。会议于4月11日闭幕。这次宪政运动，在国民党的压制下，如昙花一现，无结果而终。

国民党和国民党军队内部也发生了分化、分裂和动摇。一部分国民党军政人员，提出各项抗日主张。国民党驻东京直属支部委员会于9月20日致电中央执行委员会，要求“对日所提出之任何条件绝对不承认”，“彻底对日厉行经济绝交”，“作对日战争准备”。11月，当日军进犯黑龙江省时，马占山率部在嫩江桥抗战，部分国民党组织纷纷致电声援和慰问，全国各地各阶层也纷纷捐款援马抗战。12月，被派到江西“围剿”红军的国民党军第二十六路军1.7万多人，在总参谋长赵博生和旅长董振堂的率领下，在江西宁都起义，参加红军。

在全国抗日民主浪潮的冲击下，也在国民党内部反蒋派别的咄咄进逼下，蒋介石考虑到对己的不利形势，决定采取以退为进的策略，12月15日，向国民党中常会辞去国民政府主席兼行政院长职务。国民党和国民政府内部处于动荡危机之中。

三、蒋汪胡之间的斗争　蒋介石宣布“攘外必先安内”国策

九一八事变发生后，国民政府和蒋介石决定的对日方针是退让，依靠国际联盟压迫日本从东北撤兵或终止侵略。事变发生时，蒋正在江西“督剿”红军，曾密电张学良：“沈阳日军行动，可作为地方事件，望力避冲突，以免事态扩大。一切对日交涉，听候中央处理。”蒋于9月21日回到南京，立即召集党政军要人“商讨对日方略”，决定“对外避免扩大战争，经由向国际联盟的申诉，获得公平的处断”。9月23日，国民政府发表告全国国民书说：“政府现时既以此次案件诉之于国联行政会，以待公理之解决，故已严格命令全国军队，对日避免冲突，对于国民亦一致告诫，务必维持严肃镇

静之态度。”①

中国政府于9月21日正式向国联递交声明书，请求国联阻止此种形势的扩大及恢复事变前原状。22日，国联理事会开会讨论，结果只是向中日两国政府发出内容相同的“紧急警告”，要求双方立即撤兵，避免事态扩大。由于日本继续进兵扩大侵略，国联理事会于9月30日和10月24日两次做出决议，希望日本“将其军队从速撤退至铁路区域以内”。日本拒绝撤兵，国联决议成了一纸空文。在依赖国联的希望破灭后，蒋介石仍采取以外交方式解决的方针，并试图与日本直接交涉。

在日本拒绝撤兵并继续扩大战争的情况下，国联于1932年1月成立了一个调查团，由英、美、法、德、意五国代表组成，英国代表李顿任团长。李顿调查团于10月公布了《国联调查团报告书》。报告书承认“东三省为中国之一部分”等若干基本事实，对日本的侵略行径也做了一定程度的揭露，指出日军在九一八事变中的军事行动“不能认为合法之自卫手段”，“满洲国”是日本制造的傀儡政权。但报告书在许多方面为日本侵略者辩护，从而做出了许多损害中国的结论。它还提出了一个对中国东北实行“国际共管”的方案。这理所当然地遭到中国人民的强烈反对。1933年2月24日，国联大会以42票赞成，日本1票反对，通过了《国际联盟特别大会关于中日争议报告书》，基本上接受了李顿报告书的意见和建议，并申明对“满洲国”不给予事实上或法律上的承认。3月27日，日本政府发表通告，宣布退出国际联盟。

“九一八”国难当头，全国掀起了要求抗日与民主的浪潮。但国民党内的蒋(介石)、汪(精卫)、胡(汉民)三派置国难于不顾，继续纷争不休。1931年5月，蒋介石召开国民会议之后，反蒋派汪精卫、孙科、陈济棠、李宗仁等在广州成立了国民党中央执监委非常会议和国民政府，与蒋介石的南京国民政府实行武力对峙。“九一八”后，宁粤双方同时唱出“和平解决”纷争的调子。南京呼吁粤方取消“广州国民政府”，“立即团结，共赴国难”；粤方则要求蒋介石下野，组成“统一”的国民政府，“息争御侮”。实际上他们是在“共纾国难”的旗号下争夺权力。9月28日，宁方代表携带蒋介石的亲笔信到达香港，开始与粤方进行会谈。粤方同意取消“广州国民政府”，由宁粤双方召开“和平统一会议”，产生统一的国民政府，但蒋介石必须下野。宁方代表认为其他条件都可以商量，唯有蒋介石下野一条实难接

① 上海《民国日报》，1931-09-24。

受。双方争执不下。蒋介石为引诱粤方代表到南京谈判，回电诡称，本人问题可在和平统一会议上讨论，请粤方速派代表北上会谈。粤方旋即提出，必先释放胡汉民，开会地点在上海，达成协议后再去南京。宁方表示可以，广州会谈告一段落。又经过一番争斗，宁粤双方代表于10月27日在上海召开“和平统一会议”。会上，粤方提出《中央政制改革案》，意在打破蒋介石建立的独裁体制，夺取中枢权力；宁方则坚持党统不能动摇，约法不能改变，把持中央大权不放。双方互相攻讦，会议陷入僵局。经多方斡旋，到11月7日达成协议，双方各于所在地点召开国民党第四次全国代表大会，选举中委，然后在南京召开四届一中全会，统一处理双方提案，并改组政府。南京国民党“四大”于11月12日召开，蒋介石在会上高唱“团结内部”“抵御外侮”，但没有抵御外侮的实际措施。他对中枢大权紧紧抓住不放。广州国民党“四大”于11月18日召开，会上倒蒋愈加激烈，非逼蒋下野不可。同时，各反蒋派由于抢权争利无法协调，又分裂为广州胡派“四大”和上海汪派“四大”。胡汉民宣称广州“四大”的宗旨，一曰“精诚团结，共赴国难”；二曰“推倒独裁，实行民主政治”。他的用意在压蒋介石下野，改组南京政府。在国民党内部反蒋派别的咄咄进逼下，蒋介石于12月15日辞去国民政府主席兼行政院长职务。

蒋介石辞职后，国民党宁、沪、粤三方中央执、监委员，于1931年12月22日在南京召开四届一中全会，宣告党的“统一”，并组成所谓“统一政府”，由林森任国民政府主席，孙科任行政院长(根据新的国民政府组织法规定，国民政府主席不负实际责任，而由行政院负实际责任)。蒋、汪、胡3人被推举为中常委并兼任中央政治会议常委(中央政治会议不专设主席，由蒋、汪、胡3人轮流做主席)。但蒋、汪、胡3人均不受命，且互不合作，而躲在浙、沪、粤三地幕后操纵，继续进行争权夺利的斗争。孙科执政是国民党内部蒋、汪、胡三派之间矛盾斗争的产物。蒋介石虽称“下野”，实际上仍控制着军政大权。就在孙科通电就职的当天，即1932年1月1日，日军对锦州发起总攻。孙科为博取舆论的支持，一面鼓动“死守锦州”，一面主张对日“和平绝交”，但没有任何准备和实际行动。1月3日，日军几乎在兵不血刃的情况下占领锦州。全国舆论纷起抨击孙科政府，要求对日宣战。孙科政府面临财政、外交两大危机一筹莫展。国民党统治陷入一片混乱之中。孙科支撑不住局面，只得吁请汪、蒋、胡入京主持一切。蒋介石的亲信乘机叫嚷促蒋复职。蒋介石看到时机已到，决定拉汪排胡重新出山。1931年1月，他发表了一篇题为《东北问题与对日方针》的文章，提出了“不绝交”“不宣战”“不订割地之约”“不签丧权之字”的对日外交“四不”方针。随即到杭州与汪精卫会晤，双方达成了协议，汪主持内政外交，蒋负责军事。1月28日，国民党召开临时中政会，决定由汪精卫任行政院长，宋子文任行政院副院长，成立军事委员会，指定蒋介石等为常委，统辖全国军事。蒋于3月6日正式出任军事委员会委员长。

蒋汪合作重新上台的当日深夜发生一·二八事变。蒋汪提出对日一面抵抗、一面交涉的方针。1932年5月5日签订了妥协退让的《上海停战协定》。蒋介石立即正式宣布把“攘外必先安内”的反动政策，作为国民党处理对外对内关系的基本准则。后来蒋介石谈到这段历史时说：一·二八淞沪抗战时，看到共产党在南方七省燃起的“燎原之火，有不可收拾之势”，国民党面临“两个战争”。于是，“于淞沪停战之后，宣布攘外必先安内的政策”。“随即于6月18日，在牯岭召开豫鄂皖湘赣五省清剿会议，确定第四次围剿计划”。

蒋介石正式确定“攘外必先安内”作为基本政策有一个过程。1931年夏，他初次提出“攘外必先安内”，“不先消灭赤匪……则不能御侮”。1931年11月，他在顾维钧就任外交部长的仪式上说：“攘外必先安内，统一方能御侮，未有国不统一而能取胜于外者。”1932年3月14日，他向“剿匪政治宣传人员”下发了“倭寇深入，赤匪猖獗，吾人攘外必须安内”的指示。《上海停战协定》签订后，蒋介石发表了一系列“攘外必先安内”的言论，一再宣称：第一是“剿匪来安内”；第二“才是抗日来攘外”。“安内是攘外的前提”。“安内”的重点是消灭共产党和红军，“同时也要消灭一般违抗中央的叛逆军阀”。蒋介石把巩固国民党反动统治和他个人独裁地位看得高于一切。他对外妥协的目的，是为了加强对内的统治。他推行“攘外必先安内”的政策，违背了九一八事变后中国革命的中心任务，背离了全国要求抗日民主的历史潮流。

四、中共王明“左”倾错误路线的发展　中华苏维埃共和国临时中央政府的成立及其各项基本政策

1931年9月下旬，王明赴莫斯科担任中共中央驻共产国际代表团的负责人，在上海成立了以博古为首的中共临时中央政治局，继续推行王明的“左”倾冒险主义政策。临时中央政治局主张坚决抗击日本帝国主义的侵略，猛烈抨击国民党政府的不抵抗主义，发动和领导群众开展反对日本侵略者

和国民党反动统治的武装斗争。这些有它正确的一面。但是，他们对形势的分析，对阶级关系的估量以及所采取的政策和策略，对中国历史潮流的把握，都是错误的。他们认为九一八事变“将成为世界大战尤其是反苏战争的导火线”，“反苏联成为最主要的、最迫切的根本危险”，因而提出“武装保卫苏联”这样脱离人民抗日要求的口号。他们片面强调“九一八”后帝国主义相互勾结镇压中国革命的一致性，因此提出在反对日本帝国主义的同时，必须“反对一切帝国主义”。他们忽视日本侵略造成的民族危机和国家灭亡的危险，完全否认日本侵略者和中国国民党当权派之间的矛盾，因此提出“推翻国民党政府”，“是胜利地进行民族革命战争的先决条件”。他们把国民党看成铁板一块，把各反蒋派别一律说成是“反革命的在野派别”，要统统打倒。他们否认中间营垒的存在，否认中间派别的抗日民主要求，而且断定中间派别是“最危险的敌人”，“应该以主要力量来打击”这些派别。他们过分地夸大国民党统治的危机和革命力量的发展，要红军夺取中心城市，在敌人势力强大的城市，经常无条件地号召和组织政治罢工、罢课、罢市、罢操、罢岗、游行示威、飞行集会等。这就偏离了当时历史发展的主流，脱离了民族的国家的中心任务，产生了一系列根本性的错误。

“九一八”时，王明的“左”倾冒险主义政策还没有来得及在各个苏区贯彻。因此，那里的工农革命还在深入和扩大。中共临时中央政治局急于要求“成立全国苏维埃临时中央政府”，认为这是“目前革命最迫切的需要”。1931 年 11 月 7 日至 20 日，在江西瑞金召开中华苏维埃第一次全国代表大会。大会宣布成立中华苏维埃共和国临时中央政府，通过了《中华苏维埃共和国宪法大纲》。宪法大纲规定：“中华苏维埃政权所建立的是工人和农民的民主专政的国家。”苏维埃全部政权“属于工人、农民、红军兵士及一切劳苦民众”。军阀、官僚、地主、豪绅、资本家、富农、僧侣及一切剥削人的人和反革命分子“没有选派代表参加政权和政治上自由的权利”。“这个专政的目的，是在消灭一切封建残余，赶走帝国主义列强在华的势力，统一中国，有系统地制止资本主义的发展，进行国家的经济建设，提高无产阶级的团结力与觉悟程度，团结广大的贫农群众在它的周围，以转变到无产阶级专政。”这些是这个政权的总任务。

大会通过了劳动法、土地法以及经济政策等重要文件。劳动法规定 8 小时工作制，最低限度的工资标准，工人有监督生产之权。土地法规定没收地主阶级的土地，分配给贫农、中农，并以实现土地国有为目的。关于经济政策的文件规定：苏维埃政府“将操在帝国主义手中的一切经济命脉，实行国有”；对于中国资本家的企业及手工业由工人“实行监督生产”；保证商业自由，但“严禁商人的投机和提高价格”。这些文件是中共六届四中全会后的中央政治局和共产国际远东局共同商议起草和提交大会的，其中有很多是“左”的错误政策。如在土地政策中，规定地主不分田，富农分坏田，没收他们经营的工商业；在劳动政策中，片面强调改善工人生活，提高工人工资；在经济政策中，规定征收高额的所得税，实际上是不容许私人工商业发展和存在。这些“左”的错误规定对苏区的发展是有害无益的。

大会选举毛泽东等63人为中央执行委员，组成中央执行委员会。中央执行委员会选举毛泽东为中华苏维埃共和国临时中央政府主席。中华苏维埃共和国临时中央政府的成立，标志着在中国领土内存在着两个性质根本不同的政权。在“九一八”后，全国开始出现抗日民主运动高潮时，成立苏维埃中央政府是不符合全国形势发展的要求的，是与团结抗日的总任务相违背的。

第二节　国民党独裁统治的加强　日本向关内扩张和抗日民主浪潮的持续

一、国民党在政治军事文化思想上统治的加强

“九一八”和“一·二八”之后，蒋介石为了推行“先安内而后攘外”的政策，继续采取各种措施，强化国民党的反动国家机器，加强对人民的统治和对抗日民主运动的镇压，以巩固领袖独裁和国民党一党专政的国家制度。

1932年1月，国民党决定恢复军事委员会，作为国民政府的最高军事机关。3月，国民党四届二中全会正式通过军事委员会组织大纲，规定军事委员会委员长统率全国陆海空军，总揽其军令、军政大权。蒋介石任军事委员会委员长兼总参谋长。6月，军事委员会通令将国民党的军队统一编为48个军、96个师，建立了一支庞大的、由蒋介石直接指挥的“中央军”。为了强化这支正规化的中央军，蒋介石在江西庐山开办军官训练团并自任团长，对师以上的高级军官施行“精神训练”。蒋聘请外国军事顾问，大量购买外国军火，补充和更新武器装备。除了强化正规军之外，国民政府还加强了地方武装力量，建立了省以下的地方保安机构和保安团、队。1932年，军事委员会颁布《剿匪区内各省民团整纪条例》，统一各地民团的名称、编制和指挥。到1934年6月，豫、鄂、湘、赣、皖、苏、浙、闽8省民团扩

大到 1700 万人。

蒋介石在国民党内、政府中和军队中建立了庞大的特务组织。早在1927 年年底，陈果夫奉蒋介石之命组织了“中央俱乐部”(Central Club)，这就是CC 的由来。1929 年国民党“三大”时，陈果夫控制了中央组织部，他的胞弟陈立夫当上了中执会秘书长，二陈的势力逐渐伸进了各省市党部的组织部门，形成了以二陈为中心的 CC 系集团。在二陈控制的国民党中央组织部有一个党务调查科(后扩大改称党务调查处)，专门从事特务活动，它就是国民党中央调查统计局(简称“中统”)的前身。党务调查处的特务组织和活动后来扩大到各省市党政机关、文教部门以至经济机构。1932 年 3 月，蒋介石指使贺衷寒、戴笠、康泽等成立了中华民族复兴社，并在其内部成立了一个更为秘密的内层组织力行社。复兴社的活动范围起初主要是国民党的军事系统，后来扩展到其他方面。复兴社设有特务处和别动队，专门从事特务活动。这个特务系统后来隶属于军事委员会，称作军事委员会调查统计局，简称“军统”。

国民党政府推行保甲制度，逐步建立了基层统治网。保甲的编组，以户为单位，十户为甲，十甲为保，设保甲长，依照所谓“管、教、养、卫”的原则进行活动。1932 年 8 月，颁布了《鄂豫皖三省剿匪总司令部施行保甲训令》及《剿匪区内各县编查保甲户口条例》，在革命根据地周围地区建立保甲组织。1934 年后把保甲制度推行到全国各地。

在文化思想方面，蒋介石大肆宣传中国固有的封建道德“四维”(礼、义、廉、耻)“八德”(忠、孝、仁、爱、信、义、和、平)。他特别推崇王阳明“致良知”的哲学，并把王阳明的“致良知”和法西斯的行动主义结合起来，形成了蒋介石的反动哲学思想体系，称作“力行哲学”或“诚的哲学”。当时国民党的一些报刊充满了“实行国民党的法西斯化”“只有铁血的法西斯蒂才能救中国”之类的叫嚣。蒋介石的亲信党徒狂热地鼓吹“一个党、一个主义、一个领袖”。

1934 年 2 月，蒋介石发起所谓“新生活运动”，成立新生活运动促进会，自任会长。按蒋介石的说法，新生活运动就是使全体国民的全部生活(衣、食、住、行)都合乎民族固有道德——“礼义廉耻”的运动。新生活运动的目的，是从“改造国民的衣食住行”等日常生活入手，以“整齐、清洁、简单、朴素、迅速、确实”为具体标准，使“国民生活军事化、生产化、艺术化”，从而“改造社会，复兴国家”。但其真正的目的是要灌输他的反动思想，清除革命和进步思想的影响，以封建的伦理纲常、“四维”“八德”来整治人心，使广大人民群众服服帖帖地接受国民党的封建买办法西斯独裁统治。这一运动表面上曾热闹一时，但由于它的根本目的违反人民的意愿和党政官员的腐败怠惰，收效甚微。

国民党CC派于1934年发起所谓“文化建设运动”，3月成立中国文化建设协会，陈立夫为理事长，出版《文化建设》杂志，鼓吹“中国本位的文化建设”。该刊第一期发表了陈立夫的《中国文化建设论》。他说中国文化偏重于精神，西方文化偏重于物质。他要使两者作“合理的(中)配合(和)”，形成一种“新文化”。建设这样一种文化是中国复兴民族的希望所在。1935年1月，王新命、陶希圣等10教授在《文化建设》第1卷第4期上联名发表《中国本位的文化建设宣言》。《宣言》提出“不守旧”“不盲从”。主张“根据中国本位，采取批判态度，应用科学方法，来检讨过去，把握现在，创造将来”。“使中国在文化的领域中能恢复过去的光荣”。这种空洞的语言并没有说明他们到底要建设一种什么样的文化。但《宣言》又说它反对“完全模仿英美”，也反对“模仿苏俄”和“模仿德意”。这里明确表示了既反对民主主义又反对社会主义。之后，报刊上发表了大量关于“中国本位文化建设”的文章，引起了热烈的讨论，有主张“中国本位文化”的，有反对这种说法和思想的。1936年9月《文化建设》月刊社编辑出版了《中国本位文化建设讨论集》，该书以陈立夫的一篇文章《文化与中国文化之建设》作绪论，文中说：“三民主义者即以中国为本位之文化建设纲领也。”由此可见“中国本位的文化建设”就是要建设蒋介石、陈立夫所主张的三民主义的文化。

国民党指使10教授发表宣言，发起讨论，用意在于建设所谓三民主义的文化，但这场讨论却成为中国思想史上一件大事。

国民党在大肆鼓吹封建买办法西斯思想的同时，加紧对革命文化的“围剿”。首先是剥夺革命进步文化的出版自由。国民党当局先后颁布了《出版法》《图书杂志审查办法》等法令，对报纸、杂志、书籍等出版物的出版作了种种限制和禁止的规定，一切出版物均须交审，凡宣传共产主义，批评国民党的政策，对国民党政府表示不满和要求民主抗日的，严加限制和禁止。据不完全统计，从1929年到1935年，革命的进步的社会科学和文艺书刊被查禁扣押的达千余种。1936年，国民党中央宣传部公布一份《取缔反动文艺书籍一览》，查禁文艺书籍364种。同年8月，国民党中宣部印发《取缔社会科学反动书刊一览》，被查禁的有676种。除查禁书刊之外，国民党还派遣特务、侦探和组织流氓、暴徒袭击和捣毁进步的文化机构、报馆、书店和影片公司、电影院，投寄匿名恐吓信，绑架和暗杀共产党员作家及进步人士。

二、20 世纪 30 年代前期的经济状况

1929 年资本主义世界爆发经济危机后，各帝国主义国家竞相向中国转嫁危机，致使中国银汇率猛涨，出口陡降，白银大量外流和资金外逃，通货紧缩，物价下跌。加上 1931 年发生九一八事变，东北沦为日本的殖民地，又发生长江下游的大水灾，造成市场缩小和购买力衰退，特别是农村购买力大大减退。1932—1935 年中国也出现了严重的经济危机。

各帝国主义国家向中国转嫁经济危机，首先是向中国倾销过剩产品。在各种进口货中，尤以农产品进口增长最快。1932 年、1935 年两年，大米进口由以前占进口总值的第四位上升到第一位。1931 年，国民政府向美国借款 900 余万美元，用作免税进口美国小麦和面粉，称“救灾美麦借款”。1932 年，又以关、统二税作担保，向美国借款 5000 万美元，用作购买美棉、美麦，称“棉麦大借款”。1932 年、1933 年两年，中国进口的米、麦、面三种总数均达 4000 万担以上。1931 年以后，我国贸易条件恶化，出口大幅度下降，入超突破 5 亿关两。东北是历史上中国唯一的贸易出超地区，1931 年出超近 1.7 亿关两。1932 年夏伪满接管东北海关，随之日本货大量涌入，1933 年起东北也变成入超，并逐渐扩大，到 1935 年超过 1 亿关两。同时，从 1931 年起，走私进口增大，而后日本势力入侵华北，1935 年走私商品也超过 1 亿关两。这也是一种入超。除入超增加、走私严重外，1932 年以后，英镑、美元等相继贬值，银价转涨，而汇率与银价的差距扩大。1932—1935 年，银价上涨 129.1%，汇率上升 66.2%，白银外流 4.25 亿两。1934 年发生 14 省旱灾，农村破产，加重了中国的经济危机。

1920—1936 年是外国在华投资增加最大的时期，到 1930 年外国在华投资总计 36.48 亿美元，为 1920 年的 1.8 倍。20 世纪 30 年代前半期因经济危机，外国在华投资速度放慢，1936 年外国在华投资总计 39.41 亿美元。1920—1930 年平均年增长率为 6.1%，1930—1936 年平均年增长率为 1.3%。其中日本对华投资迅速膨胀，日本投资 1920 年占各国投资总额的 23.1%，到 1930 年已占 40.8%，居第一位，到 1936 年占 46.1%，年增长率 8.9%。据估计，九一八事变前夕，日本在东北的直接企业投资为 55020 万美元，至 1936 年，为 132423 万美元，短短 5 年，增长了 2.4 倍。1935 年 12 月，日本在华北成立兴中公司，资本 1000 万日元。美国是第二个在华

投资增长最快的国家，年增长率6.4%，1936年投资占各国投资总额的8.3%。原执外资牛耳的英国，本时期投资增长率仅2%，但到1936年，仍占各国投资总额的25.9%，居第二位。法国投资的增长率为2.1%，德国和苏联都是减少的。外国在华投资主要是在金融、外贸、近代化运输、能源和铁资源上占有垄断地位，这就控制了中国的经济命脉。国民政府自1931年至1937年抗日战争爆发前，共借款53笔，总数达到26782万余银元。德国在这一时期与国民政府的关系密切起来，其对华贷款居于领先地位。美国对华贷款有明显增加，居第二位，英国则居第三位。日本在发动九一八事变得手后，对中国关内的贷款基本停止。

国民政府建立后，由于连年用兵，军费支出不断增加，财政赤字一年比一年增多。为增加中央财政收入，国民政府采取一系列措施以稳定财政。从1927—1931年共发行10.58亿元国内债券，这个数字大大超过以前历届政府发行的总数。从1929财政年度到1937财政年度，中央财政收入是逐年增加的。1931年收入为49800万元，1936年为81700万元。1931年支出为71400万元，1936年为107300万元，其中军费支出分别占总支出的43.7%和36.3%。1933财政年度军费支出竟占总支出的49.8%。为使经济形势好转，国民政府实行赤字财政政策。通过筹集内战军费和大量发行内债，国民政府积累了大量财富。

这期间南京国民政府完成了金融垄断。1928年11月，成立中央银行，总行设在上海，有发行钞票、铸造国币、经理国库、募集或经理内外公债等特权。中央银行凭借其特殊地位，积累了大量资本，从1928—1936年的八年间，资本总额从4747万元增至123100余万元，增长了25倍多，从而奠定了它垄断全国金融事业的基础。与此同时，政府又以强制加入官股的办法，控制了中国银行和交通银行。1935年以发行金融公债的名义，接管了中国银行、交通银行。1933年又设立鄂、豫、皖、赣四省农民银行，1935年扩大改组为中国农民银行。四行之外，国民政府又设立了中央信托局、邮政储金汇业局两个金融机构，垄断信托、保险等事业。国民政府还凭借其金融优势，运用各种手段向“小四行”(新华信托、中国通商、四明、中国实业4个银行)、“北四行”(金城、盐业、中南、大陆4个银行)和“南三行”(上海、浙江实业、浙江兴业3个银行)等私营银行渗透。这样就以四行二局为中心建立了一个金融垄断网。据统计，到抗日战争爆发前，国家行、局，省、市地方政府经营的银行和政府控制的银行的资产总值共约54亿元，约占全部银行业资产总值的74%。其他私营银行约120家，仅占全部银行业资产总值的26%。

国民政府在对金融业进行垄断的同时，对其他经济领域施行统制政策。1931年成立了全国经济委员会。1933年10月，全国经济委员会扩大组织，统制一切国有企业及管理全国经济建设，成了政府控制全国经济的最高行政机构。首先取得了铁路、公路、航运和邮电等部门的垄断与独占地位。后又对棉纱和蚕丝实施统制。1935年4月，将国防设计委员会更名为资源委员会，开始兴办工矿企业，大部分是兵工厂、造船厂、飞机修理厂等，并垄断了钨、锑、锡的出口权。1936年国家垄断资本总额为76.56亿元法币。

在严重的经济危机冲击下，中国民族资本呈现停滞和衰退状态。注册工厂与资本额从1931年起明显下降，工厂改组与闭歇者增加，开工率严重不足。据统计，1930年全国开工丝车约12万部，1936年仅有6.59万部，减少将近一半。全国厂丝产量1936年比1929年减少20.6%。1931—1936年平均年率是负增长9.77%。机器面粉工业1931—1936年也是负增长。棉纺织、水泥等增长速度大大放慢，1931—1936年平均年增长率仅为1.19%和1.68%。因农村购买力锐减，日本胶鞋又跌价倾销，橡胶厂纷纷倒闭。

这次经济危机对农村的打击最为严重。中国是农业国，工农业产品本来就存在价格的剪刀差。1926年起，工业品价格的上升远快于农产品，到1931年差距达约1/3。1931年秋转入物价下跌，而农产品价格下跌远快于工业品价格下跌，差距继续扩大。农村输出的产品不足以抵偿由城市输入的工业品，农村白银大量外流，以至金融枯竭。加上连年灾荒，农村购买力消退。1931年的长江大水灾，受灾地区有十几个省，灾民5000万。1935年发生水灾，江西、安徽、湖北、湖南4省，灾民超过1000万。大量农村人口流离死亡，广大农民处于饥寒交迫之中。

三、关于农民土地问题的各种主张和具体活动

严重的农村问题，引起社会各方面的关注，提出了各种关于农村和农民问题的主张，20世纪30年代对农村问题的研究形成高潮，在国民党统治区兴起了乡村建设运动。

1930年6月，国民政府颁布了一个《土地法》。这个《土地法》规定土地“属于国民全体”，而不提“耕者有其田”。它把土地分为“公有土地”和“私有土地”两类。这个《土地法》背叛了孙中山的“平均地权”和“耕者有其田”的思

想，确认地主阶级土地所有制，保护地主土地所有制。虽然《土地法》也规定了二五减租，但并不付诸实施。1932 年 10 月颁布的《剿匪区内各省农村土地处理条例》规定：凡被国民党军队攻占的已实行过土地革命的地区，均组织“农村兴复委员会”，对已被“分散之田地及其他不动产”，“一律以发还原主确定其所有权为原则”，鼓动地主反攻倒算，恢复地主的土地所有权。

同时，一些地方军阀也提出所谓“解决乡村土地问题”的主张。其中最有代表性的是 1935 年 9 月山西军阀阎锡山提出的《土地村公有案办法大纲》。它的办法是：“由村公所发行无利公债，收买全村土地为村公有”；“就田地之水旱肥瘠，以一人能耕之量为一份，划为若干份地分给村籍农民耕种”；村民年满 18 岁“向村公所呈领份地”，到 58 岁“将原领之田缴还村公所”。公债用产业保护税、不劳动税、利息所得税和劳动所得税作担保，分年偿还。阎锡山提出“土地村公有”办法，首要的考虑是反对共产党的土地制度的革命。他说：“今日之土地私有，实为共产党露下一大空隙，也为现社会埋下一个摧毁的爆炸弹，土地公有已成不得不办之势。”“土地村公有”是“防共釜底抽薪之根本办法”，实行“土地村公有”就可以“将共产党造乱的空隙弥补，将摧毁现社会的爆炸弹消除”。[①] 阎锡山的“土地村公有”办法公布后，曾经轰动一时，但并没有推行。《中国农村》《大众生活》等进步刊物批判了这种办法，指出：村公所“是地主阶级的御用机关”，“地主富农就是村公所，村公所就是地主富农”，“村公所的公田在实际上一定成为地主豪绅的私产”。“土地村公有”只不过“是一剂大众的迷魂汤”而已。

第三党是共产党以外的政党中主张解决农民土地问题最积极的一个。第三党的创始人邓演达认为：解决土地问题的前提条件，“必定先要使农工平民掌握政权”。它的纲领文件《政治主张》中，规定了“实现耕者有其田的具体方案与程序”。具体做法是：由国民会议规定土地法，确定农户占有耕地的最高额与最低额，及国家收买土地定价法；国家以全国国有土地为抵押，发行五十年长期土地公债，将最高限额以外的私人土地和公共团体的土地收买为国有；将一切军阀、贪官污吏、土豪劣绅及其他反革命团体的全部财产，没收为国有；将所有收为国有的土地，分配给耕作的农民，但农民只有使用权和收益权，土地不得私行买卖。[②] 第三党的领导人反对通过激烈的阶级斗争的手段改变封建土地所有制，而采用“和平收买”的办法解

① 《〈土地村公有办法大纲〉的说明》，见《申报年鉴》，1936。

② 《中国国民党临时行动委员会政治主张》，载《革命行动》，第 1 期，1930-09-01。

决土地问题。

当时，主张通过“和平”途径解决中国土地问题的方案很多。例如：北京大学教授高一涵著文提出由国家出钱购买地主的土地，实行“和平的逐步征收”“慢慢儿达到‘耕者有其田’”的主张。社会学家吴景超提出由政府用土地债券收买地主土地分给农民，由农民分期偿还债券本息的方案。经济学家马寅初把耕者有其田主要归结为“永佃权”，主张改良租佃制度，让佃户永久放心去种。以上几种关于土地问题的主张和方案，都企图通过“和平收买”的途径自上而下地解决中国的土地问题，并且把解决问题的执行者放在当时的中央政府身上，结果是一场空。

避开土地所有制的改变来研究解决中国农村问题的主张也很多，其中影响大的最有代表性的是梁漱溟的“乡村建设”和晏阳初的“县政建设”。

梁漱溟在 1928 年开始提出“乡治”主张，到 1931 年完成了他的“乡村建设理论”。他说中国是一个“伦理本位”“职业分立”的社会。在这个社会里，“没有两面对立的阶级”，“只有一行一行不同的职业”。人与人的关系是“义务关系”“情谊关系”。因为“中国社会是没有阶级的”，所以“中国没有革命的对象，只有建设的对象”。他还说“中国革命只有外来原因没有内在原因”，中国的问题是“文化失调问题”。他的结论是“中国根本问题不是对谁革命，而是改造文化”。他提出解决中国问题的唯一出路是搞所谓“乡村建设”。1931 年，梁漱溟在山东邹平县开办了乡村建设研究院，作为从事乡建运动的机关。后又在山东菏泽等 3 个专区搞“乡村建设”。梁漱溟“乡村建设”的主要内容是建立“乡农学校”“乡村自卫组织”和“合作社”。通过“乡农学校”把学校与政权机构合一，以此改造乡村。“合作社”主要是培养良种，改进农业技术。避开解决农民土地问题的“乡村建设”这种办法是不能从根本上解决农村问题的。

晏阳初于 1923 年在北京建立中华平民教育促进会总会，在城市里提倡识字运动。从 1930 年起，由识字运动转到“农村建设”，在河北定县搞“平民教育”实验。晏阳初等人认为：“愚、穷、弱、私”“是中国目前的大患”，是中国社会的根本问题，而其根源是“中国教育不能普及”，特别是广大农民“没有受教育的机会”。因此，他们鼓吹用教育手段来改造社会，“复兴农村”，“复兴中国”。他们提出实施“文艺、生计、卫生、公民”“四大教育”，“以文艺教育救愚，以生计教育救穷，以卫生教育救弱，以公民教育救私”。[1] 1932 年，国民政府召开内政会议，决定在各省设县政建设实验区。会后，以中华平民教育促进会名义主办的“定县平民教育实验区”改称为“河北县政建设研究院”，由晏阳初任院长，仍以定县为实验区，但改称为“县政建设实验区”。晏阳初说：“县政建设底意义是在学术和政治打成一片”，“政治用学术为根据，方能有真货色，学术用政治为凭借，方得顺利推行”，“两者相辅而成，相依为命”。[2] 河北县政建设研究院在定县所搞的“县政建设”，把研究院和县政权合为一体，自县长以下的一切公务员都是研究院实验部的职员。他们回避农村的基本问题——土地制度问题，只是进行扫盲、卫生、改进农作物品种、改良栽培方法和改良家畜等。在国民党反动统治下，用改良的方法是不能根本解决中国农村问题的。

四、日本帝国主义向关内侵略扩张　长城抗战　察哈尔抗日同盟军和福建人民政府的成立及失败

日本帝国主义在侵占我国东北三省后，又图谋夺取热河。1933 年 1 月，日军炮击临榆县城。山海关驻军东北军何柱国部奋起还击，一个营全部 300 人力战殉国，揭开了长城抗战的序幕。但因孤军无援，没能抵住日军的进攻。1 月 3 日，山海关失陷。

2 月，日本关东军向所属有关兵团下达《攻占热河计划》，23 日，关东军第六、第八师团等部及伪军张海鹏部数万人，分三路向热河进犯，以夺取承德为主要目标。热河省政府主席汤玉麟，把搜刮来的民脂民膏，装满 200 多辆汽车，运往天津租界，他本人也跟着逃走。3 月 4 日，日军先头部队 128 人，不费一弹侵占了热河省会承德。全国舆论纷起，谴责张学良，要求惩办汤玉麟。蒋介石被迫离开江西“剿共”前线北上，决定让张学良辞职，由何应钦兼代北平军分会委员长职，并调中央军 3 个师北上，以应付全国要求抵抗的舆论和稳住长城前线战局。

日军占领承德后，分兵向长城线上的军事要隘古北口、冷口和喜峰口推进。国民党军原西北军宋哲元部、晋军商震部、傅作义部、东北军王以哲部以及奉命赴援的中央军徐庭瑶、关麟征等 3 个师，都英勇地抵抗了日军的进攻。在喜峰口，宋哲元部与敌展开浴血奋战，拼死肉搏，使喜峰口阵

---

① 《平民教育定县的实验》，中华平民教育促进会，1933。

② 《平教工作概览》，中华平民教育促进会，1936。

地失而复得。在古北口，关麟征等部 3 个师先后接替与日军作战，受到重大伤亡后才奉命撤退。商震部和傅作义部也分别在冷口、怀柔等地，进行了英勇抵抗。长城抗战给骄横的日本侵略军以沉重打击。日军在进犯长城各要口受挫后，改由山海关向滦东进攻，长城各要口的中国军队腹背受敌，相继撤退。当日军在滦东一路深入时，英国政府担心危及他在华北的权益，向日本政府提出严重警告，日本政府担心引起国际纠纷，于 4 月中旬命令侵入滦东的日军撤至长城线。5 月初，日军再次向滦东发动进攻，并渡过滦河侵袭滦西，冀东 20 多个县均被日军侵占，平津危急。

面对日军的进攻和侵占中国领土，蒋介石仍采取"不绝交、不宣战、不讲和、不订约"的老办法，决定以妥协退让来达到求和的目的。5 月 3 日，国民政府明令设立行政院北平政务整理委员会，任命黄郛为委员长，负责对日交涉停战问题。黄郛在北平与日军进行秘密谈判，达成原则性协议。经蒋汪的同意，国民政府军事委员会北平分会代理委员长何应钦，派熊斌（北平军分会总参议）与日军代表冈村宁次（关东军副参谋长）于 5 月 31 日签订了丧权辱国的《塘沽协定》。这个协定实际上默认了日本帝国主义占领东北三省和热河，并承认冀东为"非武装区"，中国不能在那里驻扎军队。这样，华北门户洞开，日军随时可以进占冀察和平津。

1933 年春，日军进犯察东，为了抵抗日本侵略者，保卫察哈尔，在全国抗日潮流的推动下，冯玉祥、方振武、吉鸿昌等在张家口成立了察哈尔民众抗日同盟军，冯玉祥任同盟军总司令。1933 年 5 月 26 日，冯玉祥发表通电说："日本帝国主义对华侵略，得寸进丈"，"国亡种奴，危机迫切"。"所望全国民众，一致奋起，共驱强寇，保障民族生存，恢复领土完整。"抗日同盟军的行动得到共产党的大力帮助，也得到群众的广泛支持，队伍很快由数千人发展到 10 万余人。6 月中旬，在张家口召开同盟军第一次代表大会，通过了《关于民众抗日同盟军纲领决议案》等文件。纲领决议案宣布：同盟军为革命军民之联合战线，以外抗暴日、内除国贼为宗旨；同盟军否认一切卖国协定，并反对任何方式之妥协，主张对日断绝国交，以武力收复失地；同盟军实现抗日救国的民众政权，改善工农、贫民、士兵生活，保障抗日民众集会、结社、言论、出版、武装之自由等。会后，同盟军北上迎击日伪军。6 月下旬至 7 月初，连克康保、宝昌、沽源等县，7 月 12 日收复察北重镇多伦，并乘胜收复察省全部失地。

中国共产党为加强在抗日同盟军中的工作，在同盟军内建立了前线工作委员会，受中共河北省委领导，并在军内正式建立共产党的组织，党员约有300人。他们在军队中积极进行抗日的宣传、组织工作，广泛发动群众，开展工农运动，以张家口为中心，掀起了轰轰烈烈的抗日热潮。但是，当时中共中央对抗日同盟军实行了错误的政策。他们认为冯玉祥同其他军阀“根本没有区别”，指责在同盟军内工作的共产党员只是“忙于组织‘暂时的上层的统一战线”，而没有注意对下层群众的争取，是“右倾”“机会主义”。中共中央指示同盟军中的前委，要求将在共产党影响下的军队“发展成为红军”，带到河北、山西两省交界地区建立新的根据地，实行土地革命。这种“左”倾错误方针，破坏了一次重大的抗日活动。

蒋介石对抗日同盟军采取软硬兼施的破坏政策，先后调集16个整师共15万人的武力进行“围剿”，同时对冯玉祥部下进行拉拢和分化瓦解工作。在日蒋的夹攻下，抗日同盟军处境日益艰难。8月9日，冯玉祥宣布撤销抗日同盟军总部，辞去总司令职务。

北方的抗日同盟军失败后，南方的国民党第十九路军将领，在福建举起抗日反蒋的旗帜。

第十九路军在上海抗战后，被蒋介石调往福建“剿共”。这支部队在同红军作战时多次受挫。十九路军将领蔡廷锴、蒋光鼐决心与李济深、陈铭枢以及第三党的黄琪翔等联合，共同反蒋，并决定联合共产党领导的红军。1933年10月26日，福建省政府及第十九路军代表同中华苏维埃共和国临时中央政府及工农红军代表在江西瑞金签订了《反日反蒋的初步协定》。1933年11月，十九路军将领与国民党内一部分反蒋势力合作发动福建事变。20日在福州召开中国人民临时代表大会，发表《人民权利宣言》，宣布国民党政府为“买办军阀地主豪绅之反革命政府，且为民族可耻之巨敌”。号召“全国反帝反国民政府之革命势力，立即组织人民革命政府”，并“于最短期间召集第一次全国生产人民代表大会，制定宪法，解决国是”。① 大会推举李济深、陈铭枢、蒋光鼐、蔡廷锴、黄琪翔、余心清（代表冯玉祥）等11人为人民革命政府委员，以李济深为主席。22日，中华共和国人民革命政府（通称“福建人民政府”）成立。该政府宣布的政策有排除帝国主义在华势力，废除不平等条约，推翻反革命的卖国政府，扫除一切封建势力，实行计口授田，发展民族资本，改良农工生活，保障一切生产人民之绝对自由平等权利等。福建人民政府成立后，立即与苏维埃区域政府签订了《闽西边界及交通条约》，停止了军事行动，划分了军事分界线，恢复了交通贸易

---

① 《国闻周报》，第10卷，第47期，1933-11-27。

关系。随后，从福建往根据地运去大量的食盐、布匹、药品、军械等物资，实际上部分地解除了对中央根据地的经济封锁。

对福建人民政府，国民政府和蒋介石采取彻底扑灭的方针。1933 年年底，蒋介石自任“讨逆军总司令”，调集 15 万人的军队向福建进攻。翌年 1 月，由于蒋军的猛烈围攻和十九路军一些重要将领反戈投蒋，第十九路军很快被蒋介石的军队击败，福建人民政府于 1934 年 1 月宣告解体。当时，中共中央继续执行“左”倾关门主义的错误政策，没有在军事上给予第十九路军以积极的支持。

察哈尔民众抗日同盟军和福建人民政府相继失败了，但对中国共产党来说，由此开创的同部分国民党人合作的举动和经验，对于以后推动全国的抗日民主运动、促进国共两党的合作抗日有积极的影响。

1934 年 4 月 20 日，由中国共产党提出，由宋庆龄、何香凝、李杜等 1779 人签名，发表了《中国人民对日作战的基本纲领》，号召中国人民自己起来武装驱逐日本帝国主义，自动对日作战，成立全国人民武装抗日的总领导机关。5 月，在上海成立了中华民族武装自卫委员会总会。这个纲领表达了中国人民抗日救国的正义要求，但在国民党反动统治下是不可能实现的。

五、抗日民主运动的持续发展　国民党继续执行对日妥协政策

中国人民的抗日民主运动，虽然遭到国民党的残暴镇压和抵制，但是由于日本帝国主义侵略的深入，蒋介石“先安内后攘外”政策所造成的民族危机的深重，仍在继续地曲折地向前发展。

1933 年 1 月，南京、北平、天津的工人和华北的铁路工人，分别举行集会，要求抗日。2 月上海总工会发表《告全国工友书》，要求加紧抗日。各地学生纷纷发出通电、宣言，要求调集全国军队，抵抗日本帝国主义的侵略。捐献运动在全国各地又开展起来。全国各地工商界和海外华侨通电呼吁出兵抗日。宗教团体重新开始行动起来。国民党军队若干将领表示要“请缨抗日”。国民党的部分地方组织，附和民众的要求，呼吁抗日。一些军阀政客也各从不同的背景和各自的利益出发，指责蒋介石集团的不抵抗政策，表示赞成抗日。

当时的社会舆论纷纷抨击国民党的内外政策，要求它改变“剿共”政策，停止内战，抵抗日本侵略。1932 年 1 月 21 日天津《大公报》提出：“当兹中

国将整个的被日本军阀摧残吞并之时，为民族生存计，为中山主义计，政府必须抱与民更始之决心，另辟和平解决赤祸之路。”4月12日《申报》时评《论绥靖》说：“吾人认为今日之‘匪’，绝非‘剿’所可灭……欲言‘绥靖’，必从澄清政治建立适合大多数人民利益之民主政治着手。”1933年，当日军侵占山海关时，王造时写了《安内必先攘外——为政府进一忠告》一文，反对蒋介石的“攘外必先安内”政策，主张“安内必先攘外”，他说：“只有决心抗日，只有积极抗日，才是唯一出路，才是唯一安内的办法”，“何去何从，望政府其速自择。”①1933年4月17日天津《益世报》社评说：我们主张，政府“处在两面夹攻形势中”，“应付方案既然不能双管齐下”，出路“只有两害相权取其轻”。“从民族观念的立场上说来，与其被外族征服，毋宁在同族中表示退让。”“依我们的主张，此日政府……尽可公开的大胆的与共产党负责领袖，谋有条件的政治妥协。”甚至一贯唱“低调”、向来主张中国“应该在不丧失领土范围之内与日本妥协”的丁文江，这时也说：假如我是蒋介石，“我要立刻与共产党商量休战，休战的唯一条件是在抗日期内彼此互不相攻击”。② 从上述舆论可以看出中间政派和公正舆论对国民党的统治及其“攘外必先安内”政策的不满。某些知识界人士劝告国民政府“改弦更张”，责难蒋介石等人的“祸民误国”政策，甚至有人说“异日即起诸公之白骨而鞭之，亦何足赎罪于万一”。

1932年12月中国民权保障同盟在上海正式成立，宋庆龄任主席，蔡元培任副主席。同盟的宗旨是营救一切爱国的革命的政治犯，争取人民的言论、出版、集会、结社等自由。同盟存在期间，做了许多工作，推动了当时民主运动的发展。1933年6月18日，国民党特务在上海法租界宋庆龄寓所附近将同盟总干事杨杏佛暗杀，同盟的活动因国民党的残酷迫害无法继续下去，无形中终止。

国民政府在镇压抗日民主运动同时，继续推行对日妥协政策。1934年4月，日本外务省情报部部长天羽英二发表独霸中国的谈话，声称：“如果中国采取利用其他国家排斥日本”，“或者采取以夷制夷的排外政策，日本就不得不加以反对。”其他各国“如果对于中国想采取共同行动，即使在名义上是财政的或技术的援助”，“日本在原则上不得不对此表示反对”。对于这个公然干涉中国内政的声明，国民政府不敢进行反驳，而是一味退让妥协。5

① 王造时：《荒谬集》，118～119页。

② 丁文江：《假如我是蒋介石》，载《独立评论》，第35期，1933-01-15。

月，国民政府当局与日本达成华北与伪“满洲国”通车协议，后又恢复通邮。这就等于默认了“满洲国”。

1934年秋，由蒋介石口授，陈布雷笔录整理，用徐道邻的名字发表了《敌乎？友乎？——中日关系的检讨》一文，发表在1934年12月出版的《外交评论》第3卷第5期上。该文全面阐述了蒋介石对中日关系的基本态度及处理内外关系的基本原则。蒋介石对日政策的基本点是求“和”与“合作”。他说“日本人终究不能作我们的敌人，我们中国亦究竟须有与日本携手之必要”。中日两国“本为兄弟，无不可合作之理”。他要中日两国当局对中日关系作一番“检讨”，打开“僵局”。日本“为彻底更新中日关系，应抛弃武力而注重文化的合作，应舍弃土地侵略而代以互利的经济提携，应吐弃政治控制的企图，而以道义感情与中国相结合”。他说“合则两利，敌则两败”，相互为敌，长期僵持下去就会“同归于尽”。他解释说：如果日本无休止地用武力进攻中国，中国政府由于抗日浪潮的高昂，就不能不抵抗。而由于种种原因，日本灭亡不了中国，势必长此相持下去。这便给“窥伺于中国国民党之后”的势力以可乘之机。长此相持下去，日本会被拖垮，中国政府也会因“内外交侵”而倾覆，结局是双方“同归于尽”。

“和”与“合”是一般的外交原则，当时更现实的是如何处理九一八事变后中日间一系列具体问题。为此，蒋介石提出了“四不”方针，即“不绝交，不宣战，不讲和，不订约”。“四不”方针包含两个方面：“不绝交，不宣战”，意在妥协，“不讲和，不订约”，是让步的限度。蒋介石让步的限度是“归还东北四省”，“保持国家独立与完整”，其他许多问题可以让步。从事后看，中日间最大的问题“归还东北四省”，他并没有坚持，但也没有签订承认“满洲国”的条约。实际上默认日本对东北四省的占领，并对日本进一步的侵略扩张采取忍让态度，以订立地方协定的方式承认日本对中国土地的占领和对中国权益的侵犯。但从根本上说蒋介石的让步是有限度的，这是他以后转向抗日的政策基础。

1935年1月，日本外相广田在议会发表外交政策演说，表示要实行“日中亲善，经济提携”的新的对华方针。日本政府要和国民政府互派高级官员，进行“访问”，以“调和感情”和“增进邦交”。这实际上是对上述外交政策的回应。蒋介石立即予以响应。汪精卫声明“愿以满腔的诚意，以和平的方法和正常的步调，来解决中日间之一切纠纷”。与此同时，国民政府派王宠惠去日本交换“亲善”意见，宣布取消抵制日货法令，改变对日问题的宣传政策。5月，中日公使同时升格为大使，以表示“调整邦交”的诚意。但同时日本加紧策划华北事变，企图把整个华北从中国分离出去。蒋介石苦心筹划的对日政策，并没有使日本帝国主义停止以武力侵略中国的步伐。

第三节 苏区工农革命的深入和严重挫折

一、苏区的各项建设和土地制度改革的深入 新民主主义经济的产生

国民党在对红军多次“围剿”失败后，一方面准备新的军事“围剿”；另一方面对苏区加紧实行经济封锁。二者并用，互相配合。1933 年夏，蒋介石再次召开“剿匪会议”，研讨进一步贯彻“三分军事，七分政治”的方针。1933 年 5 月，国民政府军事委员会委员长南昌行营颁发了《封锁匪区办法》和“补充办法”，规定在经常有红军和共产党活动的地区以及邻近地区，各县设立“封锁管理所”，对苏区施行“物质封锁”“交通封锁”“邮电封锁”。物质封锁规定，凡属军用品、日用品和农民生产用的种子以及牛马牲畜等均严禁输入苏区。苏区“生产货物绝对禁止输出”。规定“凡邻匪区、半匪区居民购买日用品，须有各保长统计本保实有人口每月所需数量按月按旬代为购买发给之”。封锁期内，凡“与匪通消息者”“与匪私相买卖者”“偷运货物济匪图重利者”“查获济匪货物隐匿不报图吞蚀者”“对于封锁职责奉行不力者”，均“应予枪毙”。对食盐、火油的控制更严，一律禁止自由贩卖，施行公卖办法。食盐火油公卖办法规定，凭单由各县政府统一制备，保甲长负责填明并签名盖章，凭单每户一张，“每人每日食盐以四钱至五钱为度”，“在邻近匪区”，“每户每次购买食盐或火油不得超过五日之所需”；违犯规定办法要分别视情节轻重予以严办或枪决。国民党企图通过经济封锁，使根据地军民“不能存一粒米、一撮盐、一勺水的补给”，造成根据地“经济枯竭”，军民无法生存。再配合军事“围剿”，彻底摧毁苏区消灭红军。

在国民党加紧对红军“围剿”和经济封锁的同时，从 1931 年开始，中共中央的一些“左”倾政策逐步推行到根据地。由于经济封锁、错误政策和战争的影响，根据地经济生活恶化，日用消费品奇缺，价格昂贵，部分地方发生了缺粮饥荒。面对严峻的经济状况，中共中央不得不考虑对某些经济政策作若干调整。

1933 年 2 月，苏维埃临时中央政府决定在中央、省、县三级设立国民

经济部。8月在中央革命根据地召开了两次经济建设大会，一次是在瑞金举行的南部17县经济建设大会，一次是在博生县举行的北部11县经济建设大会。毛泽东在南部17县大会上作了题为《粉碎敌人五次“围剿”与苏维埃经济建设任务》的报告，论述了在战争环境中开展经济建设的重要意义。经过两次大会的号召和各级政府的具体指导，根据地各项建设工作逐步开展起来。

首先，大力发展农业生产。在根据地的农业生产遭到严重破坏、大批农村青壮年参加红军、耕牛又十分缺乏的情况下，各苏区政府积极组织群众实行耕种互助，组织了劳动互助社、耕田队、犁牛合作社，还有农具合作社、种粮合作社。苏维埃政府组织农民开垦荒地、兴修水利。在很短的时间内，苏区的农业生产得到恢复和发展。据不完全统计，农业生产的收获量，1933年比1932年，中央苏区增加了15%，闽浙赣苏区增加了20%。

其次，发展工商业。苏区的工商业，由国营企业、合作社企业和私人企业组成。中央苏区的公营工厂，到1934年1月，已有32个，主要有兵工厂、被服厂、印刷厂、造纸厂、钨砂公司等。苏区的工业主要是手工业，有造纸、织布、炼铁、农具、制陶、煤炭等。手工业的组织形式主要是生产合作社。1934年年初，中央苏区的兴国等17个县有手工业生产合作社176个，社员3.27万多人。苏区的商业，尤其是进出口贸易，由政府控制。1934年春，苏维埃中央政府建立了中华商业公司，同福州、厦门、广州等地进行贸易。除建立国营商业之外，还大力发展合作社商业，有粮食合作社、消费合作社等多种形式。同时，在苏维埃政府法令许可条件下，允许商人贸易。金融方面，各苏区废除了封建性的高利贷剥削，没收了当铺，建立了工农银行。1932年年初正式成立了中华苏维埃共和国国家银行。在各苏区提倡和支持发展信用合作社。

总之，各苏区经过开展土地革命，废除了封建土地所有制，扩大了农民的个体经济；农民在土改后建立了劳动互助组织和消费合作社、信用合作社等；手工业者组织了生产合作社；苏维埃政府和红军兴办了国有的工厂、对内对外的贸易机构和银行。这一切说明，与工农民主政权的建立和发展相适应，新民主主义经济已在革命根据地产生了。新民主主义经济是在工农政权领导之下建立起来的。它是包括国营经济、合作社经济和私人个体经济多种经济成分的新型经济。它虽然幼弱，但代表着中国经济的发展方向。

共产党把中华苏维埃共和国临时中央政府看作全国政权，非常重视苏区的政权建设。第一次全国苏维埃代表大会后，各苏区普遍进行了选举。

通过选举，把大批工农群众中的先进分子选进各级政权机关。从1931年11月到1934年1月，在中央苏区进行过三次民主选举。在选举中，许多地方参加选举的人占了选民的80%以上，有的地方达到90%以上。妇女享有同男子平等的权利，在政府代表中一般占20%以上。1934年1月，在瑞金召开了中华苏维埃第二次全国代表大会。大会总结了两年来中国苏维埃运动的经验，提出了当前的任务，具体讨论了苏维埃政权建设、红军建设和经济建设等重要问题。通过了修正的苏维埃宪法和上述各重要问题的决议。大会选出了新的中央执行委员会。由中央执行委员会第一次会议选举产生主席团，作为执行委员会闭幕后的最高政权机关。毛泽东为中央执行委员会主席，项英、张国焘为副主席。张闻天为人民委员会主席。人民委员会及其所属的11个人民委员部为中央行政机关。

苏区政府在进行经济建设、政权建设的同时，又进行了文化教育方面的工作。共产党很重视红军士兵和干部的培养和教育。红军每个纵队都设立士兵学校，每个连队设有识字组。关于干部教育，中共苏区于1933年3月创办了马克思共产主义干部学校（即中央苏区党校），主要培养党政工会的干部。成立中国工农红军学校，培养军事干部。在中央苏区创办了列宁师范学校、农业学校、高尔基戏剧学校、女子大学以及无线电、卫生等技术学校。苏区政府注意发展小学。采取多种办法，如开办补习学校、半日制学校、夜校、识字班等，提高群众的文化水平。

为了宣传和推行共产党的政策、教育群众，出版了不少报纸和刊物，比较重要的有《红色中华》《红旗周报》《斗争》《青年实话》《红星》等。苏区政府注意开展群众性的文艺活动，广泛地成立了剧社、歌舞团、农村俱乐部等。这在进行政治宣传、移风易俗方面起了作用。

二、红军第四次第五次反“围剿”作战 红军被迫长征

上海停战协定签订后，蒋介石于1932年6月在江西庐山召开豫鄂皖湘赣五省“清剿”会议，确定进攻红军的“方略”要“军事与政治并重”，实行“三分军事，七分政治”的方针。在武汉成立了“剿匪总部”，蒋任总司令，调集63万兵力向各苏区发动第四次军事“围剿”。

1932年7月，国民党军约30万人，首先发动对鄂豫皖苏区的“围剿”。红四方面军4.5万多名指战员英勇奋战，给进攻之敌以相当大的打击。但是，由于中共鄂豫皖中央分局书记兼军委主席张国焘的错误指导，这次反

“围剿”失败了。“围剿”开始前，张国焘盲目轻敌，认为国民党军已成为“偏师”，不堪一击，要进攻红军就得由帝国主义亲自出马。敌人大举进攻开始后，张国焘坚持所谓不停顿的进攻战略，命令红军向平汉路出击。红军疲惫应战，虽给国民党军以重创，但自己也遭到重大伤亡和消耗。这时张国焘又惊慌失措，决定红军主力“暂时离开苏区向外转移”。10 月，红四方面军主力 2 万余人越过平汉路，逐步向西转移，放弃了鄂豫皖苏区，只留下少数部队在当地坚持，红四方面军离开鄂豫皖苏区后，于 1932 年年底由陕南进到川北地区，开辟了川陕边新的革命根据地。1933 年 2 月，川陕苏维埃政府在通江成立。之后粉碎敌人历时 4 个月的 3 路围攻，共歼敌 2 万余人，至 10 月，川陕苏区发展到东西 500 余里、南北 400 余里，总面积 4.2 万平方公里，人口 500 余万的广大区域。红四方面军发展到 8 万余人。

蒋介石在“围剿”鄂豫皖苏区的同时，以 10 余万兵力从 1932 年 7 月开始向湘鄂西苏区进攻。由于中共湘鄂西中央分局书记夏曦贯彻王明的“左”倾冒险主义，采取单纯防御的作战方针，与敌打硬仗拼消耗，完全陷入被动；又因肃反扩大化严重地削弱了自己的力量，使红军失去了粉碎敌人这次“围剿”的可能。10 月，根据中共湘鄂西中央分局的决定，红军主力退出湘鄂西苏区，转战到湘鄂川黔边地区。

蒋介石在“围剿”鄂豫皖、湘鄂西两苏区得逞后，就把“围剿”的重点转向中央苏区。这时，中共临时中央的“左”倾冒险主义方针在中央苏区已逐步得到贯彻。早在 1931 年 11 月初，根据中共中央的指示，在中央代表团的主持下，在江西瑞金召开了中国共产党苏区第一次代表大会(又称“赣南会议”)。大会通过的《政治决议案》等文件，认为中央根据地在执行“国际路线”中“缺乏明确的阶级路线”；土地改革中执行的是“富农路线”；红军“没有完全脱离游击主义的传统”，忽视“阵地战”；领导思想犯了“狭隘的经验论”的错误；干部队伍中“充满”了“阶级异己分子”等。1932 年 1 月，中共中央做出《关于争取革命在一省与数省首先胜利的决议》，规定长江以南的红军主力，夺取赣江流域的吉安、抚州、南昌等城市。中央红军于 1932 年 2、3 月间，首先攻打赣南重镇赣州，遭到很大伤亡。10 月上旬，中共苏区中央局在江西宁都召开全体会议(又称“宁都会议”)。会议进一步贯彻了中共中央的“左”倾冒险主义的进攻路线。会后，中共中央把毛泽东调到后方，任命周恩来兼任红一方面军总政治委员，这实际上是撤销了毛泽东的军事领导职务。1933 年 1 月，中共中央从上海迁入中央苏区，直接指导中央苏区第四次反“围剿”作战。

1932年12月底，南京政府“赣粤闽边区剿匪总司令部”，组织左、中、右三路军，采用分进合击战术围歼中央苏区红军。1933年1月，陈诚指挥中路军约16万人，分3个纵队向南丰、广昌一线推进，企图一举聚歼中央红军于黎(川)、建(宁)、泰(宁)地区。当时，投入“围剿”中央红军的总兵力达三四十万人，而红一方面军只有7万人。当敌人大举进攻开始时，苏区中央局要求红一方面军先发制人，主动出击，迅速攻占南丰、南城，进而威胁和夺取敌人的中心城市，以实现一省或数省的首先胜利。红一方面军总政委周恩来和总司令朱德向苏区中央局陈述不同意见，提出应“在抚河东岸连续求得运动战解决敌人”，并指出“消灭敌人尤其主力，是取得坚城的先决条件”。苏区中央局坚持其原来意见。2月12日，红军主力强攻南丰城未克。但在黄陂歼敌近2个师。3月21日，红军又在草台冈、东陂地区歼敌近1个师。两战两捷，俘敌万余人，缴枪万余支，基本上打破了国民党军对中央苏区的第四次“围剿”。中央红军在第四次反“围剿”胜利后，地域扩大到湘赣闽粤四省，红一方面军发展到10万人左右，赤卫队发展到20万人。这时是中央苏区全盛时期。在1933年内，全国红军发展到30万人，达到第二次国内革命战争时期的最高峰。

在苏区和红军迅速扩大的时候，共产党进行的革命却面临着新的严重危机，这就是王明“左”倾冒险主义在全党的推行。1933年1月，中共临时中央政治局由上海迁入中央苏区瑞金后，立即在政治上打击一大批坚持正确意见又有实际经验的各级领导干部。从2月开始，在福建开展反“罗明路线”的斗争，指责中共福建省委“形成了以罗明同志为首的机会主义路线”，并宣布撤销罗明的省委代理书记职务。3月在江西开展反对邓(小平)、毛(泽覃)、谢(唯俊)、古(柏)的斗争，指责他们执行了“纯粹的防御路线”，“是罗明路线在江西的创造者，同时是反党的派别和小组织的领袖”。接着邓、毛、谢、古分别被派往农村或撤换职务。反对“罗明路线”和反对邓、毛、谢、古的斗争，实际上是要把毛泽东等执行正确路线的干部撤下去，以便于全面贯彻“左”倾冒险主义。

当王明的“左”倾冒险主义在中央苏区得到全面贯彻的时候，蒋介石正在加紧准备发动对革命根据地的第五次军事“围剿”。他在南昌设立了“军事委员会委员长行营”；召开赣、粤、闽、湘、鄂五省“剿匪军事会议”；举办庐山“军官训练团”；从外国购买军火；聘请一批德国军事专家当顾问，拟订作战计划，研究新的战略战术；在苏区周围修筑碉堡和建立经济封锁线，等等。经过充分准备之后，蒋于1933年9月，调集100万军队，200架飞机，向革命根据地发动了空前规模的第五次“围剿”。蒋介石自任总司令。他以50万兵力，分四路“围剿”中央苏区。当时中央苏区的红军主力有8万多人。地方红军和赤卫队等群众武装组织较前有发展。尽管形势严峻，如果能够正确地估计形势，采取积极防御方针，集中优势兵力，在运动中各个歼灭敌人，打破这次“围剿”仍然是有可能的。但是，这次反“围剿”战争有一个非常不利的因素，即“左”倾冒险主义者的错误指挥。

10月初，共产国际派遣的军事顾问李德来到瑞金。李德和博古废弃了过去行之有效的积极防御作战方针，采取分散兵力打阵地战的单纯防御方针，实行所谓“短促突击”战术，使装备很差的红军同用新式武器装备起来的国民党军打正规战、阵地战、堡垒战。

第五次反“围剿”一开始，红军在博古、李德的指挥下，实行冒险主义的进攻战略。敌人于9月28日占领了黎川。他们震惊于黎川一城的丢失，提出“御敌于国门之外”的错误意见，急忙命令红军主力北上应敌。到11月中旬，红军连续作战近两个月，辗转作战于敌军的主力和堡垒之间，遭到很大损失，陷于被动地位。

1933年11月发生福建事变，蒋介石急忙抽出进攻红军的主力去镇压，红军如能正确利用这一事变，对粉碎这次“围剿”将十分有利。但博古等害怕丢失根据地，不敢实行向敌人后方打去的方针，变被动为主动，又没有争取同盟者的助力，而是继续在内线作战，在政治上继续打击“最危险的敌人”中间派。这样，红军就丧失了打破第五次“围剿”的有利战机。

1934年1月，中共中央在瑞金召开六届五中全会，博古主持会议并做了《目前的形势与党的任务》的报告。会议通过了《政治决议案》。这次会议，把以王明为代表的“左”倾冒险主义发展到顶点。他们无视敌我力量对比存在极大悬殊的状况，无视错误路线给革命造成的挫折，盲目地估计“中国的革命危机已到了新的尖锐的阶段——直接革命形势在中国存在着”。第五次反“围剿”的胜利“将实现一省或数省的苏维埃革命首先胜利，并奠定苏维埃革命在全中国胜利的强固基础”。这一次斗争将决定中国的“苏维埃道路与殖民地道路之间谁战胜谁的问题”。按这种估计决定红军的战略方针，是第五次反“围剿”失败的基本原因。

在敌人的重兵向中央苏区推进时，“左”倾冒险主义的领导者由进攻中的冒险主义一变而为防御中的保守主义。1934年3月，敌军主力向广昌推进。博古、李德等命令调集红军主力保卫广昌，同敌人进行“决战”。在高虎脑、万年亭战斗中，虽然杀伤了三四千敌人，而自己也遭受很大损失。4

月，广昌被敌占领。此后，敌人分兵向中央苏区中心突进，博古、李德又命令红军“分兵六路”“全线防御”，红军完全处于被动局面。至此，红军继续在内线作战已无可能打破敌人围攻，只有突围另找出路了。5月间，中央书记处做出决定，准备将红军主力撤离中央根据地。

为了调动和牵制敌人，减轻敌军队对中央根据地的压力，1934年7月，中共中央和中央军委决定将寻淮洲、粟裕等领导的红七军团改称北上抗日先遣队，与方志敏领导的红十军会合，组成红十军团，继续北上。1935年1月在与敌军作战中失败。1934年8月，任弼时奉命率领红六军团从湘赣苏区突围西征。

1934年10月，从10日晚开始，中央机关和中央红军共8.6万多人，从福建长汀、宁化和江西瑞金、于都等地出发，向红二、六军团所在地湘西进军，开始长征。

长征开始后，中共中央“左”倾错误领导者在军事上犯了逃跑主义的错误，使红军蒙受巨大损失。从开始长征到11月底，虽经红军英勇苦战，连续突破敌人的四道封锁线，渡过了湘江，但却付出了惨重的代价，人员折损过半，减至3万余人，并始终不能摆脱被动挨打的局面。红军和中国苏维埃革命陷入极大的危机之中。

三、遵义会议　三支主力红军会师　宁夏战役计划的流产和西路军的惨败

在中央红军生死存亡的紧急关头，毛泽东向中央建议放弃与红二、六军团会合的计划，改向敌人力量薄弱的贵州前进。中共中央多数人赞同毛泽东的建议。于是红军从通道转兵，进入贵州，强渡乌江，直向遵义。1935年1月7日红军攻占遵义城。

第五次反“围剿”的失败和长征后遭受的严重损失教育了党和红军，纠正错误的军事路线，改换错误的领导者，挽救处于危机中的中国革命，成为全党全军特别是多数高级干部，包括曾经犯过“左”倾错误的一些人的一致要求。1935年1月15日至17日，中共中央在遵义召开了政治局扩大会议。出席会议的政治局委员有毛泽东、张闻天、周恩来、朱德、陈云、博古，候补委员有王稼祥、刘少奇、邓发、何克全，还有红军总部和各军团负责人刘伯承、李富春、林彪、聂荣臻、彭德怀、杨尚昆、李卓然，以及中央秘书长邓小平。共产国际驻中国的军事顾问李德及担任翻译工作的伍

修权，列席了会议。会议先由博古作关于反第五次“围剿”的总结报告，他过分强调客观困难，而不承认军事指挥上的严重错误。张闻天的发言比较系统地批评了博古、李德军事上的错误。毛泽东的发言批评了博古、李德军事上的错误，阐述了中国革命战争的战略战术问题和此后在军事上应采取的方针。多数同志不同意博古的总结报告，同意毛泽东、张闻天的意见。张闻天起草了中共中央《关于反对敌人五次“围剿”的总结报告》。决议肯定毛泽东等指挥红军取得多次反“围剿”胜利的战略战术的基本原则，明确指出“军事上的单纯防御路线是我们不能粉碎敌人五次‘围剿’的主要原因”。博古、李德要负主要责任。会议决定改组中央领导机构，选举毛泽东为政治局常委之一，决定取消由博古、李德、周恩来组成的实际上主持政治和军事指挥的“三人团”，仍由中国革命军事委员会主要负责人周恩来、朱德指挥军事。会议后政治局常委进行分工，决定由张闻天代替博古负党的总的责任。再后中革军委决定设置前敌司令部，以朱德为司令，毛泽东为政治委员，并成立由毛泽东、周恩来、王稼祥组成的三人小组，负责指挥全军的军事行动。在紧急的战争形势下，这次会议不可能全面地讨论政治问题，因此会议的决议仍一般地肯定中共中央的政治路线。但是，遵义会议解决了当时最迫切的军事问题，又在组织上结束了“左”倾教条主义在中共中央的统治。这次会议在极端危险的时刻，挽救了党和红军，成为中国共产党历史上一个生死攸关的转折点。

遵义会议后，中央红军在新的中央指挥下，采取机动灵活的运动战方针，四渡赤水，南渡乌江，做出进逼贵阳的姿态，不仅取得了遵义战役歼敌 20 个团的长征以来第一次大胜利，而且迫使蒋介石调动滇军援黔，红军却乘虚直入云南，巧渡金沙江，摆脱了数十万敌军的围追堵截，掌握了行动的主动权。中央红军北渡金沙江之后，顺利通过了大凉山彝族地区。接着，强渡大渡河，飞夺泸定桥，翻越终年积雪的夹金山，于 1935 年 6 月到达四川的懋功，和由川陕苏区退出的红四方面军会合。这时总兵力有 10 万人。

一、四两个方面军会合后，6 月 26 日，中共中央在两河口召开政治局会议，决定北上创造川陕甘根据地。但是张国焘却主张到川康边界少数民族地区去。7 月，红军到达毛儿盖。8 月 4 日，中共中央政治局在毛儿盖附近的沙窝举行会议，通过了《中央关于一、四方面军会合后的政治形势与任务的决定》。会后，决定一、四方面军混合编成右路军和左路军，分别北上。右路军在毛泽东等率领下穿过荒无人烟的草地，到达川北的巴西。张国焘在左路军经过草地到达阿坝之后，打电报给中共中央反对北上，要右路军全部南下。他甚至企图以武力分裂和危害中央。毛泽东、周恩来、张闻天、博古等决定率右路军中的红一、三军和军委纵队迅速转移，先行北上。9月12日，中共中央在甘肃迭部县俄界召开政治局扩大会议，通过《关于张国焘同志的错误的决定》，号召红四方面军同志团结在中央周围，同张国焘的错误倾向做斗争。会后继续北上，攻克天险腊子口，越过岷山，通过渭水封锁线。10月19日，翻越六盘山，抵达陕北吴起镇，与陕北红十五军团会师。11月，红军取得了在直罗镇歼敌1个师又1个团的重大胜利。这一胜利为中共中央把全国革命的大本营放在陕北举行了奠基礼。

9月下旬，原左路军和右路军一部分(包括红四方面军和原属红一方面军而已编入左路军的红五军)在张国焘的指挥下重过草地南下。10月5日，张国焘在卓木碉(今四川省马尔康县足木脚)另立"党中央""中央政府""中央军委"，自封为"党中央主席"。朱德、刘伯承等与张国焘的反党分裂主义进行了斗争。1935年11月，红二、六军团从湘鄂川黔根据地出发进行长征。1936年6月在西康甘孜与红四方面军会合。7月初，红二、六军团编为红二方面军。贺龙任总指挥，任弼时任政治委员。红二、四方面军会合后，加大了反对张国焘错误的斗争力量。在朱德、刘伯承、任弼时、贺龙等力争下，召开了甘孜会议，决定红二、四方面军北上与中央会合。张国焘被迫宣布取消他的"第二中央"，其分裂党和红军的活动宣告失败。7月，红二、四方面军从甘孜出发，于1936年10月到达甘肃会宁、静宁地区，与红一方面军会师。至此长征胜利结束。

红军三大主力会师后，中共中央和中革军委于1936年8月作了夺取宁夏的作战计划。目的是夺取宁夏，打通同苏联的交通线，巩固和扩大西北根据地。中共中央和中央军委把宁夏战役作为在政治上军事上打开新局面的决定的一环。根据中央军委命令，红四方面军第三十军于10月24日夜渡黄河，随后，第九军和红四方面军总部及第五军也渡过黄河，共21000余人。此时，蒋介石调集国民党军十几个师向红军大举进攻，宁夏战役计划流产。

红军夺取宁夏计划流产后，河西部队与河东红军主力的联系被敌军隔断。11月11日，中共中央和中央军委正式授予河西部队以西路军称号，并成立以陈昌浩为主席，徐向前为副主席的西路军军政委员会，指挥西路军向河西走廊前进。对进入河西走廊的西路军，蒋介石指使马步芳、马步青的部队进行围追"兜剿"。西路军浴血苦战，伤亡惨重，至1937年3月，最后失败。剩下的部队在李先念等率领下，经过祁连山区，于1937年4月底到达甘肃、新疆交界的星星峡，这时只有400余人，在中共中央代表陈云、滕代远的接应下，进入新疆，在全国抗日战争爆发后到延安。

四、南方红军和东北抗日联军的艰苦斗争

在中央红军长征后，中央苏区成立了以项英为书记的中共中央分局。同时，成立以陈毅为主任的中华苏维埃共和国中央政府办事处，成立以项英兼任司令员和政治委员的中央根据地军区，继续领导留在南方各根据地的红军和游击队坚持斗争。

国民党军队进入苏区以后，实行极其野蛮的“三光”政策，大批革命群众牺牲在敌人的屠刀之下。瑞金被杀害的有12万人。国民党军队在江西和闽西屠杀了80万革命人民。许多村庄被烧光。国民党组织“靖卫团”“铲共团”“返乡团”“义勇队”“清乡委员会”等，纠集地主恶霸对苏区的人民进行疯狂的反攻倒算。为了断绝人民群众对坚持斗争的游击队的支援，国民党还实行“树砍光、屋烧光、人杀光”的血腥措施，大规模地“烧山”“封山”“砍山”“并村”“移民”，严密保甲制度。村村筑碉堡，处处安据点。敌人的血腥镇压，并没有把苏区的革命人民吓倒。在项英、陈毅、张鼎丞、邓子恢、谭震林、粟裕、方方、傅秋涛等和各级共产党组织领导下，革命军民在赣粤边、闽赣边、赣东北、闽西、闽北、闽东、闽南、浙南、湘南、湘赣边、湘鄂赣边、鄂豫皖边、豫南桐柏山和广东琼崖南方8省14个地区坚持游击战争。南方根据地军民进行的艰苦卓绝的游击战争，保存和发展了革命力量。抗日战争爆发后，这些地区的红军部队合编为新四军，奔赴抗日战场。

东北沦陷后，东北各阶层人民，以各种形式同日本侵略者展开了不屈不挠的斗争。东北人民抗日斗争的主要形式是武装斗争。东北各地组织起来的抗日义勇军，曾给日本侵略者以相当大的打击，但在日寇的疯狂进攻下，到1933年夏，为数30多万的抗日义勇军，只剩下几万人了。从1932年至1933年间中国共产党先后建立了磐石游击队(后发展为东北人民革命军第一军)、东满游击队(后发展为东北人民革命军第二军)、珠河游击队(后发展为东北人民革命军第三军)、密山游击队(后发展为东北人民革命军第四军，也称东北抗日同盟军)、宁安游击队(后发展为东北人民革命军第五军，也称反日联合军第五军)、汤原游击队(后也改编为东北人民革命军)、饶河游击队等七支抗日游击队。1934年，游击队粉碎了日寇的“春季大讨

伐”和“秋季大扫荡”，并在斗争中壮大起来，成为东北抗日游击战争的主力。1935年冬，日伪制定三年《满洲国治安计划大纲》。为了粉碎日伪军的新“讨伐”计划，1936年2月原人民革命军第一至六军以及汤原、海伦游击队共同发表了《东北抗日联军统一军队建制宣言》。宣布东北人民革命军、反日联合军、反日游击队，一律改组建制为东北抗日联军第一、第二、第三、第四、第五、第六军和抗日游击队，并欢迎东北各反日武装力量参加东北抗日联军。1937年初，抗日联军又进行了整编，将第一、第二两军合编为第一路军，杨靖宇任总指挥；同年夏，又将第四、第五、第七、第八、第十各军合编为第二路军，周保中任总指挥；将第三、第六、第九、第十一各军合编为第三路军，赵尚志任总指挥(后改由李兆麟任总指挥)。从1936年年初到1937年夏，东北抗日联军在南起长白山，北抵小兴安岭，东起乌苏里江，西至辽河东岸的广大地区内，开展游击战争。

第四节　华北事变　抗日民主运动的新高涨

一、华北事变　中共“八一宣言”的发表　一二·九运动

《塘沽协定》签订后，日本加紧对华北进行经济侵略。1935年1月，日本关东军在大连举行会议，在讨论对华方针时，要求中国充分履行《塘沽协定》，调整华北中日关系，实行经济提携。7月，日本关东军司令部、满铁、东拓、伪满财政部和实业部等在长春开联席会议，决定联合对华北实行经济侵略。内容包括：设立强大投资公司，发展华北工商业，开发矿业；设立中日合办之各事业公司，在华北首设矿产业、交通业、贸易、棉花栽培等公司；发展山东矿业公司，为煤矿公司之母体；全力发展察哈尔、山西及其他未开发地区之交通；以山东之棉花栽培为基础，将来发展至日本用棉自给。8月，日本政府决定改组“满铁”，并由“满铁”在天津设立兴中公司，从事“开发华北经济”。此后，日本资本在华北迅速扩张起来，华北的铁路、航空、矿山、工业、商业、贸易、金融大部分被日本垄断资本所控制。工矿业方面，到1936年，日本已控制了天津棉纺业“北洋六厂”中的四家，拥有的纺锭和布机数，分别占天津全市的71.7%和76.3%。唐山、青岛、济南等地的一些纱厂也落入日本资本之手。日本控制了山东大部分煤矿的开采，并以东北抚顺煤矿的产品，在华北市场上打击英国控制的开滦

矿。交通方面，1934 年 5 月，日本对华北铁路贷款已达 8952 万元。1936 年，日本又提出一个由它投资在华北兴筑十条铁路的庞大计划，并擅自在天津设立航空部，成立了所谓中日合办的惠通航空公司。商业贸易方面，日本在华北的商业和贸易，实际上就是在武装保护下的大规模走私活动，包括现银和鸦片、吗啡、海洛因等的走私。南京国民政府财政部总务司在 1936 年所写的报告中称："津海、秦皇岛两关缉私职务，因日人无理干涉，完全无法执行，以致华北一带，私运日益披猖，实为海关有史以来所未见。"仅 1936 年 5 月 5 日至 12 日的一周间，从冀东走私到天津的货物即有：人造丝 1300 万公斤，砂糖 603 万公斤，卷烟纸 3 万公斤，棉布 3000 捆，海杂货 8000 包，煤油、汽油 4775 箱。大量的走私活动，给中国的税收和民族工商业都造成了严重的损害。自 1935 年 8 月至 1936 年 5 月的 10 个月中，因华北走私损失税收达 3000 多万元，其中 1936 年 4 月走私即损失税收 800 万元。农业方面，日本力图将华北农村变为日本工业的原料产地，特别是棉花产地。日本在天津设立了"华北农场试验所"。兴中公司拟定了华北植棉的五年计划，企图独霸华北的棉花生产。日本在天津的六大纺织厂联合成立了"华北棉花协会"，专事统制华北的棉花。此外，日本侵略者还在华北直接侵夺农田和掠夺农村劳动力。

日本帝国主义对华北的经济扩张，严重损害了英美帝国主义和南京国民政府的经济利益，从而加深了它和英美帝国主义之间的矛盾，扩大了国民政府内部在对日问题上派系的对立和分化。同时，严重地损害了中国民族资产阶级的利益。民族资产阶级及其知识分子的抗日倾向日益增长。

日本帝国主义在我国华北进行经济扩张的同时，加紧策划把华北从中国分离出去的活动，这一系列"分离"华北的活动被称为华北事变。日本帝国主义策动华北五省(包括河北、山西、察哈尔、绥远、山东)"自治"，采取的第一个步骤是迫使国民党中央的势力退出平津和河北。1935 年 5 月初，在天津日租界发生了亲日分子《国权报》社长胡某和《振报》社长白某被暗杀的"河北事件"。日本华北驻屯军参谋长酒井隆、驻北平使馆武官高桥坦密谋借此挑起事端，声称此案"系中国排外之举动，若中国政府不加以注意改善，则日方将取自卫行动"。5 月中旬，东北义勇军孙永勤部受日伪军压迫由热河境内退入冀东"非武装区"遵化县附近，后在遵化茅山沟遭日军围攻。29 日，酒井、高桥又以中国官宪援助孙永勤部是"破坏塘沽协定行为"，向北平军分会代理委员长何应钦提出"责问"，并声称："今后如再发生如此行为，或得悉将要发生此种行为，日本军将根据条约的规定，采取自认为必要的自卫行动。”接着，天津日军连日在河北省政府门前武装示威，并举行巷战演习。6月9日，酒井、高桥又向何应钦提出了下列更为苛刻的要求：（一）取消河北省包括铁路党部在内的一切国民党党部；（二）撤退河北的东北军第五十一军、国民政府中央军及宪兵第三团；（三）解散北平军分会政治训练处、蓝衣社、励志社等机关及第二十五师的学生训练班；（四）撤免河北省主席于学忠及其他所指各官吏；（五）取缔全国一切反日团体及活动。10日，何应钦根据国民党中央政治会议主席、行政院长汪精卫的指示，约见高桥，表示全面承诺。之后，日方一再要求有文字规定。7月6日，何应钦在日方坚持下，经汪精卫批准，复函日本华北驻屯军司令官梅津美治郎，谓：“6月9日酒井参谋长所提各事，均承诺之，并自主的期其遂行。”至此，形成了何、梅之间的协议。这一协议，习惯上称作“何梅协定”。

“河北事件”纠缠未了之际，又发生了“张北事件”。6月5日，4名没有护照的日本特务机关人员潜入察哈尔境内绘制地图，行至张北县，被当地驻军扣留，随后被释放。日方以此为借口提出无理要求。6月27日，察省代主席秦德纯与日本关东军驻沈阳特务机关长土肥原贤二正式签订了《秦土协定》。其主要内容为：（一）向日军道歉，撤换与该事件有关的中国军官，担保日人今后在察省可以自由行动；（二）成立察东非武装区，第二十九军从该地区全部撤退；（三）中国方面停止向察省移民；（四）解散察省排日机构。通过这两个协定，中国在冀察两省的主权大部分丧失。

日本帝国主义在迫使国民党中央的势力退出华北后随即积极策动华北五省实行“自治”。1935年9月，新任日本华北驻屯军司令官多田骏散发题为《日本对华之基础观念》的小册子，公开鼓吹华北五省要在日本指导下“联合自治”。10月，日本政府正式通过了所谓的“广田三原则。”这“三原则”是：（一）中国彻底取缔排日，抛弃依赖欧美，采取亲日政策。（二）中国终应正式承认满洲国，暂时可作事实上的默认。（三）排除来自外蒙的赤化威胁。同时，通过了“鼓励华北自主案”。日本外交人员向国民政府进行“广田三原则”的交涉，而日本关东军和华北驻屯军则在华北拉拢地方实力人物脱离中央政府宣布“自治”。10月22日，日军在河北香河指使汉奸、反动地主和流氓暴动，占领县城，成立“县政临时维持会”，发表“自治宣言”。11月11日，土肥原到北平，向二十九军军长、平津卫戍司令宋哲元提出“华北高度自治方案”，主要内容有：成立华北共同防共委员会；领域为华北五省二市；首领宋哲元，总顾问土肥原；财政截用中央在各该省市之关税盐税和统税；保留南京政府之宗主权；亲日反共等10项。并限宋哲元于11月20

日宣布“自治”，否则日军将取河北和山东。关东军司令官南次郎命令关东军在15日以前作好从长城外向华北进军的准备，并令空军作好在20日进驻平津的准备。部分关东军集中山海关和古北口附近，部分海军舰只驶向大沽口。日本飞机连续在北平低空飞行进行威胁。宋哲元接到土肥原所提通牒后，向中央政府请示应付方针。同时，多田骏飞济南，策动山东省府主席韩复榘响应宋哲元。至此华北危机达到顶点。

为了阻止华北“自治”，国民党中央派军事委员会参谋本部参谋次长熊斌北上对宋哲元进行说服，同时调动部队在南京附近进行特别大演习，并把其中的一部分部队自陇海线北上佯动。11月19日，蒋介石在国民党第五次代表大会上发表外交关系演说。20日又与日本驻华大使有吉明会谈，要求日方停止策动华北自治，表示：“作为中国，对引起违反国家主权完整、破坏行政统一等之自治制度，绝对不能容许。”同日，蒋介石复电宋哲元，表示“如平津自由行动降敌求全，则中央决无迁就依违之可能，当下最后之决心”。由于中央政府的反对，日本未能迫使宋哲元在11月20日宣布“自治”。日本帝国主义继续向宋哲元施加压力，迫使他在11月30日宣布“自治”。同时，唆使滦榆区行政督察专员殷汝耕在通县宣布“脱离中央自治”，25日成立了“冀东防共自治委员会”(后改称“自治政府”)。国民政府行政院立即召开紧急会议，决议撤销北平军分会，其职权由军委会直接处理；特派何应钦为行政院驻平办事长官，并委宋哲元为冀察绥靖主任，殷汝耕免职拿办。蒋介石既不允许华北脱离中央政府宣布“自治”，又慑于日本的武力威胁，于是派何应钦北上，与宋哲元等紧急措商解决华北危机办法。宋哲元不愿步殷逆之后尘，而是利用自己举足轻重的地位，向蒋介石索取独揽华北的权力。蒋介石为拉住宋哲元只得让步，12月11日，国民政府明令设置冀察政务委员会，由宋哲元任委员长。冀察政务委员会隶属于国民政府，实际上具有相当大的独立性，日本帝国主义和亲日汉奸势力对它有很大影响和控制力。冀察政务委员会的成立并没有缓和中日之间的矛盾。日本帝国主义不以成立这样一个政权为满足，继续支持“冀东防共自治政府”，并使冀察政务委员会尽快与之“合流”。至此，对国民政府来说，如果不想把华北拱手让给日本，就再也无路可退了。

这时，国际上发生了一件大事，1935年7、8月间，共产国际举行第七次代表大会，鉴于法西斯势力在世界范围内日益猖獗的形势，纠正了在国际共产主义运动中推行的“左”倾关门主义，实行反法西斯统一战线和反帝统一战线政策。以王明为首的中国共产党驻共产国际代表团适应这种要求，于 1935 年 8 月 1 日草拟了《为抗日救国告全体同胞书》(即“八一宣言”)，10 月 1 日以中华苏维埃共和国中央政府和中国共产党中央委员会的名义发表。宣言呼吁和号召全国各党派、各界同胞、各军队“停止内战，以便集中一切国力(人力、物力、财力、武力等)去为抗日救国的神圣事业而奋斗”；“组织全中国统一的国防政府”和“全中国统一的抗日联军”；全体同胞“有钱的出钱，有枪的出枪，有粮的出粮，有力的出力，有专门技能的贡献专门技能”；实行全体同胞总动员，以战胜日本帝国主义。这一宣言获得了全国各界的拥护。经长征到达陕北的中共中央，接着在 11 月 28 日中华苏维埃共和国中央政府和中国工农红军革命军事委员会发表《抗日救国宣言》，提出“不论任何政治派别、任何武装队伍、任何社会团体、任何个人类别，只要他们愿意抗日反蒋者，我们不但愿意同他们订立抗日反蒋的作战协定，而且愿意更进一步同他们组织抗日联军与国防政府”。这个宣言还具体地提出了抗日联军和国防政府的“十大纲领”。上述宣言传播到国民党统治下的各地，引起了社会各阶层的重视，有力地推动了抗日救亡运动新高潮的到来。

地处抗日前线的华北人民，痛感华北的沦亡已迫在眉睫。北平、天津的广大青年学生，对于时局的演变，尤其敏感和关切。1935 年 11 月 18 日，北平学生联合会成立。随后，中共北平临时工作委员会和北平学联多次举行秘密会议，决定发动一次抗日救国运动。在中共北平临时工作委员会领导下，北平学生于 1935 年 12 月 9 日举行了声势浩大的反日救国示威游行。几千名爱国的大中学校学生，冲破北平当局军警的层层封锁和拦阻，聚集到新华门前，高呼“打倒日本帝国主义”“反对华北自治”“停止内战一致抗日”等口号，向国民政府行政院驻平办事长官何应钦请愿。由于国民党当局拒绝学生们的爱国民主要求，他们义愤填膺，立即举行游行示威。当游行示威的学生队伍来到王府井大街南口时，遭到北平当局军警的镇压。手无寸铁的青年学生同手持大刀、水龙、皮鞭、木棍的军警进行了英勇的搏斗，有百余人受伤，30 多人被捕。12 月 10 日，北平全市学生举行总罢课。

12 月 16 日，冀察政务委员会准备成立，北平学生 1 万多人，冲破军警的包围袭击，经过与手持大刀、水龙、皮鞭、木棍的军警的几次搏斗，在天桥胜利会师，举行了有几万人参加的群众大会。“打倒日本帝国主义”“打倒汉奸卖国贼”“反对成立冀察政务委员会”等口号此起彼落，声震云霄。大会通过了“不承认冀察政务委员会”“反对华北任何傀儡组织”“收复东北失地”等决议案。一致要求：(一)誓死反对日本帝国主义侵略中国；(二)组织民众，工农兵学商共同抗日；(三)民众自动武装起来；(四)反对华北自治。

会后举行了声势浩大的示威游行。北平当局又一次对学生进行镇压。一天中被捕的学生有二三十人，受伤的有300多人。在广大群众的压力下，冀察政务委员会被迫延期成立。

北平学生“一二·九”和“一二·一六”的英勇斗争，得到了全国各地学生的广泛响应和支持。天津、上海、武汉、广州、南京、长沙、杭州、西安、重庆、南宁、开封、徐州、太原等地学生先后举行集会和示威游行。中国工人也迅速行动起来。12月18日，中华全国总工会致书全国工人，号召工人组织起来，进行抗日救亡工作，声援北平学生的救国运动。接着，各地工人纷纷举行罢工抗议。各地爱国人士、爱国团体也纷纷发表宣言和通电，成立抗日救国会，出版抗日救亡刊物。抗日救亡的呼声，响遍全国。全国抗日救亡运动的新高潮到来了。

一二·九运动冲破了国民党政府的严密统治，打击了日本帝国主义侵略中国吞并华北的计划，打击了国民政府对日妥协的政策，有力地宣传了“停止内战，一致对外”的主张，进一步推动了全国抗日民主运动的蓬勃开展，标志着新的民族革命高潮的到来。

二、中共政策的重大转变　国民党政策的变化

国家民族危机的日益深重和抗日民主运动新高潮的到来，要求中国共产党对形势和阶级关系的新变动做出科学的分析，并据此制定出新的正确的政治路线和革命策略。为了完成这一任务，中共中央于1935年12月中旬至下旬在陕北瓦窑堡召开政治局会议。25日通过了《关于目前政治形势与党的任务决议》。决议正确地认识到目前时局的基本特点是日本帝国主义“正准备并吞全中国，把全中国从各帝国主义的半殖民地变为日本的殖民地”。在这种形势下，一切不愿当亡国奴、不愿当汉奸卖国贼的中国人的唯一出路，就是“向着日本帝国主义及其走狗卖国贼展开神圣的民族革命战争”。“党的策略路线是在发动、团结与组织全中国全民族一切革命力量去反对当前主要的敌人——日本帝国主义与卖国贼头子蒋介石。”“只有最广泛的反日民族统一战线(下层的与上层的)，才能战胜日本帝国主义与其走狗蒋介石。”决议指出：“中国工人阶级与农民，依然是中国革命的基本动力。广大的小资产阶级群众，革命的知识分子，是民族革命中最可靠的同盟者。工农小资产阶级的坚固联盟，是战胜日本帝国主义与汉奸卖国贼的基本力量。”一部分民族资产阶级与军阀有采取同情，或善意中立，或直接参加反

日反汉奸卖国贼的可能。在地主买办阶级营垒中间，也不是完全统一的。决议还指出：国民政府与抗日联军是反日反卖国贼的民族统一战线之最广泛与最高形式。决议宣布把苏维埃工农共和国改为苏维埃人民共和国，并调整自己的政策。决议明确指出："在目前说来，'左'的关门主义，是党的主要危险。"决议号召全党为坚决执行党的策略路线而斗争。

为了贯彻瓦窑堡会议精神，进一步从理论上说明党的抗日民族统一路线策略，彻底批判党内"左"倾关门主义错误，同时注意防止右倾错误的出现，毛泽东于12月27日在陕北瓦窑堡党的活动分子会议上作了《论反对日本帝国主义的策略》的报告。报告首先分析了九一八事变以来国内政治形势的特点以及当时敌我力量的对比情况，阐明了建立抗日民族统一战线的可能性和必要性。毛泽东指出："日本帝国主义决定要变全中国为它的殖民地，和中国革命的现时力量还有严重的弱点，这两个基本事实就是党的新策略即广泛的统一战线的出发点。""党的任务就是把红军的活动和全国的工人、农民、学生、小资产阶级、民族资产阶级的一切活动汇合起来，成为一个统一的民族革命战线。"报告对"左"倾关门主义作了深刻批判，指出只有统一战线的策略才是马克思主义的策略，关门主义的策略则是孤家寡人的策略。报告强调共产党在统一战线中领导作用的重要，提醒全党警惕陈独秀右倾投降主义的复活。为了更广泛地争取各抗日阶级进入统一战线，报告阐明了人民共和国的性质及其各项政策。

瓦窑堡会议是共产党政治路线真正转变的起点，是一次至关重要的会议，它是遵义会议的继续发展，为迎接抗日新高潮的到来作了理论上和政治上的准备。

共产国际改变了它的世界战略和"八一宣言"发表之后，中共开始改变自己的政策和策略。1935年10月中共发出《中央为目前反日讨蒋的秘密指示信》，其中指出"统一战线的形式有三：一上层统一，二下层统一，三上下层统一并用。"此三种统一形式均可用。这和过去只强调"下层统一战线"不同了。

1935年12月6日，中共中央做出《关于改变对富农策略的决定》。决定指出：在目前的形势之下，"富农也开始参加反对帝国主义侵略及豪绅地主军阀官僚的革命，或采取同情与善意的中立态度"。因此"加紧反对富农的策略""现在已经不适当了"。在白区"我们应该联合整个农民，造成广泛的农民统一战线，故意排斥富农(甚至一部分地主)参加革命斗争是错误的"。在苏区土地革命深入时，我们应该集中力量消灭地主阶级。对于富农"我们只取消其封建式剥削的部分，即没收其出租的土地，并取消其高利贷。富农所经营的(包括雇工经营的)土地、商业以及其他财产则不能没收。苏维埃政府并应保障富农扩大生产(如租佃土地、开辟荒地、雇用工人等)与发展工商等的自由”。

在瓦窑堡会议前后，中共同张学良建立了联系。1936 年 1 月 25 日，红军将领发表《为愿意同东北军联合抗日致东北军全体将士书》，指出：打红军、进攻苏区不是东北军的出路，而是绝路。东北军的敌人是日本帝国主义和卖国贼头子蒋介石。“抗日反蒋”是东北军“唯一的出路”。表示愿意首先同东北军联合起来，组织国防政府与抗日联军，去同日本帝国主义直接作战。由于张学良的建议，4 月 9 日，周恩来代表中共中央到东北军驻地肤施(延安)同张学良举行秘密会谈。张学良接受中国共产党停止内战共同抗日的政治主张。与此同时，共产党还对杨虎城及十七路军进行统战工作。

1936 年 2 月，中共中央决定以陕甘根据地的红军主力组成中国人民红军抗日先锋军，东渡黄河，进入山西。阎锡山调遣大批军队阻拦红军前进，蒋介石任命陈诚为山西“剿共”军总司令，调集重兵增援阎锡山。同时命令黄河以西的国民党军队向陕甘根据地进攻。在这种情况下，为了避免全面内战，促进抗日统一战线，5 月初，中共中央决定红军抗日先锋军从河东撤回。5 月 5 日，中华苏维埃人民共和国中央政府、中国人民红军革命军事委员会发出“停战议和一致抗日通电”。通电正告南京政府，“在亡国灭种紧急关头，理应幡然改悔，以‘兄弟阋于墙外御其侮’的精神，在全国范围，首先在陕甘晋停止内战，双方互派代表磋商抗日救亡的具体办法”。

1936 年 8 月 25 日，中国共产党致书国民党，指出：全国人民热烈要求一个真正救国救民的政府，一个真正的民主共和国。我们赞助建立全中国统一的民主共和国，赞助召集由普选权选举出来的国会，拥护全国人民和抗日军队的抗日救国代表大会，拥护全国统一的国防政府。并宣布：全中国统一的民主共和国建立之时，苏维埃区域即可成为全中国统一的民主共和国的一个组成部分。致国民党书提出在抗日的大目标下，国共两党“重新合作”，“共同救国”的建议。之后，毛泽东、周恩来又分别致书国民党的上层重要人士，呼吁促成第二次国共合作。

1936 年 9 月 1 日，中共中央向全党发出《关于逼蒋抗日问题的指示》。指出：目前中国人民的主要敌人是日本帝国主义，把蒋介石与日本帝国主义同等看待是错误的，“反蒋抗日”的口号，也是不适当的。我们的总方针应是“逼蒋抗日”。这个指示正式改“反蒋抗日”为“逼蒋抗日”，是共产党的政策极为重要的改变。[①]

9月17日，中共中央政治局会议又做出《关于抗日救亡运动的新形势与民主共和国的决议》。决议指出：在日寇继续进攻，抗日救亡运动继续发展，国际形势新的变动等条件之下，国民党南京政府有缩小以至结束其动摇地位，而转向参加抗日运动的可能。而且推动国民党南京政府及其军队参加抗日战争，是实行全国性大规模的严重的抗日武装斗争之必要条件。为此中央决定用民主共和国的口号，代替苏维埃人民共和国的口号。

瓦窑堡会议后，共产党的白区工作开始转变。1935年冬，中共中央派刘少奇到华北主持北方局的工作。中共中央北方局为贯彻党的抗日民族统一战线的新的政治路线，实现党的白区工作的彻底转变，开展了一系列工作。

首先，清除“左”倾关门主义和冒险主义的影响，重建和加强华北各地的党组织，把党的工作引上正确路线的轨道。到七七事变前，华北地区的党员发展到5000多名。其次，发动和组织群众开展抗日救亡运动。1936年春，在北平成立了以学生和知识分子为主，包括工人、商人和妇女各界人士的华北各界救国联合会。随后又在若干县城建立分会，还成立了华北各地的学生救国会。共产党通过这些组织，编辑出版了几十种公开、半公开的抗日救亡刊物和小册子，组织了各种形式的宣传队，深入工厂农村，对群众进行抗日救国的宣传。同时，还提出了“武装保卫平津”“保卫华北”的口号，开展政治的请愿、示威、游行、罢工、罢课、抵制日货、反对武装走私等斗争。最后，加强上层统战工作。北方局通过各种途径同实力派及社会名流、学者等接洽，宣传共产党的抗日民族统一战线的主张。为了争取宋哲元和二十九军转向抗日，北方局说服群众把“打倒卖国贼宋哲元”的口号，改为“拥护宋委员长抗日”“拥护二十九军保卫华北”“拥护二十九军保卫平津”。共产党通过各种关系派出干部到宋哲元的部队去工作，同二十九军的上中层军官进行接洽与联络，并发动各界救国联合会、学生救国会对部队进行慰问和宣传。

刘少奇主持中共中央北方局工作后，写了若干文章，批评党内长期存在的“左”倾关门主义和冒险主义错误，阐明党的白区工作的方针策略。1936年4月，刘少奇在中共河北省委的内部刊物《火线》上发表《肃清关门主

---

① 《中央关于逼蒋抗日问题的指示》(1936年9月1日)，见《中共中央文件选集》第11册，89～91页，北京，中共中央党校出版社，1991。

义与冒险主义》。他说："广泛的民族革命统一战线，成为我党领导中国革命到胜利之路的中心问题和主要关键。""关门主义与冒险主义是目前党内的主要危险。现在必须彻底揭发这些错误，必须给这种错误以致命的打击并把它彻底从党内肃清出去。"他主张要"大胆放手让我们的同志和干部到广大群众中去，把全民族抗日反卖国贼的统一战线建立起来，把国防政府、抗日联军组织起来"。1936 年 11 月刘少奇写了题为《民族统一战线的基本原则》的教材，在《火线》上发表。他论述了建立抗日民族统一战线的必要性和可能性、策略转变和战略任务的关系、民族斗争和阶级斗争的关系、统一战线中争取无产阶级领导权等问题。他说："领导权问题是民族统一战线的中心问题。"为着要建立与加强无产阶级在革命中的领导，无产阶级自己必须组织成为坚强的独立的力量，把农民和小资产阶级的力量团结到自己的周围，同时正确处理统一战线同阶级斗争的关系、上层统一战线和下层群众的关系，必须对同盟者的错误和动摇给予高度警惕和必要的批评，在统一战线中要十分注意斗争策略。

日本帝国主义策动华北五省"自治"，对国民党的统治构成了直接的威胁，国民政府的对日政策开始发生变化。11 月 12 日至 23 日，国民党在南京召开第五次全国代表大会。由于国难严重，国民党内外要求"立息内争"的呼声很高，这次大会表现了形式上的统一。19 日，蒋介石发表对外关系演说。他说："苟国际演变不斩绝我国家生存民族复兴之路，吾人应以整个的国家与民族之利害为主要对象，一切枝节问题当为最大之忍耐。复以不侵犯主权为限度，谋各友邦之政治协调；以互惠平等为原则，谋各友邦之经济合作。""和平未到完全绝望之时，决不放弃和平；牺牲未到最后关头，亦决不轻言牺牲。"这说明国民党中央对于中日妥协仍抱有幻想，没有放弃这方面的努力，但蒋介石又说："和平有和平之限度，牺牲有牺牲之决心"，若到了和平绝望之时与牺牲最后关头，"即当听命党国，下最后之决心"。这又表明国民政府同日本帝国主义之间矛盾的加深和可能修改对日政策的新动向。大会接受了蒋介石提出的外交方针，并授权政府，"在不违背方针之下，政府应有进退伸缩之全权，以应此非常时期外交之需要"。大会通过决议接受宪法草案，授权五届中执会对宪草修正后公布，并决定召开国民大会的日期。大会通过的政治军事报告，仍坚持"铲除残余之赤匪"的反动方针。大会选出了新的中央执行委员会和监察委员会，发表了宣言。宣言提出"建设国家挽救国难"的措施，其中有"开宪治，修内政，以立民国确实巩固之基础"，"确立正当之对外关系，以保持国家独立之尊严"等。

大会后，12 月 2 日至 7 日举行五届一中全会。会议决定 1936 年 5 月 5 日公布宪法草案，11 月 12 日召开国民大会。会议推选胡汉民、汪精卫、蒋介石、冯玉祥、孔祥熙、陈立夫等九人为常务委员，主席胡汉民，副主席蒋介石。会议决定将中央政治会议改为中央政治委员会，为政治之最高指导机关。推选张人杰等 25 人为中央政治委员会委员，主席汪精卫，副主席蒋介石。会议推举林森为国民政府主席，蒋介石为行政院长，孙科为立法院长，居正为司法院长，戴传贤为考试院长，于右任为监察院长。五全大会后，国民政府的人事有较大的变动，12 月 12 日，国民党中央政治委员会通过改组行政院的决定。改组后行政院所属各部、会、署的主要官员有：外交部长张群、财政部长孔祥熙、军政部长何应钦、教育部长王世杰、实业部长吴鼎昌等。随后以翁文灏为行政院秘书长，蒋廷黻为政务处长。12 月 18 日，国民政府任命阎锡山、冯玉祥为军事委员会副委员长，程潜为总参谋长。

国民党第五次全国代表大会和大会后国民政府的改组，反映了几个值得注意的新动向：(一)国民政府对日妥协的外交政策，已开始发生变化；(二)表示准备召开国民大会，实行宪政；(三)这次大会有国民党各派的代表参加，新选的国民党中枢和国民政府中包括了各派系的分子，表面上表现了空前团结的现象；(四)政府机构中罗致了少数“学界名流”，如王世杰、翁文灏、蒋廷黻等，表现了一些开明的姿态；(五)在国民党内部，抗日的力量上升，蒋介石和汪精卫的矛盾进一步扩大。当时的舆论评论说：“此次中枢的新组织，惹起一般国际上的注意，各国都认为比较举国一致的政府，日本亦然。”①

国民党政策的另一个变化，“是着手改善中苏关系”，同时“打通共产党的关系”。1935 年 10 月，蒋介石接见苏联驻华大使鲍格莫洛夫，表示希望改善中苏关系，并暗示想同苏缔结“有实质性的协定”。年底，蒋派陈立夫和张冲秘密赴苏。他们了解到苏方对国共关系问题十分关注。蒋介石既然希望得到苏联的帮助，就不能不考虑在国共关系上做出新姿态。于是，便派人寻找打通与共产党关系的渠道。1936 年 1 月，中国驻苏大使馆武官邓文仪奉蒋氏之命，与中共驻共产国际代表团成员潘汉年会面，就国共两党关系问题进行初步商谈。中断了近 10 年之久的国共关系开始出现松动。几天后，邓文仪同中共驻共产国际代表团负责人王明见面。中共代表团表示

---

① 一周简评《中枢新阵容》，载《国闻周报》，第 12 卷，第 50 期，1935-12-23。

无论共产党还是国民党的中央都在国内，谈判以在国内谈判为好，并派潘汉年回国，作为与国民党接洽谈判的联系人。

与此同时，蒋介石令国民党CC系领导人陈立夫和曾养甫等在国内寻找同共产党联系的线索。经辗转介绍，陈立夫、曾养甫同共产党人吕振羽、周小舟在南京多次接触交换看法。1936年6月下旬，周小舟到南京，双方经过交换意见，形成了共同的“谈话记录草案”。双方确认，“为求得民族之生存，须立即实现民族之联合战线，共同抗日”。

最早将国民党中央要与中共打通关系的信息传达给中共中央的是宋庆龄。1936年1月初，宋庆龄应宋子文请求在上海约见董健吾(原中共特科人员，社会身份是上海一教堂的牧师)，请董送一封重要信件去陕北面交毛泽东、周恩来。董健吾于2月7日晚抵达陕北瓦窑堡。中共中央提出与国民党谈判的五项原则：(一)停止一切内战，全国武装不分红白，一致抗日；(二)组织国防政府与抗日联军；(三)容许全国主力红军迅速集中河北，首先抵御日寇迈进；(四)释放政治犯，容许人民政治自由；(五)内政与经济上实行初步与必要的改革。董于3月21日回到上海。5月，陈立夫提出解决国共关系问题的四项办法：(一)欢迎共方武装部队参加对日作战；(二)共方武装参加对日作战时，待遇同中央军；(三)共方有何意见可向即将成立的民意机关提出；(四)共方可选择一地区试验其政治经济理想。此后周恩来与陈立夫、曾养甫之间用信件往来进行商谈。

蒋介石在两广事变解决前，为避免两面用兵，对国共谈判表现得比较积极，但解决了两广事变后，便采取军事压迫和政治解决双管齐下的办法来对付共产党。10月，毛泽东电告潘汉年，要他“直接去见陈立夫”。11月10日，陈立夫和潘汉年在上海晤谈。潘汉年面交了周恩来给蒋介石和两陈的信件，并说明了中共起草的《国共两党抗日救国协定草案》的内容要点，再次要求两党合作，实行对日武装抗战，实现全国抗日救国联合战线。但这时蒋介石指示陈立夫谈判的方针是：“中共武装必先解决，而后对他的党的问题才可作为政治问题，以政治方式解决。”陈立夫根据蒋的方针，提出：(一)对立的政权与军队必须取消；(二)目前红军可保留三千人，其余交南京政府编遣，师长以上官佐一律解职出洋，半年后召回按才录用，党内与政府干部可按才适度分配南京政府各机关服务；(三)如军队问题能够如此解决，则中共方面所提各项政治要求都好办。潘汉年当即指出：“这是蒋先生站在剿共立场的收编条例，不能说是抗日合作的谈判条件。”谈判未能取得结果。西安事变前国共两党的接触商谈打破了两党长时间对立的僵局，尔后两党的谈判继续进行。

三、国民政府的经济政策 国民经济的复苏

南京国民政府成立后，它的经济政策可以说都是以增加财政收入为目标。首先是整顿税务，并取得了较好的效果。1928—1929 年度岁入达 3.3 亿元，以后逐年增加，1936—1937 年度达 8.7 亿元。政府努力增加财政收入，实为巨大军费支出所迫，军费经常占全部岁出的近半数。政府的另一巨大支出是债务费，占全部岁出的近 40%。由于军费和债务的严重压力，政府用于经济发展的费用极其有限，1934—1937 年的经济建设费仅为 1.75 亿元，占这 4 年岁出的 5.7%。政府的财政是赤字财政，9 个财政年度的总赤字占总支出的 21.7%。弥补赤字之法主要是借内债。据统计，自 1927 年 5 月到 1937 年 1 月，共发行国内公债和国库券 24.12 亿元。政府是以高利息、大折扣来吸引银行购买公债的，政府所得仅为发行额的 50.9%。

1935 年实行法币政策，是国民政府在经济方面的一项重大决策。

近代以来中国的金融货币极为复杂紊乱，多种不同的银两、银圆、铜币和形形色色的纸币并行流通，严重阻碍了商品交换和贸易的发展。国民政府成立后，即开始酝酿币制改革，其关键是划一币制，统一货币发行。1928 年 6、7 月召开的全国财政会议，确定币制改革的第一步是“废两改元，确定银本位”。但决议未能实行。1931 年后，由于受世界经济危机的影响，中国工农业生产日趋凋敝，内地银行大量涌入上海，这为废两改元提供了时机。1933 年 4 月，国民政府发布“废两改元”的训令，规定“自 4 月 6 日起，所有款项之收付及一切交易须一律改用银币，不得再用银两”。中央造币厂新铸的中山银圆(正面为孙中山半身像，背面为帆船图案，俗称“孙头”或“船洋”)在 7 月 1 日上市。废两改元在全国普遍推行，中国银本位制度确立。银两的废止，简化了币制，对社会经济产生了重大影响。

正当中国实行“废两改元”的时候，美国为转嫁经济危机和垄断世界金融，继英镑和日元贬值之后，宣布美元贬值。1933 年 8 月，美国放弃金本位，并制订法案，提高银价、收购白银、禁止白银出口、发行银券、白银收归国有等，目的是扩大白银在通货准备金中所占比重，操纵世界白银市场，刺激一些银本位国家的购买能力，以利美国商品的推销。美国高价收购白银的政策，使世界白银市场价格猛涨。由于中国国内白银价格远低于国际市场，故中国白银大量外流。白银大量外流造成通货紧缩，物价下跌，

入超严重，商业萧条，金融恐慌，工厂倒闭，失业增加，人心浮动。国民政府从1934年10月起，开征白银出口税和平衡税，以制止白银外流。但这一措施只能使报关出口的白银减少，而不能制止巨额的白银走私。据估计，1935年一年之内，白银走私出口额约在1.5亿元～2.3亿元。为摆脱这种状况，国民政府决定放弃银本位实行币制改革。1935年6月，英国派李滋罗斯来华，担任财政顾问。他帮助国民政府制订了一个币制改革方案。

1935年11月，国民政府开始实施法币政策。政策主要内容为：(一)钞票发行权收归中央、中国、交通三银行(1936年又增加中国农民银行)，其他银行不准发行钞票。(二)废除银本位制，规定自本年11月4日起，以中央、中国、交通三银行所发行之钞票，定为法币，所有完纳粮税及一切公私款项之收付概以法币为限，不得行使现金。(三)实行白银国有，作法币的准备金。(四)“为使法币对外汇价按照目前价格稳定起见，应由中央、中国、交通三银行无限制买卖外汇。”法币本身无法定的含金量，也不能兑换银币，但它以外汇为本位，信用由外汇的价格决定，是一种金汇兑本位制。根据中国货币近五年来对英镑的平均汇价规定，法币1元等于英镑1先令2便士半。中国的法币同英镑的汇价发生了固定的联系，它被纳入了英镑集团。

法币政策的实施对英国有利。美国对此不肯罢休，向国民政府施加压力。1936年5月，中国政府与美国政府正式签订《中美白银协定》。协定规定，由美国按照市场平均银价大量购买中国的白银，价格为每盎司白银合0.45美元，价款以美元交付。这样，法币又同美元发生了固定的比价，从而成了英镑和美元的共同附庸。

法币政策的实施，国民政府统一了全国的货币，有利于商品经济的发展和促进国内统一市场的形成；由于实行白银国有，稳定法币汇价，安定金融行市，有利于国内外贸易发展和金融业的改造；由于采取货币减值的办法增加货币流通量，使物价回升，刺激了农工商业的发展。法币政策的实施，对中国经济的复苏起了积极作用。

在国民政府推行法币政策的时候，世界各资本主义国家摆脱了经济危机，走上恢复阶段，出现了短暂的“繁荣”。这有利于中国经济的复苏。1935年4月，蒋介石发表《国民经济建设运动之意义及其实施》的报告，宣布推行国民经济建设运动。该运动以振兴农业、开发矿产、扶助工商、调节劳资、发展交通、调整金融等为宗旨。原国防设计委员会改组易名为资源委员会，开始着手进行工业建设。中国大规模内战已基本停止。全国大部分地区风调雨顺，农业丰收。在这些有利因素的影响下，1936 年中国的国民经济出现了复苏的局面，民族资本主义的发展也达到了中国历史上的最高峰。1936 年，中国的农业生产，除四川、河南、广东三省受灾外，全国均获丰收。重要谷物收成的价值达法币 56 亿元，比 1933 年至 1935 年的平均产值高出 17 亿元，几乎增加了 45%。主要农作物的产量与 1935 年相比大幅度增产，棉花增加 78.4%，小麦增加 8.3%，大豆增加 13.8%，稻子、高粱、芝麻、烟叶等都比历年的产量高。农业生产的增长，使农民的购买力有所提高，从而促进了工商业的发展。1936 年的工业总产值为法币 122 亿元，比 1935 年增加 11%，其中棉纱增加 29%，水泥增加 26.2%，火柴增加 18.8%，电力供应增加 8.1%。1937 年上半年，继续有所增长。1936 年对外贸易入超大为减少，1936 年的工农业总产值比 1935 年增加 8%。1936 年资本主义生产占全部工业总产值的 58.6%。国家资本与民营资本在工业的资本额中分别占 12%和 88%。但是，经济复苏所出现的好景仅仅是昙花一现，1937 年 7 月，日本帝国主义发动全面侵华战争。此后，全国进入战争状态。由于战争对经济的巨大破坏，由于继续膨胀的国家垄断资本的腐朽性及对整个国民经济的破坏性，总的来说，从此中国经济的有利发展形势便丧失了。

四、抗日救亡运动的进一步高涨　国民党公布“五五宪草”

一二·九运动后，学生的抗日救亡运动更加广泛、更加深入。1935 年 12 月平津学生联合会成立。1936 年 1 月又成立了华北学生联合会。在共产党领导下，学生运动开始走上和工农相结合的道路。同年 1 月初，平津学生首先组织扩大宣传团，沿平汉铁路南下，到河北农村进行抗日宣传。1 月下旬，上海各大中学校学生组织了救国宣传团，在铁路沿线的农村，向农民宣传抗日救亡的道理。广州、徐州、济南等地学生也先后到农村中去进行宣传。在平津学生南下扩大宣传团的基础上，2 月成立了共产党领导下的革命青年团体——中华民族解放先锋队。

1936 年 2 月，国民政府颁布了《维持治安紧急治罪法》，镇压学生的抗日爱国活动。本月，仅北平被捕学生即达 200 余人。3 月，河北高中一学生惨死狱中，消息传出后，北平学生举行了抬棺游行，遭到国民党当局的镇压，有 50 余人当场被捕。5 月，全国学生救国联合会在上海成立。5 月，日本帝国主义以“防共”为名大量增兵华北，天津、北平的学生举行抗日救国示威，各地学生纷起响应，掀起了一二·九运动以后又一次全国性的抗日救亡怒潮。

文化界抗日救亡运动迅速扩大起来。一二·九运动一爆发，上海文化界立即行动，于12月12日发表《上海文化界救国运动宣言》，坚决反对任何伪组织和华北自治，坚决反对在中国领土内以任何名义成立由外力策动的特殊行政组织。12月17日，上海文化界救国会正式成立，再次发表宣言，提出八项救亡主张：(一)根本改变目前外交政策，公布过去的外交经过；(二)开放民众组织，保护爱国运动，迅速建立起民族统一战线；(三)停止一切内战；(四)武装全国民众；(五)保障集会、结社、出版的绝对自由；(六)罢免并惩办一切卖国的亲敌的官吏；(七)对敌经济绝交，全国恢复抵制日货；(八)释放一切政治犯，共赴国难。① 接着北平文化界救国会宣告成立，发表宣言拥护上海文化界救国会提出的一切主张，呼吁全国文化界火速武装起来，促进全国民众的抗敌救亡运动。

一二·九运动后，广州铁路工人、上海邮务工人和沪杭甬铁路工人，先后举行群众大会，发出通电，援助学生。12月18日，中华全国总工会致书全国职工，号召他们在各地、各工厂，召集群众会议，发表宣言和通电，声援北平学生爱国运动，同时号召组织工人救亡会、各业工人抗日救国会，与全国各界一起进行抗日救亡活动。此后工人的斗争一直在继续。1936年2月，上海大公纱厂日本监工打死中国工人，上海工人立即举行了反日示威和罢工。11月至12月，上海、青岛的日本纱厂工人要求增加工资，举行罢工。这次罢工带有浓厚的抗日性质，和全国抗日救亡运动的高潮融成一体。

妇女界也奋起了。1935年12月，上海妇女界成立救国联合会，发表宣言，号召全国妇女起来抗击日本帝国主义，铲除汉奸，支援学生爱国运动，并举行游行示威。

在全国各抗日阶级、阶层、团体抗日救亡运动迅速发展起来的基础上，1936年5月31日至6月1日在上海召开了全国各界救国联合会成立大会。大会通过了《全国各界救国联合会成立大会宣言》《抗日救国初步政治纲领》等文件，选举宋庆龄、何香凝、马相伯、邹韬奋等40余人为执行委员，沈钧儒、章乃器、李公朴、史良、沙千里、王造时等14人为常务委员。大会宣言说：全国各界救国联合会是“一个全国统一的联合救国阵线”，现阶段的主要任务是“促成全国各实力派合作抗敌”。宣言向各党各派建议：(一)

---

① 《上海文化界救国会第二次宣言》，载《大众生活》，第1卷，第9期。1936-01-11。

各党各派立刻停止军事冲突；（二）各党各派立刻释放政治犯；（三）各党各派立刻派遣正式代表，人民救国阵线愿为介绍，进行谈判，以便制定共同抗敌纲领，建立一个统一的抗敌政权；（四）人民救国阵线愿以全部力量保证各党各派对于共同抗敌的纲领的忠实履行；（五）人民救国阵线愿以全部力量制裁任何党派违背共同纲领，以及种种一切足以削弱抗敌力量的行动。

1936年7月15日，沈钧儒、章乃器、陶行知、邹韬奋四人发表《团结御侮的几个基本条件与最低要求》的宣言性文章。文章中说：抗日救国"必然要依靠全民族的一致参加"，所以全国各党各派"有结成救亡联合战线的必要"。联合战线上的各党各派"可以有不同主张"，"只要在抗日救国的一点上，求得共同一致"。"互相宽容是联合战线的第一要义。""联合战线应该结合各党各派的力量以达到抗日救国的目的，但不能为任何党任何派所利用。"他们向蒋介石、国民党中央、西南当局、华北当局和中国共产党以及一般民众提出他们的希望和要求，表达了全国人民要求停止内争共同抗日和争取人民自由民主权利的意见和主张。这个文件产生了很大影响。

伴随着全国抗日救亡运动的开展和全国各地救亡团体的成立，救亡刊物大量涌现。据统计，全国救亡刊物不下千余种。邹韬奋主编的《大众生活》，每期发售量达15万份以上，创国民党统治区刊物发行量的最高纪录。

但是，脱离国民党控制的自动自主的有组织的抗日民主运动，是国民党绝对不允许的。11月23日，国民政府以"危害民国"的罪名，逮捕了全国各界救国会领袖沈钧儒、章乃器、邹韬奋、李公朴、王造时、沙千里、史良7人。这就是震动全国的"七君子事件"。事件发生后，全国各界举行了援救运动。1937年6月，宋庆龄等17人发起救国入狱运动，全国各界纷纷响应，推动了抗日救亡运动的发展。1937年7月31日，沈钧儒等7人出狱。

九一八事变后，各界人士要求国民党"结束训政，实行宪政"。国民党统治集团中的一些人也表示赞同。孙科于1932年4月发表的《抗日救国纲领草案》，其中提出"于最近期间，筹备宪政之开始"。1932年12月，国民党四届三中全会决定于1935年3月"召开国民大会，议定宪法"。1933年1月，国民政府立法院成立了以孙科为首的宪法起草委员会。到6月完成了宪法草案初稿。但"制宪"工作的实权逐渐为蒋介石所控制。其后，即按照抑制民主强化独裁的方向不断进行修改。如将初稿中的内阁制改为总统制；将选民直接选举总统改为由国民大会选举总统；将除行政院院长由总统任命外，其余四院院长均由国民大会选举产生，改为四院中的司法考试两院院长亦由总统任免（经立法院同意）。之后又删去了军人非解职不得任总统、副总统及省长的限制。1935 年 11 月，国民党第五次全国代表大会，决议接受宪法草案。接着国民党五届一中全会对宪草内容又作了一些修改，特别规定总统有发布紧急命令之权，并决定 1936 年 5 月 5 日公布宪法草案，11 月 12 日召开国民大会。1936 年 5 月 5 日宪法草案正式颁布，这就是所谓的“五五宪草”。

宪草全文共 8 章 148 条。从形式上看，不无资产阶级民主的词句，但这不过是一种装饰。宪草适应国民党一党专政和蒋介石军事独裁统治的需要，在中央政权的组织形式上，实际规定了总统独裁制。它赋予总统以凌驾于一切国家机关之上的种种大权。除了统率全国陆海空军、宣战媾和及缔结条约、宣布大赦特赦、任免文武官员等大权外，还有“发布紧急命令”之权。至于所谓代表“民意”的“国民大会”，只有形式上的选举、罢免、创制、复决这四种权利，它不但不能决定一切内政外交的大政方针，也无权干预或监督这些方针的执行。而且，大会每三年才由总统召集一次，会期一至两个月，又无常设机关，所以只不过是一个装潢门面的空架子。宪草以专章规定了“人民之权利义务”，但所有关于“权利”“自由”的许诺都是虚伪的。每项“自由”规定之后都写明“非依法律，不得限制之”的字样，也就是说，国民政府为了其大地主大资产阶级统治的需要，可以随时抛出某种法律，来剥夺人民的自由权利。宪草对维护大地主大资产阶级的土地所有权、工矿企业所有权以及国家资本对整个国民经济的垄断权等，作了种种具体规定，给予“合法”保护。很显然，按照蒋介石的意图由国民党一手包办制定出的宪草，体现了以国民党为代表的大地主大资产阶级的意志。

国民政府在颁布“五五宪草”之后，进行了所谓“国大”代表的选举。它是由国民党一党包办的选举。这样的选举，以及将由这样的选举选出的代表组成的国民大会，自然要遭到全国人民的坚决反对和无情揭露。不久，抗日战争爆发，国民党当权派“还政于民”“实行宪政”的把戏也就收场了。

“五五宪草”是国民党正式颁布的一个维护国民党一党专政的文件，它是有利于国民党当权派不利于中国人民的。因此，坚持还是反对这个宪草和由国民党包办产生的“国大”代表，成为以后中国政治史上民主与反民主斗争的一个重要问题。

第五节 西安事变 全国团结抗日局面基本形成

一、两广事变 绥远抗战

1936年6月初，发生了两广事变。两广军阀与蒋介石矛盾很深。1936年5月，胡汉民患脑溢血病故，两广地方实力派失去重心。蒋介石企图乘机分裂两广，然后各个消灭。广东军阀陈济棠认为与其坐以待毙，不如先发制人。于是联络广西李宗仁等人，打起“抗日救国”的旗号，进行反蒋。6月1日，两广军阀组织的西南政务委员会和国民党西南执行部呈文国民党中央和国民政府，吁请抗日。2日，将抗日主张通电全国。4日，陈济棠、李宗仁、白崇禧等西南将领数十人发出通电，表示支持6月2日的通电，并成立了军事委员会和抗日救国军，由陈济棠任委员长兼总司令，李宗仁为副。接着出兵湖南，声称他们的举动“纯系对外，绝不进行内战”。南京政府则调集部队进入湖南。一场新的内战将要爆发。这就是两广事变。

两广事变是在民族危机日益严重的情况下，国民党营垒中的一次分裂，是一次抗日反蒋的举动，全国人民对两广事变非常关切。他们要求南京政府接受西南当局的抗日要求，同时要求西南当局以实际行动表示自己的抗日诚意，希望双方和平解决问题。蒋介石对两广事变，一面派出大军准备进袭两广，一面派人入粤收买陈济棠部下。7月，粤方空军司令率全部飞机投往南京政府。粤军第一军军长余汉谋通电拥护中央。7月13日，国民党五届二中全会通过西南问题决议，撤销西南政务委员会和国民党西南执行部；任命余汉谋为广东绥靖主任，李宗仁为广西绥靖主任，白崇禧为副主任；免去陈济棠本兼各职。陈济棠见大势已去，离开广州去香港。不久，蒋电令白崇禧出洋考察，调李宗仁到南京军委会任职。李、白拒绝。蒋又电李、白，改任白崇禧为浙江省主席，李宗仁为军委常委，由黄绍竑出任广西绥靖主任，负责处理广西善后。李、白仍表示难以从命。蒋即调集大军准备用武力解决。广西也全体动员，10余万军队准备应战。内战有一触即发之势。全国一致反对内战。蒋被迫收回成命。9月17日，蒋介石和李宗仁在广州会晤，两广事件遂告和平解决。两广事变得以和平解决，是因为全国人民坚决反对内战，要求团结抗日，是中日民族矛盾起作用的结果。

两广事变刚刚解决之后，北方发生了绥远事件。在日本帝国主义策划下，内蒙古贵族德穆楚克栋鲁普于1936年年初组织伪“蒙古军总司令部”，自任总司令，李守信任副司令。5月又成立了伪“蒙古军政府”，并招兵买马，扩充军队，组织伪蒙古军。同时，日本帝国主义策划王英组织“西北蒙汉防共自卫军”(后改称“大汉义军”)。11月，在日军配合下，李守信和王英等伪匪军向绥远大举进攻。驻绥远的傅作义部奋起还击，取得了红格尔图战斗的胜利，并乘胜收复百灵庙，后又收复大庙。国民政府对绥远抗战采取比较积极的态度，发表声明说：“此次蒙伪匪军大举犯绥，政府负有保卫疆土戡乱安民之责，不问其背景与作用如何，自应予以痛剿，此为任何主权国家应有之行为，第三者无可得而非议。”“中国领土主权之完整”，“不容任何第三者以任何口实加以侵犯或干涉，万一不幸而发生此种非法之侵犯或干涉，必竭全力防卫，以尽国家之职责也”。蒋介石派中央军增援绥远抗战。全国人民发起援绥运动，1936年冬形成热潮。北平学生募集万件皮衣，各地女校赶制丝棉背心，上海学童捐助买早点和糖果的零钱，穷苦同胞节用汗血微资，援助绥远抗战。据统计全国捐款达120多万元。绥远抗战和援绥运动是抗战形势高涨的一种表现。

二、中日谈判的搁浅

国民党第五次全国代表大会后组成的政府，面临最棘手的事是处理华北事变。冀察政务委员会的成立并没有缓和中日之间的矛盾。日本帝国主义继续策动华北五省“自治”。1936年1月13日，日本政府发出《第一次处理华北纲要》，明确地说“自治的区域，以华北五省为目标”，“先求逐步完成冀察两省及平津两市的自治，进而使其他三省自然地与之合流”。“对冀察政务委员会的指导，目前通过宋哲元来进行……逐步实现实质性的自治，确立华北五省自治的基础。”并决定处理华北问题由中国驻屯军司令官负责。

根据国民党第五次全国代表大会所确定的对日方针，国民政府为调整中日关系与日本进行了近一年的谈判。1936年3月，外交部长张群和日本驻华大使有田举行了四次会谈。中方提出，调整中日邦交，最正当之办法，应自东北问题谈起，第一步至少限度，也须先行设法消除妨碍冀察内蒙行政完整之状态，日方不同意，会谈没有结果。

1936年5月，日本增兵华北，中国外交部于5月15日电令驻日大使向日本外务省交涉制止。同时，对侵华日军在华北包庇走私浪人、破坏海关缉私多次向日本外务省提出抗议，要求日本政府迅速予以制止。

1936年7月，国民党召开五届二中全会，决定成立国防会议，以蒋介石为议长。蒋介石在会上对国民党五全大会确定的外交方针作了解释。他说："中央对外交所抱的最低限度，就是保持领土主权的完整，任何国家要来侵扰我们领土主权，我们绝对不能容忍，我们绝对不订立任何侵害我们领土主权的协定，并绝对不容忍任何侵害我们领土主权的事实。再明白些说，假如有人强迫我们签订承认伪国等损害领土主权的时候，就是我们不能容忍的时候，就是我们最后牺牲的时候。""从去年11月全国代表大会以后，我们如遇有领土主权再被人侵害，如果用尽政治外交方法而仍不能排除这个侵害，就是要危害到我们国家民族之根本的生存，这就是为我们不能容忍的时候。到这时候，我们一定作最后之牺牲。"这里，蒋介石对"牺牲的最后关头"作了解释，并明确地表示决不签订承认"伪国"的协定。这个解释比他在国民党五全大会上的关于外交方针的讲话前进了一步。

1936年8月至9月间，相继发生了"成都事件"和"北海事件"。9月，外交部长张群与日本驻华大使川越举行了三次会谈。日方不仅要求解决"成都事件"和"北海事件"，而且要求中国政府"解散一切抗日团体""杜绝一切排日运动"、实行"共同防共""华北经济提携"和"减低关税"等，以此作为"对调整邦交具体表示诚意之确实证据"。对此，中方提出了五条关于调整邦交的希望条款，其中包括取消上海、塘沽两个停战协定，取消冀东伪政权和停止走私等。10月，张群与川越又举行了四次会谈。日方提出"一般防共"和"华北共同防共"两大问题。关于一般防共问题，日方要求"由两国订一协定"。关于华北共同防共问题，日方要求"扩大防共地域"，组织"共同防共委员会"等。中方则提出取消上海、塘沽两协定和冀东伪政权。双方距离很大，无法达成协议。12月3日，张群与川越又举行第八次会谈。川越朗读其携来之所谓备忘录。张群严正表示"无论如何，不能接受此种文件"。并表示"双方须顾到彼此立场，如塘沽、上海两协定之取消、冀东伪组织之取消、华北非法飞行之终止、察绥伪匪军之消灭，以及走私之停止等问题，系我方最低限度之要求，均应同时解决"。这次会谈没有结果。12月5日，蒋介石指示张群对川越备忘录"非立即用正式公函退还不可，万不可随意迁就"。中日会谈搁浅。

三、西安事变及其和平解决

中共中央和毛泽东、周恩来等对张学良、杨虎城作了大量的争取工作。

从1936年上半年开始，红军和东北军、第十七路军之间，实际上停止了敌对状态。1936年8月，中共中央派叶剑英到西安，作为中共的常驻代表。这样，红军与东北军、十七路军三方面，在抗日的基础上，实现了联合。

当蒋介石得知张、杨已同共产党发生直接联系和西安群众要求"停止剿共、一致抗日"的声浪高涨时，认为"这一事态的发展，如不设法制止，势必演乱"。为此，1936年10月，蒋介石亲自到西安，逼迫张学良、杨虎城率部"剿共"。随即又到洛阳作"剿共"的军事部署，将其嫡系部队约30个师调到以郑州为中心的平汉、陇海铁路沿线，以便随时开赴陕甘地区。

12月4日，蒋介石由洛阳飞抵西安，以临潼华清池为"行辕"。蒋调集的部队纷纷开赴潼关。陈诚、卫立煌等重要将领陆续来到西安。战云笼罩了西北。蒋介石逼迫张、杨进攻红军。中央军则在后面接应督促。如张、杨不服从命令，他就将东北军调到福建，十七路军调到安徽，由中央军进驻陕甘两省"剿共"。张、杨既不愿与红军再开战端，也不愿离开西北被蒋介石改编、吞并。张学良多次劝说蒋介石改变内战政策，但均无效。12月7日，张、蒋之间发生了激烈的争论，张学良痛哭陈词，但蒋表示他的"剿共"政策至死不变。至此，张学良准备实行"兵谏"。12月8日，张学良与杨虎城密商，决定扣留蒋介石，强迫他答应抗日。12月9日，一二·九运动一周年纪念日，西安学生1万多人举行示威游行，要求停止内战一致抗日。游行队伍从西安步行去临潼向蒋介石请愿，要求蒋介石答应抗日。蒋介石听到消息，亲自打电话给张学良要他制止，如学生不听，就"格杀勿论"。张学良急忙劝阻学生。请愿学生向张悲愤陈词。张大受感动，当即保证，一定抗日，一星期内用事实答复学生的要求。10日和11日两天，张、杨加紧进行扣留蒋介石的部署。

1936年12月12日，按照张学良、杨虎城商定的计划，东北军一部包围了华清池，迅速解除了进行抵抗的蒋介石卫兵的武装，将蒋介石扣留，并移送西安新城大楼。十七路军同时行动，控制了西安全城，拘捕了陈诚、蒋鼎文、卫立煌等十多名军政大员。当天，张、杨联合发出通电，说明事变动机完全在于抗日救国。对蒋本人"保其安全，促其反省"。提出八项主张：(一)改组南京政府，容纳各党派共同负责救国；(二)停止一切内战；(三)立即释放上海被捕之爱国领袖；(四)释放全国一切政治犯；(五)开放民众爱国运动；(六)保障人民集会结社一切之政治自由；(七)确定遵行孙总理遗嘱；(八)立即召开救国会议。西安事变的发生是蒋介石顽固坚持"攘外必先安内"政策的结果，是他违背历史潮流而遭受的严厉惩罚。

西安事变的突然爆发，全国和全世界都非常震惊。世界各国和国内各种势力都从各自的国家或阶级、集团的利益出发，对事变做出不同的反应。

日本对事变特别关切。它竭力挑拨南京与西安的关系，企图挑起中国大规模内战，以便趁火打劫。日本政府一再表示反对南京与张杨妥协，要南京政府不得做任何损害日本利益的解决。它支持在德国"养病"的汪精卫回国，组织亲日的政府。英美担心蒋介石被杀，亲日派掌权，损害它们在华的利益。它们看出张杨通电的中心是抗日问题，所以主张蒋和张杨妥协，反对南京政府讨伐张杨，并一再声言愿意进行调解。苏联在事变后，《真理报》《消息报》均发表社论和评论，坚决支持中国抗日，希望事变"能早日迅速和平解决"。

西安事变的消息传到南京，国民党多数人认为张杨的行为，"违法犯纪"，表示"万分气愤""万分焦急"。南京政府陷入一片混乱。以军政部长何应钦为代表的一派，力主"讨伐"。这一派的主张开始时占了优势。12 日，国民党中央常委会和国民政府决议"褫夺张学良本兼各职"，"交军事委员会严办"。16 日，国民党中央政治会议议决推何应钦为"讨逆军总司令"，由国民政府下令讨伐张学良。何应钦立即调派大批军队开赴潼关，准备进攻西安，并派飞机轰炸西安附近的渭南县城和赤水车站，扬言要轰炸西安。一些汉奸和伪军头目如李守信也发表通电，声言愿与南京合力讨伐张杨。一时战云密布，大规模内战有一触即发之势。但南京政府中与蒋有密切关系的宋子文、宋美龄、孔祥熙等人，坚决反对"讨伐派"的主张，坚持营救蒋介石，和平解决西安事变。当时，在南京的冯玉祥等人，也主张和平解决，避免内战。冯玉祥曾电劝张学良放蒋介石回南京。宋孔这一派的主张很快在南京政府中占了上风，遂决定采用"正面处置严正，营救则多方运用"的原则。宋子文、宋美龄、孔祥熙在稳住南京政局后，即派端纳前往西安，探明情况，沟通关系，居中调解。随后，宋子文、宋美龄亲赴西安救蒋。

国民党的地方军阀，多数不表示支持张杨，少数如广西的李宗仁、白崇禧和四川的刘湘，比较明确支持张杨，主张西安事件"用政治解决"。绥远抗战的领导人傅作义，也是支持张杨的。老奸巨猾的阎锡山曾表示支持张学良逼蒋抗日，但事变发生后，他却致电责问张杨，并要求把蒋介石交给他掌握，企图借此由他控制中国局势。宋哲元、韩复榘等表面拥护国民党中央，实际主张杀蒋。

西安事变的爆发对中间阶级是一个"晴空的霹雳"。他们普遍认为这是"国家的大不幸"，大多数人谴责张杨。他们大多数人同意张杨的停止内战一致抗日的主张，同时要求恢复蒋介石的自由。12月15日，全国各界救国联合会发表《为当前时局紧急宣言》，“要求停止一切现存的内战，反对一切可能的新内战”。“要求当局尊重全国的民意，和平解决陕事；要求张杨诸将军立即恢复蒋先生自由，和中央剀切磋商，实行抗日大计。”

西安事变是突然爆发的，中国共产党对事变本身以及解决办法有一个认识过程。12月12日，中共中央书记处致北方局电提出“号召人民及救亡领袖要求南京明令罢免蒋介石，并交人民审判”。15日，红军将领在致国民党国民政府电中要求“罢免蒋氏，交付国人裁判”。但是，中共中央政治局在对事变进行了深入的讨论之后，很快就否定了杀蒋的意见，确定了和平解决的正确方针。18日，中共中央致国民党中央电指出：“蒋介石在此次被幽，完全是因为蒋氏在不肯接受抗日主张，不肯放弃攘外必先安内的错误政策所致。”只要国民党能实现全国人民抗日的迫切要求，“不但国家民族从此得救，即蒋氏的安全自由当亦不成问题”①。19日，中共中央发出《关于西安事变及我们任务的指示》。明确指出“这次发动是为了要抗日救国而产生的”。根据国内外的形势，指出事变可能有两种前途：一种前途是爆发大规模内战；另一种前途是停止内战一致抗日。为实现第二个前途，共产党的基本方针是：(一)反对新的内战，主张南京与西安间在团结抗日的基础上和平解决；(二)用一切方法联合南京左派，争取中派，反对亲日派，以达到推动南京走向进一步抗日的立场，揭破日寇及亲日派利用拥蒋的号召，发动内战的阴谋；(三)同情西安的发动，给张杨以积极的实际的援助(军事上的与政治上的)，使之彻底实现西安发动的抗日主张；(四)切实准备“讨伐军”进攻时的防御战，给“讨伐军”以严重的打击，促其反省，目的依然是为了促成全国性抗日统一战线的建立与全国性抗日战争的发动。对蒋介石的处置，中共中央认为：只要蒋介石同意停止内战一致抗日，就应当释放他。应张杨电邀，中共中央派出由周恩来、博古、叶剑英等组成的代表团，于12月17日抵达西安。

南京的宋子文、宋美龄，在弄清张学良、杨虎城和共产党均不想加害蒋介石，而希望和平解决的态度后，来到西安。23日、24日，宋子文、宋美龄代表蒋介石，与张学良、杨虎城正式谈判，周恩来作为中共中央全权代表参加谈判，并会见了蒋介石。经过两天的谈判，达成六项协议：(一)改组国民

---

① 《中共中央关于西安事变致国民党中央电》(1936年12月18日)，见《中共中央抗日民族统一战线文件选编》(中)，321～322页，北京，档案出版社，1985。

党与国民政府，驱逐亲日派，容纳抗日分子；(二)释放上海爱国领袖，释放一切政治犯，保证人民的自由权利；(三)停止"剿共"政策，联合红军抗日；(四)召集各党各派各界各军的救国会议，决定抗日救亡方针；(五)与同情中国抗日的国家建立合作关系；(六)实行其他具体的救国办法。蒋介石表示同意谈判议定的六项协议。但他要求不采取签字形式，而以他的人格担保履行六项协议。西安事变遂告和平解决。

12月25日，蒋介石由张学良陪同，经洛阳飞回南京。一到南京蒋介石就背信弃义地扣留了张学良。由于张学良被扣，西安出现动荡不安的情势。东北军中坚决主张联共抗日的王以哲军长被杀害，内战危险又重新出现。周恩来在困难的条件下进行了细致的工作，及时解决了一系列的棘手问题，巩固了红军和东北军、十七路军的团结，基本上保住了和平解决西安事变的成果。

西安事变的和平解决，成为时局转换的枢纽。从此内战基本结束，给国共两党重新合作建立了必要的前提。事变的和平解决大大推进了全国抗日形势的进展。

四、国民党五届三中全会　国共会谈　全国团结抗日局面基本形成

西安事变和平解决之后，中国共产党为推动国民党抗战，实现两党重新合作，于2月10日致电国民党三中全会，提出五项要求和四项保证。要求国民党三中全会把下述五项定为国策，即：(一)停止一切内战，集中国力，一致对外；(二)保障言论、集会、结社之自由，释放一切政治犯；(三)召集各党、各派、各界、各军的代表会议，集中全国人才，共同救国；(四)迅速完成对日抗战之一切准备工作；(五)改善人民生活。如国民党三中全会将上述五项要求定为国策，共产党愿向国民党三中全会做出四项保证，即：(一)在全国范围内停止推翻国民政府之武装暴动方针；(二)工农政府改名为中华民国特区政府，红军改名为国民革命军，直接受南京中央政府与军事委员会之指导；(三)在特区政府区域内，实施普选的彻底民主制度；(四)停止没收地主土地之政策，坚决执行抗日民族统一战线之共同纲领。中国共产党所作的上述保证是对国民党的一个重大的让步，"其目的在于取消国内两个政权的对立，便利于组成抗日民族统一战线，一致的反

对日本的侵略”。[①] 但是，这种让步是有原则有条件的。第一，国民党必须抛弃内战、独裁和对外不抵抗的政策。第二，在特区和红军中必须保持共产党的领导，保持工农已取得的权利。在国共两党关系上必须保持共产党的独立性和批评的自由。

2月15日，国民党五届三中全会在南京召开。宋庆龄、何香凝、冯玉祥等14人向全会提出“恢复孙中山先生手订的三大政策案”。提案说：“近半年来，迭接中国共产党致我党中央委员会书函通电，屡次提议国共合作，联合抗日，足证团结御侮已成国人一致之要求。”“应乘此机会恢复总理三大政策，以救党国于危亡，以竟革命之功业。”在会上汪精卫提出一个坚持“剿共”的政治决议案草案，遭到许多人的反对。18日，宋庆龄在《实行孙中山的遗嘱》的讲演中说：“今天居然还可以听到‘抗日必先剿共’的老调，这是多么荒谬！”她强调：“救国必须停止内争，而且必须运用包括共产党在内的全部力量，以保卫中国国家的完整。”21日，全会通过宣言和《关于根绝赤祸之决议》。

宣言对国民党“五大”和五届二中全会所确定的对外方针“继承不变，且努力以策其进行”。对内承认“和平统一”，“为全国共守之信条”，表示“此后唯当根据和平统一之原则，以适应国防，且以奠长治久安之局”。宣布国民大会延至1937年11月12日举行。宣言诬称共产党“破坏国民革命”，“以暴动手段，危害民国”。“无论用任何方式，必以自力使赤祸根绝于中国”。在《关于根绝赤祸之决议》里说，共产党主张抗日民族统一战线实行国共合作是向国民党“输诚”，国民党接受共产党和全国人民的主张是允许共产党“自新”。决议决定了四条“根绝赤祸”的“最低限度之办法”：“第一，一国之军队，必须统一编制，统一号令，方能收指臂之效，断无一国家可许主义绝不相容之军队同时并存者，故须彻底取消其所谓‘红军’，以及其他假借名目之武力。第二，政权统一，为国家统一之必要条件，世界任何国家断不许一国之内，有两种政权之存在者，故须彻底取消所谓‘苏维埃政府’及其他一切破坏统一之组织。第三，赤化宣传与以救国救民为职志之三民主义绝对不能相容，即与吾国人民生命与社会生活亦极端相背，故须根本停止其赤化宣传。第四，阶级斗争以一阶级利益为本位，其方法将整个社会分成种种对立之阶级，而使之相杀相仇，故必出于夺取民众与武装暴动之

---

① 《中央关于西安事变和平解决之意义及中央致国民党三中全会电宣传解释大纲》(1937年2月15日)，见《中共中央文件选集》第11册，160页。

手段，而社会因以不宁，民居为之荡析，故须根本停止其阶级斗争。”这四条“根绝赤祸”的办法，表现了国民党“和平统一”政策的实质。五届三中全会没有提出坚定明确的抗日方针，没有批评国民党过去的错误政策，没有放弃“根绝赤祸”的立场。但它对中共的政策和方针发生了明显转变，即由“武力剿共”转变为“和平统一”。但这种改变仅是策略上的改变，是斗争方式和手段的改变。它消灭中共的根本方针、反人民的本质并没有改变。国民党“根绝赤祸”的根本立场和它所采取的“和平统一”策略，决定了以后国共两党关系的复杂性，决定了以后国共两党斗争的特殊方式。

国民党为贯彻三中全会确定的方针，继续与共产党谈判。从 1937 年 2 月到 7 月，中共中央先后派周恩来、叶剑英、林伯渠等同国民党代表顾祝同、贺衷寒、张冲和蒋介石、宋子文等人，在西安、杭州、庐山举行过三次谈判。国民党在谈判中的基本企图是首先把共产党、红军和陕甘宁边区置于国民党控制之下，不许共产党有独立性。针对这种企图，周恩来等反复强调，为了真正实现国共两党合作抗日，国民党应承认共产党的合法地位和独立性。同时提出，红军改编为三个师，每个师 15000 人，朱德继续任总指挥；陕甘宁行政区保持完整，不容分割；国共合作须先确定共同纲领，立即命令马步芳、马步青等国民党军停止对西路军的进攻，送还被俘人员等。谈判没有达成实质性协议。在杭州谈判中，蒋介石要中共不必说与国民党合作，只是与他合作。他希望中共这次改变政策后，要能与他永久合作。要中共商量一个永久合作的办法。周恩来回答：“共同纲领是保证合作到底一个最好办法。”蒋要共产党“商量与他的关系及纲领问题”。

1937 年 6 月 4 日，周恩来抵庐山。8 日至 15 日，同蒋介石多次会谈。国民党方面参加会谈的有宋子文、宋美龄、张冲等。周恩来提交了中共中央《关于御侮救亡、复兴中国的民族统一纲领草案》。其主要内容是：对外抵御日本帝国主义的侵略，取得中华民族的独立解放；对内实施宪政，保障民权自由；发展国防经济改善人民生活，求得民生幸福，以彻底实现孙中山的革命的三民主义，使中国复兴为统一的民主共和国。在会谈中，双方就国共合作的组织形式、红军改编、边区政府改制等问题争论很久，不能解决。蒋介石不顾先前关于制定合作纲领的提议，将周恩来提交的“民族统一纲领草案”撇在一边，另外提出一个成立“国民革命同盟会”作为国共合作的组织形式的方案。这个方案的要害是要在“革命同盟会”的名义下，从组织上把共产党融化在国民党之内。关于红军改编问题，蒋坚持 3 个师以上之总部不能设立，“设政治训练处指挥之”。提出朱、毛两同志须出来做事。

关于边区政府问题，蒋坚持由国民政府“派正的官长(可由中共推择中央方面的人)，边区自己推举副的”。关于国民大会，蒋同意中共可有国民大会代表，“但不以共党名义出席”。对“允许共产党适时公开”问题，在谈判中，蒋不再提及，只说“凡有破坏合作及与共党为难者，由蒋自负责任解决”。① 周恩来在谈判中表示：有关国民革命同盟会的组织，事关重大，必须请示中共中央后定，有关红军指挥机关和边区人事安排等问题，不能同意。之后，周恩来又与宋子文、宋美龄和张冲“往返磋商，仍不能解决”。周恩来回延安，与中共中央讨论对策。中共中央于6月25日，拟定了谈判的新方案。7月初，周恩来起草了《中共中央为公布国共合作宣言》。7月7日，周恩来一行抵上海。这时，卢沟桥事变发生。

国民政府在七七事变之前做了一定的抗战准备工作，主要是军事准备，其中包括成立国防决策机构、拟定国防作战计划、统一军队编制、充实军备等。1937年3月，决定设立国防委员会。1937年年初，国民政府军事委员会规定了预定战区划分，到全面抗战爆发时，陆军已整理和尚未整理的部队共有步兵182个师又46个独立旅，骑兵9个师又6个独立旅，加上特种部队，共约170余万人。扩建了空军，1936年年底，全国空军共有飞机600余架。1937年上半年，海军有3个舰队，大小舰艇100余艘，但总计不过6万吨。到1937年上半年，江苏、浙江、山东、河南、山西、绥远、冀察等区第一期防御工事构筑基本完成。并修整江海防要塞，到1937年上半年，南京、镇江、江阴、宁波、虎门、马尾、厦门、南通、连云港9个要塞区整建完毕，拥有炮台41座，各种要塞炮273门。到全面抗战爆发前夕，已能大量自造若干精良的常规武器，如步枪、轻重机枪、迫击炮等，但飞机、坦克、大炮等大型武器仍靠进口。1936年3月国民政府明令实施兵役法，至年底，征集首批新兵5万名入营训练。推行国民军训，到1937年上半年，全国受训的高中学生约有22.4万人，专科以上学生有6.4万余人。国民政府的抗日经济准备，包括财政、工业、交通、水利等方面的建设。工业、交通建设与国防建设尤有密切关系。1936年4月，株(洲)韶(关)段接通，完成了粤汉路全线贯通。1937年上半年，陇海路向西伸展至宝鸡，宝鸡至连云港的1075公里铁路通车。交通建设对经济发展及以后的抗战起了积极作用。但从总体上来说国民政府所能进行和完成的抗战准备是有

① 《中央关于同蒋介石第二次谈判情况向共产国际的报告》(1937年6月17日)，见《中共中央文件选集》第11册，265～267页。

限的。

面对西安事变后和国民党三中全会后的新形势，1937年4月15日，中国共产党发表《告全党同志书》，及时地提出了“巩固和平”“争取民主”“实现抗战”三位一体并以“争取民主”为中心的口号。共产党认为中国真正的坚实的抗日民族统一战线的建立及其任务的完成，没有民主是不行的。中国必须立即开始实行两方面的民主改革。第一，将政治制度上国民党一党派一阶级的反动独裁政体，改变为各党派各阶级合作的民主政体。第二，实现人民的言论、集会、结社自由。

为了使全党明确认识当前的任务并促进它的实现，中国共产党于1937年5月2日至15日在延安召开全国代表会议(当时称为苏区代表会议)。毛泽东在会上作了《中国共产党在抗日时期的任务》的报告和《为争取千百万群众进入抗日民族统一战线而斗争》的结论。毛泽东分析了1931年九一八事变特别是1935年华北事变以来的形势，指出由于中日民族矛盾成为主要矛盾，把中国和其他帝国主义的矛盾推入次要的地位，也把国内阶级间的矛盾和政治集团间的矛盾推入次要和服从的地位。但是“国内阶级间的矛盾和政治集团间的矛盾本身依然存在着，并没有减少或消灭”。这种形势在我们面前提出了适当地调整国内国际在现时可能和必须调整的矛盾，使之适合于团结抗日的总任务。这就是中国共产党要求和平统一、民主政治、改良生活及与反对日本的国家进行谈判种种方针之所由来。毛泽东指出，从一二·九运动到国民党三中全会这一阶段，中国共产党提出的“停止内战，一致抗日”的号召已经基本上实现了。新阶段的任务主要是争取民主，用争取民主去巩固和平，实现抗战。“争取民主，是目前发展阶段中革命任务的中心一环。”毛泽东指出，要实现党在新的历史时期的任务，必须“向关门主义和冒险主义、同时又向尾巴主义作斗争”。毛泽东尖锐地指出：抗日战争离开了无产阶级及其政党的政治领导就不能实现。“使无产阶级跟随资产阶级呢，还是使资产阶级跟随无产阶级呢？这个中国革命领导责任的问题，乃是革命成败的关键。”苏区党代表会议通过了毛泽东的报告，批准了中共中央自1935年以来的政治路线，为共产党领导抗日战争作了重要准备。

共产党全国代表会议结束后，中共中央紧接着于5月17日在延安召开了白区代表会议。刘少奇在会上作《关于白区的党和群众工作》的报告，张闻天作《白区党目前的中心任务》的总结报告。刘少奇在报告中，着重说明白区的党和群众工作要实行“彻底转变”。这次会议总结了八七会议以来特别是瓦窑堡会议以来白区工作的经验教训，着重地批评“左”倾关门主义的错误，阐明在西安事变和平解决后的新形势下，党在白区工作中，为巩固国内和平，争取民主，实现抗战而斗争的基本方针和策略。

毛泽东在解决抗日民族统一战线的政治路线以后，又用大力进行理论研究，着重从军事路线和思想路线上总结历史经验。他在1936年年底到1937年夏，先后写出《中国革命战争的战略问题》《实践论》和《矛盾论》等重要论著，并在延安抗日军政大学进行讲授。

中国共产党实现第二次国共合作、建立抗日民族统一战线以及卓有成效的工作，得到了全国人民的同情和支持。许多资产阶级代表人物和地方实力派表示愿意同共产党合作。中国共产党的影响在不断扩大。中国国民党内外政策的改变，对日外交的强硬化表现以及抗战的准备，推进了团结抗战形势的形成。这时国共谈判取得了进展。1937年5月下旬，国民党派中央考察团18人到延安考察。至此，进行全国抗战的内部条件基本上具备了。

第五章　全民族抗战的展开　正面战场和敌后战场共同抗战格局的形成

（1937 年 7 月至 1941 年 12 月）

第一节　卢沟桥事变　全国团结抗战开始

一、从“七七”事变到“八一三”事变　各界抗战活动的开展

1937 年 7 月，经过多年备战的日本帝国主义，发动了全面的侵华战争。中国全民族的抗战，从此开始。

由于近百年来帝国主义的侵略扩张和掠夺，封建的前资本主义的大国——中国变成了半殖民地半封建的弱国。而明治维新以后的日本则以侵略战争攫取了大片土地和资源以及巨额战争赔款，成为帝国主义强国。1937 年，中日两国相比，日本经济、军事实力占有明显的优势：日本工业总产值为 60 亿美元，中国仅为 13.6 亿美元，相差 4.4 倍；生铁、钢、石油等的产量，日本分别为 239 万吨、580 万吨和 39 万吨，而中国仅为 95 万吨、55 万吨和 2000 吨；兵器生产，步枪、机枪、火炮、坦克、飞机、军舰，日本分别为 42754 支、2295 挺、498 门、479 辆、1580 架、51724 吨，而中国除能生产步兵轻武器和小口径火炮外，大口径火炮、坦克、舰艇、飞机等，均不能制造，或仅能少量装配制造。在军队方面，中国有陆军 200 个师左右，总兵力 202 万人，数量虽大，但编制内特种兵数量少，武器装备差，训练程度不够，无后备役补充制度，总的战斗力不强。日本陆军常设师团虽只有 17 个，独立混成旅、骑兵旅和守备队虽只有 10 余个，共 60 余万人，但预备役、后备役、第一和第二补充兵数量总共达 400 余万人，而且战斗力强，编制内特种兵数量大。中日强弱悬殊，是日本决心发动侵华战争、独占中国的重要原因所在。1936 年 8 月 7 日，日本五相会议通过《国策基准》，计划首先侵占华北，进而侵占华中，吞并全中国。1937 年 6 月 30

日，关东军参谋长东条英机声称“进攻中国的机会已成熟”，提出必须立即对中国进行致命打击。

“七七”前夕，平津地区的军事态势是：北面，有部署于热河和察东的日本关东军一部，其前锋已伸入长城沿线的山海关、喜峰口、古北口和独石口等关隘的两侧地区。西北面，有关东军控制的伪蒙军 8 个师分布于张北、尚义、宝昌一带。平津之间，有伪冀东防共自治政府保安队。在东起山海关西至丰台的北宁铁路沿线，为日本驻屯军。北平已处于日军的威胁之下。

1937 年 7 月 7 日晚，日军举行“演习”。将结束时，日军以仿佛听到宛平城内发枪数响，致使一名士兵失踪为借口，要求进入宛平城搜查，遭到中国方面的拒绝。正交涉间，日军竟向宛平城射击，继而炮轰卢沟桥。驻守在卢沟桥附近的二十九军吉星文团，在民族大敌的武力进攻面前奋起抵抗。这就是“七七”卢沟桥事变。

7 月 8 日，日军继续进攻，遭到中国军队的反击。当晚双方协议，中国军队撤向卢沟桥以西，宛平由保安队接防，日军撤至丰台。但日军在 10 日又向中国军队发动进攻。同时提出所谓“解决事变”的无理要求：二十九军代表向日军道歉，处分负责官员，保证防止再发生同类事件；撤退卢沟桥附近中国驻军，改由保安队维持治安；彻底取缔共产党及其他抗日团体。11 日，二十九军代表张自忠在该条件上签字。但是日方却继续向北平周围调集兵力，不断对中国军队发动攻击。

卢沟桥事变后，日本政府虽然声明采取“不扩大方针”，实际上却加紧进行侵华战争。11 日，近卫内阁发表《派兵华北的声明》。同时将关东军的两个旅团，驻朝鲜的一个师团，国内的三个师团派往华北，并且制订出对华作战计划。接着又将 18 个中队飞机编成临时航空兵团，由国内派到山海关、锦州、大连地区。17 日决定在预算中追加临时军费 9600 多万日元。

7 月 12 日，日本华北驻屯军司令官命令部队“做好适应全面对华作战的准备”，并完成在通州、顺义和天津的兵力部署。7 月 15 日至 17 日，日本参谋本部又相继提出《对华作战要领》和《在华北使用兵力时对华战争指导纲要》，认为“迅速收拾时局下最大决心的时机已经到来”，预定在三四个月内消灭中国中央政权。参谋总长杉山元夸口称：“中国事变一个月就可解决。”

7 月 17 日，蒋介石发表庐山谈话，表示准备抗战，并提出解决卢沟桥事变的四个条件：(一)任何解决不得侵害中国主权与领土之完整；(二)冀察行政组织不容任何不合法之改变；(三)中央所派地方官吏不能任人要求撤换；(四)第二十九军现在所驻地区不能受任何约束。表明了中国的坚定立场。但同时又说："我们的态度只是应战，而不是求战，应战是应付最后关头必不得已的办法。""在和平根本绝望之前一秒钟，我们还是希望和平，希望以和平外交方法，求得卢事的解决。"当日军一再破坏协议，不断向中国军队发动进攻的时候，国民政府外交部于19日向日本使馆提出备忘录，仍然希望日方和平解决这次事变。21日、25日和26日，蒋介石连续会见英、美、德、法大使，要求各国进行调解。

就在国民政府的"极度容忍"之下，日军向平津发动进攻。26日，日军攻占廊坊，并企图派兵进入北平城，与中国守军发生战斗。当天日军向宋哲元发出最后通牒，要求：卢沟桥和八宝山附近的三十七师，于27日正午前撤至长辛店；北平城内和西苑的三十七师于28日前撤至永定河右岸，以后继续移驻保定地区。如不照办，日方"将不得不采取单独行动"。未等中国方面答复，日军就于27日向南苑、西苑及永定河一线攻击，并对平津大举进攻。二十九军副军长佟麟阁、师长赵登禹阵亡。28日晚，宋哲元等撤往保定。29日，北平失陷。30日，天津在日军进攻下弃守。

日本帝国主义在进攻华北的同时，就策划进攻上海。8月9日，日海军陆战队中尉大山勇夫带武装士兵一名，乘汽车冲入虹桥中国军用机场，开枪打死一名中国士兵，中国军队将日军官兵击毙。

日本立即向上海派遣军队，将30艘军舰集中到吴淞一带。8月13日，向上海发动进攻。中国军队奋起反击，淞沪会战开始。

17日，日本内阁会议决定公开"放弃"所谓"不扩大方针"。日军除在华北各地进一步扩大侵略和在上海继续进攻外，还对南京、杭州、徐州、安庆、广州、武汉、厦门等地进行空袭。日海军于25日宣布封锁中国海岸。

14日，国民政府发表《自卫抗战声明书》，表示："中国为日本无止境之侵略所逼迫，兹已不得不实行自卫，抵抗暴力。"认为，由于日本已将国联盟约、九国公约、非战公约破坏无余，深信"凡我友邦既与吾人以同情，又必能在其郑重签订之国际条约下各尽所负之义务也"。20日，颁布《国军战争指导方案训令》，宣称，"为求我中华民族之永久生存，及国家主权之领土完整，对于侵犯我主权领土，与企图毁灭我民族生存之敌国倭寇，决以武力解决之。"对于作战指导，"以达成'持久战'为基本主旨"。并把全国划为五个战区，下达作战方针："国军一部集中华北持久抵抗，特别注意确保山西之天然堡垒；国军主力集中华东，攻击上海之敌，力保淞沪要地，巩固首都；另以最少限兵力守备华南各港口。"

淞沪抗战开始后，中国军队曾一度进行反攻。15日，日本组成上海派遣军。23日，日军在吴淞和川沙登陆，向罗店、宝山等地进攻。宝山城守军姚子青营500余人，奋勇作战两昼夜，全部壮烈牺牲。9月中旬，日本援军陆续到达，兵力增至10万人。双方在北站、杨行、浏河一线，进行激烈的争夺战。21日，中国军队调整战场部署，蒋介石自兼第三战区司令长官，将部队分为右翼军、中央军、左翼军三路。每路各率两个集团军。30日，日军发动全线进攻，中国军队退守蕴藻浜南岸、陈行、广福一带。这时日军总兵力已增至20万人以上。10月，日本军方决定将主要作战方向移至上海，并调用华北兵力参战。日军展开了猛烈的进攻。25日大场失陷；中国军队撤到苏州河南岸。八十八师副团长谢晋元率800战士扼守苏州河北岸的四行仓库。在敌军的猛烈攻击下，孤军苦战四昼夜后，才奉命撤离。10月底日本从华北抽调3个多师团，从国内调来1个多师团，连同在上海的部队共9个师团，编组华中派遣军，取代上海派遣军进行淞沪作战。11月5日，日军3个师团从杭州湾全公亭、金山咀登陆，从西线迂回上海。中国军队腹背受敌，被迫全线撤退。12日上海失陷。

淞沪会战，中日双方参战兵力分别为70万和30万。中国军队奋勇作战近3个月，毙伤日军5万多人，给日军以很大的挫折，粉碎了日军3个月灭亡中国的梦想。

“七七”事变发生后，全国掀起了抗日救亡的热潮。中华民族解放先锋队、华北各界救国联合会、北平市各界救国联合会、北平学生救国联合会等群众团体，派出代表到前线慰劳，并进行广泛的抗日救亡活动。上海、武汉、南京、太原等地的各界爱国群众，相继组织抗敌后援会。全国各界各群众团体，纷纷电慰前线守军，推派代表到前线慰劳。各地报刊也大量发表评论，要求国民政府抗日。

“八一三”事变后，上海人民以各种方式积极参加抗战，支援前线。各界群众都组织了救亡协会。文艺界救亡协会、学生界救亡协会、上海市纱厂工友救亡协会等团体，都开展了宣传、募捐、演出、慰劳等活动。全国各界民众积极支援上海抗战。湖南学生战地服务团和福建省民众组织的慰劳团，到达前线进行慰劳。海外华侨踊跃捐输，支援祖国抗战，到10月16日止，捐款已达330余万元。

二、国共谈判达成协议　全民族团结抗战局面正式形成　地方势力出兵抗战

西安事变和平解决后，国共两党就合作抗日问题先后进行了六次正式谈判。在 1937 年 2 月中旬到 7 月中旬的四次谈判中，共产党方面继续坚持中共中央致国民党五届三中全会电中所提的“五项要求”和“四项保证”；国民党方面则坚持取消共产党组织上的独立性、取消红军、取消革命根据地的主张。在这些关键问题上，都没有达成协议。

卢沟桥事变的第二天，中共中央通电全国，疾呼：“平津危急！华北危急！中华民族危急！只有全民族实行抗战，才是我们的出路!”要求国民政府立即开放全国民众爱国运动，立即动员全国海陆空军，准备应战，立即肃清汉奸卖国贼分子。号召：“全中国同胞，政府，与军队，团结起来，建筑民族统一战线的坚固长城，抵抗日寇的侵掠!”7 月 9 日，红军通电请缨开赴华北抗日。

为了早日促成国共两党合作抗日，周恩来为中共中央起草了《为公布国共合作宣言》，并于 7 月 15 日在庐山交给蒋介石，约定由国民党中央通讯社发表。《宣言》提出了抗日的三项基本主张：“(一)争取中华民族之独立自由与解放。首先须切实地迅速地准备与发动民族革命抗战，以收复失地和恢复领土主权之完整。(二)实现民权政治，召开国民大会，以制定宪法与规定救国方针。(三)实现中国人民之幸福与愉快的生活。首先须切实救济灾荒，安定民生，发展国民经济，解除人民痛苦与改善人民生活。”为了实现这三项总的目标，促成国共合作的成立，又重申了共产党的四项保证。

8 月中旬，中共代表周恩来、朱德、叶剑英同蒋介石等就发表中共宣言和改编红军问题，在南京举行第五次谈判。蒋介石企图把宣言中的三项基本政治主张删掉，只留四项保证，共产党拒绝这种修改。关于红军改编问题，共产党反对由国民党委派政治部主任，坚持设正副总指挥。正在这时发生了“八一三”事变，蒋介石被迫同意将红军改编为国民革命军第八路军，任命朱德、彭德怀为正、副总指挥。22 日，国民党政府正式发布了改编命令。

9 月中下旬，国共两党在南京举行第六次谈判，继续商讨宣言发表等问题。22 日，国民党中央通讯社发表了《中共中央为公布国共合作宣言》。第二天，蒋介石发表谈话，实际上承认了中国共产党的合法地位。至此，国

共第二次合作宣告成立。抗日民族统一战线正式形成。

以国共合作为基础的抗日民族统一战线的建立，具有重大的历史意义。毛泽东指出："这将给予中国革命以广大的深刻的影响，将对于打倒日本帝国主义发生决定的作用。""历史的车轮将经过这个统一战线，把中国革命带到一个崭新的阶段上去。"①

抗日民族统一战线具有显著的特点：第一，共产党和它领导的人民军队是统一战线的核心力量。这就抑制了国民党的反共反人民政策。这是抗日战争最后胜利的有力保证。第二，抗日民族统一战线不仅包括工人、农民、小资产阶级和民族资产阶级，还包括了大地主大资产阶级的当权派蒋介石集团，因而其内部存在着极其复杂的阶级关系和尖锐的斗争。第三，由于国民党的反对，抗日民族统一战线没有一个组织形式和共同商定的政治纲领。这种情况表现了抗战时期国共关系的复杂性。

在国共两党谈判达成协议合作抗日的过程中，红军即着手进行改编为国民革命军。1937 年 8 月 1 日，总政治部做出关于部队新阶段政治工作的决定，提出红军改编后政治工作的基本任务是：积蓄与加强抗战力量；保证共产党在红军中的绝对领导；提高部队的军事技术和战术，提高指战员的政治文化水平。依照同国民党及南京政府的协议，25 日，中共中央革命军事委员会发布命令，将红军改编为国民革命军第八路军(9 月 11 日改称第十八集团军)，朱德任总指挥，彭德怀任副总指挥；叶剑英任参谋长，左权任副参谋长；任弼时任政治部主任，邓小平任副主任。红军第一军团、十五军团及七十四师编为第一一五师，师长林彪、副师长聂荣臻、政治委员(初称政训处主任，10 月改称，下同)罗荣桓；以红军第二方面军的第二、第六军团为主，编为第一二〇师，师长贺龙、副师长萧克、政治委员关向应；以红军第四方面军为主，编为第一二九师，师长刘伯承、副师长徐向前、政治委员张浩(1938 年 1 月由邓小平接任)。全军共 3.2 万人。10 月，共产党与国民党谈判达成协议，将南方八省红军游击队统一整编为国民革命军陆军新编第四军。1938 年 1 月，新四军军部在江西南昌正式成立。军长叶挺，政委兼副军长项英。下辖第一、二、三、四支队。第一支队司令员陈毅，第二支队司令员张鼎丞，第三支队司令员张云逸，第四支队司令员高敬亭。同时，成立中共中央东南分局，项英任书记。

---

① 《国共合作成立后的迫切任务》，见《毛泽东选集》第 2 卷，364 页，北京，人民出版社，1991。

在全民族抗日浪潮的推动下，地方实力派表现出抗日的积极性。蒋介石乘机利用团结抗战的名义，将他们的军队调往前线，一方面增强抗战力量，另一方面削弱地方势力，夺取其地盘，消灭异己。

1937 年 8 月，蒋介石在南京召集国防会议，各省军政长官出席。蒋要求地方派兵参加抗战。会后，除原已在前线者以外，其他地方部队陆续开赴前线。

山西的阎锡山被任命为第二战区司令长官，指挥在山西、绥远的部队抗战。晋绥军编为第六、七两个集团军。

桂系的白崇禧被任命为军事委员会副参谋总长。李宗仁被任命为第五战区司令长官，指挥津浦路南段的作战。桂军参战的有第十一、十六、二十一集团军。

9 月初，川军邓锡侯部第二十二集团军，由川北出发经陕西至山西参加战斗。刘湘部第二十三集团军，杨森部第二十七集团军，也出川参战。刘湘被任命为第七战区司令长官。随后刘湘病重，蒋介石乘机撤去他的集团军总司令职务。刘不久去世，蒋又撤销第七战区，并派亲信到四川，加速四川的“中央化”。从此四川被蒋介石直接控制。

龙云所部滇军，先后参战的有六十军和五十八军。宁夏、青海的地方部队被编入第八战区。

上述情况的出现，是日本帝国主义大举进攻中国后，中国政治形势发生重大变化的一部分。这是民族大团结的一种表现，是有利于抗日的。但是蒋介石却乘机消灭异己抬高自己的地位。

三、中间政派的抗战主张

抗日战争期间，民族资产阶级和上层小资产阶级、开明绅士、地方实力派属于中间政派。他们的抗战主张与国民党的片面抗战路线不同，又和共产党的全面抗战路线有区别。

抗战开始后，中间政派主张坚决抗战，反对妥协投降。他们要求实行“全民抗战”，希望国民党政府“积极动员全国民众，共赴此神圣之民族战争，以争取最后胜利”。① 他们主张动员群众，发展民众运动，说“民众是抗战的主体，民众是一切抗战力量的根本源泉”。“政府以民众为基础”，并认

① 《中华民族革命同盟解散宣言》，载《文汇年刊》，1939-05。

为这是争取抗战胜利的“根本条件”。[①] 为了动员民众，支持抗战达到最后的胜利，他们认为必须实行民主政治，提出：“要扫荡一切的懒惰侥幸的心理，肃清一切贪污无用的分子，彻底改造政治机构，以适应战时的机能。”[②]他们要求国民党政府立即允许民众有救国的言论、出版、集会、结社以及武装保护国家的自由。政府应召集临时的民意机关。在筹集抗战经费方面，他们认为应该实行“有钱出钱”这个普遍公认的原则。

中间政派的抗战主张，表现了他们的抗战积极性。但是其中有一个根本性的错误，就是依赖国民政府抗战。当国民政府被迫“应战”，对民主运动的压制有所放松的时候，中间政派无视国民党坚持片面抗战路线的事实，声称：“国民党已经居于唯一领导抗日的地位。”只有“统一一切思想，意志，政见，集中一切人力、财力、物力、智力于中央，且掌握于最高领袖之下……方能胜敌图功”。“如有别为自己团体打算逞其私图者，即是要负破坏统一分裂抗日战线和危害国家的责任。”[③]为了维护国民党和蒋介石的领袖地位，他们提出实行国民党的“一党专政”，由“一个政府，一个领袖，一个主义”来领导对日抗战。[④] 他们主张“加强国家战时的军治化”。[⑤] 甚至有人认为应“回复完全训政时期”。[⑥] 1937 年 10 月，李济深、陈铭枢等人组织的中华民族革命同盟宣布自动解散，以表示“拥护政府”，“增强全民族团结”。1938 年 4 月，国家社会党代表张君劢和中国青年党代表左舜生致书蒋介石、汪精卫，或表示“对于国民政府一致拥护”，或表示“仅有与国民党共患难之一念，此外都非所计”，以此换得公开合法的地位。因从事抗日民主运动而被捕入狱的章乃器，刚一出狱就在 1937 年 9 月发表了拥护蒋介石的文章《少号召多建议》，反对所谓“标新立异”，要人们“信托”政府，“信任舵师”，一切听从国民党蒋介石。这些党派或个人，在民族矛盾成为主要矛盾的形势下，在蒋介石表现了一定程度的抗战积极性的情况下，对国民党统治集团产生了很大的幻想。

领导权的问题，是抗日战争胜败的关键问题。中间政派把整个中国的

---

① 施复亮：《怎样争取最后胜利》，载《文化战线》，创刊号，1937-09-01。

② 《今年的国庆》，载《大公报》，1937-10-10。

③ 陈铭枢：《抗战中之党派问题》，载《抗战文选》，第二辑，1938-05。

④ 《今后的党派问题》，载《新民报》，1938-04-28。

⑤ 《国家战时军治化》，载《大公报》，1938-01-14。

⑥ 陈铭枢：《抗战中之党派问题》，载《抗战文选》，第二辑，1938-05。

前途，放在蒋介石集团的身上。其结果是加强蒋介石独裁政权、削弱人民的民主权利。他们主张动员民众，但是并不相信群众的力量，不真正依靠群众，而是要求民众接受“政府的领导”，幻想国民党政府“切实保护并促进救国运动”。他们有人提出武装民众的主张，但是要“统一军队编制及指挥”，求“扫除地方色彩”。这一切都是中间政派的软弱性在抗战初期的具体表现。

但他们同大地主大资产阶级的右翼集团仍然存在着差别。后来，随着国民党对日抗战的日趋消极，对内政策的愈加反动，他们同顽固势力就逐渐疏远，同共产党领导的进步势力日益接近。

四、中国抗战的国际反响　国际友人、华侨、华人对抗战的支援

中国的抗战，是进步的正义的民族解放战争，得到了全世界人民的广泛同情和积极支援。

苏联从道义上和物质上，给予中国抗战很大的援助。苏联的舆论谴责日本帝国主义对中国的侵略，声援中国人民的抗日战争。1937 年 8 月，两国签订了《中苏互不侵犯条约》。条约规定“当一方遭受一个或数个第三国侵略时，另一方不得直接或间接协助第三国”。1938 年，苏联两次贷款给国民政府，总计 1 亿美元。次年，又贷款 1.5 亿美元。同时，苏联向中国派出了军事顾问和志愿飞行员，帮助中国打击日本侵略者。100 多位志愿飞行员为中国的抗战献出了宝贵的生命，其中有轰炸机大队长库里申科和战斗机大队长拉赫曼诺夫。

许多国家的共产党和工人党从政治上精神上声援中国的抗战。许多国家的工人和人民群众纷纷举行声援中国抗战的集会和示威游行，开展援华的宣传及捐献活动，一些国家的工人阻止向日本运送军用物资。不少国家成立了援华团体。美、英、法等国的援华团体及加拿大、澳大利亚的和平民主联盟等组织，向中国提供了捐款和大量救济物资。还有一批志愿人员组成医疗队来华支援中国抗战。加拿大共产党员、著名的胸外科专家白求恩，印度医生柯棣华，为中国人民的解放事业贡献了宝贵的生命。美国作家史沫特莱，到八路军和新四军作战地区采访，写出大量介绍中国抗战的通讯报道。新西兰人路易·艾黎、美国记者埃德加·斯诺及其夫人，在宋庆龄、周恩来等各方面人士的支持下，发起组织“中国工业合作协会”，并取得美、英等国有关组织的支援，在中国后方建立各种生产合作社，救济

难民，支持长期抗战。

居住在海外的华侨，一贯热爱祖国。“九一八”事变后，华侨举行各种活动支持祖国人民反抗日本侵略者的斗争。“七七”事变后，广大华侨动员起来进行抗日救国宣传和抵制日货等运动。他们开展广泛的募捐活动，购买国内发行的抗日公债，筹集大量物资，积极支援祖国的抗日战争。八年抗战中，华侨捐款总额达13.2亿多元，还有大量侨汇寄回国内。从1937年到1940年，侨胞认购了国防公债620多万元，金公债290多万元。他们还捐献了许多飞机、汽车、医药等军需物资及救济难民的物资。大批华侨回国参加抗战，他们有的直接参战，有的参加救护工作或战时运输工作，其中许多人冲破阻力，奔赴延安和各抗日根据地参加抗日斗争。参战的华侨中有很多人血洒疆场，为国捐躯。华侨的支援为抗战做出了重大贡献。

日本全面侵华，严重地损害了美、英等帝国主义在华利益。他们基于自己的全球战略，对中国抗战采取两面政策。一方面，他们希望中国拖住日本，借以削弱其争霸对手，维护他们在中国的利益和在东南亚及太平洋地区的殖民统治，因此，对中国抗战表示同情和支持。另一方面，他们又要同日本做生意赚钱，不愿公开得罪日本，因此，又与日本寻求妥协，牺牲中国缓和同日本的矛盾。

卢沟桥事变后，7月11日，英国外交大臣艾登在下院声称日本及他国“有在华北数处驻屯军队之权力”。实际上支持了日本对中国的侵略。7月12日，美国国务卿赫尔分别照会中、日驻美大使要被侵略的中国和侵略者日本一样承担对“和平与世界进步之重大打击”的责任。8月25日，日本宣布封锁中国海岸时，英国接受了日本的要求。

英美主张“和平解决”中日战争，美国国务卿声明：“美国始终不渝，赞成和平解决”；英国政府也表示：“将利用各种机会，竭其能力，以作趋向和平解决之贡献。”8月10日，美国向日本提出了居间斡旋的建议。美国还大量地向日本输出战争物资，1937年，在日本全部进口的军事原料和物资中，美国的钢占92%，汽车及零件占91%，石油及石油产品占60%，生铁占41%，废钢铁占59%，机器及机床占48%。1938年日本在侵华战争中消耗的军用物资有92%是从美国进口的。美、英帝国主义对日本侵华采取所谓“不干涉”政策，结果是搬起石头砸自己的脚。

第二节　日军全面进攻　正面和敌后两个战场共同抗战格局的形成

一、日军全面进攻　太原会战

平津失陷后，华北战场的日军分别向平绥路、平汉路、津浦路三路发动进攻。

平绥路方面：8月9日，日军向南口进攻，中国守军曾进行激烈抵抗。13日南口失陷。27日，日军占领张家口。9月上旬，日军分路向晋北攻击，企图占领山西以控制华北。驻守晋北重镇大同的六十一军军长李服膺率部不战而逃，12日大同失陷。日军一部继续西进，10月12日攻陷归绥，16日攻陷包头。

平汉路方面：9月中旬，刚刚编成的日本华北方面军第一军沿平汉路南侵，24日占领保定。10月10日占领石家庄。中旬又相继攻占邢台、邯郸。11月攻陷安阳、大名等地。

津浦路方面：日本华北方面军第二军于9月下旬攻占沧县。10月初攻占德县。10日，山东国民党军韩复榘部退守黄河南岸。12月下旬，津浦路北段日军与南段进攻的日军呼应，南渡黄河，韩复榘弃济南逃走，27日济南陷落。月底，日军进占泰安。1938年1月10日，日军占领青岛。

在此期间，中日双方展开了以忻口战役为中心的太原会战。1937年10月初，日本华北方面军在晋北集中了三个师团约7万兵力，在大量飞机、战车和重炮的支援下，发动以攻占太原为目标的作战。中国为保卫山西要地，调集了八个军又三个师的兵力在晋北设防，进行忻口会战。10月上旬，日军经激战后攻占崞县、原平，随即向忻口猛攻。中国守军奋勇抵抗。双方在龙王堂、南怀化、大白水、南峪之线激战半月之久。

为策应晋北日军迅速夺取太原，10月中旬，河北的日军一个师团沿正太路西攻，在娘子关受到中国军队的阻击。下旬，敌增派两个师团的主力参战。26日娘子关失陷。月底，平定、阳泉、寿阳相继陷落，日军进迫榆次，太原告急。

忻口的中国军队苦战兼旬，筋疲力尽。加以晋东战况不利，遂于11月1日南撤。原拟退至太原以北阵地，配合保卫太原。但在日军追击下，一片混乱，未能进入阵地，即渡汾河西退。9 日，太原失陷。随后日军沿同蒲线进至太谷、平遥、汾阳一线。

太原会战坚持了 1 个多月，日军伤亡约 2 万人，中国军队伤亡 7.5 万人，其中八路军 6000 人。这次会战虽然由于国民政府军事当局在作战指导上有严重错误，导致娘子关作战失利，使日军得以由被动转为主动，攻占了太原，但仍不失为华北战区抵抗最坚决、坚持最久、战绩显著的会战之一，而且是国共双方军队配合得最好的一场战役。

二、中共的抗日救国纲领和战略与战术原则　敌后抗日根据地的创建

抗日战争爆发后，中国共产党提出了全面抗战的路线，也就是人民战争的路线，即抗日战争应该是全国人民总动员的民族革命战争。中国共产党的全面抗战路线代表了全国人民的利益，是争取抗战胜利的正确路线。

为了贯彻全面抗战路线，制定战胜日本侵略者的纲领、方针和政策，1937 年 8 月 22 日至 25 日，中共中央政治局在陕北洛川举行扩大会议。毛泽东在会上作了关于军事问题和国共两党关系问题的报告。关于军事问题，他指出，八路军的主要作战地区是晋察冀三省，主要任务是建立根据地，消灭敌人，配合友军作战。战略方针是独立自主的山地游击战。关于国共关系问题，他指出，要坚持、巩固和扩大统一战线，同时要保持共产党的独立性和警觉性。会议通过了《关于目前形势与党的任务的决定》和《抗日救国十大纲领》。

会议分析了全国抗战开始以后的新形势，指出共产党同国民党的争论已经不是应否抗战的问题，而是如何争取胜利的问题，新阶段的中心任务，是如何争取胜利的问题，而争取抗战胜利的关键是实行共产党的全面抗战路线，反对国民党的片面抗战路线。

会议向全国各党各派各界各军和全国人民提出抗日救国十大纲领。它的要点是：（一）打倒日本帝国主义；（二）全国军事的总动员；（三）全国人民的总动员；（四）改革政治机构；（五）抗日的外交政策；（六）战时的财政经济政策；（七）改良人民生活；（八）抗日的教育政策；（九）肃清汉奸卖国贼亲日派，巩固后方；（十）抗日的民族团结。这个纲领是共产党的全面抗战路线的具体化。

会议分析了国民党的片面抗战路线。指出它包含着极大的危险性，存

在着严重失败的可能。因此共产党“应该使自己成为全国抗战的核心”，必须同国民党的片面抗战路线作斗争，同时反对悲观失望的民族失败主义。

会议决定了共产党在新阶段的具体行动方针：第一，把党的工作重心放在战区和敌后，放手发动群众，开展独立自主的游击战争，建立敌后抗日根据地。第二，以减租减息作为党在抗战时期解决农民问题的基本政策。第三，在国民党统治区放手发动抗日的群众运动，争取人民应有的政治经济权利。第四，红军实行战略转变，把过去的正规军和运动战，转变为游击军和游击战。

洛川会议在历史转变关头，指出必须坚持抗日战争中无产阶级的领导权，规定了共产党的战略任务和基本政策，对争取抗战的胜利和建设一个新中国，具有重大的意义。

洛川会议后，为进一步指导共产党和八路军实行战略转变，毛泽东在 9 月连续发出指示，指出“整个华北工作，应以游击战争为唯一方向”。一切工作，应环绕于游击战争。“要实行这样的方针，就要战略上有有力部队处于敌之翼侧，就要以创造根据地发动群众为主，就要分散兵力，而不是以集中打仗为主。”“要设想在敌整个占领华北后，我们能坚持广泛有力的游击战争。”

为了使共产党员充分认识人民游击战争的伟大作用和意义，正确地指导抗日游击战争，1938 年 5 月毛泽东发表了《抗日游击战争的战略问题》。

毛泽东指出：中国是一个处于进步时代的大而弱的国家，这个国家被小而强的日本所攻击。在这样的情况下，敌人占地甚广的现象发生了，战争的长期性发生了。由于敌人占地甚广但兵力不足，因而在占领区留下很多空虚的地方，这样就使抗日游击战争主要地不是在内线配合正规军的战役作战，而是在外线单独作战；由于有中国共产党的正确领导和对广大军民的发动，就使抗日游击战争不是小规模的，而是大规模的，于是战略防御和战略进攻等一全套的东西都发生了。由于战争的长期性和残酷性，于是根据地问题、向运动战发展问题等也发生了。因此必须“把游击战争的问题放在战略的观点上加以考察”。

毛泽东指出，抗日游击战争主要的方针是：(一)主动地、灵活地、有计划地执行防御战中的进攻战，持久战中的速决战和内线作战中的外线作战；(二)和正规战争相配合；(三)建立根据地；(四)战略防御和战略进攻；(五)向运动战发展；(六)正确的指挥关系。这是全部抗日游击战争的战略纲领，其中第一项是游击战争战略原则的最中心的问题。在当时，毛泽东还针对“亡国论”的叫嚣和“速胜论”的一度风行，回答中国能不能胜利、怎样才能胜利等问题，于 1938 年 5、6 月间发表了《论持久战》，系统地论述了有关持久战的基本问题，对抗战全局做出了正确的论述。

毛泽东指出：抗日战争是半殖民地半封建的中国和帝国主义的日本之间在 20 世纪 30 年代进行的一个决死的战争。战争双方存在着互相矛盾着的基本特点，即敌强我弱，敌小我大，敌退步我进步，敌失道寡助我得道多助。“这些特点，规定了和规定着双方一切政治上的政策和军事上的战略战术，规定了和规定着战争的持久性和最后胜利属于中国而不属于日本。”亡国论和速胜论都是没有根据的，是战争中的唯心论和机械论。

毛泽东科学地预见了持久战的发展过程。“第一个阶段，是敌之战略进攻，我之战略防御的时期。第二个阶段，是敌之战略保守，我之准备反攻的时期。第三个阶段，是我之战略反攻，敌之战略退却的时期。”指出，犬牙交错的战争形态是持久战的特点，主要表现在内线和外线，有后方和无后方，包围和反包围，大块和小块四种情况上。根据这些情况，具体地进行持久战的方针，在第一和第二阶段中，是战略防御中的战役和战斗中的进攻战，战略持久中的战役和战斗的速决战，战略内线中的战役和战斗的外线作战。总之，是外线的速决的进攻战。在第三阶段中，是战略的反攻战。

毛泽东指出：“兵民是胜利之本”，“战争的伟力之最深厚的根源，存在于民众之中”。因此，必须坚持抗日民族统一战线的总方针，对全军全民进行广大的政治动员，普遍地、深入地改善官兵关系、军民关系，发动全军全民的全部积极性，这样才能争取最后胜利。

《论持久战》的发表鼓舞了全国人民争取抗战胜利的信心，成为中国人民打败日本侵略者的强大思想武器。它是运用辩证唯物主义和历史唯物主义解决抗日战争问题的光辉典范。它丰富和发展了马克思主义的军事科学，也是重要的哲学著作。

抗日战争进行了 14 个月之后，为了总结抗战的经验，确定抗战即将进入新阶段的方针任务，1938 年 9 月 29 日至 11 月 6 日，共产党在延安举行扩大的六届六中全会。在会上毛泽东作了《论新阶段》的政治报告和会议总结，张闻天作了《关于抗日民族统一战线的与党的组织问题》的报告。会议通过了关于政治报告的决议和《告全国同胞全体将士和国共两党同志书》。毛泽东在报告和总结中强调，全党要认真地负起领导抗日战争的重大责任，巩固和扩大抗日民族统一战线，坚持统一战线中的独立自主，动员和团结全民族一切力量，为建设新中国而奋斗。他指出武装斗争在中国革命中的重要作用，“在中国，主要的斗争形式是战争，而主要的组织形式是军队”。离开了武装斗争就没有共产党的地位。张闻天在报告中说：“我党今天组织工作上的总路线是：组织最广大的人民到抗战中来，同国民党亲密的合作，坚持与发展抗日民族统一战线，巩固与扩大党，使之成为全国人民的、群众的、布尔什维克的，在抗战中能够起重大的以至决定作用的党，保障在持久战中战胜日寇，争取中国民主共和国的彻底胜利。”

在这次全会上既批评了右倾错误，也批评了“左”倾错误。关于前者批判了王明在武汉工作中的右倾错误。毛泽东指出“一切经过统一战线”“一切服从统一战线”是错误的。会议决定撤销中共中央长江局，设立中央中原局和中央南方局，中原局刘少奇为书记，南方局周恩来为书记。全会发表的《告全国同胞全体将士和国共两党同志书》号召他们团结起来，“驱逐日本帝国主义出中国”，为建立“独立自由幸福的三民主义新中华民国”[①]而奋斗。

在中共中央正确的抗战路线、方针政策、战略战术指导下，八路军、新四军挺进敌后，创建了多处抗日根据地，展开了轰轰烈烈的敌后抗日斗争。

1937 年 9 月 24 日，八路军一一五师 3 个团在平型关伏击日军板垣师团第二十一旅团，歼灭了许多敌人，击毁汽车百余辆，取得了抗战以来中国军队的第一次胜利——平型关大捷。

平型关战斗以后，八路军参加忻口战役。一一五师和一二〇师在察南、晋北和冀西地区作战，收复了 10 余座城镇。一二九师的一部于 10 月 19 日夜袭阳明堡机场，击毁敌机 22 架。当正太路危急时，八路军总部率一一五师和一二九师驰援，先后胜利地进行了长生口、七亘村、黄崖底、广阳等战斗。当国民党几十万军队从忻口、太原及晋中地区撤退时，八路军仍在积极战斗。

上海、太原失陷前后，八路军按照中共中央和毛泽东的指示，在敌后开展广泛的游击战争。一一五师一部留在以恒山为依托的晋察冀边区，主力进入以吕梁山为依托的晋西地区；一二〇师进至以管涔山脉为依托的晋西北地区；总部率一二九师主力进入以太行山为依托的晋冀豫边区。八路军在完成了战略展开之后，接着就开展了创建根据地的战争和其他各项工作。

① 《中共中央文件选集》第 11 册，782 页。

晋察冀根据地　平型关战斗后，聂荣臻率一一五师一部 2000 人留守五台山，在晋察冀边区开展游击战争。11 月，成立了晋察冀军区，聂荣臻任司令员兼政治委员，建立了第一个敌后抗日根据地。此后至 1938 年 7 月，粉碎了日军 2 万人的八路围攻，开辟了平西、冀中、冀东等根据地。这些根据地的开辟，使晋察冀边区更加扩大。

晋绥根据地　1937 年 11 月国民党军队弃守太原后，八路军一二〇师在晋西北开展游击战争，发动群众抗日。1938 年 2 月，日寇乘一二〇师开赴同蒲路作战之机，调集万余人兵力向晋北进攻，侵占宁武等七个县城。一二〇师闻讯，星夜回师，经 20 多天激战，收复了七个县城，打垮了日寇的第一次围攻，奠定了晋西北抗日根据地的基础。同年 8 月，一二〇师派一个支队北上绥远，越过平绥线，进入大青山地区，与当地的抗日武装相配合，发动了绥东、绥西、绥南以及察哈尔的游击战争，开辟了大青山抗日根据地。以后，大青山区和晋西北区统一为晋绥抗日根据地。

晋冀豫根据地　1937 年 11 月，八路军一二九师在正太路痛击日寇之后，进入晋东南，以太行山为中心开辟抗日根据地。12 月，粉碎了敌人的六路围攻。1938 年，游击战争迅速发展起来。2 月进行了长生口伏击战。3 月中下旬进行了神头岭和响堂铺战斗，歼敌约 2000 人，焚毁汽车 180 余辆。4 月，日军 3 万余人分九路进攻晋东南地区。一二九师等部在长乐村歼敌 2200 余人，又乘胜追击，粉碎了敌人的围攻，共歼敌 4000 余人，收复县城 18 座。下旬成立晋冀豫军区。同年春，一二九师一部开赴冀南，发动群众，打击日寇，建立政权，开辟了冀南区。

山东根据地　抗战爆发后，山东的共产党组织，从 1937 年 10 月至 1938 年 6 月，先后在盐山、乐陵、文登、长山、徂徕山等地领导起义，建立抗日武装，开展游击战争，并逐步开辟了 10 个抗日根据地。为加强统一领导，12 月成立中共山东分局，同时成立八路军山东纵队，统一领导山东地区的部队。1938 年 5 月，一一五师和一二九师各一部进入冀鲁边，将该区部队统一编为八路军东进抗日挺进纵队。随后在宁津、乐陵、盐山等地开展游击战争。从 12 月至 1939 年 3 月，连续粉碎敌人的三次“扫荡”，开辟了冀鲁边根据地。

华中根据地　1938 年 6 月，新四军第一支队在陈毅率领下进入苏南敌后，7 月，第二支队在张鼎丞率领下也进入苏南敌后，开辟了以茅山为中心的苏南根据地。两个支队广泛开展游击战争，牵制了向华中内地侵犯的敌人。1939 年 11 月，第一、二支队领导机关合并，成立新四军江南指挥部，由陈毅、粟裕任正、副指挥。第三支队在策应第一、二支队挺进苏南以后，进入皖南前线抗战，于芜湖、宣城等地开辟了皖南根据地。1938 年 4 月，第四支队挺进皖中敌后，开展游击战争。1939 年 5 月成立江北指挥部，由张云逸、徐海东任正、副指挥，开辟了津浦路东、西根据地。

陕甘宁根据地 1937 年 9 月，成立了陕甘宁边区政府，共辖 23 个县。11 月，在完成普选的基础上建立了边区各级人民民主政权。抗日战争时期，共产党中央一直在陕甘宁边区，在政治上领导全国人民进行抗战。陕甘宁边区成了敌后抗日根据地的总后方。首府延安成为全国人民向往的革命圣地。在八路军主力开赴华北前线后，驻陕甘宁边区的八路军留守兵团和地方武装，守卫着几百里黄河河防，保卫着边区。1938 年粉碎了日军的两次进攻。同时消灭了国民党派遣的 48 股土匪，使边区日臻巩固。陕甘宁边区还成立了总工会、农民会、妇女联合会、青年救国会等，把广大群众组织起来，开展了蓬蓬勃勃的抗日民主运动。1939 年 1 月，陕甘宁边区参议会成立，并通过了《陕甘宁边区抗战时期施政纲领》。共产党在这里创办了马克思列宁学院、中国人民抗日军政大学、陕北公学、鲁迅艺术学院、卫生学校，为抗日民族解放运动培养了大批干部。陕甘宁边区政治、经济、军事、文化等各方面的建设，欣欣向荣，成为模范的抗日根据地。

1937 年，共产党通过与阎锡山的统战关系，组建了青年抗敌决死纵队(新军)，共有四个纵队和政卫队、工卫队，全部兵力约 4 万余人。第一、三纵队和政卫队活动于晋东南地区，第二、四纵队和工卫队活动于晋西南地区。

敌后战场的开辟和敌后抗日根据地的建立，使日军腹背受敌，受到极其严重的威胁。共产党、八路军、新四军和党领导的人民抗日力量在敌后迅速发展壮大起来，成为坚持长期抗战的基本力量。从 1937 年 9 月到 1938 年 10 月，华北八路军与敌人战斗 1500 余次，毙敌 5 万多人，牵制敌人兵力 30 万以上。八路军迅速发展到 15 万多人，新四军发展到 2.5 万人。这是共产党全面抗战路线和独立自主地开展游击战争的战略方针的重大成果。

三、南京失陷 国民政府内迁和宣布长期抗战

淞沪会战之后，日本决定进攻南京，企图迅速结束侵华战争。1937 年 12 月初，日本华中方面军所属上海派遣军继续沿沪宁路及两侧地区进攻，

相继占领句容、淳化、镇江；中旬又陷江北的扬州、仙女庙、滁县。日本华中方面军第十军的三个师团，分别沿宜兴至溧水、长兴至洪兰埠、宁国至南京的公路进攻，相继攻占溧水、秣陵关、宁国、芜湖等地。8日开始了南京附近的战斗。前一天蒋介石离开南京。12日晚卫戍军按蒋介石的命令撤退。此役国民党军损失10余万人，器械弹药丢弃无数。13日，南京失陷。

日军占领南京后，在日本政府的纵容及其司令官松井石根的唆使下，进行了灭绝人性的烧杀淫掠"大竞赛"。兽军见到中国男子便杀；见到中国女子就强奸，奸后有的被杀；大肆焚烧房屋，抢掠金钱财物。18日夜间，兽军将从城内逃出而被拘囚于幕府山的男女老幼共5.7万余人，用铅丝捆扎，驱至下关草鞋峡，用机枪密集扫射，然后将尸体浇上煤油焚化。兽军用砍头、劈脑、剖腹、挖心、水溺、火烧、砍剁四肢以及其他种种惨绝人寰的野蛮手段屠杀中国人。在持续六周的杀戮中，我国同胞被杀害者达30多万人。在一个月内，南京市内发生的强奸事件，有2万多起。这是第二次世界大战中极端残暴的法西斯兽行。如当时的一份密电中所说："犯罪的不是这个日本人，或者那个日本人，而是整个的日本皇军……它是一副正在开动的野兽机器。"但是，日本法西斯强盗的兽行，并没有吓住中国人民，相反，更激起全中国人民同仇敌忾，奋起抗战。

在上海沦陷之前，国民政府10月30日决定迁都重庆。11月26日，国民政府主席林森率领一批官员到达重庆。同日，国民党中央通讯社发表《国民政府移驻重庆宣言》，指出："国民政府兹为适应战况，统筹全局长期抗战起见，本日移驻重庆。此后将以最广大之规模，从事更持久之战斗。以中华人民之众，土地之广，人人本必死之决心，以其热血与土地，凝结为一，任何暴力不能使之分离。外得国际之同情，内有民众之团结，继续抗战，必能达到维护国家民族生存独立之目的。"

国民政府虽然宣布移驻重庆，但大部分政府机关在武汉办公。武汉在失守前一度成为实际上的临时首都。

国民政府迁都重庆，公开发表宣言，表明抗战到底的决心，对稳定民心、维系国脉具有重要作用。

四、沦陷区伪政权的建立

日本帝国主义灭亡中国，在政治上采取"以华制华"，"分而治之"的政策。每攻占一个地区之后，就搜罗汉奸，建立伪政权，加强对中国人民的镇压和掠夺。

日寇占领平津后，积极策划建立统一的华北伪政权，并企图使之成为“真正的中国政权”。南京陷落的第二天，在北平成立了“中华民国临时政府”。伪政权由议政委员会(委员长汤尔和)、行政委员会(委员长王克敏)、司法委员会(委员长董康)组成。伪政府的汉奸官僚还有王揖唐、朱深、齐燮元等。伪临时政府以五色旗为“国旗”，继续使用中华民国年号，以北京(即北平)为首都。临时政府成立后，冀东伪政府取消。这个临时政府下辖河北、山东、山西、河南四个省公署和北京、天津两个市政府。北平伪政权成立后，国民政府发表宣言，郑重声明：“在日本军队占领之北平或其他地方发现任何伪政治组织，皆为日本侵犯中国主权及行政完整之暴行，其一切行为，对内、对外，当然无效。”

9月，日寇在以张家口为中心、包括察哈尔南部10县的地区，成立伪察南自治政府，于品卿为主席。10月，在以大同为中心的晋北13县，成立伪晋北自治政府，夏恭为主席。同月，在归绥成立伪蒙古联盟自治政府，管辖察哈尔、锡林郭勒、乌兰察布、巴彦塔拉、伊克昭五个盟，德穆楚克栋鲁普任政务院长。11月，上述三个伪政府组成伪蒙疆联合委员会，统一管辖三个伪政权。1939年9月，联合委员会改组为蒙古联合自治政府，以德穆楚克栋鲁普为主席，李守信、夏恭、于品卿为副主席，挂蒙古旗，用成吉思汗年号。

上海陷落后，日本组织了伪上海大道市政府。1938年1月，又成立了南京自治委员会和杭州治安维持会。3月，在南京成立伪中华民国维新政府，梁鸿志任行政院长，温宗尧任立法院长。下辖苏、浙、皖三个省政府和京沪两个特别市政府。

上述各个伪政权都是在日寇操纵下建立的，并受到严密的控制。日本人以正式官吏或各级顾问的身份，从上到下监视着各个伪政府的工作，一切大小事务，必须得到日本官员和顾问的同意，才能施行。

日本还在沦陷区建立各种伪民众团体，配合伪政权进行殖民统治。1937年12月，由日本华北方面军特务部操纵，在北平成立了“新民会”。“新民会”宣称它是与伪政权表里一体的“民众团体”，其宗旨是：“维持新政权”“开发产业”“发扬东方之文化道德”“参加反共战线”等。它的总部称中央指导部，设在北平，下级组织遍布华北各地。会长王克敏，中央指导部长缪斌。该会的主要活动是在华北沦陷区进行奴化宣传，建立伪组织，配合日军进行治安保卫等。此外，日寇在上海建立了“大民会”，在汉口组织了“正义会”。这些伪组织都是日寇进行暴力镇压的帮凶和鹰犬。

五、台儿庄大捷和徐州撤退

日军占领南京后，为沟通南北战场的联系，企图占领战略要地徐州。国民政府为保卫徐州，并把日军主力钳制在津浦线，调集了60万军队组织徐州会战。

1938年1月，由山东南下的日军，先后攻占兖州、济宁等地。同时，华中日军沿津浦路北上，于2月初攻占蚌埠等地，接着进抵淮河北岸。3月中旬，日军进攻滕县，守军激烈抵抗，牺牲重大，第一二二师师长王铭章阵亡，滕县失陷。

日军攻占滕县后，兵分两路进犯峄县之台儿庄，以取得进攻徐州的据点。第五战区所属第三十一师池峰城部据守台儿庄。3月23日，日军约4万人发动进攻，守军顽强抵抗10余天，将敌主力吸引在附近。第五战区调动兵力包围日军，至4月6日将围攻之敌击溃，歼敌约2万人，缴获了一批武器。抗战以来，国民党当局不断丧师失地，台儿庄战斗的胜利，对全国人民是一个很大的鼓舞。

台儿庄战斗后，日军按原来的意图，加紧部署兵力准备进攻徐州。5月上旬，敌华北方面军由北向南、华中派遣军由南向北发动进攻。中旬，日军切断陇海路，形成对徐州的包围。中国军队突围撤退。19日，日军进占徐州。

徐州失陷后，20日，日本海军攻占连云港。下旬，又连陷砀山、归德。6月6日又陷开封，次日再陷中牟、尉氏，并分兵迂回到新郑，准备夺取郑州。这样，一方面把平汉、津浦、陇海三路沟通，另一方面造成进攻武汉的有利形势。国民政府为了阻止日军前进，不顾人民的生命财产，炸开了郑州以北花园口的黄河大堤，使豫皖苏三省3000多平方千米的田园尽成泽国，数十万人被淹死，更多的人流离失所。这一重大措施暂时推延了日军的进攻，也给人民造成了极大的灾难。

第三节 国民政府向战时体制的变化

一、国民党临时全国代表大会和《抗战建国纲领》 国民政府建立战时体制

1938年3月29日至4月1日，国民党在武昌召开了临时全国代表大会。大会听取了政府报告、党务报告、军事报告，通过了改进党务并调整党政关系案、抗战建国纲领决议案、组织非常时期国民参政会以统一国民意志增加抗战力量案等提案，发表了大会宣言。宣言说："抗战之目的，在于抵御日本帝国主义之侵略，以救国家民族于垂亡；同时于抗战之中，加紧工作，以完成建国之任务。"要使"抗战建国""同时并行"。关于抗战问题，宣言说："此次抗战，为国家民族存亡所系，人人皆当献其生命，以争取国家民族之生命。"为获得最后胜利，"决不辞任何之牺牲"。表示要坚决抗战。但另一方面又说，希望日本"幡然变计，放弃其侵略主义"，谋求同日本实现"合于正义之和平"。关于国内政治问题，宣言指出："民众方面则注意于能力之养成，政府方面则注意于机能之适应。"所谓民众"能力之养成"，其目的是使"民力"为国民党政权服务。所谓政府"机能之适应"，是在不变更大地主大资产阶级专政的国体和政体的原则下，对国民政府的政治机构作某些变动。宣言强调"国家至上"，说在抗战时期"阶级斗争更不容许其发生"，因此各政党要作"政治的休战"。宣言强调"政治统一"，说"自由与统一"必须"兼顾"。关于自由，一方面说"政府对人民之自由，必加以尊重"，另一方面又说"同时亦必加以约束"。这些表现了国民党既要抗战，又害怕人民在抗战中发动起来的矛盾状态。

《抗战建国纲领》是上述宗旨的条文化。这个纲领除前言以外，分为总则、外交、军事、政治、经济、民众运动、教育七项，共32条。纲领提出"抗战建国"的总口号，并说"抗战必胜，建国必成"。这个纲领规定了国民党的军事政治经济外交等各方面的政策。它具有两面性。在对日问题上写了"制止日本侵略"，否认及取消一切伪政治组织等，但是没有驱逐日本帝国主义出中国、反对妥协投降的明确规定。在军事问题上，写着全国官兵"一致为国效命"，"训练全国壮丁，充实民众武力，补充抗战部队"，"指导及援助各地武装人民"等；但是没有提出战胜日寇的正确的战略，而各地的

人民武装和敌后的游击战，都要“在各战区司令长官指挥之下”。在国内政治问题上，只提出设立国民参政机关，改善各级政治机构等，而没有实施民主政治，召开国民大会，制定宪法，组织包括各抗日党派和民主人士的国防政府的规定。在总纲中特别规定抗战建国要以蒋介石的三民主义为“最高准绳”，全国抗战力量要在国民党和蒋介石“领导之下”。这个纲领是国民党片面抗战路线的具体化。因为它具有两面性，国民党可以用它来包办抗战和维护大地主大资产阶级的统治，中国人民也可以利用它作为发动抗战力量和向国民党做斗争的工具。

大会决定国民党设总裁、副总裁各一人，并选举蒋介石为总裁。决定在中央执行委员会之下，设立调查统计局(即中统)，扩大特务机构。决定设立训练委员会，由总裁兼任委员长，分组掌管全国政治、军事、经济、教育机关、公务人员及学校教职员之思想训练事宜。

大会决定设立三民主义青年团，集中全国“优秀”青年国民，“与以一贯之训练，集之于同一之组织，纳之于新生活之规律；由明礼义，知廉耻，具备现代国民之基本条件，以进于群策群力，一心一德，负责任，守纪律，共同建立三民主义”①。7 月 9 日，三民主义青年团在武昌成立，由蒋介石任团长，陈诚任书记长。蒋介石决定以复兴社为三青团的核心。三青团成立后，举办“干部训练班”，调党部人员(CC 派)、各级政治部(政训处)政工人员(复兴社分子)、军事委员会战时工作干部训练团人员(陈诚派)共约 200 人受训。

为适应抗战形势，国民政府建立了战时体制。1937 年 8 月 12 日，国民党中常会决议设立国防最高会议为战时最高决策机关，其职权是决定国防大政、国防经费、国家总动员及其他重要事项。蒋介石为该会议主席。16 日，该会议常委会决议，由国民政府授权蒋介石为三军大元帅，统率陆海空军。1939 年 1 月 29 日，国民党五届五中全会决定改组国防最高会议为国防最高委员会，统一党政军的指挥，并代行中央政治委员会的职权。凡国民党中央所属的各部会，国民党政府五院、军事委员会所属的各部会，均兼受这个委员会的指挥。国防最高委员会委员长，由国民党总裁蒋介石担任。委员由国民党中央执行委员会常务委员及监察委员会常务委员、国民政府五院正副院长、军事委员会委员以及另由委员长提出的人担任。国防最高委员会委员长，“对于党政军一切事务，得不依平时程序，以命令为便

---

① 蒋介石：《为组织三民主义青年团告全国青年书》，1938-06-16。

宜之措施”。这就使蒋介石进一步集党政军大权于一身。同时决定在军事委员会下设立战地党政委员会，由蒋介石任主任委员。在各战区司令长官部设立分会，在战区内的省政府设立办事处，以此加强蒋介石对战区的控制。1940年，国民党开始推行所谓计划、执行、考核三者互相联系的行政工作制度。为此设立了中央设计局，负责审议全国政治经济建设计划和预算、党政机构重要法规的调整以及重要政策的建议等。同时还设立了党政工作考核委员会。这两个机构都直属于国防最高委员会，蒋介石以委员长身份兼任设计局总裁和考核委员会委员长。

为适应作战的需要，蒋介石1937年8月将南北战场分为五个战区，各战区作战地域，第一战区：冀省及鲁北；第二战区：晋察绥；第三战区：苏南(长江以南)及浙江；第四战区：闽粤；第五战区：苏北(长江以北)及鲁省。司令长官分别由蒋介石、阎锡山、冯玉祥、何应钦兼任或担任。1938年10月广州、武汉沦陷以后，国民政府根据已经变动了的战场态势，重新调整战区；第一战区，司令长官卫立煌，辖河南及安徽之一部；第二战区，司令长官阎锡山，辖山西及陕西之一部；第三战区，司令长官顾祝同，辖苏南皖南及闽浙两省；第四战区，司令长官张发奎，辖两广；第五战区，司令长官李宗仁，辖皖西鄂北及豫南；第八战区，司令长官朱绍良，辖甘宁青及绥远之一部；第九战区，司令长官陈诚(薛岳代)，辖江西鄂南(长江以南)及湖南；第十战区，司令长官蒋鼎文，辖陕西；鲁苏战区，总司令于学忠，辖苏北及山东之一部，冀察战区，总司令鹿钟麟，辖冀察方面。

国民政府战时机构的组建，战时领导体制的确立，适应了抗战的需要，有利于抗日战争的展开和坚持。该体制的建立，也为蒋介石集大权于一身，加强其独裁统治和国民党一党专政，提供了有力的保证。

二、国民参政会的设置　宪政运动

中日之间不可调和的矛盾，国内人民的坚决抗战要求，以及国际形势的变化，使得蒋介石集团不得不走继续抗战的道路。实行抗战，就不能不作些民主的表示，因此国民党临时全国代表大会决定设立国民参政会。

根据国民党临时全国代表大会的决议，国民政府于4月12日公布了《国民参政会组织条例》。条例第一条规定“国民政府在抗战期间，为集思广益，团结全国力量起见，特设国民参政会”。条例规定国民参政会，是一个咨询性质的机关，它只有听取国民政府施政报告及询问建议之权，它的决议对国民政府没有任何约束力。条例规定参政员总额200名，具体人选经国民党中央执行委员会决定后，由国民政府公布。在200名参政员中，国民党员88人，共产党员7人，中国青年党员7人，国家社会党员7人，社会民主党员1人，中华民族解放行动委员会会员1人，余为无党派人士。国民参政会基本上是国民党独占的机关，而不是真正民意机关。但是，设立这个有中国共产党党员和各党派及各界人士参加的政治机构是过去所没有的。它给了各党派和各界人士一个公开发表政见的场所，是有利于抗日和民主的。

1938年7月第一届国民参政会在武汉召开，汪精卫任议长。出席这次参政会的参政员有张伯苓、王世杰、王造时、张君劢、黄炎培、史良、秦邦宪、邹韬奋、陈绍禹、章伯钧、罗隆基、许德珩、陶希圣、董必武、林祖涵、谭平山、王云五、梁漱溟、杜重远、邓颖超等130多人。毛泽东被聘为参政员，但没有参加这次会议。他在致会议的电文中说："寇深祸亟，神州有陆沉之忧；民众发舒，大难有转旋之望。转旋之术多端，窃谓以三言为最切：一曰、坚持抗战，二曰、坚持统一战线，三曰、坚持持久战。诚能循是猛进，勿馁勿辍，则胜利属我决然无疑。"会议的召开，各界均极重视，纷纷提出建议。会议通过了"拥护国民政府实施抗战建国纲领案""拥护政府长期抗战国策案""改善各级行政机关案""切实保障人民权利案""调整民众团体以发挥民力案"等提案。会议还发表了宣言，表示"国难严重"，各党各派"应舍小异而趋大同，翊赞统一共同救国"，"动员一切物力人力，为自卫而长期抗战"，"以达到最后胜利之日为止"。这些提案和宣言承认"各党各派各界合作的抗日民族统一战线"，确定"长期抗战到底争取国家民族最后胜利的国策"，表示要实行"民主政治""保障民生"，都是进步的。会议选举张君劢、左舜生、曾琦、董必武、陶希圣、胡适、秦邦宪、傅斯年、梁漱溟、罗隆基、沈钧儒、陈绍禹等25人为驻会委员。

接着，民主宪政运动也开展起来。1939年2月，国民参政会一届三次会议通过《确立民主制度》《加速完成地方自治条件》等议案，要求国民党实行民主宪政，拉开了宪政运动的帷幕。

国民参政会一届四次会议9月9日召开前，毛泽东等7位参政员发表《我们对过去参政会工作和目前时局的意见》，要求国民政府"切实保障人民有言论、出版、集会、结社及武装抗敌之权利""实行战时民主""保障各抗日党派之合法权利"等，引起强烈反响。会议期间，陈绍禹、董必武等参政员提出《请政府明令保障各抗日党派合法地位案》，章伯钧、张君劢等参政员提出《请求结束党治立施宪政以安定人心发扬民力而利抗战案》及其他议案，要求开放民主，实施宪政。会议决定“由议长指定参政员若干人，组织国民参政会宪政期成会，协助政府促成宪政”。

国民参政会一届四次会议结束后，张澜、沈钧儒、董必武、吴玉章等发起成立重庆各界宪政促进会。同时重庆众多妇女团体发起成立妇女宪政座谈会，青年代表组织宪政座谈会或促进会，各地也先后组织类似机构，举行集会。

在全国人民的强烈要求面前，国民党不得不做出某些表示。11月17日，国民党五届六中全会声称“召集国民大会，制定宪法，以确立建国基础，实有积极进行之必要”，允诺1940年6月底以前结束国民大会代表的选举工作，同年11月12日召集国民大会。

但是，国民党的允诺是虚伪的。就在国民参政会一届四次会议上，蒋介石就声称“将来虽在宪政颁布以后，我们还是不能放弃训政的工作”。国民党五届六中全会召开后，国民党中央宣传部副部长潘公展声称：“宪政不但不是党治之结束，相反，正是党治之开始。”并解释“宪政时期的党治，自然是以国民党治国”。同时，国民政府极力在各地禁止和限制争取宪政的活动，限制报刊刊登关于宪政的文章。在重庆派特务流氓在宪政座谈会和宪政促进会上捣乱。反动宣传机器中央社捏造取消宪政促进会的消息。1940年4月初，在国民参政会第五次会议上，由秘书长王世杰强行通过一项决议，决议说“本会宪政期成会草拟之中华民国宪法草案修正案及其附带建议，及反对设置国民大会议政会之意见，并送政府”。此后全无下文。9月国民党宣布：因交通不便，召开国民大会有困难，国民大会之召集日期另行决定。热闹一时的宪政运动就此收场。这个运动又一次暴露了蒋介石国民党坚持一党专政的反动本质，也又一次教育了全国人民，特别是一些民主人士。

三、国民政府的战时政策及其实施

国民党临时全国代表大会的召开及其所通过的《抗战建国纲领》，规定了国民政府战时各项政策原则。根据这些原则，国民政府接着制定和实施了一些具体政策。

民众动员和精神教育 国民政府将精神教育和民众动员结合起来，发动“国民精神总动员”运动，以精神教育促进民众动员，进行抗日，并达到维护和巩固其统治的目的。

1939年3月，蒋介石在国防最高委员会之下设立精神总动员会，自任会长。接着公布了《国民精神总动员纲领》(以下简称《纲领》)《国民公约及誓词》和《精神总动员实施办法》。《纲领》说国民精神总动员是“抗战制胜之主要条件”和“救国建国之最新武器”。国民精神总动员的中心口号是“国家至上民族至上”“军事第一胜利第一”“意志集中力量集中”。所谓“国家至上民族至上”，就是必须认定“国家民族之利益应高于一切”，国民“应牺牲一切私见、私心、私利、私益”，“牺牲个人之自由”。所谓“军事第一胜利第一”，就是要“国民一切之思想行动，均应绝对受国家民族军事利益之支配”。所谓“意志集中力量集中”，就是在抗战时期“要求国民全体的思想，绝对统一集中于国家至上民族至上与军事第一胜利第一两义之下，不容其分歧及怀疑，不容作其他之空想空论”。《纲领》要求确立所谓“救国之道德”。这种道德就是“忠孝仁爱信义和平之八德”。“八德之中，最根本者为忠孝。”要求国民“对国家尽其至忠，对民族行其大孝”。《纲领》说要达到抗战建国之目的，需要改造国民精神，为此也写上了“醉生梦死之生活必须改正”“苟且偷生之习性必须革除”之类的话；但它的根本之点是要“纠正”所谓“分歧错杂之思想”，要求一切思想言论不能违反“三民主义”，不能“破坏军政军令及行政系统之统一”。违反此规定，就要“一体纠绳”。以上这些是《国民精神总动员纲领》的主要内容。《实施办法》中规定，省(市)县都设立国民精神总动员会，规定国民以同业公会、学校、机关等为单位，每月集会一次，在会上讲解纲领的内容，宣读《国民公约》及《誓词》。5月，国民党决定举行全国国民精神总动员，蒋介石在重庆主持誓师大会，会后举行游行。

这次运动虽然打着为战胜敌国而改造国民精神的旗号，但主要是要人民对大地主大资产阶级专政的国家“尽至忠”“行大孝”，维护“军政军令及行政系统之统一”，对所谓“分歧错杂之思想”一概“摒绝”。它的反共反人民的性质是十分明显的。

战时经济政策 抗战爆发后，国民政府根据情况的变化，调整国民经济，统制一切战略资源和战略物资，加速向战时经济体制过渡。主要措施有：第一，调整经济发展，确立战时经济体制。国民党临时全国代表大会通过《抗战建国纲领》和《非常时期经济方案》，提出经济建设以军事为中心、经济设施“应以助长抗战力量、求取最后胜利为目标”的政策，并提出了调整经济发展的八条原则和向战时经济体制过渡的七项具体方针和途径。

1941 年 3 月，国民党召开五届八中全会，本着“务使一切经济之力量得收全盘控制之运用”的原则，制定并通过《战时经济体系基本纲领》十条，基本上建立了依靠强制手段直接干预或管制经济发展的战时体制。

第二，实施战时经济统制政策。国民政府先后颁布了《非常时期评定物价及取缔投机操纵办法》《非常时期安定金融办法》《非常时期取缔日用重要物品囤积居奇办法》等一系列法令法规，规定实行统购统销，由贸易调整委员会负责统购统销丝、茶、桐油、猪鬃等主要出口物资，由资源委员会统购统销矿产品类出口物资，由物资局（后改组为花纱布管理局）统购统销棉花、纱、布之类出口物资。实行专卖政策，设立专卖事业管理局，规定对盐、糖、酒、茶、火柴、卷烟六项物品实行专卖。稍后（即 1943 年），国民政府还实行限价政策，对粮食、食盐、食油、棉花、棉纱、布匹、燃料、纸张等商品实行限价，企图使同一地区同一种商品只有一个价格。

第三，内迁工厂，发展西南大后方。抗战爆发后，国民政府设立迁移监督委员会，监督迁移东南沿海厂矿至西南大后方。到 1940 年年底，内迁厂矿共 448 家，机器材料 7.09 万吨，技工 1.2 万余人。该年年底，已大部复工。内迁工业按行业统计：机械工业占 44.4％，纺织业占 21.65％，化学工业占 12.5％，教育用品业占 8.26％，电器工业占 6.4％，饮食工业占 4.71％，矿业占 1.78％，钢铁工业占 0.24％，其他工业占 3.79％。其中属于国防工业范围者达 60％以上。地域分布情况是，四川占 54.67％，湖南占 29.21％，此外广西、陕西和云南等省也有一部分。大批工业的内迁，对大后方经济发展，对支持抗战，有着很大作用。

国民政府所推行的战时经济政策，为抗战做出了贡献，但也造成了国家资本对国民经济的垄断，而国家垄断资本抑制了私人资本主义企业的发展。这是抗战后期民族资本家与政府疏远、批评国民党专制独裁、要求民主的重要原因。

战时外交政策　《抗战建国纲领》所规定的战时外交方针是：本独立自主之精神，联合世界同情于我之国家及民族，为世界之和平与正义共同奋斗；对于国际和平机构及保障国际和平之公约，尽力维护，并充实其权威；联合一切反对日本帝国主义侵略之势力，制止日本侵略，树立并保障东亚永久之和平；对于世界各国现存之友谊，当益求增进，以扩大对我之同情；否认及取消日本在中国领土内以武力造成之一切伪政治组织及其对外之行为。

在 1939 年 9 月欧洲大战爆发后，国民党 11 月召开五届六中全会。蒋介石在开幕词中重申四项国策原则，作为中国战时外交的奋斗目标：反对日本侵略，以保障我主权、领土、行政的完整；遵守国际公约，尤其是《九国公约》《国联盟约》与《非战公约》，不参加防共协定；外交完全自主独立，不受任何约束。该全会通过的决议案，对外交政策特别强调继续加强同美、英、苏各国合作，使国际形势有利于中国抗战方面之发展。全会还发表宣言，倡议全世界一切爱好和平的力量，建立一有效的、世界性的集体安全组织，共同维护和平，反对侵略。

1940 年 7 月，国民党召开五届七中全会，首先回顾和总结了最大限度地争取各国援华、孤立打击日本的外交政策，然后提出中国今后的外交原则是本着多求友、少树敌的原则，同各国展开外交，维护《九国公约》的尊严，竭力发展同英美苏各国关系，设法分化德、意同日本的关系。

在太平洋战争爆发前，国民政府的战时外交政策有三大特点：第一，坚持中国问题国际化，拒绝同日本单独交涉中日争端，但不拒绝经由第三国同日本进行谈判，以求和平结束战争；明知国际干涉的可能性不大，仍将日本侵华问题诉诸各大国、国联以及《九国公约》签字国，目的在于揭露日本的侵华阴谋，争取国际社会对中国抗战的同情与支持。第二，始终高举拥护《国联盟约》《九国公约》《非战公约》的旗帜，借以谴责和鞭挞日本违反国际条约的侵略行径，使其在国际上处于孤立的境地，同时借此批评和催促有关签约国履行条约规定的义务，提高中国抗战的国际地位。第三，广泛争取国际同情和援助，根据美、英、法、苏、德、意等大国对中国抗战的不同态度，制定不同的外交策略，争取美、英、苏诸国的援助，争取建立国际反日战线；尽可能长久地争取德、意保持中立态度，孤立和打击日本帝国主义，造成有利于中国抗战的国际环境。

推行“新县制” 国民党为加强对基层政权的控制，从 1939 年起开始推行所谓“新县制”。6 月，在行政院下设立县政计划委员会。9 月，国民政府公布《县各级组织纲要》，下令全国各地“应无分敌后与前方后方，一律遵照实施，战地各县，尤须尽量提前完成”。这样，“新县制”就在国民党统治区普遍推行。

国民党实行“新县制”的根本意图，在于把地方上的政治、财经、教育、地方武装、民众组织和训练统统紧紧地控制起来。“新县制”的主要内容是：“县为地方自治单位。”区署为县政府的辅助机关。县以下为乡(镇)。乡(镇)之划分以十保为原则。保之编制以十甲为原则。甲之编制以十户为原则。乡(镇)长、保长必须“经训练及格者”才能充当。为了便于国民党直接控制政权，规定“党政层级完全配合”，县长必须为国民党员。设立各级“民意机关”：县参议会、乡镇民代表会、保民大会、户长会议(必要时得举行甲居民会议)。这是利用中国封建时代遗留下来的保甲制度，加强对农村的统治。地方武装组织，乡镇为乡镇国民兵队，保为保国民兵队，甲为国民兵班。队长由乡镇长、保长兼任。教育方面，乡镇设中心学校，保设国民学校。乡镇长、保长兼任校长。学校教师兼任乡镇保干事等职务。这样就把政治、武力、教育结合在一起。这是加强反动统治的一种措施。

“新县制”颁行以后，据国民党公布的统计数字，截至1943年年底，计有川康滇黔桂粤闽浙皖赣湘鄂苏鲁晋绥豫陕甘宁青21省，已经实施。据川康滇黔桂闽浙皖鄂赣湘陕豫甘宁青16省1942年年底的总计，调整县政府1119个，区署1853个，建立乡镇公所3470个，保办公处379681个，甲4118413个。政府公布的统计数字与实际上的效果是有很大距离的。但“新县制”的大力推行，在加强国民党对基层政权的控制，强化基层政权对人民的法西斯统治上，是起了作用的。

四、武汉会战　广州沦陷

徐州会战中，日本并没有达到聚歼中国军队使国民政府崩溃或投降的目的，因此在会战后，决定进攻当时中国的政治和军事中心武汉，摧毁国民政府中枢。同时进攻广州，切断中国的主要补给线。以此威逼蒋介石屈服，或将蒋政权变为地方政府，为建立伪中央政权准备条件。

日军对武汉的作战，主力为加强配置的华中派遣军，华北方面军进行配合牵制作战。6月初，日军开始进攻，在海军配合下，于13日攻占安庆，并占领潜山、太湖，下旬又陷马当，7月初进占湖口。此后，敌军继续由长江南北进攻武汉。

为保卫武汉，国民政府组建第九战区。九战区所属之第一、二兵团，在幕阜山、九宫山、庐山等山地设防。第五战区之第三、四兵团，在大别山、富金山一带布防，并在马当、湖口、武穴、田家镇等江防要塞布雷，阻敌西进。

江南日军于7月中旬分路发动进攻，26日陷九江。8月下旬，日军一部在港口登陆，进攻瑞昌等地，然后西进，在海军配合下，于9月下旬攻占富池口。10月中旬，中国军队在敌军进攻下，向武宁、通城、岳州等地撤退。25日，敌军迫近武昌。江北沿江西进的日军于9月连陷广济、武穴和田家镇要塞。10 月 25 日攻占黄陂。在大别山方面的敌军，8 月下旬陷六安、霍山，9 月中旬占商城、潢川、罗山，10 月 12 日陷信阳。10 月中旬，战争移至武汉附近。江南日军占阳新、大冶后，分三路进逼武汉。25 日，中国军队放弃武汉。敌占武汉后，继续进行追击战，10 月底至 11 月初，连续攻占应山、孝感、嘉鱼、崇阳、通城等地，11 月 12 日占领岳州。

与进攻武汉同时，华南日军于 10 月 12 日在大亚湾登陆。国民党军在广东的防务空虚，守军第十二集团军，事前既未作防备、敌军登陆后，又望风而逃。日军相继攻陷淡水、惠阳、博罗、增城、宝安等地后，21 日占领广州。

从“七七”事变到武汉广州失守的 15 个月里，日本侵略军在北方侵占了河北、山西、察哈尔、绥远、山东、河南等省的广大地区。在华中侵占了京沪杭地区和武汉地区。在华南侵占了广州地区。由于日本帝国主义的战线过长，兵力有限，在攻占武汉、广州以后，已经很难发动大规模的战略进攻，主要是进行战役的进攻了。抗日战争的战略防御阶段，至此基本结束。

第四节　抗日战争进入相持阶段

一、抗日战争相持阶段的到来　相持阶段前期正面战场的作战

从卢沟桥事变到武汉广州沦陷，日军实行大规模的战略进攻，侵占了中国大片领土，同时也带来了日益增长的困难。到 1938 年为止，日军伤亡达 44.7 万多人。军费开支剧增，人民生活日益困难。由于战线的延长，日军的兵力更加不足。这些是日本政府非常忧虑的事情。

中国虽然受到严重损失，但是共产党领导的八路军和新四军，在敌后猛烈开展游击战争，开辟了广大的抗日根据地，歼灭了大量日伪军，抗击着数十万日军。国民政府仍保有西南和西北广大地区，拥有很大的兵力和日军对抗。国际上，苏联继续援助中国抗战。英、美、法等国由于日本对华侵略的扩大进一步威胁到他们的在华利益，对中国的抗战表示了一定程度的支持。

中国人民坚持抗战和日蒋矛盾的无法调和，打破了日本帝国主义“速战速决”的战略和短时期灭亡中国的幻想，迫使它不得不下决心应付持久的战

争。战争的长期化、国内的困难以及外交上的孤立，使日本政府“重新检讨对华国策”。它在坚持灭亡中国的总方针下，在策略上作了新的修改。这就是把以往对国民政府实行军事进攻为主、政治诱降为辅的方针，改变为以政治诱降和军事进攻相辅的方针；把重视国民党正面战场、轻视广大的敌后人民战争的战场，改变为在重视正面战场的同时集中大量兵力进攻共产党领导的抗日根据地。日本希望经过这一改变，不仅能够消灭共产党领导的抗日武装，而且可以诱使国民政府投降。这样，在日本占领武汉以后，整个战争态势发生了不小的变化，抗日战争转入敌我相持阶段。

在 1939 年 9 月欧洲大战爆发、德军进攻波兰之前，日军 2 月占领海南岛和南昌。欧洲大战爆发后到 1940 年 6 月，中日双方先后进行第一次长沙会战、桂南会战和襄宜会战。

9 月中下旬，日军六个师团分三路进攻长沙。中国军队在新墙河、汨罗江防线进行顽强抵抗，随后又在长沙以北继续阻击敌人。由赣北、鄂南方面进攻的日军，也遭到中国军队的抗击。日军受到重大损失后，遂于 10 月 1 日退却。中国军队进行追击，歼灭了部分敌人。

为切断中国西南国际补给线，11 月 15 日，日军在广东钦州湾登陆，24 日占领南宁。12 月 4 日又攻占昆仑关。中旬，中国军队举行反攻，31 日收复昆仑关等地。1940 年，中国军队继续反攻，经过百余次激烈战斗，于 10 月收复龙州和南宁。经过一年的桂南会战至此结束。

1940 年 5 月，日军发动襄宜战役，以确保武汉并威胁重庆。8 日占领枣阳。11 日中国军队曾进行反攻，第三十三集团军总司令张自忠于是役阵亡。6 月 1 日，日军攻陷襄阳，14 日占领宜昌。

从 1939 年春至 1941 年，日本空军大规模轰炸中国后方的城市，尤其集中对重庆进行轰炸，造成了重大的伤亡和损失。1939 年 5 月 3 日和 4 日对重庆轰炸，炸死 4000 余人，伤 3000 余人，毁房屋 1000 多栋。

二、日本的诱降和汪精卫集团叛国投敌　全国对汪集团的声讨

从抗战爆发到汪精卫集团叛国投日，日本对国民政府的政策有一个演变过程。日军占领南京后，日本政府 1938 年 1 月 16 日发表第一次近卫声明：“帝国政府今后不以国民政府为对手，而期望真能与帝国合作的中国新政权的建立与发展。”18 日，日本首相近卫文麿在会见记者时说：今后的“对华方针是谋求使国民政府崩溃”。

日军占领武汉、广州后，日本政府改变了对华方针，于11月3日发表第二次近卫声明，提出希望中国政府分担“建设东亚新秩序的责任”；并宣称：“如果国民政府抛弃以前的一贯政策，更换人事组织，取得新生的成果，参加新秩序的建设，我方并不予以拒绝。”明确修改了第一次近卫声明中“今后不以国民政府为对手”的方针。接着制定了《（昭和）十三年秋季以后指导战争的一般方针》《调整日华新关系的方针》《（昭和）十三年秋季以后对华处理办法》等文件，提出“中国事变的处理，要尽量采取各种办法，因势利导，努力使之早日解决”。

在上述声明中，日本虽然改变了不承认国民政府的方针，但是仍要求国民政府“更换人事组织”，仍坚持把蒋介石下野作为“议和”的先决条件。到1939年2月，华北日军特务机关长喜多诚一所拟的“和平计划”中，改变了这个政策，公开声言“尊崇蒋介石上将的地位而给予崇高位置。”3月初，日本新任首相平沼骐一郎在国会演说中，正式提出“蒋介石将军与其领导之政府，假使能重新考虑其反日态度，与日本共同合作，谋东亚新秩序之建立，则日本准备与之作中止敌对行为之谈判”。这样日本帝国主义在占领武汉后不久，就从否认国民政府改为承认国民政府，从反蒋变为拉蒋。这是日本帝国主义侵华策略的重大改变。

1939年12月22日，日本发表第三次近卫声明，重申过去提出的“相互善邻友好、共同防共和经济合作”三原则，其内容要点是：（一）中国“放弃抗日”同“满洲国”“建立完全正常的外交关系”；（二）签订日华防共协定，在特定地点驻扎日军，并以内蒙为特殊防共地区；（三）日华经济提携，中国承认日本臣民在中国内地有居住、营业的自由，特别在华北和内蒙资源的开发利用上积极地向日本提供便利。声明还宣称“日本不仅尊重中国的主权，而且对中国为完全独立所必要的治外法权的撤销和租界的归还，也愿进一步予以积极的考虑”。这个声明具体提出了对国民政府招降的条件，并为国民党内投降派的降日活动预留了借口。对此，蒋介石26日进行驳斥，指出这是“敌人整个的吞灭中国，独霸东亚，进而企图征服世界的一切妄想阴谋的总自白，也是敌人整个亡我国家，灭我民族的一切计划内容的总暴露”。蒋还指出，近卫声明“是要以‘建立东亚新秩序’来关闭中国门户，打破《九国公约》，以‘东亚协同体’与‘经济集团’来排斥欧美在远东的势力”。表示中国不会“背盟弃信以破坏人类相与维系的正义”。这表明了蒋介石坚持抗战的立场。

在日本帝国主义诱降下，国民政府中的汪精卫集团公开叛国投敌。汪精卫是国民党副总裁、中央政治委员会主席、国防最高会议副主席和国民参政会议长。这个汉奸集团的主要成员有国民党中委、宣传部长周佛海，国民党中委、政府实业部长陈公博等。

汪精卫早就是亲日派。抗战刚开始，就主张妥协投降，宣传“战必大败，和未必大乱”。他曾供认：卢沟桥事变以后，对于中日战争，没有一刻不想着转圜。“我对于觅得和平的意见在会议里不知说过多少了，到了广州丢了，长沙烧了，我的意见，更加坚决，更加期其实现。”①

1938年年初，汪精卫派外交部亚洲司司长高宗武等人同日方联系，探求日本意图。在获悉日方希望由他出面收拾时局后，于10月下旬指定高宗武和梅思平为他的代表，与日方交涉。第二次近卫声明发表后，汪又派梅思平等人带着“和平基本条件”到上海和今井武夫商讨，并拟订了汪精卫集团叛国投敌的具体行动计划。11月20日，高宗武、梅思平与日方代表影佐祯昭和今井武夫签署了反共卖国的《日华协议记录》。于是汪精卫等便于12月18日潜离重庆飞抵昆明，次日和周佛海等叛国外逃至河内。22日日本政府按预定步骤发表了第三次近卫声明，汪于29日发表艳电响应，宣称愿以近卫三原则与日本作“和平之谈判”，胡说什么这样“不但北方各省可以保全，即抗战以来沦陷各地亦可收复，而主权及行政之独立完整，亦得以保持”。汪逆在艳电中还大肆叫嚣中国共产党人“应即彻底抛弃其组织及宣传，并取消其边区政府及军队之特殊组织”。从此，汪精卫成了可耻的头号汉奸卖国贼。

汪精卫汉奸集团的叛国投敌，激起全中国人民的极大愤怒。解放区军民和国统区许多团体、著名人士、国民党的党政军官员，纷纷举行讨汪集会和发表讨汪通电，要求下令通缉汪精卫等，并给予制裁。对其他妥协动摇分子，也要予以揭发制裁。汪精卫集团的投敌，表明国民党内亲日派与亲英美派的公开分裂。

汪精卫等叛逃至河内后，国民政府曾派外交部长王宠惠等劝阻，但被汪坚决拒绝。蒋介石始则表示对汪的叛逃事先并未预闻，继又声称汪赴河内实为转地疗养，此行与国民党中央、国民政府及军事委员会皆毫无关系。同时通知英美两国大使馆说，汪精卫绝对无权和任何人谈判和平。汪逆艳电发出后，1939年1月1日，国民党中央执行委员会常务委员会宣布，永

---

① 汪精卫：《复华侨某君书》，见《汪主席和平建国言论集》，26页，汪伪国民党宣传部编印，1940-10。

远开除汪的党籍，并撤销其一切职务。同日，国民党中央宣传部及军事委员会政治部联合发表声明，称艳电只代表极少数意志薄弱、甘心为敌利用者之怯懦卑劣心理，对整个抗战前途绝无任何影响。又说汪“未必甘心媚日，附和汉奸”，而是“客观上显属投降敌人，出卖祖国”。国民政府没有对汪下通缉令。直到6月，由于全国各方面的强烈要求，同时汪精卫正在加紧组织伪政权，国民政府才于8日通令严缉汪精卫归案。

三、国共关系的逆转和摩擦事件的发生　皖南事变

武汉广州失陷前，虽然由于日军进攻直接危害了国民党的利益，蒋介石把重点放在抗日方面，但是并未放弃反对民主坚持独裁和压制人民的基本立场。抗战以来中国共产党的力量的迅猛发展，国民政府统治下民主力量的发展，国民党军队作战的损失，使国民党统治集团深感畏惧。当日本修改侵华政策之后和正面战场的战线大致稳定之时，国民党的对内政策出现了变化。1939年1月召开的“整顿党务”、研究“如何与共产党作积极之斗争”的国民党五届五中全会，是国民党政府改变政策的重要标志。

关于抗战问题，全会虽然声言“坚持抗战到底”，但是按照蒋介石的解释，所谓“抗战到底”，就是恢复卢沟桥事变以前的状态。这就是说东北可以不要，华北也可仅维持形式上的统治，只要能保存华中华南就可以罢战言和。

蒋介石在全会上作了《唤醒党魂发扬党德与巩固党基》和《整顿党务之要点》的演讲。蒋介石所要唤醒的“党魂”就是蒋记“三民主义”，要发扬的“党德”就是“忠孝仁爱信义和平的八德”和“智仁勇三德”。蒋介石企图以此来巩固“国民党的基础”。“整顿党务”的目的，是为了“强化”国民党。国民党为什么需要强化呢？是因为党内有“许多重大的缺陷”，外有“华北各地共产党的竞起”，国民党处于“艰险”的环境中。长此下去，就不免“趋于消灭”。蒋介石说这是他“夙夜不能忘怀的衷心忧虑”。会议确定了“防共、限共、溶共”的方针，设立了“防共委员会”。决定设置国防最高委员会，统一党政军的指挥，由蒋介石任委员长。

会后，国民党陆续制定了《限制异党活动办法》《异党问题处理办法》《处理异党实施方案》《沦陷区防范共产党活动办法草案》《陕甘两省防止异党活动联络办法》等一系列反共反人民的法令。这些反动法令提出：要在军事、党政和行政方面，采取各种措施，取消陕甘宁边区政府和各抗日根据地的民主政府；严禁第十八集团军的发展；取缔共产党的抗日民众运动及所组

织的抗日群众团体；禁止共产党进行抗日宣传和传播共产主义思想，不许共产党所办的报章、杂志、书店及印刷所等继续存在。派遣“忠实党员”打入共产党各级组织和共产党领导的各种民众团体及游击部队。加强国民党各级党部，“策动全体党员，从事共产党活动防范之调查监视等工作”。“积极加强并统一本党之民众运动”，利用中统局在各地的情报网和特工人员，运用保甲组织，“使各阶层民众，皆在本党领导之下”，“以杜绝共党活动之机会”，如此等等。

在这些反共法令指导下，国民党加紧进行反共反人民的活动，摩擦事件不断发生。1939 年 4 月，山东省主席沈鸿烈指使秦启荣部在博山等地袭击八路军山东纵队第三游击支队，惨杀指战员 400 余人。6 月，河北省保安司令张荫梧部袭击冀中深县八路军后方机关，惨杀指战员 400 余人。同月，湖南国民党军队根据蒋介石的密令杀害了新四军平江通讯处的干部罗梓铭、涂正坤等六人。9 月，国民党军队在湖北东部围攻新四军后方机关，惨杀共产党员五六百人。11 月，河南国民党军队和特务，围攻确山县竹沟镇新四军留守处，杀害新四军伤病员及家属 200 余人。12 月，胡宗南部袭占陕甘宁边区淳化、旬邑、正宁、宁县、镇原五座县城。阎锡山发动“十二月事变”，进攻决死第二纵队和晋西独立支队，并配合蒋军进攻晋东南的决死第一、三纵队。1940 年春，朱怀冰部进攻八路军总部所在地太行山。国民党政府掀起了第一次反共高潮。

针对反共高潮，中共中央多次发布指示，指出凡遇国民党军的非理进攻，“决不能轻言让步”，应“在有理又有利的条件下坚决反抗之”。遵此方针，各有关地区的八路军分别粉碎了国民党军的军事进攻，打退了国民党发动的第一次反共高潮。

第一次反共高潮虽然被打退，但国民党政府并不善罢甘休。1940 年春夏，德军横扫欧洲。9 月，日本同德、意两国成立三国军事同盟，并加紧引诱国民政府议和。同时，英、美害怕蒋介石投降，乃贷款给国民政府，运送援华物资。在此情况下，蒋介石认为趁机发动一次反共活动，打击共产党的力量，把中国的命运完全掌握在自己手里，既不会受到英、美的反对，又可以讨好德、日。10 月 19 日，何应钦、白崇禧在蒋介石的指使下，以国民政府军委会正副参谋总长的名义，发出致朱德总司令、彭德怀副总司令和叶挺军长、项英副军长的皓电，诬称在敌后坚持抗战的八路军新四军“自由行动”“自由扩充”“破坏行政系统”“吞并友军”，限令八路军新四军各部队于一个月内全部开到黄河以北。与此同时，蒋介石密令汤恩伯、李品仙等部30万大军及顾祝同所部，准备向华中新四军大举进攻。又将包围陕甘宁边区的军队增至20万之众。

11月9日，中共以朱彭叶项名义发出复何白的佳电，对皓电进行了有力的驳斥，表示坚决拒绝国民党要八路军新四军限期撤到黄河以北的命令。但是，为顾全团结抗战的大局，佳电表示同意将皖南新四军部队移到长江以北。关于北撤路线，中共中央提出，一由皖南原地经铜陵、繁昌直接北渡皖北；一经苏南，然后由镇江过江到苏北。经国民党同意，新四军决定经苏南北移。

12月7日，经蒋介石批准，军令部下达了《黄河以南剿灭共军作战计划》。计划第一步，以顾祝同部兵力于1941年1月底以前“肃清”江南新四军，然后转用兵力“肃清”苏北新四军。第二步，以李宗仁所部于2月28日前“肃清”黄河以南新四军。① 8日，国民党政府又以何白名义发出齐电，强令黄河以南的八路军新四军于1941年1月底以前全部撤至黄河以北。蒋介石一面于12月9日发布要新四军限期北移的手令，一面于10日密令顾祝同“按照前定计划妥为部署”，“至限期(本年十二月三十一日止)该军仍不遵令北渡，应立即将其解决，勿再宽容”。② 按照蒋介石的密令，顾祝同在皖南集结了七个师约8万人的兵力，准备包围聚歼新四军。

中共中央决定新四军北移。1941年1月4日晚，新四军军部及在皖南的部队9000余人，从泾县云岭出发。5日到茂林地区时，遭到国民党军队的包围和袭击。6日，顾祝同所属上官云相等部8万多人，在蒋介石“一网打尽，生擒叶项”的密令下，向新四军发起总攻。新四军指战员与顽军进行了七昼夜殊死的战斗，终因众寡悬殊，伤亡过大，弹尽粮绝，陷于危殆之中。为挽救危局，保全部队，叶挺致书上官云相，责其背信弃义，并表示愿往上官总部协商。叶挺一到上官处即被扣押。14日，新四军阵地完全被占领。全军除约2000人在黄火星、傅秋涛率领下突出重围外，大部分壮烈牺牲。项英遇害。这就是震动中外的皖南事变。

皖南新四军的失败，使反共顽固派冲昏头脑，1月17日蒋介石宣布新四军为“叛军”，取消新四军番号，将叶挺军长交付“军法审判”，气焰十分嚣张。至此，这次反共摩擦达到了顶点。

---

① 《中国现代政治史资料汇编》第三辑第十一、十五册，中国科学院历史研究所第三所南京史料整理处选辑，1945。

② 《中国现代政治史资料汇编》第三辑第十一、十五册。

面对这种严重事态，中共中央采取军事上坚决自卫、政治上猛烈反攻的方针。1月18日，《新华日报》刊登了周恩来两段手书大字“为江南死国难者志哀”和“千古奇冤，江南一叶；同室操戈，相煎何急！?”并刊登了周所写《新四军皖南部队惨被围歼真相》一文，驳斥了国民党顽固派的种种诬蔑。20日，发布重建新四军军部的命令，任命陈毅为代理军长，刘少奇为政治委员，张云逸为副军长，赖传珠为参谋长，邓子恢为政治部主任，全军7个师和1个独立旅共9万余人。22日，毛泽东以中共中央革命军事委员会发言人的名义发表谈话，提出了取消1月17日反动命令，惩处皖南事变的祸首何应钦、顾祝同、上官云相三人，恢复叶挺自由继续担任新四军军长，交还皖南新四军全部人枪，平毁西北的封锁线，释放全国一切被捕的爱国政治犯，废止国民党一党专政，实行民主政治等12条要求，作为全国人民向国民党顽固派进行斗争的具体纲领和解决时局的根本办法。与此同时，全国人民对国民党顽固派的行为也进行了猛烈的抨击(见稍后)，苏联和英美等国政府、舆论也进行批评，指出皖南事变无异扩大中国内战，只有日本最为高兴。

蒋介石没有料到共产党敢于和他的反革命命令采取尖锐对立的态度。又没料到全国最大多数中间派及进步人士、海外华侨都主张团结抗战反对分裂，非难其举措。也未料到英、美舆论发生如此大的不赞成的反响。在内外责难接踵而来的处境下，蒋介石被迫力图缩小事件的范围。他在1月28日的讲演中说：“新四军事件完全为整肃军纪，当然不牵涉其他问题。”当第二届国民参政会开会前夕，蒋介石想掩饰他在皖南事变中的行为，要求共产党参政员出席。共产党抗议蒋介石假团结真分裂的反动行径，坚决不出席。3月2日共产党参政员董必武、邓颖超提出临时办法12条，要求蒋介石国民党立即停止军事进攻，承认共产党和各民主党派的合法地位，承认陕甘宁边区合法地位和敌后抗日民主政权，释放皖南事变中被捕干部和兵员，发还所有枪支等，作为解决时局的临时办法和出席参政会的条件。对于第一个12条，蒋不予回答。对于第二个12条，蒋也不愿接受。共产党因此拒绝出席参政会。这一斗争，进一步争取了中间派，孤立了蒋介石，迫使蒋介石不得不重新考虑自己的处境，暂时收敛他的反动活动。3月6日蒋介石虽然在参政会上发表反共演说，操纵会议通过反共决议，但也表示皖南事变“不牵涉党派政治”，“保证”“以后决无剿共军事”。参政会仍选董必武为参政会常驻会员。蒋介石并约周恩来谈话，表示一些具体问题可以提前解决(如释放被扣人员、继续发饷及减轻对《新华日报》压迫等)。这实际是蒋介石被迫退兵。至此，这次反共活动平息了下来。

皖南事变后，中共中央为了加强对大江南北抗日斗争的领导，于1941年5月成立了华中局(由中原局与东南局合并而成)，刘少奇为书记，陈毅、张云逸、邓子恢、赖传珠为委员。华中局成立后，总结了皖南事变的经验教训，新四军和华中抗日根据地走上新的发展阶段。

四、阶级关系的变动　中国民主政团同盟的成立

国民党顽固派发动皖南事变，遭到了全国人民的猛烈抨击。沦陷区的上海各界民众团体在通电中说："新四军成立以来，转战'大江南北，其卫国卫民之功绩，中外各报，迭有记载'，事实俱在，均可复案，纵有误会，亦不难以政治手腕解决之，何至兵刃相见，而贻同室操戈之讥。"呼吁"终止摩擦，消弭内战"。在香港的国民党爱国民主人士宋庆龄、柳亚子、何香凝、彭泽民致电国民党中央，反对国民党制造皖南事变的行动，要求国民党当局"撤销剿共部署，解决联共方案，发展各种抗日实力，保障各种抗日党派"。① 在香港的另一部分爱国人士金仲华等400多人联名致电蒋介石及国民政府，要求"制止内战，使国际形势之有利条件，不用于内，而用于外"。海外华侨纷纷发表抗议通电，表示："反对民族分裂，反对反共内战。克服这一空前的严重危机，争取时局的好转，保存抗战实力，团结抗战到底。"资产阶级中间派本来是劝共产党让步的，而在1月17日以后，转而同情和支持共产党的立场，这就使蒋介石在政治上陷于孤立，这种政治情况的变动，人心的向背，标志了抗日民族统一战线内阶级力量对比的变化。"这次斗争表现了国民党地位的降低和共产党地位的提高，形成了国共力量对比发生某种变化的关键。"②

中国民主政团同盟的成立，是中间势力发展的一个标志，是皖南事变后共产党政治影响扩大，蒋介石国民党政治地位下降的一个重要反映。

抗战初期，代表中间阶级的各党派，对蒋介石抱有很大幻想。但是，从1939年起，中间党派的希望落空了。由于国民党顽固派加紧推行反人民反民主的政策，1939年10月，国民参政会中的各小党派的参政员，乡村建设派的梁漱溟，国家社会党的张君劢，中华职业教育社的黄炎培，中国青

---

① 《皖南事变资料选》，363页。

② 《打退第二次反共高潮后的时局》，见《毛泽东选集》第2卷，778页。

年党的左舜生、李璜，救国会的沈钧儒、邹韬奋，第三党的章伯钧和无党派人士张澜等发起成立统一建国同志会，拟定了12条信约。该会的宗旨是以座谈会的形式"集合各方热心国事之上层人士，共就事实探讨国事政策，以求意见之一致，促成行动之团结"。当时它还不具备一般政党的组织形式。

皖南事变前后，国民党顽固派不但对共产党实行军事进攻和政治压迫，对各民主党派和民主人士也肆行高压政策。上述各小党派负责人，为了加强团结合作，调解国共冲突，谋取自身的生存和发展，于1940年冬决定改组统一建国同志会为中国民主政团同盟。1941年3月19日，在重庆上清寺特园秘密召开成立会。同年9月18日在香港创刊了《光明报》。10月10日在《光明报》刊登启事，宣布民主政团同盟已经成立，并发表了梁漱溟起草的《成立宣言》和《对时局主张纲领》，11月16日张澜、章伯钧、罗隆基、左舜生四人出面在重庆召开茶会，公开宣告了中国民主政团同盟的成立。

《成立宣言》说，中国民主政团同盟"为国内在政治上一向抱民主思想各党派一初步结合"。结合的动机是看到国家"不得协力制敌，甚而至于内力相销"，曾"为宛转之尽力，而卒未有补"。深惧国人自丧抗战前途，所以"自为结合，以作团结全国之始"。今后旨趣是为促进民主团结抗战而尽力。宣言认为时局的中心问题是国家的统一，但要实现国家统一，必须"军队国家化，政治民主化"。《对时局主张纲领》提出了贯彻抗日主张，恢复领土主权之完整，反对中途妥协；实践民主精神，结束党治，在宪政实施以前，设置各党派国事协议机关；厉行法治，保障人民生命财产及身体之自由，反对一切非法之特殊处置；尊重思想学术之自由，保护合法之言论、出版、集会、结社等10条主张。①

上述宣言和纲领代表了民族资产阶级、开明地主和上层小资产阶级的利益和政治主张。它主张继续抗日，要求民主自由，反对国民党的对日妥协投降和法西斯统治。但是，它所主张的"国权统一""军队属于国家"，又是反对共产党领导的抗日民主政权和人民军队的。它提出的"政治民主化"，是要建立资产阶级专政的民主共和国，与共产党主张的新民主主义政治有着根本的区别。但是在国民党消极抗战积极反共反人民、强化买办法西斯独裁统治的时候，中国民主政团同盟的要求和活动，是具有重大积极意义的。中国民主政团同盟的成立是中间阶级政治力量发展中的一件大事。

随着形势的发展和民盟内部成分的变化，1944年9月19日取消"政团"

---

①《民主同盟文献》，中国民主同盟总部编印，1946。

二字，改称中国民主同盟。

第五节 敌后战场成为抗战的重要战场 中共的新民主主义理论

一、中共坚持抗战团结进步的方针和抗日民族统一战线策略

日本帝国主义对国民党的诱降，国际上东方慕尼黑会议的酝酿，国民党五中全会反动方针的制定，国民党反共活动的加紧，使投降分裂倒退成为时局的最大危险。1939 年 6 月 7 日，中共中央及时地向党内发出关于反对投降危险的指示。6 月 10 日，毛泽东在延安高级干部会议上作了反投降的报告，强调指出国民党投降的可能已经成为最大的危险，而其反共活动则是准备投降的步骤，这是目前形势的特点。毛泽东认为，这种形势是由三方面的因素造成的，即日本的诱降政策、国际的压力、中国地主资产阶级的动摇。三种原因中，中国地主资产阶级的动摇是主要的。在这种形势下，抗战可能出现两种情况，一种是大部抗战，小部投降，这是我们希望的，要力争之；一种是大部投降，小部抗战，这不是我们希望的，但是可能的。如果出现后一种情况，我们就把它颠倒过来，这也是可能的，也要力争。总之，投降的危险是存在的，总的前途是光明的。但争取光明前途必然经过长期的曲折的斗争。党在当前的任务是：（一）全党努力，从思想上组织上准备自己，并准备舆论，准备群众，随时可以对付事变。（二）全党努力，动员群众，团结和争取一切可能团结和争取的人，开展反投降斗争，公开揭穿反共即准备投降的实质，以孤立投降派与反共分子，以便继续抗日。（三）不论何种情况，党的基本任务是巩固扩大抗日民族统一战线，坚持国共合作，不能有任何的动摇。报告分析了对蒋介石应采取的态度，指出：拥护蒋委员长的口号，过去是对的，现在还是对的，当然要以抗战为条件。同时要看到蒋介石对于共产党存在着敌意，我们必须严防他及其部下破坏我党。但是，积极帮助蒋与督促蒋向好的一边走，仍然是我们的方针。为了正确地开展对顽固派的斗争，扩大和巩固抗日民族统一战线，纠正“左”的和右的错误倾向，用党的抗日民族统一战线的策略和政策武装全党，毛泽东在 1940 年 3 月和 12 月，先后写了《目前抗日统一战线中的策略问题》和《论政策》两个重要文件。

毛泽东深刻地分析了当时中国抗战形势的基本特点，是国民党顽固派的反共投降方向和共产党的团结抗战方向在进行着激烈的斗争。指出，为了争取时局好转，克服时局逆转，“在目前反共高潮的形势下，我们的政策有决定的意义”。

毛泽东指出：抗日民族统一战线的巩固和扩大，是抗日战争胜利的基本条件。因此，“在整个抗日战争时期，无论在何种情况下，我党的抗日民族统一战线的政策是决不会变更的”。但在统一战线中，我们决不能重犯一切联合、否认斗争的右倾投降主义错误，也不能重犯一切斗争、否认联合的“左”倾机会主义错误。“现在的抗日民族统一战线政策，既不是一切联合否认斗争，又不是一切斗争否认联合，而是综合联合和斗争两方面的政策”。他将这一政策具体化为十项原则，并相应地制定了共产党关于政权组织、劳动、土地、税收、锄奸、人民权利、经济、文化教育、军事等各项具体政策，指出唯有全党坚决地实行上述各项策略原则和具体政策，才能坚持抗日，发展统一战线，获得全国人民的同情，争取时局好转。

共产党的政策是建立在对阶级关系的具体分析之上的。毛泽东运用马克思列宁主义的阶级分析方法，把统一战线中的各个阶级、阶层和派别划分为进步、中间和顽固这三种不同的政治力量，提出了“发展进步势力，争取中间势力，孤立反共顽固势力”的策略总方针。

发展进步势力，就是发展无产阶级、农民阶级和城市小资产阶级的力量，就是放手扩大八路军新四军，就是广泛地创立抗日民主根据地，就是发展共产党的组织到全国，就是放手发动一切革命的群众运动和争取全国的知识分子。这是我们斗争的立足点。“只有一步一步地发展进步势力，才能阻止时局逆转，阻止投降分裂，而为抗日胜利树立坚固不拔的基础。”因此发展进步势力是三个环节的中心一环。

争取中间势力，就是争取民族资产阶级、开明绅士和地方实力派。在中国，这种中间势力有很大的力量，往往可以成为我们同顽固派斗争时决定胜负的因素，因此，必须争取他们。但要实现争取中间势力的任务，必须有一定的条件。这些条件是：我们有充足的力量；尊重他们的利益；我们对顽固派作坚决的斗争，并能一步一步地取得胜利。争取中间势力同争取农民、小资产阶级是有区别的，农民和小资产阶级是作为革命的基本同盟者去争取的，而对中间势力，是作为反帝国主义的同盟者去争取的。

反对顽固势力，就是对以蒋介石为代表的英、美派大地主大资产阶级的反共投降政策采取坚决斗争加以孤立的政策。顽固派采取两面政策，一面尚在主张团结抗日，一面又执行摧残进步势力的极端反动的政策，作为准备将来投降的步骤。我们对顽固派，一方面，尽可能地争取他们留在抗日统一战线里面，团结他们共同抗战；另一方面，同他们的反共投降政策作思想上政治上军事上的坚决斗争。这就是我们对付顽固派两面政策的革命的两面政策。这就是以斗争求团结的政策。“斗争是团结的手段，团结是斗争的目的。以斗争求团结则团结存，以退让求团结则团结亡。”

同顽固派斗争，必须注意“有理”“有利”“有节”这三个原则。有理即自卫原则。“人不犯我，我不犯人，人若犯我，我必犯人。”这就是斗争的防御性。有利即胜利原则，不斗则已，斗则必胜。决不可举行无计划无准备无把握的斗争，也决不可同时打击许多顽固派，而是利用顽固派内部的矛盾，择其最反动者首先打击之。这就是斗争的局部性。有节即休战原则。对顽固派斗争要适可而止，决不可无止境地每日每时斗下去，决不可被胜利冲昏头脑。在一个时期内把顽固派的进攻打退以后，应使这一斗争告一段落，并主动地同他们讲团结，在对方同意之下，双方实行休战，而在他们举行新的进攻时，才又用新的斗争对待之。这就是每一斗争的暂时性。总之，在和反共顽固派斗争时，我们的策略原则是“利用矛盾，争取多数，反对少数，各个击破”。

毛泽东制定的抗日民族统一战线策略原则和各项政策，是无产阶级坚定的原则性和斗争艺术的灵活性相结合的典范，是对马克思列宁主义策略思想的杰出运用和光辉发展。它对维护抗日民族统一战线，保证抗日战争的胜利，起了重大的作用。它是革命人民对敌斗争的有效的武器。

二、敌后抗日根据地的建设和发展　百团大战

抗日相持阶段到来后，日军用大力来进攻八路军、新四军，实行残酷的“杀光”“烧光”“抢光”三光政策，企图摧毁敌后抗日根据地，以维持其侵略战争。在这种严重形势下，抗日根据地军民进行了艰苦卓绝的斗争，发展了抗日根据地并开展了抗日根据地的建设工作。

巩固华北抗日根据地　朱德、彭德怀等率八路军总部深入华北敌后，转战于太行山上，指挥军民，同日寇浴血奋战。1939 年 4 月下旬，贺龙指挥一二〇师主力在河间县齐会村歼敌 700 余人，首次取得平原歼灭战的胜利。10 月至 12 月，晋察冀军民奋战 43 天，粉碎了日军 2 万人对北岳区的大扫荡，毙伤敌军 3600 余人，并在涞源附近的黄土岭战斗中，击毙日军旅

团长阿部规秀。这是抗战以来被打死的第一个日军将级军官。到 1940 年，晋察冀边区已发展到正太、石德路以北，张家口以南，山海关以西，同蒲路以东的广大地区。

1939 年下半年，一二九师等部粉碎了日军 5 万余人对晋冀豫山区的"扫荡"。1940 年 4 月，成立冀鲁豫军区。到年底，边区已发展到西起同蒲路，东至津浦路，南临黄河，北抵石太、石德路的广大地区。1941 年 7 月，原山东的鲁西区与冀鲁豫区合并划入本区，此后改称晋冀鲁豫边区。

在晋绥地区，1940 年 6 月，一二〇师主力粉碎了日军 2 万多人对晋北地区的大"扫荡"，歼敌 4400 余人。同时大青山根据地也取得了反"扫荡"的胜利。11 月，晋西北军区成立，领导北起大青山，南至汾离公路，东至同蒲路，西到黄河广大地区的游击战争。

在山东地区，罗荣桓率一一五师主力一部，从 1939 年 4 月到次年 1 月，粉碎了日军数万人的"扫荡"。到 1940 年年底，全山东已有 70 多县建立了抗日政权，并成立了山东战时行动委员会，作为山东区最高行政机关。全区有渤海、胶东、鲁中、鲁南、滨海五块抗日根据地。人民军队也壮大起来。同年 5 月一一五师南下，与华中新四军沟通了联系。

发展华中解放区　为了发展华中解放区，共产党成立了中原局，刘少奇任书记，统一领导华中的工作。1939 年春，周恩来代表中共中央来到新四军军部，和新四军领导人商定了向南巩固、向东作战、向北发展的战略方针。

据此方针，新四军向皖东挺进。1939 年秋，第四支队开辟了以定远东南藕塘为中心的津浦路西游击根据地，新组建的第五支队开辟了以来安东北半塔集为中心的津浦路东游击根据地。此后又经过数月的斗争，巩固了皖东根据地。

在豫皖苏地区，彭雪枫率领游击支队 1938 年 11 月创建豫皖苏游击根据地，并改编为第六支队。1940 年 6 月，第六支队同黄克诚所率南下八路军一部会合，合编为八路军第四、五纵队，彭雪枫、黄克诚分任司令员，分别执行向西防御和东进的任务。1939 年 5 月至 7 月，八路军苏鲁豫支队派出部队和干部进入皖东北，开辟了皖东北游击根据地。1940 年年底，新四军李先念鄂豫挺进纵队，创建了鄂豫边根据地。

1939 年 11 月，陈毅、粟裕分任正、副指挥的江南指挥部执行向北发展的任务，并改称苏北指挥部。1940 年 10 月，在黄桥一举全歼顽固派韩德勤主力 1.1 万余人，并与南下的八路军五纵队会师，完成了向北发展的战略任务。与此同时，苏南根据地也有很大发展，成立了新的江南指挥部。

开辟华南抗日根据地 广州失陷后，以东江地区红军游击队员、省港工人、学生为主要成分，组成了惠宝人民抗日游击队。从 1939 年 11 月起，游击队在广九路两侧不断打击敌伪军。1939 年春，在南海、顺德、中山一带也展开了游击战争。抗日武装力量遍及整个珠江三角洲，并以淡水为中心，在 20 多万人口的地区建立了东江抗日游击根据地。1941 年，组建东江人民抗日游击纵队，曾生任司令员。

海南岛的红军游击队，在广州沦陷后整编为琼崖抗日自卫队独立队，积极准备迎击日寇。1939 年 2 月日寇侵入海南岛，国民党官兵闻风而逃。自卫队独立队扩充为六个中队，共 2000 多人，到处打击日寇。1940 年年底，成立了琼崖抗日独立游击纵队(后改为广东人民抗日游击队琼崖纵队)，部队发展到 3000 人，冯白驹任司令员兼政委，创建了琼崖抗日根据地。

在抗日根据地的发展壮大过程中，八路军 1940 年 8 月至 12 月发动了规模最大的一次战役百团大战。这次战役实际参战的主力部队地方部队共计 104 个团，近 40 万人，动用民工 20 多万人。战役经历了三个阶段：第一阶段是交通总破袭，进攻重点是正太路。第二阶段重点是消灭交通线两侧和深入根据地的敌伪据点。第三阶段是粉碎敌人的“扫荡”。总计大小战斗 1824 次，歼灭日伪军 4.63 万多人(其中日军 2.06 万多人)；攻克敌伪据点 2993 个；破坏铁路 480 余公里，公路 1500 公里，车站、桥梁、隧道、水塔等建筑物 260 余处；缴获了大量武器、弹药和物资。百团大战是抗战以来中国军民给予日本帝国主义的一次沉重打击，它增强了全国军民抗战胜利的信心，对于克服当时的投降危险、争取时局好转起了积极作用；它用事实驳斥了国民党顽固派攻击八路军“游而不击”的谰言，提高了共产党、八路军在全国的威望。毛泽东获悉后致电战役的指挥者彭德怀说：“百团大战真是令人兴奋，像这样的战斗是否还可以组织一两次？”[①]但是，这次战役也有失误之处，主要是对敌人的进攻方向估计得不对。战役后期，太行山区破袭的时间太长，使一二九师伤亡过多。

在抗战第三周年的一年中，八路军对日伪军作战 6900 多次，歼灭日伪军 11.3 万人，缴获各种枪炮 3.84 万件。1939 年和 1940 年两年中，新四军对日伪军作战 2400 多次，歼灭日伪军 5.1 万人，缴获各种枪炮 1.53 万件。从抗战开始到 1940 年的三年作战中，八路军新四军收复县城 150 座，从敌

---

① 《彭德怀自述》，238 页，北京，人民出版社，1981。

人手里夺回了大片国土。1940年八路军新四军抗击了侵华日军的58%和伪军的全部，总数共达70万人。在对敌斗争中，共产党领导的人民革命力量获得了快速的发展，到1940年7月，八路军、新四军和华南游击队已发展到近50万人，共产党员发展到80万人。解放区军民既巩固了华北解放区，发展了华中解放区，又开辟了华南解放区。共产党领导的解放区战场成为抗日的重要战场。

三、关于三民主义的争论 中共的新民主主义理论

1939年前后，中国政治思想界展开了关于三民主义问题的争论。这是一场关于政治思想和现实政治问题的争论。它是关系抗战事业和整个中国革命事业的重大争论。

抗战爆发前夕，中国共产党曾一再声明，愿意像第一次国共合作时期那样，坚决为实现孙中山的革命的三民主义而奋斗。三民主义可以作为国共重新合作的政治基础。“为民族解放民权自由民生幸福三大目标而奋斗乃是完全适合中国革命客观历史行程的光荣事业。”①1937年7月15日中共中央提出的《为公布国共合作宣言》重申：“孙中山先生的三民主义为中国今日之必需，本党愿为其彻底的实现而奋斗。”由于抗战的需要、国民党的认可、共产党的努力和全国人民的推动，第二次国共合作得以实现。但是国民党顽固派并没有放弃反共的根本立场，而是把武力“剿共”的方针改变为“溶共”的方针。他们歪曲篡改孙中山的三民主义，把它变为反共反马列主义的旗帜。他们大肆宣扬“一个主义”“一个党”“一个领袖”的法西斯论调，要共产党“收起”共产主义。这是引起关于三民主义争论的根本原因。

1939年5月，蒋介石作了《三民主义之体系及其实行程序》的讲演。在这个讲演里，蒋介石抛弃孙中山三民主义的革命精神，摘取三民主义的某些词句，构成蒋记三民主义的体系，用以攻击和否定马克思列宁主义和民主主义。他说唯物史观和唯心史观都是“一偏之见”，唯有民生史观“能不偏于精神，亦不偏于物质”。他说民主主义和共产主义“皆有缺点，而且它们的内容很不完备”，唯有“三民主义”“博大精深”，“能涵盖一切”，“无丝毫偏颇之弊”，是“完满无缺的革命建国的最高指导原则”。他说只要按他的

---

① 《中国共产党中央委员会告全党同志书》(1937年4月15日)，见《中共中央文件选集》第11册，198页。

“体系”去“切实研究三民主义”，按他的“实行程序”去“努力奉行三民主义”，“就可以战胜敌人，也就可以立即建设一个新中国”。

1938年12月，国社党首领张君劢在蒋介石授意下，发表《致毛泽东先生一封公开信》。他以“促进团结”“统一力量”“利于抗战之持久”为理由，向共产党提出三点“建议”：一是将“八路军之训练任命与指挥”，“完全托之”蒋介石，以实现“军事权之统一”；二是取消抗日民主根据地，以做到“一国之内唯有一种法律，一种行政系统”；三是共产党既“信奉”三民主义，“努力于对外民族战争”，“不如将马克思主义暂搁一边”。①

1938、1939年间，叛变共产党投入国民党的叶青连续抛出《中国底现阶段及其将来》《中国政治问题》《与社会主义者论中国革命》等小册子，打着三民主义的旗号，篡改孙中山三民主义的革命内容，成为国民党在政治思想战线上向共产党进攻的急先锋。叶青极力强调抗战时期需要“统一”和“强固中央政权”，因此，“民主在现阶段的今天，不论是抗战前、抗战中、抗战后，都非大问题”，② 他把孙中山的民权主义完全取消了。

叶青歪曲孙中山的民生主义，鼓吹“和平转变”和“一次革命论”。他说：民生主义的内容包括国营实业、节制资本、平均地权，其中起决定作用的是国营实业。按叶青的说法，国营实业是公有不是私有，公有就是社会主义性质的。国营实业就是国家社会主义。他说，“国家社会主义是民生主义的低级形态，共产主义和大同主义是民生主义的高级形态”。这样民生主义就把社会主义共产主义都包括在里面了。叶青说，中国“由封建到资本的阶段”是实行民生主义的，也就是实行国营实业，也就是实行国家社会主义。将来“由资本到社会的阶段”也是如此，并且那时国营实业要垄断一切。因此，“由于国营实业而使一般的由封建主义到资本主义和由资本主义到社会主义的两个阶段合而为一，并使中国之到社会主义采取和平转变底形式，是中国将来的特殊道路——特殊的发展道路”。这就是叶青的“一次革命论”。叶说，通过国营实业的方法，“可以达到公有财产底目的”，这就是孙中山说的“民生主义就是社会主义”的说明。由此得出“两个结论：(1)中国有三民主义就够了，用不着社会主义；因此(2)中国有实行三民主义的国民党就够了，用不着实行社会主义的共产党”。

---

① 《再生》，第10期，1938-12-16。

② 所引叶青言论主要见《中国底现阶段及其将来》，时代思潮社，1941(1938年9月初版)。

总之，叶青打的是三民主义的旗号，宣扬的是国民党的一党专政和国家垄断资本主义。叶青的言论是国民党顽固派反共言论的一种。

当时还有另一种情况，共产党内有右倾思想的人和某些进步学者，在理论上产生了混乱。他们混淆了共产主义和三民主义的区别，在解释三民主义时，把它同科学社会主义混同起来。如有人认为“民生主义具备了向社会主义的发展性”，民生主义加上农工政策，就可以“冲破”“社会主义的门户”，使资本主义与社会主义“联结”起来。认为孙中山的民权主义“使人民大众的利益主张不和政府相冲突，避免资产阶级民主的狭隘流弊，可能向社会主义的民主制前途发展”。这些学者向三民主义注入了它所不具备的内容，从而混淆了马列主义同三民主义的原则区别。

为了捍卫马克思列宁主义和共产党的民主革命纲领，为了维护革命的三民主义，为了中国的民族解放事业和抗日的民主的团结，中国共产党不能不对上述论调和意见进行严正的批判和评论。为此，从 1939 年下半年，共产党人连续发表一系列文章，阐明自己关于三民主义和共产主义、关于中国革命的基本观点。其中主要的有毛泽东的《新民主主义论》、洛甫的《拥护真三民主义反对假三民主义》、王稼祥的《关于三民主义与共产主义》、陈伯达的《三民主义概论》等。

共产党人主要阐明了以下几个问题：

第一，拥护真三民主义，反对假三民主义，坚持新三民主义。共产党人指出：在抗日阵线中，对三民主义有两种立场：“一种立场是在于努力保存与发展三民主义中的基本的革命精神”，“认为三民主义乃是半殖民地半封建的中国，经过反帝反封建的统一战线政策(孙中山先生当时具体规定为联俄、联共、唤起农工的三大政策)以争取民族独立、民权自由、民生幸福的民主共和国的胜利的政治纲领”。这是共产党的历来的观点。只有坚持这种立场，“才能正确的估计三民主义在中国民主革命中的意义与作用”，才是“真三民主义”。另一种立场是“到处削弱与掩盖三民主义中基本的革命精神，特别是三民主义中的民权主义与民生主义，把三民主义实际上阉割为不彻底的一民主义，而同时保存与发展三民主义中某些消极的与保守的因素，使之成为‘反共防共’的思想武器”。这是一切公开的与隐藏的民族危害分子、一切叶青之流的人物的立场。这“不但不是拥护三民主义，而正是反对三民主义”。共产党人和全国最大多数人民坚决反对这种立场，反对“假三民主义”。“只有真三民主义的彻底实现，抗战建国才能取得最后胜利。”①

毛泽东在《新民主主义论》中以国民党“一大”宣言为标志，把三民主义区分为“两个历史时代”，即新旧两种三民主义。他指出：“新三民主义或真三民主义，是联俄、联共、扶助农工三大政策的三民主义。”“只有这种三民主义，才是新时期的革命的三民主义”，“才和中国共产党在民主革命阶段中的政纲，即其最低纲领，基本上相同”。共产党“愿为其彻底实现而奋斗”的三民主义是这样的三民主义。

第二，正确认识共产主义和三民主义的关系。共产党人指出：共产党主张“三民主义为中国今日之必需”，并不是放弃共产主义的思想原则，而是因为争取民族解放和民主自由是马克思列宁主义者为共产主义而奋斗所必经的过程，这是共产党在中国资产阶级民主革命阶段上的政治主张。共产党认为“共产主义是无产阶级的整个思想体系，同时又是一种新的社会制度”。这种思想体系和社会制度，“是自有人类历史以来，最完全最进步最革命最合理的”。中国的民主革命也必须在共产主义的指导下才能成功。共产主义与三民主义相比较，有其相同的部分，“这就是两个主义在中国资产阶级民主革命阶段上的基本政纲。1924 年孙中山重新解释的三民主义中革命的民族主义、民权主义和民生主义这三个政治原则，同共产主义在中国民主革命阶段的政纲，基本上是相同的”。但两个主义还有不同的部分，这就是：共产主义的民主革命政纲中有彻底实现人民权利和彻底的土地革命纲领，三民主义则没有这些部分。共产主义除民主革命的最低纲领之外，还有实现社会主义和共产主义的最高纲领，三民主义则没有最高纲领。共产主义的宇宙观是辩证唯物论和历史唯物论，三民主义的宇宙观则是民生史观，实质上是二元论或唯心论。

共产党人驳斥了那种所谓“民生主义就是共产主义”的观点，指出这是对三民主义的曲解，并且也是完全不知道共产主义为何物。共产主义的思想只有和无产阶级及其运动结合起来，才不是空想。孙中山民生主义的原则在基本上是要求资本主义的广大发展。叶青等把民生主义曲解为共产主义，一是要把民生主义束之高阁，掩盖孙中山现实的革命精神；二是要把民生主义作为反共的旗帜。共产党人正确评述民生主义的历史价值及其与共产主义的根本区别，不但是对叶青之流反共文人的有力回击，而且也是对进步学者中出现的理论混乱的纠正。

---

① 《拥护真三民主义反对假三民主义》，载《解放》，第 81 期，1939-08-20。

第三，坚持革命阶段论，驳斥“一次革命论”。毛泽东在《新民主主义论》中指出：中国革命不能不分民主主义和社会主义两步走。而有些恶意的宣传家，故意混淆这两个不同的革命阶段，“用以证明什么革命都包举在三民主义里面了”，并用这种理论起劲地反对共产主义和共产党，“其目的，是想根本消灭任何革命，反对资产阶级民主革命的彻底性，反对抗日的彻底性，而为投降日寇准备舆论”。“‘一次革命论’者，不要革命论也，这就是问题的本质。”

针对叶青所鼓吹的经过民生主义“和平转变”为社会主义的论调，共产党人指出：将来在资产阶级民主革命胜利后如何进一步去实现社会主义、共产主义，这主要的不是“和平转变”不“和平转变”的问题，而是无产阶级及一切被剥削者的斗争问题，无产阶级成为社会主人的问题，除此，是没有别的道路可以实现社会主义、共产主义的。

在关于三民主义问题的斗争和争论中，中国共产党人捍卫了马克思列宁主义，维护了三民主义的革命原则，揭露了假三民主义，打击了顽固派，澄清了某些混乱思想。这次争论，促进了共产党的新民主主义革命理论的发展和完备。

在尖锐复杂的民族斗争和阶级斗争的历史环境下，为了给中国人民指明正确的革命道路，粉碎国民党顽固派在政治思想战线上的进攻，并且打破民族资产阶级建立资产阶级专政的幻想；为了从政治上思想理论上建设中国共产党，纠正党内右的和“左”的错误思想，使中国革命在正确的道路上前进，毛泽东等中共领导人进行了巨大的理论研究工作。这时新民主主义革命理论发展完备了起来。

1939年10月，毛泽东为中共中央创办的关于党的建设专门刊物《共产党人》，写了《〈共产党人〉发刊词》，总结党领导革命和组织建设的历史经验，提出了一个极为重要的论断：党的建设过程，是“同党的政治路线密切地联系着”的，是“同党对于统一战线问题、武装斗争问题之正确处理或不正确处理密切地联系着的”。

毛泽东深刻地揭示了中国新民主主义革命的两个基本特点：（一）无产阶级同资产阶级建立或被迫分裂革命的民族统一战线；（二）主要的革命形式是武装斗争。

毛泽东指出：中国资产阶级是带两重性的阶级。中国共产党的政治路线的重要一部分，就是同资产阶级联合又同它斗争的政治路线。中国共产党的建设的重要一部分，就是在同资产阶级联合又同它斗争的中间发展起来和锻炼出来的。

毛泽东指出：我们党的发展和巩固，是在革命战争中进行的，没有武装斗争，就不会有今天的共产党。我们党的政治路线和党的建设，是密切地联系于武装斗争这一斗争形式的。党的历史经验证明："当我们党正确地处理革命武装斗争问题时，我们党的发展、巩固和布尔塞维克化就前进一步。"反之，就后退一步。

毛泽东把共产党的历史经验加以综合的研究之后，深刻地指出："统一战线，武装斗争，党的建设，是中国共产党在中国革命中战胜敌人的三个法宝，三个主要的法宝。"统一战线和武装斗争，是战胜敌人的两个基本武器，而党的组织是掌握这两个武器以实行对敌冲锋陷阵的英勇战士。因此，加强党的建设，必须同正确处理统一战线的问题密切联系起来，必须同武装夺取政权这个革命的中心任务密切联系起来，必须同党的政治路线密切联系起来。

《〈共产党人〉发刊词》总结了共产党 18 年的历史经验，丰富和发展了马克思列宁主义的建党学说，对建设一个全国范围的、广大群众性的、思想上政治上组织上巩固的中国共产党，具有深远的意义。

继《〈共产党人〉发刊词》之后，1939 年 12 月毛泽东主持写成了《中国革命和中国共产党》一书，1940 年 1 月毛泽东又发表了《新民主主义论》。

《中国革命和中国共产党》，分析了中国古代封建社会的主要特点，近代殖民地、半殖民地半封建社会形成的过程及其特点，着重论述了现代的中国革命。毛泽东对现代中国革命的对象、任务、动力、性质和前途等根本问题，作了全面的系统的说明。他指出：整个中国革命"是包括资产阶级民主主义性质的革命(新民主主义的革命)和无产阶级社会主义性质的革命、现在阶段的革命和将来阶段的革命这样两重任务的"。"民主主义革命是社会主义革命的必要准备，社会主义革命是民主主义革命的必然趋势。"这两重革命任务都必须由中国共产党来领导才能完成。"所谓新民主主义的革命，就是在无产阶级领导之下的人民大众的反帝反封建的革命。"它是"世界无产阶级社会主义革命的一部分"。

《新民主主义论》对上述中国新民主主义革命的基本观点做了进一步的全面的阐发。

毛泽东首先论述了中国革命的历史特点及其发展规律。他指出：中国革命的历史进程，必须分为两步，第一步民主主义革命，第二步社会主义革命。这是由中国的社会性质所决定的。中国是一个半殖民地半封建社会，必须首先改变这个半殖民地半封建的社会形态，使中国变成一个独立的民主主义的社会，才能使革命进一步向前发展，建立一个社会主义的社会。

中国的民主主义革命，从它的准备时期算起，是从1840年鸦片战争开始的。从鸦片战争到抗日战争，整整一百年，革命的性质都是资产阶级民主主义的革命。但是，它在“五四”运动前后起了一个变化，其前是旧民主主义革命，其后是新民主主义革命。为什么呢？毛泽东分析了这一转变的历史条件。

从国际看，第一次帝国主义世界大战和俄国十月社会主义革命的胜利，改变了整个世界历史的方向，划分了整个世界历史的时代。从此以后，任何半殖民地国家的反对帝国主义的革命，就不再是旧的资产阶级和资本主义的世界革命的一部分，而是新的世界革命的一部分，即无产阶级社会主义世界革命的一部分了。这种革命的半殖民地，已经不能当作世界资本主义反革命战线的同盟军，而改变为世界社会主义革命战线的同盟军了。

从国内看，在“五四”运动以后，中国民主主义革命的领导者，已经不是资产阶级，而是无产阶级了。领导权问题，是区别新旧民主主义革命的根本标志。1921年建立了工人阶级的政党——中国共产党，接着提出了彻底的反帝反封建的民主革命纲领。中国共产党成了中国革命的组织者和领导者。无产阶级领导的资产阶级民主主义革命，它的客观要求，虽然是为资本主义发展扫清道路，但是它的目的不是建立资本主义的社会和资产阶级专政的国家，而是建立新民主主义社会和无产阶级领导的各个革命阶级联合专政的国家，这就为社会主义的发展扫清更广大的道路，为中国革命向社会主义革命转变准备了条件。

毛泽东对新民主主义革命这一概念作了更加完整的解释。他说：新民主主义革命必须是无产阶级领导的革命，它区别于资产阶级领导的旧民主主义革命。新民主主义革命又必须是人民大众的反帝反封建的革命，它又区别于无产阶级社会主义革命。这个革命是工人阶级、农民阶级、小资产阶级和民族资产阶级几个阶级联合起来反对帝国主义、反对封建主义的革命，这个革命的锋芒不是向着一般的资本主义和资本主义的私有财产，而是向着帝国主义和封建主义。

毛泽东在著作中提出了新民主主义的政治、经济、文化纲领。

新民主主义的政治纲领是：建立无产阶级领导的、以工农联盟为基础的、几个革命阶级联合专政的新民主主义共和国，而以民主集中制的人民代表大会制作为这个政权的构成形式。

新民主主义的经济纲领是：把操纵国计民生的即帝国主义和官僚资本的大银行、大工业、大商业收归国有，使之成为社会主义性质的国营经济；没收地主的土地，分配给无地或少地的农民，在此基础上发展具有社会主义因素的合作经济；允许那些不操纵国计民生的资本主义经济的发展。

新民主主义的文化纲领是：发展无产阶级领导的人民大众的反帝反封建的文化，即以共产主义思想为指导的民族的科学的大众的新民主主义的文化。所谓民族的，就是它是反对帝国主义压迫，主张中华民族的尊严和独立的。它有自己的民族形式，带有自己民族的特性。所谓科学的，就是它是反对一切封建思想和迷信思想，主张实事求是，主张客观真理，主张理论和实践一致的，所谓大众的，即是民主的，它为全民族中90%以上的工农劳苦民众服务，并逐渐成为他们的文化。

“新民主主义的政治、新民主主义的经济和新民主主义的文化相结合，这就是新民主主义共和国。”“这就是我们要造成的新中国。”

《新民主主义论》驳斥了资产阶级专政的论调，论证了建立资产阶级专政走资本主义道路，在中国是根本行不通的。它提出了革命的不断性和阶段性相统一的观点，它用这种观点揭穿了顽固派的“一次革命论”的反革命本质。同时，毛泽东又指出，另有一些人也迷惑于“一次革命论”，而不知革命有阶段之分，这种观点也是很有害的。如果说中国的民主革命和社会主义革命必须衔接，中间不能横插一个资产阶级专政的阶段，这是正确的。如果说可以把社会主义革命的任务，合并在民主革命任务上面去完成，叫作“毕其功于一役”，那是空想。这是对党内长期存在的“一次革命论”思想的纠正。

《新民主主义论》是一部伟大的马克思列宁主义理论著作。它科学地总结了我国一百年来资产阶级民主主义革命的经验，特别是中国无产阶级领导新民主主义革命的经验，在马克思列宁主义发展史上，把资产阶级民主主义革命明确地划分为旧民主主义和新民主主义两个历史范畴。它深刻地揭示了半殖民地国家无产阶级领导的民族民主革命的基本规律，系统地阐明了新民主主义革命的理论、路线和纲领。这些对于中国革命和世界革命有着巨大的深远的意义。

《〈共产党人〉发刊词》《中国革命和中国共产党》和《新民主主义论》的发表，表明中国共产党关于新民主主义革命的理论、路线和相应的一整套具体政策已经形成了完整的体系，标志着马克思列宁主义同中国革命实践相结合的毛泽东思想的发展和成熟。

四、汪伪政府的成立 日伪在沦陷区的统治和经济掠夺

1939年5月底，汪精卫等去日本，先后和日本首相平沼骐一郎及陆军外交等大臣会谈，得到了日本政府支持他们建立伪中央政府的保证。8月底，汪精卫等在上海召开伪国民党第六次代表大会。大会制定了《中国国民党政纲》，通过了“以反共为本党之基本政策”“根本调整中日关系”等提案，发表了宣言。宣言再次申明，承认日本的“善邻友好”“共同防共”“经济提携”三原则。无耻地说日本已“放弃侵略主义，欲与中国谋合于正义之和平”“吾人不可不以全力谋其原则之实现”。“自今而后，当易抗战建国之口号为和平建国”，“以反共为和平建国之必要工作”。

12月30日，汪精卫集团与日本签订《日汪协定》(即《日支新关系调整纲要》)。协定承认日本侵略中国“既成事实之存在”。协定的附件具体规定了所谓“日支新关系”的原则及调整要项：第一，“承认满洲帝国”。华北为日、满、支“强度结合地带”，“设置华北政务委员会”，在财政经济、人事权、与日满间的交涉等方面有自主权。蒙疆亦属“强度结合地带”，在军事上及政治上处于特殊地位，有广泛的自治权。扬子江下游地域，为日、支经济上强度结合地带。日本在华南沿海特定之岛屿有“特殊地位”。第二，日本得在“华北及蒙疆之要地”“长江沿岸之特定地点”及华南特定岛屿驻屯陆海军。并对驻兵地域内之铁道、航空、通信及主要港湾水路，“保留其军事上之要求及监督权”。第三，华北、蒙疆及其他地域资源的开发与利用，“应与日本以特别之便利”。对沦陷区的财政、经济、交通、农业、贸易及海关等，日本将以“援助”的方式加以控制。第四，日本以配置顾问职员等方式控制汪政权。

1940年3月20日，汪精卫在南京召开中央政治会议，参加者除汪派代表外，还有伪临时、维新、蒙古联合自治政府及中国青年党、国家社会党的代表。会议决定伪政权用“国民政府”名义，“青天白日满地红”国旗。决定由汪精卫任“国民政府”代理主席和行政院长，陈公博任立法院长，温宗尧任司法院长，梁鸿志任监察院长，王揖唐任考试院长。王克敏任华北政务委员会委员长。30日，汪伪国民政府在南京宣告成立。4月，日本特派大使、前首相阿部信行，到南京“祝贺国民政府还都”。

11月中旬，日本御前会议决定承认汪伪政府。30日由阿部和汪精卫签订《日本国与中华民国关于基本关系的条约》及附属秘密协约，同时由日、

汪和伪满签署了《日满华共同宣言》。所谓基本关系条约，就是把日汪之间的秘密协定改为正式条约。伪政权统治的地区完全成为日本帝国主义的殖民地。

汪精卫卖国投敌建立伪政权，激起全国人民的极大义愤。中国共产党号召全国人民团结起来，打倒汪精卫、打倒伪政权。各抗日根据地相继举行讨汪大会。全国各界人民、民主党派和民主人士、群众团体、海外华侨纷纷以各种方式声讨汪的卖国罪行。国民党宣布开除汪的党籍。国民政府下令“通缉汪精卫”。国民政府外交部长照会各国，否认汪政权，要求各国不予承认。12月1日外交部长声明，日汪非法签订的条约全然无效。

日本帝国主义和伪政权对沦陷区以各种方式实行殖民统治和经济掠夺。在1938年7月制定了《从内部指导中国政权的大纲》。其中对文化教育的规定：“尊重汉民族固有的文化，特别尊重日华共通的文化，恢复东方精神文明，彻底禁止抗日言论，促进日华合作。”“对共产党，应绝对加以排除、打击。”“对国民党，则应修正三民主义，使之逐渐适应新政权的政策。”要“振兴儒教”。这是日本帝国主义在文化教育方面奴役中国的方针。

沦陷区的教育完全适应日本的奴化政策的需要。高等教育是为培养各级傀儡官吏和高级奴才服务的。蒙疆学院、新民学院和建国青年学院，无不如此。中等教育，主要是所谓“实务”教育，即以培养为其效劳的下层技术人员和推行奴化教育的师资为目的。初级教育，日寇最为重视。向儿童灌输奴化思想，这是日本帝国主义从根本上灭亡中国的最毒辣的手段。在师资、课程设置、教材内容上严加控制。各个中学都派有日本教官。伪南京市教育局曾举行全市中小学教职员的思想测验，发现有抗日思想者即予停职或惩办。日本帝国主义经常派人到学校巡视，甚至每周一次，宣扬“中日亲善”“共存共荣”“大东亚新秩序”等谬论。日伪还常常举办师资训练班、补习班、“临时教员养成所”等，制造奴役中国的奴仆。日伪还不断选派青年去日本“留学”，造就其忠实奴才。日伪强令中小学把日语列为必修课，认为这是考验伪政权实行“中日亲善程度与真诚情势”的重要问题。课本中凡涉及抗日爱国的和容易激发学生爱国心的内容尽行删除。在史地课本中，篡改中国历史和中国疆域。课本和教学中除宣扬“中日亲善”“建立大东亚新秩序”之外，还提倡尊孔读经，竭力利用中国封建的伦理道德维护日伪的统治。伪华北教育总署把“提倡我国固有之美德以领导学生思想趋于正轨而为建设东亚新秩序之始基”定为教育方针。

日伪在沦陷区办了新民会、民众教育馆等团体和机关，出版大量报纸刊物，放映电影，演出戏剧，进行欺骗宣传。其内容主要是宣扬“中日提携”“大东亚共荣圈”“皇军”战绩，宣扬中国的封建道德和伦理观念，散布大量诲淫诲盗的毒素。敌伪还扶植和利用封建会道门宣传封建迷信。一切对日寇有用的东西都动用起来为灭亡中国服务。

日本帝国主义为适应其政治经济侵略的需要，在教育和宣传上常常变换手法。初期，对中国原有的文化教育机关肆意破坏和摧残。我国丰富的文化古迹、古代文物、图书文献大量被毁坏和窃夺。当转为巩固占领区时，就侧重在进行奴化教育和欺骗宣传。为了达到征服中国民心的目的，妄图利用中国民众的民族感情进行欺骗。1940 年汪伪政权建立后，日本对孙中山态度的变化就是日本策略改变的一个明显表现，想通过伪政权把孙中山和三民主义这面旗帜抓在手里，为他所用。1941 年 6 月，汪精卫手订《宣传工作人员训条》十二条，从反共卖国的反动立场出发，对三民主义横加曲解，把孙中山的三民主义和日寇的所谓“大亚洲主义”、中日“同文同种”等谬论混为一谈，胡说“和平、反共、建国是当前救国救民的唯一指南针”。

日本帝国主义在扶植傀儡政权对沦陷区进行奴化教育的同时，加紧进行经济掠夺。

1938 年 11 月，日本政府制定《调整日华新关系的方针》，其中在经济掠夺方面规定沦陷区必须为日本开发利用资源“提供特殊便利”，对日本所需物资和原料的供应要“趋于便利、合理”等。这些规定是日寇既定侵华方针之一“经济提携”的具体化。

在东北，卢沟桥事变以后，日本建立了满洲重工业开发股份公司，垄断钢铁、轻金属、汽车、飞机、煤炭等的经营。为了战争的需要，制订了两个产业五年计划(1937—1946 年)，疯狂地掠夺东北的资源。在农业方面，大量掠夺粮食，实行百万户农业移民计划，圈占大量土地。

在关内，在金融方面，日伪先后设立银行 20 余家，发行大量伪钞，掠夺物资。其中有 1937 年 11 月扩大设立的蒙疆银行，1938 年 3 月设立的作为华北“临时政府”的中央银行“中国联合准备银行”，1939 年 5 月设立的作为“维新政府”中央银行的“华兴商业银行”，以及汪伪政权出笼后取“华兴”而代之的“中央储备银行”等。在工矿业方面，1938 年设立华北开发公司和华中振兴公司两个“国策公司”和数个分公司，“经营”华北华中的矿产以及盐、电力、交通、通信等。在农业和农村方面，日军任意强占土地，征收捐税，强制低价收购农产品，直接掠夺粮食、耕畜和各种财物。

日军将粮食规定为军用物资，实行“粮食统制”，强行“征购”，实施所谓“配给”的办法。此外，青壮年也是掠夺的对象，据不完全统计，从1939年到1942年5月以前，日本侵略者仅在华北就劫走青壮年600万人，到东北等地从事苦役劳动。到1944年，还有22.6万人被抓到日本去当苦工。

第六章　中国战场成为世界反法西斯战争的组成部分　抗日战争的胜利

（1941年12月至1945年8月）

第一节　太平洋战争爆发　中国抗日战争与世界反法西斯战争结为一体　中国国际地位的提高

一、太平洋战争爆发　世界政局和国际关系的巨大变化

日本在逐步实施南进战略时，在对外政策方面决定了几项准则：迅速加强同德、意政治上的团结，大力调整对苏关系；和美国保持正常关系，避免主动增加摩擦；向法属印度支那扩张，断绝援华物资通道，并取得军事基地和所需的资源；切断缅甸援华公路；迫使荷属东印度供应所需的重要资源等。所有这些措施，既为促进解决“中国事变”，又为大举南进做准备。

为了切断经滇越铁路向中国输送抗战物资，建立对昆明空中作战的基地，并取得大米、橡胶等军需物资，日本先于1940年6月20日，威逼法国维希政府同意禁止经滇越铁路运送援华抗战物资，并由日本派驻的办事处进行监督。7月，日本进一步要求与印支订立政治军事和经济协定，允许日军通行并使用机场，在通商和企业方面给予日本与法国同等待遇。9月23日，日军第五师团一部侵入印支北部。26日，印支派遣军一部在空军掩护下于海防登陆。这样，日军就迈出了南进的重要一步。

在策划南进的同时，日本与德国就订立德意日三国同盟条约进行谈判。日本企图通过条约的订立有效地利用德国的力量，促进“中国事变”的解决；以三国同盟牵制美国，停止援助中国抗战；协助日本南进获得维持和扩大战争的必需物资。德国也希望利用日本的力量牵制美国，阻止其参加欧洲战争。《日本国、德意志国及意大利国间三国条约》于1940年9月27日在柏林签字。条约规定：日本承认并尊重德意“在欧洲建设新秩序的领导地位”；

德意承认并尊重日本“在大东亚建设新秩序的领导地位”；三国约定，“对上述方针所做的努力，互相协助”。并进一步约定，“三缔约国中任何一国遭到现在尚未参加欧洲战争及日华纠纷的一国攻击时，三国须用所有政治、经济和军事手段相互援助”。[①] 在两国的秘密换文中，德国还答应为增进日苏之间的友好和谅解而进行斡旋。三国同盟条约签订后，中国外交部于9月29日向德、意两国政府提出严重抗议。

为促进解决“中国事变”，便于南进，日本曾于1940年7月向苏联提出订立中立条约方案。第二届近卫内阁在订立日德意三国条约时，计划使苏联与三国同盟统一步调，甚至希望订立日德意苏四国协约，和美英势力抗衡，迫使其退出亚洲。1941年4月，日外相松冈访问德、意后抵莫斯科访问，与苏联就订立中立条约问题举行谈判。13日，两国代表正式签订《苏维埃社会主义共和国联盟和日本中立条约》，双方约定，“保证维持两国之间的和平与友好关系”，相互尊重对方的“领土完整和不可侵犯”，“如缔约一方遭受来自一个或几个第三国的攻击时，缔约另一方保证在整个冲突时间内保持中立”。同日，两国发表宣言：“苏联保证尊重‘满洲国’的领土完整和不可侵犯，日本保证尊重蒙古人民共和国的领土完整和不可侵犯。”[②]苏联的这种行为立即遭到中国的谴责。4月14日，中国外长王宠惠郑重声明，“苏日两国公布之共同宣言，对于中国绝对无效”。[③] 救国会认为，苏日中立条约损害了中国的主权，是对中国抗战的严重打击。4月17日，由沈钧儒、章乃器、史良、李公朴、沙千里、张申府、刘清杨、胡子婴和王造时签名发表致斯大林的公开信，指出：苏日两国宣言，“显然妨害我中国领土与行政的完整，我们不能不表示莫大的遗憾”。[④]

日本的南进行动及对美英的多方牵制和威逼，迫使美英两国做出反应。此前，1940年6月19日，日本以不惜对英国宣战相威胁，要求英国关闭滇缅路，切断援华的重要通道。7月英国与日本成立关于封闭滇缅公路的协定，承诺自7月18日起以后三个月间，禁止武器、弹药并铁道材料通过缅甸输往中国。英国本想通过妥协减轻日本的压力，但日本却步步紧逼。在

---

① 服部卓四郎：《大东亚战争全史》第一册，55页，北京，商务印书馆，1984。

② 章伯锋等主编：《抗日战争》第四卷(上)，896、897页，成都，四川大学出版社，1997。

③ 《新华日报》，1941-04-15。

④ 《民意》周刊，第179期，1941(5)。

这种情况下，英国决定重开滇缅路，并于12月10日宣布对华贷款1000万英镑。

美国从其援华制日战略出发，对日本加强侵华及直接间接的南进举动做出了强烈的反应。汪伪政权出笼前，美国对华贷款2000万美元。日本逼迫英国关闭滇缅路后，7月25日，罗斯福宣布对航空燃料、润滑油和废钢铁等物品的出口实行许可证制度，打击了日本从1939年开始的加紧储备进口战略物资的计划。日军入侵印支后，美国于9月25日宣布对华贷款2500万美元，并对日实行废钢铁的全面禁运。美国政府在日本正式承认汪伪政权的当天发表声明，给予中国政府1亿美元的贷款，并称美国只承认重庆的国民政府。英国也宣布不改变承认重庆国民政府的政策。

日本帝国主义为了缓解紧张局势，先南进，待国力进一步充实后再与美国决战，决定与美国进行谈判。而美国为集中力量支援英国对德作战，并争取时间发展军事力量，也想尽量推迟对日作战的时间。为此，从1941年4月中旬起直到太平洋战争爆发，美国国务卿赫尔和日驻美大使野村，进行了长达八个月的谈判。

日美谈判的中心内容是中国问题，美国要求日本从中国撤兵，不得独霸中国，既保护美在华利益又消除日本南进的基础。而日本坚持独占中国进而建立“大东亚共荣圈”的意图，绝不让步。美国还要求日本停止南进，维持太平洋地区的现状；要求日本不履行三国同盟的义务。日本对此均表示反对。

由于日美双方各按已定方针行事，因此谈判时断时续。7月24日，日本不顾美国的一再反对，派军队进驻印支南部。美国立即做出强硬反应，于26日宣布冻结日本在美国的全部资产。英国与荷兰也采取同一步调。8月1日，美国又宣布对日实行石油禁运。这就使日本断绝了同日元集团以外地区的贸易，并在扩充军备方面受到沉重打击。双方的谈判一时陷于中断。

日美谈判消息传出后，中国政府至为关切，急命驻美大使胡适探询谈判情况，又通过多种方式对美表示，中国必将抗战到底，深信美国不致牺牲中国与日妥协。美国在日军进驻印支南部后，扩大对华抗战的支援，允许百余名志愿空军人员到中国组织美国志愿航空队，参加运输和作战；并批准了为一支有五百架飞机的中国航空队提供装备和人员的计划。又派出专家小组协助中国整顿滇缅公路的运输状况，使1941年间运输量增加了近四倍，达到15000吨。8月20日，罗斯福正式通知中国，美国向中国派遣驻华军事代表团，进行两国间战略方面的沟通。美国国务卿赫尔向胡适表示，美日谈判是非正式的探索性对话。在与中国商讨之前，美国不会与日本进行影响中国局势的谈判。

在日美谈判中，日方坚决不放弃既得利益。陆相东条英机认为：日美谈判“不得变更驻军问题以及以此为中心的主要政策”，“不得损害中国事变所取得的成果”，“驻兵是核心”。① 军部为贯彻其主张而进行倒阁活动，近卫内阁于10月16日总辞职。18日，东条内阁成立。11月2日，东条内阁决定了《帝国国策实施要领》，决心于12月初对美英荷开战，陆海军加紧完成作战准备，同时以12月1日零时为限，争取与美国达成妥协。11月25日，美国向日本提出“赫尔备忘录”，内容包括日本从中国及印支撤退所有军警武力、不支持重庆国民政府以外的任何政权、日本放弃在中国的特权等10项。至此，日本认为两国已无讨论余地，唯有开战。

1941年12月1日，天皇批准于8日开战。8日上午7时余，日本宣布终止谈判，随即出动350多架飞机突袭美国太平洋舰队基地珍珠港，共击沉击伤美舰20余艘，击毁美机300余架。偷袭成功之后，日本于当日对英美正式宣战。太平洋战争爆发。

太平洋战争爆发后，日本动用了几乎全部海军兵力、陆军航空兵的一半及地面部队的20%兵力，对美英发动了猛烈的进攻。陆军主力仍在中国战场作战。日军的进攻取得了超出预料的战果，在约半年的时间里，陆续攻占了香港、马来亚、新加坡、荷属东印度、菲律宾、关岛、威克岛、缅甸、所罗门群岛及新几内亚的一部分，共约1.5亿人口，386万平方千米的广大地域。

日本对美英宣战后，侵华日军立即接收英、美、法在上海、天津、塘沽、秦皇岛、广州、鼓浪屿的租界，接管各种公用事业，拘捕美英侨民。16日，日军又占领澳门。

太平洋战争爆发后，世界战局发生了巨大的变化。法西斯侵略国家及其仆从国之间加强了合作。日本对美英宣战以后，12月11日，德、意等国对美宣战。同日，德意日签订了共同作战协定，作为对三国条约的补充，确认在无相互全面谅解的条件下，各国不得单独与美英停战或媾和。接着德国的仆从国匈牙利、罗马尼亚、保加利亚等国也向美国宣战。反法西斯侵略国家方面，1941年12月8日，美、英对日宣战。11日，美对德、意宣战。9日，中国对日本宣战，同时对德、意宣战。接着加拿大、澳大利亚、

① 服部卓四郎：《大东亚战争全史》第一册，202页。

自由法国、巴西、墨西哥等 20 多个国家陆续对日宣战。这样，国际关系、世界局势发生了巨大变化。中国的抗日战争、太平洋战争和西方的抗德意战争，联结成为世界反法西斯战场。中国摆脱了单独抗日的局面。这次国际战争成了规模空前的世界大战，它对全人类产生了深刻的影响。

二、国民党共产党对太平洋战争的反应 世界反法西斯统一战线的形成

太平洋战争爆发的消息一传到重庆，蒋介石即于当天上午 8 时召开国民党中常委特别会议，讨论采取什么政策。会议决定的政策要点为："(一)太平洋反侵略各国，应即成立正式同盟，由美国领导，并推举同盟国军总司令。(二)要求英、美、苏与我国一致实行对德、意、日宣战。(三)联盟各国应相互约定，在太平洋战争胜利结束以前，不对日本单独媾和。"①下午，蒋介石分别约见美、英、苏三国驻华大使，向他们表示中国政府将不避任何牺牲，与各友邦共同作战，以促成日本及其同盟轴心国家之完全崩溃，同时建议中、英、美、澳、荷、加及新西兰各友邦成立军事同盟，并推美国为领导，指挥共同作战之军队；中、英、美、苏、荷、澳、加、新，订立不单独媾和之条约。12 月 15 日，国民党召开五届九中全会，蒋介石致开幕词称："敌国发动太平洋战争之后，我中国抗战与世界反侵略战争业已连成一片，此诚我中国转危为安，转败为胜重要之时机。"②

中国共产党非常重视太平洋战争引起的世界格局的变化。中共中央于 12 月 8、9 两日召开政治局会议，讨论战争爆发后的时局。会议做出三点估计：(一)日本将在近期内占领东南亚的大部分地区；(二)英美的总方针可能是对日取守势，而对德取攻势，先集合英美苏力量解决德国，然后集合英美苏中力量解决日本；(三)在中国，日本将无大举增兵之可能，国民党进攻边区的可能性会减少，我党使国民党既不能投降又不能"剿共"的可能性更大了，中国民主政治的前途也更大了。③ 会议通过《中国共产党为太平洋战争的宣言》和《中共中央关于太平洋反日统一战线的指示》并于 9 日发表。

---

① 古屋奎二：《蒋"总统"秘录》第十二册，197～198 页，台北，1977。

② 荣孟源主编：《中国国民党历次代表大会及中央全会资料》下，745 页，北京，光明日报出版社，1985。

③ 《胡乔木回忆毛泽东》，162 页，北京，人民出版社，1994。

两个文件指出：太平洋战争爆发以后，“全世界一切国家一切民族划分为举行侵略战争的法西斯阵线与举行解放战争的反法西斯阵线，已经最后地明朗化了”。为了打倒日本法西斯，中国应与英美及其他抗日诸友邦缔结军事同盟，实行配合作战。同时建立包括反对日本侵略的一切民族的政府、党派及一切阶层的人民等在内的太平洋反日反法西斯的广泛统一战线。同时巩固抗日民族统一战线，实行民主政治，动员全国军队积极打击敌人。①

12月14日，周恩来发表《太平洋战争与世界战局》，指出：太平洋战争是持久战，绝非速决战。又指出：必须认识世界反法西斯战争的长期性、不平衡性、全面性(人力、物力、生产力的全部动员)，一致性(世界各国的反侵略战争变成一体)、阶段性、主从性(在世界战局来说，德为主，日、意为辅)的特点，才能正确地认识太平洋战争在世界反法西斯阵线中的任务，同时，也必须从世界反法西斯的任务的分担上来解决太平洋战争问题。②

中国在对日德意宣战以后，尽力促成对日作战的军事合作。1941年12月9日，蒋介石致电罗斯福、丘吉尔和斯大林，建议召开东亚联合军事会议，协调各国作战。蒋介石电示驻美代表宋子文，迅速向美国当局转达中国关于尽速制定中美英荷四国联合作战计划，成立联合指挥部与订立军事同盟的建议。10日以后，蒋介石等频频会见美英等国大使、武官，美国和英国驻华军事代表团团长等，商讨中英美荷澳五国联合军事行动问题。对此美英均表示支持。

出于对本国利益的考虑，苏联政府于12月8日就已发表声明，苏联不会因太平洋战争而改变日苏中立条约所确立的苏、日关系。12日，斯大林就蒋介石建议苏联参加联合军事会议复电蒋称：在反法西斯阵线中，抗德阵线具有决定意义，苏联现负抗德之主要任务，不宜将力量分散于远东。故不能对日宣战，也不便派代表出席会议。

23日，中、英、美等国军事会议在重庆召开。由于英国坚持维护它在缅甸的利益，同中国发生了分歧，原定研究在东亚联合作战的主题，未能深入讨论并做出具体决议，只达成了关于建立联合机构及远东联合军事行动初步计划两点泛泛的协议。会议没有取得具体成果。此会以前，中国还

---

① 《中共中央文件选集》第13册，248～252页，北京，中共中央党校出版社，1991。

② 《新华日报》，1941-12-14。

派代表参加了商讨中美英在东南亚地区军事合作计划的新加坡会议。这两次会议及其他外交活动，大致上形成了中美英三国军事联盟。这对中国抗战和太平洋战争及世界反法西斯战争，有着重要作用。

1941 年 12 月 22 日至 1942 年 1 月 14 日，英美在华盛顿召开会议。会议通过的《联合国家宣言》，在征求苏联、中国等国家的意见后，于 1942 年 1 月 1 日在华盛顿签字，领衔签字的为美、英、苏、中四国，其余 22 国按国名的第一个英文字母顺序排列。宣言郑重宣布：各签字国政府“深信为保卫生存、自由、独立与宗教自由，并保全其本国与其他各国中之人权与正义起见，完全战胜敌国，实有必要，并深信各签字国家正从事于对抗企图征服世界之野蛮与残暴的力量之共同斗争”。“每一政府保证动用其军事与经济之全部资源，以对抗与之处于战争状态之‘三国同盟’成员国及其附从国家。”“每一政府保证与本宣言签字国政府合作并不与敌国缔结单独之停战协定或和约。”①《联合国家宣言》的签署，标志着国际反法西斯统一战线的正式形成。中国经过四年半单独抗击日本法西斯的战争后，进入了世界四个反法西斯大国的行列。

三、中国战区的成立　中国远征军入缅作战

中国的抗日战争对日本国力的消耗和牵制大量日军，在盟国的对日战争中有着举足轻重的作用。美陆军参谋长马歇尔认识到牵制了日军总兵力65%以上的中国战场的重要性，建议在中国建立盟国作战行动司令部，指挥在这个战区作战的盟国部队。1941 年 12 月 31 日，罗斯福致电蒋介石，建议成立中国战区统帅部，由蒋负责指挥这一地区之联合国军队作战，所辖地区包括越南、泰国及将来可能成为同盟国所控制之区域。美国派一高级将领任战区参谋长。1942 年 1 月 5 日，蒋介石就任中国战区最高统帅，中国战区统帅部成立。美国陆军部派遣史迪威中将担任中缅印战区美军司令官、中国战区最高司令参谋长、援华租借物资督导人。

太平洋战争爆发后，日军于 1942 年 1 月从泰国向缅甸进攻，英缅印澳军一触即溃，日军进迫仰光。英缅军司令请求中国军队火速入缅救援。部署于滇缅边境的中国军队随即开赴缅甸。3 月 12 日，军事委员会明令确定入缅部队番号为中国远征军第一路，正副司令长官为罗卓英、杜聿明，辖

---

① 《抗日战争》第四卷，1047 页。

杜聿明第五军、甘丽初第六军、张轸第六十六军，共约十余万人。入缅参战的部队还有美国援华空军志愿队第三队。由史迪威指挥入缅的中国军队。

进攻缅甸的日军为第十五军，同随后增加的部队组成缅甸方面军，作战目的是攻占缅甸，作为南方战区的北翼战略据点，并切断援华公路，威逼印度。1942 年 3 月 8 日，日军攻占缅甸首都仰光。

远征军入缅时，正值英军在日军追击下仓皇撤退。3 月 8 日，戴安澜部第五军第二〇〇师抵达东吁地区，于 18 日至 30 日进行了东吁保卫战，与日军血战 12 天，歼敌 5000 余人。由于日军大量增援，中国远征军撤出东吁。同时，另一路远征军自普洛美北撤。

1942 年 4 月 16 日，英军在仁安羌被日军包围，远征军第六十六军新编第三十八师前往救援，将日军击溃。是役共歼灭日军 1200 余人，解救了被日军包围的包括司令亚历山大在内的英军官兵 7000 多人，救出了被俘的英军以及美国传教士和新闻记者 500 多人。这次作战以少胜多，使远征军名扬海外。

英国在缅甸作战的战略意图是“弃缅保印”，保存英军实力。英军被远征军解围后，不顾中国军队的安全，撤往印度。日军于 4 月 16 日占领仁安羌。

远征军北撤后，准备进行曼德勒会战。但这时由东线北攻的日军于 4 月 28 日占领腊戌，5 月 3 日占领八莫，又继续占领畹町、龙陵、松山，8 日占领缅北重镇密支那，远征军后路被切断。在这种情况下中国远征军做了艰难的后撤。远征军长官部及第六十六军一部退往印度的英帕尔，第六十六军另一部退往滇西碧江。第五军一部经胡康河谷，撤到印度的利多，另一部翻过野人山，进入滇西剑川。被困在东枝一带的第二〇〇师回到滇西云龙。第六军退回滇南。中国远征军入缅作战归于失败。10 余万人的远征军保存下来的有 4 万多人。

中国军队和英国军队撤出缅甸之后，日军几乎占领了缅甸全部。中国军队将进至怒江以东的日军驱逐至怒江西岸，形成两国军队在怒江两岸对峙的局面，直至中国军队第二次入缅作战。

四、废除不平等条约　开罗会议　《联合国宪章》

抗战前，中国政府曾就废除不平等条约问题同有关国家进行谈判。抗战开始以后，美、英政府也曾表示将在战后同中国进行废约谈判。当日苏中立条约签订、日美进行秘密谈判时，国民党政府感到中国有被孤立的危险，为此决定首先和美国缔结平等新约，废除现有条约束缚，实行之期，可在战争结束之后。1941 年 4 月，外长郭泰祺受命与美国政府商讨废除不平等条约。5 月 31 日，赫尔回复郭泰祺说：美国将在和平恢复后放弃在华特权，与中国磋商达成新的协议。7 月，英国也向中国表达了同样的意愿。太平洋战争爆发后，中国与美、英等国已成为反法西斯战争的同盟国，中国战场的战略地位大为提高。中国加紧进行废除不平等条约的活动。1942 年 3 月，新任外交部长宋子文向美国政府正式表达了中国希望立即废除旧约，改订新约的要求。由于中国政府的主动姿态，并且为了争取中国继续坚持抗战，美、英两国经过反复磋商后，决定采取一致行动，分别与中国谈判废约。10 月 10 日，美英两国政府公开声明，将与中国政府谈判，放弃治外法权，订立平等条约。随后，中国分别同美、英两国进行实质性的谈判。

经过反复磋商，1943 年 1 月 11 日，中美《关于取消美国在华治外法权及处理有关问题之条约》在华盛顿签字，并交换了换文。同日，中英《关于取消英国在华治外法权及其有关特权条约》在重庆签字，并交换了换文。当日，中国外长宋子文照会英国政府，中国保留日后提出讨论收回九龙的权利，但英国置之不理。5 月 20 日，中国与美、英正式交换批准文本，新约开始生效。

中美、中英新约及换文的主要内容是：美、英废除在华领事裁判权；废除北平使馆区特权及北宁路驻兵权；交还上海、厦门公共租界及天津、广州英租界，撤销租界内法庭；废除通商口岸特别法庭权，英籍海关总税务司权；废除沿海贸易与内河航行权、外人引水权；废除《辛丑和约》等。中美、中英新约的签订，是中国人民长期反帝斗争，尤其是坚持抗日战争的结果，是近代中国外交史上的重大胜利。但中国并未得到与美、英等国完全平等地位。1943 年 12 月，美国政府正式废除了长期歧视中国的“排华法”。

中国与美、英签订新约以后，从 1943 年 4 月至 1947 年 3 月，先后与巴西、比利时、挪威、加拿大、瑞典、荷兰、法国、瑞士、丹麦、葡萄牙等国订立了新约。

1943 年春，同盟国军队扭转了反法西斯战争的局势，胜利之日已经可期，美国开始构想结束战争和战后的国际组织问题。在 8 月召开的魁北克会议上，罗斯福和丘吉尔认可了由美方起草的关于结束战争和建立战后国际组织的宣言草案，随即分送给苏联和中国。中国对宣言草案表示完全赞同。由美国提议，10月18日至30日，美、英、苏三国外长会议在莫斯科举行，三方对宣言内容没有分歧，但莫洛托夫反对美国让中国签字、把三国宣言变为四国宣言的主张。由于罗斯福认为战后远东问题的关键是中国，没有中国签字，就无法保证宣言“在战后维护和平的组织中居中心地位”。① 在美国施加压力后，苏联同意中国签字。30日下午，四国代表共同签署《中、苏、美、英四国关于普遍安全的宣言》。“四国宣言”是《联合国家宣言》的重要发展，主要内容是：四国一致决定，继续对轴心国作战，直到其无条件投降；使同盟国人民从战争威胁下获得解放；根据一切爱好和平国家主权平等的原则，尽速建立一个普遍性的国际组织，各国无论大小，均得加入为会员国，以维护国际和平与安全；除非为实现本宣言的目的。四国将不在其他国家内使用其军事力量，并将与其他国家合作，对战后时期的军备管制，获得一实际可行的协议。

签署四国宣言使中国成为四强之一，得以出席具体磋商战后国际组织问题的敦巴顿橡树园会议，及其后的旧金山会议。

在莫斯科会议上，苏联明确表示将参加对日作战。因此，罗斯福着手进行召开美、英、苏、中四国首脑会议的协商工作。由于苏联拒绝参加四国会议，罗斯福遂决定先由美、英、中举行开罗会议，讨论对日作战等问题，然后美、苏、英再在德黑兰开会，讨论欧洲战争等问题。开罗会议于1943年11月23日至26日举行。中国代表团由蒋介石、宋美龄及国防最高委员会秘书长王宠惠、军事委员会办公厅主任商震等20余人组成。美、英代表团分别由罗斯福及其高级军政幕僚、丘吉尔及其高级军政幕僚组成。会议中重大的政治问题和军事问题主要由中美、中英首脑之间的会议解决。在罗斯福和蒋介石的会谈中，罗斯福保证：美国支持中国作为四大国之一参加战后的国际组织；支持中国收回被日本侵占的领土；同意战后日本以一部分实物支付对中国的赔偿；战后美国将在军事和经济上援助中国。关于国共关系问题，罗斯福提议，在战争期间，国共两党应合作组织一个联合政府。此外双方还讨论了战后日本皇室地位、对日军事占领和中苏关系等问题。会议最后通过了开罗宣言。

12月1日，公开发表了《中、美、英三国开罗宣言》，宣称：三大盟国

---

① 罗伯特·达莱克：《罗斯福与美国对外政策(1932—1945)》，600页，北京，商务印书馆，1984。

已一致确定今后对日作战计划。此次战争之目的，在于制止及惩罚日本之侵略。三国将坚持进行使日本无条件投降的长期作战。三国之宗旨，在剥夺日本侵占之所有土地，使日本侵占之满洲、台湾、澎湖群岛等中国领土，归还中国。使朝鲜自由独立。开罗宣言是战后处理日本问题的主要依据。在开罗会议上，中国取得了收复失地的保证，提高了国际地位。

经过四大国宣言、开罗会议及德黑兰会议的准备后，美国于1944年春开始和英、苏、中三国商讨建立战后国际组织问题。中国支持美国的倡议，并为正式会商做好准备。由于苏联反对同中国一起开会，四国会议仍然分两阶段召开。8月21日至10月7日，美、英、苏和中、美、英会议相继在华盛顿附近的敦巴顿橡树园举行，四国就新国际组织命名为“联合国”，及联合国的宗旨、组织机构、权力行使、决议的通过等方面达成建议案。关于常任理事国在安理会的否决权问题，以及创始会员国问题，这次会议未取得一致，后来雅尔塔会议解决了这两个问题。

1945年4月25日，联合国制宪会议在旧金山召开。50个国家的代表出席。中国代表团团长宋子文(后由顾维钧接任)，代表为顾维钧、王宠惠、魏道明、胡适、吴贻芳、董必武(共产党)、李璜(青年党)、张君劢(国社党)等。6月25日，会议一致通过了《联合国宪章》及作为宪章构成部分的《国际法院规约》。26日举行签字仪式，经商定由四个邀请国先签，中国成为第一签字国。

旧金山会议通过的文件规定，联合国的宗旨是：“维护国际和平与安全”；“发展国际间以尊重人民平等权利及自决原则为根据的友好关系”；促进国际合作，以解决国际间属于经济、社会、文化及人类福利性质之国际问题等。联合国及其会员国应遵守的基本原则是：各会员国主权平等；以和平方法解决其国际争端；在其国际关系上不得使用威胁或武力，或以与联合国宗旨不符之其他方法，侵害任何会员国或国家之领土完整或政治独立；不干涉任何国家之内政等。

《联合国宪章》是联合国组织的根本法，指导联合国活动的依据。依据宪章建立的联合国是世界反法西斯战争胜利的结果，是一个伟大的创举。它在战后的国际事务中发挥了重要作用。对反法西斯战争做出重大贡献的中国，成为创建联合国的发起国之一，并被推举为常任理事国之一。

第二节　相持阶段后期中国的战局和政局

一、正面战场的对日作战

抗日战争进入相持阶段后期后，日本帝国主义对国民党政府政治诱降和局部进攻双管齐下，企图达到控制中国、争霸世界的战略目的。而国民政府的对日作战，取得了部分胜利，但大部分都失败了。

1941 年 5 月上旬，日军在晋东南集合了 7 万人的兵力，向驻守中条山的中国军队进攻。当时国民党在中条山的军队近 20 万人，在黄河西岸还有大批围困陕甘宁边区的军队。但由于缺乏准备，在短短的一周之内，日军就侵占了若干山隘据点和山南沿黄河的各个渡口。国民党军队伤亡 4 万余人，3.5 万余人被俘。如果不是八路军予以接应，国民党的军队就将全部覆没。

9 月初，苏德战争已经爆发，日本决定不惜对英美开战，在开战之前首先对中国军队来一次打击，因而决定从岳阳地区进攻正面战场第九战区，重点是长沙。21 日日军渡过汨罗江。26 日前后中日两国军队大战于捞刀河南岸。日军被中国军队南北夹击，伤亡惨重。27 日、29 日两部日军进入长沙，第一部进入株洲，但因战线过长和粮弹缺乏，于 10 月 1 日向北撤退。8 日渡过新墙河，双方恢复了原来的态势。这次作战中国军队伤亡及失踪达 7 万多人，日军伤亡 2 万余人。

太平洋战争爆发后，1941 年 12 月日军决定第 3 次进攻第九战区的长沙，以策应其进攻香港和东南亚。12 月 24 日日军渡过新墙河进攻中国军队阵地，战役开始。28 日日军渡过汨罗江。1942 年 1 月初日军进抵长沙外围，向长沙发起攻击，遭到中国军队的顽强抵抗。日军的进攻没有得逞，并被迫北撤。中国军队全线出击。至 1 月 15 日日军退至新墙河以北，恢复了两军隔河对峙的态势。这次战役毙伤日军 5 万余人。这次战役的胜利，在国内外产生了重大的影响。

1942 年 5 月，日本为了打通浙赣线，夺取衢县机场，发动了浙赣战役。日军在浙江方面集中的兵力约 4 万人，沿富春江、浙赣路西进。28 日侵占金华、兰溪。6 月 6 日侵占衢县，15 日侵占上饶。和西犯的日军相配合，另一部日军于 5 月下旬由江西南昌东进，于 6 月底 7 月初侵占弋阳、横峰。至此浙赣线被日寇打通。

在同一时期，国民党军队在豫南、郑州、广东、闽浙、大别山、滇边、鄂西、湘北等多次作战中，都遭到失败。

二、敌伪的“治安强化运动”和“清乡运动”　敌后军民的艰苦奋战

日军在对正面战场发动局部进攻的同时，在华北和江南分别发动所谓“治安强化运动”“清乡运动”，对敌后抗日根据地发动猖狂“扫荡”。

日本为了确保在华北的占领地，使华北沦陷区成为它进行长期战争的物资供应地，于1941年春，把过去在华北推行的“治安肃正运动”，进一步扩展为更凶残的“治安强化运动”。到1942年冬共进行了五次。在这一活动中，日本侵略者实行“三分军事，七分政治”的做法，叫嚣对解放区“进行军事、政治、经济、文化思想一元化的总力战”，以达到“确切使匪民分离，掌握民心，确保华北占领”的目的。

日本侵略者将华北划分为三种地区：“治安区”(即敌占区)、“准治安区”(即敌我争夺的游击区)、“非治安区”(即敌后抗日根据地)。对三种地区，分别施以不同的办法。

对所谓“治安区”，日寇以清乡为主，强化保甲制度，严密施行身份证办法和户口调查，推行连坐法，设立“联合乡”“集团村”，扩大自卫团、警备队，加强特务活动。企图肃清“治安区”内的抗日分子和抗日活动。同时，还着重对人民的欺骗怀柔，广泛进行反共反八路军的宣传，宣扬“王道乐土”，建立与发展敌伪统治下的“群众团体”，以期“掌握民心”，巩固其统治。

对所谓“准治安区”，敌人以蚕食为主，恐怖政策与怀柔政策兼施。其怀柔政策，与“治安区”相同。其恐怖政策，则为普遍修筑封锁沟墙和碉堡，并实行所谓“绝缘政策”，强迫“集家并村”，制造“无人区”。1942年春，日寇在从古北口到山海关的长城两侧，制造了一个长700里，宽五六十里，面积达4.2万平方里的“无人区”。把当地群众赶进指定的“人圈”。“人圈”内的人不能与外界接触，不准种10里以外的土地。所有壮丁都编入“自卫团”，同时又是“勤劳奉公”队的队员，晚上值勤巡逻，白天充做苦役。“人圈”内有严密的敌特组织，经常对人民实行“大检举”，以“思想犯”“政治犯”“通匪犯”“运输犯”等名目任意加以杀害。敌人在划定的“无人区”内，经常进行搜索。

对所谓“非治安区”，敌人以“扫荡”为主，实行极其野蛮残忍的“三光政

策”，企图扼杀敌后抗日根据地军民的生存条件。

从1941年春至1942年秋，敌人在华北接连推行了五次“治安强化运动”，对沦陷区人民进行了骇人听闻的摧残、劫掠和屠杀。

但是，不管敌人采取恐怖政策还是怀柔政策，推行多少次“治安强化运动”，都不可能达到“掌握民心”和“确保华北占领”的目的。不仅对解放区和游击区的“扫荡”“蚕食”被敌后抗日军民粉碎了，而且对沦陷区的各项“治安强化”政策，也遭到了失败。伪华北政务委员会委员长大汉奸王揖唐也不得不哀叹：农村村民对运动的推行“并不认真”，城市居民和一般知识分子对运动的态度“显然冷淡”，连在第一线指挥监督的官吏，也有“漠不关心，敢做袖手旁观”的。

在华北日军推行“治安强化运动”的同时，江南日军和汪伪政府发动了“清乡运动”。其步骤为：(一)由日伪军配合向新四军、游击队活动地区进行“扫荡”，建立起“军肃清地”。之后，日军逐渐撤退，由汪伪组织保甲把“军肃清地”变为“清乡地区”。(二)把“清乡地区”进一步变为敌人的“具体和平模范地区”。敌伪在“清乡地区”和新四军活动地区建立以竹篱、木栅、铁丝网等构成的“隔绝膜”，在“清乡地区”内则进行大规模的“肃清战”。敌伪派遣警察、特务工作队、宣传工作队、封锁工作队、汪记国民党员，对群众进行挨户登记、检查搜索、捕杀威逼，推行连坐联保，同时，大力进行“和平建国”的欺骗宣传。日军妄图通过“清乡运动”强化汪伪政权，消灭作为心腹之患的新四军，减轻日军在占领区的军备力量，榨取江南的财富。

日军为了准备和支持太平洋战争，急于变华北为“大东亚兵站基地”，在1941年至1942年，集中半数左右的侵华兵力对敌后抗日根据地频繁进行大规模的“扫荡”。对晋冀鲁豫边区的大规模进攻和“扫荡”，1939年至1940年共10次，1941年至1942年增至19次。对山东抗日根据地千人以上的“扫荡”，1939年至1940年共25次，其中万人以上的两次，到1941年和1942年，千人以上的“扫荡”增至70余次，其中万人以上的9次。总计1941年至1942年，敌人对华北敌后抗日根据地的“扫荡”，千人以上的达174次，其中万人以上7万人以下的30次，较前两年增加了2/3，使用兵力达83万人，较前两年增加了一倍。“扫荡”时间也延长了。敌人在1941年对晋冀鲁豫边区泰西之三个月的“扫荡”，对太行太岳的“毁灭扫荡”，对鲁西冀南的长期“扫荡”，以10万以上兵力对晋察冀边区北岳区持续两个多月的“扫荡”，以5万兵力对山东沂蒙山区两个月之久的“扫荡”，1942年敌人以5万余兵力对冀中进行了“五一”大“扫荡”，以4万余兵力对冀东三个月的“扫荡”，以

6万余兵力对太行的“铁壁合围”“抉剔清剿”，1942年“四二九”与“六一二”对冀南的“铁壁合围”等，都是极为残酷的“扫荡”。

敌人的“扫荡”办法有所谓“分进合击”“梳篦式清剿”“铁壁合围”“捕捉奇袭”“纵横扫荡”“反转电击”“辗转抉剔”等。并在“扫荡”中实行极其残暴的烧光、杀光、抢光的“三光”政策。1941年8月，日寇“扫荡”晋察冀的北岳区，烧毁房屋15万余间，残杀群众4500余人，抓去东北做苦工的1.7万余人，抢去粮食5800万斤，牲畜1万余头。1942年5月“扫荡”冀中根据地，群众被杀害和抓走的达5万多人，区以上干部被杀害者达1/3。山东抗日根据地的南沂蒙纵横不过50公里的地区，在一次“扫荡”中，群众即被杀害3000多人，牲畜被抢去1万头，粮食被掠夺160余万斤，民房被毁5000余间。

为了缩小乃至摧毁抗日根据区，敌人在大规模军事进攻的同时，还进一步加强其“囚笼政策”。1942年10月，日本华北派遣军参谋长夸耀说：“华北碉堡已新筑成七千七百余个，遮断壕也修成一万一千八百六十公里之长，实为起自山海关经张家口至宁夏的万里长城的六倍，地球外围的四分之一。”日寇在冀中8000多个村庄、6万多平方千米的土地上，建立了1700多个据点，修筑了7500多条公路，挖了4000多公里的封锁沟。据点周围碉堡成群，铁路、公路沿线岗楼密布，点、碉、路、沟互相连接，密如蛛网，把冀中根据地分割成为2000多块。然后，分区逐块地进行“清剿”“抉剔”，建立伪政权，加强特务组织，扩编伪军，大肆抢掠，实行奴化教育，美丽富饶的冀中平原，竟成了“抬头见岗楼，迈步登公路，无村不戴孝，到处是狼烟”的恐怖世界。

针对日军的企图，敌后抗日军民展开了艰苦卓绝的奋战，创造了种种对付日军的方法：

在解放区，针对敌人的“扫荡”，部队以一部分力量分散与民兵相结合，日夜与敌人扭打，用地雷战、地道战、麻雀战等到处巧妙地杀伤敌人；同时又实行空舍清野，使敌人抢不到粮食、物资，保护了人民的利益。大部分主力部队则跳到敌后之敌后，主动地造成敌人的混乱与恐慌，然后灵活集结主力，坚决消灭敌人，粉碎敌人的“扫荡”。

在游击区，针对敌人的“蚕食”政策，采取“把敌人挤出去”的方针，使广泛的群众运动与军事斗争相结合。在敌人点线的正面，组织联防，主力部队、地方游击队和民兵三级武装密切配合，乘敌立足未稳，给以坚决打击，斩断敌人蚕食的嘴。如敌深入腹地扎下据点，就实行围困，迫敌撤走，或集中兵力袭占，或围点打援，迫敌处于被动地位。在敌点线后面以武装深入敌占区，发动群众，推翻伪组织，使敌腹背受击，顾此失彼。

在敌占区，针对敌人的“清乡”，采取“敌进我进”的方针，组织了无数支武装工作队，向敌后之敌后展开全面攻势。武工队一般以30人至50人为一队，队员既是战斗员，又是宣传员，并且还是群众工作的领导者和组织者。它是一个党、政、军、民相结合的一元化战斗单位。武工队在敌占区分合自如，行踪不定，与敌人进行明的、暗的、文的、武的各种斗争。他们的经常工作，是发动与组织群众，展开对敌政治攻势。同时还进行一系列的斗争，如打击敌宪兵队、特务队和死心塌地鱼肉人民的汉奸，摧毁伪政权、摸哨兵、袭据点、打埋伏等。由于武工队进出敌后之敌后，逐步解放了许多村庄，把敌占区变为游击区以至游击根据地，使敌人的“治安区”也不安了。

在中共中央制定的战略战术指导下，敌后军民胜利地开展了反“扫荡”、反“蚕食”、反“清乡”的英勇斗争。

华北是最激烈的地区。1941年8月，日军华北方面军指挥官冈村宁次以10万兵力、分13路对晋察冀北岳区发动空前大“扫荡”，企图将八路军主力合围于长城两侧。八路军主力适时地转移到敌后，其他华北抗日根据地协同作战，同时出击，集中兵力，一股一股地消灭分散的日军，作战800多次，歼敌5500多人。在这次反“扫荡”的战斗中，出现无数可歌可泣的英雄事迹，有名的狼牙山五壮士就是其中之一。1941年9月，敌军3500多人围攻狼牙山。五位战士为掩护主力部队撤退，凭借山险，与500多敌人整整搏斗了一天。最后弹药用尽，石块扔完，五人一齐跳下深谷。其中三名战士壮烈牺牲。

冈村宁次不甘心失败，于1942年5月1日纠集5万余兵力，向冀中抗日根据地发动空前规模的大“扫荡”，企图一举歼灭八路军主力。八路军主力大部分转到敌后，广大军民以“挑帘战”“院落伏击”“捕捉战”等战术打击小股敌人，开展地道战、游击战。在“五一”反“扫荡”期间，八路军在极端困难险恶的环境下，创造了许多惊天动地的事迹，如6月9日宋庄之战，八路军两个连击破敌人2500人的进攻，打死敌坂本旅团长以下官兵1100多人。

在晋冀鲁豫边区，为了打破敌人的“囚笼”政策，军民结合，展开了大规模的交通破袭战，敌人白天修路，抗日军民晚上破袭，使敌人的“囚笼”计划始终不能成功。由于交通破袭战的进行，1940年至1941年间，赞皇至临城的公路，敌半年多不能向前修筑；安阳水冶到武安玉泉岭南北的公路，敌费时近一年，才勉强修通；邯长大道长期破碎；临屯公路始终未通。1941 年 5 月，八路军与 1.5 万多群众一起奋战七昼夜，彻底平毁了敌人称为“万里长城”的自大营至冀县的长墙。与此同时，英勇打击日军，黄烟洞保卫战，是八路军英勇战斗的奇迹之一。11 月，日军三十六师团主力 5000 余人，配合第四、第九混成旅团一部，分数路围攻辽县黎城交界处的黄烟洞，企图摧毁八路军的一个修械所。守军及该所员丁不满千人，在敌大炮轰击、毒气弥漫和以密集队形猛冲下，屹立不动，与敌血战八昼夜，打死打伤敌人千余，才奉命转移。敌付出惨重代价踏进黄烟洞后，不到三天又仓皇逃走。

在晋绥边区，1942 年是敌“扫荡”“蚕食”最残酷的一年。2 月，敌以 1.3 万兵力，进行“春季大扫荡”。一二〇师和地方游击队，经 84 天大小 200 余次战斗，粉碎了敌人的“扫荡”。5 月，敌村川大队奔袭驻兴县附近的晋绥领导机关，结果落入根据地内撒下的天罗地网。田家会一战，敌村川大佐及一个中队长受重伤，两个中队长被击毙，整个村川大队 1400 余人，除极少数逃脱外，全被歼灭。

在山东抗日根据地，1941 年冬，敌以 5 万重兵对沂蒙山区进行了两个月之久的“铁壁合围”。敌先袭击山东纵队领导机关驻地，紧接着又向一一五师师部和山东分局驻地留田猛犯。同时在沂河以东布置强大兵力，准备诱歼向东转移的八路军部队。但敌阴谋很快被识破。八路军留下部分武装坚持内线斗争，大部分由内线跳到外线作战。在敌合围接连扑空后，一一五师师部秘密回到中心区，指挥转入内线的主力一部，采取伏击、截击等手段，10 天打了七仗，毙敌千余。同时配合地方党政机关，发动群众，向反复“清剿”大肆烧杀破坏之敌做斗争，迫使敌军不得不分路撤退。

在华中抗日根据地，1941 年 7 月，日军万余人、伪军 1.5 万人，分四路合击苏北盐城，后又分两路犯阜宁，企图一举消灭新四军军部和苏北主力。新四军指挥机关和主力及时跳出合击圈，于外线抄袭敌背后，形成反包围形势。苏中新四军部队也配合发起进攻，使占领盐阜之敌仓皇南逃。苏北主力分九路猛追，收复阜宁、益林、东沟、永兴、建阳、高作等地。新四军前后战斗总计毙伤敌军 5000 人，伪军 1000 人。1942 年 11 月，日军 2 万人、伪军 3 万人再犯苏北又被击退。在敌伪和国民党顽固派夹攻的困难环境中，华中根据地仍然不断得到发展。

在华南抗日根据地，1941 年，在广东东江一带活动的游击队，挺进广九路两侧，与中共东莞县委领导下的一支游击队会合，正式成立了东江人民抗日游击队。对这支游击队，敌人曾发动了无数次进攻。1941年，敌寇曾以2000余兵力配合伪军不断轮番进攻，但都被游击队打退。太平洋战争爆发后，东江纵队挺进九龙，袭击敌人后方。香港沦陷后，东江纵队抢救了许多从香港逃出的国际友人和同胞。

海南岛是日本南进的兵站基地。太平洋战争爆发后，该岛地位尤为重要。在岛上坚持了三年游击战争的琼崖独立游击纵队，此时已发展到数千人，并建立了抗日民主政权。

在抗战最艰苦的1941年至1942年，抗日根据地军民进行了无比英勇坚韧的斗争，用鲜血写下了壮丽的诗篇。抗战第五周年，八路军新四军共作战14648次，平均每天作战40次，毙伤俘日伪军13.2万人。抗战第六周年共作战27557次，平均每天作战75次，毙伤俘日伪军19.93万人。在这最艰苦的阶段，共产党和抗日根据地军民虽然受到很大损失，但是站稳了脚跟。这就为抗日根据地的恢复和发展打下了基础。

三、解放区的政权建设　大生产运动　整风运动

中国共产党在军事上领导抗日军民同侵华日军进行浴血奋战的同时，还推行了一系列方针政策和措施，巩固了解放区和加强了党自身的建设。

贯彻"三三制"原则，加强政权建设　1940年3月，中共中央发出《抗日根据地的政权问题》的党内指示指出："在抗日时期，我们所建立的政权的性质，是民族统一战线的。这种政权，是一切赞成抗日又赞成民主的人们的政权，是几个革命阶级联合起来对于汉奸和反动派的民主专政。"根据这个原则，在人员分配上实行"三三制"，即共产党员占1/3，非党的左派进步分子占1/3，不左不右的中间派占1/3。1941年，陕甘宁边区着手进行"三三制"政权的普选。5月，中共陕甘宁边区中央局提出《陕甘宁边区施政纲领》(经中共中央政治局批准)，表明"本党愿与各党各派及一切群众团体进行选举联盟，并在候选名单中确定共产党员只占1/3，以便各党各派及无党无派人士均能参加边区民意机关之活动与边区行政之管理"。全边区有80%的人参加了选举。按"三三制"比例，选出了乡、县、边区三级参议会，各级参议会又选出了政府委员会。11月，召开了边区第二届参议会。毛泽东出席了这个会议，并在会议上作了号召共产党员同党外人士密切合作的演说。会议通过了《陕甘宁边区施政纲领》，选举林伯渠等18人为边区政府委员。华北华中各抗日根据地，也先后贯彻了"三三制"原则，吸收各抗日阶

层的代表人物参加各级政府。根据“三三制”政策建立起来的根据地政权，保证了中国共产党在政权中的领导地位，巩固了抗日民族统一战线，增强了各阶层人民的团结。

实行精兵简政　这是抗日根据地政权建设的一个重要方面，也是战胜严重困难局面的重大措施。这一措施首先是陕北开明绅士李鼎铭提出来的，共产党采纳了他的建议。抗战开始后的几年内，建立了庞大的战争机构，这是适应战争发展的情况的。到1941年，根据地缩小了，并存在着物质方面的极端严重的困难，就不能再保持这样庞大的机构了。因此需要缩小机构，使兵精政简。精兵，就是缩编主力部队，充实编制，加强地方部队和发展民兵，并且加强整训，达到精干、机动灵活、提高战斗力的目的。简政，就是精简机构，裁减冗员，达到精简、统一、效能、节约和反官僚主义的目的。11月，中央军委发出关于抗日根据地军事建设的指示，规定主力军大力实行精兵政策，同时大力武装和发展不脱产的民兵。在某些最困难的地区，甚至实行主力部队完全地方化。各根据地遵照中央的指示，把精兵简政列为中心工作之一，取得很大成绩。陕甘宁边区各级政府工作人员，1941年冬精简了24%，1943年又精简了35%。并建立了各种工作制度，实行合署办公。1943年，边区政府公布了《简政实施纲要》。晋冀鲁豫边区是贯彻执行精兵简政的模范。它规定一切脱离生产的武装部队不能超过居民人数的2%，政府工作人员不能超过1%，民兵虽不脱产也不能超过5%。各根据地经过精简后，党政军脱产人员一般只占全区人数的3%以下，军政费开支大为减少，人民负担随之减轻，并且部队、机关人员积极参加生产，深入基层，不但改善了生活，也改进了工作作风。

政治上的另一措施是加强共产党的一元化领导。各项政策能否有效而很好地贯彻执行，归根结底取决于共产党的领导。1942年9月1日，中共中央政治局通过的《关于统一抗日根据地党的领导及调整各组织间关系的决定》明确指出，“党是无产阶级的先锋队和无产阶级组织的最高形式，它应该领导一切其他组织，如军队、政府与民众团体。根据地领导的统一与一元化，应当表现在每个根据地有一个统一的领导一切的党的委员会”。并规定中央代表机关(中央局、分局)及各级党委为各地的最高领导机关，统一领导各地区的党政军民工作。各地区军政机关和民众团体中的党员或团员，必须服从上级和同级党委的领导，执行其决定。党的组织和党员必须执行下级服从上级，全党服从中央的原则。中央决定颁布后，大大统一了各根据地党政军民的行动步调，使政治工作、群众工作、经济工作和军事斗争密切结合起来。在“一切服从战争”的总原则下，在党的统一领导下，全体军政民团结一致地进行斗争。

开展减租减息 抗战以来，共产党在各抗日根据地实行减租减息政策。这一政策获得了广大农民和各阶层人民的拥护。但各地在执行中还存在着政策不够统一和工作不平衡的现象，存在着右的或“左”的错误偏向。为了进一步贯彻减租减息政策，党中央政治局于 1942 年 1 月 28 日通过了《关于抗日根据地土地政策的决定》。它在总结各地经验的基础上，对减租减息政策作了全面的具体规定。决定指出，共产党抗日时期土地政策的出发点是：(一)农民是抗日与生产的基本力量，必须扶助农民，减轻地主的封建剥削，实行减租减息，借以改善农民生活，提高农民抗日与生产的积极性；(二)在实行减租减息之后，又必须实行交租交息，并保存地主对土地和财产的所有权，借以联合地主阶级一致抗日；(三)富农是农村中的资产阶级，对其一部分封建性质的剥削，租息照减，同时在适当改善雇工生活的条件下，保护其资本主义性质的生产，以奖励富农生产与联合富农。这是共产党抗日民族统一战线的土地政策的三条基本原则。各根据地根据党中央的指示开展了减租减息运动。1943 年运动进入高潮。减租办法，一般以实行二五减租为原则，即从原租额中减去 25%。利息则一般减到不超过当时社会经济借贷关系所允许的程度，一般在减息后定为年息一分左右。通过减租减息，减轻了地主对农民的剥削，改善了农民的物质生活，确立了贫雇农在农村中的政治优势，推动了根据地的其他各项斗争，巩固了解放区的革命政权。

大生产运动 1939 年 2 月 2 日，中共中央在延安召开生产动员大会，毛泽东发出了“自己动手”的号召。1941 年，中共中央再次强调走生产自救的道路，并制定了经济建设的具体方案：第一，在各项生产事业中，实行以农业为主、其他各业全面发展的方针。第二，实行“公私兼顾”“军民兼顾”的方针。第三，实行统一领导、分散经营的方针。第四，在生产和消费关系上，实行努力生产，厉行节约的方针。第五，实行组织起来的方针，开展生产竞赛，奖励劳动英雄。在中共中央号召下，各抗日根据地掀起了大规模的大生产运动。

陕甘宁边区的大生产运动是由边区的部队开始的。当时一部分部队人员自己种菜、养猪、打柴、做鞋，以改善部队生活。党中央及时地总结了这个好经验并将它推行于边区所有部队、机关和学校。边区组成了生产委员会，作为生产运动的指导机关，并根据部队、机关、学校的具体情况规定了生产任务。几万党政军学人员响应中共中央和毛泽东发出的“自己动手，丰衣足食”“自力更生”“自给自足”的号召，投入了生产运动。毛泽东、朱德、周恩来和中共中央其他领导人都参加了生产运动。军队、机关、学校都进行开荒、种田、纺纱、织布。战士和干部一面战斗，一面生产，一手拿枪，一手拿锄，建立和发展了以自给为目标的农业、工业和商业等经济事业。1941 年 3 月，八路军三五九旅在延安以南的南泥湾，开荒种田。经过几年辛勤劳动，战士们把荒无人烟的南泥湾，开垦为“到处是庄稼，遍地是牛羊”的“陕北江南”。三五九旅成了大生产运动的模范集体。边区群众也组织起来开展了以农业为主的大规模的生产运动。

战斗在晋察冀、晋冀鲁豫、晋绥、山东、华中等地区的各敌后抗日根据地的军民，也在“劳动与武力相结合”“战斗与生产相结合”的口号下，一面战斗，一面生产；即使是游击区的部队也坚持生产。在十分艰苦的环境中创造了开展大生产运动的各种形式，如人民政府发放农贷、支援牲畜、代制农具帮助群众发展生产；派出小股部队，打击敌人，掩护军民生产；农忙时节，部队大力支援农民抢收抢种，等等。在发展农业的同时，敌后各地区还注意工业生产，建立小规模的各类工厂，制造枪弹、地雷、手榴弹等武器，生产衣被、毛毯、文具、纸张、肥皂等日用品。

大生产运动取得了巨大成果。以陕甘宁边区而言，边区部队 1941 年开荒 1.4 万多亩。三五九旅三年内开荒 26 万多亩，不仅做到吃用全部自给，还达到了“耕一余一”，每年向政府缴公粮 1 万石。1940 年到 1942 年，边区共开垦荒地 180 万亩，增产粮食 47 万担。此外，边区的工业也有很大发展，到 1942 年，公营工厂发展到 62 个，职工近 4000 人，年产土布 10 万匹，并能炼铁、炼油、修理机械、制造武器弹药等。

整风运动　在 1942 年前后，中国共产党开展了全党范围的整风运动。这是一次在中国历史上具有伟大意义的思想革命运动。

1935 年 1 月召开的遵义会议，使共产党的领导转到了马克思列宁主义的正确轨道上来。此后党的工作取得了伟大的成绩。但是，党内还存在着相当严重的问题，这就是对于历次“左”倾、右倾机会主义错误，特别是对王明的机会主义错误，还没有在全党从思想上彻底清算。王明始终坚持他的错误，1940 年 3 月第三次出版了他的《两条路线》的小册子。因历次机会主义错误而遗留下来的主观主义、宗派主义、党八股等不良风气，还在党内严重地存在着。在当时党的广大干部中，马克思列宁主义水平还不高，对于马克思列宁主义的普遍真理同中国革命的具体实践相结合的毛泽东思想，还缺乏应有的认识，对于真假马克思主义，还缺乏鉴别能力。因此，有必要在全党范围内展开一次教育运动，使全党从主观主义，主要是教条主义的束缚中解放出来。

抗战以来，党员数量已经由几万人发展到 80 万人，其中大多数人是农民及其他小资产阶级出身的。他们的革命积极性是可贵的，并愿意接受马克思列宁主义的教育。但是，由于他们所处的经济地位的狭隘性、不稳定性和分散性，决定了他们思想上的主观片面、政治上的左右摇摆、组织上的自由散漫。因此迫切需要一个普遍的马克思主义的教育运动，即整风运动。

这次整风运动之所以有可能展开，是由于在长期革命斗争中，形成了马克思列宁主义的普遍真理同中国革命的具体实践相结合的毛泽东思想。毛泽东进行了巨大的理论工作，写出了《中国革命战争的战略问题》《实践论》《矛盾论》《论持久战》《〈共产党人〉发刊词》《中国革命和中国共产党》《新民主主义论》等著名著作。这些就为整风运动提供了思想上和理论上的准备。当时，抗日战争正处在相持阶段，总的局势变化较少，也是整风的极好时机。

整风运动的准备阶段，从 1940 年年底就开始了。12 月 25 日，毛泽东为中共中央写了《论政策》的党内指示，要求全党既要警惕重犯“一切联合，否认斗争”的右倾错误，又要警惕重犯“一切斗争，否认联合”的“左”倾错误。1941 年 5 月，毛泽东在延安干部会议上作了《改造我们的学习》的报告，深刻批判了主观主义的恶劣作风，号召全党树立理论和实际统一的马克思主义作风。这个报告为即将开展的全党整风运动作了思想动员。同年七八月，中共中央先后发出《关于增强党性的决定》《关于调查研究的决定》等重要文件。9 月，中共中央举行政治局扩大会议，讨论了党的历史上特别是土地革命战争时期的政治路线问题，以及发动全党进行思想革命和解决理论联系实际等问题，确认从六届四中全会到遵义会议前党中央所犯的“左”倾错误是“路线错误”。这次会议，实际上是中央领导干部的整风会议。同月，中共中央书记处做出决定：中央及各根据地都成立高级学习组，学习与讨论马克思主义和党的历史经验。毛泽东担任中央学习组组长。各地学习组统归中央学习组领导。延安有 100 多名高级干部参加学习，全国参加学习的共约 300 人。

1942 年 2 月，毛泽东在中央党校作了《整顿党的作风》的演说，在延安干部会议上又作了《反对党八股》的讲演。整风运动正式开始。4 月，党中央宣传部发出《关于在延安讨论中央决定及毛泽东同志整顿三风报告的决定》。6月，党中央宣传部发出全党进行整风学习的通知，全党范围的整风运动在各解放区先后开展起来。

毛泽东在《整顿党的作风》的演说中指出："反对主观主义以整顿学风，反对宗派主义以整顿党风，反对党八股以整顿文风，这就是我们的任务。"这次整风运动是以批判和纠正主观主义、宗派主义、党八股，树立和发扬理论与实践相结合、和人民群众紧密地联系在一起以及自我批评的思想作风，作为根本任务的。其中尤以批判和纠正主观主义的思想作风，树立和发扬理论联系实际、调查研究、实事求是的思想作风为核心。

毛泽东指出：学风问题是第一个重要问题。毛泽东深刻地揭露了党内长期存在着的主观主义学风和马克思列宁主义学风的对立。指出，主观主义把理论同实践分离开来，把主观同客观分离开来。马克思列宁主义的学风，则是理论和实践的辩证统一，主观和客观的辩证统一。党的历史上一切右倾和"左"倾机会主义者之所以犯错误，归根到底，是由于他们违反了马克思列宁主义的辩证唯物主义和历史唯物主义。主观主义有教条主义和经验主义两种。教条主义者把马克思列宁主义书本上的某些词句，当成万世不变的教条，而不是把马克思列宁主义当成行动的指南。他们不从实际出发，不是实事求是地从客观实际中引出事物固有的规律性，用以指导实践。经验主义者则是轻视理论，不注意使经验上升为理论。在《改造我们的学习》的报告中，毛泽东指出：主观主义的方法是"反科学的反马克思列宁主义的"，"只有打倒了主观主义，马克思列宁主义的真理才会抬头，党性才会巩固，革命才会胜利"。主观主义是机会主义的思想基础，反对主观主义就是从思想上彻底清算机会主义错误。

宗派主义是主观主义在组织关系上的一种表现。反对宗派主义就是从组织上彻底清算机会主义错误。

党八股是主观主义和宗派主义的表现形式和宣传工具，是一种反马克思列宁主义的文风。所以，要彻底埋葬主观主义和宗派主义，必须反对党八股。毛泽东列举了党八股的八大罪状，号召全党把它打倒。

整风运动执行了"惩前毖后、治病救人"，"既要弄清思想又要团结同志"的方针，也就是"团结——批评——团结"的方针。这是开展党内斗争的正确方针。它纠正了"左"倾机会主义的"残酷斗争，无情打击"。

1943年3月20日，中共中央召开政治局会议，通过了《关于中央机构调整及精简的决定》。会议推选毛泽东为中央政治局主席、中央书记处主席。决定书记处由毛泽东、刘少奇、任弼时组成，根据政治局决定的方针处理日常工作。

1943年7月，刘少奇写了《清算党内的孟什维主义》一文，指出：一切干部和党员，都“应该用心研究二十二年来中国党的历史经验，应该用心研究与学习毛泽东同志关于中国革命的及其他方面的学说，应该用毛泽东同志的思想来武装自己，并以毛泽东同志的思想体系去清算党内的孟什维主义思想”。王稼祥发表了《中国共产党与中国民族解放的道路》一文，提出：“毛泽东思想就是中国的马克思列宁主义。”8月，周恩来从重庆回延安参加整风，他在延安欢迎会上发表演说指出：“毛泽东同志的方向，就是中国共产党的方向。”“毛泽东同志的路线，就是中国的布尔什维克的路线。”提出毛泽东思想这个概念，正式确立毛泽东思想在中国共产党和中国革命中的指导地位，是整风运动的重大成果。

1944年4月12日，毛泽东在延安党的高级干部会议上发表《学习和时局》的重要讲话，为整风运动作了总结。他在讲话中总结了党内两条路线斗争的经验，代表中央政治局对高级干部党史学习中的几个重要问题作了结论。1945年4月，党中央在延安召开扩大的六届七中全会，深入讨论了党的历史，总结了整风运动的成果，通过了《关于若干历史问题的决议》。决议指出：“党在奋斗的过程中产生了自己的领袖毛泽东同志。”毛泽东代表中国无产阶级和中国人民，将人类最高智慧——马克思列宁主义的科学理论，创造性地应用于中国，发展了马克思列宁主义的学说。决议分析了各次尤其是第三次“左”倾路线在政治、军事、组织和思想方面的错误。全会对各次机会主义路线特别是王明“左”倾路线，作了正式的结论。决议指出：20多年来中国革命的实践证明，“毛泽东同志所代表的我们党和全国广大人民的奋斗方向是完全正确的”。“到了今天，全党已经空前一致地认识了毛泽东同志的路线的正确性，空前自觉地团结在毛泽东的旗帜下了。以毛泽东同志为代表的马克思列宁主义的思想更普遍地更深入地掌握干部、党员和人民群众的结果，必将给党和中国革命带来伟大的进步和不可战胜的力量。”全会宣布：“对于一切被错误路线所错误地处罚了的同志，应该根据情形，撤销这种处分或其错误部分。一切经过调查确系因错误处理而被诬害的同志，应该得到昭雪，恢复党籍，并受到同志的纪念。”整风运动结束。

整风运动是一次普遍的马克思列宁主义的教育运动。它是解决党内矛盾的正确的成功的方法，是中国共产党对马克思列宁主义政党建设理论的创造性的发展。经过这次整风运动，使广大的党员干部从教条主义的禁锢中解放出来，在把马克思列宁主义普遍真理同中国革命具体实践相结合的道路上大大前进了一步。这是继“五四”思想解放运动之后的又一次思想解放运动。它标志着马克思主义已经在中国大地上生根成长。经过整风运动，全党在马克思列宁主义、毛泽东思想的基础上，达到了前所未有的团结。这次整风为党的“七大”的召开准备了条件，为抗日战争和解放战争的胜利奠定了思想基础。

在共产党整风的同时，解放区的文艺界也展开了整风。

在“五四”以来的文化战线上，文学和艺术是一个重要的有成绩的部门。革命文艺运动对中国革命做出了伟大贡献。但是也存在着许多缺点和问题，主要是没有明确解决文艺为工农兵服务这个根本的原则问题，也没有很好地解决如何为工农兵服务的问题。抗日战争爆发后，大批文艺工作者来到延安和各个抗日根据地。他们中的许多人，还缺少马克思主义的基本知识，为什么人的问题还没有解决，思想感情还是资产阶级和小资产阶级的。许多人轻视工农，脱离实际，对火热的抗日斗争漠不关心。当时延安的文艺工作者中间，流行着各种不正确的议论，例如，“文艺的基本出发点是爱，是人类之爱”，“从来文艺的任务就在于暴露”，“我是不歌功颂德的”，“提倡学习马克思主义就是重复辩证唯物论的创作方法的错误，就要妨害创作情绪”，等等。这说明文艺界需要整风。

1942 年 5 月，中共中央宣传部在延安杨家岭召开文艺座谈会，毛泽东在会上发表了极其重要的讲话。5 月 2 日，讲了引言，23 日，又讲了结论，这就是《在延安文艺座谈会上的讲话》(以下简称《讲话》)。

《讲话》提出文艺要为工农兵服务的问题。《讲话》强调指出：“我们的文学艺术都是为人民大众的，首先是为工农兵的，为工农兵而创作，为工农兵所利用的。”这个为什么人的问题，是一个根本的问题，原则的问题。我们的文艺要做到为工农兵服务，首要的是文艺工作者必须有无产阶级的立场，那种坚持个人主义的小资产阶级立场的作家是不可能真正地为工农兵服务的。《讲话》要求文艺工作者一定要解决这个为什么人的问题，一定要把立足点移到无产阶级这方面来。

《讲话》论述了文艺与生活的关系，指出：人民生活是一切文学艺术的取之不尽、用之不竭的唯一源泉。文艺源于生活，但又高于生活。文艺作品中反映出来的生活可以而且应该比普遍的实际生活更高，更强烈，更有集中性，更典型，更理想，因此就更带普遍性。革命的文艺，应当根据实际生活创造出各种各样的人物来，帮助群众推动历史的前进。

《讲话》论述了文艺和政治、文艺和整个革命事业的关系，以及文艺界的统一战线问题。《讲话》指出：在阶级社会里，一切文化或文学艺术都是属于一定的阶级，属于一定的政治路线的。无产阶级的文学艺术是无产阶级整个革命事业的一部分。“文艺是从属于政治的，但又反转来给予伟大的影响于政治。”

《讲话》指出文艺批评有两个标准，一个是政治标准，一个是艺术标准。革命的文艺批评必须坚持“政治标准第一，艺术标准第二”的原则。我们要求革命的政治内容和尽可能完美的艺术形式的统一。毛泽东对形形色色的资产阶级文艺观点作了深刻的批判。

《在延安文艺座谈会上的讲话》的发表，开辟了中国革命文艺的新阶段。延安和各解放区的文艺界，立即掀起学习《讲话》、实践《讲话》的热潮，展开整风运动。此后大批文艺工作者深入到工农兵中去，写出了很多优秀作品。

四、国统区经济的变化　国民党政权腐败的加剧

抗战中期，国统区经济发生了重大变化，其表现就是国家垄断资本和官僚资本的迅速膨胀和垄断地位的加强，以及民族工商业走向衰落、农村经济生产下降。国民党国家垄断资本的迅速膨胀，主要是通过以下手段：

（一）发行公债。1938 年至 1944 年，国民政府财政部发行内债 18 种。有的按法币和关金计算，有的按英镑、美元计算。总计法币 151.92 亿元，关金 1 亿单位，英镑 2000 万，美元 2.1 亿。此外还有谷麦粮食债券。除 1937 年的救国公债在民间“劝募”外，其余都不公开发行，而以总预约券的方式向银行抵押，再由银行垫款给国民政府。银行则利用它作为发行纸币的准备，发行不兑现的钞票。官僚资本既发了公债财，又发了法币财。

（二）增加捐税。由于工商业发达的沿江沿海地区相继沦陷，关、盐、统三税收入大为减少。国民政府便通过扩大征税范围和增加税率的办法，来弥补减少的税收。国民政府将统税扩大为货物税，形成几乎无物不税的状况。1942 年 10 月开征食盐附加税，开始每斤征三元，到 1945 年 1 月增至 60 元。由于通货膨胀，从 1941 年下半年起，实行田赋征实，按田赋的正税和附加税的税额，每元折征稻谷二市斗，1942 年增至四市斗。从 1942 年起普遍实行粮食随赋征购，征购价格远低于市价，而且多数不付现款，只付粮食库券或法币储蓄券。1943 年普遍实行粮食征借，既不付息，还本也

只是空话。从 1941 年到 1945 年 6 月，国民政府通过“三征”，共实收稻谷和麦子 2.4 亿多石。这是对广大农民最直接最厉害的掠夺。

（三）通货膨胀。抗战开始后四个月，国民政府决定用增发纸币的办法弥补财政赤字。法币发行额，据官方公布的数字，1939 年年底为 16 亿元。1945 年年底为 1.0319 万亿元。八年中增加了 738 倍。实际上还不止此数。滥发钞票的结果，使财富迅速集中在国家垄断资本和官僚资产阶级手中，而广大人民则越来越贫困。

（四）外汇管制和买卖黄金。国民政府从 1938 年 3 月起实行外汇管制。从此官价外汇被垄断，黑市交易随之而起。伴随法币的贬值，官价与黑市之间的差额越来越大。抗战期间，外汇中美元与法币的兑换率一直是 1 比 20，而黑市 1943 年 12 月为 1 比 85.4，1944 年 12 月为 1 比 542.2。四大家族利用特权，以官价买进大量外汇和黄金，以黑市价格抛出，转手之间，牟取暴利。

（五）实行专卖制度。1941 年 4 月，国民政府成立专卖事业管理局。从次年初开始，先后对食盐、糖、卷烟、火柴、茶叶、酒六类物品实行专卖。这一制度，使国民政府收入大增。增收数额，1942 年为 4.78 亿元，1943 年为 17.47 亿元，1944 年为 18 亿元左右。这一制度大大加重了人民的负担。国民党官员和有关机构乘机营私舞弊，套取专卖品转投黑市，从中牟取暴利。

（六）统购统销。1937 年 9 月，在国民政府之下成立贸易委员会，该会下设复兴、富华、中国茶叶三大公司，对国统区的丝、茶、桐油、猪鬃等主要出口物资，实行统购统销。钨、锑、锡、汞等主要出口矿产品，则由资源委员会统购统销。1942 年 2 月，成立物资局，对棉纱实行统购。在统购统销政策下，国民党政府实行低价强购，利用买卖之间的差价获取重利。以桐油为例，1942 年收购价比内销市场价每担差 100 元，1943 年差 1100 元。

至于对国民经济的垄断，抗战之前即已开始，抗战中不但更为加强，而且迅速扩展到各个领域。

在金融方面，抗战初期设立了四银行联合办事总处，作为国民政府集中的金融机构。蒋介石自任总处理事会主席，“总揽一切事务”。1942 年 7 月，国民政府又规定全国货币的发行都集中统一于中央银行。从而一步一步地加强了国民党官僚资本在全国金融业中的垄断地位。在抗战期间四行存款数额在四年中增加六倍，是各银行中增长最快的。在全部银行存款中，四行的存款占到了 80%～90%，而战前的 1936 年只占 59%。

在商业方面，前述专卖事业管理局、贸易委员会、物资局等机构的成立及专卖、统购统销政策的实行，是官僚资本实现商业垄断的重大步骤。此外，原属孔家系统的农本局福生庄，后改组为花纱布管制局，统制着花纱布的贸易。以上这些官式机构，作为国民党政权的组成部分，假借抗战的名义，垄断了国统区的国内外贸易。许多商业垄断公司纷纷出现，著名的有：孔家的庆记纱号、强华公司、大元公司；宋家的中国棉业贸易公司、重庆中国国货公司、西宁兴业公司；陈家的华华绸缎公司、棉花运输公司等。这类公司既有政治特权，又有极大的金融势力，具有操纵市场的垄断地位。

在工矿业方面，国家资本的垄断在抗战前还较小，1935 年年底全国官营民营工厂资本总额中，官营部分只占 11%弱。抗战开始后，1937 年 9 月设立工矿调整委员会，作为扩张官营工业，吞并民营工业，实行国家垄断工矿业的机构。四大家族官营工业主要有隶属于资源委员会和军政部兵工署的两大直属系统。1944 年，资源委员会下面有 105 个单位，兵工署下面有数十个单位。此外还有各省所办的官营工业，如贵州企业公司、四川川康兴业公司、湖南实业公司等，单位也不少。1943 年国民政府经济部的报告，说明了官营工业的垄断地位。在国统区 3700 余家工业中，官营的 600 余家，民营的 3100 余家。但官营的占资本总额 69%，民营只占 31%。此外，国民党达官贵人还有所谓商办形式的私营工业，这类工业著名的有：以孔家为主的中国兴业公司，1939 年 7 月成立时的资本额为 1200 万元，到 1943 年增为 12 亿元，为后方资本额最大的公司，它共有 13 个厂，经营的中心是钢铁。在宋家控制下的雍兴实业股份有限公司，1940 年成立，1942 年 5 月已完成及未完成的有 18 个单位，其中绝大部分分布在陕甘两省，主要经营纺织业。除了资源委员会主办的各厂外，它是西北最大的垄断企业。1942 年，它的已开工纱锭占大后方全部纱锭的 1/4 强。陈家的有大华企业公司、华西建设公司、中国工矿建设公司等，也是规模很大的垄断企业。

在上述情况下，民族工商业迅速走向衰落。煤从 1942 年的 5133 千吨急剧下降到 1945 年的 3928 千吨，生铁从 71328 吨下降到 17078 吨，酸从 905 吨下降到 492 吨，机制纸从 2805 吨下降到 2394 吨，面粉从 4440 千袋下降到 1439 千袋，机纱从 40040 件下降到 19376 件，棉布从 1947 千匹下降到 1114 千匹。

农村经济也迅速衰落。1942 年，后方 13 个省的农作物播种面积较 1937 年减少 17.3%，产量减少 13.3%。四川在 1943 年至 1945 年间的冬季作物播种面积从6000万亩减少到5700万亩，夏季作物从7900万亩减少到7600万亩。同时，各农作物的单位面积产量也在下降，稻谷在1937年至1945年间较1936年下降4％，小麦和棉花分别下降13％和47％。

在第二次反共高潮期间及其以后，国民党加强了在国统区的反动统治，国统区的统治更加黑暗。

国民党首先把打击的矛头指向抗战民主舆论、革命政治主张和进步文化事业。在这方面，邹韬奋和他经营的生活书店及主编的刊物的遭遇，是突出的例子。在1939年2月到1940年6月期间，生活书店的55个分店大部分被封闭，仅剩下六个。1940年6月以后，国民党继续用种种方法对剩下的生活书店进行摧残。皖南事变后，国民党扼杀进步言论，摧残进步文化事业更加厉害。在1941年2月不到半个月之内，生活书店的成都、昆明、桂林、贵阳分店，都先后被封闭或被迫停业。至此生活书店在国内只剩下一个重庆生活书店了，但国民党当局也已命令重庆卫戍司令部相机予以封闭。只因重庆是国民党政府的陪都，为中外观瞻所系，该店才得以幸存。邹韬奋本人不得不辞去参政员职位，在1941年3月，秘密离开重庆，到了香港。

共产党在国民党统治区出版的报纸《新华日报》虽然没有被封闭，但只准印不准卖。国民党有关部门收买流氓毒打卖《新华日报》的报贩，撕毁报纸。国民党报业公会的头目竟声言，拘捕报贩一人赏洋5元至10元。

此外，国民党爱国人士冯玉祥的抗战言论被秘密禁止发表。在桂林郭沫若主办的《救亡日报》，在重庆出版的《文学日报》，在桂林出版的《国民公论》等数十种报刊，被迫停刊或被禁止发行。国民党强迫各报刊登他们写的反共文章，或强迫报纸编辑撰写反共社论，否则就会受到警告处罚、恐吓和监视，甚至被封闭。国民党中央监察委员柳亚子因在皖南事变中同情共产党新四军，国民党中央以“诋毁中央”为借口，撤销他的监委职务并把他开除党籍。

1942年3月，国民政府公布《国家总动员法》。明确规定：政府对封锁工人、罢工、怠工和其他妨碍生产之行为，可以“严行禁止”。“政府于必要时”“得对报馆及通信社之设立，报纸通讯稿及其他印刷物之记载，加以限制、停止或令其为一定之记载”。政府“得对人民之言论、出版、著作、通讯、集会、结社加以限制”。这些反动措施本来是国民党早已实行了的，但这时又用法律形式规定下来，表明了它对人民政治权利进行更加野蛮的剥夺。5月初，国民党中央下令各省市不准举行纪念“五四”的活动，就是实施这个总动员法的一着。

五、《中国之命运》的发表和中共对它的批判

在西方的希特勒德国节节败退，太平洋上的日本又不断失利，整个国际形势面临大变化的前夜，国民党顽固派一则以喜，一则以惧。喜的是他们以为欧战一旦结束，英美就可以腾出手来替他们打日本，他们可以不费力气地取得抗战胜利，搬回南京。惧的是三个法西斯国家一齐垮台，冲击了国民党的买办封建法西斯独裁统治，他们惧怕自己的法西斯主义有灭顶之灾。为了免于这种灾难，为了在抗战胜利之后仍能维持以至扩大其法西斯统治，感到有再来一次大规模的反共行动之必要。

这时英美帝国主义为了利用中国人民的力量和国民党的军队抗击日寇，减轻自己对日作战的损失，于 1943 年 1 月分别和国民党政府签订了所谓"平等新约"，即《中美关于取消美国在华治外法权及处理有关问题之条约与换文》和《中英关于取消英国在华治外法权及其有关特权条约与换文》，宣布取消在华治外法权。同年秋天美英名义上承认中国为世界大国之一的地位，有权有责任参加国际事务。这样就抬高了蒋介石及国民党的身价。蒋介石估计这时美英不会干涉他发动反共高潮。

1943 年 5 月 15 日，共产国际执委主席团根据新的形势，做出了关于提议解散共产国际的决定。共产国际的这一决定，是为了使各国共产党能更好地把马克思列宁主义的普遍真理同本国革命的具体实践相结合，更好地处理本国革命中遇到的极为复杂的问题，同时，也为了揭穿敌人关于各国共产党的行动不是为了本国人民的利益，而是遵从外来的命令的诬蔑，促进各国共产党与各国反法西斯势力建立和加强统一战线。5 月 26 日，中国共产党中央委员会做出关于共产国际执委主席团提议解散共产国际的决定。决定宣布，"自即日起，中国共产党解除对于共产国际的章程和历次大会决议所规定的各种义务"。蒋介石认为，共产国际的解散是他反对共产党的一个借口和机会。

在上述情况下，1943 年 3 月 10 日，由蒋介石署名、陶希圣代笔的《中国之命运》一书首先在重庆出版。全书约 10 万字，共 8 章，分别为：中华民族的成长与发展、国耻的由来与革命的起源、不平等条约影响之深刻化、由北伐到抗战、平等互惠新约的内容与今后建国工作之重心、革命建国的根本问题、中国革命建国的动脉及其命运决定的关头、中国的命运与世界的前途。全书的逻辑就在于纵论内战，阐明蒋介石关于中国历史、革命、

建设及其命运、前途的基本观点。这是一部集蒋介石政治、历史、伦理道德观点之大成的著作，是抗战后期整个国民党政府军政方针的指导思想与政策依据。其主要内容可以概括为：

第一，盛赞中国古代社会封建伦理道德，声称“父子、夫妇、兄弟、朋友之道、上下尊卑、男女长幼之序”，“实为社会生活不变的常理”。

第二，盛赞国民政府同英美两国签订的新约。蒋介石把“国家民族生存独立之大害”“建国失败的主要原因”简单地归结为帝国主义国家强迫中国签订的不平等条约，认为“国民革命”的主要任务就在于只是废除不平等条约。因此，他认为同英美分别签订的“平等新约”就是“历史上划时代的大事”，声称中国从此开始了“新机运”。这就完全避开了反动政权对国家的统治所造成的弊害。

第三，再次强调五项“建设”。他认为“心理建设”最重要的就是“发扬民族固有的精神”；“伦理建设”“以培养救国的道德为基础”，就是恢复“我国固有的伦理”，主要是忠孝；“社会建设”把封建时代的乡社说成是“建国的根本”，即强化保甲制度；“政治建设”“决不以欧美十九世纪个人主义与阶级观念的民主制度为模型”，而是“训政”；“经济建设”是实现“工业化”，“保障”每个国民的生活生存。

第四，宣称“革命建国”的根本问题之一在于推行“力行哲学”，即“诚的哲学”。说什么“知”本于天性，“行”发于真知，诚是行的原动力，“力行就是革命”；根本问题之二在于“自由”与“法治”，说中国人自由不是没有，而是太多，因而必须把“自由”规定在“法定的界限之内”，说要在中国建立一个“法治”的国家。

第五，不但攻击马列主义，也批评资产阶级民主主义，说“个人本位的自由主义与阶级斗争的共产主义”“不外英美思想与苏俄思想的抄袭的附会”。这样的学说与理论“根本上忘却他是一个中国人”，“以某一外国的立场为立场，以某一外国的利益为利益，甚至为帝国主义作粉饰，为侵略主义作爪牙”。他声称要把这些“有害于国家民族”的“妄行邪说”除掉。

第六，蒋介石最后宣称要解决中共问题。他声称，中国的命运已经到了“决定的关头”，“中国从前的命运在外交”，“今后的命运则在内政”，诬蔑中共及其领导下的抗日军队“割据地方”“破坏抗战”“妨碍统一”，宣称要对“变相的军阀和新式的封建”必须铲除掉。

该书发表后，国民党反动派反共声浪甚嚣尘上。6月间，国民党西安劳动营训导处长、复兴社特务头目张涤非假冒“民众团体”名义，召开会议，发表通电，叫嚣“马列主义已经破产”，要求“解散共产党，交出边区”。国民党的中央通讯社把这项消息广为散布，大造反共舆论。国民党报刊大叫中共“应放弃共产主义”，“取消陕北‘特区’”，“从新改编各地之‘红军’”，“解散一切非法组织，停止一切非法行动”。他们更狂叫：中国绝无产生共产党之条件。“中共既系自外生成，今第三国际已告取消，各地支部全行解散，则中共失所秉承，自应乘此机会，宣告解散。”①

6月18日，胡宗南在洛川召开部署进攻陕甘宁边区的军事会议。会后国民党河防大军纷纷西调，粮弹运输络绎于途。集中在边区周围的军队多至四五十万人，准备大举进犯。七八月间反动军队进行了许多次试探性的挑衅进攻。这时国民党发动反革命内战的危机非常严重，中国面临着十分危险的局面。

对国民党准备发动的反共军事活动，共产党领导解放区军民和国统区人民坚决反对和回击。陕甘宁边区军民严阵以待，随时准备打击敢于来犯的军队。7月上旬朱德总司令致电蒋介石、胡宗南等人，严正抗议国民党军队进犯陕甘宁边区的挑衅活动，呼吁团结避免内战。7月9日延安民众3万人举行大会，要求边区人民动员起来，保卫边区，并向全国发出呼吁团结、制止内战的通电。三边绥德等地都举行群众大会，号召制止内战，保卫边区。贺龙在延安民众大会上呼吁全国团结抗战，同时宣布人如犯我，坚决自卫。延安各界紧急动员，进入了战斗的岗位。工人加紧生产，准备战斗。一二〇师全体指战员呼吁制止亲日派祸国阴谋，并决心彻底执行贺龙师长“坚决自卫”的指示。晋察冀举行万人大会，声援陕甘宁边区。刘伯承号召太行人民团结起来反对内战。太行分区举行干部动员大会，决心为保卫党而牺牲一切。邓小平痛斥国民党反动阴谋。晋冀鲁豫文化界发表通电，誓为陕甘宁边区后盾，消灭法西斯思想毒素。陕甘宁边区和其他解放区一致动员起来，为制止内战保卫边区而斗争。华北八路军主力一部调到陕北和晋西北，准备歼灭进犯的蒋军。

制止和抨击第三次反共高潮，在政治思想战线上是一场大规模的革命和反革命的斗争。在这次反共高潮中，蒋介石用自己的名义发表《中国之命运》，大肆宣扬法西斯主义，猖狂叫嚣反共，甚至示意决心发动反共内战。这就给全国人民一个指名彻底批判蒋介石的好机会。对以《中国之命运》为代表的蒋介石集团反动思想体系的批判，是抗日战争时期政治思想战线斗

① 《中共应善谋自处之道》，载《西京日报》，1943-07-26。

争的高潮。

1943 年 8 月 16 日周恩来写了《论中国的法西斯主义——新专制主义》一文。周恩来指出："蒋介石的哲学思想是极端的唯心论"；他提倡"力行哲学，其中心是要人民于不识不知之中，盲目地服从他，盲目地去行"；他的历史观，"是一套复古的封建思想，反映着浓厚的传统的剥削阶级意识"；他的国家观，"是伪托民族国家或全民政治之名，行大地主大资产阶级一党专政之实"；他的政党观"是要全国各党各派都统一溶化于蒋记国民党、蒋记三青团之内"等。①

共产党中央机关报《解放日报》是批判《中国之命运》的主要阵地。毛泽东亲自为该报写了社论《质问国民党》《评国民党十一中全会和三届二次国民参政会》，《解放日报》还发表了一系列的社论和批判文章。这些社论和文章论述了共产党的理论、主张、任务和政策，从各方面批判了国民党的反动思想和政策。

第一，提出了"中国思想界现在的中心任务，就是从思想上彻底打垮和消灭法西斯主义"。为什么提出这个中心任务呢？其重要理由之一，"就是为了战胜侵略我国的法西斯强盗，使神圣的民族解放战争贯彻到底，取得最后胜利。而要达到这个目的，必须在思想上分清敌我，不容丝毫含糊，不容在我们阵营之内还有人宣传法西斯主义或其亚种"。其重要理由之二，"就是为了将来的建国，建立三民主义的新中国，而不是法西斯的中国，或类似法西斯的中国。而要达到这个目的，必须在思想上反对一切误国害民的思想毒素，这种毒素就是法西斯主义或其亚种"。②

第二，揭露了蒋介石"中国式的法西斯主义"，是中国封建思想糟粕和外国法西斯主义的"杂种"。《解放日报》社论指出：国民党反动派是"祖述孔孟……以至西太后的传统的老式封建，是承袭中国近代军阀开山祖曾国藩、胡林翼以至袁世凯、张宗昌……的衣钵的地道军阀。不过还找来了一批'外国'的法西斯主义，充实一番，中西合璧，造成了中国式买办封建的法西斯主义"。③"中国法西斯主义者之所谓'继承民族传统，排斥外来思想'，实际上就是继承中外文化中一切丑恶方面之大成，排斥中外文化中一切优良的

---

① 《论中国的法西斯主义——新专制主义》，见《周恩来选集》上卷，145～148 页，北京，人民出版社，1980。

② 《中国思想界现在的中心任务》，载《解放日报》，1943-05-05。

③ 《没有共产党，就没有新中国》，载《解放日报》，1943-08-25。

成分。这就是现在中国大地主大资产阶级反动的政治代表所提倡的中国式的法西斯主义之内容”。①

第三，批判了法西斯主义的哲学基础“诚”的哲学。艾思奇在一篇文章中指出，《中国之命运》所宣扬的“诚”的哲学，是极端唯心论的愚民哲学。它“在‘真知’的名义下要求人民无知，在‘力行’的名义下要求人民盲从”。蒋介石等所大肆宣扬的反动概念“诚”，“不外就是迷信的代名词”。这和要求善男信女诚心诚意去敬菩萨一样。蒋介石“‘诚则灵’的招牌，其作用正和和尚、道士的招牌一样，不过是索取贡品的幌子罢了”。②

胡绳的文章深刻地指出：“诚”是唯心论的神秘主义的东西。这种哲学虽然看来完全是玄虚之谈，但仍是与一定的社会政治的实际意图相联系的。所谓“尽性致诚”论的作用不外乎消灭人民大众的自觉的实践。所以在长期的东方专制主义政治下，“诚”这个概念，“在神秘的外衣下被抬上神圣的殿堂，使人顶礼膜拜，作为欺蒙与麻醉奴隶人民的思想工具，这是我们不能不加以揭穿的”。如果把“诚”当作行为的原动力，那就是说只要从主观直觉出发，爱怎样干就怎样干，这就是法西斯主义的行动论。这是反对科学，反对理性，发扬兽性的行为。这样，“东方专制主义的‘诚’的神秘主义就和近代最反动倒退的反对人民大众的法西斯思想一脉相通，那正是我们更不能不加以揭穿的”。③

第四，驳斥了国民党反动派的“奸党”“奸军”“新式封建”“变相军阀”之类的诬蔑，说明了中国共产党及其领导下的解放区和人民军队在抗战中的伟大作用。指出：“如果今日的中国，没有中国共产党，那就是没有了中国。如果中国共产党革命失败了，那亦就是整个中国国家的失败。简单地说，中国的命运完全寄托在中国共产党。”④

蒋介石发动的这次反共活动，不仅激起解放区军民以至全国人民的强烈反抗，而且遭到国统区中间势力的指责和国际舆论的反对。如职教社主办的《国讯》即曾呼吁“每人把他所有智力和体力”，“尽量贡献给中华民族生存的抗战”，反对把力量消耗在内战上。在国际上，苏联报刊尖锐地指责国

---

① 《抗战与民主不可分离》，载《解放日报》，1943-06-14。

② 艾思奇：《〈中国之命运〉——极端唯心论的愚民哲学》，载《解放日报》，1943-08-11。

③ 胡绳：《论诚》，载《群众》，第八卷第20、21期合刊，1943-12-01。

④ 《没有共产党，就没有新中国》，载《解放日报》，1943-08-25。

民党的反共行为，认为国民党政府“挑拨各种冲突与事变，一直到武装的冲突，极力地破坏国民党与共产党的军事合作，煽动迫害与取消八路军与新四军的行动”，是帮助日寇征服中国。美英要利用中国抗击日本，因此也不赞成国民党在这个时候发动内战。美国的《纽约时报》《纽约论坛报》都曾批评国民党抗战不力和挑起内战之非。

在蒋介石的反共内战还没有正式发动起来的时候，已遭到国内外的一致反对。在这种形势下，国民党顽固派感到一意孤行下去，将处于十分不利的境地，因此不得不停止军事进攻。9月，蒋介石在国民党五届十一中全会上声称：“中共问题是一个纯粹的政治问题，因此应该以政治方法来解决。”国民党一方面承认政治解决的原则，另一方面又大肆诬蔑共产党，在它所把持的三届二次国民参政会上通过了一个反共的决议案，但重申“中共问题应以政治方法解决”。国民党采取的策略是用拖和骗的办法，继续实行法西斯独裁和准备在适当的时机发动内战，鉴于国民党被迫停止了第三次反共高潮，中国共产党为了坚持统一战线，坚持抗战，在《解放日报》上提出愿意随时恢复两党的谈判。随后国民党和共产党恢复了谈判。

六、欧洲战场的重大胜利　美军对日军展开反攻

1942年7月，侵苏德军在占领罗斯托夫后，集中精锐部队20个步兵师、三个机械化师、四个骑兵师、五个战车师和几千架飞机，向斯大林格勒进攻。8月25日完成了对该城的包围。德军进攻的目的是夺取该城，然后一方面北攻莫斯科，一方面南出波斯湾，打通德、日联系。经过48天极为激烈的争夺战，德军始终没能攻下斯大林格勒。11月19日，苏军转入反攻。1943年2月2日，将被围的德军全部歼灭。在这次战役中德军死亡被俘32万余人，损失坦克3000辆，飞机2000架。斯大林格勒战役的胜利，是苏德战争的转折点，也是第二次世界大战的转折点。经过这次战役，德军从战略进攻开始转入战略防御，苏军从战略防御开始转入战略反攻。这次战役的胜利对日本也是一个沉重的打击。日军很久以来就在等待的进攻苏联的机会，是不会到来了。这次战役的胜利使德国的同盟国意大利、罗马尼亚受到很大震动，在这些国家里开始出现了单独讲和的征兆。

1943年7月5日，希特勒德国企图挽回不利的军事形势，在库尔斯克地区发动了进攻。苏军从7月12日转入反攻，8月23日收复哈尔科夫，取得了这次战役的胜利。从此苏军牢固地掌握了战争的主动权。从8月开始，

苏军转入战略总进攻。

在北非战场，1942 年 10 月英军对攻入利比亚、埃及的德意军队展开反攻。11 月美、英联军利用德、意等国的主力部队投入斯大林格勒战役的时机，在北非一些地方登陆。1943 年 5 月，北非德、意军投降，北非战役结束。

1943 年 7 月，美、英联军在西西里岛登陆，开始了进攻意大利的作战。美、英军队的登陆促进了意大利人民群众的反法西斯斗争，加速了统治阶级内部的分裂。法西斯蒂党头子墨索里尼被罢免，由巴多里奥组织新政府。9 月初美英军在意大利半岛登陆。9 月 3 日巴多里奥政府签署了停战协定。10 月 13 日，意政府对德国宣战。

随着苏、美、英对德、意作战的胜利，德国占领下的法、比、荷、波、捷、挪威、丹麦、希腊、阿尔巴尼亚等被占领国家的民族解放运动都有了发展。意大利的抵抗运动发展得更为强大。德国人民反对法西斯统治的斗争也开展起来了。

经过 1943 年一年的作战，苏军和美英联军在各个主要战场都占了优势，掌握了战争主动权。随着战争形势的发展，世界反法西斯联盟空前扩大。德国法西斯方面则连战皆败，损兵折将，陷入被动挨打的困境。这一年是法西斯集团开始瓦解的一年。

日本帝国主义在发动太平洋战争后的半年内，先后占领了菲律宾、马来西亚、缅甸、印度尼西亚，一直推进到澳大利亚附近。1942 年 6 月 4 日，日本集中了大量兵力进攻中途岛，遭到美军的反击，损失航空母舰四艘和 250 多架飞机。中途岛海战是太平洋战局的转折点，此后日军由攻势转为守势，美军由守势转为攻势。

8 月上旬，美军在瓜达耳卡纳耳岛登陆，这是同盟军在太平洋上展开正面反攻的开始。从美军在瓜岛登陆到 1943 年初，日军举行了几次反攻，企图夺回该岛，但全归失败。2 月，日本守军几乎全军覆没，瓜岛被美军占领。在瓜岛争夺战中，日军损失 40 艘军舰和大量飞机，两个精锐的陆军师也被美军打败。在这次争夺战中，日本帝国主义损失了所有可能调动的陆海空军兵力。从此日军丧失了作战主动权，美军转入战略总反攻，日军则节节败退。

第三节　民主运动的再兴起　着眼于战后的各种政治主张的发表

一、豫湘桂战役和中国军队的大溃败　中国军队在滇缅战场的胜利

1943 年至 1944 年春，日军在太平洋上步步失利，西方的希特勒有摇摇欲坠之势。日军为援救其侵入南洋的孤军，并准备在中国大陆作最后挣扎，急需打通由中国东北直到越南的“大陆交通线”。同时，日本由于对国民党的诱降政策还没有得到结果，认为有给它再一次打击的必要。因此，在 1944 年 4 月，发动了豫湘桂战役。

4 月 18 日，日军从豫东中牟渡过黄泛区，开始了对河南地区的进攻。在敌军五六万人的进攻之下，几十万国民党军队不战而溃，汤恩伯部损失 2/3 以上。胡宗南派到河南的几个师，也是一触即溃。4 月 22 日，具有重要战略地位的郑州陷落，5 月 25 日，洛阳被敌占领。在历时 37 天的河南战役中，国民党丢失城市 38 座，损失兵员 20 多万。

河南战役后，日军又调集 10 万兵力，由洞庭湖两侧地区，开始对湖南的进攻作战。不下 40 万人的国民党军队见敌即溃。5 月 27 日，敌人在岳阳以南突破国民党军第一道防线，6 月 17 日开始进攻长沙，19 日国民党军队弃城逃走。敌军向粤汉、湘桂两条铁路的联结点、东南和西南空军基地的中间联络站衡阳进攻。6 月 22 日日军进到衡阳外围，23 日衡阳保卫战开始。守军第十军孤军奋战，战况非常激烈，守军伤亡极大。8 月 4 日日军发起总攻，中国军队经奋战后，已无力抵抗。第十军军长方先觉决定投降。衡阳于 8 月 8 日失陷。

9 月初，日军自衡阳出动，沿湘桂铁路向广西进犯。为呼应湖南方面南下的日军，广东之敌分别沿西江西犯和自雷州半岛北犯。国民党军队依然不堪一击，11 月 10 日桂林失陷，第二天柳州又失陷。日军再从柳州南犯，与由越南北上之敌会攻南宁，24 日国民党守军弃城逃跑。12 月 10 日，两股敌军在南宁会合。至此，日军打通大陆交通线的目的告成。

从 1944 年 4 月中旬至 12 月初，短短八个月内，中国损失兵力五六十万，丧失了河南、湖南、广东、广西、福建等省的大部和贵州的一部分，丢掉了洛阳、长沙、福州、桂林四个省会和郑州、许昌、宝庆、柳州、温

州等146个中小城市，衡阳、零陵、宝庆、桂林、柳州、丹竹、南宁七个空军基地和36个飞机场，丧失国土20多万平方千米，使6000万人民陷于日军铁蹄之下。

国内的中国军队因消极抗战而大溃退，在滇缅战场的中国军队却形成鲜明对比，展开了反攻。1942年8月，退往印度的中国远征军集结于兰姆珈，成立中国驻印军总指挥部，由史迪威任总指挥。驻印部队及以后从国内运去的部队，改编为新一军和新六军，接受美军的训练和装备。退至滇西的远征军及新增加的部队，于1943年春重建中国远征军司令长官司令部。所辖部队也接受美军的训练和装备。美蒋商定，不经过国民政府的军政部，由美方直接装备12个军。

1943年春，美军接替英国人修筑雷多公路(从印度的雷多到缅甸的密支那)，以便打通中印陆路交通。中国驻印军负担掩护任务。为打退日军的袭击，加速筑路进程，驻印军从10月开始先后在胡康河谷等地进行了多次战斗，并于1944年8月初攻占密支那，11月中旬攻占八莫。1945年春又先后攻占南坎、腊戍等地。

为策应驻印军在缅北的作战，滇西远征军于1944年5月中下旬西渡怒江攻击日军。9月先后攻克松山、腾冲，11月初进占龙陵，中旬攻占芒市。1945年1月中旬攻克畹町。27日，远征军和驻印军在芒友会师，打通了中印公路。不久驻印军被调回国内。

二、国统区人心的巨变　民主运动的再兴起

皖南事变后，中共仍坚持团结抗战的方针，于1942年夏到1944年，多次派代表到重庆同国民党谈判，解决全国政治问题和国共两党关系问题。但因蒋介石反对人民改革政治的要求，谈判始终未获结果。

1944年9月，国民参政会三届三次会议在重庆召开。此时恰逢国民党军队在豫湘桂战场大溃退，再加上前述国民党官僚资本利用抗战而迅速膨胀，对各行业的垄断以及民族工商业、农业的衰落等因素，国民党政治上、经济上的腐败到了无法掩饰的地步。全国人民强烈要求废除国民党的寡头统治，彻底改变误国政策，驱逐政府中的失败主义法西斯主义分子，挽救国家的危局。9月15日，林伯渠代表中共中央在参政会上报告了四个半月来国共谈判的经过和失败的症结，代表中共中央正式提出立即结束国民党一党专政，成立民主联合政府的主张。林伯渠声明：“我们认为挽救目前抗

战危机准备反攻的救急办法，必须对政府的机构人事政策迅速来一个改弦更张。”“希望国民党立即结束一党统治的局面，由国民政府召集各党各派、各抗日部队、各地方政府、各人民团体的代表，开国事会议，组织各抗日党派联合政府。”10月10日，周恩来在《如何解决》的讲演中，代表共产党进一步阐明了召集各方代表开紧急国事会议，成立联合政府的具体步骤：第一，各方代表，应由各抗日党派、各抗日军队、各地方政府、各民众团体自己推选，人数应按各方所代表的实际力量比例规定。第二，国事会议，应于最近期间召开。第三，在国事会议上，根据孙中山先生革命的三民主义的原则，通过切合时要、挽救危机的施政纲领，以彻底改变现在国民党政府所执行的军事、政治、经济、文化等错误政策。第四，在众所公认的共同施政纲领的基础之上，成立各党派的联合政府，以代替目前的一党专政的政府。第五，联合政府须有权改组统帅部，延纳各主要军队代表加入统帅部，成立联合统帅部，以保证抗战的胜利。第六，在联合政府成立后，应即重新着手筹备真正普选的国民大会，准备于最短期间召开，以保证宪政的实施。

1945年元旦，蒋介石发表广播讲话，企图用召开所谓国民大会的空言，来平抑众怒，抵制建立联合政府的主张。3月10日，他又在宪政实施协进会上声称：共产党最近要求立即取消党治，将政权交给各党各派组织的联合政府，“而我政府的立场是：准备容纳其他政党(包括共产党)及无党无派的有志之士参加政府，但在国民大会召开以前，政府不能违反建国大纲，结束训政，将政治上的责任和最后的决定权，移交于各党各派，造成一种不负责任的与理论事实两不容许的局面”。他还说组织联合政府将招致抗战失败国家紊乱。他的“结论”是：“吾人只能还政于全国民众代表的国民大会，不能还政于各党各派的党派会议或其他联合政府。”最后他说要在1945年11月12日召开国民大会，实现宪政。

在蒋介石演讲的次日，共产党通过新华社给以严厉的驳斥，指出蒋介石的这个演讲“鲜明地反映了国民党内最反动集团的立场和企图”，是专制主义者的一篇“低级遁词”。所谓组织联合政府将招致抗战失败国家紊乱，那么18年来中国并无联合政府，只有蒋介石的独夫统治，难道抗战还未失败，国家还未紊乱么？中国共产党之所以提出组织民主的联合政府，正是反映全国人民公意，为了挽救由于蒋介石独裁统治所造成的抗战失败国家紊乱的可怕现象。新华社在评论中一针见血地指出，蒋介石及国民党内最反动的专制主义者们，现在遇到了空前的危机。但他们不愿顺从民意，废止独夫统治，成立联合政府，却想寻一件民主的外衣，来包裹其反革命法西斯的躯壳，这就是所谓“还政于民”与召开国民大会的实质。

共产党提出的废除国民党一党专政，成立民主联合政府的号召，获得了各阶层人民的热烈响应。各阶层人民的民主运动前进到一个新的阶段。国统区各界社会人士张澜、沈钧儒、郭沫若、冯玉祥、李济深、陶行知、柳亚子等纷纷抨击国民党一党专政。广大工人学生还举行了示威游行。民主运动出现了新的高涨。

工人阶级以实际行动响应中国共产党的号召。其中规模最大影响最广的是追悼胡世合的群众性斗争。1945 年 2 月下旬，重庆电力公司工人胡世合，因制止特务偷电，被开枪打死。《新华日报》号召工人和各界群众起来抗议特务暴行，得到了各阶层群众和舆论界的普遍响应，全市各阶层人民举行了大规模的示威游行，参加的工人和市民总计在 20 万人以上。重庆的工人、学生、解放区的工人组织和沦陷区驻后方的上海工人协会，纷纷捐款致电慰问死难家属及受伤工人，抗议国民党暴行，要求取消国民党一党专政和特务统治，成立民主联合政府。国民党在群众的压力下，不得不宣布枪决行凶的特务。这次政治事件，鼓舞了各阶层广大群众对国民党独裁统治的斗争。

在国民党统治下的农村，农民不断掀起反抗斗争。1944 年 7 月，河南桐柏、遂平、唐河、确山、泌阳、信阳和湖北随县、应山等县农民，为反对国民党军勒索、拉丁而起义。国民党派六十九军二十八师前往镇压，屠杀了男女老幼 5000 余人。各县农民群起反抗，组织了农民救国军，提出了“反对不抗日的军队”等口号，将扰害人民的二十八师全部缴械。1945 年，陕南第八行政区农民起义攻占县城，要求免丁免粮。四川宜宾县起义农民也一度攻入县城。贵州有万余农民起义，夺到步枪二三千支，一度占领三都县城，这些民变，反映了国民党政府和广大农民之间的尖锐矛盾。

在中国共产党提出的结束国民党一党专政、建立民主联合政府的号召下，国民党统治区各党派各阶层人民反对蒋介石独裁，要求抗战与民主的声浪越来越高。1944 年 9 月 24 日，重庆各党派各阶层代表 500 余人举行会议，共产党人董必武在会上讲了话。与会人士强烈要求彻底结束国民党一党专政，召开国事会议，制订改组国民党政府的具体办法。10 月，宋庆龄、张澜、郭沫若等 72 人发起追悼邹韬奋的大会，参加大会的各界人士数千人，对国民党的寡头统治表示了极大的愤恨，提出要向法西斯统治展开更积极的斗争。同月，成都 2000 余人举行国事座谈会，要求取消一党专政，迅速成立联合政府。民主政团同盟于1944年9月取消“政团”二字，改称民主同盟，并在重庆召开全国代表大会。10月10日发表了《对抗战最后阶段的政治主张》，要求“立即结束一党专政，建立各党派之联合政权，实行民主政治”。昆明的一些大学教授创办了《自由论坛》杂志，宣传民主，反对专制。1945年元旦，救国会领导人沈钧儒、第三党领导人章伯钧、中华职业教育社领导人黄炎培等，纷纷发表“献言”“献词”和“希望”，呼吁和要求：一切抗战部队“真正联合作战”，国民党与各党各派切实合作，早日实现“举国一致之政府”等。抗战后期，民主党派的若干成员在认识上较以前有很大提高。他们看到国民党的独裁腐败，对它已失去信心，而对共产党有了进一步的了解与同情，逐渐认识到民主是解决国内问题的先决条件，改变了抗战初期把民主与统一并提的主张。他们企图在国共两党之间发展自己的政治力量，实现自己的政治主张。但是他们反对蒋介石独裁，要求抗战与民主，是有重大积极作用的。

民族工商界的人士本来对国民党敢怒不敢言，这时也开展了反对四大家族垄断专卖的斗争，并和共产党往来。从1944年到1945年，工商界几乎天天有几个行业向国民党请愿，提要求，开记者会，弄得国民党穷于应付。

1945年春，国民党统治区人民反对国民党法西斯独裁，要求成立联合政府的民主运动更加蓬勃开展，集会规模由几十人、几百人、几千人发展到上万人，斗争形式由座谈会、讲演会发展到游行示威。5月4日，昆明近两万学生在开完纪念“五四”大会后，举行游行示威，高呼“立刻停止一党专政”，“召开国事会议，组织联合政府”，“取消特务组织”，并一致通过成立昆明学联，以便统一行动，并以昆明学联促进全国学联的成立。

国民党统治区民主运动的高涨，孤立和打击了以蒋介石为代表的顽固势力，使革命统一战线更加扩大。这不仅有利于当时的抗战，而且为抗战胜利后围绕政治协商会议的斗争，准备了有利的条件。

三、美国对华政策的变化

太平洋战争爆发后，美国为了利用中国对日作战和控制中国政府，以大量贷款、军火援蒋并替蒋训练军事人员。1942年2月，美国给中国5亿美元的贷款。6月，在华盛顿签订了8.7亿美元的中美租借物资协定，规定美国以军火和军用物资供给国民政府，国民政府则“供给美国各种物品、人工便利及情报”。从1943年起，一批美国军官，在中国训练国民党军官，到年底为止，在一个炮兵学校受训毕业的军官有5000名以上，在一个步兵学校受训毕业的军官有3000名以上。1943年11月，中国空军与美在华空军编成混合大队，由美国第十四航空队司令兼蒋介石的空军参谋长陈纳德指挥。为了加强蒋介石的特务统治和为美国提供情报，美国还派遣特务头子梅乐斯来华，与国民党军统特务头子戴笠合作，于1943年5月，在重庆建立"中美特种技术合作所"，并在各地设立各种训练班，训练与装备国民党特务、警察。

美国的对华政策，存在两种不同的意见。一种是承认中国人民的武装力量及其领导者中国共产党，主张和这个力量合作，反对蒋介石利用美元打内战，以便利用中国人民的力量抗击日本。另一种是不承认中国革命力量只承认国民党政府及蒋介石，支持中国的反动势力。随着反法西斯战争的胜利进展，随着民族独立人民民主和反共反民主两种世界潮流、光明的中国和黑暗的中国两个中国之命运斗争的加剧，美国政府的对华政策愈来愈露骨地表现为扶蒋反共。美国总统罗斯福在1943年11月开罗会议期间曾谈到，尽管只有中国共产党坚持抗日，尽管蒋介石"不打日本人"而"把他大部分最精锐的军队驻屯在西北——红色中国的边境上"，采取一种结局对他"政治上大为有利的方式"来推行战争，"而不愿尽量迅速地来结束战争"，但是美国在中国却"不得不依靠"蒋介石。①

1944年，中国共产党领导的解放区战场取得了局部反攻的胜利，八路军新四军及解放区迅速发展。而国民党军队则在豫湘桂战役中遭到惨败，国民党反动统治遇到了空前的危机。由于当时日本还拥有强大的实力和优越的战略地位，对日战争胜利的迟速，在很大程度上取决于中国战场，因此，国民党军队的节节败退，对于美国在太平洋作战是不利的。尤其使美国感到焦虑的是国共两党势力的消长。他们认为"中国共产党已变成中国最有动力的力量"，而"国民党与国民政府日趋崩溃"。如果美国不采取一定措施，"就中国境内实力的新形势加以调整"，那么，在这两种力量的战争中，"共产党将必然会胜利"。② 为了加强中国对日抗战的能力，减少美国对日反攻的困难，扭转中国这种十分明显的政治趋向，一方面美国授意蒋介石与中共谈判，于1944年6月派副总统华莱士，以"调谐国共关系"为名前来中国活动，对蒋介石施加压力，要他进行一些改革，对共产党问题寻求"和平

① 小罗斯福：《罗斯福见闻秘录》，22、146、154页，上海，新群出版社，1947。

② 《中美关系资料汇编》第一辑，133页，北京，世界知识出版社，1957。

的解决”，缓和广大人民的不满情绪，加强抵御日本的军事能力；另一方面，企图通过谈判的方式诱使中国共产党把军队交给国民党。

1944 年 7 月初，罗斯福亲自写信给蒋介石，以补救中国局势的“危急”为理由，提出要史迪威直接指挥中国的一切部队，包括共产党的军队。对此，蒋介石于 7 月 8 日复信罗斯福，表示“原则上赞成”，但实际上反对。这期间，蒋介石同史迪威在权力的争夺上，尤其在如何看待共产党军队问题上发生了严重冲突。因此，蒋介石要罗斯福派一个有全权的私人代表来同他合作并协调同史迪威的关系。

8 月，美国总统任命赫尔利为总统私人赴华代表，同时任命战时生产部主席纳尔逊为总统代理人，赴华研究中国“急剧恶化的”经济。赫尔利最初的使命是协调蒋史关系以利于史迪威行使指挥权。9 月 6 日赫尔利到达重庆。

蒋介石虽然接受了美国要他同共产党谈判的主张，但对于美国要他进行政治改革、不以武力进攻共产党是反对的。他仍然避免对日作战，以保存军事实力，并把军事失败的原因推到美援不足上，以便向美国索取更多的军火和金钱。这时，国际形势发生了巨大变化，希特勒崩溃在即，日本的败局已定。美国为了阻止中国人民的胜利，防止国民党统治的垮台，以便在战后把中国变为美国的殖民地和控制亚洲及太平洋的基地，已不再强调蒋介石的对日作战，而侧重于巩固蒋介石的地位。10 月中旬美国总统决定召回史迪威，另派魏德迈为中国战区美军司令兼蒋介石的参谋长。11 月 1 日驻华大使高思辞职。11 月 30 日赫尔利继任驻华大使。他的主要使命是“防止国民政府的崩溃”，“支持蒋介石作为中华民国的主席与军队的委员长”，帮助蒋介石“统一中国境内一切军事力量”。① 这是当时美国在中国问题上的“主要目标”。② 史迪威被召回国和赫尔利出任驻华大使，是美国采取公开扶蒋反共政策的标志。此后，美国加紧从各方面支持蒋介石政府，极力扩张在华势力。1944 年 11 月，在重庆成立国民党政府战时生产局，它实际上是美国包办控制中国经济的一个机构。12 月，在美国协助下，国民政府在昆明成立了中国陆军总司令部，总司令为何应钦，副总司令龙云、卫立煌。美国直接掌握这个国民党军队的指挥机构。在这个机构的主持下，用大批美国武器装备和训练国民党军队。1945 年 1 月，由美国操纵的国民

① 《中美关系资料汇编》第一辑，139 页。

② 《中美关系资料汇编》第一辑，604 页。

政府战时运输管理局在重庆正式成立。

美国一方面大力扶植蒋介石，积极扩张侵略势力；另一方面反对中国共产党和中国人民，以调停国共争端为名干涉中国内政。

1944年11月，赫尔利以罗斯福私人代表、国共两党调解人的身份到延安，与中国共产党进行谈判。他表示赞同中共方面提出的废止国民党一党专政、成立民主联合政府的计划。双方达成了建立民主联合政府和联合统帅部的五点协议。赫尔利又支持蒋介石提出三点反建议，其主要内容是：组织一个由美国人主持、国共两党各派一人参加的三人委员会，来整编中共领导的武装，交由蒋介石委派的一名美国军官指挥，然后由国民党承认共产党的“合法地位”，“邀请”一些共产党员到国民党政府里去“做官”。蒋提出这个建议是为了抵制中共关于成立民主联合政府的主张和吞并人民军队。为了在五点协议的基础上继续谈判，12月，周恩来提出了释放一切政治犯、撤退包围边区及袭击新四军之国民党军队和华南反共军队、废止一切限制人民自由之压迫性法令、停止一切特务活动等四点具体意见，要赫尔利转达国民党政府。蒋介石不但拒绝这些条件，反而在1945年元旦悍然宣布要召开国民党御用的国民大会，公开拒绝关于成立联合政府和联合统帅部的主张。到了3月，他更进一步说，中共必须先交出军队，然后他才给以“合法地位”。所有这一切，同美国政府的支持是分不开的。

在中国共产党的揭露和斗争下，美蒋要共产党交出军队的企图遭到破产。于是赫尔利就撕破伪装，1945年4月，他以美国驻华大使身份，在华盛顿公开发表声明，说蒋介石“并无法西斯心理”，他的目标是使国家走向“民主政府”。中国“统一”的障碍在于“武装的政党”共产党。宣称美国只同蒋介石合作，不同中共合作。至此，美帝国主义者的面目充分暴露。

四、中国共产党第七次全国代表大会 中国国民党第六次全国代表大会 中国民主同盟在抗战最后阶段的声明

在世界反法西斯战争和中国抗日战争即将取得最后胜利的前夜，在两种中国之命运的斗争日益尖锐的重要关头，为了团结全党和全国人民，彻底打败日本侵略者，用全力去争取光明的中国之命运，反对黑暗的中国之命运，中国共产党于1945年4月23日至6月11日，在延安召开了第七次全国代表大会。出席大会的代表547人，候补代表208人，代表着全党121万党员。这是中国共产党历史上空前盛大的一次全国代表大会。

在4月21日大会预备会上，毛泽东提出这次大会的方针是：团结一致，争取胜利。毛泽东主持了这次大会。他在开幕词中指出："在中国人民面前摆着两条路，光明的路和黑暗的路。有两种中国之命运，光明的中国之命运和黑暗的中国之命运。"即使打败日本之后，也还是有这样两个前途。党的任务是用全力去争取实现光明的前途。接着，毛泽东代表中共中央作政治报告《论联合政府》，进一步分析了中国在战后所存在的两种可能性和两种前途。他论述说，从整个形势来看，当前，在中国人民面前好坏两个可能性、好坏两个前途都存在着。"继续法西斯独裁统治，不许民主改革；不是将重点放在反对日本侵略者方面，而是放在反对人民方面；即使日本侵略者被打败了，中国仍然可能发生内战，将中国拖回到痛苦重重的不独立、不自由、不民主、不统一、不富强的老状态里去，这是一个可能性，这是一个前途"。第二个可能性，第二个前途是"克服一切困难，团结全国人民，废止国民党的法西斯独裁统治，实行民主改革，巩固和扩大抗日力量，彻底打败日本侵略者，将中国建设成为一个独立、自由、民主、统一和富强的新国家"。共产党和全国人民的伟大任务，就是"竭尽全力地去反对第一个可能性，争取第二个可能性，反对第一个前途，争取第二个前途"。

他指出，为了争取光明的前途，中共必须实行一条马克思列宁主义的政治路线，即："放手发动群众，壮大人民力量，在我党的领导下，打败日本侵略者，解放全国人民，建立一个新民主主义的中国。"这条政治路线是中共的新民主主义革命总路线在新的历史阶段的具体化。这条政治路线为全党和全国人民指明了打败日本侵略者，建立一个新民主主义的中国的奋斗目标。要实现这个目标，就必须立即废止国民党一党专政，建立民主联合政府。而放手发动人民群众、壮大人民力量，是实现这个目标的根本途径。放手发动群众，主要是发动农民；壮大人民力量，重点是发展壮大人民军队和解放区。这条政治路线指明了加强共产党的领导是实现上述革命目标的根本保证。加强党的领导，是打败日本侵略者，建设新中国的根本保证，同时也是使中国民主革命胜利后，继续向社会主义发展的根本保证。没有中国共产党的努力，没有中国共产党人做中国人民的中流砥柱，中国的独立和解放是不可能的，中国的工业化和农业近代化也是不可能的。

报告提出了中国共产党的具体纲领，它们是：彻底消灭日本侵略者，不许中途妥协；废止国民党一党专政，成立民主的联合政府；彻底实现人民的言论、出版、集会、结社、思想、信仰、身体等基本的自由；反对独裁者的专制的统一，实现人民的民主的统一；军队属于国家，创造人民的军队；实行土地制度的改革，解放农民；发展工业，使中国由农业国变为工业国；建立民族的、科学的、人民大众的新文化和新教育；承认民族自决权，实行各民族一律平等的民族政策、实行保持世界和平、互相尊重国家的独立和平等地位的外交政策。这些都是将来的新中国的基本政策原则。

刘少奇在七大上作关于修改党章的报告。他首先说明了修改党章的原因，说党章从1928年六次大会修改以后，到现在已有17年了，党的六大通过的党章已有许多部分不能适用，17年革命斗争中所积累起来的极丰富极重要的经验也必须充实到新党章中去，以加强党的建设，动员全党去执行新的政治任务。因此“七大”必须制定完全适合于新的情况的党章。他接着就党章的总纲、党员、党员的义务与权利、党内的民主集中制、干部、党的基础组织、奖励与处分、党的严肃性与灵活性诸问题作了说明。在关于党章的总纲的说明中，他解释了四个问题。一是关于我们党的性质问题，他指出：我们党是中国工人阶级的先进的有组织的部队，是它的阶级组织的最高形式。它代表中国民族与中国人民的利益。它在现阶段为实现中国的新民主主义制度而奋斗。它的最终目的是在中国实现共产主义制度。二是关于党的指导思想问题，他指出，我们党要以毛泽东思想作为一切工作的指针。“毛泽东思想，就是马克思列宁主义的理论与中国革命的实践之统一的思想，就是中国的共产主义，中国的马克思主义。”三是关于中国革命的特点问题。四是关于党的群众路线问题，他指出，“党的群众路线，是我们党的根本的政治路线，也是我们党的根本的组织路线”。

大会讨论了刘少奇的报告和新的党章草案，制定了新的党章。新党章对于党的性质、党的指导思想、党的基本纲领和基本任务、党的组织原则和党的作风都作了明确的规定。它具有以下几个主要特点：

第一，新党章最显著的特点，就是把毛泽东思想确定为党的指导思想。新党章的总纲规定：“中国共产党，以马克思列宁主义的理论与中国革命实践之统一的思想——毛泽东思想，作为自己一切工作的指针。”在党章的条文上又规定，努力学习马克思列宁主义、毛泽东思想是每个党员的义务。

第二，新党章的另一个特点，是强调了党的群众路线。新党章充分体现了共产党的群众路线的优良传统与作风。新党章的总纲规定：中国共产党人必须具有全心全意为中国人民服务的精神，必须与工人群众、农民群众及其他革命人民建立广泛的联系。每一个党员都必须理解党的利益与人民利益的一致性，对党负责与对人民负责的一致性。每一个党员都必须用心听取人民群众的呼声和了解他们的迫切需要，并帮助他们组织起来，为实现他们的需要而斗争。

第三，新党章对党的民主集中制作了详细的规定，增加了党员义务和权利的新条文。民主集中制是党的组织原则。新党章的总纲规定："中国共产党是按民主的集中制组织起来的，是以自觉的、一切党员都要履行的纪律联结起来的统一的战斗组织。中国共产党的力量，在于自己的坚强团结，意志统一，行动一致。"在新党章条文中把服从党的纪律规定为党员的义务，以保证高度的集中。同时，又把在党的会议上批评党的任何工作人员、向党的任何机关直至中央提出建议和声明，规定为党员的一项权利。

新党章的制定，巩固了延安整风的成果，进一步加强了党的思想建设和组织建设，从而使全党能够在以毛泽东为首的党中央领导下，团结一致，去实现党的"七大"所提出的伟大而艰巨的任务。

"七大"另一项重要内容，是朱德作《论解放区战场》的军事报告。这个报告依据毛泽东所作政治报告提出的党的总任务、总路线，指明了共产党在三种不同地区的军事任务。在全国，要求改组国民党一党独裁的统帅部，成立一个民主的联合统帅部，改造国民党的经常打败仗、经常压迫人民和经常排斥异己的军队。在沦陷区，加强对沦陷区人民的政治争取工作和组织工作，加强对敌伪军警的政治影响以争取他们反正，加强敌后各城市工作和组织地下军。解放区的军事任务是，(一)扩大解放区，缩小敌占区；(二)扩大人民武装，消灭与瓦解敌军；(三)加强正规兵团、地方兵团和民兵的训练；(四)提高军事技术；(五)加强指挥机关；(六)准备大反攻的物质基础；(七)加强优待抗属、抚恤伤亡、安置残疾军人及退伍军人的工作；(八)加强军内军外的团结。上述一切的中心战略任务，是实行从抗日游击战争到抗日正规战争的战略转变，以迎接抗日大反攻。

中国共产党的第七次全国代表大会是一次团结的大会、胜利的大会。这次大会始终洋溢着非常民主、非常团结、非常融洽的气氛。这次大会是团结的模范，自我批评的模范，又是党内民主的模范。经过这次大会，全党在毛泽东思想的旗帜下，达到了空前的团结和统一。这就为争取抗日战争的胜利，实现中国的光明的前途，提供了可靠的保证。

1945年6月19日，在延安召开了中国共产党七届一中全会，选出新的中央领导机构。毛泽东为中央委员会主席兼中央政治局、中央书记处主席。毛泽东、朱德、刘少奇、周恩来、任弼时、陈云、康生、高岗、彭真、董必武、林祖涵、张闻天、彭德怀为政治局委员。毛泽东、朱德、刘少奇、周恩来、任弼时为中央书记处书记。与中共召开"七大"同时，中国国民党也于1945年5月5日至21日，在重庆召开了第六次全国代表大会。同中国共产党第七次全国代表大会相反，这是代表另一种中国之命运即黑暗的中国之命运的大会。

国民党这次大会的议题之一，就是决定坚持独裁，拒绝联合政府。它装出一副“还政于民”的姿态，决定在1946年11月12日召集国民大会，并由这个大会通过宪法。国民党所要召集的国民大会的代表，是早在抗战前由国民党中央指定或由国民党包办“选举”出来的，所要通过的宪法是以抗战前国民党公布的“五五宪草”为依据，国民大会的职权及其他有关问题，由国民党中央执行委员会决定。这样的实施宪政，不过是把独裁大权从左手交给右手。蒋介石在开幕词中说：“在实施宪政以后，本党的责任不但不因之减轻，而无宁更为加重。”实际上是使那个完全没有民意基础的、强按在人民头上的国民政府，披上合法的外衣。他们装模作样地“还政于民”，实际上依然是“还政”于国民党内的反人民集团。

这次大会通过了《本党政纲政策案》《土地政策纲领》《农民政策纲领》《农业政策纲领案》《工业建设纲领实施原则案》等文件。这些文件的主要内容有：“都市土地一律收归公有”，“一切山林川泽矿产水利等天然富源，应立即宣布完全归公”，“农地除公营者外，应以最迅速有效之方法，实行耕者有其田”，“凡有独占性之企业及为私人之力所不能办者，均归国营或公营”，“原属民营之事业产量未足定额时，由政府筹措”，“扶助民营企业”，“保障农民权益”，“战士授田”等。这些政策措施某些对国民党有利者早已在实行，如扩张国家垄断资本等；而对民众有利者，如耕者有其田，扶助民营企业等则根本不实行。这是国民党政权性质决定的。

动员国民党全党的力量，准备发动反共反人民的内战，抢夺抗战胜利的果实，是这次大会的又一议题，由于国内外舆论的压力，国民党反动集团未敢公开做出发动反共内战的决议，而是在《对中共问题之决议案》里，以“在不妨碍抗战危害国家之范围内，一切问题可以商谈解决”。这种暧昧的词句埋下了发动内战的伏笔。因为国民党可以随时假借“妨碍抗战危害国家”的罪名，向中共发动进攻。所谓“商谈解决”，不过是伪装“和平”的一个幌子。这一点由下列事实可以证明；在国民党大会的特别报告中曾露骨地说：“与中共之斗争，无法妥协，今日之急务在于团结本党，建立对中共斗争之体系，即创造斗争之优势条件与环境，故必然从政治上军事上强固党的力量。”国民党大会开过不久，国民政府军政部长陈诚在外国记者招待会上公然声称将以美援武器进行内战：“美国对中国租借武器近来已增加……如中央部队遭受不友好之部队袭击时，若望中央部队不用其所有武器自卫，亦为不近人情之事。”

事实上，在国民党第六次全国代表大会后两天，即5月23日，蒋介石就集中了三战区(浙西)五十二、七十九等10个师的兵力，以上官云相为指挥官，李觉为前敌总指挥，分三路向苏浙军区进犯，企图将苏浙军区新四军一举消灭。新四军将其击溃。在陕西方面，自7月15日起，胡宗南突然从潼关、灵宝一带及韩城至朝邑之河防线和西安、华阴等处，调集了九个师的兵力，开至陕甘宁边区南线附近之同官、耀县、三原、泾阳、兴平、乾县、淳化、旬邑等处，准备大举进犯。21日，国民党暂编第五十九师，突然向边区防地耀县爷台山攻击。边区的军队为避免内战，坚守阵地，未予出击。后蒋军继续派兵增援，并使用火箭炮轰击，边区的军队于27日奉命转移。国民党军队在夺占爷台山后，继续往北侵犯边区的赤水县境。此外，蒋介石还命令河套伊盟两区军队，挟美国装备的新式武器，向绥南、绥西解放区发动进攻。

国民党大会的路线是坚持独裁、准备内战的路线，是扩大国家垄断资本和官僚资本的路线。这个路线不仅违反全国人民的公意，也违反世界的潮流。这条路线的失败，是不可避免的。

中国民主政团同盟在抗战最后阶段也发表了自己的政治主张。1944年5月，政团同盟发表《对目前时局的看法与主张》，认为“中国必须成为一个十足道地的民主国家”，并“正式警告国人：假定在战时不能实现民主，我们在战后所得的将不是民主，而是国家的分裂与毁灭，其痛苦且十倍于今天”。10月，发表《对抗战最后阶段的政治主张》，提出5条35款主张。5条是：(一)贯彻抗战国策，切实整理军队，以期加强反攻，争取最后胜利；(二)立即结束一党专政，建立各党派之联合政权，实行民主政治；(三)确立亲睦之外交政策，加强英美苏及其他盟邦之联系，以期彻底合作，并把握当前之胜利，奠定世界永久之和平；(四)确立战时经济、财政之合理机构与政策，以期对内对外树立政府与国家之信誉，并奠定和平建设之坚实基础；(五)彻底革新目前之教育文化政策，保证思想学术之自由发展，并迅速提高一般国民之文化水准。35款的主要内容是：全国一切派系不同之军队，应本平等待遇之原则，统筹装备、给养、训练、补充之公平，以求得作战指挥之统一，并渐进于军队国家化之正轨；召集各党派会议，产生战时举国一致之政府；开放党禁，承认各党派公开合法地位；迅速筹备实施宪政，立即召开全国宪法会议，制颁宪法；在宪法颁布前，赋予国民参政会以各民主国家议会具有之主要职权，并扩大省市参议会职权；充实一切地方自治基层组织，普遍实行民选；废除特务及劳动营之类组织；促进中苏邦交，以期实现英美苏中四国之团结；立即停止党化教育，保障讲学自由及从事教育职业自由，等等。

如何实现上述主张呢？政团同盟提出要在国共两党之外组织中国的第三大党。罗隆基在他发表的《中国需要第三大党》中宣称："假使中国要走上真民主的轨道，中国目前迫切需要第三个大政党。""以当前中国实际的情况来说，假使没有一个相当有力的第三大政党产生，中国希望走上真民主的轨道，前途的确有许多困难。"为此，政团同盟于9月改组，取消"政团"二字，改称中国民主同盟，简称民盟，选举张澜为主席。

民盟的政治主张既不利于蒋介石的独裁统治，同中共的政治路线也不同，提出了在国共两党政治路线之外走第三条道路的主张。但是这种愿望在中国是不能实现的。

五、中国思想界对战后世界问题和中国问题的讨论

第二次世界大战进行到1943年，反法西斯阵营胜利，法西斯阵营失败的局势已经确定，这时，如何吸取两次世界大战的惨痛教训，创建一个和平、发展、繁荣的世界，成为全人类关心的大事，"战后世界建设问题"成为世界政界、舆论界讨论的中心问题之一。战后世界问题、中国问题、中国与世界的关系问题，也成为中国政界、舆论界讨论的中心问题之一。这些都是密切关系中国前途的重大问题。

当时讨论的问题主要有以下几个：

(一)"在战后要怎样才可以奠定世界的永久和平？"是大家最为关注的问题。一般认为，要想世界得到永久和平，就必须确定有关基本原则，必须实施美国总统罗斯福和英国首相丘吉尔于1942年8月14日在北大西洋纽芬兰附近一艘军舰上会谈后发表的大西洋宪章。《大刚报》发表评论认为："就大体上说，罗、丘大西洋会议宣言中已被世人视为战后世界建设的指针。而罗、丘宣言所包含的精神，与我们三民主义精神可说是一致。宣言中的八点，除第一点英美声明无领土或其他野心、第七点'海上自由'以外，第二、第三民族自决主义及第八点放弃武力政策的必要，实为民族主义的一部。第四点贸易资源平均分配，第五点经济合作以取得高度劳工标准经济进步及社会安全，第六点建设一种使各个民族得以安全生活，并得免于侵

略及饥饿之惧。这都具有大同世界及民生主义的理想。”①

要实施大西洋宪章，确保世界永久和平，必须建立一个不同于国际联盟的世界机构，即此机构必须具有权威。《浙江日报》认为：“今后对此一机构之组织，无论其形式如何，制度如何，其本身必须健全，对盟约之订定尤须周密，不仅须建立国际警察，限制各国武力，尤应绝对禁止各国间之武力斗争；严格地施行道义军缩，减低军火制造，且限制军火科学之发展。凡国际间之冲突，不论任何性质、任何原因，一律以和平之方式解决。一面确定侵略之定义及其惩罚条文，如有违反公约、破坏和平者，则依法惩处其祸首。”②

（二）殖民地和民族解放问题。由于“这一次战争是很明显的反侵略战争，也就是民族解放战争”，③ 由于这次大战的原因关于民族方面有二，“一为野心国假民族主义，要求合并他国的土地，成立所谓大种族国家”，“二为少数民族问题，引起纷争”，④ 殖民地和民族问题必须得到合理解决。但如何才能合理解决呢？关于殖民地问题，有人提出，所谓合理解决，“就是不以殖民地为货物，不以它作军事上的赔偿，或外交上还价的工具。应确立殖民地的人格，提高殖民地的地位。分别调查殖民地经济文化的情况，对世界和平的功效，可以自主的，予以独立，使其自由参加国际社会。其文化低落，不能即时自主的，应由国际组织加以管理，由国际组织派人统治。目的不在攫取，乃在教育人民，振兴实业，在一定时期得到自主机会。殖民地一名词将在国际外交字典中绝迹，变相的委托代管等名目，亦将不复存在。”⑤关于民族问题，他认为民族平等的含义为：第一，我们“不认皮色血统等，为民族因素，反对一切大种族主义”，实行民族自决，“一切可以自主的民族，应予以解放之机会”。第二，“我们认为一切民族，人数有多少，责任有大小，原则上是平等，一切种族优劣的学说，都应废止。不承认一民族对他民族有驾凌驭制的力量与权利”。⑥ 有人指出必须消除种族偏见，“凡过去世界经济关系上种种侵略、掠夺、剥削、压迫以至外交上若

---

① 大刚报：《战后的世界建设》，见《战后问题》，36 页，永安长风报社，1944。

② 浙江日报：《论战后集体安全》，见《战后问题》，127～128 页。

③ 大刚报：《战后的世界建设》，见《战后问题》，37 页。

④ 陈钟浩：《战后和平重建的理论基础》，见《战后问题》，3～4 页。

⑤ 陈钟浩：《战后和平重建的理论基础》，见《战后问题》，4～5 页。

⑥ 陈钟浩：《战后和平重建的理论基础》，见《战后问题》，4 页。

干巧取豪夺的阴谋和各国间对于人口自然流通所设置的若干极不公允的阻碍，可说都是由于这种不合理、不人道的'种族偏见'的心理而来。如果要想改造世界，确保一个较长期的和平，这种族偏见的心理，是绝对非加以彻底铲除不可的！"①

（三）战后的世界经济问题。一般都认为，战后的世界经济是"以合作代替竞争，使世界能得到永久的安宁"。② 但如何合作呢？有人认为："国际交易，应按分工原则，互通有无。国家生产，应按其本能，出产必需的货物。关税堡垒应废止，经济国家主义不应存在。资源的分配，不以武力外交争取，由国际政府处理。物资货币交通以及人口移动，均应有周详的国际管理。"③孙科认为："第一必须普遍提高各国人民的生活水准；换言之，就是要让每一个国家在国民经济的各部门，都能够得到平均的发展。第二，要不仅片面重视生产的合理化，而要做到消费和分配的合理化。……如果消费和分配不能合理化，那么单注重生产的结果必然会引起国内的纷扰，也必然会引起对于别民族的掠夺；如果一国在国民经济各部门不能平均发展，那么她就很容易成为别民族掠夺的对象。——在这种情形下，我们将无法阻止战争毒菌的繁殖蔓延，反之，各国国民经济各部门的平均发展，消费和分配的合理化结果必然会实现全人类生活的提高，促进国与国间的和平的经济分工和合作。"④

有人认为，有三种经济制度，"一个是以德国为领导的纳粹经济制度，一个是以美国为领导的改良资本主义的经济制度，一个是以苏联为领导的共产主义的经济制度"。法西斯国家的必然失败决定了纳粹经济制度不可能得到实施；如果实施英美的经济制度，"仍是免不了资本制度所构成的经济恐慌周期律暴风雨袭来"，因而也不可能实施；至于苏联的共产主义经济制度，由于各国国情不同，由于苏联本身实际推行的是新经济政策而不是共产主义经济，战后世界也不可能实施。因此，战后的世界经济"既不是纳粹所标榜的自给自足的经济制度，也不是英美改良资本主义的经济制度，更不是苏联正在实行的共产主义经济制度，而是中国三民主义民生主义的经济制度的原理。……民生主义经济制度，是世界经济制度极完善的，必然

① 楼桐孙：《战后世界与中国》，见《战后问题》，149～150页。

② 顾维钧：《战后世界的经济问题》，见《战后问题》，78页。

③ 陈钟浩：《战后和平重建的理论基础》，见《战后问题》，6页。

④ 孙科：《战后世界建设问题》，见《战后问题》，32页。

成为战后世界经济新秩序的基础”。①

(四)战后的中国。这是中国思想界非常关注的。讨论的问题有如下几方面：

其一，中国必须统一。立法院长孙科以个人名义撰文反驳了美国有人主张中国东北划入苏联和台湾由国际共管的谬论，指出“中国奋起抗战，抵抗侵略势力，率为世先者，其起因即为东北四省之被日寇侵占”。此次大战后，“中国如仍不能收复东北失土，则中国抗战究尚有何意义？数年来所为艰苦英勇之牺牲，岂不尽属徒然？此种所谓善后办法，不唯抹杀中国之立场及其固有之利益，同时无异直接种下世界将来三次大战之恶因，即退一步言之，亦足使中苏两国不能和平相处”。“台湾本为中国之领土，甲午之后，始被日本占据，中国抗战胜利，应当清算甲午以来日寇对我侵略历时半世纪之所有血债，台湾为中国重要失地之一，应由中国收复……且台湾居民全属中国血统，居民心理，亦必希望回归祖国。……如建议者心目中竟或疑惧中国富强以后，或将不利于南太平洋，而预以台湾为空军基地，利其接近中国沿海，以控制中国，则此种不信任中国为爱好和平之民族，而自存猜疑心理之思想，其危险更属显然矣。”②李友邦指出：有些美国人“在使台湾脱离其祖国上，充分地对中国是取一种不信任的态度，惧怕中国富强以后，将妨碍其在南洋的利益，故先事拆除我东南海疆的屏障，攫取中国南部国防海空军的根据地，以保留其控制中国的地位；在东北四省划归苏联上，则将在中国北部为美国对日寇设下一个强有力的斥堠，同时如果照案实行，则将使中苏难以和平相处”。他明确认为：“台湾及东北失地不收复，中国的独立自由境地就仍未达到，则中国必然不放弃战争。”③

其二，中国必须融入世界。张忠绂指出：“中国战后问题应当是世界战后问题的一部分……撤去了中国问题，我们无法谈世界问题；脱离了世界问题，我们也无法谈中国问题。在战后，欧美各国若仍以旧的世界政治观念来讨论中国问题，而不予以扩充，则中国问题将永远无法解决……中国若仍以旧的观念来讨论中国问题，而不加以扩充，则中国问题也将难以得到完满的解决。”④毛礼锐认为：“纯粹西化之说，于理固不合，于势亦不可

---

① 颜悉达：《试论战后国际经济体系》，见《战后问题》，70～71、75、77页。

② 孙科：《战后远东问题》，见《战后问题》，22、24页。

③ 李友邦：《满布战争细菌的“太平洋公路”》，见《战后问题》，45～46页。

④ 张忠绂：《中国战后问题》，见《战后问题》，156页。

能，哪一个国家民族文化的改造，能够一切切断过去长久的文化传统呢？中学为体西学为用之说，虽然是以本国文化为中心，采取西洋文化，但是文化是一元性的，不能二元的存在，所以今后中国文化的建设，必须根据本国固有文化，吸收西洋文化的优良部分，混合成为一种较能适合生存条件的新文化。""今后世界的新文化，必为中西文化的合流。"①

其三，中国对世界和平将起巨大作用。张忠绂认为：中国将"(1)参加并遵守世界的和平机构及其任何措施与规定(包括国际制裁行动与裁军)；(2)以中国物资与人力，在互利的条件下，贡献世界；(3)征收外国过剩的资本，以开发中国的富源，增加中国的生产力，并改进中国人民生活的水准；(4)接受广土众民的中国对于世界所应尽的一切责任"。② 孙科指出："如果战后的和平事业，不尊重拥有世界人口 1/5 的中国的意见，或者不让中国有绝对平等的机会致力于这一事业，那么这一事业的基础就一定不会十分稳固的。"③

其四，中外关系。胡秋原撰文探讨了下列关系：首先是对日关系。由于这"是同盟国对日关系之一部分"，中国"不会在同盟国共同要求之外有何特殊要求。中国与日本过去所有不平等条约，已在对日宣战时完全宣布无效，建立新关系的条件不外二点：第一，中国与同盟国一样要求安全保障，这包括解除日本武装以及交回失地。交回失地，自以中国曾经行使统治权的地方为限，然在其他地方，如将来同盟国将一致同意采取某种国际统治方式，我相信中国也一定赞同。第二，必须惩罚战争祸首，并以某种方式赔偿中国公私损失"。其次是与西方列强的关系。"为了建设中西新关系，有两大问题，一是取消不平等条约，二是经济合作"。就前者而言，是建立中西新关系的消极工作。中国要求废除不平等条约，"不独是中国应有的权利，也是西方世界的真实利益，也是安定太平洋的必要步骤"。就后者而言，是建立中西新关系的积极工作。只要不平等条约一废除，"中外经济关系必达前所未有的密切程度。一旦抗战结束，中国人民必与抗战同样乃至更强烈的热心和毅力，开发交通工矿以及农田和水利，使中国迅速工业化，所以我们需要西方的资本和技术"。最后是与东亚弱小民族的关系。"中国对于这些地方，自然决不愿恢复过去的藩属制度，同盟国当亦不愿恢复过

① 毛礼锐：《战后世界文化的趋向》，见《战后问题》，50～51 页。
② 张忠绂：《战后的和平机构》，见《战后问题》，9～10 页。
③ 孙科：《战后世界建设问题》，见《战后问题》，31 页。

去的殖民地制度。以中国而论……(其政策)不外四点：(1)善邻政策。我们将以新的平等合作政策代替过去的藩属制。(2)承认并帮助他们在新的国际生活中有自决自治之权，并愿尽中国一分子之力……(3)中国将努力作东方与西方合作的媒介，中国没有所谓亚洲门罗主义的荒唐观念，但亦不相信所谓大西洋联邦有何可能与必要。中国将尽其所能，泯除种族偏见，如'白鬼'、'黄祸'以及'白人负担'之类刺激性宣传，以促进四海一家的理想。(4)因为有大量中国人在那些地方生息很久，自然希望华侨得到经济平等，然在政治上决无所求。"①

除了以上问题之外，中国思想界还讨论了如何处理战败国、美国与战后世界、国际货币和金融等问题。

中国，在抗日战争时期，由于第二次世界大战的机缘，由于中国对正义战争做出了巨大贡献，中国与世界的联系更加密切起来，中国的国际地位有了很大提高。正是在这个时候，中国的有识之士对中国人对人类所负的责任的重大有了切实的感受和认识，这是中国历史的重要发展，上述事实说明了这种情况。

第四节　抗日战争的最后胜利

一、雅尔塔会议　《中苏友好同盟条约》的签订

第二次世界大战进行到1945年初法西斯德国的最后失败已不成问题，对日作战问题更突出了起来。战胜的大国之间对战后势力范围的划分、世界秩序的重建问题提上了议事日程。这一年2月，苏、美、英首脑斯大林、罗斯福、丘吉尔举行了雅尔塔会议。会议讨论了处置德国问题、波兰问题、苏联参加对日作战的政治条件问题，结果三国首脑签署了《雅尔塔协定》。关于苏联参加对日作战问题，协定规定："在德国投降及欧洲战争结束后两个月或三个月内，苏联将参加同盟国方面对日作战，其条件为：(一)外蒙古(蒙古人民共和国)的现状须予维持。(二)由日本1904年背信弃义进攻所破坏的俄国以前权益须予恢复，即：(甲)库页岛南部及邻近一切岛屿须交还苏联。(乙)大连商业港须国际化，苏联在该港的优越权益须予保证，苏

① 胡秋原：《论战后中外关系》，见《战后问题》，140、143～147页。

联之租用旅顺港为海军基地须予恢复。(丙)对担任通往大连之出路的中东铁路和南满铁路应设立一苏、中合办的公司，以共同经营之；经谅解，苏联的优越权益须予保证，而中国须保持在满洲的全部主权。(三)千岛群岛须交予苏联。”美国总统将采取步骤，取得蒋介石对上述有关外蒙古及港口铁路协定的同意。“苏联本身表示，准备和中国国民政府签订一项苏中友好同盟协定，俾以其武力协助中国达成自日枷锁下解放中国之目的。”①雅尔塔会议没有中国参加，有关中国问题的规定，大大损害了中国的主权。雅尔塔会议确定了美苏两大国在战后主宰世界的格局，并为自己在这个世界上占优势而进行斗争的客观条件。这次会议对世界对中国产生了极大的影响。

按照协定，国民政府行政院长兼外交部长宋子文，于1945年6月底到莫斯科与苏联政府进行谈判。双方于8月14日签订了《中苏友好同盟条约》及《中苏关于中国长春铁路之协定》《中苏关于大连之协定》《中苏关于旅顺口之协定》等文件。《中苏友好同盟条约》及其他协定的主要内容有：(一)中苏两国协同其他联合国对日本作战，直至获得最后胜利为止。在战后彼此给予一切可能之援助。(二)中国长春铁路，为中苏共同所有，并共同经营。(三)大连为自由港。港口主任由苏籍人员担任，中国应将所有港口工事及设备之一半，无偿租与苏方。苏联经该口之出入口货物，均免除关税。(四)中苏两国共同使用旅顺口为海军根据地。该海军根据地由苏联担任防护，苏联有权驻扎陆、海、空军。该区域内之民事行政属于中国，但旅顺市主要民政人员之任免，应征得苏联军事指挥当局之同意。(五)苏联根据友好同盟条约所给予中国的道义上与军需品及其他物资之援助，完全供给中国中央政府。对新疆最近之事变，无干涉中国内政之意。根据这些条约和协定苏联得到了许多利益，维护取得的这些利益是此后苏联对华政策的基点。

二、美军向日本投掷原子弹　苏联对日出兵　中国军民大举反攻

1944年，苏联红军已把德寇完全逐出苏联国境，并攻入了德国本土。被法西斯奴役的欧洲各国人民，掀起了解放斗争的新高潮。英美军队于1944年6月在法国北部登陆，开辟了拖延已久的第二战场。在三条战线的夹击下，希特勒德国迅速走向灭亡。1945年5月1日，苏军攻克柏林。8日，德国签署了无条件投降书。欧洲反法西斯战争胜利结束。

① 《中国近代对外关系史资料选辑》下卷，第二分册，204～205页。

在希特勒覆灭以前，亚洲各国人民特别是中国人民的长期抗战，美军在太平洋上的反攻，已使日本帝国主义陷入了山穷水尽的地步，希特勒德国的垮台，更加速了它的末日的到来。但是，日本法西斯统治集团还有相当大的军事实力。当美军进攻冲绳时，遭到日军的顽抗，损失极大。美国陆军参谋总长马歇尔认为，“在日本本土使日本投降，估计要牺牲50万美国人民的生命”。美陆军部长也认为，进攻日本本土，仅美军就要损失(包括伤亡和被俘人数)100万。1945年7月，美英两国参谋长拟定的并经杜鲁门、丘吉尔共同批准的对日作战部署报告，认为“终止日本有组织的抵抗的日期为1946年11月15日”。① 7月26日，中、美、英三国发表了促令日本投降的波茨坦公告。日本政府决定观察苏联动静后再作处理，对公告发表了“不予理会”的声明。在这之前，日本曾一再要求苏联居间调停，在日本保持相当国际地位的条件下，与美、英“讲和”。苏联遵守《雅尔塔协定》，拒绝了日本的要求。

正当苏联预定对日出兵日期到来之际，美国迫不及待地于1945年8月6日和9日，在日本的广岛、长崎各投下一枚原子弹。美国政府一再声明，投掷原子弹是“为了迫使日本无条件投降，迅速结束二次大战”。但事实上，日本军事崩溃已成定局，投掷原子弹对结束战争并无战略上的必要性，美国国务卿贝尔纳斯说，美国向日本投掷原子弹，是为了“使俄国人在欧洲更好商量”。这就是说，美国企图用这种做法确立战后对苏联的战略优势，同时也是为了单独占领日本。

8月8日，苏联对日宣战，并宣布参加波茨坦公告。9日，苏联红军同时向中国东北的东部、北部和西部边境发动进攻。8月10日蒙古人民共和国也宣布对日作战。总兵力约75万人的日本关东军在苏军的打击下，指挥紊乱，阵线瓦解，不到一周就被击溃。

8月9日，毛泽东发表《对日寇的最后一战》一文，指出：“对日战争已处在最后阶段，最后地战胜日本侵略者及其一切走狗的时间已经到来了。”号召中国人民的一切抗日力量举行全国规模的反攻。10日，中共中央指示各中央局、中央分局及各区党委，立即部署动员一切力量，准备迅速占领所有被八路军新四军包围和力所能及的大小城市、交通要道。10日和11日，延安总部连续发布七道受降和进军的命令，命令各解放区抗日武装部队向敌伪发送通牒，限其在一定时间内缴械投降。命令各地人民军队积极

---

① 《杜鲁门回忆录》第一卷，314页，北京，生活·读书·新知三联书店，1974。

举行进攻，迫使敌伪无条件投降。毛泽东的号召和延安总部的命令下达后，各解放区迅速发起大反攻。接着，中共中央根据中国政治形势的急剧发展和蒋介石垄断受降权利、抢占大城市及交通要道的情况，于8月下旬决定改变人民军队的作战方针，除个别地点仍可占领外，一般应以相当兵力威胁大城市及交通要道，使敌向大城市及交通要道集中，而以必要兵力着重于夺取小城市及广大乡村，扩大和巩固解放区，准备应付新的局面。按照这一方针，晋绥区攻占了左云、文水等七个县城；晋察冀区解放了永清、遵化、易县、涞水等40余座县城；晋冀鲁豫区攻占了济源、焦作、临清等59座县城；山东区解放了莱芜、即墨、章丘等近30座县城；华中区攻克了宜兴、宝应、靖江等32座县城。从8月9日至9月2日，八路军和新四军共歼灭日伪军5.79万多人，攻克和收复县城139座，据点740多个，破坏和切断了平汉、津浦、正太、同蒲、平绥(东段)、北宁等铁路线，使各大解放区基本上连成一片。

自1937年9月至1945年10月11日八年抗战中，八路军、新四军和华南抗日纵队共作战12.51万余次，歼灭日伪军171万多人，缴获各种枪69.4万多支，各种炮1850余门。人民军队扩大到130多万人，民兵发展到260多万人。解放区面积达到95.6万多平方千米，人口9550万，共有县城285座。这是中国共产党及其领导下的抗日武装对抗日战争的伟大贡献，同时也为以后战胜国民党反动派奠定了基础。

三、日本侵略者垂死挣扎和战败投降

1945年8月6日和9日美国在日本扔下了两颗原子弹。8月8日苏联对日宣战。中国共产党领导的八路军新四军及其他人民武装，向日本侵略者发动了全面的大反攻。与此同时，朝鲜人民军和越南解放军也转入了总反攻。在这种形势下，日本统治集团慌了手脚，8月9日，连忙召开最高军事会议研究接受波茨坦公告问题。8月10日在天皇出席的御前会议上做出决定：在“不包含任何要求有损于天皇陛下为至高统治者的皇权”的条件下，接受波茨坦公告。同日，日本通过瑞士和瑞典两个中立国向中、美、英、苏四国发出“乞降照会”。但是日本统治集团的一小撮死硬的军国主义分子，仍继续进行战争叫嚣，妄图做垂死挣扎。陆相阿南惟几声称：“即使一亿国民全部战死，犹如活在大义之下。必须继续战争到底。对作战有着充分的自信。”“对于美国，也有在本土和它进行决战的自信。在海外各国的军队不能无条件地收兵。”①10 日阿南惟几发表“告全军将士”的训示，要他们毅然决然将“圣战”坚持到底，“纵食草啖泥，潜伏野处”，也要“断然作战”。② 同时，情报局总裁也发表谈话，叫嚣为“维护国体”，政府将尽最后之努力“守卫最后一线”，要日本人民为“维护国体”去“克服一切困难”。③ 在中国战场上，58 万日本侵略军和近 80 万伪军，在日本要求投降后，仍然盘踞着广大地区和许多城市交通要道，对解放区军民作战。

但是，无论日寇怎样竭力挣扎，它的灭亡是注定了。在中国解放区军民和苏联红军、美国军队的打击下，日本帝国主义不得不无条件投降。8 月 14 日，日本天皇裕仁决定接受波茨坦公告，无条件投降。8 月 15 日，裕仁以广播《停战诏书》的形式正式宣布接受波茨坦公告。17 日日皇向国内外武装部队发布“敕谕”，要他们停止一切战斗行动。中、美、苏、英四国同时宣告，日本正式无条件投降。日本铃木内阁辞职，陆相阿南惟几自杀。17 日，东久迩组成投降内阁。日本宣布投降后，中、美、苏、英四国同意任命麦克阿瑟为盟军最高统帅接受日本投降，并负责占领日本本土。9 月 2 日在东京湾美舰米苏里号上举行日本投降签字仪式。日本外相重光葵、参谋总长梅津美治郎在投降书上签字。至此，日本帝国主义被彻底打败，世界反法西斯战争和中国的八年浴血抗战胜利结束。

四、中国的受降　对日本战犯的审判

随着日本无条件投降，中国的受降就开始了。但在受降问题上，国共两党之间发生了尖锐的斗争。这是一场争夺胜利果实的斗争。

在抗日战争最后胜利到来的时候，解放区战场不仅有着雄厚的实力，而且具有十分有利的地理位置，沦陷区的大城市、铁路以及海岸，几乎都在解放区的包围中和控制下，而国民党所处的局面非常不利。“蒋介石的权力只及于西南一隅，”长江以北“连任何一种中央政府的影子也没有”，不但不能拿到华北，连进入东北和占领华南“都有极大的困难”。④

---

① 《日本帝国主义对外侵略史料选编》，540 页，上海，上海人民出版社，1974。

② 《日本帝国主义对外侵略史料选编》，547 页。

③ 《日本帝国主义对外侵略史料选编》，548 页。

④ 《杜鲁门回忆录》第二卷，70～71 页，北京，生活·读书·新知三联书店，1974。

8月15日，即在日本天皇宣布无条件投降的当天，蒋介石以中国战区盟军最高统帅名义电令中国派遣军总司令官冈村宁次："该指挥官应即通令所属日军停止一切军事行动，并派代表至玉山接受中国陆军总司令何应钦之命令"；"军事行动停止后，日军可暂保有其武装及装备，保持现有态度，并维持所在地之秩序及交通，听候中国陆军总司令何应钦之命令"；"所有飞机及船舰应停留现在地，但长江内之船舰应集中宜昌、沙市"；"不得破坏任何设备及物资"。这明确宣布了日伪军只能向国民党政府投降。8月16日，蒋正式委派何应钦"全权处理受降事宜"。18日，命令何应钦说：非经政府指定之受降部队，不得擅自接受敌军投降。敌军不得对非指定之部队而擅自投降或让防。

为了使国民党军队能够到各地受降，蒋介石令其直辖部队"积极推进，勿稍松懈"，并让美国的军队在天津、青岛、上海等地登陆。在美国的帮助下将大批部队空运到许多大城市。还命令各地伪军"负责维持地方治安"，等待国民党军队收编。

与此同时，蒋介石对中共"下令"，不准受降。8月11日蒋介石下达"命令"：要解放区抗日军队"就原地驻防待命"，不得向敌伪"擅自行动"。国民党中宣部发言人说延安总部所发出的限令日伪投降的命令是"非法行为"。12日，美国驻华大使赫尔利给美国国务院一份电报，内称："我已建议依照投降条件，日本须将所有在中国的武器……交给中国国民政府。"同时，麦克阿瑟以远东盟军总司令的名义，对日本政府和中国战区的日军下令，只能向蒋介石政府及其军队投降，不得向中国人民的武装力量投降。

对此，中共展开了坚决的斗争。8月13日，毛泽东为新华社写了《蒋介石在挑动内战》的评论，严正指出："在中国境内，只有解放区抗日军队才有接受敌伪军投降的权利。至于蒋介石，他的政策是袖手旁观，坐待胜利，实在没有丝毫权利接受敌伪投降。""重庆统帅部，不能代表中国人民和中国真正抗日的军队；中国人民要求，中国解放区抗日军队有在朱德总司令指挥之下，直接派遣他的代表参加四大盟国接受日本投降和军事管制日本的权利，并且有参加将来和会的权利。"第十八集团军总司令在8月13日给蒋介石发电报，坚决地拒绝了蒋介石8月11日要解放区抗日军队"就原地驻防待命"的命令。

8月15日，朱德以中国解放区抗日军总司令的名义，命令冈村宁次投降。宣布：所有在华北、华东、华中及华南之日军(被国民党军队包围的日军在外)，不得接受八路军新四军及华南抗日纵队以外之命令。但是，冈村宁次仍然下令只向国民党政府投降，声称如八路军、新四军前来受降，就“将采取断然之自卫行动”。因此，在日本宣布投降以后，八路军、新四军还向日伪进行了激烈的战斗。

9月9日上午9时，中国受降仪式在南京原中央陆军军官学校大礼堂举行。由何应钦受降。日军投降代表冈村宁次在日本投降书上签字。10月25日上午，国民政府所派台湾省行政长官兼警备司令陈仪，在台北市中山堂受降。日军投降代表、原台湾总督兼第十方面军司令官安藤利吉在投降书上签字。至此，沦为日本殖民地50年的台湾重回祖国怀抱。

受降之后，是对日本战犯的审判和对汪伪汉奸的惩处。根据中、美、英三国《波茨坦公告》原则和有关各国磋商结果，来自中、美、英、苏、法、澳、新(西兰)、加(拿大)、荷、印(度)、菲11国的11名法官组成东京远东国际军事法庭，负责对日本战争罪犯的审判。

1945年9月2日日本签字投降以后，占领日本的远东盟军总司令部即开始逮捕战犯。共逮捕甲级战犯123名(其中东条英机自杀未遂，前首相近卫文麿、日军参谋总长杉山元、陆军大臣阿南惟几、关东军司令官本庄繁等自杀)。但是，后来只对其中的28名战犯提出了起诉。

经过漫长的审讯，双手沾满中国人民鲜血的日本战犯东条英机、松井石根、土肥原贤二、板垣征四郎、广田弘毅等被远东国际军事法庭判处死刑。其他侵华战犯荒木贞夫、烟俊六、梅津美治郎、南次郎、小矶国昭等被判处终身监禁，重光葵被判处7年有期徒刑。

根据远东国际军事法庭条例，甲级战犯(发动战争的谋议者)由国际军事法庭审判，乙级战犯(战时屠杀行为指挥者)、丙级战犯(屠杀行为的实施者)由各国军事法庭审判。为了审判在中国犯有乙、丙级罪行的战犯，国民政府在1945年11月6日成立了战争罪犯处理委员会，12月中旬在南京、上海、北平、汉口、广州、沈阳、徐州、济南、太原、台北设立了10所军事法庭，分别审判各战区的战犯。

对汪伪汉奸和伪满、伪蒙汉奸的审判惩处也同时进行。国民政府公布的《惩治汉奸条例》，规定凡犯有“通谋敌国”十三条罪状之一者，处死刑或无期徒刑。被处死刑的大汉奸有代理汪伪政府主席陈公博、伪行政院副院长兼外长褚民谊、伪监察院长梁鸿志、伪考试院长王揖唐、伪考试院副院长缪斌、伪内政部长梅思平、伪社会部长丁默邨，以及林柏生、傅式悦、殷汝耕、齐燮元、叶蓬等。两度出任伪华北政务委员会委员长的王克敏服毒自杀。汪精卫妻子陈璧君被判无期徒刑。被判处无期徒刑的大汉奸，另外还有伪立法院长温宗尧、伪华北政务委员会委员长王荫泰等。著名汉奸周佛海被判死刑后，由蒋介石以特赦令改判无期徒刑。

抗日战争的胜利具有伟大的意义。

抗日战争的胜利是中华民族的胜利、中国各阶级各阶层民众的胜利。在抗战过程中，各民族、各阶级阶层、各党派、各军事集团和广大民众，都出了力做了贡献。这个胜利是全国人民的光荣。抗战胜利的历史是全国各族人民共同创造的。

抗日战争的胜利，是中国在战争全局上打败侵略中国的帝国主义的胜利。这个胜利扭转了一百年来中国同帝国主义武装侵略作战中屡战屡败的局面。这是我国近代史上一个重要的转折点。经过胜利的抗日战争，中国人民力量极大地发展了起来，这就大大加快了中国新民主主义革命的彻底胜利。

中国的抗日战争是世界反法西斯战争的重要组成部分。中国的斗争得到了世界各国人民的支持，同时，中国也对全世界的解放斗争做出了重大贡献。中国人民反对日本帝国主义的长期斗争及其胜利，大大地鼓舞了殖民地半殖民地人民的解放斗争，影响和推动了各国特别是被压迫民族的进步。

中国的抗日战争是“战争史上的奇观，中华民族的壮举，惊天动地的伟业”①。中国人民14年英勇斗争的战绩，将永存史册。

① 《论持久战》，见《毛泽东选集》第2卷，474页。

第七章　国民党统治的崩溃 中华人民共和国的成立

（1945 年 9 月至 1949 年 10 月）

第一节　国民党坚持内战独裁方针　中国人民争取和平民主

一、战后国际国内形势

世界反法西斯战争及中国抗日战争的胜利，使国际国内形势发生了深刻变化，极大地改变了世界的面貌和中国的局势。中日矛盾已经解决，国内阶级矛盾、国共两大政治集团的矛盾成为主要矛盾。

国际上，德、意、日三个法西斯国家在战争中屡屡失败并最后垮台了。英、法两个老牌帝国主义强国受到严重削弱。只有美国，由于在战争中发了横财，由于政府对经济的调整、国内需求的增长和国外市场的开辟，经济迅速发展。它的经济和军事实力在资本主义各国中占据显著的优势。1944 年与 1939 年相比，工业生产增长 1.2 倍，年增长率超过 15%。美国钢产量，1939 年 4790 万吨，1946 年 6042 万吨。到 1948 年，美国钢产量 8000 余万吨，谷物收获量占世界总量的 1/3，黄金储备量占世界总储量的 74.5%。在军事上，美国军队数量由 1939 年的 33 万余人增至 1945 年的 1230 万人，军费开支由 12 亿美元增至 90 亿美元。1945 年 7 月 16 日在新墨西哥州沙漠，一颗威力为 2 万吨 TNT 的原子弹试爆成功，美国成了第一个拥有原子武器的国家。

社会主义国家苏联，在战争中遭受重大损失，付出了惨重代价。但在战争后期挥师出境，占领了几乎整个东欧和半个德国，进入中国东北和朝鲜半岛北部，在这方面是获益最多的国家。在战争中极大地扩展了军事实力，以陆军为主体的武装部队达 1200 万人。1949 年 9 月 30 日也试爆成功一颗原子弹，开始打破美国的核垄断。在经济上，很快医治了战争创伤，从1946年3月起实行恢复国民经济的第四个五年计划，其中工业指标提前9个月完成，工业产值年平均增长13.6%。但农业生产未达战前水平。

战争后期及战后，欧洲和亚洲出现了一系列人民民主国家。苏联和这些国家在20世纪40年代末期形成了一个社会主义阵营。亚、非、拉丁美洲原殖民地半殖民地国家和地区兴起了民族独立运动，使帝国主义殖民体系日益瓦解。资本主义国家的工人运动、民主运动广泛开展，各国共产党的力量增强了。全世界和平、民主、民族解放和社会主义的力量大大高涨。战后国际形势的发展，对各国人民的革命斗争极为有利。

但是，战后的世界充满了复杂的矛盾和斗争。世界政治的基本格局，是以雅尔塔会议为开端逐步形成的美苏两大国之间的对立与斗争。1945年4月美国总统哈里·杜鲁门一入主白宫即公开声称美国要称霸世界。接着，以1946年3月5日丘吉尔在富尔敦发表“和平砥柱”演说为前奏，1946年和1947年美国接连抛出杜鲁门主义和“援欧”的马歇尔计划，对苏联发动“冷战”，旨在运用除直接军事进攻以外的一切手段“遏制”苏联的“共产主义”，并以此为借口和烟幕，把处于美苏之间的广大中间地带的国家和地区，首先是欧洲控制起来。为此，美国通过对外援助、救济、投资和对外贸易，加紧进行商品和资本输出，既使欧洲经济恢复，又控制了欧洲。战后一些国家对它更加依赖，基本原因在于它又有美元又有原子弹。它还在联合国以外建立以它为首的西方集体防务体系，从军事上把西欧组织控制起来。1949年4月4日美国、英国、法国、加拿大、冰岛、意大利、荷兰、比利时、卢森堡、丹麦、葡萄牙、挪威12国外长在华盛顿签署了《北大西洋公约》(8月14日公约生效)，成立了北大西洋公约军事政治集团。同时在亚洲扩展势力和美国争霸。

面对西方的“冷战”部署，苏联及东欧人民民主国家也采取了一些增强彼此团结的措施。1947年10月成立了“欧洲共产党与工人党情报局”。至1955年5月苏联、阿尔巴尼亚、匈牙利、保加利亚、东德、波兰、罗马尼亚、捷克斯洛伐克在华沙缔结八国友好互助合作条约，通称《华沙条约》。从此，在欧洲正式形成了北约与华约两大军政集团的对峙。

在亚洲，美帝国主义侵略控制的重点是中国。控制中国，使中国成为它的附庸和对抗苏联、称霸亚洲的重要基地，是美国全球战略的组成部分。其基本政策就是扶蒋反共，即设法消灭中国共产党领导的人民革命力量，由亲美的蒋介石为首的国民党政府统一中国。由于国际形势和中国内部矛盾发展状况的制约，美国对华策略有一个演变过程。1949年7月30日艾奇逊致杜鲁门的信中说：中国抗日战争结束后，“美国对华政策面临下列三种可能的抉择：(一)完全摆脱一切牵连；(二)大规模地在军事方面加以干涉，援助国民党击毁共产党；(三)一方面援助国民党尽可能广大地在中国确立其权力，一方面鼓励双方从事协商，尽力避免内战的发生”。在当时，美国既不肯放弃对中国的侵略，又不便直接派兵进行大规模的军事干涉，所以采取了第三条途径。“在这条途径上”美国“企图协助安排一个既可避免内战又可保持甚至增加国民政府势力的临时办法”,① 以便“将共产党人以一种类似西欧共产党所占的地位，纳入一个宪政政体的政治和军事范围之内。敌对的两党将共同参加一个以蒋介石为首的、经过改组的联合政府”。② 赫尔利促成国共两党的重庆商谈，马歇尔的来华“调停”，都是由此出发的。美国领导人相信他们的政策是会成功的。可是，美国的估计遭到挫败。于是美国政府放弃了调处的立场，走上了由美国出钱出枪支持蒋介石打内战的道路。

战后支持蒋介石建立一个统一的中国政府是苏联对华政策的主要取向。苏联在中国东北得到的权益是美国同意的。苏联则明确表示支持美国对华政策，主张国共和谈，建立以蒋介石为首的政府。1945 年 8 月 22 日前后斯大林以费利波夫的名义致电中共中央：“中国不能打内战，否则中华民族有被毁灭的危险，毛泽东应赴重庆和谈。”③1948 年 2 月斯大林在同南斯拉夫的卡德尔谈话中也提到：“战后，我们曾邀请中国同志来莫斯科讨论中国的形势。我们坦率地告诉他们，我们认为，在中国开展武装斗争是没有前途的，中国的同志们应当找到某种同蒋介石妥协相处的安排，他们应当参加蒋介石政府，并解散他们的军队。”④

上述国际形势特别是雅尔塔体系对中国有极大的影响。中国新民主主义革命的最后阶段——人民解放战争，就是在上述美苏“冷战”格局的形成过程中和美国加紧干涉中国内政的情况下进行的。

战后，国内以共产党和国民党为代表的阶级力量对比发生了深刻变化。

---

① 《中美关系资料汇编》第一辑，35 页。

② 费正清：《美国与中国》，264～265 页，北京，商务印书馆，1971。

③ 《周恩来年谱》(1898—1949)，615 页，北京，中央文献出版社、人民出版社，1989。

④ 杰吉耶尔：《铁托传》，见《战后世界历史长编》第一编第一分册，392 页，上海，上海人民出版社，1975。

国民党政权通过受降和接收日伪产业，国家垄断资本空前膨胀，垄断地位大大增强。从1945年8月至1946年年底，国民政府的“四行二局”接收了日伪的正金、朝鲜、住友、德华、上海银行株式会社等金融机构及其掠夺来的财产，计有伪中央储备银行库存黄金553492两、白银7639323两、银圆371783枚、美金5500000元；伪中国联合银行库存黄金170000两、美金10201460元、26544英镑。1946年6月，国统区共有很行3489家，其中官营银行2446家，约占银行总数的3/4。其余银行也有官僚资本渗入或为其控制。在工矿企业方面，据国民政府经济部统计，接收的日伪工厂矿场共9345个，约83.5%的资产转给官僚资本。交通运输业的资产完全为官僚资本所得。在此基础上，官僚们建立了许多全国性的和地区性的垄断组织。如台湾糖业公司、中国纺织建设公司、中国蚕丝公司等。1947年，资源委员会所属的官僚资本的工矿企业在国统区工矿企业生产中所占的比重是：电力63%，煤33%，钢铁90%，钨锑100%，锡70%，水泥45%，糖90%。官僚资本在商业上也加紧了垄断地位。国民政府还接收了日伪的垦业公司或农场的大量土地。

但是，在接收过程中，从抗战后期形成的国民党官僚机构的腐败行为暴露无遗。从天上飞来的或从“地下”钻出来的接收大员们争发接收财，肆无忌惮地瓜分、盗卖、侵吞巨额财产和物资，甚至使接收的工厂无法生产。接收大员们疯狂地抢洋房、汽车、黄金美钞。沦陷区人民称他们是“三阳开泰”(捧西洋、爱东洋、要现洋)、“五子登科”(抢车子、房子、金子、衣服料子和婊子)。接收大员们不仅利用军政权力独吞巨额的敌伪财产，而且拒绝发还原属人民而被敌伪强占的工厂、商店、房屋，甚至起用汉奸、地痞、流氓欺压人民，以诬指某人为汉奸、奸商进行敲诈勒索。安徽芜湖一地即被拘数千人，其中真正的汉奸不超过10人。国民政府又以法币1元兑换伪币200元的比价(当时法币与伪币实际比价是1比25)，夺去了人民大量财富。《大公报》评论此举是“随胜利而来的财富大转移”，这一“无形”又“无限”的转移，“真实普遍而深刻地伤害了甚至是剥夺了京沪一带人的生活”。①因此，弄得收复区物价飞涨，民怨沸腾。京沪平津一带流传的民谣说：“天上来，地下来，老百姓活不来!”“想中央，盼中央，中央来了更遭殃!”这是对国民党“劫收”的生动写照。中国战区统帅部参谋长、驻华美军司令魏德迈在给美国政府的报告中也承认：“国民政府的胡作非为已经引起接管区当

① 《为江浙人民呼吁》，载《大公报》，1945-10-24。

地人民的不满，此点甚至在对日战事一结束后，国民政府即严重地失去大部分的同情。”①政治上失去民心，使蒋介石头上“抗战领袖”的光环很快在国统区人民心目中暗淡下来了。

空前膨胀起来的垄断中国经济的官僚资本，是国民党反动政权的经济基础。维护这个国家垄断资本及建立于其上的政治制度，使它不致在空前强大的人民民主潮流中覆灭，是蒋介石集团发动反人民内战的根本原因。

由于抗战中的保存与发展，由于美国的援助和接收了约100万日军的装备，国民党的军事实力达到最高峰。至1946年春，国民党的总兵力约430万人，其中正规军86个整编师(军)248个旅(师)200万人，特种兵、海空军及后方机关、军事院校150多万人，非正规军74万人。有22个师为美械、半美械装备。拥有炮兵、飞机和军舰、坦克，掌握一些现代化的交通工具，火力和机动能力强于人民解放军。国统区占全国土地面积的76%，人口3.39亿，占全国人口71%。人力物力资源雄厚。国民党还控制着全国的大城市和主要交通线。如前所述，拥有几乎全部的近代工业。从抗战后期开始，美国给了国民党政府大量经济军事援助。1946年上半年美国就提供了价值13.3亿美元的物资。由于日寇投降时，国民党军主力尚远在西北、西南大后方，而大城市及主要交通线处在八路军、新四军的包围之中，美国看到这种不利于国民党军的军事态势，便派飞机、军舰帮助蒋介石运兵到东北、华北、华东的大城市和港口。至1946年6月，美国把国民党军54万余人运到内战前线。美军还以助蒋“受降”“遣俘”为名直接在中国港口登陆并进驻中国的青岛、北平等城市。至1945年11月底驻华美军达11.3万人。美国的援助和国民党军的优势，是国民党蒋介石维持其政治统治的支柱和敢于发动内战的资本。

与此同时，中共领导的人民革命力量空前壮大。共产党员由抗战开始时的4万人发展到120万人。中共领导的人民军队达127万人，其中野战军61万人，地方部队及后方机关66万人。大小19块解放区，面积230万平方千米，占全国面积的24%，人口1.36亿，占全国人口的29%。解放区的经济主要是农业和手工业，基本上没有现代工业，军工生产能力极为薄弱。解放军的兵力和装备均不如国民党军。但是，中共的政治声望大大提高，根据地已经成为新中国的雏形，是人民的希望所在；解放军的主力均能机动，且有200多万民兵的支持与配合；中共领导的革命统一战线日益巩固和

① 《中美关系资料汇编》第一辑，192页。

扩大。这些为战胜国民党军，建立独立、和平、民主统一与富强的新中国打下了坚实的基础。

二、三种不同的建国方针 各民主党派的活跃

国家政权问题，向来是中国各阶级各党派斗争的中心。从抗战后期开始的“建什么国和怎样建国”的问题，战后成了需要着手解决的现实问题。因此，各党派进一步亮明了各自的方案，展开了政治的较量。蒋介石集团坚持独裁内战方针，既要达到“军令政令统一”的目的，又要通过召开“国大”给其独裁统治披上合法外衣；既要准备发动内战，又要用政治欺骗的手段，冲淡一下法西斯专政的凶残。中国共产党深知蒋介石的反动性，坚持武装夺取全国政权的战略方针，但也不放弃进行合法斗争的机会；既切实准备自卫战争，又以极大的努力争取和平民主。这样，在中国近代历史上就出现了一个短暂的特殊的阶段。这个阶段的政治形势，使代表民族资产阶级、上层小资产阶级利益和政治观点的各民主党派空前活跃起来，积极地为抓住机遇、实现它们的理想和要求，而奔走呼号。

坚持独裁内战是国民党蒋介石集团的基本方针。1945 年 9 月 3 日，蒋介石在《庆祝抗战胜利对全国同胞广播词》中重弹“召开国大，还政于民”的老调。一方面说“国民革命的最高理想是全民政治，实现理想的最主要关键是还政于民，而国民大会是国民政府还政于民必经的阶段，也就是国民革命必须完成的重要程序”，并说“宪政实施愈早愈好”；另一方面，又针对中共和其他民主党派的真正民主要求，提出种种“先决条件”。他说：“只要是在革命建国的最高原则三民主义不致动摇，中华民国国民政府的法统不致紊乱的前提之下，一切问题无不可以推诚相见，共同商讨，求得合理合法的解决。”1946 年元旦，蒋介石在《告全国军民同胞书》中又说：“军令政令必须统一，军队必须一律归还国家统辖，任何割据地盘破坏交通阻碍复员的军事行动，必须绝对避免，则是解决目前纷争不安的唯一先决条件。”“除了革命的责任不能放弃，国家的统一不容损害，根本大法不容变更，政府基础不容动摇以外，其他无不可以容忍，无不可以协商。”显然，把 1936 年国民党一党包办选出的代表集合起来召开“国大”，通过 1936 年的“五五宪草”，使国民党一党专政和蒋介石个人独裁合法化，披上“民主”外衣，不改变国民党政权的性质和维护专制独裁政体，是蒋介石集团的既定方针和如意算盘。

中国共产党的基本口号是和平、民主、团结。在中共七大上毛泽东就估计到成立联合政府的三种可能性：一是“要我们交出军队去做官”。二是以蒋介石为首，形式是民主，实质是蒋介石独裁。三是以我们为中心，“这是中国政治发展的基本趋势和规律，我们要建设的国家就是这样一个国家。”①1945 年 8 月 13 日毛泽东在延安干部会议上作了《抗日战争胜利后的时局和我们的方针》的讲演。在讲演中分析了抗日战争胜利后中国政治的基本形势，指明了新时期国内斗争的实质。他说：“从整个形势看来，抗日战争的阶段过去了，新的情况和任务是国内斗争。蒋介石说要‘建国’，今后就是建什么国的斗争。是建立一个无产阶级领导的人民大众的新民主主义的国家呢，还是建立一个大地主大资产阶级专政的半殖民地半封建的国家？这将是一场很复杂的斗争。目前这个斗争表现为蒋介石要篡夺抗战胜利果实和我们反对他的篡夺的斗争。这个时期如果有机会主义的话，那就是不力争，自愿地把人民应得的果实送给蒋介石。”在讲演中通过阶级的历史的分析，揭露了蒋介石国民党的本质，提出了共产党同国民党作针锋相对的斗争的方针；并强调要自力更生，依靠自己组织的力量打败中外一切反动派。1945 年 8 月 25 日中共中央发表《对目前时局的宣言》。宣言指出：“在中国与全世界，一个新的时期，和平建设的时期，已经来临了。”在新时期中，全民族的重大任务是“巩固国内团结，保证国内和平，实现民主，改善民生，以便在和平民主团结的基础上，实现全国的统一，建设独立自由与富强的新中国，并协同英美苏及一切盟邦巩固国际间的持久和平”。为了奠定今后和平建设的基础，宣言要求国民政府立即实施以下六条紧急措施：

(一)承认解放区的民选政府和抗日军队，撤退包围与进攻解放区的军队，以便立即实现和平，避免内战。

(二)划定八路军、新四军及华南抗日纵队接受日军投降的地区，并给予他们以参加处置日本的一切工作的权利，以昭公允。

(三)严惩汉奸，解散伪军。

(四)公平合理地整编军队，办理复员，救济难胞，减轻赋税，以纾民困。

(五)承认各党派合法地位，取消一切妨碍人民集会、结社、言论、出版自由的法令，取消特务机关，释放爱国政治犯。

(六)立即召开各党派和无党派代表人物的会议，商讨抗战结束后的各

---

① 《毛泽东文集》第 3 卷，277 页，北京，人民出版社，1996。

项重大问题，制定民主的施政纲领，结束训政，成立举国一致的民主的联合政府，并筹备自由无拘束的普选的国民大会。

中共中央宣言提出的六项要求及和平、民主、团结的口号，符合当时中国形势的需要，得到了全国各阶层人民的拥护。

1945年8月15日，中国民主同盟发表《在抗战胜利声中的紧急呼吁》，提出了“民主统一、和平建国”的口号。10月1日至12日，在重庆召开了临时全国代表大会(民盟史上称第一次全国代表大会)，通过了民盟的纲领、政治报告、宣言和章程，修订了入盟手续，增选了33名中委。大会继续选张澜为主席。

《政治报告》认为，战后时期是“中国建立民主国家千载一时的机会”，民盟的任务，“就在研讨怎样把握住这个千载一时的机会，实现中国的民主”，“把中国造成一个十足道地的民主国家”。民盟对民主作了阐述，认为“在一个社会里，人人做人，人人做自己的主人，一切政治经济的组织都成了这个目标的工具，这就是民主”。还认为英美和苏联的制度各有优缺点，要综合二者之长创立中国式的民主。“拿苏联的经济民主来充实英美的政治民主，拿各种民主生活中最优良的传统及其可能发展的趋势，来创造一种中国型的民主，这就是中国目前需要的一种民主制度。”《政治报告》指出，实行民主必先扫除障碍。当前要解决政治会议、联合政府、国民大会三大问题。报告阐明了民盟对这三大问题的主张。《政治报告》及大会宣言和纲领这三个主要文件，阐述了民盟的基本理论，提出了实现其政治主张的完整方案。这次大会为民盟参加政治协商会议作了政治上组织上的准备。

中国民主同盟是一个阶级联盟性质的中间性党派，“由于抗战特别由于政协的机缘，客观上一时造成了他在全国的第三党地位”。① 所以，民盟的动向和主张在各中间性党派中具有一定的代表性。

1945年年底至1946年春先后成立了一些新的党派：

谭平山等1943年在重庆组织的三民主义同志联合会，1945年10月28日召开第一次全体大会，宣布正式成立和进行公开活动。

从1945年8月起，黄炎培与胡厥文、章乃器、施复亮、李烛尘等共同筹备，12月16日，在重庆召开大会，正式成立了中国民主建国会。大会通过了政纲、宣言、章程和组织原则，选举了理事和监事。会后组成了办事

① 《周恩来选集》上卷，283页，北京，人民出版社，1980。

机构，并创刊《平民》周刊。这是以民族工商业资本家为主体的政治党派，其基本主张是，对美苏采取平衡政策，对国共取调和态度，要求政治民主，经济和思想自由。他们宣称，愿“以纯洁平民的协力，不右倾，不左袒，替中国建立起来一个政治上和平奋斗的典型”。①

12月20日，救国会改名为中国人民救国会，宣布了政钢，主张“建立一个以全国绝大多数为基础的联合战线的民主联盟的民主国家制度，即是建立一个独立自由平等的人民共和国”。② 选举沈钧儒为主席。

以马叙伦、周建人等为主要领导人的中国民主促进会于1945年12月30日在上海成立。1946年1月初，发表对时局宣言，他们的主张主要是要求国民党改革政权，还政于民，给人民言论、出版、集会、结社及人身自由，重新制定宪法等。

1946年1月1日，洪门致公党在国外发表宣言，呼吁国内停止内战，各党各派团结一致共图建设。

1945年9月3日，许德珩、涂长望、孟宪章等人举行会议，将1944年冬组织的民主科学座谈会正式定名为九三学社。1946年5月4日，在重庆召开成立会，选举许德珩等16人为理事，卢于道等八人为监事，许德珩等七人为常务理事。并决定在京沪区设立总社，在重庆、武汉、成都、昆明、广州、香港、北平、天津及伦敦设立分社。1946年秋，活动中心由上海转到北平。该社成立时发表了成立宣言，提出了基本政治主张和对时局的具体要求。

以李济深、蔡廷锴为主，以十九路军旧部为基础的国民党民主促进会，酝酿于1944年豫湘桂战役期间，1946年4月15日，在广州宣布正式成立。

这些党派及其成员，为了把握千载难逢的良机，实现他们的建国方针和主张，建立长期追求的资产阶级民主国家，进行着不懈的努力。在反对国民党法西斯专政要求实现民主政治的基础上，他们同共产党结为同盟。他们在促进政协召开、维护政协路线和反内战、争和平的运动中，发挥了重大作用。

---

① 《民主建国会成立大会纪要》，载《平民》第一、二、三期合刊，1946。

② 中国社会科学院近代史研究所中华民国史研究室主编：《救国会》，384页，北京，中国社会科学出版社，1981。

三、重庆谈判和《政府与中共代表会谈纪要》的签订

抗战结束后，国民党统治集团迫于国际上美苏的压力，和应付全国人民对和平团结民主的强烈要求，为了在这种复杂的形势下，贯彻其既定方针，采取了某种曲折变通的做法。国共两党的重庆谈判和政治协商会议的召开，就是在这种情况下出现的。在日本宣布投降之际，蒋介石于8月14日、20日、23日连发三电邀请毛泽东赴渝面商“目前各种重要问题”。24日毛泽东复电表示同意。27日蒋介石派国民政府军委会政治部部长张治中与美国驻华大使赫尔利到延安迎接。28日下午3时许毛泽东、周恩来、王若飞在张治中、赫尔利陪同下由延安飞抵重庆。毛泽东在机场发表简短的书面谈话。当晚下榻山洞林园蒋介石官邸。翌日下午毛泽东等同蒋商谈。蒋介石提出谈判的三条方针：“一、不得于现政府法统之外来谈改组政府问题。二、不得分期或局部解决，必须现时整个解决一切问题。三、归结于政令军令之统一，一切问题以此为中心。”①8月30日毛泽东移驻张治中寓所上清寺桂园。中共代表与国民党政府之谈判从此开始。

离延前，毛泽东主持政治局会议充分估计了谈判的前景，并从政治、军事、组织上作了重要部署。8月23日政治局扩大会议决定毛泽东离延期间由刘少奇代理主席职务，增选陈云、彭真为书记处候补书记，毛泽东为中共中央军委主席，朱德、刘少奇、周恩来、彭德怀为副主席。26日，向党内发出了《关于同国民党进行和平谈判的通知》。通知指出：国民党“在内外压力下，可能在谈判后，有条件地承认我党地位，我党亦有条件地承认国民党的地位，造成两党合作(加上民主同盟等)、和平发展的新阶段”；在谈判中我们准备作必要的以不伤害人民根本利益为原则的让步。“在我党采取上述步骤后，如果国民党还要发动内战，它就在全国全世界面前输了理，我党就有理由采取自卫战争，击破其进攻。”通知还告诫全党绝对不要因为谈判而放松对蒋介石的警惕和斗争。通知特别告诫在广东、湖南、湖北、河南等省处境更困难的同志们，“绝对不要依靠谈判，绝对不要希望国民党发善心，它是不会发善心的。必须依靠自己手里的力量，行动指导上的正确，党内兄弟一样的团结和对人民有良好的关系。坚决依靠人民，就是你

① 国防大学党史党建政工教研室编：《国共两党代表谈判的情况》，见《中共党史教学参考资料》第18册。

们的出路。”①中共中央决定向东北派1200人组成的干部团，由林枫率领开至热河边境，相机进入东北。

9月2日毛泽东约见国民政府外交部长王世杰，提出八项原则性意见。9月3日中共提出11条谈话要点。9月4日蒋介石指定张群(国民党四川省主席兼成都行辕主任)、张治中、王世杰、邵力子(国民政府军委会战地党政委员会秘书长)四人为谈判代表，将自拟的《对中共谈判要点》四条交给他们。张群等以此为指导写出《对中共〈谈话要点〉的答复》11条。

从《谈话要点》和《答复》看，双方距离甚远。但经过毛泽东与蒋介石直接商谈5次，和周恩来、王若飞同张群、张治中、王世杰、邵力子的多次具体商谈，终于在10月初达成协议，10月10日在桂园由周恩来、王若飞、张群、张治中、王世杰、邵力子签订了《政府与中共代表会谈纪要》(周恩来起草)。列入纪要的12个问题，达成共识者以“一致认为”“双方同意”表述，未达成共识者以“中共方面提出”“政府方面表示”来表述，即双方各自表明自己的立场与观点，同意继续商谈或提交政治协商会议讨论决定。有些未获协议的问题未写入纪要。这次谈判的主要成果，是政府承认了和平建国的基本方针，即“必须共同努力，以和平、民主、团结、统一为基础，并在蒋主席领导之下，长期合作，坚决避免内战，建设独立、自由和富强的新中国，彻底实行三民主义。双方又同意蒋主席所倡导之政治民主化、军队国家化及党派平等合法，为达到和平建国必由之途径”。“一致认为应迅速结束训政，实施宪政，并应先采必要步骤，由国民政府召开政治协商会议，邀集各党派代表及社会贤达协商国是，讨论和平建国方案及召开国民大会各项问题。”“政府应保证人民享受一切民主国家人民在平时应享受身体、信仰、言论、出版、集会、结社之自由，现行法令当依此原则，分别予以废止或修正。”军队国家化和解放区政权问题，是双方斗争的焦点。国民党仍坚持“军令政令统一”，拒不承认人民军队和解放区政权的合法地位。在军队问题上，中共提出应公平合理地整编全国军队，共产党领导的抗日军队可以缩编至24个师至少20个师，并将散布在粤、浙、苏南、皖南、皖中、鄂、湘、豫(豫北不在内)八个省区的部队撤至陇海路以北及苏北、皖北之解放区集中。由于这一让步，共产党取得了政治上的主动。关于解放区问题，中共先后提出四个方案，均被国民党拒绝，未达成协议。

谈判期间，毛泽东、周恩来、王若飞等同各党派、各界代表人物和外

---

① 《毛泽东选集》第4卷，1154页。

国友好人士进行了广泛的接触和交谈。这是一次宣传、解释中国共产党的主张，广交朋友、发展革命统一战线的重要活动。

10月11日，毛泽东由张治中、王若飞陪同返回延安。周恩来、王若飞(到延后即返渝)留在重庆继续谈判召开政治协商会议等问题。

四、解放区的自卫反击战和国统区人民的反内战运动

重庆谈判期间，蒋介石加紧内战部署。8月29日，国民政府军委会参谋总长、陆军总司令何应钦密令各战区印发蒋介石1933年编写的《剿匪手本》。9月20日蒋介石密示所属："目前与奸党谈判，乃系窥测其要求与目的，以拖延时间，缓和国际视线，俾国军抓紧时机，迅速收复沦陷区中心城市。待国军控制所有战略要点、交通线，将寇军受降后，再以有利之优越军事形势与奸党作具体谈判。彼如不能在军令政令统一原则下屈服，则以土匪清剿之。"① 毛泽东刚刚离开重庆，蒋介石又发出"酉元电"(10月13日)令各级指挥官"遵照中正所订剿共手本，督励所属，努力进剿，迅速达成任务"。② 国民党军以"受降""恢复交通"为借口，分别沿平绥、同蒲、平汉、津浦等铁路向解放区推进和进攻。至9月中旬，国民党军共调动36个军、73个师。其战略意图是打通铁路交通线，分割解放区，占领华北，切断华北与东北的联系进而抢占东北，并以军事压力迫使中共在谈判中屈服。

针对蒋介石的意图和国民党军的进攻，中共中央采取了一系列战略性措施：

第一，不声不响地派干部和部队挺进东北，着手建立东北根据地。东北地区地域辽阔，有三千多万人口，工业发达，资源丰富，交通方便，背靠苏朝蒙，又是国民党势力最薄弱的地区。东北为苏军受降区，美国不能染指。按照中苏条约，苏军控制的大城市要道要移交国民政府接收。但苏军基本上不干涉中共在东北的活动。国民政府在10月成立了以熊式辉为主任的国民政府主席东北行营和以杜聿明为司令长官的东北保安司令长官部。但10月以前，东北无国民党一兵一卒。鉴于此，毛泽东早在中共七大时就十分强调东北是个"极其重要的区域"，"如果我们有了东北，大城市和根据

---

① 《中国人民解放军战史》第3卷，3页，北京，军事科学出版社，1987。

② 1945年10月24日胡宗南致高树勋电。新华社太行11月6日电，见《中国人民解放战争军事文集》第1集，北京，中国人民解放军总部，1951。

地打成一片，那末，我们在全国的胜利，就有了巩固的基础了”。[①] 8月26日毛泽东在政治局会议上又强调“陇海路以北以迄外蒙一定要我们占优势。东北我们也要占优势”。[②] 因此，日寇宣布投降，中共即派部队向热察和东北挺进。冀热辽边区李运昌部和冀东军分区司令员曾克林先期出关进入沈阳。9月15日中共中央决定成立以彭真为书记的东北局。9月18日彭真、陈云到沈阳。此后陆续派高岗、张闻天、林彪、李富春、李立三、罗荣桓、林枫等中央候补委员以上干部进入东北。9月19日刘少奇为中共中央正式起草了《关于向北发展向南防御的战略方针部署的指示》，根据这一指示，新四军江南主力移至江北，皖中、皖南部队北撤；加强对热察的控制；陆续从山东、华中、华北各战略区抽调部队11万余人和干部2万人从陆海两途兼程进入东北。10月31日各路出关部队与原在东北的抗日联军共同组成东北人民自治军，林彪为总司令，总兵力约27万人(1946年1月14日改称东北民主联军)。11月中旬，杜聿明率13、52两个军乘美舰在秦皇岛登陆。16日侵占山海关，进而向锦州进攻，并转攻承德。东北人民自治军起初在山海关一带抗击。旋即改为“让开大路，占领两厢”的做法，离开大城市，着手在东、西、北满建立根据地。

第二，在关内进行四次较大的自卫反击战，迟滞国民党军北进。9月10日晋冀鲁豫军区部队集中3.1万人，在5万民兵配合下发起上党战役。首先将阎锡山的一个王牌军十九军围困在长治，然后运用围城打援战法，先后歼灭援敌2万余人，击毙敌第七集团军副总司令。10月12日又将弃城西逃的十九军在桃川堡附近歼灭，俘十九军军长史泽波及将官二十余人，上党战役共歼敌3.5万余人。10月14日，孙连仲的三十军、四十军、新八军共7个师自新乡北进，企图与进至石家庄的胡宗南的第三、第十六军会合，完全控制平汉路。10月下旬，晋冀鲁豫军区主力及地方武装6万余人将北进的敌军三个军全部包围在漳河以北。10月30日，在马头镇争取了国民党第十一战区副司令长官兼新八军军长高树勋率领该军及一个纵队万余人起义。10月31日至11月2日，围歼了溃逃的三十、四十两军，只少数敌军漏网。俘敌第十一战区副司令长官兼第四十军军长马法五以下2.3万余人。此役称为邯郸战役或平汉战役。在平绥线，从10月18日开始，晋察冀、晋绥两军区部队5万余人发起绥远战役，歼敌1.2万余人，收复了被傅军侵占的绥

---

① 《毛泽东文集》第3卷，411页。

② 《毛泽东文集》第4卷，15页。

东、绥南广大地区，但围攻归绥、包头，未能攻克。从10月18日至1946年1月，新四军及山东军区部队进行了津浦路徐（州）济（南）段战役，歼敌2.8万余人，挫败了敌人打通津浦路的计划。上述几次自卫反击战共歼灭蒋军10万余人，打破了蒋介石从陆路进军东北的计划，人民军队也付出了伤亡1.5万余人的代价。

蒋介石的内战政策违背人民的意愿，国统区人民掀起了反内战运动。11月2日，民盟发言人发表谈话，提出“国家一切的问题，都应该用和平的方法来解决。谁要用武力来解决党争问题，谁就负内战的责任，谁要发动内战，谁就是全国的公敌”。11月18日，成都各大学21个团体联名发表《制止内战宣言》。在重庆，11月19日由沈钧儒等发起成立了陪都各界反内战联合会，提出了“内战必先停止，是非再付公论”的主张。重庆人民的反内战呼声迅速传遍国统区各大城市。

在昆明，西南联合大学是民主运动的中心，是国统区反内战争民主的重要阵地。10月初，蒋介石赶走龙云并调卢汉带兵赴越南受降后，改派关麟征为云南警备司令，李宗黄代理省主席。11月24日，云南当局公开下令“禁止一切集会与游行”。25日联大、云大、中法、英专等校学生、教授、职工及市民等6000余人，在联大图书馆前，举行时事晚会。国民党一面派特务混入会场捣乱，一面派大批武装军警包围会场，在校墙外放炮鸣枪进行威胁。为了抗议国民党当局的武力威胁，从次日起，昆明市大中学生宣布罢课，并向社会进行宣传。28日，国立西南中山中学、云大、联大等31个大中学校的学生发表《为反对内战及抗议武装干涉集会告全国同胞书》，提出了“立即制止内战”，“反对外国助长中国内战”，“撤退驻华美军”，“组织民主联合政府”，“保障人民的言论、集会、结社、游行、人身自由”等主张；向云南军政当局提出四条要求：（一）追究射击威胁会场事件的责任问题；（二）立即取消禁止集会游行之非法禁令；（三）保障同学之身体自由，不许任意逮捕；（四）要求中央社改正诬蔑学生之荒谬言论，并向当晚参加大会之人士道歉。

对学生的反内战运动，国民党当局决定进行镇压。关麟征公开宣称“学生有在校内开会的自由，我也有在校外开枪的自由”。12月1日上午，大批军警、特务、暴徒分头围攻云南大学、联大新校舍、联大师院及工学院、昆华高工等学校。他们不但大打出手，而且竟向学生集中的地方投掷手榴弹。师院学生潘琰、李鲁连，昆华工业学校学生张华昌当场被炸死。路过联大新校舍的南菁中学教员于再，为阻止特务向校内投弹被炸受重伤，后亦牺牲。此外还有25人被炸或被殴打成重伤。这就是震动全国的昆明“一二·一”惨案。

师生们的斗争和牺牲，得到社会的广泛同情与支持。12月3日，在联大图书馆举行四烈士入殓与公祭仪式，昆明的学生、工人、农民、职员、商人、士兵等各界人士，怀着悲愤的心情前来祭悼。总计在三个多月时间里，参加公祭的群众达15万余人。1946年3月17日，由3万人组成的送葬队伍，为四烈士举行了殡葬仪式。这实际上是向国民党反动当局抗议示威的一次抬棺游行。

“一二·一”惨案在全国引起巨大反响。重庆、成都、上海人民先后举行了追悼四烈士大会。在全国各界人民反内战运动的压力下，蒋介石不得不让关麟征“自请处分”，将李宗黄调离云南。

重庆各界反内战联合会的成立和昆明“一二·一”惨案的发生，成了国统区人民反内战运动发展的新起点。

五、马歇尔“调处” 政治协商会议

“双十协定”签订后，国共关系“一时偏和，一时偏战，和中酝酿战，战中酝酿和，斗争是严重的复杂的”。[1] 1945年10月21日周恩来、王若飞同政府代表达成了关于各方出席政协人数的协议，但在承认解放区、划分受降区、恢复交通等问题上分歧仍很大。11月25日周恩来由渝返延，同中共中央商讨对策。根据周恩来建议，中共中央确定了谈判的纲领和方针，即“在政治上取攻势，在军事上取守势，但同时又应使其在军事上知难而退”；并希望民盟也“在纲领、联合政府、国大及宪法上多做准备”。12月15日通过了中共出席政协的7人名单和成立以董必武、王若飞为正副书记的南方局的决定。12月16日周恩来率新组成的负责谈判和出席政协的中共代表团成员飞返重庆。18日在记者招待会上说明了中共对停战、政协、改组政府、东北问题等所持的立场和观点。

同时期，国际舆论继续呼吁中国实行和平民主。美国统治集团商定了“扶蒋压共”的对华政策。11月27日杜鲁门批准了赫尔利辞去驻中国大使的请求，派马歇尔为总统特使赴华“调处”国共争端。杜鲁门和美国国务卿贝尔纳斯训令马歇尔到中国后“用适当而可行的方式、运用美国的影响”(包括

---

① 《周恩来年谱》(1898—1949)，629页。

以美国的经济、技术、军事援助为条件)，“尽快地以和平民主的方法”(要中国政府召开一个包括主要党派的代表所组成的全国会议)，“达到中国的统一”；并“实行停战，特别是在华北实行停战”。12 月 15 日杜鲁门发表《美国对华政策声明》，声称中国国民政府是“达到统一中国目标之恰当机构”，只要把这个“一党政府”的基础加以扩大、容纳其他党派，就可“推进中国的和平、团结和民主改革”。“自治性的军队例如共产党军队那样的存在，乃与中国政治团结不相符合，且实际上使政治团结不能实现。广泛代议制政府一经设立，上述自治性军队及中国的一切武装部队，应有效地结合成为中国国民军。”①马歇尔带着这样的指令和使命于 12 月 22 日到达重庆。12 月 27 日苏美英三国外长莫斯科会议发表公报，重申“不干涉中国内政”原则，“一致同意，必须在国民政府之下建立一个团结而民主的中国，国民政府的各部门必须广泛地由民主分子参加，并且内战必须停止。”公报还声明苏军应中国政府请求延期至 1946 年 2 月 1 日撤出中国，美军在解除日军武装及遣送日军回国后即撤离中国。

停战，是召开政协的前提。12 月 24 日陪都各界反内战联合会分别致函蒋介石、毛泽东呼吁和平。27 日中共代表团正式提出无条件停战三项内容，12 月 31 日政府代表复文同意中共的提议。蒋介石决定 1946 年 1 月 10 日召开政协。

在马歇尔的建议与协助下，经张群、邵力子、王世杰与周恩来、董必武、王若飞、叶剑英几度商谈，1946 年 1 月 5 日，双方达成了《关于停止国内军事冲突办法的协议》：“(一)停止国内各地一切军事冲突并恢复一切交通……(二)因国内军事冲突及交通阻塞等事，与我国对盟邦所负有之受降及遣送敌俘等义务有关，故应由政府与中共各派代表一人会同马歇尔将军从速商定办法，提请政府实施。(三)国民参政会驻会委员会及政治协商会议，各推定国共两党当事人以外之公正人士八人，组织军事考察团，会同国共双方，在发生冲突区域考察军事状况、交通情形以及其他与国内和平恢复有关事项，随时将事实真相提出报告并公布之。”1 月 10 日，由张群、周恩来签署了《关于停止国内军事冲突、恢复交通的命令和声明》。商谈中，由于中共反对，政府撤回了“接收”赤峰、多伦的要求，但仍坚持在停战令中把东北排除在停战范围之外。上述停止军事冲突的办法、命令和声明，构成了停战协定的全部内容。1 月 10 日同时公布。蒋介石、毛泽东向各自

① 《中美关系资料汇编》第一辑，626 页。

的部队发布了停战令。停战令定于1月13日午夜起生效。

根据停战协定，1月7日正式组成了由马歇尔、周恩来、张群(后为张治中、徐永昌)参加的三人小组(或称三人军事小组)。1月10日由张群、周恩来签署了《建立军事调处执行部的协议》，成立了在三人小组领导下的北平军事调处执行部。执行部三委员由政府、中共、美国各一人担任。三人是郑介民(军令部第二厅厅长)、叶剑英(十八集团军参谋长)、罗伯逊(美国驻华代办)。执行部下设由三方同等人员组成的若干执行小组，分赴各冲突地区进行调处工作。1月14日军调部开始在北平办公。

停战令生效前后，双方争夺战略要点的斗争十分激烈。但就全国范围而言，停战令下达后一度出现了和平局面。国共及马歇尔三方于2月25日，签订了《关于军队整编及统编中共部队为国军之基本方案》(通称整军方案)。3月27日，达成了东北停战协议，指令军调部派执行小组赴东北调处冲突。

与停战令发布同时，1月10日上午，政治协商会议在重庆开幕。会议召开前，国共双方在参加单位和代表名额分配问题上有过一番斗争。最后商定政协由五个单位38名代表参加。1月7日，国民政府正式公布会议召开办法及会员名单。国民党八人：孙科、吴铁城、陈布雷、陈立夫、张厉生、王世杰、邵力子、张群。共产党七人：周恩来、董必武、王若飞、叶剑英(后去北平军调部)、吴玉章、陆定一、邓颖超。青年党五人：曾琦、陈启天、余家菊、杨永浚、常乃德。民主同盟九人：张澜、罗隆基、章伯钧、沈钧儒、张东荪、张申府、黄炎培、梁漱溟、张君劢。无党派人士即社会贤达九人：郭沫若、王云五、傅斯年、胡霖、钱永铭、缪嘉铭、李烛尘、莫德惠、邵从恩。

1月10日，作为会议召集人及当然主席的蒋介石，代表国民政府致开会辞，并宣布了决定实施的事项：给人民言论、出版、集会、结社及身体之自由，各政党在法律面前一律平等，并得在法律范围之内公开活动，实行由下而上的普选，释放政治犯。1月11日、12日，国共代表分别报告停止军事冲突商谈经过和国共重庆谈判经过。14日至19日，进行大会讨论和分组会议。25日至31日，先后通过了军事问题、宪草问题、和平建国纲领、政府组织、国民大会问题五项协议。31日，会议结束。

政治协商会议的召开，鼓舞了国统区各界人士。各民主党派、人民团体纷纷致电政协会议，提出他们的希望和建议。这是中华民国成立以来一次盛大的民主政治活动。

参加政协的五个方面，实际代表中国社会中三种政治力量。会议的过程，就是三种政治力量、三种国家政权主张、三条中国道路的一场尖锐复杂的较量的过程。在蒋介石、周恩来、张澜的开会辞中，就分别代表三个政治集团含蓄地申述了各自的基本主张和态度。随后，围绕改组国民政府、施政纲领、军队、国民大会、宪法草案五个问题进行了激烈的争辩。

改组政府问题。1月14日，国民党代表提出《扩大政府组织方案》，王世杰作了说明。国民党主张：国府委员就原有名额增加1/3，即由36名增至48名；国府委员得由主席提请选任党外人士充任，由主席提出经国民党中央执行委员会通过；委员名额如何分配不作明文规定，但国民党必具“特定程度多数”以保证其“履行领导的责任”；国府委员会为政治之最高指导机关，其职权中无用人权；国府主席在紧急情势发生时，有紧急处置之权。这个方案骨子里仍是国民党一党专政和蒋介石个人独裁。这个方案遭到各方反对。董必武发言说：我们承认蒋介石的领导和国民党是第一大党，但国民政府必须改组。改组政府要有共同纲领；国府委员会应有用人权；国民党在政府中的人数不得超过1/3；国府委员人选不能由国民党中央通过；要“防止手令制”，国民政府主席做紧急处置要经会议通过，要有人副署；改组政府不能只限于行政院，应包括各院部会的改组。罗隆基申述了民盟主张改组政府的理由：第一，在这过渡时期“希望由一人集权制过渡到民主集权制，我们很希望蒋先生成为民主的领袖”；第二，“希望各党派能参加政府”；第三，使目前政府的行政效率提高和现代化。他提出了改组政府的三项要点：要有共同纲领；共同决策机关要真能决策；执行机关要真能执行。他又提出一连串询问，要王世杰答复，实际是不同意国民党的主案。他问道：国府委员会是政权机关抑或是治权机关？府委由主席提请选任党外人士参加但须国民党机关通过，这些人是否要向国民党的机关负责？府委增加1/3是整个国府委员会改组重选抑或只是补充？主席紧急处置权，紧急两字如何解释？如此等等。这些质问击中了国民党一党专政和蒋介石个人独裁的要害。

经过辩论和协商，1月28日，达成了《关于政府组织问题的协议》，基本上否定了国民党的无理主张，体现了共产党和民主人士的基本要求。

施政纲领问题。1月16日，中共代表团正式提出了《和平建国纲领草案》。讨论中，吴铁城主张以《建国大纲》《抗战建国纲领》、国民党六全大会政纲、民国三十五年施政方针为制定施政纲领的依据。常乃德主张以《抗战建国纲领》为蓝本加以修改。章伯钧主张制定纲领要以国民党“一大”宣言、《约法》为依据，并参考中共及其他政党的纲领、各界人士的意见。罗隆基认为中共的提案“很切合需要，可作讨论根据”。李烛尘批评了国民党扼杀民族工商业的政策，提出了发展民族工商业的经济建设方案。最后，基本上依据中共的方案，于1月26日通过了《和平建国纲领》。

军队问题是斗争的焦点。国民党坚持其“军令政令统一”的既定方针。青年党提出了《停止军事冲突实行军队国家化案》，表面上主张政治民主化与军队国家化二者并重，实际强调“军队国家化为政治民主化的必要条件”，反映了国民党的意图。1月16日，民盟提出《实现军队国家化并大量裁兵案》，主张两大原则：一是“全国所有军队应即脱离任何党派关系，而归属于国家，达到军令政令之完全统一(现役军人脱离党籍)”；二是大量裁减常备军额。为了达到上述两点，应立即成立整军计划委员会，由国共两党军事人员、非两党之军事人员、非军事人员参加；同时可聘美国军事专家为顾问。民盟代表梁漱溟特别解释说：军队国家化，“即是军队不属于任何私人，任何地方，任何党派所有”。周恩来重申了中共的主张，他说：我们同意军队国家化，但是不能“先有军队国家化，然后才能政治民主化”，必须二者同时并进。他还说，军队国家化就是要使军队成为人民的军队。经过争论，勉强达成了《关于军事问题的协议》，通过了“军队属于国家”“军党分立”“军民分治”“以政治军”等项原则规定，但没有解决实际问题。

国民大会问题。1月17日，国民党提出了《关于国民大会之意见》。其主要内容是：(甲)民国三十五年五月五日召开国民大会。(乙)第一届国民大会之职权为制定宪法。(丙)1936年选出的国大代表仍然有效，另外“合理增加”名额。具体地说，国大代表总数1440名，前已选出950名。尚需选出490名，其中240名由国民党指定。这就是说，共产党、民主党派及其他代表只有250名。

这样的国大，中共、民盟和进步的无党派代表一致强烈反对。最后达成的《关于国民大会问题的协议》，规定国大代表共2050名。“依选举法规定之区域及职业代表1200名照旧。”新增台湾、东北地区的代表150名。增加党派及社会贤达代表700名。“宪法之通过，须经出席代表3/4同意为之。”基本上打破了国民党控制国大的企图。

宪法草案问题。国民党坚持把《五五宪草》塞给会议。中共、民盟及进步人士一致反对。吴玉章提出了制宪的四条原则：宪法应保障人民权利，不应限制人民权利；中央与地方权限应取均权主义原则；省为自治单位，省长民选，省得自制省宪；宪法上明白规定有关军事、文教、经济各方面的民主政策。沈钧儒强调指出，国民政府应承认中共抗日的历史性及中共设施与政治的进步性，从法律上承认解放区。

经过讨论，会议通过了《关于宪草问题的协议》，确定了国会制、内阁制、省自治制的政治制度。立法院和行政院大体相当于资产阶级民主国家的议会和内阁，总统权力受到很大限制。协议还规定组织政协宪草审议委员会，根据上述原则制定宪草修正案，提交国民大会采纳。

政治协商会议是中国现代史上一次十分突出的采取合法形式的斗争，是中国民主运动史上特殊的一幕。由于中国共产党及其政协代表团顺应人民的要求，团结中间势力，孤立反动势力，进行了卓有成效的斗争，由于民主党派、无党派民主人士及国民党内民主分子的努力，使会议通过了有利于和平民主，有利于人民的协议。会议再一次确认了和平建国方针，否定了国民党的独裁内战方针。确定了国会制、内阁制和省自治制的政治制度。虽然这种制度不同于中国共产党主张的新民主主义政治制度，但它是对国民党一党专政和蒋介石独裁的否定。政协的五项协议虽然很快就被国民党反动派破坏了，但会议所表现的协商精神和确定的政协路线，在人民中留下了深刻印象，产生了很大的影响。

在政治协商会议问题上，国民党统治集团内部分为两派。一派主张同各党派协商，一派反对协商，坚持国民党法西斯专政和蒋介石独裁。蒋介石依靠这两派势力不断玩弄反革命的两手策略。

还在政协开会期间，蒋介石就一面主持会议，一面假手特务制造践踏民主的暴行。1946 年 1 月 16 日至 19 日，国民党特务接连破坏政协陪都协进会在沧白堂举行的讲演会，打伤讲演的政协代表郭沫若、张东荪等，造成了“沧白堂事件”。1 月 26 日，国民党宪警非法搜查政协代表黄炎培的住宅。政协闭幕时，蒋介石信誓旦旦地声称，对各项协议“政府必然十分尊重，一俟完成规定手续以后，即当分别照案实行”。但是，2 月 10 日国民党特务和暴徒破坏了陪都各界庆祝政协成功大会，殴伤李公朴、郭沫若、施复亮、马寅初及到会群众共 60 余人，制造了震动中外的“较场口血案”。2 月 21 日，国民党北平当局策动所谓还乡请愿团在东四大街举行反共示威，并由特务率领闯入北平军调部，侮辱殴打中共办事人员。22 日，国民党煽动重庆万余青年学生举行反苏反共游行。在游行时，特务暴徒捣毁了《新华日报》民生路营业部和民盟的机关报《民主报》营业部。此后，国民党又指使特务捣毁十八集团军驻西安办事处，并在其他一些大城市制造了反苏反共的游行。这样，蒋介石亲口宣布的“确保”人民享有各种自由的诺言，就被特务的暴行破坏了。

国民党内的反动分子认为政协协议的通过等于所谓“党国自杀”，叫嚷“不能把统治权交给多党政府”。有人甚至要弹劾出席政协的国民党代表。蒋介石为了在国民党内统一“认识”和“行动方针”，于1946年3月1日至17日，召开国民党六届二中全会。会上，法西斯分子反对政协协议，尤其反对关于宪草问题的协议。蒋介石一方面要那些极端的反动分子“平心静气地”“认识环境及遵循政策”，“不可意气用事”，并说政协协议的通过要由他“负责”，“而不必责备本党的代表”。另一方面他支持法西斯分子的要求，宣称政协通过的修改宪草原则“有若干点实在与五权宪法的精神相违背”，“要把握住重要之点多方设法来补救，务使宪草内容能够不违背五权宪法和建国大纲的要旨”。① 在这里充分暴露了蒋介石的心机。他迫于形势承认政协协议，暂时避开人民的斗争锋芒，然后再设法把它毁掉。

3月16日，国民党二中全会通过了《对政协报告之决议案》，提出五条所谓宪草修改原则：(一)制定宪法应以建国大纲为最基本之依据。(二)国民大会应为有形之组织，用集中开会之方法行使建国大纲所规定之职权。(三)立法院对行政院不应有同意权及不信任权；行政院亦不应有提请解散立法院之权。(四)监察院不应有同意权。(五)省无须制定省宪。这就推翻了政协确定的民主宪政原则。国民党二中全会还决定撤销国防最高委员会，恢复中央政治委员会，由该会“指导”国民政府的工作。同时决定把各党推选的国府委员拿到国民党中常会去选任。这就推翻了关于改组政府问题的协议。

3月24日至4月2日，国民党召开国民参政会四届二次会议，企图利用它使二中全会的反动决议公开化和合法化。4月1日，蒋介石在会上作了长篇政治报告。他在报告中公开撕毁了刚刚达成的东北停战协定，声称在东北“主权接收”完成以前，“没有什么内政问题可言”。军事调处只能在不影响国民党政府“接收主权，行使国家行政权力的前提之下进行”。他公开撕毁了政协协议，扬言“政治协商会议在本质上不是制宪会议，政治协商会议关于政府组织的协议案，在本质上不能够代替约法”。“如政治协商会议果真成为这样一个性质的会议，我们政府……是决不能承认的。”

对于蒋介石的倒行逆施，中国共产党进行了严正的揭露和批判。3月17日，中共中央发言人发表谈话，指出“国民党内许多有力人士现正试图改变政治协商会议的若干原则决定，特别是关于宪法原则的决定”。3月18日周

---

① 《中国现代政治史资料汇编》第四辑第二册。

恩来向中外记者发表关于国民党二中全会的谈话，就保障人民权利、改组政府、宪草、国大、整军、停战六个问题，发表了共产党的看法。他说："宪法关系中国今后是民主或仍是一党独裁的大问题。政协修改宪草的原则是各党派及无党派代表全体起立通过的，对这些原则如有任何变动，一定要经过政协各方代表的一致协议。"二中全会"违反民主的做法，是任何人不能忍受的"。他严正指出："政协的一切决议不能动摇或修改。"[①]3 月 21 日，张澜向记者发表谈话表示民盟"为对国民负责计，不愿贸然参加政府"。其他民主党派也发表了谴责国民党二中全会决议的谈话。

第二节　国民党军的战略进攻　人民解放军的战略防御

一、全国性内战的爆发

1946 年春夏的中国时局错综复杂。蒋介石打内战的决心已定，仍以和谈作掩护，一面在东北实施大规模进攻，一面在关内加紧部署全面内战，实际形成了"关外大打，关内小打"的局面。马歇尔仍在"调处"，但美国政府的既定政策和中国局势的演变一步步将他逼入艰难的境地。中国共产党一面作着和平的努力，力争推迟全国内战爆发的时间，一面加紧准备作战。

在东北，国民党及其政府，不顾中共、民盟将"接收主权与内政建设分开"的提议，坚持"武力接收"政策。继调进十三、五十二两军之后，又运进新一、新六、七十一、六十、九十三 5 个军，扩大东北内战。3 月 13 日国民党军进入沈阳后，立即分兵进攻营口、法库、本溪、四平等地。东北民主联军奋起抵抗，并于 4 月 18 日、28 日先后进驻长春、哈尔滨。4 月中旬至 5 月 18 日双方在四平地区展开拉锯战。东北民主联军顶住了国民党军 10 个师的进攻，歼七十一、新一等部万余人，己方伤亡八千人。5 月 18 日、22 日先后撤离四平、长春。国民党军随即占领四平、长春、公主岭、吉林，并继续北进，直抵松花江南岸。蒋介石为巩固既得阵地和集中力量部署关内的作战，于 6 月 6 日宣布从 6 月 7 日起东北休战 15 天，以后又延至 6 月 30 日和无限期延长。

在关内，蒋介石一再违背停战令移动部队和向各解放区进攻，至 6 月，

---

① 《关于国民党二中全会的谈话》，见《周恩来选集》上卷，227、228、231 页。

已将其正规军的80%约160万人调至内战前线。他的基本部署是：以郑州绥靖公署主任刘峙指挥第五绥靖区和武汉行营主任程潜所属第六绥靖区共8个整编师又2个旅22万人进攻中原解放区。以徐州绥署主任薛岳指挥58个旅46万人进攻苏皖及山东解放区。以郑州、徐州两绥署和第一战区(后改为西安绥署)第二战区(后改为太原绥署)第十一战区各一部28个旅25万人进攻晋冀鲁豫解放区。以第十一战区司令长官孙连仲、第十二战区司令长官傅作义和第二战区司令长官阎锡山指挥38个师33万人进攻晋察冀和晋绥解放区。以第一战区司令长官胡宗南指挥17个旅15万人进攻陕甘宁边区。以广州行营张发奎所属9个旅75000人进攻广东各游击根据地。其战略意图是稳住江南，向北进攻，先关内后关外，控制大城市要道，由南向北歼灭解放军主力，最后在华北聚而歼之。军事部署停当，蒋介石于6月17日通过马歇尔向中共提出要中共军队退出察哈尔、热河、烟台、威海卫、苏北和东北大部。中共在关内分驻陕北、上党、大名、临沂、热察五个地区。6月25日又要求中共退出胶济铁路沿线及6月7日以后从山东、山西、河北解放的大小城镇。中共中央坚决拒绝了上述无理要求。6月26日蒋介石命令国民党军向中原解放区进攻，全国性内战爆发。此后的三个月，全国规模的大内战在各个战场陆续展开。

中原解放区地处鄂豫边界，平汉路两侧，具有重要战略地位。它是抗战时期新四军第五师开辟的根据地。中原军区司令员李先念，政委郑位三，兵力共约6万人。1946年1月停战令生效后，蒋介石调集重兵加以蚕食、围困，中原军区部队被压缩在以宣化店为中心东西不过百公里、南北只有二十多公里的狭小地区。6月26日拂晓，国民党军10万人围攻宣化店，扬言要在48小时内“一举包围歼灭”。这是全国性内战的起点。

蒋介石的内战部署是在马歇尔“调处”期间完成的。1946年3月9日帮助蒋介石策划内战的美国军事顾问团成立。6月28日美国国会决定延长对中国的租借法案期，美国移让给国民政府总值7.81亿美元的物资。7月16日美国国会通过512公法，授权总统将总数不超过217艘的舰艇及船坞器材赠送给蒋介石。8月31日美国将其在西太平洋价值8.25亿美元的战时物资以1.75亿美元的价格售予蒋介石。侵华美军不但助蒋运输、守护大城市要道，还直接助蒋进攻解放区。1946年7月29日发生在冀东平津公路上的“安平镇事件”，就是突出的一例。8月10日马歇尔与司徒雷登(7月11日任驻华大使，参与“调处”)发表声明，宣布“调处”失败。在蒋召开“制宪国大”后，1947年1月7日马歇尔离开中国。

为了打内战，蒋介石残酷镇压人民的反内战运动，并不惜以政治暗杀的卑劣手段迫害民主人士。1946年6月23日上午，上海各界5万余人集会，欢送上海人民团体联合会及上海学生团体派出的马叙伦、蒉延芳、盛丕华、雷洁琼、阎宝航、吴耀宗、胡厥文等组成的上海人民和平请愿团，赴南京请愿。会后进行了反内战游行。10名代表(胡厥文单独赴京)坐火车过镇江时受到所谓“苏北难民代表”的纠缠。当晚抵下关车站时，遭到国民党特务、暴徒的围攻、劫掠、殴打达5个小时，造成“下关惨案”。7月11日、15日国民党反动派又在昆明制造了暗杀民主人士李公朴、闻一多的血案。中国法西斯统治的狰狞面目至此暴露无遗。

对于蒋介石的内战图谋，中国共产党紧紧掌握以战争对付战争的手段，作了必要的物质和精神准备。在东北，先后建立了东满、西满、北满、南满军事政治根据地。1946年8月成立了以林枫、高崇民、张学诗为正副主席的东北各省市行政联合办事处行政委员会。中共中央军委对各解放区的军队实行了整编，划分了战略区。根据敌我经济、军事力量对比悬殊的实际和初步作战经验，毛泽东为人民解放军制定了积极防御的军事战略方针(以集中兵力打运动战为主，以分散兵力打游击战为辅；以歼灭敌人有生力量为主要目标，不以保守或夺取地方为主要目标)和集中优势兵力各个歼灭敌人的基本作战方法。这种战法的效果是一能全歼，二能速决。战役、战术上的速决，是战略上持久的必要条件。

与直接进行作战准备同时，中国共产党在各解放区开展大生产运动，实行减租减息。1946年5月4日发布《关于清算、减租及土地问题的指示》(通称“五四指示”)。指示提出在条件允许的地区实行土地制度的改革，改变了过去只是进行减租减息的政策。土地改革的实行极大地巩固了解放区政权，对发动群众参军和支援军队作战起了重大作用。

二、国民党军对解放军的进攻及其被击破

在国民党军的全面进攻面前，各战略区的人民解放军，在中共中央军委统一领导下，互相配合，展开了以歼灭敌人有生力量为主要目标的内线作战。

中原解放军胜利突出重围。6月23日毛泽东复电中原局，要他们“立即突围，愈快愈好”。6月26日晚，中原军区以皮定均率第一纵队第一旅佯装主力迷惑敌人，主力分左右两路分别由王树声、李先念率领由泼陂河、宣

化店出发，月底西越平汉路，突出重围。8月分别建立了鄂西游击根据地和豫陕鄂游击根据地。9月王震率359旅抵达陕北。皮旅于完成掩护主力突围任务后，7月下旬转战至苏皖解放区。鄂东军区部队坚持原地游击战争。中原突围的胜利，宣告了蒋介石围歼计划的破产，保存了主力，建立了新的根据地，在外线钳制了刘峙、程潜、胡宗南30个旅的正规军，援助了华北、华中野战军的内线歼敌。

苏中解放区是国民党军主要进攻方向之一，蒋介石集结15个旅12万余人的兵力，由徐州绥署第一绥区司令官李默庵指挥，准备7月15日发起进攻。华中野战军在粟裕、谭震林领导下，以大踏步进退、每战集中绝对优势兵力歼敌一部的战法，从7月13日至8月底在海安、如皋、黄桥、邵伯一带，七战七捷，以伤亡16000人的代价，歼灭国民党军整编49师师部、6个旅1个团、5个交警大队共53700余人。为人民解放军在内线歼敌创造了经验。尔后，边战边向淮北和山东转移。9月19日、22日国民党军整编74师等部占领淮阴、淮安。

山东野战军分别在胶济路和淮北津浦路东抗击国民党军的进攻。进行了朝阳集、泗县战斗，但处境困难。9月23日、10月15日中共中央军委同意陈毅等"山野、华野两军集中行动"的提议，并决定在陈毅领导下，大政方针共同决定，战役指挥交粟裕负责。于是，两军协同，在涟水、盐城予敌重大杀伤后，12月14日至19日在宿迁以北歼整编69师21000余人。1947年1月在鲁南峄县、枣庄地区歼灭整编26师、51师及第1快速纵队共53000余人。宿北、鲁南大捷，使山东野战军由被动转为主动。两军统一整编，正式组成华东军区和华东野战军。1947年1月31日蒋介石命欧震指挥20个旅由临城至城头一线分三路北犯，命第二绥区副司令官李仙洲率9个师自张店、明水南下，企图南北夹击与在临沂地区集结的华东野战军决战。南线各军吸取以往被歼经验，稳扎稳打，齐头并进，很难分割围歼；北线各军则大胆深入鲁中，2月8日进至莱芜、新泰地区。鉴于此，华东野战军以两个纵队摆决战姿态钳制南线之敌，以7个纵队兼程隐蔽北上包围北线之敌。2月20日至23日乘北线之敌调整部署之机，将其56000余人全部歼灭，俘李仙洲及73军军长韩浚等将官20名。此役还收复城市13座，使渤海、鲁中、胶东连成一片。华东野战军亦付出了伤亡8800人的代价。

晋冀鲁豫野战军，在刘伯承、邓小平领导下，主要在豫东和鲁西南歼敌。8月10日至22日出击陇海路开封至黄口段，连克10余城镇，破毁铁路百公里，歼敌16000余人。9月3日至7日在定陶歼整3师及整编41、55

师各一部4个旅17000余人。打破了徐、郑两绥署30万人的"钳形攻势"。刘峙因此被撤职，由陆军总司令顾祝同兼任郑州绥署主任。10月29日至31日在鄄城以南高魁庄一带又将由菏泽向鄄城孤军冒进的整68师一部9000余人全部歼灭。11月15日至22日刘、邓以2、3、6、7纵队11个旅的兵力，采取远距离奔袭和"掏心战术"，在滑县歼灭保安第12纵队、104旅全部及125旅大部共12000余人。12月22日至1947年1月14日进行了巨(野)金(乡)鱼(台)战役，歼敌16000余人，打破了敌人打通平汉路的计划。与此同时，晋冀鲁豫野战军的第四纵队和太岳军区部队，在晋南先后进行了闻(喜)夏(县)战役、同蒲南段战役、临(汾)浮(山)战役、吕梁战役、汾(阳)孝(义)战役，给胡宗南、阎锡山部重大打击，迟滞了胡宗南对延安的进犯。

晋察冀和晋绥军区解放军，在聂荣臻、贺龙领导下协同作战。遵照中央军委以半年左右时间夺取三路(平汉、正太、同蒲)四城(保定、石门、太原、大同)的指示，先后发动了晋北战役、大同集宁战役，歼敌近2万人，但未达预期目的。9月18日以后主力机动歼敌，在平绥路东予敌重大杀伤，但未能阻止傅作义主力35军、整3军及骑兵集团由集宁向张家口的迂回。10月11日撤出张家口，国民党军打通了平绥路。11月至1947年1月晋察冀野战军进行易(县)满(城)战役和保(定)南战役，歼敌53军、保安第五总队等部15000余人。为扭转晋察冀战局创造了条件。

东北民主联军，11月初在新开岭歼敌52军25师8000余人，给进攻南满之敌以重创。12月中旬至1947年3月，为坚持以临江为中心的南满根据地，打破国民党先南后北、各个击破的计划，东北民主联军进行了三下江南(北满主力南渡松花江歼敌)四保临江作战。共歼敌3万余人。

人民解放军作战8个月，以损失24万余人的代价，歼灭国民党军正规军66个旅(师)连同非正规军共71万余人。由于战线延长，守备任务加重，国民党军进攻解放区的总兵力增至219个旅，但能用于第一线的突击兵力锐减，只有85个旅。在这种情况下，蒋介石将全面进攻改变为向陕北和山东的重点进攻。蒋介石以使黄河在花园口合拢回归故道构成从风陵渡到济南的"黄河防线"堵在南边；以顾祝同统一指挥原郑州、徐州两绥署，① 汤恩伯、王敬久、欧震三个兵团和第二、三绥区所辖部队共24个整编师60个旅约45万人进攻山东。以胡宗南的整编第1军、29军及整编第15、38师各一部15个旅14万人为主攻，加上西北行辕所属马鸿逵、马步芳部及榆林邓

① 1947年3月取消郑州、徐州两绥署，另组陆军总司令部徐州司令部、郑州指挥部。

宝珊的第22军共34个旅25万人进攻延安和陕甘宁边区。国民党军的作战意图是使战争继续在解放区内进行，进一步消耗解放区的人力物力财力，并从东西两翼歼灭解放军主力，或将中共首脑机关及部队驱至华北聚而歼之。中共中央针对蒋介石这个战略计划，决定中共中央和毛泽东继续留在陕北，一面指示陕北和山东的人民解放军，采取诱敌深入，集中优势兵力在运动中各个歼敌的作战方针；一面指示其他战场的人民解放军积极配合山东、陕北作战并相机转入战略性反攻。

3月13日胡宗南部由洛川、宜川一线分两路北犯。3月18日中共中央和人民解放军总部撤离延安。3月30日在石咀驿附近的枣林子沟召开会议，决定毛泽东、周恩来、任弼时主持中央工作，率中央机关和解放军总部转战陕北；由刘少奇、朱德、董必武组成中央工作委员会，前往晋西北或其他适当地点进行中央委托的工作(5月初经晋绥抵晋察冀边区建屏县即平山县西柏坡)。4月11日在靖边县青阳岔又决定组织中央后方委员会，以叶剑英为书记，杨尚昆为后方支队司令员，率中央和军委机关大部分人员到山西临县，统筹后方工作。

由彭德怀、习仲勋指挥的人民解放军西北野战兵团27000余人，一部在延安以南阻击胡宗南部。给敌重大杀伤后，19日撤出延安；主力隐蔽集结在延安东北待机歼敌。3月25日在青化砭歼灭敌第31旅2900余人。4月14日在瓦窑堡以南的羊马河又歼敌135旅4700余人。5月2日至4日攻占蟠龙镇，歼167旅6700余人。这样，撤出延安后的40多天里，三战三捷，以伤亡2200余人的代价歼灭胡军14000余人，而且解放军的“蘑菇”战术，将胡宗南部拖得精疲力竭。此后，西北野战兵团突向陇东，收复三边，歼青宁二马2400余人，本身亦有较大损耗。

进攻山东的国民党军从3月下旬至6月接连发动三次攻势，均采取密集平推、稳步前进不轻易分兵的战法。5月10日顾祝同下令对主动后撤的华东野战军主力“跟踪进剿”。汤恩伯改变稳扎稳打战法，以整编74师为主，整编25、83师在两翼配合，于11日自蒙阴东南的垛庄北犯，进攻沂蒙公路上的坦埠。华东野战军抓住战机，以两个纵队割断74师与25、83师的联系，以一个纵队抢占垛庄断其退路，另以4个纵队分别钳制其他敌人。5月14日至16日以5个纵队的优势兵力将74师围歼于蒙阴东南之孟良崮山区，共歼灭74师及83师1个团32000余人，中将师长张灵甫被击毙。华东野战军伤亡12000人。孟良崮战役的胜利，打乱了国民党军的进攻计划。但国民党军对华东野战军仍有较大压力。

与陕北、山东解放军艰苦奋战同时，其他战略区乘势转入内线反攻。在华北和南方国统区的一些地方开展了游击战争。

经一年内线作战，人民解放军共歼灭国民党军112万人。其中正规军97.5个旅78万人，平均每月歼敌8个旅。国民党军总兵力由430万下降为373万，正规军由200万降至150万，能机动的兵力只有40个旅。人民解放军虽然损失了35800人，但总兵力由127万人增至195万人，正规军达100万人。蒋介石实行重点进攻的结果，造成了兵力部署上中原及江南空虚，特别是蒋介石的哑铃形“黄河防线”恰恰成了他的薄弱环节。这就为人民解放军由战略防御转入战略进攻创造了条件。

三、“中美商约”的签订　国统区经济危机的加深

1946年11月4日，国民政府外交部长王世杰同美国驻华大使司徒雷登在南京签订了《中美友好通商航海条约》，以5年为期，自1948年11月30日互换批准书之日起生效。

“中美商约”共30条，主要内容为：“缔约此方之国民，应许其进入缔约彼方之领土，并许其在该领土全境内居住、旅行及经商”，经营“商务、制造、加工、科学、教育、宗教及慈善事业”，“从事于非专为所在国国民所保留之各种职业”，并为此而“取得保存建造或租赁及占用适当之房屋，租赁适当之土地，选用代理人或员工，而不问其国籍”。“缔约此方之种植物、出产物或制造品，于输入缔约彼方领土时，凡有关内地税之一切事项，应给予不低于现在或将来所给予缔约彼方之同样种植物、出产物或制造品之待遇。”“缔约此方之船舶，应与任何第三国之船舶，同样享有装载货物前往缔约彼方现在或将来对外国商务及航业开放之一切口岸、地方及领水之自由。”缔约此方之船舶倘遇“气候恶劣或因任何其他危难”时，可以开入缔约彼方“对外国商务或航业不开放之任何口岸、地方或领水”，军舰、渔船等亦适用。

中美商约以彼此“平等”“互惠”的形式掩盖着实际上的不平等性质。该约一经公布，立刻受到各界人士的反对和谴责。马寅初在大夏大学发表《我何以反对新订的中美商约》的演讲，指出“中美商约是一种大骗局，最先进的大工业国与落后的农业国之间，有何平等互惠之可言。所谓平等就是不

平等，所谓互惠就是单惠”。① 上海人民团体联合会发表声明说：“中美商约是绝对不利于中国的片面独惠的丧权辱国的新的不平等条约。”②延安《解放日报》发表社论《评蒋美商约》，指出它是“蒋政府把中国作为美国附属国的重大标志之一，是中华民族又一次新的大国耻”。中美商约签字前后，国民政府还同美国政府签订了一系列协定，作为中美商约的补充和具体化。美国利用这些条约攫取了在中国的政治、经济、军事及文化的种种特权，中国几乎成了美国独占的商品市场、投资场所。1947 年 2 月 1 日中共中央发表如下郑重声明：“对于 1946 年 1 月 10 日以后，由国民党政府单独成立的一切对外借款，一切丧权辱国条约及一切其他上述的协定谅解，与今后未经政治协商会议通过或未经征得本党和其他参加政治协商会议各党派同意的一切同类外交谈判，本党在现在和将来均不承认，并决不担负任何义务。”

由于美国经济侵略的深入，国民党官僚资本的掠夺和反革命内战的巨大消耗，国统区的经济出现严重危机。国民政府财政上入不敷出，通货急剧膨胀。1946 年全年总收入为法币 19791 亿元，支出 55672 亿元。1947 年总收入 130000 亿元，支出 400000 亿元。巨额的财政赤字主要靠滥发纸币弥补。因而法币发行额猛增，物价随之狂涨。1947 年 7 月的物价，较抗战前夜上涨了 6 万倍，年底更达 145000 倍。100 元法币，1937 年能买 1 头牛，1947 年只能买 1/3 盒火柴。同时，国统区的工商业，尤其民族工商业纷纷停工、减产、倒闭。据不完全统计，从 1946 年下半年至 1947 年，上海、天津、重庆、汉口、广州等 20 多个大城市，倒闭的工厂商店 27000 多家。上海原有工厂 4050 家，至 1946 年年底，已倒闭 3160 家。其中民营工厂倒闭 3/4。工厂开工率，1947 年仅为平时的 20%。国统区的农业生产急剧下降，农业经济凋敝，出现了严重粮荒。国统区的经济危机，使劳动群众和广大公教人员的生活日益恶化。城市失业人员大增。1946 年冬，仅上海、北平、南京三地即有失业和无业人员 260 万人。公教人员和学生处于饥饿半饥饿状态。农村情况更为悲惨。1946 年饿死 1000 万人。1947 年，各地饥民达 1 亿以上。

国统区严重的经济危机是国统区人民反蒋斗争不断高涨的根源，也是国民党军事政治走向失败的重要原因。

---

① 《文汇报》1946 年 12 月 30 日。

② 《评中美商约总结魏德迈》，上海，光明书店，1947。

四、国民党的“制宪国大”和“改组政府”

按照政协协议及其规定的实施程序，国民大会的召集应在政协各项协议次第付诸实施之后，就是说，必须是在停止了内战的和平环境中，由改组后的政府召集，各党派共同参加。国大通过的宪法其草案应是由政协审议完成的那个草案，召集日期亦由各方协商确定。但是，蒋介石为了维护其独裁统治，为了取得美援，为了给其反动政权尽快披上“民主”外衣，便不顾上述一切，于1946年7月3日召集国防最高委员会决定当年11月12日召开国大。10月11日国民党军占领张家口，蒋介石又下令如期召开，并要各党派速交国大代表名单。为了欺骗人民，诱使各党派参加国大，11月8日蒋介石发布所谓“停战令”，宣布保留中共及其他党派国大代表名额，11月12日又宣布延期3日，等候共产党交出参加国大人员名单。11月15日国民党拉着民社党、青年党及个别“社会贤达”，在南京召开了“国民大会”。这次国大的任务是制定宪法，故称为“制宪国大”。经过40天讨论和争吵，有些问题争吵还很激烈，如“现任官吏不得兼任国大代表”问题等，12月25日通过了《中华民国宪法》，国大闭幕。1947年1月1日公布，同年12月25日起施行。

这部“宪法”，共14章175条。它抄袭了西方资产阶级宪法中一些关于平等自由的条款，并揉进了一些政协宪草协议的词句，但它违背政协决议精神，实质上仍然是1936年“五五宪草”的翻版。它在第二章列举了人民应有的种种权利，但第28条又规定“以上各条列举之自由权利，除为防止妨碍他人自由，避免紧急危难，维持社会秩序，或增进公共利益所必要者外，不得以法律限制之”，就把对人民自由权利的保障取消了。它表面上维持国会制、责任内阁制、地方自治制，实质上是总统独裁制，立法院起不了代议制作用，行政院是总统独裁的工具。总之，它以根本大法的形式确认了蒋介石的专制独裁统治。

对于这样的国大及宪法，中国共产党、中国民主同盟及其他民主人士进行了坚决抵制，采取了严正立场。11月16日，周恩来在梅园新村招待记者，发表了书面声明：“现在开幕的一党‘国大’，不但使中共及第三方面最近在商谈中的协议成为不可能，并且最后破坏了政协以来的一切决议、停战协定与整军方案，隔断了政协以来和平商谈的道路，同时也很快地彻底揭穿了政府当局11月8日‘停战令’的欺骗性。这一党‘国大’还要通过一个所谓宪法，把独裁‘合法’化，把内战‘合法’化，把分裂‘合法’化，把出卖国家与人民利益‘合法’化。照这样做下去，中国人民一定要陷入苦痛的深渊。我们中国共产党人坚决不承认这个‘国大’。”11 月 19 日，周恩来率中共代表团离开京沪返回延安。民盟一些领导人拒绝了国民党的利诱。11 月 12 日，民盟中央在南京做出决议，坚决维护政协决议，宣布“一切行动均以此为唯一的依据”。晚上，张澜从重庆打电话给南京的民盟政协代表，坚嘱不可交出国大代表名单，张说：“我们民盟必须在政协决议程序全部完成后，才能参加国大，否则即失去民盟的政治立场。希望大家要万分慎重，绝对不可稍有变动。”为了维护民盟的立场，12 月 23 日，民盟中央决定，将参加了国大的民社党清除出盟。许多无党派民主人士和国民党内民主分子代表，也纷纷拒绝参加国民党的非法国大。国内外进步团体通电斥责一党国大。12 月 21 日，中共中央发言人声明中国人民决不承认蒋记宪法。31 日，民盟发表书面谈话，对“国大”通过的“宪法”“保留接受权利”。同一天，在上海的世界和平促进会上海分会、民主建国会、工商业协进会、上海人民团体联合会、九三学社、中国妇女联谊会上海分会等 11 个团体，一致决议坚决不承认“国大”通过的“宪法”。国民党召开“国大”制定“宪法”不但未能起到巩固法西斯专政的作用，反而使它更加孤立。

国大召开后，1947 年 1 月 29 日美国政府决定退出三人会议。2 月 21 日叶剑英等撤回延安。3 月 9 日中共代表、工作人员及眷属全部返回延安。这时蒋已命令胡宗南进攻陕甘宁边区。这一切表明，存在了近 10 年的国共第二次合作完全破裂。

1947 年 3 月 15 日至 24 日国民党召开六届三中全会，通过了《宪政实施准备案》。3 月 30 日国民政府又公布了《国民大会组织法》等“行宪法规”。4 月 17 日蒋介石在国防最高委员会和国民党中央常务委员会联席会议上选任了国民政府委员和五院院长。翌日公布了名单：国民政府主席蒋介石，副主席孙科兼立法院长，行政院长张群，司法院长居正，监察院长于右任，考试院长戴传贤。29 名委员中，国民党 17 人，青年党 4 人，民社党 4 人，社会贤达 4 人。这就是国民政府的“改组”。4 月 23 日宣告正式成立。国民党扬言，国民政府已经是“多党政府”，“国民党已实践还政于民的诺言”，4 月 22 日新华社发表社论，指出这次国民党的改组政府，不过是一个与当年袁世凯旧筹安会一样的新筹安会。4 月 25 日民盟发表宣言指出：改组后的政府，既不是根据政协精神产生的，也不是促进和平实现民主的政府，只是一个扩大分裂、三党“共同负责与共产党作战的政府而已”。①

五、中间路线的宣传及其破产和“南北朝”的幻灭

1946 年至 1947 年，当内战烽火燃遍全国的时候，在中国政坛和舆论界出现了盛行一时的关于“中间路线”的宣传和“南北朝”的议论。前者，可以看作是中间集团在政协时期未来得及进行的关于建立资产阶级共和国理论、路线、纲领、政策的进一步阐发与宣传。一方面，蒋介石集团采取的发动内战、召开非法国大、驱逐中共代表、进攻延安等反革命步骤，使他们对“政协路线”的实现感到忧虑和渺茫；另一方面，时局的发展还未使他们感到绝望。蒋介石实际关闭了国共和谈之门，但尚未发动“戡乱总动员令”。共产党在军事上顽强抗击国民党军的进攻，在政治上仍然对蒋介石采取孤立(即洗脸而不杀头)政策，没有放弃“恢复政协路线”的方针。当时他们估计国共两党正从事“武力党争”，一时谁也消灭不了谁，到头来还得和。在这种情况下，某些党派和个人痛感有加强宣传自己主张的必要，有实现自己的主张的可能性。

1946 年 6 月 22 日国家社会党的刊物《再生》第 118 期，刊登了民主党派重要人物张东荪的文章《一个中间性的政治路线》。在这篇文章中，他从揭示中国的“立国之基础”出发，提出中国既要在思想上调和资本主义和共产主义，在国际关系上调和美苏这两个不同主义的国家，求得一个折中方案。“中国必须在内政上建立一个资本主义与共产主义中间的政治制度”，“在政治方面比较上多采取英美式的自由主义与民主主义；同时在经济方面比较上多采取苏联式的计划经济与社会主义。从消极方面说，即采取民主主义而不要资本主义，同时采取社会主义而不要无产专政的革命”。1947 年 3 月 20 日他在《追述我们努力建立“联合政府”的用意》一文中又说：中国最理想的出路是“以整个儿的中国作为美苏的桥梁”，“以广大与强盛并富有独立性的第三者人们作为国共的桥梁。将国共两党各迫使其趋于正轨，同时把他们拉拢起来，得到大合作”。“要使中国成为中和性的国家以介乎美苏之间，则必定先把中国的政府变为联合政府。”②张东荪是这个时期较早提出中间路线主张的人之一。

---

① 《现代新闻》，第一年第 1 期。

② 《观察》周刊，2 卷 6 期，1947-04-05。

民盟的负责人之一梁漱溟于1946年10月4日谈国府委员名额分配问题时说：政协解决中国内战问题的途径，就是“把党的武力交给国家，而国家则施行宪政，使两党变革命政党为普通政党以活动于宪政之中。然而国家的名义却一向掌握于国民党之手，为国际所承认，所以此时国民党责在施行宪政，共产党责在交出军队”。同年11月25日民盟代表罗隆基、章伯钧、张申府在南京招待记者时发表书面声明，认为当前最迫切最要紧的重大关键问题是停止国共两党的“武力党争”。民盟“愿保持在内战环境中超然独立的第三者地位，在调解武力党争上继续尽其最大的努力，以争取国家的真和平，促成国家的真统一，建立中国的真宪政，实现中国的真民主”。①

这个时期，宣传“中间派的政治路线”最积极最有代表性的人是民主建国会负责人之一施复亮。他在《文汇报》《时与文》等报刊发表的《何谓中间派？》《中间派的政治路线》《中间派在政治上的地位与作用》《中间路线与挽救危局》等文章中提出了一系列论点和主张。主要是：中国社会中民族资产阶级和小资产阶级是中间派的社会基础，中间派是这些中间阶层的政治代表。中间派的政治路线“在政治上必须实现英美式的民主政治，但决不能为少数特权阶级（在今日中国是官僚资本家、买办资本家和大地主）所操纵，在经济上必须发展民族资本主义”。“在政治上反对任何形式的一党独裁或阶级独裁，也不赞成依赖任何外国；在经济上反对殖民地化，也不赞成在客观条件尚未成熟的时候来实行社会主义。”他还把中间派的政治路线概括为建设一种“新资本主义的经济和新民主主义的政治”。“中间派决不笼统地反对国民党或共产党，也不盲目地追随国民党或共产党。”“中间派在思想上的态度应当是自由主义（某些个人可能有社会主义的倾向）的，反对任何思想上的统制和清一色，没有教条主义的信仰。中间派在行动上的态度应当是和平的、改良的、不赞成暴力的革命的行动。”“政协的路线是一条企图用和平合作的方式来实现政治民主化、军队国家化和经济工业化的政治路线……在本质上是中间派的政治路线”，“对内主张‘调和国共’，对外主张‘兼亲美苏’。政协路线就是这样的一条‘中间路线’。在今天的中国，也只有这样的路线才是真正的民主路线”。“目前的政局是：国民党既不能用武力消灭共产党，共产党也不能用武力推翻国民党；而国际形势也不许可有一个完全右倾的国民党政权或完全左倾的共产党政权。在这种客观的情势之下，唯

---

① 《中国民主同盟历史文献》，237、250页，北京，文史资料出版社，1983。

一可能的正确的道路，就是恢复中间性的政协路线，由国共两党及其他民主党派共同组织民主的联合政府，进行政治、经济、军事、文化上的种种改革”，恢复政协路线，必须先造成一个强大的中间派，“独立于国民党统治集团与共产党之间，取得一种举足轻重的地位”，“民主同盟、上海人民团体联合会、民主建国会、民主促进会、三民主义同志联合会以及其他许多同性质的团体，我认为都是中间派的政治团体。这些政治团体，应该有一个大联合或大团结”。“民盟应当成为一切‘第三方面’的党派和人士协力推动民主运动的公共组织”，“在民盟旗帜之下，分别组织，联合行动，这是中间阶层和中间党派最正确的组织路线”。

正当中间派鼓吹“中间路线”最起劲的时候，国民党反动派对民盟等民主党派下毒手了。1947 年 5 月 31 日夜，重庆、成都几十个盟员被捕。10 月 7 日民盟中常委、西北总支部负责人杜斌丞被杀害。10 月 28 日国民政府内政部宣布民盟为“非法团体”。11 月 6 日民盟主席张澜被迫宣布民盟总部“解散”。这样也就宣告了“中间路线”的破产。

与中间派人士大力宣传中间路线的同时，舆论界出现了关于“南北朝”的议论。国民政府内部军政界也有“南北朝”设想的暗流。最早提出“南北朝”一说的是《大公报》主要负责人之一王芸生。他在 1946 年 9 月 1 日出版的《观察》周刊第 1 卷第 1 期上发表《中国时局的三个去向》一文，认为当时中国时局前途有三个去向：第一是“以江淮为界的南北朝”；第二是“十月革命”；第三是“政协协议之路”。他希望出现的是第三个去向。当时关于“南北朝”的意见似乎没有引起人们多大的注意。

大规模内战打了一年之后，战局发生了很大变化，政局也引起人们的深刻注意，到了 1947 年夏天，“南北朝”的议论流行了起来。1947 年 6 月 25 日《大公报》登载一条“伍宪子拟和平方案”的消息，同时发表一篇社评。消息说：“伍氏倾针对当前时局拟就和平方案一篇”，方案在提出“完成联合政府体制，达成政治民主化境地”的主张之后说：“此项办法万一不获实现，则应画地为界，修明政治以安民生。”“画地为界”应是指的“南北朝”。《大公报》社评附和上述主张。

过了几天之后，6 月 29 日《大公报》发表一篇重要论文，即徐炳昶的《试为政府借箸以筹》。文章在指出时局的严重性以后，提出了他的解决时局问题的办法，那就是：国民党改变战略，停攻为守，整顿自身，稳定物价，恢复生产，使自己“立于万全不败的地位”。“如果此时共产党仍负固不服，则政治清明的政府，绝不难以实力制止。”这样内战就可停止，和平就会实现。这篇文章字面上没有“南北朝”字样，但它是阐述“南北朝”主张比较详尽的一篇。

1947 年至 1948 年间出版的《时与文》，是当时一个重要刊物，“南北朝”问题是它讨论的重点问题之一。在 1947 年 7 月 4 日出版的《时与文》第 1 卷第 17 期上，发表了《大局的现状与前途》一文，讨论的中心是“南北朝”。作者说：“依我的想法，政府或者有一天会改变它的政略和战略。这才与它有利。”作者分析说：“在政府方面，前线后方互为累赘，兵力亏损了，经济简直到了绝路，因为它所采用的战略是事倍功半的，是劳师伤财的。在共党方面，前线后方凝为一体，兵力强大了，新的政治经济体系建立而发展了，因为它的战略正抓住政府的弱点，是事半功倍的，是以逸待劳的，是以战养战的。政府现在已动员的程度，实际上至少达到了百分之七八十，即使再加上剩下的二三十，如果仍是故步自封，墨守旧法，采用原来的政略和战略，恐怕战场上的形势最初不会发生什么大变化，仍然打不垮共军，到后来却会使自己的兵力加速度的损耗下去。”政略战略究竟怎样变呢？“政略上莫再妄想消灭共军，战略上改攻为守。”这样就会形成一个“南北朝”的局面。

“南北朝”问题在外国也有反映，一个美国军官在一本小册子中说：“黄河乃是中国大陆上一条唯一可以利用做军事防卫的天堑，国军如能够在共产党的十月份攻势发动以前，肃清黄河南岸的反政府叛乱，这么，就可能使十月以后的战事在黄河北岸进行，也就是说，使战事在共产党的基本控制区中进行。”“这有两个好处：一方面使国民政府得到一个必要的时间来实行各方瞩望的改革，从而使战争的体制趋于巩固；一方面，这将使共产党区域大大缩小，造成它政治经济的困窘，以致军事上无法实现它所擅长的运动战术，这样使它重蹈 1932 年的江西覆辙。”①

在一段时间内，尽管中间路线和“南北朝”的呼声很高，但大打内战的双方谁也不接受这种意见。国民党一方于 1947 年 6 月 25 日下令“通缉毛泽东”，7 月发布了“戡平共匪叛乱”的“总动员令”。共产党方面则于 1947 年 10 月 10 日发布了“打倒蒋介石独裁政府”的宣言和“打到南京去，活捉蒋介石”的口号。中间路线的宣传是一纸空谈，“南北朝”是一个幻影。

---

① 马可宁：《战局怎样变？》，载《时代》杂志，第 7 年第 39 期。

第三节　人民解放军的战略进攻

一、三路大军南下作战　《中国人民解放军宣言》的发表

经过人民解放军一年的内线作战，中国的军事政治形势发生了重大变化。中共中央和毛泽东纵观全局，抓住国民党军的重点进攻虽未被彻底粉碎但其主力已深陷解放区腹地的有利时机，适时地做出了人民解放军由内线作战转入外线作战，由战略防御转入战略进攻的决策，即以中原地区作为突破口，以主力打到外线去，把战争引向国民党统治区。为实现这个战略转变，中共中央作了周密的计划与部署。主要是：

由晋冀鲁豫野战军主力实施中央突破，渡河南进，直出大别山。1947年1月18日中央军委指示刘邓"五月间主力即可向中原出动"。6月3日又将刘邓渡河时间定为6月底。6月30日夜，刘邓率1、2、3、6四个纵队12万余人在张秋镇至临濮集150公里地段上一举突破国民党军的黄河防线。蒋介石慌忙从豫北和豫皖苏调3个整编师1个旅，分路钳击，企图把刘邓主力消灭在黄河、运河三角地带或逼其北返。刘邓趁势发起鲁西南战役。从7月7日至28日共歼敌4个整编师师部、9个半旅6万余人，打乱了敌人的部署。蒋介石又纠集8个整编师18个旅14万余人，分5路向鲁西南合击。刘邓根据中央军委不要与敌纠缠，"下决心不要后方，以半月行程，直出大别山"的指示，于8月8日甩开敌人，分3路跨过陇海路，开始了千里跃进大别山的壮举。他们埋掉或炸毁重武器，涉越黄泛区，渡过沙河、洪河、汝河、淮河，冲破国民党军的追堵，8月27日抵潢川、固始，进入大别山区，初步完成了预定任务，揭开了人民解放军战略进攻的序幕。

由陈赓、谢富治率领的晋冀鲁豫野战军一路由晋南渡黄河，挺进豫西。这支部队由4、9纵队、太岳纵队之第22旅、西北民主联军孔从周的38军组成，原拟用于西北战场对付胡宗南。7月19日决定改自晋南渡河，归刘邓指挥，既策应陕北彭习，又协同刘邓经略中原。7月27日组成陈谢集团。8月22日夜分两路从邵源、平陆间渡过黄河，挺进豫西。在豫陕鄂边、伏牛山东麓建立根据地和辗转歼敌。成为刘邓大军的右后一军。

由陈毅、粟裕率华东野战军西线兵团挺进豫皖苏。该兵团辖1、3、4、6、8、10纵队、特种兵纵队，并指挥晋冀鲁豫野战军11纵队。9月7日在

鲁西南沙土集歼灭整编57师9000余人。此后，陈粟及李先念率领的晋冀鲁豫野战军12纵队乘胜南下，9月26日抵豫皖苏，11月初12纵队进入大别山归刘邓指挥。成为刘邓大军的左后一军。

三路大军在江、淮、河、汉之间布成“品”字形阵势，互为掎角，逐鹿中原。9至12月，共歼敌195000人，解放县城100余座，创建了中原根据地。12月底，三军在豫南遂平、西平胜利会师。三路大军的南下作战调动和吸引了国民党军南线全部兵力160多个旅中约90个旅于自己周围，迫使国民党军处于被动地位，起了决定性的战略作用。

与三路大军逐鹿中原的同时，由彭德怀指挥的西北人民解放军野战军(7月31日改称)，为了调动胡宗南部北上，由三边挥戈北上攻打榆林。8月20日在沙家店全歼敌整编36师6000余人。沙家店战役标志着西北野战军由防御转入进攻。华东野战军东线兵团(内线兵团，后称山东兵团，辖2、7、9、13纵队)在许世友、谭震林指挥下进行了长达4个月的胶东保卫战，歼敌63000余人，有力地配合了外线兵团作战。晋察冀野战军司令员杨得志，辖2、3、4纵队及炮兵旅约12万人继清沧、保北战役后，又在大清河发动攻势，歼敌5000余人。10月11日攻击徐水县城。10月19日至22日将由石家庄北援的第3军围歼于清风店地区，连同保北作战共歼敌17000余人。11月12日攻克华北重镇石家庄，歼敌24000余人，使晋察冀和晋冀鲁豫解放区连成一片。晋冀鲁豫野战军第8纵队及军区地方部队和西北野战军第2纵队于12月27日攻克运城，歼敌7000余人，解放晋南除临汾以外的广大地区。东北民主联军发动秋季攻势，歼敌69000余人，迫使国民党军收缩于中长、北宁铁路上几个孤立据点内，陷入更加被动的局面。

各战场人民解放军的内线与外线的攻势作战，组成了人民解放战争全国规模战略进攻的总形势。人民解放军经半年作战，歼灭敌军75万余人，到1947年年底，国民党军队被迫从战略进攻转为“全面防御”。这标志着战争形势的根本改变。

在伟大的历史转折关头，中国共产党为了向全国人民宣布自己的基本政策，推动革命形势迅速向前发展，在1947年10月10日发表了《中国人民解放军宣言》(《双十宣言》)。宣言正式提出了“打倒蒋介石，解放全中国”的口号，宣布了八项基本政策，其中包括“联合工农兵学商各被压迫阶级、各人民团体、各民主党派、各少数民族、各地华侨和其他爱国分子，组成民族统一战线，打倒蒋介石独裁政府，成立民主联合政府”；惩办内战罪犯；

没收官僚资本，发展民族工商业，实行耕者有其田；各少数民族有平等自治权利；废除一切卖国条约；与世界上以平等待我之民族共同奋斗等。同日，解放军总部发布了“打倒蒋介石，建立新中国”，“打到南京去，活捉蒋介石”等口号。宣言适应人民大革命高潮已经到来的新形势，向全国人民指出了建立新中国的总目标。

二、解放区各项政策的实施

为了推动民主革命高潮的深入发展，随着人民解放军的胜利进军，中共中央加紧了解放区各项政策的实施，并在实施过程中，及时纠正了出现的右的和“左”的偏向。完善的政策与策略深化了革命并推进了革命的发展。

改革不合理的土地制度，实行耕者有其田的制度，是中国民主革命的基本任务之一。《五四指示》发布后，解放区的土地改革普遍展开。人民解放军的战略进攻开始后，为了巩固解放区，为了鼓舞广大农民参军和支援前线的热情，中共采取了充分满足农民对土地的要求的政策，1947 年 7 月 17 日至 9 月 13 日，中共中央工委在西柏坡由刘少奇主持召开了专门研究农村及土地政策问题的会议(当时称全国土地会议)，着重讨论了党的队伍的状况、农民组织及发扬民主问题，最后经请示中共中央批准，采取了“彻底平分土地”①的方针，通过了《中国土地法大纲》。同年 10 月 10 日经中共中央批准公布。这个大纲共有 16 条，它规定：“废除封建性及半封建性剥削的土地制度，实行耕者有其田的土地制度。”废除一切地主、一切祠堂、庙宇、寺院、学校、机关及团体的土地所有权。废除土改前劳动人民所欠地主富农高利贷者的高利贷债务。乡村农民大会及其选出的委员会，乡村无地少地的农民所组织的贫农团大会及其选出的委员会，区、县、省等级农民代表大会及其选出的委员会为改革土地制度的合法执行机关。除另有规定者外，乡村中一切地主的土地及公地，由乡村农会接收，连同乡村中其他一切土地，按乡村全部人口，不分男女老幼，统一平均分配，在土地数量上抽多补少，质量上抽肥补瘦，使全乡村人民均获得同等的土地，并归各人所有，由政府发给土地所有证，并承认其自由经营、买卖及在特定条件下

---

① 1947 年 7 月 21 日毛泽东在小河中共中央扩大会议上提出：土地改革应该采取平分土地的方针，地主不要多分，但不能不分。平分土地是一个原则，但按情况不同可以有某些伸缩。

出租的权利。乡村农会接收地主的牲畜、农具、房屋、粮食及其他财产，并征收富农的上述财产的多余部分，分给缺乏这些财产的农民及其他贫民，并分给地主同样的一份。保护工商业者的财产及其合法的经营，不受侵犯。组织人民法庭，审判及处分违抗或破坏本法的罪犯。这个大纲公布后，各地区的中共中央局或党委，制定了实施细则或补充条例，抽调干部组成工作团(队)去农村开展土改运动。经过划阶级、组织贫农团、斗地主恶霸，分土地分浮财的激烈斗争，到1948年秋，在老区(日本投降前的根据地，主要是调剂一部分土地，称为复查)、半老区(日本投降至反攻开始时解放区)约15000万人口的地区使1亿农民获得土地。土地改革的实行，使中国共产党和人民解放军获得了战胜敌人的基本条件，得到了兵、粮、战勤服务的充足来源。

随着革命的发展，特别是一些城市的解放，许多新问题摆在中国共产党面前。由于党长期生活、斗争在农村，许多干部缺乏城市工作经验，由于党和军队主要由农民和其他小资产阶级出身的群众所构成，他们中的一些人容易以小生产者的眼光看问题；由于指导机关工作上的某些疏忽，就使土改、整党、统一战线、工商业政策的贯彻等实际工作中出现了右的和“左”的偏向。特别是“左”的偏向在一个时期成了主要的错误倾向。主要表现是：在土改中由于不以科学的标准划分阶级(往往以历史、生活、政治态度为标准)，造成了错定成分，扩大打击面；侵犯中农；侵犯民族资产阶级，把农村斗地主的办法搬用到城市；职工运动中片面强调工人眼前福利；不注意城市的建设，破坏城市的生产设施；执行政策上不讲区别，对地主和富农、地主的大中小和恶霸非恶霸不加区别，不按平分原则给地主留下必要的生活资料，甚至打击开明绅士。在新区忽视缩小打击面(中立富农和小地主)的重要性；在镇压反革命斗争中越出了某些政策界限，乱打乱杀；整党中采用“搬石头”办法；许多地方的通讯社和报纸宣传了一些“左”的观点和口号，如“贫雇农打江山坐江山”，“民主政府只是农民的政府”，“开仓济贫”等。

为了制定解放全中国的具体行动纲领和着重解决新形势下的政策与策略问题，1947年12月25日至28日中共中央在陕北米脂县杨家沟召开会议(通称中共中央十二月会议)，讨论通过了毛泽东的书面报告《目前形势和我们的任务》。毛泽东在报告中提出了人民解放军的十大军事原则，三大经济纲领(没收封建阶级的土地归农民所有，没收蒋介石、宋子文、孔祥熙、陈立夫为首的垄断资本归新民主主义的国家所有，保护民族工商业)，新中国的经济构成和"发展生产、繁荣经济、公私兼顾、劳资两利"的新民主主义国民经济指导方针，土地改革工作的方针。会议详细讨论了党内倾向和群众运动中政策性问题，讨论的结果由毛泽东归纳、写进他为中共中央起草的《关于目前党的政策中的几个重要问题》指示中。由此开始，中共中央用半年多时间，以主要精力领导全党贯彻各项政策，大力纠正"左"的错误。毛泽东还从理论上、原则上阐明了党的路线和政策，他指出："敌人的孤立并不就等于我们的胜利，我们如果在政策上犯了错误，还是不能取得胜利。""政策和策略是党的生命。"提出了"无产阶级领导的，人民大众的，反对帝国主义、封建主义和官僚资本主义的革命"这个新民主主义革命的总路线、总政策，和"依靠贫农，团结中农，有步骤地、有分别地消灭封建剥削制度，发展农业生产"这个土改工作的总路线和总政策。他指出了"领导的阶级和政党，要实现自己对于被领导的阶级、阶层、政党和人民团体的领导，必须具备两个条件：(甲)率领被领导者(同盟者)向着共同敌人作坚决的斗争，并取得胜利；(乙)对被领导者给以物质福利，至少不损害其利益，同时对被领导者给以政治教育。没有这两个条件或两个条件缺一，就不能实现领导"。他阐明了新民主主义政权的性质，提出由以工农及其他劳动人民为主体的"人民大众组成自己的国家(中华人民共和国)并建立代表国家的政府(中华人民共和国的中央政府)，工人阶级经过自己的先锋队中国共产党实现对于人民大众的国家及其政府的领导"。这些对引导中国新民主主义革命取得胜利发挥了重大作用。

三、国民党的"戡乱总动员"和"行宪国大"

内战打了一年，国民党军的战略要求没有达到，并且出现了不利的态势。在这种情况下，1947 年 6 月国民党中央多次检讨时局，寻求加强战争实力、打败共产党的办法。当时有一个对共产党下不下讨伐令的问题。在这个问题上有两种不同的意见。不主张下讨伐令者认为：剿匪系既成事实，充实战力非一纸命令所能奏效；讨伐与政府施政方针不合；下讨伐令形成交战团体，提供美国左翼分子宣传口实，阻挠美政府之援助；苏联将公开援助中共。主张下讨伐令者提出七条理由，主要是：明定作战理由；提高作战士气；便利征兵征粮；态度明朗，使国际视线不致模糊；美国因我态度坚强而加强援助；苏联因我有办法而不致轻侮。[①] 6月30日国民党召开中常会与中政会联席会议，根据蒋介石在会上作的实行“党团组织合并”和“戡乱总动员”的指示，做出了相应决议，给中共加上了“武装叛乱，割据地方，破坏统一和平，危害国家民族”的罪名，决定了“保卫国家基础，扫除建国障碍，拯救匪区同胞”的所谓“戡乱”的方针。7月4日国民党政府第六次国务会议通过了蒋介石交议的《厉行全国总动员，以戡平共匪叛乱，扫除民主障碍，如期实施宪政，贯彻和平建国方针案》，7月5日发布了《总动员令》。7月7日蒋介石发表演说，强调“戡乱建国”的必要。他要国民党人警觉“覆巢”的严重危机。他说“在华中华南各大都市，还有许多人没有认识国家民族的根本危机”，或侥幸姑息，或苟且偷安，“丧失了自强自立与独立自主的信心”，无形中成了共产党“精神上的俘虏”。这就是“燕雀巢于危幕之下而不自知其危。实际上覆巢之下决无完卵”。由此开始，在国统区掀起“戡乱建国”浪潮。国民党政府于7月18日颁布《动员戡乱完成宪政实施纲要》，以后又陆续公布了一系列反动法令，目的是为了把内战打到底竭力搜刮国统区的人力物力财力，更残暴地镇压人民的爱国民主运动和迫害共产党与进步人士。

为了实施“总动员令”，蒋介石在党内强调集中统一。7月9日发出了“党与团统一组织”的指令。9月9日至13日召开了国民党六届四中全会和中央党团联席会议，通过了《国民党当前组织纲领》《统一中央党部团部组织案》，将三青团的中央干事、监察一律转为国民党的中央执委、监委，使国民党中央执监委达625人。国民党吹嘘这次“合并”是“中国政治引擎修整的起点”。但是，国民党的腐败已经到了无药可治的地步，这些措施没有起什么作用。

中国的战局使美国政府深感不安。7月11日总统杜鲁门采用国务卿马歇尔的建议，决定派魏德迈为特使来华调查，目的是对“中国现在及未来的政治、经济、心理和军事情况作一个估量”，以便考虑今后的美援及加强对中国政府的控制。魏德迈使团于7月22日至8月24日在中国南京、沈阳、北京、天津、济南、上海、汉口、广州、台湾等地调查了一个月，9月19日向杜鲁门提出秘密报告。报告认为“一个共产党统治下的中国”可能会出现，这“对美国的利益是有害的”。建议美国至少在五年内继续给南京政府

---

① 孙科：《对于时局检讨之报告》(1947年6月30日)，见《中华民国重要史料初编——对日抗战时期·战后中国(二)》，909页。

军事和经济援助；但南京政府必须进行财政、行政和军事改革，必须在政府、军队和经济部门延用美国顾问。报告还提出将满洲置于五强监护制度之下，或由联合国托管。美国的这一企图由于害怕激起中国人民的反对和世界舆论的谴责，未敢公之于众。魏德迈调查之后，美国政府继续扩大对蒋介石的军火、贷款和物资援助，陆续签订了《中美救济协定》《中美海军协定》，加强了对南京政府的控制。同时，也在着手进行着“必要时去掉蒋介石”、支持中国地方势力或“第三种政治势力”的阴谋活动。但是，人民解放军转入战略进攻以后的中国政局美国政府已无法摆布了。

为了实施“总动员”，国民党实行了所谓政治经济军事互相配合的“总体战”：正规军负责“机动”作战；地方上“编组保甲，组训民众”，实行“人必归户，户必归甲”，互具联保连坐切结，成立“民众自卫队”；经济上对解放区实行封锁。在军事指挥机构上作了调整。11 月 23 日国防部长白崇禧在九江设立指挥所，统一指挥华中军事，围攻大别山刘邓大军，并指导鄂豫皖赣湘五省政务。12 月裁撤保定、张家口两绥署，设立以傅作义为总司令的华北剿匪总司令部，1948 年 5 月又正式撤销北平行辕。1947 年 8 月撤销东北保安司令长官部，由东北行辕负政治军事全责，以陈诚为行辕主任。1948 年 1 月 17 日任命卫立煌为行辕副主任兼东北“剿总”总司令。后不久蒋任命何应钦为国防部长，改任白崇禧为战略顾问委员会主任，兼任华中“剿总”总司令。

在面临崩溃的形势下，1948 年 3 月 29 日至 5 月 1 日，国民党在南京召开了以选举总统副总统为内容的“行宪国大”。这次会议的召开，丑态百出，是国民党内部矛盾的集中暴露。首先是国大代表资格之争。原规定，国大代表由国民党中央和民、青两党分别提名，经“民选”产生，国民党员非经中央提名不得当选。但选举结果，各地未经中央提名而由选民签署选出的代表达 600 名，挤掉了原约定分给民、青两党的名额。国民党中央命令未经“圈定”而当选的国民党党员把名额让给“圈定”的党员和民、青两党。这批党员纷纷以“国法”对抗“党纪”，拒不退让，并组织“民选代表联谊会”向中央请愿；由中央提名而落选的人也组织“联谊会”向中央请愿。天津一个“民选”代表把棺材抬到“国大”会堂。另有 10 人到会堂绝食。国民党派人劝阻，蒋介石亲自训话，都无济于事。3 月 29 日晨由军警强行拖走绝食者，拉走棺材，始得开会。

其次是总统的选举。4 月 4 日在国民党中执会临时全会讨论总统候选人时，蒋介石表示无意竞选总统，他提议以一名“卓越之党外人士为总统候选人”。张群深知蒋介石的用意是嫌总统的权力受“宪法”(主要是39条、43条的规定)限制，便向全会提出“赋予总统以紧急处置权”的建议，4月5日全会通过。4月15日莫德惠、胡适等721名代表向大会提出《请制定动员戡乱时期临时条款案》，18日该案以1624票赞成通过。于右任、吴敬恒等200余人联名提议蒋介石为总统候选人。4月19日蒋介石以2430票(出席代表2734人)当选为总统。另一个候选人居正仅得票269张。

最后是副总统的选举。副总统的选举表明了蒋桂矛盾的尖锐化。4月3日蒋介石告诉李宗仁，说副总统候选人由中央提名，内定为孙哲生(孙科)，要李退出竞选。李宗仁与程潜、于右任共同反对由党提名。4月6日国民党中常会临时全会否决了由党提名的意见，改由党内联署提名。结果，李宗仁、孙科、程潜、于右任、莫德惠、徐傅霖六人为候选人。经过激烈斗争，经4月23日、24日、28日、29日四次投票才选出副总统，李宗仁以1438票战胜孙科(孙得1295票)当选。5月17日孙科、陈立夫当选为立法院正、副院长。5月20日总统、副总统就职。

四、国统区人民革命运动的发展　中国国民党革命委员会的成立　民盟三中全会的召开

美国侵华政策的加紧推行和国统区政治经济危机的日益深重，不能不激起各阶层人民的不满和反抗。因此，从全面内战爆发时，国统区就激荡着一浪又一浪的反美反蒋斗争浪潮。随着人民解放战争的胜利发展，这种斗争逐步形成了以学生为主，各界人民参加的争取民族独立与和平民主的人民革命运动，成为与人民解放军的进军相呼应的第二条战线。中国共产党为了加强在国统区的工作，1946年12月16日决定由周恩来兼任城市工作部部长，除由上海局、华南分局指导国统区党组织的工作外，各中央局、分局及相关的地区党委均设城工部。各地中共党组织的发展和卓有成效的统一战线工作，推动了国统区人民革命运动的深入发展。

1946年秋至1947年春，由于驻华美军以“占领者”的姿态不断在中国上海、北平、青岛、天津等城市制造欺诈、抢劫、侮辱、奸淫和杀害中国人的暴行，激起了中国人民的愤怒。1946年12月24日晚在北平东单操场发生了美军士兵强奸北大选修班女生沈崇的事件。以此为导火线，爆发了全国数十个大中城市50多万学生参加的抗议美军暴行的浪潮，喊出了“美国兵从中国滚出去”的口号。在斗争中，1947年3月8日在上海成立了全国学生

抗暴联合会总会。

4、5月间，上海、南京等地学生提出了“抢救教育危机”“向炮口要饭吃”的口号。5月18日国民党政府颁布旨在镇压人民反抗的《维持社会秩序临时办法》，规定严禁10人以上的请愿，禁止罢课、罢工、罢业，违者给以“必要之措置”。当日下午北平各大学学生罢课和示威。5月19日上海学生举行反内战反迫害游行。5月20日京沪苏杭地区学生6000余人在南京联合举行抢救教育危机反饥饿游行。在珠江路口遭警宪、特务殴击，重伤21人，轻伤97人，被捕20余人，造成“五二〇血案”。同一天北平20多所大中学校学生也举行了“华北学生北平区反饥饿反内战大游行”。此后，学生运动发展为要饭吃、要和平、要自由的反饥饿、反内战、反迫害运动，并更加得到了教授、工人、工商业者的同情和支持。10月26日，浙江大学学生自治会主席于子三被非法逮捕，29日被杀害于狱中。学生自治会向反动当局提出抗议，并宣布罢课三天，浙大教授亦于31日罢教一天。校长竺可桢亲往浙江省保安司令部责问于子三惨死经过，并到南京向教育部说明于子三被害真相。11月5日他又向记者发表谈话，揭穿反动派的阴谋。于子三事件引起了国统区反迫害运动的新高潮，参加斗争的学生约10万人。11月6日在北大民主广场举行的于子三追悼会上，北平各大学163位教授发表宣言支持学生们的罢课斗争。

1948年春，国民党反动派在上海制造了打死3名申新九厂罢工工人的“申九血案”和在北火车站镇压同济大学赴京请愿学生的“同济血案”。4月21日非法逮捕上海发电厂工会常务理事王孝和，施以酷刑。王孝和坚贞不屈(9月23日被杀害)。反动派的暴行，激起了上海、南京工人、学生更激烈的反抗。4月11日南京中央大学100多名学生为反迫害反饥饿展开绝食斗争。5月22日南京中央大学、金陵大学、金陵女大学生在国民党青年部门前举行“南京市学生反迫害大联防宣誓大会”。平津等地的学生为反对北平当局查禁华北学生联合会而实行总罢课。各大学的教职员工、北平研究院的研究人员、北大医学院附属医院的医生、护士，为要求调整待遇实行罢教、罢研、罢诊、罢工、罢职。形成六罢合一的“四月风暴”。4月9日北平师院、北大等校学生教师数千人列队到新华门向北平行辕请愿，要求释放昨晚逮捕的师院学生，撤销查禁学联和传讯北大12名学生自治会理事的命令。慑于学生斗争的威力，北平当局释放了被捕的学生。但7月5日在东交民巷发生了青年军208师用机枪扫射向市参议会请愿的东北学生的惨案，死亡9人，伤130余人。

与国统区人民反饥饿反迫害斗争的同时，又开展了轰轰烈烈的反对美国扶植日本侵略势力复活的爱国运动。1948 年 5 月 4 日上海 120 所大专学校学生代表在交通大学发起组织反对美国扶植日本复兴、挽救民族危机联合会。5 月 22 日发起 10 万人签名运动。6 月各界人士 282 人联名发表《对美国积极助日复兴的抗议》。6 月 4 日司徒雷登发表直接干涉中国革命的声明，引起 6 月 5 日上海学生在外滩美驻华海军司令部及美上海总领事馆门前的示威和抗议。其后北平 437 位大学教师、京沪 370 位社会名流发表对美抗议书。香港同胞也成立了各侨团反对美国扶植日本工业复兴运动大会。燕京大学师生也起来斥责司徒雷登的言论。清华大学教授朱自清、金岳霖、张奚若、吴晗等百余人为表示中国人的尊严与气节，发表声明，断然拒绝购买美援平价面粉，一致退还配给证。国统区人民同反动当局的斗争表明："革命高潮不独在解放区存在，即在蒋管区人民中也同时存在，这正是革命临近胜利的象征。"①

在这种革命高潮中，各民主党派的活动有了新的发展。1947 年 2 月李济深抵香港，同蔡廷锴一起定出反蒋纲领。同年秋，李济深等加紧了组党活动，派朱蕴山赴内地联络。何香凝、李济深写信给谭平山、柳亚子、郭春涛、陈铭枢，要他们赴港商谈。彭泽民、何香凝、柳亚子、李章达、陈其瑗、李济深联名发出《上孙夫人书》，请宋庆龄出面领导。11 月 12 日，李济深、蔡廷锴为首的国民党民主促进会(民促)，谭平山、郭春涛、陈铭枢为首的三民主义同志联合会(民联)和民主革命同盟的领导人王昆仑、许宝驹等，联合国民党内的其他民主分子，在香港召开国民党民主派联席会议，组成中国国民党革命委员会。1948 年 1 月 1 日，民革发表了成立宣言、行动纲领、告本党同志书，正式宣告成立。宋庆龄为名誉主席，李济深为主席，李济深、何香凝、冯玉祥、谭平山、蔡廷锴、柳亚子、朱学范等 16 人为常委。民革的主要主张是：(一)反对蒋介石的独裁统治，反对美国干涉中国内政和助长内战的政策；(二)坚持孙中山的三大政策，联合中共及其他民主党派，实现耕者有其田的土地改革；(三)成立各民主党派和各界人士代表的联合政府。它认为三民主义为"救中国之唯一良方"，"中国国民党仍为中国革命之领导政党"。这是国民党内各反蒋派系和民主分子的联合体，作为民革组成部分的民促、民联仍然单独存在，直至 1949 年 11 月中国国民党民主派代表会议为止。

---

① 新华社社论：《爱国运动的新高潮》，1948-06-18。

民盟遭到镇压之后，沈钧儒、章伯钧、周新民等秘密赴香港，同在香港的邓初民等一起，团结了一部分中委于1948年1月5日至19日，召开了民盟三中全会。会议通过了《三中全会紧急声明》，严正地“否认南京反动独裁政府内务部发言人于1947年10月27日宣布民盟为‘非法团体’之无理而又狂妄的举动”，表示“不能接受本盟总部于去年11月5日在南京反动独裁政府劫持和威力之下未经合法会议而发表的‘辞职’‘解散总部’及‘停止盟员活动’等声明”，宣布重建领导机构，恢复活动。并确定了“为彻底摧毁南京反动独裁政府，为彻底实现民主、和平、独立、统一的新中国而奋斗到底”的新方针。会议还通过了《三中全会宣言》(以下简称《宣言》)和《政治报告》。《宣言》总结了民盟成立以来的斗争经验和走过的道路，认为在当前形势下，“欲实现中国的和平民主已不可能由谈判妥协中求之。我们必须粉碎一个独裁反动贪污腐化的政权，才能建立一个和平民主廉洁有效能的新政权”。提出要与中国共产党“携手合作”。在1月19日通过的政治报告中批判了一切所谓“中立”“中间”的说法。1948年2月2日和14日，民盟先后在香港招待记者和民主人士，会上沈钧儒宣布民盟总部已移到香港，其新的政治路线和目标是“消灭反民主反和平的独裁政权”，“建立一个真民主真和平的新中国”，“积极支持人民的武装去反抗反人民的武装”。会上马叙伦发言，认为民盟的路线以前没有“落地生根”，这一次才是“落地生根”了。[①]

民盟遭迫害时，民主建国会的进步分子转入地下，组织了一个14人的委员会为领导核心，坚持民主斗争。毛泽东的《目前形势和我们的任务》发表后，黄炎培等进一步认清了前途，向共产党靠拢。其他民主党派也都在白色恐怖下在内地和香港坚持反蒋斗争。

1947年2月28日台湾爆发了反对国民党暴政的武装起义。起义被镇压后，谢雪红、杨克煌、苏新等台籍爱国者于1947年11月12日在香港组成台湾民主自治同盟，制定了纲领、规程等，12月1日正式在《华商报》公布。

五、解放军在各战场的继续进攻　中共召开新政协成立联合政府的号召和各民主党派的响应

1948年春夏，各战场的人民解放军展开大规模攻势，国民党军被迫放弃“全面防御”改为“重点防御”。中原战场是国民党军尚有一定战略主动权

---

① 《民盟文献》第三辑，民盟总部编印，1949。

的战场，有6个兵团66万余人。挺进中原的人民解放军三路大军同国民党军展开激烈争夺。3月8日至4月5日陈(士榘)唐(虎)集团和陈谢集团两次攻克豫西重镇洛阳，切断了敌西北和中原的铁路联系。5月发动宛(南阳)西战役，掩护了刘邓主力的休整。5月初中共中央同意粟裕提出的集中兵力在黄淮地区打几个大仗的建议，命粟兵团向汴徐出击。6月22日一度攻克开封。6月27日至7月6日发动豫东战役(即开封、睢杞战役)，歼敌9万余人。在此前后刘邓统一指挥华东、中原野战军主力进行了宛东战役和襄樊战役，给敌张轸兵团和胡琏兵团重大杀伤，俘第15绥靖区司令康泽。洛阳、开封、襄阳的解放，进一步巩固了中原解放区，打乱了国民党军在中原的防御体系。

华东野战军山东兵团先后进行了胶济路西段、中段和津浦路中段战役，歼敌14万余人。苏北兵团进行了益林、盐南等战役，歼敌25000余人，有力地配合了山东和中原野战军的作战。晋察冀野战军于1948年1月在涞水以东歼傅作义的35军军部及新编32师。3月至4月在察南绥东歼敌18000余人。晋冀鲁豫军区部队3月至5月由徐向前指挥进行临汾战役，歼敌25000余人，6月至7月间发动晋中战役，生俘太原绥署副主任、野战军总司令赵承绶，共歼敌7万余人，孤立并包围了太原。东北人民解放军(1948年1月1日改称)进行冬季攻势，歼敌156000余人，将东北敌军压缩在长春、沈阳、锦州几个孤立据点中。西北野战军于1948年2月24日至3月3日进行宜川战役，全歼整编29军军部及所属部队29000余人，击毙中将军长刘戡。接着发动西府、陇东战役，截断西兰公路，并一度攻克宝鸡。4月21日收复延安。

与军事进攻顺利发展和解放区日益扩大的同时，中共中央采取了新的行动。1948年3月23日中共中央和毛泽东从陕北吴堡县东渡黄河进入山西临县，4月13日抵晋察冀军区所在地阜平县城南庄。4月23日周恩来、任弼时等抵平山县西柏坡，(5月27日毛泽东亦抵西柏坡)同中央工委会合。5月9日中共中央和中央军委决定合并晋察冀和晋冀鲁豫两区成立以刘少奇为书记的中共中央华北局，以聂荣臻为司令员的华北军区，下辖6个军区、两个兵团。成立以董必武为主席的华北联合行政委员会，8月正式成立了华北人民政府。决定充实1947年成立的中原局，以邓小平为书记，成立以刘伯承为司令员邓小平为政委的中原军区，辖7个军区、7个纵队。决定正式撤销中央工委。

在各种条件逐渐具备的情况下，中共中央把建立新中国及其中央政府的历史任务正式提上议事日程。4 月 25 日毛泽东致电周恩来、刘少奇、朱德、任弼时提议邀请港、沪、平、津等地各中间党派及民众团体的代表人物到解放区商讨关于召开人民代表大会并成立临时中央政府问题。27 日他在写给晋察冀中央局城工部长刘仁的信中将会议名称定为政治协商会议，并决定当年秋天在哈尔滨召开。4 月 30 日中共中央书记处扩大会议(城南庄会议)讨论通过并公布了纪念五一国际劳动节口号 23 条，于第 5 条提出“各民主党派、各人民团体、各社会贤达迅速召开政治协商会议，讨论并实现召集人民代表大会，成立民主联合政府”。翌日，毛泽东写信给李济深、沈钧儒(托潘汉年转交)，提出“一切反美帝反蒋党的民主党派、人民团体，均可派代表参加。不属于各民主党派、各人民团体的反美帝反蒋党的某些社会贤达，亦可被邀参加此项会议”；并向他们提议由中共、民革、民盟三党中央或不限于三党加入其他民主党派及重要人民团体联署发表“联合声明，以为号召”。5 月 5 日各民主党派领导人和著名民主人士李济深、何香凝(民革)、沈钧儒、章伯钧(民盟)、马叙伦、王绍鏊(民进)、陈其尤(致公党)、彭泽民(中国农工民主党)、李章达(中国人民救国会)、蔡廷锴(民促)、谭平山(民联)、郭沫若(无党派)，联名通电国内外和致电中国共产党主席毛泽东，响应中国共产党的号召。通电认为中共号召“密合人民时势之要求，尤符同人等之本旨”。“事关国家民族前途，至为重要。全国人士自宜集中意志，研讨办法，以期根绝反动，实现民主。”从此，各民主党派和民主人士，以香港为中心展开了一个新政协运动。参加者在讨论中比较这次召开政协和 1946 年 1 月政协的异同，论述新政协召开的意义和纲领。谭平山在《适时的号召》一文中认为新政协要讨论的政治纲领“应该是新民主主义的政纲”①。陈其尤在《新政治协商的意义与任务》一文中提出新民主主义应是“新中国建设的最高指导原则”②。各民主党派还纷纷单独发表声明，响应中共五一号召。由于毛泽东未能及时获悉 5 月 5 日通电，故至 8 月 1 日才复电李济深等人表示欢迎。除朱学范早在 1948 年 2 月 28 日即抵哈尔滨外，在港、沪及其他地方的民主人士在中共邀请与安排下，从 8 月至 1949 年春分期分批北上进入东北和华北解放区，与中共共同筹备新的政治协商会议，共商建国大业。

---

① 《华商报》，1948-05-23。

② 《公论》，第 3 期，1948-06-15。

六、关于"中国出路"的讨论

中国出路问题是中国近代史上的根本问题。近代以来的政治斗争、政治思想上的分歧，从根本上说都是围绕这个问题进行和展开的。在中国近代史上不止一次明确提出过这一问题。1947年至1949年是中国历史的重大转折关头，这个问题更格外引起人们的注意。从1947年下半年起，国统区政界、思想界一部分知识分子，以《观察》等杂志为主要阵地，围绕着中国建立什么样的政治经济制度这个中心，展开了一场关于中国出路问题的讨论。在讨论中，有的直接发表对时局主张和建议；有的以"中国文化与政治"问题为切入点，从国际到国内，从历史到现实，深入阐述自己的观点或彼此论争，进行了内容广泛的讨论。

"中国文化与政治"的讨论，主要是在梁漱溟、张东荪和樊弘之间进行的。1947年9月梁漱溟发表了《预告选灾，追论宪政》一文，从中国宪政史和"中国文化特性"两方面论述了他关于宪政的观点和主张。他认为民主宪政在中国都要从其固有文化引申发挥而剀切于当前事实，不能袭取外国制度。国民党的行宪，"仍然是外国制度，于固有文化无据，于当前事实不合"，"其结果，当然只是既成势力底那些新旧恶势力之一度取得民选美名，更加他们一层合法保障而已"。乡村建设才是中国政治的"正当出路"。[①] 张东荪对梁文所说的宪政在今天的中国行不通"深感共鸣"。他在《我亦追论宪政兼及中国文化的诊断》一文中说，中国没有真正的选举，是由于"有特殊势力在那里利用"。所以如此，是由中国的国家性质决定的。西方近代国家是政府与人民"打成一片"，而中国的政府则"完全是坏的"。并不是西方民主制度不好，"放弃走民主主义道路"。[②]

北京大学教授樊弘不同意上述观点。他在《与梁漱溟张东荪两先生论中国的文化与政治》一文中指出，"民主政治所以在中国屡试屡败，是因为中国永远停滞在农业的阶段，无论任何的阶级都不敢在维持土地生产力一点上，有舍君主而取民主的必要"。他主张中国将来如果不走资本主义老道，就不需要"由资本家阶级所领导的民主"，中国的建设和民主的政治都要由

---

① 《观察》，第三卷，第四期，1947-09-20。

② 《观察》，第三卷，第七期，1947-10-11。

“有计划的集体劳动来领导”。[1] 接着，张东荪在《敬答樊弘先生》《再答樊弘先生》中说，樊弘的集体主义就是他说的社会主义，“中国今天走以前英美资本主义的老路是困难万状的，但我却以为即使采用集体劳动的制度而须再向工业化推进。”“今天不是采用哪一类的药方(无论如何总是民主兼包社会主义)之争，乃是对于这个药方内容如何加减折中与其轻重界限之问题。”[2]他认为世界上有苏联、英美、东欧三种类型的政治经济制度，东欧的新民主主义(捷克是最合乎理想的标准)在政治上多党并存，经济上容纳混合方式，土地实行合理再分配，实行学术自由，“这都是中国今后所当取法的。”从国际上看，“今后世界和平的关键即在于这样类型的国家能否在美苏两端的中间存在与繁荣起来。”[3]樊弘在《观察》四卷一期发表《只有两条路!》一文，指出只有两条路，即反动的路和革命的路。“在中国的经济上、政治上、人道上和哲学上只有两条路”，没有第三条路。1948 年 7 月初张东荪的《民主主义与社会主义》一书出版，系统论述了他的理论和主张。他主张“新型的民主”。新型民主的基本思想是将文化思想上的自由、政治经济上的平等和发展生产结合起来。发展生产的办法是把“社会主义与计划经济相结合”。

这时，在寻求中国出路问题上，还有一些人发表文章阐明自己的观点。如，1947 年 4 月 18 日吴世昌在《中国文化与现代化问题》一文中提出“中国如要求生存，最迫切的是一个现代化的问题”。“要建现代国家，就得有现代观念的人才。我们不能想象以今天社会道德的堕落，政治观念之落伍，文化学术的萎缩，可以担负使中国社会彻底现代化的责任。”“要现代化，必须从社会道德到政治制度，从文化观念到治学方法，从待人接物到世故人情，从生产工具到分配原则，彻头彻尾地改造重建。”[4]周绶章在《提供一个新的政治观》一文中提出要实行民主政治，必须变过去儒家的“自我中心的政治观”为“人民本位的政治观”。[5] 在《政治自由与经济平等》一文中，主张实行一条把资本主义的政治自由和共产主义的经济平等加以调和而产生的

---

① 《观察》，第三卷，第十四期，1947-11-29。

② 《观察》，第三卷，第十六期，1947-12-13。

③ 《观察》，第三卷，第二十三期，1948-01-31。

④ 观察丛书(五)《中国文化与现代化问题》，上海，上海观察社，1948。

⑤ 《世纪评论》，第 15 期。

"新社会主义路线"。[①] 郭叔壬在《宪政和中国文化》中提出"英美宪政政治，乃是工业发展的果实，而宪政政治的推行，又帮助了工业的发展"。但是"宪政政治，仅是人民整个生活情态中的一个部门，其建立与发展，与其他部门是相互关联的，我们今后宪政的推行能否成功，就全看我们对这两点的认识如何"。[②]

"自由主义运动"也是关心时局的一部分知识分子倡行的。1947 年 7 月杨光时等 10 人发表《我们对于大局的看法与对策》，建议成立"民主国际"和美国以经济力量援助世界自由主义分子及其政党。他们认为没有"民主国际"的设立，中国不会奋起一个国共以外的强大政党。1948 年 1 月《大公报》接连发表社论《自由主义者的信念》《国际第三方面势力的抬头》等，鼓吹自由主义和组织"新第三方面"。

当上述的讨论还在进行的时候，1948 年 3 月 1 日在北平成立了一个政治团体，名为中国社会经济研究会。该会提出"初步主张"三十二条，并出版《新路》杂志，宣传他们的主张。他们的"基本政治主张，是政治制度化，制度民主化，民主社会化"。"法治必须代替人治……宪政尤重于宪法。"公务机关"对人民负法律责任"。确立"文官制度"。"军队属于国家……军人不得干涉政治。""国内应有并立的政党，互相批评与监督……政党不得假借任何口实，用暴力压迫异己，民意的最后表现为选举，政权的转移，应视选举的结果而定。"民主政治"应保障人民基本自由与权利"。"国家应筹划妥善方法，负责发展国家资源，实现全民就业，促成公平分配，提高生活水准。""国家应运用各种合理的政策，积极促进我国经济的现代化与工业化。""全国土地，以全部收归国有为最终目标，第一步，应即规定私人农地的最高限度，超过此限度者，应立即收归国有。对于原来地主，给以长期债券，以为补偿。收归国有的农地，或租与自耕农，或集体经营，视情形而定。市地应立即收归国有，并酌予补偿。""国家应即制定现代化的攸关劳工福利之立法"等。

这三十二条主张，就是中国社会经济研究会的纲领，也就是他们的所谓"新路"。该会以超然的面目出现，宣称只是为了对中国的政治、外交、经济、社会问题，进行"讨论"和"探索"。实际上这些主张是抵制中国革命的。在国民党反动统治眼看就要灭亡的时候，该会却鼓吹"用和平方法能实

① 《世纪评论》，第 20 期。

② 《观察》，第四卷，第三期，1948-03-13。

现社会主义”，反对“武力革命”。[1] 声称“现政府有改善的希望”，已经“走上了行宪的大路”，副总统的选举，证明“现在的政府已不是一个独裁的政权”。[2]

以上所说主要是资产阶级学者和各阶层政治活动人物的言论。他们大多数人的政治主张同共产党的新民主主义理论在根本问题上是对立的。资产阶级代表人物指出的“中国的出路”就是资产阶级共和国道路。这种言论的一度广泛宣传，表现了他们对这条道路的一往情深。但是过去中国的国情没有允许它实现，现在是更没有实现的可能了。

1948 年春，在香港的各民主党派和左翼文化界，针对上述的理论与活动，开展了对“自由主义运动”的批判。先后召开了批判“自由主义运动”座谈会和批判“中国社会经济研究会”的座谈会。与会发言者“都把所有这些理论和活动联系起来看，认为是一个有组织的‘运动’和一个大的阴谋”，“给予迎头痛击”[3]。这是应当时的政治需要产生的。事后看来，将上述一切视为对“中国出路”的探讨，加以分析和研究，是更可取的。

第四节　国民党南京政权覆灭　中华人民共和国成立

一、三大战役的胜利

到 1948 年夏秋，人民解放战争已经进入第三年。人民解放军经过在各个战场的作战，两年间共歼敌 264 万人，国共双方力量对比发生了显著变化。人民解放军的总兵力达到 280 万人，其中正规军 149 万人，且军政素质有很大提高，拥有了相当强大的炮兵和工兵。国民党军兵力有 365 万人，其中正规军 198 万人。但是除去后方守备兵力外，能够集中于前线作战的只有 170 万人。国民党军虽还有强大的兵力，但在战略上被人民解放军分割为 5 个孤立集团。东北“剿总”4 个兵团约 55 万人，分布于长春、沈阳、锦州三个孤立地区；华北“剿总”4 个兵团约 55 万人，分布于归绥、张家口、新保

---

① 炳章：《用和平方法能实现社会主义》，载《新路周刊》，第 1 卷，第 6 期，1948-06-19。

② 蒙毅：《现政府有改善的希望》，载《新路周刊》，第 1 卷，第 9 期，1948-07-10。

③ 胡光：《自由主义运动的批判在香港》，载《新路周刊》，第 1 卷，1 期，1948-05-15。

安、北平、天津、塘沽、唐山、山海关等地；徐州“剿总”4个兵团4个绥靖区约60万人，分布于以徐州为中心的陇海、津浦铁路的十字架上；华中“剿总”75万人，分布于以汉口为中心的地区；西北胡宗南集团30万人，分布于以西安为中心的关中一带。为了检查此前作战失利的原因，确定新的作战方针和部署，1948年8月3日至6日，国民党在南京召开军事检讨会，确定作战重点置于黄河以南、长江以北地区，同时在东北地区确保辽东、热河，以巩固华北。

国共双方力量对比的变化表明，人民解放军同国民党军进行战略决战的条件已经成熟。1948年9月8日至13日，中共中央在河北省平山县西柏坡召开政治局会议，全面部署了夺取全国胜利的各项工作，提出建设500万人民解放军，在5年左右的时间内(从1946年7月算起)，从根本上打倒国民党反动统治的总任务。会议决定人民解放战争第三年度人民解放军仍然全部在长江以北和华北、东北作战，歼敌主力于长江以北。根据会议确定的方针，中央军委要求在战争的第三年歼敌正规军115个旅(师)左右。从1948年9月开始，人民解放军先后在各个战场展开规模空前的秋季攻势，先是攻取济南，随后进行了具有战略决战性质的辽沈、淮海、平津三大战役。

济南是山东省的省会，人口70万。国民党军14个师10万人在第二绥靖区司令官王耀武的统率下，据守这个国民党在山东的重要堡垒。同时，蒋介石调集徐州地区的三个兵团23个师约17万人伺机北援济南。

华东野战军组成14万人的攻城兵团，于9月16日午夜发起全线进攻。经过8天连续猛攻，解放济南，歼灭守敌3个整师、9个旅的全部，王耀武被俘。国民党整编96军军长吴化文率所部3个旅2万人起义。从徐州北援的国民党军因害怕被歼，行动迟缓，至济南解放时尚未到达预定位置。

济南解放后，菏泽、临沂、烟台等地的国民党军纷纷弃城而逃。山东境内除青岛及南部少数地点为国民党军占领外，其余地区全部解放。解放区南至陇海线，北至平津保地区，东至东海之滨，西至豫陕边境，连成了一片。济南战役的胜利，切断了国民党军华东华北两大战略集团的陆上联系，有力地配合了辽沈战役的进行，又为尔后进行的淮海战役创造了条件。

1948年9月12日至11月2日，东北人民解放军在中共中央和毛泽东的战略部署指导下，进行了战略决战的第一大战役——辽沈战役。

战略决战的方向首选东北是因为在全国各个战场中，东北战场对人民解放军最为有利。第一，兵力上占优势。人民解放军有正规军70万人，地方军 30 万人，在全国五大战场中是唯一超过国民党军的战场。第二，东北敌军被分割在长春、沈阳和锦州三个互不相连的地区，所占地区狭小，补给困难，并且在或撤或守上摇摆不定。第三，解放军后方巩固，支援战争的物质力量雄厚。由于这些条件，把战略决战方向首先指向东北。辽沈战役发动之前，中共中央军委和毛泽东确定了把战役主攻方向指向北宁线的作战方针。

9 月 10 日，东北野战军作了南下北宁线的部署。9 月 12 日，辽沈战役打响。东北人民解放军奔袭北宁线之锦唐段，连克昌黎、滦县、北戴河、绥中、兴城、义县等地，至 10 月 1 日，完全切断了华北国民党军从陆上增援东北的道路，将锦州团团包围。为解锦州之围，蒋介石于 10 月 2 日飞赴沈阳，召集紧急军事会议，决定以锦西、葫芦岛的四个师及由华北海运来的五个师组成东进兵团，由侯镜如指挥沿铁路东进，猛攻塔山。另以沈阳主力五个军十一个师及三个骑兵旅组成西进兵团，由廖耀湘指挥西进，进占彰武、新立屯，企图截断解放军后方补给线。10 月 10 日，两路敌军东西对进援锦。但东北野战军两个纵队，顽强阻击东进之敌，使敌军轮番进攻六昼夜，死伤万余人，而不能前进一步。

10 月 14 日，东北人民解放军对锦州发起总攻。经过 31 个小时的激战，全歼守敌 10 万余人，俘虏东北"剿总"副总司令兼锦州前线指挥所主任范汉杰，解放了锦州。长春守军国民党军第六军军长曾泽生率部 2.6 万人于 17 日宣布起义。其余守军在国民党东北"剿总"副总司令郑洞国率领下于 19 日投降，长春解放。

为了扭转败局，蒋介石严令廖耀湘兵团与锦西方面侯镜如指挥的 11 个师相配合，南北夹击，夺回锦州，打通关内外联络。同时令沈阳的第五十二军南下强占营口，取得海上退路。东北人民解放军一部在黑山、大虎山以北阻击敌军，主力于 20 日起由锦州地区秘密迅速地向东北方向回师，将廖兵团包围在黑山、北镇、大虎山及其以东纵横不到七八十里的狭小地带。从 26 日至 28 日，经过两天一夜的激战，将廖耀湘所率国民党军最精锐的五个军——新一军、新三军、新六军、七十一军和四十九军共 10 万余人，全部歼灭，俘虏了廖耀湘。

廖兵团被歼后，东北人民解放军迅速攻占了新民、辽阳、鞍山、海城等地。11 月 2 日解放了沈阳、营口，再歼敌 14.9 万人，残敌 1 万余人从营口海上逃跑。

辽沈战役前后历时 52 天，共歼敌 47.2 万人，解放了东北全境。到

1948 年 11 月，随着辽沈战役和其他战场的胜利，全国的军事形势转入一个新的转折点，敌我力量发生了根本的变化。国民党军下降到 290 万人左右，人民解放军增至 300 余万人。

为了适应战略决战的需要，1948 年 11 月 1 日，中共中央军委颁发了全军整编的命令，将各大战略区的部队划分为野战部队、地方部队和游击部队。将野战军分为西北、中原、华东、东北、华北五大野战军。1949 年年初又依次编为第一、二、三、四野战军。华北野战军三个兵团直属中央军委。第一野战军，下辖第一、二两个兵团，彭德怀为司令员兼政治委员。第二野战军，下辖第三、四、五三个兵团和一个特种兵纵队，刘伯承为司令员，邓小平为政治委员。第三野战军，下辖第七、八、九、十共四个兵团和一个特种兵纵队及两广纵队，陈毅为司令员兼政治委员。第四野战军，下辖第十一、十二、十三、十四共四个兵团和一个特种兵司令部及一个铁道兵纵队，林彪为司令员，罗荣桓为政治委员。

辽沈战役后，国民党军在郑(州)汉(口)路以西、淮河以北的地区尚有李弥、黄百韬、邱清泉、杜聿明、黄维等兵团，兵力达 80 万人。为歼灭敌人主力于淮河以北，不使敌人南逃，人民解放军进行了淮海战役。战役从 1948 年 11 月 6 日开始，至 1949 年 1 月 10 日结束。参加战役的有华东和中原两大野战军以及华北军区所属冀鲁豫区的地方武装共 60 万人。为统一领导，中共中央决定成立由邓小平、刘伯承、陈毅、粟裕、谭震林组成的总前委，邓小平为书记。

淮海战役进程可分为三个阶段。

第一阶段，从 11 月 6 日到 22 日围歼黄百韬兵团，孤立徐州之敌。

战役开始，华东野战军由山东等地分三路南下，进至陇海路徐海段和徐州外围，将国民党徐州"剿总"和徐州以东的黄百韬兵团分割开来，并把黄百韬兵团分割包围。解放军一路南攻宿县，迂回到黄百韬兵团南侧。经过 16 天的激战，至 22 日全歼黄百韬兵团 10 万余人。黄百韬毙命。战役进行中，国民党第三绥靖区副司令何基沣、张克侠率部 2.3 万余人起义，有力地配合了战役的进行。

第二阶段，从 11 月 23 日到 12 月 15 日，中原野战军在华东野战军的配合下在津浦路徐蚌段围歼黄维兵团。

黄百韬兵团被歼后，徐州守敌恐慌万分，迅速将邱清泉、李弥、孙元良三个兵团紧缩于徐州。南线李延年兵团遭到打击，不敢北进。11 月 25 日，中原野战军在宿县西南双堆集完成了对黄维兵团的包围。27 日至 29

日，黄维调动四个主力师企图向南突围，未得逞。蒋介石为解救黄维兵团，命令邱、李、孙三兵团由徐州南下，刘汝明、李延年两兵团由蚌埠北上。但在人民解放军的阻击下，未能得逞。之后，蒋介石召杜聿明到南京商议，决定避开解放军津浦路防御正面，从徐州西南绕道南下，同时督促刘、李兵团再度北进，企图南北夹击解放军侧翼，以解黄维兵团之围。

12 月 1 日，杜聿明指挥邱、李、孙三兵团放弃徐州，向西逃跑。华东野战军迅速追击，于 4 日将三个兵团包围于永城东北方圆不到 20 里的青龙集、陈官庄地区。孙元良兵团企图突围被解放军全歼。

12 月 6 日，中原野战军向黄维兵团发起总攻，至 15 日夜黄维兵团全部被歼，黄维被俘。在这个阶段，解放军歼敌 11.5 万人，解放了徐州，完全孤立了杜聿明集团。

第三阶段，从 1949 年 1 月 6 日到 10 日，主要是消灭杜聿明集团。

黄维兵团被全歼后，为了配合平津战役，防止蒋介石迅速决策海运平津敌人南下，毛泽东指示总前委在歼灭黄维兵团之后，对杜聿明残部两星期内不作最后歼灭之部署。杜聿明集团被围困期间，粮草断绝，大批士兵冻饿而死，陷入了绝境。

1949 年 1 月初，平津诸敌已无逃跑的可能。1 月 6 日，华东野战军主力向杜聿明残部发起总攻，到 10 日全歼邱清泉、李弥两兵团。杜聿明被俘，邱清泉被击毙，李弥逃脱。至此，淮海战役胜利结束。

淮海战役历时 65 天，歼灭国民党军 5 个兵团、22 个军、56 个师、共 55.5 万人。人民解放军由此基本解放了长江以北的华东、中原地区。国民党政府的中心南京已处在人民解放军的直接威胁之下。

平津战役自 1948 年 12 月 5 日至 1949 年 1 月 31 日，由人民解放军第四野战军和华北野战军发起。

华北国民党军在辽沈战役和淮海战役的震撼下，已成惊弓之鸟。此时华北国民党军有 60 万人，由华北“剿总”司令傅作义指挥，其中属于傅系有 17 个师，属于蒋系有 31 个师。蒋介石为挽回败局，企图利用华北傅作义集团固守原地，迟滞解放军南下，以利于江南重整军力，同时又企图将该集团由海路运至江南，增援华东战场。傅作义为保存实力以免遭覆灭，开始收缩和集中兵力。1948 年 11 月上旬，蒋介石和傅作义在南京军事会议上确定了“暂守平津，保持海口，扩充实力，以观时变”的方针。为稳住敌人，中央军委和毛泽东一方面命令东北野战军在辽沈战役后迅速秘密入关，对华北之敌实施包围；另一方面为麻痹敌人，命令淮海战场对杜聿明残部在两星期内不作最后歼灭之部署。

根据中央军委的部署，东北野战军主力在辽沈战役结束后不久，从 11 月 23 日起，就提前结束休整，隐蔽地分别从喜峰口、冷口、山海关挥师入关。随之与华北军区第二、第三兵团一道，以神速动作，先用“围而不打”或“隔而不围”的办法，完成对北平、天津、张家口之敌的战略包围和战役分割，截断了他们南逃西窜的通路。随后人民解放军按照毛泽东“先打两头、后取中间”的指示发起攻击。12 月 22 日，解放军一举歼灭新保安傅作义嫡系主力第三十五军 1.6 万人。24 日解放了张家口，歼敌第十一兵团部和第一〇五军 5.4 万余人。

1949 年 1 月 10 日，中共中央决定成立由林彪、罗荣桓、聂荣臻三人组成的平津前线总前委。为了控制出海口，切断和封闭敌人的退路，人民解放军决定首先歼灭天津之敌，并向敌人发出了和平解决的劝告。但是，天津守敌拒绝接受和平改编。1 月 14 日，人民解放军以强大兵力发起对天津的总攻，经过 29 小时的激战，全歼守敌 13 万人，活捉国民党天津警备司令陈长捷。天津解放后，塘沽守敌乘船南逃。17 日，塘沽解放。

新保安、张家口、天津、塘沽解放后，人民解放军云集北平周围。为了使北平这座举世闻名的古都免遭破坏，平津前线司令部在围城后，向傅作义集团提出和平解放北平的通牒。1 月 21 日，傅作义接受和平解决北平的协议。1 月 22 日，傅部开始移出城外，接受改编，31 日，移动完毕，解放军进入北平。同日，北平市军管会(叶剑英为主任)、北平市人民政府(叶剑英为市长、徐冰为副市长)宣告成立。2 月 3 日，人民解放军举行了隆重的入城仪式。平津战役胜利结束。平津战役历时 64 天，共歼灭和改编国民党军队 52 万余人，基本上解放了华北全境。

辽沈、淮海、平津战役，历时四个月零十九天，总共歼灭国民党军 173 个师，154 万余人。国民党的精锐主力部队几乎丧失殆尽。整个东北完全解放。华北及长江中下游以北地区，除太原、大同、新乡、安阳、归绥等几个孤立据点外，全部解放。国民党反动统治即将土崩瓦解。

二、国统区财政经济的崩溃和蒋介石集团在政治军事上的挣扎

国民党在军事上连连失败的同时，其统治地区的财政经济也陷入了总崩溃的境地。

首先，国民党政府大量发行法币，引起恶性通货膨胀。至 1948 年 8 月

21日，法币发行额达到6636946亿元，较1937年6月增发了47万多倍。法币急剧贬值，造成物价大幅度上涨。从上海的米价来看，每担大米1月值法币150万元，5月值580万元，8月值6500万元。上海的批发物价1月至8月上涨了50倍至100倍。法币的价值已贬低到不抵自身的纸张和印刷费用了。

其次，民族工商业纷纷停产或倒闭。恶性通货膨胀，加上美货的大量倾销、官僚资本的吞并和繁重的捐税，造成民族工商业的经营处于极度困难的境地，不少工商业纷纷停产或倒闭。1948年，上海3000多家大工厂开工率只有20%。天津市8867台布机，开工的只有4867台。青岛1000余家工厂，只有四分之一处于半开工状态，其余全部停工。由于普遍的停工或倒闭，工业总产量急剧下降。1949年与1936年相比，重工业下降70%，轻工业下降30%。失业人数急剧增加，人民生活处于极度贫困之中。

最后，农村经济濒于破产。1948年，土地抛荒面积在河南、湖南、广东等省，分别占耕地面积的20%到40%。各地耕畜减少了15%到20%，主要农具减少了30%。1949年全国粮食产量为2263.6亿斤，较1936年降低了24%以上。

为了挽救财政经济的总崩溃，国民党政府于1948年8月19日颁布了《财政经济紧急处分令》及四项挽救办法。其主要内容是：(一)发行金元券，以法币300万元折合一元兑换；(二)限期收兑人民手中所有的黄金、白银和外币；(三)限期登记管理本国人民存放国外的外汇资产；(四)全国各地各种物品及劳务价格，应照1948年8月19日各该地价格，依兑换率折合金元券出售，由当地主管官署严格监督执行。这就是国民党政府的所谓“币制改革”和“限价政策”。俞鸿钧、蒋经国、宋子文、张厉生等被委以“经济管制督导员”，通过“经济戡乱”“特别刑事法庭”等强制手段实行。

在国民党政府高压政策之下，上海等地的民族资产阶级将手中的金银、外币兑换成金元券。到1948年10月，国民党政府共收兑金银价值2亿美元，仅上海一地就达1.7亿美元。

国民党政府对人民财产的这种大肆掠夺并未挽救其财政经济危机。限价措施仅仅维持了几个星期即被打破。商人们纷纷停业、歇业，囤积货物，藏匿物资。由于货物奇缺、物价上涨，黑市交易猖獗。10月2日，上海发生抢购风潮，10月下旬遍及全国各地。北平、上海、南京等地发生抢米风潮。由此，引起社会动荡，民怨沸腾。在此情况下，国民党政府被迫于11月10日宣布取消“限价”。12日又公布《修正金元券发行办法》，宣布金元券贬值 10 倍，并撤销了金元券发行 20 亿元的限额。此后金元券发行额犹如溃堤的洪水，一发而不可收拾。11 月发行量为 33.94 亿元。1949 年 1 月发行量增至 208.22 亿元，至 6 月发行量竟达到 1303046 亿元。金元券和法币一样成为废纸。人们纷纷拒用金元券。物价的上涨达到惊人的地步。如以 1948 年 8 月物价总指数为准，11 月上涨 25 倍，12 月为 35 倍，1949 年 1 月为 128 倍。到 1949 年 5 月上海解放前夕，上海的物价与 1937 年相比，上涨了 36807 倍。国民党政府通过"币制改革"来摆脱经济危机的希望破产。经济的总崩溃加速了国民党反动统治的灭亡。

在军事政治经济均濒临绝境的情况下，国民党政府并不甘心退出历史舞台，希望通过"和平攻势"来挽救危机。

美国政府见蒋介石集团已无可挽救，企图抛开蒋介石，另择他人来收拾残局。1948 年 10 月 23 日，司徒雷登向美国国务卿马歇尔建议："我们可以劝告蒋委员长退休，让位给李宗仁或者国民党内的其他较有前途的政治领袖。"①11 月 9 日，蒋介石要求美国"迅速给予并增加军事援助，并发表关于美国政策之坚定的声明"，以便"鼓舞军民士气，并巩固政府之地位"，还希望"美国军事顾问参加指挥作战"。② 美国总统杜鲁门拒绝了这些要求。11 月底，宋美龄专程赴美游说，要求美国支持蒋介石，亦无收获。此时，李宗仁、白崇禧为首的桂系提出进行"和谈"，并趁蒋介石处于困境之机，逼蒋下台。12 月 24 日，白崇禧从武汉致电蒋，建议"请美、英、苏出面调处，共同斡旋和平"；"由民意机关向双方呼吁和平，恢复和平谈判"。同时，白向外界透露，非蒋下野不能和谈。30 日，白再电蒋重申前意。与此同时，湖南省主席程潜、河南省主席张轸以及湘、鄂、豫、桂四省的参议会也电蒋，要蒋立即"改弦更张"，"恢复和谈"。

1949 年 1 月 1 日蒋介石发表元旦文告。文告发表后，蒋介石一方面表示希望国际社会出面促成国共和谈。1 月 8 日，蒋授意行政院副院长兼外交部长吴铁城照会美、苏、英、法四国大使，希望四国运用各自影响促成和谈实现，但均遭拒绝。另一方面，蒋为保住自己的地位积极进行活动。1 月 3 日，蒋亲自到李宗仁私邸造访，要李、白以大局为重。9 日，张群受蒋命飞抵汉口，向白崇禧转达蒋的意见：引退必须由我主动，而不接受任何方面的压力。

---

① 《美国与中国的关系》(白皮书)上卷，232 页，中国现代史资料编辑委员会翻印。

② 《美国与中国的关系》(白皮书)下卷，873 页，中国现代史资料编辑委员会翻印。

对于国民党的和谈表示，中国共产党揭露他们假“和谈”的面目和彻底革命的决心。1949年元旦，毛泽东为新华社写了《将革命进行到底》的新年献词，向中外宣告人民解放军将渡江南进，把解放战争进行到底。1月14日，毛泽东发表《关于时局的声明》，指出蒋介石所提出的条件，是继续战争的条件，不是和平的条件。同时声明：为了尽早结束战争，减少人民的痛苦，愿意同国民党进行谈判，并提出进行谈判的八项条件：(一)惩办战争罪犯；(二)废除伪宪法；(三)废除伪法统；(四)依据民主原则改编一切反动军队；(五)没收官僚资本；(六)改革土地制度；(七)废除卖国条约；(八)召开没有反动分子参加的政治协商会议，成立民主联合政府，接收南京国民党反动政府及其所属各级政府的一切权力。

毛泽东的声明给蒋介石以致命打击。1月21日，蒋介石被迫发表文告，以“因故不能视事”为由宣布“引退”，总统职务由副总统李宗仁代行。当日，蒋介石由南京飞往浙江奉化溪口。此前，蒋介石为控制实权已采取了多项措施。他命中央银行总裁俞鸿钧将国库价值3亿7千多万美元的黄金、白银和外汇移往台湾；命中央、中国两银行存于美国的外汇，化整为零，存入私人账户。蒋把原来的京沪警备司令部扩大为京沪杭警备总司令部，任命汤恩伯为总司令，以加强长江防线的防务；任命张群为重庆绥靖公署主任，朱绍良为福州绥靖公署主任，余汉谋为广州绥靖公署主任，薛岳为广东省主席，陈诚为台湾省主席兼台湾警备总司令，蒋经国为台湾省党部主任委员。同时，蒋介石还拟订了一项利用和谈争取3～6个月时间，在长江以南重新编练200万新军的计划。

三、中共七届二中全会　经济学界关于中国经济建设原则的讨论

为了将人民革命进行到底，夺取全国的胜利，1949年3月5日至13日，中国共产党在河北省平山县西柏坡村召开了七届二中全会。出席会议的中央委员34人，候补中央委员19人。毛泽东在会上作了报告。全会批准了由中共发起，并协同各民主党派、人民团体及民主人士，召开没有反动分子参加的新政治协商会议及成立民主联合政府的建议；批准了1949年1月14日毛泽东的声明及与国民党政府举行和谈的八项条件。

毛泽东在报告中指出了党的工作重心必须由乡村转到城市。报告指出，1927年以后，我们的工作重心放在乡村，在乡村积聚力量，以乡村包围城市，最后夺取城市。这个历史时期已经完结。从现在起，开始了由城市到

乡村并由城市领导乡村的时期。但是，城乡必须兼顾，决不可丢掉乡村。在城市工作中，“必须全心全意地依靠工人阶级，团结其他劳动阶级，争取知识分子，争取尽可能多的能够同我们合作的民族资产阶级分子及其代表人物站在我们方面，或者使他们保持中立”；必须把恢复和发展生产作为中心任务。

毛泽东在报告中分析了在全国胜利以后国内外的基本矛盾，指明了由新民主主义发展到社会主义的总任务。报告指出：中国革命在全国胜利以后，还存在两种基本矛盾：国内是工人阶级和资产阶级的矛盾，国外是中国同帝国主义国家的矛盾，为了解决这些矛盾，在政治上必须加强“无产阶级领导的以工农联盟为基础的人民民主专政”的国家政权；在经济上必须迅速恢复和发展生产，使中国稳步地由农业国转变为工业国，实现由新民主主义社会发展到将来的社会主义社会的历史任务。

毛泽东在报告中还着重分析了中国的国情，阐述了新民主主义经济形态和党的经济政策。他指出：旧中国现代工业很不发达，这是在革命胜利以后一个相当长的时期内一切问题的基本出发点。在革命胜利后，必须没收官僚资本归人民国家所有，使它变为社会主义性质的经济，成为整个国民经济的领导成分。对于私人资本主义经济，必须采取利用和限制的政策。对于广大分散的个体农业和手工业，必须谨慎、逐步而又积极地引导它们经过合作社向现代化和集体化方向发展。毛泽东明确指出：“国营经济是社会主义性质的，合作社经济是半社会主义性质的，加上私人资本主义，加上个体经济，加上国家和私人合作的国家资本主义经济，这些就是人民共和国的几种主要的经济成分，这些就构成新民主主义的经济形态。”①

中国共产党七届二中全会，是一次具有重大历史意义的会议。它提出的重要理论思想和确定的各项方针政策，为党夺取全国胜利，以及胜利以后由新民主主义社会向社会主义社会转变，在政治上和思想上做了准备。

在中国共产党为新中国的各项建设进行探讨和筹划的时候，从抗日战争后期到解放战争时期，经济学界就中国经济建设的原则展开了讨论。

首先，关于中国经济建设的目标问题。1944 年 7 月，陶孟和在《经济建设季刊》撰文指出：“我国今后首要的，并且需要长期努力的工作就是工业建设”，“简言之，就是工业化”。“任何民族唯有踏上工业化的大路，继续

---

① 《在中国共产党第七届中央委员会第二次全体会议上的报告》(1949 年 3 月 5 日)，见《毛泽东选集》第 4 卷，1433 页。

前进，才可以生存”,[①] 施复亮认为，“迅速完成全国的工业化，使中国从落后农业国转变成进步的工业国”是中国经济建设的“一个主要目标”。[②] 这是因为，工业化是表示人类经济史上最高度的发达阶段，工业化是社会生产力的最高的表现，只有工业化才能提高人民的生活水平，只要工业化才能提供经济平等的物质基础。粟寄沧则认为，谈经济建设“必当以争取工业化的发展为第一义”。“工业化是今后中国经济的唯一出路，也是国家民族唯一的生存方式。”[③]以工业化为中国经济建设的主要目标是许多学者的共同主张。

其次，关于经济建设的路线问题。1944 年 11 月 6 日，国民党政府国防最高委员会通过《战后第一期经济建设原则》。这引起了学术界的极大关注。中国经济建设采取什么路线？是资本主义的路线还是社会主义的路线，是自由经济的路线还是计划经济的路线，是英美的路线还是英联的路线。就此问题，经济学界展开了讨论。

有的学者指出：中国经济建设要追求自由、平等的理想目标，“若循着资本主义经济制度的途径去寻找，结果是缘木求鱼，愈走愈远”，“若循着社会主义制度去探求结果，每努力一天必增加一点新的线索，愈走愈近”。[④] 也有学者强调：“历史是有阶段的向前发展，假如我们要想跳过资本主义阶段要走上社会主义，那是不可能的。”在过渡时期要“发展自由资本主义”，“以资本主义的生产力介绍到中国来，生产力充实，才能走向社会主义”。[⑤]

但是，更多的学者主张，“中国的社会经济条件与英美苏联皆有不同，既不能追踪英美走资本主义的自由经济路线，也不能效颦苏联走社会主义的计划经济路线。我们必须于自由经济和计划经济两条路线之外，另创第三条路线”。[⑥] 施复亮认为：从各国社会经济的发展经验来看，资本主义的自由经济的发展路线与社会主义的计划经济的发展路线，都可以达到工业化的目的。但对中国来说，“英美的路线是不应走也不能走，苏联的路线虽

---

① 陶孟和：《现代工业的性质》(1944 年 7 月)，载《经济建设季刊》，第 3 卷，第 1 期。

② 施复亮：《战后中国经济建设中几个根本问题》，见《中国经济建设的路线》，25 页，世界日报社，1946。

③ 粟寄沧：《战后经济建设的目标与路线》，见《中国经济建设的路线》，100 页。

④ 陈泽昆：《经济自由与经济平等》(1948 年 9 月 18 日)，载《经济评论》，第 3 卷，第 23 期。

⑤ 《如何建设国民经济——记“经联会”第十一次大会》(1946 年 10 月 10 日)，载《经济周报》，第 3 卷，第 15 期。

⑥ 粟寄沧：《编者的话》，见《中国经济建设的路线》，1 页。

然应当走，但在最近的将来也不能走”。“我们应当创造第三条路线。”“这第三条路线，应当综合英美和苏联双方的宝贵经验，接受一切先进国家的优良办法，采用自由经济和计划经济的大部分或全部优点，并使我们的经济建设很顺利地从资本主义的阶段进展到社会主义的阶段。”①这第三条路线，有的学者称之为“三民主义经济制度”。

其他学者也多有在经济建设路线上兼采苏联计划经济和英美自由经济的观点。马寅初认为：“完全用英美式的建设，是不合时代的需求；完全用苏俄式的建设，是非中国所能办到的”，只有采用“一种混合经济的制度，国营企业和民营企业同时并进”。② 张东荪则主张：“今天中国非但不能照抄苏联的药方，并且亦不能照抄英国的药方。”“倘使‘混合经济’（mixed economy），亦不见得就是不好。”③赵乃抟也同意混合经济形态的提法。他说：“经济建设的政策：我们是采资本主义呢？还是社会主义呢？不可讳言的，资本主义已过时了，社会主义正在抬头。然而二者中间的界限很不容易分。今日纯资本主义国家很少，英美制度中有社会主义的成分。苏联制度中也有资本主义成分。”④此外，还有“自由主义的计划经济”“计划的自由经济”“自由民营，国营统制”等种种提法。

最后，关于经济建设与土地制度的关系问题。一些学者指出，战后中国进行“有计划的自由经济”建设，实现工业化，遇到的最大障碍是封建的土地制度。施复亮指出：“中国工业化一个主要前提，却是要实行土地改革，改善租佃关系，提高农业生产力，保障一切农民的生产和生活。假使没有这一个前提，中国的工业化便无法完成。所以改革土地制度和解决农民问题，也是战后中国经济建设中的一个根本问题。”⑤王亚南认为，“现代性的经济建设，不可能在传统封建社会关系中，或在传统的社会经济基础上实现出来”。“讲‘中国经济之路’，不论你是赞成资本主义，抑是强调新

---

① 施复亮：《战后中国经济建设中几个根本问题》，见《中国经济建设的路线》，29～30页。

② 《中国经济之路》(1947年4月)，《马寅初选集》，291页，天津，天津人民出版社，1988。

③ 张东荪：《敬答樊弘先生》(1947年12月3日—4日)，载《观察》，第3卷，第16期，5页。

④ 赵乃抟：《中国经济问题》(1948年1月17日)，载《观察》，第3卷，第21期。

⑤ 施复亮：《战后中国经济建设中几个根本问题》，见《中国经济建设的路线》，43页。

资本主义；是宣扬民生主义，抑是传播新民主主义；是鼓吹大工业主义，抑是憧憬‘小康经济’主义；通有一个向前走的共同起点，那就是：改造农村社会经济关系，改善农民大众的社会经济生活。”①因此，多数学者指出，当务之急是实行“平均地权”，实现“耕者有其田”，改革封建土地制度，破除妨碍农村生产力发展和农民生活改善的障碍。

经济学界关于中国经济建设原则的讨论，多数是在认真考察了英美的自由经济与苏联的计划经济之后，依据中国的实际情况进行研究的。其出发点是探求符合中国实际的、高效的、能够促进中国工业化的经济体制模式，其中一些观点与中国共产党的主张是相合的。这些意见和主张对以后的中国经济建设是很有价值的。

四、北平和谈的破裂　解放军渡江作战　解放南京

李宗仁上台后，为达到阻止人民革命前进和“守江谋和”的目的，在1949年1月22日发表的任代总统文告中表示“决本和平建国之方针，为民主自由而努力”，宣称愿与中国共产党进行和平谈判。

李宗仁指派邵力子、张治中等5人为和谈代表，电邀李济深、章伯钧、张东荪等人共同策进和平运动，邀请宋庆龄、章士钊、黄炎培、张澜等人赞助和谈。同时采取了将“剿总”改称军政长官公署、取消戒严令、释放政治犯等“和平措施”。1月27日，李宗仁致电毛泽东，称南京政府“业已承认以贵方所提的‘八项条件’作为和谈的基础”。

蒋介石下台后，仍以国民党“总裁”的名义坐镇奉化溪口，控制着党政军特大权，对于李宗仁的“和谈”计划，处处掣肘。2月13日，国民党中央宣传部发出《特别宣传指示》，宣称“与其无条件投降，不如作战到底”。19日，蒋介石指责李宗仁“以毛泽东之八项条件为和谈基础，直等于‘投降’”。蒋还对李宗仁提出的“和平措施”进行破坏，使之无法实现。

但是，李宗仁继续进行“和谈”的准备工作。3月24日，于前一天刚刚组成的何应钦内阁指定张治中、邵力子、黄绍竑、章士钊、李蒸为和谈代表(30日又增加刘斐为代表)，组成南京政府代表团，张治中为首席代表。对于和谈的原则，李宗仁、何应钦等人确定为：(一)平等基础上的和谈，不接受不体面条件。(二)不同意建立以共产党为统治的联合政府；在两党

---

① 王亚南：《中国经济之路》(1948年1月10日)，载《经济评论》，第2卷，第15期。

控制区之间，划一条临时分界线。(三)不能接受中共八项条件，只同意在两方政府共存条件下，讨论八项条件。其最终目的是力求就地停战，同中共以同等名额组成联合政府，达到“划江而治”的目的。

3月26日，中共中央决定由周恩来、林伯渠、林彪、叶剑英、李维汉为和谈代表(4月1日加派聂荣臻为代表)，组成代表团，周恩来为首席代表。4月1日，张治中率南京政府代表团抵达北平。双方进行了广泛的接触并就一些重要问题交换了意见。4月8日，毛泽东、周恩来会见张治中。毛泽东表示，为了减少南京代表团的困难，可以不在和平条款中提出战犯名单。4月13日晚9时，双方举行第一次正式会议。4月15日，在第二次正式会议上，周恩来将《国内和平协定(最后修正案)》提交南京政府代表团，并宣布以4月20日为签字最后期限。20日，南京政府拒绝在协定上签字，谈判宣告破裂。张治中等南京政府谈判代表经中共的挽留，均未南返，之后参加了中国人民政治协商会议。

4月21日，中国人民革命军事委员会主席毛泽东和中国人民解放军总司令朱德发布了向全国进军的命令。21日晨，人民解放军在西起湖口，东至江阴的长达1000余里的战线上，强渡长江。解放军中路集团于20日晚率先在荻港附近突破敌人防线。至21日下午，西路集团在贵池、湖口间突破敌人防线。与此同时，东路集团强渡长江，歼灭守敌，占领了扬中、镇江、江阴。由于中共地下党的活动，国民党军江阴要塞守军起义，控制了江阴炮台，封锁了长江。至此，国民党苦心经营了三个半月的长江防线彻底崩溃。

当人民解放军突破长江防线时，南京城内一片混乱。4月23日晨，国民党政府代总统李宗仁逃往桂林，国民党政府逃往广州。当晚，人民解放军占领了国民党统治的中心南京，宣告国民党南京国民政府22年反动统治的覆灭。

南京解放后，人民解放军继续向江南挺进，追击国民党残余军队。5月3日解放了杭州。5月12日发起淞沪战役，27日解放了中国最大的城市上海。从渡江战役开始至淞沪战役结束，解放军先后解放城市120余座及苏、浙、闽、皖、赣、鄂等省的一部或大部地区。与此同时，华北人民解放军于4月下旬至5月上旬先后解放了太原、大同、安阳、新乡等城市，解放了华北全境。西北人民解放军于5月20日解放了西安及渭水流域。

人民解放军渡江战役后，国民党军残余部队溃聚于华东沿海、中南、西南地区。解放军先后进行衡宝战役、广州战役、漳厦战役、广西战役、西南战役以及向西北大进军，消灭了国民党军的残余军队，全国除西藏、台湾和少数岛屿以外都得到了解放。

五、《论人民民主专政》的发表　对美国“白皮书”的批判

人民革命战争的节节胜利预示着一个新的中国行将诞生，毛泽东于1949年6月30日发表了《论人民民主专政》一文，阐述了人民民主专政的基本理论和政策，解释了来自各方面的疑问，使各种主张和意见统一到人民民主专政的理论方针政策上来。

毛泽东总结了自1840年鸦片战争以来先进的中国人探索救国道路而屡遭失败，最终找到了马克思列宁主义的历程。他说：“西方资产阶级的文明，资产阶级的民主主义，资产阶级共和国的方案，在中国人民的心目中，一齐破了产。资产阶级的民主主义让位给工人阶级领导的人民民主主义，资产阶级共和国让位给人民共和国。这样就造成了一种可能性：经过人民共和国到达社会主义和共产主义，到达阶级的消灭和世界的大同。”

对于有人指责共产党搞“独裁”，毛泽东回答道：我们正是这样。他说：“中国人民在几十年中积累起来的一切经验，都叫我们实行人民民主专政，或曰人民民主独裁。”他就民主和专政这个重要问题进行了阐述，指出：“人民是什么？在中国，在现阶段，是工人阶级，农民阶级，城市小资产阶级和民族资产阶级。这些阶级在工人阶级和共产党的领导之下，团结起来，组成自己的国家，选举自己的政府，向着帝国主义的走狗即地主阶级和官僚资产阶级以及代表这些阶级的国民党反动派及其帮凶们实行专政。”而对于人民内部“则实行民主制度，人民有言论集会结社等项的自由权”。这种“对人民内部的民主方面和对反动派的专政方面，互相结合起来，就是人民民主专政”。

毛泽东还就人民内部各阶级在国家中的地位，新中国实行“倒向社会主义一边”的策略及外交方针等重大问题作了论述。

毛泽东总结了中国革命的基本经验，指出“我们的经验，集中到一点，就是工人阶级(经过共产党)领导的以工农联盟为基础的人民民主专政。这个专政必须和国际革命力量团结一致。这就是我们的公式，这就是我们的主要经验，这就是我们的主要纲领”。

毛泽东关于人民民主专政的思想发展了马克思列宁主义国家学说，用人民民主专政取代了联合政府，为建立新中国确定了基本指导思想。

国民党蒋介石集团在大陆上的失败，对于长期实行援蒋政策的美国来说是一个沉重的打击。美国政府内部就谁应该承担责任发生了激烈的争吵。以麦克阿瑟为首的一派攻击和责难总统杜鲁门、国务卿艾奇逊等没有给蒋介石更多的援助，致使蒋失败。为了给自己的援蒋政策辩护，杜鲁门、艾奇逊决定公布有关美国援助蒋介石集团的材料。1949 年 8 月 5 日，美国政府发表了《美国与中国的关系》白皮书。

白皮书以艾奇逊写给杜鲁门的一封信为序言。正文有 8 章，另有 186 个附件(实为 283 件)。书中叙述了从 1844 年美国强迫中国签订《望厦条约》至 1949 年中国全国基本解放期间的中美关系，其中第 5～8 章列举了从 1945 年至 1949 年间美国对蒋介石集团的各项军事和经济援助。

白皮书的发表客观上成为美国政府干涉中国内政的自供状。这对于清除一部分中国资产阶级知识分子的崇美、亲美倾向是一个难得的好时机。为了帮助人们认清美国的本质，新华社从 1949 年 8 月 12 日到 9 月 16 日，接连发表了《无可奈何的供状》《丢掉幻想，准备斗争》《别了，司徒雷登》《为什么要讨论白皮书》《友谊，还是侵略?》《唯心历史观的破产》6 篇评论文章。除第一篇外，其余 5 篇均为毛泽东撰写。

在评论中，毛泽东揭露了美国对华政策的帝国主义本质，揭示了帝国主义者和人民的不同逻辑。捣乱，失败，再捣乱，再失败，直至灭亡——这就是帝国主义和世界上一切反动派对待人民事业的逻辑。斗争，失败，再斗争，再失败，再斗争，直至胜利——这就是人民的逻辑，他们决不会违背这个逻辑的。评论还批评了国内一部分资产阶级知识分子对于美帝国主义的幻想，并对中国革命的发生和胜利的原因作了理论上的说明。

全国各民主党派、各人民团体、各报社、各学校以及各界民主人士对白皮书进行了广泛的讨论。各界人士纷纷发表声明、谈话或评论文章，对它进行批评和揭露。通过讨论，使全国人民，特别是那些对美国抱有幻想的资产阶级知识分子受到了极大的教育。这对于提高共产党在全国的领导地位、顺利地推行它的内外政策起了重大作用。

六、中国人民政治协商会议的召开和《共同纲领》的制定　中华人民共和国成立

1949 年 3 月 23 日，中共中央机关及毛泽东、周恩来等领导人离开西柏坡前往北平，25 日到达。在此前后，各民主党派负责人和著名民主人士先

后抵达北平。随着北平、天津、南京、上海、武汉、太原等全国大城市的解放，国民党反动派已经基本被打倒，召开新政治协商会议的时机已经成熟。6月15日至19日，新政治协商会议筹备会第一次会议在北平中南海勤政殿召开。参加会议的是中国共产党和各民主党派、各人民团体、各界民主人士、国内少数民族和海外华侨代表人物，共23个单位，134人。会议通过了《新政协筹备会组织条例》《关于参加新政协的单位及其代表名额的规定》等文件，选出了筹备会常务委员会，毛泽东为主任。9月17日，新政协筹备会第二次会议召开。会议决定把新政治协商会议改称为中国人民政治协商会议。还通过了政协组织法草案、共同纲领草案、政府组织法草案等重要文件。

9月21日，中国人民政治协商会议第一次全体会议在北平中南海怀仁堂隆重召开。出席会议的代表662人，其中包括各单位代表510人，候补代表77人，特邀代表75人。毛泽东在会上致开幕辞。他庄严宣告："我们的工作将写在人类的历史上，它将表明：占人类总数四分之一的中国人从此站立起来了。""我们的民族将再也不是被人侮辱的民族了。""随着经济建设的高潮的到来，不可避免地将要出现一个文化建设的高潮。中国人被认为不文明的时代已经过去了，我们将以一个具有高度文化的民族出现于世界。"

9月27日，代表们一致通过了《中华人民共和国中央人民政府组织法》和《中国人民政治协商会议组织法》。29日，通过了《中国人民政治协商会议共同纲领》。30日，分别选出由180人组成以毛泽东为主席的第一届中国人民政治协商会议全国委员会，和由63人组成的中央人民政府委员会，毛泽东为中央人民政府委员会主席，朱德、刘少奇、宋庆龄、李济深、张澜、高岗为副主席。会议决定：(一)中华人民共和国的国都定于北平，并改名北京；(二)采用公元纪年；(三)国歌未正式制定前，以《义勇军进行曲》为国歌；(四)国旗为五星红旗，象征中国革命人民大团结。30日下午6时，全体代表在天安门广场举行了隆重的人民英雄纪念碑奠基典礼。礼毕，代表们回到会场，听取选举结果报告并举行闭幕式。

会议通过的《共同纲领》起着临时宪法的作用，是新中国第一部大宪章。除序言外，有七章60条。《共同纲领》第一章"总纲"规定："中华人民共和国为新民主主义即人民民主的国家，实行工人阶级领导的、以工农联盟为基础的、团结各民主阶级和国内各民族的人民民主专政，反对帝国主义、封建主义和官僚资本主义，为中国的独立、民主、和平、统一和富强而奋斗。"人民依法有选举权和被选举权。人民有思想、言论、出版、集会、结社、通讯、人身、居住、迁徙、宗教信仰及示威游行的自由权。废除束缚妇女的封建制度，妇女在政治、经济、文化教育和社会生活的各方面有与男子平等的权利。

《共同纲领》第二至七章规定了新中国的政权机关、军事制度、经济政策、文化教育政策、民族政策和外交政策的总原则。关于政权制度，《纲领》规定："中华人民共和国的国家政权属于人民。人民行使国家政权的机关为各级人民代表大会和各级人民政府。各级人民代表大会由人民用普选方法产生之。各级人民代表大会选举各级人民政府。""国家最高政权机关为全国人民代表大会。全国人民代表大会闭会期间，中央人民政府为行使国家政权的最高机关。"各级政权机关一律实行民主集中制。《纲领》还规定：中国人民政治协商会议为人民民主统一战线的组织形式。"在普选的全国人民代表大会召开以前，由中国人民政治协商会议的全体会议执行全国人民代表大会的职权。"

关于军事制度，纲领规定："中华人民共和国建立统一的军队，即人民解放军和人民公安部队，受中央人民政府人民革命军事委员会统率。"

关于经济政策，纲领规定："中华人民共和国经济建设的根本方针，是以公私兼顾、劳资两利、城乡互助、内外交流的政策，达到发展生产、繁荣经济之目的。"国家应在各个方面"调剂国营经济、合作社经济、农民和手工业者的个体经济、私人资本主义经济和国家资本主义经济，使各种社会经济成分在国营经济领导之下，分工合作，各得其所，以促进整个社会经济的发展"。

关于文化教育政策，纲领规定："中华人民共和国的文化教育为新民主主义的，即民族的、科学的、大众的文化教育。""提倡爱祖国、爱人民、爱劳动、爱科学、爱护公共财物为中华人民共和国全体国民的公德。"

关于民族政策，纲领规定："中华人民共和国境内各民族一律平等"，"反对大汉族主义和狭隘民族主义，禁止民族间的歧视、压迫和分裂各民族团结的行为"。"各少数民族聚居的地区，应实行民族的区域自治。"人民政府应帮助各少数民族的人民大众发展其政治、经济、文化、教育的建设事业。

关于外交政策，纲领规定："中华人民共和国外交政策的原则，为保障本国独立、自由和领土主权的完整，拥护国际的持久和平和各国人民间的友好合作，反对帝国主义的侵略政策和战争政策。"

10月1日下午2时，中央人民政府委员会在北京中南海勤政殿举行第一次会议，宣布就职。会议一致决定：接受《共同纲领》为本政府施政方针。会议推举林伯渠为中央人民政府秘书长；任命周恩来为中央人民政府政务院总理兼外交部长，毛泽东为中央人民政府人民革命军事委员会主席，朱德为人民解放军总司令，沈钧儒为中央人民政府最高人民法院院长，罗荣桓为中央人民政府最高人民检察署检察长。会议通过公告，向世界各国政府宣布：中华人民共和国中央人民政府为代表中华人民共和国全国人民的唯一合法政府。凡愿遵守平等、互利及互相尊重领土主权等项原则的任何外国政府，本政府均愿与之建立外交关系。

下午 3 时，庆祝中华人民共和国中央人民政府成立典礼在北京天安门广场举行。典礼开始，军乐队奏《义勇军进行曲》，毛泽东按动电钮升起第一面五星红旗，同时 54 门礼炮齐鸣 28 响。毛泽东庄严宣布："中华人民共和国中央人民政府今天成立了！"接着举行了隆重的阅兵式。参加大典的 30 万群众举行了游行，欢庆中华人民共和国诞生。

中华人民共和国的成立，标志着中国新民主主义革命的基本胜利，半殖民地半封建时代一去不复返了。中国历史进入了一个人民群众成为国家的主人的新时代。

中国人民革命的胜利是马克思主义普遍原理与中国革命具体实践相结合的胜利。只有社会主义能够救中国，中国革命的历史进程充分地证明了这一点。毛泽东思想作为马列主义与中国革命具体实践相结合的产物，是中国共产党人集体智慧的结晶，是中国革命胜利的伟大旗帜。

中国人民革命的胜利是 20 世纪人类历史上最具影响的伟大事件之一。它增强了人民民主阵营的力量，打击了世界殖民体系，对于改变世界力量格局，支持被压迫民族的斗争，维护世界的和平事业，具有深远的影响。

中华人民共和国的成立，打开了从整体上实现中国现代化和进入社会主义的大门，揭开了中国历史的新纪元。

第八章　哲学　科学　文化思潮

第一节　五四新文化

一、批判旧道德宣扬新道德

批判旧道德宣扬新道德是新文化运动的重要内容。李大钊认为，古今社会有别，古今道德自然就不同。道德也在进化发展，有些被自然淘汰，有些被人为抛弃。孔子之道并不适合于今天的社会。“孔子主义(就是中国人的所谓纲常名教)并不是永久不变的真理。孔子或其他古人，只是一代哲人，决不是‘万世师表’。”今人要过新生活就必须摧毁旧礼教，建设新道德。

陈独秀对旧礼教进行了批判，明确指出，“忠孝节义，奴隶之道德也”。[①] 吴虞、鲁迅等人称封建礼教为“吃人的礼教”。吴虞写了《家族制度为专制主义之根据论》等文，对封建道德中的“忠”与“孝”进行了剖析，指出它们不仅代表了不平等的封建秩序，而且导致了家长专制和君主独裁，早已成为中国社会发展的障碍。鲁迅在《狂人日记》《我们现在怎样做父亲》等文中也对“忠”“孝”观念进行了抨击。

新文化人士提出了新的忠孝观念：忠从国家意义上来讲，是指忠于国家民族、忠于民众，而非忠君、忠于政府、忠于某个人；从家庭范围内来讲，是指夫妇忠实于对彼此的爱情，而非妻子忠于为所欲为的丈夫、忠于没有爱情的“父母之命媒妁之言”的婚姻。孝的本意不是盲从父母，而是对父母要尊敬。孝的范围也应该扩大，不能只体现在子女对父母的奉养、承欢、送终、扫墓之上，子女更应该去服务社会，为广大民众尽孝造福。

---

① 陈独秀：《敬告青年》，载《青年杂志》，第1卷第1号，1915-09-15。

束缚妇女的三从四德、贞操节烈的旧道德也遭到了批判。陈独秀认为，要确立现代文明，就必须反对孔教、礼法、贞节、旧伦理。在现代文明社会中，女子独立、男女交往、寡妇再嫁、男女杂坐、叔嫂交谈、婆媳平等是很正常的事情。孔教规定的那一套，如“妇人者伏于人者也”“男女授受不亲”“夫死不嫁”“男女不同席不共食”“嫂叔不通问”“子甚宜其妻，父母不悦，出”等今天已经不适用了。

李大钊更进一步指出：“现代民主主义的精神，就是令凡在一个共同生活组织中的人，无论他是什么种族，什么属性，什么阶级，什么地域，都能在政治上、社会上、经济上、教育上得一个均等的机会去发展他们的个性，享有他们的权利。”①妇女不仅在生活各方面应该与男人平等，而且应积极参政议政。

胡适写了《贞操问题》等文章，对戕害妇女的封建贞操观进行了批判。他认为贞操不是个人的事，而是人对人的事；不是一方的事，而是男女双方的事。男女尊重彼此的爱情，心思专一，不再爱别人就是贞操。而一些报纸却大肆宣传所谓的节妇烈女，政府的法律中居然也有对妇女烈节贞操的“褒扬条例”，这是对封建贞操观的迷信，是野蛮残忍的。

在新文化人士的大力批判下，旧礼教、旧道德声誉大跌，失去了规范人心和社会习俗的主导地位。

伴随着旧道德的摧破，是新道德的时兴。

新派人士以民主、自由、个人主义等为武器，发起了一场新的伦理革命，新文化运动的后期，在俄国十月革命的影响下，一些急进的民主主义者开始信仰马克思列宁主义，共产主义道德在中国开始孕育起来。

当时兴起的新道德，按当时人的说法，也就是“适合于此日生活习惯最平正之法则”的新道德。它主要有以下四方面内容：

思想自由与人格独立。新派人士指出：“吾国数千年来之社会生活，莫不受名教羁縻之苦。非先王之法言不敢道，非先王之德行不敢行。思想之不自由，莫甚于此……故吾人今日者，果欲创新生活，涤新道德，求为廿世纪之新国民，则必自实行其思想革命始。除昔日保守盲从之习惯，而砺今日自由意志之精神。”②个人只需要服从真理，至于荒谬的“名分”“伪道德”、专制的法令制度，都可以唾弃和破坏。

---

① 李大钊：《战后之妇人问题》，载《新青年》，第6卷第2号，1919-02-15。

② 吴康：《论吾国今日道德之根本问题》，载《新潮》，第1卷第2号，1919-02-01。

个人主义。陈独秀认为，社会的文明幸福是个人造成的，也是个人应该享受的，满足正当的欲望是个人生存的根本理由，所以努力创造幸福的个人主义是应当肯定的。在胡适看来，个人主义的道德有三种类型，一种是“假的个人主义”，就是“发达个人之利己心”，把个人幸福和快乐看得至高无上的为我主义。其性质是“自私自利，只顾自己的利益，不管群众的利益”。① 第二种是真的个人主义，也即个性主义。其特征，一是独立思想。二是个人对于自己思想信仰的结果要负完全责任。三是“独善的个人主义”。

以平等博爱为核心内容的人道主义。新派人士认为，人与人之间应该“彼此互相爱护，互相扶助，利则共享，祸则分受，排己我之私，行泛爱之实，以求得人类全体之最大幸福为目的”，这就是人道主义。陈独秀非常赞赏人道主义中的“平等的博爱精神”，并主张把这种精神培养在中国人的血里，将国人从冷酷、黑暗、污浊的精神状态中解救出来。

求实精神。这是与旧道德中的虚伪相对立，而与新文化中的科学相一致。蔡元培指出，“科学发达以后，一切知识道德问题皆得由科学证明”②。陈独秀认为：“若事之无利于个人或现实社会生活者，皆虚文也，诳人之事也。诳人之事，虽祖宗之所遗留，圣贤之所垂教，政府之所提倡，社会之所崇尚，皆一文不值也！”③应摒弃虚伪的道德，树立求实的精神。

新道德的时兴，对妇女解放起到了促进作用。女子的人格独立，被首先提了出来；妇女的经济独立也很受重视；男女须有平等的受教育的权力已成为很多人的共识。

新伦理对中国家庭趋向文明与现代也有一定影响。一夫多妻和丈夫纳妾受到批判，“男子纳妾宿娼，实为藐视女子之人格”；④ “现在的社会，一夫一妻制最为合理。而多妻主义，实能使人群堕落”。⑤

新道德对青年的婚姻观也有一定影响。他们认为中国传统婚制是不自由的，而现在是“德谟克拉西的时代，是自由平等大昌明的时代。现在的婚制，也应该实行解放，使他不自由地变为自由”。⑥

---

① 胡适：《非个人主义的新生活》，载《新潮》，第 2 卷，第 3 号，1920-02。

② 蔡元培与《新青年》记者的通讯，载《新青年》，第 3 卷，第 1 号，1917-03-01。

③ 陈独秀：《敬告青年》，见《中共党史参考资料(一)》，6 页，北京，人民出版社，1979。

④ 沈兼士：《儿童公育》，载《新青年》，第 6 卷，第 6 号，1919-11-01。

⑤ 鲁迅：《我们现在怎样做父亲》，载《新青年》，第 6 卷，第 6 号，1919-11-01。

⑥ 上海《解放画报》，第 6 期，1920-11-03。

五四时期孕育起来的共产主义道德观，主要有以下两方面主要内容：

首先，道德属于社会的上层建筑，它的存废是由社会的经济基础决定的。李大钊撰文指出，按照马克思主义原理，物质的经济的构造是一个社会的基础，而一切精神的构造都是上层建筑，“物质既常有变动，精神的构造也就随着变动。所以思想、主义、哲学、宗教、道德、法制等不能限制经济变化物质变化，而物质和经济可以决定思想、主义、哲学、宗教、道德法制等”。[①] 而中国进入近代以来，由于外国经济势力的侵入，封建经济的基础在根本上动摇了，封建道德的地位也必然随之变动，“跟着崩颓粉碎”。

其次，在阶级社会里，道德具有鲜明的阶级性。李大钊认为，道德的阶级性是随着阶级的产生而出现的，等到进入共产主义社会，阶级消灭了，道德的阶级性才会消失。而目前，无产阶级道德与资产阶级道德是不相容的，对无产阶级来说，他们知道现在资本主义制度是使他们贫困的唯一原因，知道现在的法律是阶级的法律，政治是阶级的政治，社会是阶级的社会，当然不会与资产阶级有共同的伦理道德。

中国传统思想一贯认为伦理道德是立国的大本，五四时期对旧道德的批判对新道德的提倡和树立意义是重大的。

二、新文学的出现

在文学革命的影响下，“文以载道”“代圣贤立言”“之乎者也矣焉哉”的八股式的旧文学受到了批判，文学开始用来写人生，写社会，反映现实生活，表现时代精神。

鲁迅的白话文小说和杂文，对旧礼教进行了深刻的揭露和抨击，成为新文学的典范之一，为新文学的发展做出了重大贡献。从 1918 年到 1922 年，鲁迅陆续发表了《狂人日记》《孔乙己》《药》《故乡》《阿 Q 正传》等作品。其中，完成于 1921 年 12 月的《阿 Q 正传》，是闻名世界之作。在该小说中，鲁迅塑造了阿 Q 这样一个典型的落后不觉悟的农民形象。阿 Q 是晚清时期一个小村镇上的流浪雇农，在有钱有势者的压榨下，他只能以自欺自慰的“精神胜利法”来排解痛苦，并聊以满足一下反抗报复的心理，但这只能给

① 李大钊：《物质变动与道德变动》，见《李大钊选集》，261 页，北京，人民出版社，1959。

自己带来更大的屈辱。虽然如此，阿Q在精神上并未屈服，当辛亥革命爆发时，对旧世界不满的阿Q也燃起了自发的革命热情，要求革命。但是，“假洋鬼子”却不准他革命。最后，阿Q遭诬陷，被把总和举人老爷投入监牢，判处死刑。《阿Q正传》深刻反映了辛亥革命前后中国基层社会的面貌，反映了革命的一些真实情况及其未竟全功的原因。

在这一时期，比较重要的小说家还有叶绍钧、郁达夫、许地山、庐隐等。

胡适等人的白话新诗，是文学革命的又一大成果，它冲破了传统诗词格律、语言等方面的限制，为我国的诗歌创作开拓了新的道路，促进了诗歌的大众化。白话诗的首倡者、力行者是胡适。1917年2月，他在《新青年》上发表了白话新诗八首，开新诗创作之先河。其中，《朋友》是第一首白话诗，“两个黄蝴蝶，双双飞上天。不知为什么，一个忽飞还。剩下那一个，孤单怪可怜。也无心上天，天上太孤单”。[①] 1920年，胡适出版了我国第一部白话新诗集《尝试集》。胡适的新诗，对中国诗歌的体裁、形式进行了革命性的变革。这一时期杰出的白话新诗人是郭沫若。对新诗的发展做出了较大贡献的还有刘半农、刘大白、沈尹默、俞平伯、康白情等人。

新文化运动时期，新戏剧的创作也得到了很大发展。洪深、欧阳予倩、田汉是当时影响较大的剧作家。洪深给新戏剧正式命名为“话剧”，并解释说：“话剧，是用那成片段的、剧中人的谈话，所组成的戏剧。”[②]他还确立了新剧的导演、分幕、男女演员同台演出等制度。洪深的剧作风格明朗朴实，深沉热烈。其代表作是《赵阎王》。欧阳予倩的剧作风格是以细微生动的情节、自然朴实的对话来反映某一现实的社会主题，其代表作是《泼妇》《回家以后》。《获虎之夜》是田汉这一时期戏剧的代表作。

“五四”时期文学作品中反映的含蕴的新道德、新人生观、时代精神，是整个中国社会面貌变化的突出表现。

三、东西文化问题和人生观问题的争论

新旧文化人士在1915—1923年间，围绕东西文化的优劣、特点、性质、能否结合以及如何结合等问题展开了激烈的争论，在社会上引起了较大

---

① 《新青年》，第2卷，第6号，1917-02-01。

② 洪深：《从中国的新戏说到话剧》，见《洪深文集》第3卷。

反响。

在新文化运动初期，陈独秀、李大钊等人以《新青年》为阵地，与任《东方杂志》主编的杜亚泉、著《春秋大义》的辜鸿铭等人展开争论，蔡元培、毛子水等也参与其中。杜亚泉、辜鸿铭认为西方文化不如中国文化，反对在中国传播西方文化，认为它们迷乱了现代人心。陈独秀在1918年9月发表了《质问〈东方杂志〉记者》一文，以后又发表《再质问〈东方杂志〉记者》《本志罪案之答辩书》，明确表示"要拥护那德先生，便不得不反对孔教、礼法、贞节、旧伦理、旧政治。要拥护那赛先生，便不得不反对旧艺术、旧宗教。要拥护德先生又要拥护赛先生，便不得不反对国粹和旧文学"，"若因为拥护这两位先生，一切政府的迫压，社会的攻击笑骂，就是断头流血，都不推辞"。① 他批判了守旧人士尊王尊孔、维护纲常名教旧制度旧伦理、反对新文化的立场，同时阐明了东西文化的优劣与根本区别。李大钊在《东西文明根本之异点》中，认为东方"静的文明精神的生活"较之西洋的"动的文明物质的生活"已处于劣势，"例如火车轮船之不能不乘，电灯电话之不能不用，个性自由之不能不要求，代议政治之不能不采行。凡此种种，更足以证吾人生活之领域，确为动的文明物质的生活之潮流所延注，其势滔滔殆不可遏"。

到了新文化运动的中期，论争有了较大的进展，人们不再只是罗列现象，硬性比较中西文化的优劣，中西文化能否结合的问题逐渐成了论争的焦点。这期间林纾发表了小说《荆生》，暗示北洋军阀政府出面镇压新文化运动。蔡元培、陈独秀、李大钊都撰文反对以政治干涉学术，以武力压制新思想。新文化运动后期，以梁启超的《欧游心影录》和梁漱溟的《东西文化及其哲学》发表为标识，论争进入了一个比较深入的阶段，人们开始探讨中西文化如何结合的问题。这次争论有力地推动了新文化运动的发展，促进了科学与民主观念的普及。

在有关文化问题的一系列争论中，科学与玄学之争参加的人很多，影响很大。1923年2月，张君劢作了《人生观》的讲演，认为科学是客观的，人生观是主观的，"人生观问题之解决，决非科学所能为力，唯赖诸人类之自身而已"。主张科学只能用来解释说明自然现象，而不能解释人生观等人类精神现象。4月，丁文江发表了《科学与玄学》一文，指出科学可以解决人生观问题，"凡是心理的内容，真的概念推论，无一不是科学的材料"。人

① 陈独秀：《本志罪案之答辩书》，载《新青年》，第6卷，第1号，1918-01-15。

生观要受伦理学这门科学的定义和方法的支配。科学方法还是教育和修养最好的工具。最后，他的结论是"人类今日最大的责任与需要是把科学应用到人生问题上去"。这场争论基本上是"各说各话"，并未分出输赢。胡适和陈独秀曾对这场讨论进行过评论，并发表了自己的看法。胡适认为"科学的人生观"是有的，这种人生观是一种"自然主义的人生观"，是建立在"科学常识之上的一个大假设"，常随个人知识经验的变换而变换。陈独秀指出社会科学可以说明人生观问题，而玄学却不能。人生观是客观的环境造成的，而不是主观的意志造成的，只有客观的物质的原因可以支配人生观。

第二节　20世纪30年代的文化思潮

20世纪30年代初中期，文化上的论争又趋热烈，而且涉及社会生活的许多领域。其实质是中国如何救亡图存、振兴发展，并迈向现代化。当时影响较大的文化思潮，主要有全盘西化论、本位文化论、现代化理论。前二者之间的争论在1934年和1935年达到高潮，1937年上半年基本停止。

一、"全盘西化"论与"中国本位文化建设"论

全盘西化论是陈序经在20世纪30年代正式提出的。1931年4月，他在《社会学刊》第二卷第三期上发表了《东西文化观》一文，运用西方人类学、社会学和文化学的理论和方法，系统地比较、分析了中国传统文化和西方近代文明的异同和优劣，并在批驳了文化复古派和折中派后，明确提出了全盘接受西方文化的主张。他认为西方近代文明显然比中国传统文化先进，更适应时代发展的需要，即使两者都有优缺点，也只能全盘放弃中国传统文化，接受西方近代物质和精神文明。其意图是要促使中国学习西方先进文化，加速实现现代化。

以后，他又写了《中国文化的出路》《东西文化观》《南北文化观》《中国文化观》《中国西化观》《文化学概观》等著作，对其全盘西化的理论进行了更系统更深入的说明，并针对别人的批评进行了辩解。

在陈序经看来，"文化可以说是人类适应时境以满足其生活的努力的工具和结果"，[①] 包括政治、经济、科学、文学艺术、风俗、宗教等人类生活

---

① 陈序经：《中国文化的出路》，5页，上海，上海商务印书馆，1934。

的各个方面。在这些方面，中国现在是“事事太落后，样样不如人”，只有赶紧全盘西化，“再从而发展扩大，则不但我们自己占有世界文化的优越地位，就是我们祖宗在历史上所做过的成就和得到的光荣，也赖我们而益彰”。[①] 他解释说，这种西化，应当是自觉的主动的，是一种真正的消化吸收，“是要像放入自己的肚子，而能起了消化的作用。照搬的运过来，只能叫作运，不能叫作化，运过来而不能化，其危险也许还要甚于不运，正像食了东西若不消化，就会生病，就会致命”。[②]

他还举出了全盘西化的四大理由：中国人对于西洋文化的态度，已从小范围的枝叶的接受，演变为大范围的根本的采纳，全盘西化只是这个演化的最后一个过程；事实上的西化，也是随着时代的发展而趋于全盘西化的；所谓西洋文化，可以叫作现代文化，或是世界的文化，中国要做现代世界的一个国家，应当采纳而且必须适应这个现代世界的文化；西洋近代文化在各方面都比中国传统文化先进。

陈序经的全盘西化论提出不久就引起了很大争论，有很多人批评反对，也有人支持。胡适是最坚定的支持者之一。1929 年，他在一篇文章中提出了“Wholesale Westernization”，[③] 即“全盘西化”一词。1935 年 3 月，又在《独立评论》的《编辑后记》中说：“我是完全赞成陈序经先生的全盘西化论的。”[④]以后又认识到“全盘”一词的不妥，就在《充分世界化与全盘西化》这篇文章中做了说明。“为免除许多无谓的文字上或名词上的争论起见，与其说‘全盘西化’，不如说‘充分世界化’。‘充分’在数量上即是‘尽量’的意思，在精神上即是‘用全力’的意思。”[⑤]

与陈序经提倡“全盘西化”同时，以陈立夫为理事长成立了一个中国文化建设协会，于 1934 年 10 月开始出版《文化建设》月刊，提倡“中国本位之文化”，发起“文化建设运动”。1935 年 1 月，王新命、何炳松、陶希圣等十位教授在《文化建设》第 1 卷第 4 期上发表了《中国本位的文化建设宣言》，立即在文化思想界引起了很大反响。宣言指出，中国已没有自己的文化了，中国的政治形态、社会组织、文化思想都已经失去了自己的特征。要使中

---

① 陈序经：《东西文化观》(下)，载《岭南学报》，第 5 卷，第 3、4 期合刊，1936-12。

② 陈序经：《东西文化观》(下)，载《岭南学报》，第 5 卷，第 3、4 期合刊，1936-12。

③ Hu Shih，*The Cultural Conflict in China*，*Christian Year-Book*，1929.

④ 《独立评论》，第 142 号，1935-03-17。

⑤ 天津《大公报》，1935-06-23。

国在世界文化领域中抬头，使中国的政治、社会、思想都具有自己的特征，就必须进行中国本位的文化建设。

宣言对全盘西化论进行了批驳，“有人以为中国应完全模仿英美，英美固有英美的特长，但非英美的中国应有其独特的意识形态，并且中国现在是在农业的封建的社会和工业的社会交嬗的时期，和已完全进到工业时代的英美，自有其不同的情形，所以我们决不能赞成完全模仿英美。除却主张模仿英美的以外，还有两派：一派主张模仿苏俄；一派主张模仿意、德。但其错误和主张模仿英美的人完全相同，都是轻视了中国空间时间的特殊性”。[①] 十教授认为，中国应当吸收欧美的文化，这是应该的也是必要的，但应有所取舍，不应当连渣滓都吸收。现代中国的需要，才是吸收的标准。

宣言也反对盲目的复古，认为古代的中国已成历史，历史不能重演，也不需要重演。应对过去的一切加以检讨，“存其所当存，去其所当去。其可赞美的良好制度伟大思想，当竭力为之发扬光大，以贡献于全世界；而可诅咒的不良制度卑劣思想，则当淘汰务尽，无所吝惜”。[②]

十教授指出，中国本位的文化建设，就是不守旧，不盲从，根据中国本位以批评的态度科学的方法检讨过去、把握现在、创造将来。这种迎头赶上的创造是为了中国文化能与别国文化并驾齐驱，能对世界文化有最珍贵的贡献。最后，通过中国本位的文化建设，使中国在世界文化领域中重新占据重要的位置，恢复过去的光荣，并成为促进世界大同的一支最强劲的生力军。

以后，十教授又补充说，所谓“中国本位”，决不是“中学为体，西学为用”，中体西用的道路走不通；所谓“中国此时此地的需要”，指的是充实人民的生活、发展国民的生计、争取民族的生存。[③]

中国本位文化论反对的主要对象是全盘西化论，这个问题的提出，掀起了新一轮的文化论争，胡适、陈序经等撰文进行批驳。《文化建设》上发表了不少文章发挥中国本位文化论，驳斥全盘西化论。中西文化问题争论的实质是如何实现中国现代化的问题。这场争论为后世留下了大量有用的资料。

---

① 《文化建设》，第 1 卷，第 4 期，1935-01-10。

② 《文化建设》，第 1 卷，第 4 期，1935-01-10。

③ 王新命等十教授：《我们的总答复》，载《文化建设》，第 1 卷，第 8 期，1935-05-10。

二、中国社会性质问题的讨论

中国社会性质问题的讨论，始于20世纪30年代初期，中心议题是：中国社会是资本主义社会、半封建社会、半殖民地半封建社会还是其他性质的社会。

潘东周、王学文等“新思潮派”在分析了中国存在的帝国主义、封建主义、民族资本主义三股力量的相互关系后指出，帝国主义入侵中国以后，刺激了中国资本主义的生长，但封建主义仍在中国农村经济甚至整个中国经济中占据优势地位。而且，“帝国主义与封建关系勾结着，用一切力量阻碍中国民族资本主义的发展”。[①] 中国是半殖民地半封建社会，而不是资本主义社会。

任曙、严灵峰等“动力派”写了《中国经济研究绪论》《中国经济问题研究》《追击和反攻》等书及其他文章，反对“中国是半殖民地半封建社会”的提法。他们认为，自帝国主义入侵以来，封建经济也即自然经济已经崩溃，商品经济已经深入全国城乡各地，资本主义关系在中国占了领导地位，甚至土地问题也主要不是封建关系而是资本主义关系了。帝国主义对中国封建势力起到了破坏而非维持的作用，外国资本和民族资本都会促进中国资本主义经济的发展，这更促使中国走向资本主义化。因此，中国已经是资本主义国家，中国社会是资本主义社会。

“动力派”的理论受到了马克思主义者的批判。张闻天指出，在阶级社会中，离开了剥削关系与阶级关系，就无法了解这一社会的经济性质，商品经济本身并不能决定一个社会的经济性质。帝国主义在中国虽然造成了一些资本主义的关系，也扩展了商品经济的领域，但其目的并不是要发展中国的资本主义使中国变成一个资本主义的国家，而是为了使中国变成它的殖民地，变成它的附庸。在农村，地主对农民的剥削，也不是资本主义的剥削，而是封建剥削。[②]

这场讨论持续到1935年，这一年，薛暮桥、钱俊瑞与王宜昌、张志澄还就中国农村社会性质问题进行了争论。经过讨论，中国社会是“半殖民地

① 潘东周：《中国经济的性质》，载《新思潮》，第5期，1930。

② 刘梦云(张闻天)：《中国经济之性质问题的研究——评任曙君的〈中国经济研究〉》，载《读书杂志》，第1卷，第4、5期合刊，神州国光社，1932。

半封建社会”这一论断被越来越多的人所接受。

三、现代化问题的讨论

1933年7月，《申报月刊》出版“中国现代化问题”专号，阐述关于中国现代化问题的意思和主张，号召人们进行讨论，讨论的重点是：一、中国现代化需要哪几个先决条件，困难和障碍是什么；二、中国现代化应该采取什么方式，个人主义还是社会主义的；通过外资还是靠民族资本；应采取哪些步骤。

此次讨论，陶孟和、樊仲云、郑学稼、金仲华等著名学者文化人都撰文参加，观点也多种多样。

一种观点认为，现代化就是工业化(industrialization)。至于政治是否民主，文化是否基督教化与现代化没有必然的关系。中国现代化的前提是法治，因为法令无效，工业化就要失败。至于中国现代化的方式，不应是个人主义的资本主义，而应是受节制的资本主义，“好听一点，即是国家社会主义或社会民主主义”。①

另一种观点认为现代化归根结底就是发展生产力，中国如何现代化的问题即是怎样发展生产力的问题。其发展路线不是资本主义化，也不是社会主义化，而应是非资本主义发展。只有如此，才能借助广泛的政治力量粉碎中国经济发展的两大障碍：帝国主义与封建主义。政治问题解决了，非资本主义的经济改造和建设就可以一帆风顺地进行，“经过相当的发展以后，再开始从各经济部门转变为社会主义经济”。② 中国的现代化还应当是全世界现代化的大连锁之一，“‘中国的现代化’如果失去了这个意义，中国就是退化”。③

有人主张中国实现现代化的前提是依靠广大劳苦大众对外发动民族革命战争，废除不平等条约，推翻国际帝国主义者的统治；对内扫荡军阀政治，肃清封建势力。中国现代化的方式不仅在于生产技术应现代化，“而分配制度的改善，——直截了当地说，即社会制度之彻底改革，尤为重要”。④

---

① 张素民：《中国现代化之前提与方式》，载《申报月刊》，第2卷，第7号。

② 董之学：《中国现代化的基本问题》，载《申报月刊》，第2卷，第7号。

③ 罗吟圃：《对于中国现代化问题的我见》，载《申报月刊》，第2卷，第7号。

④ 杨幸之：《论中国现代化》，载《申报月刊》，第2卷，第7号。

怎样实现文化的现代化也是人们讨论的一个重要问题。人们认识到，文化的现代化与国家的现代化有密切的关系。今后的文化现代化运动，首先应当“以解放民族为中心问题”；“以发展民族资本为具体任务”；“平均发展城市文化与乡村文化”，而要做到城乡文化平均发展，就要使文化与国民生产合一。此外，还应当“反对帝国主义的文化，消灭封建意识的文化，摈斥一切空想、浪漫、颓废的文化。如此然后可以使中国人民的生活现代化，人民的生活现代化，然后中国的文化可以现代化”。①

而陈序经、胡适文化现代化的主张是全盘西化或充分世界化，王新命等人则力主通过本位文化建设的途径。

中国现代化问题的争论在20世纪30年代中期达到高潮，以后时断时续，直到40年代末。通过讨论，人们加深了对“现代化”问题的认识。很多人不仅用它来替代“西化”等概念，而且把现代化的基本内容定为工业化、科学化、政治民主化、非资本主义化等。

第三节　中西兼具的风俗文化

民国时期，中外往来十分密切，社会上中西、新旧事物并存，在风俗文化领域表现更为明显，在衣食住行、婚丧嫁娶、节日节庆、礼仪、娱乐等方面都有所体现。其主要特点是：商品观念日益普及，重商风气已经形成；风俗日益西化，但有“度”和“量”的限制；中俗西俗彼此交流，共存共容；风俗的变迁始终伴随着理论上的争论。

一、重商风气的形成

民国建立后，全国掀起了经商热潮，重商风俗已成为中国的新式风俗，它在民国社会中有多种表现：社会各界普遍重视发展商品经济；商人社会地位超过农、工，已与士并列；全民经商趋势的隐现；股票热、房地产热的兴起；商品广告的兴盛等。特别是房地产业的兴盛和广告业的繁荣，更说明了这一点。

当时，房地产业采取的是西方经营方式，既灵活又有效益。房屋租赁、土地房屋买卖、房屋抵押等商业活动非常活跃。以上海为例，在日本发动

---

① 陈高佣：《怎样使中国文化现代化》，载《申报月刊》，第2卷，第7号。

侵略前，每年房地产的交易额都有数千万元，1931年成交额达1亿8千多万元，达到最高峰。而1932年日本对上海的一度进犯，使“此空前之蓬勃现象，转瞬即为淞沪之战所毁灭……虽复继起，终不能恢复‘一·二八’以前状态”。[①] 但不管怎样，民国房地产业在和平时期的兴盛，确实反映了世人的经商热情。

人们重商风气日盛一日的另一个间接表现是商品广告业的繁荣。其形式多种多样，有报纸广告，当时的大小报纸都刊登商品广告，其中《申报》《大公报》《新闻报》刊登广告最多，重要的广告还登在头版上，这在今天都少见。具有代表性的商品广告，可举一例来说明，如冠生园的速溶咖啡广告。“咖啡西名coffee，此物产自南美洲巴西，功能开胃消食，泰西各国人士餐余酒后最为喜用。年来吾国人士亦颇爱喝，惜用法手续过繁，于经济与时间极感不便。敝公司有鉴于此，特设新式机器制造咖啡霜一种，此霜用法非常简捷，不用加糖无须火煎，用时开水冲之即成咖啡茶也。每罐售洋二角，可冲二十次。”[②]除报纸广告外，人们还通过电台、霓虹灯、路牌、气球飞机做商业广告。1936年，中国航空公司曾用飞机在天上撒烟组字，来宣传自己。

由于重商风气的流行，也出现了中国传统儒家文化与商业文化融合的现象。一种表现是现代商业的形式，儒家的精神内涵。这在很多广告上就可以看出来。另一种表现是中国的家族企业，西方式的经营管理。如荣氏企业，就较好地处理了“人情”与“科学化管理”的问题。

二、中俗的西化

中俗西化具有丰富性和多样性的特点。一则西俗自身就丰富多彩，二则西化了的中国风俗的面较广。当时，西俗的影响已涉及中国人的衣食住行、婚丧嫁娶、娱乐、礼仪、教育等各个方面。

在“衣食住行”上，民国成立后，朝野上下就掀起了“西装热”，“洋布、洋伞、洋鞋、呢帽(村民叫荷兰帽)之类的洋货，在上层人物的身上以及他们的屋里一天天增多了”，一般民众穿西服也屡见不鲜。

特别值得一提的是，此时传自欧美的编织服装如毛衣、毛裤、围脖也

---

① 《申报》，1936-03-05。

② 天津《大公报》，1928-05-13。

在中国盛行开来，深受人们喜爱。有人写了《编物大全》一书，介绍编织服装说："其法传自欧美，今日本女子学校手工科，均有此门。由是技术普遍而编物盛行，用途广阔而裨益民众，价廉物美而节俭经费，其为切要何言哉。"①

西菜，西式糖、烟、酒都大量充斥民国市场，并为很多人所接受。在当时还比较守旧俗的北京，"旧式饽饽铺，京钱四吊(合南钱四百文)一口蒲包，今则稻香村谷香村饼干，非洋三四角不能得一洋铁桶矣。昔日抽烟用木杆白铜锅，抽关东大叶，今则换用纸烟，且非三炮台政府牌不御矣。昔日喝酒，公推柳泉居之黄酒，今则非三星白兰地啤酒不用矣"。②

民国初年，在西洋女子的影响下，中国城市女子还兴起了一股吸烟热，"近数年来，闺人竞尚吸纸烟。开风气之先者，厥为上海，各地效而尤之，几蔓延全国"。③

当时的大中城市中，西式住宅已不少见，它可以分为一般民居、高层公寓和别墅三大类。

汽车、火车和飞机尤其是前两者已成为人们生活中较重要的交通工具，而铁路、公路的建设，飞机航线的开辟，也取得了一定的成效。

在娱乐方面，观话剧、看电影、跳舞、逛公园游乐场已成为城市居民的主要娱乐活动。民国的电影业，更是繁盛一时。先后建立的制片公司近百家，摄制影片上千部，内容涉及社会、时事、言情、侦探、武打等各方面。民国时期拍摄的纪录片也很多，达上百部，就其内容讲，分为风云人物、风景、战争、体育四大类。

在婚丧嫁娶方面，"其在婚礼，则吾人所见为新式婚礼，乃由文明结婚而进至集体结婚，完全失去中国旧时嘉礼之风。西洋在礼拜堂内由牧师证婚及用结婚证书，得法律及神权之保障，此俗亦渗入中国婚礼，无异旧时变态婚姻之形式化矣。其在丧礼，亦减而渐至轻微，丧服仅存名义，甚至无哀服仅有黑纱，甚至外观亦加斩服之名。火葬、公墓在都市上犹可见"。④自由恋爱、结婚，"五四"后也在知识青年中大为盛行。

在礼仪方面，民国元年政府即公布国民应遵守之礼制，"男子礼为脱帽

---

① 缪风华：《编物大全》序言部分，上海，商务印书馆，1935。

② 胡朴安：《中华全国风俗志》，下篇，卷一，上海，上海大达图书供应社，1936。

③ 胡朴安：《中华全国风俗志》，下篇，卷三。

④ 邓子琴：《中国风俗史》，340页，成都，巴蜀书社，1988。

鞠躬，女子礼为鞠躬。另有相见礼及访谒仪式，男子十九项，女子三大项；授受仪式十二项；宴会仪式中国者八项，西洋者十一项”。[①] 到了1943年，戴季陶主持刊印了《北泉礼仪录》一书，对吉礼、嘉礼、军礼、宾礼、凶礼进行了详细规定，其中采西制西俗者甚多。

在教育方面，大学、中学较多采西制，女子上大学已不成问题。

需要指出的是，风俗的西化，是有“度”与“量”的限制的，并随地域的不同而不同。这里的“中俗”只是指一部分中国传统风俗，而绝非全部。另外，风俗西化在城市显于农村，在沿海显于内地。这样，中俗西化的结果是中俗、西俗在很多方面共存共容。

三、中西风俗共存共容

在衣食住行上，“旧辙已破，新轨已立”，中西新旧珠联璧合，共同构成了新格局。当时普通百姓有代表性的中式饮食，按贫富的不同而有较大的差别。贫民早饭多食面糊糊、小米稀饭，午饭主食为高粱或地瓜面馍，有时吃面条，晚饭则是小米饭及稀饭。菜则是水煮山药、白菜及豆腐渣、菠菜、韭菜和一些咸菜。中产阶级早饭是小米粥、咸菜，午饭有黄米糕、莜面窝头或蒸糕，间或吃大米、白面，晚饭吃小米稀饭。菜是荤油炒或熬豆腐、四时青菜，有时有肉吃，但“一年中不过三、二十次，恒无肉类也”。[②] 富人家吃得好一些，早饭以小米饭为主，有时吃大米、白面，午饭晚饭吃黄米糕或莜面糕。菜以猪、牛、羊、鸡、鸭、鸡蛋和蔬菜为主，间或吃海鲜海菜。但中国土地广大，气候有别，各地农产品不同，食物自然有差异，以上所说是大致的情况。

其时汽水、啤酒、面包、蛋糕、冰淇淋等西式饮食已较流行，西菜在城市中也不鲜见。西菜主要有以下几个种类：冷菜，又可分为沙司、腌制品、色拉等品种；热菜，这是西菜的主菜，根据选料的不同，又可分为水产、家畜、蔬菜、蛋等品种；米面食品；汤。冷菜、热菜较受欢迎，而有些汤、米面食品如红葱汤、布丁，很多中国人始终无法适应其味道。

在服饰上，穿什么的都有，“西装东装汉装满装，应有尽有，庞杂至不

---

① 邓子琴：《中国风俗史》，346页。

② 《阳原县志》，1935年铅印本。

可名状”。[①] 男子的服装，主要有长衫、马褂、中山装、西装等。城市中的青年人，尤以学校教师、大学生、洋行买办职员穿西装者较多，而中老年人和一般市民则很少穿西装，农村百姓穿西装者更少。政府机关的人员穿中山装者居多。民国年间妇女的服装，早期是上衣下裙，以后流行旗袍。新式旗袍是在以西式服装的原理改造传统旗袍的基础上形成的，袖口缩小，滚边变窄，长度缩短，腰身收紧，充分突出了女性的曲线美。

居室也是中西、土洋兼而有之。在农村，中式房屋居多；在城市，特别是在大城市，洋房已与中式民居分庭抗礼。中式民居，多为传统的土木结构立体院落式低层建筑，它占地较大，因此在农村得以大量保留。而在大中城市，由于人口密度的加大，对住宅的需求量增加，人们开始添建房屋，或在原来的房院中增屋设阁，使中国传统的四合院住宅逐渐演变成联立式住宅。与此同时，西式住宅越来越受人们的青睐，人们开始在城市中越来越多地建造此类房屋。

清朝末年，中国就已呈现新旧交通并存的局面，到了民国，新式交通在大城市中日益发展，逐渐占据了主导的地位，而旧式交通则因自身的不合时宜而逐渐退出历史舞台。在广大农村仍以旧式交通为主。旧式交通就道路而言，多是土路；就运输工具而言，则是“北人使马，南人使船”。当然，南北都用车。新式交通即西式交通，从广义上讲，是指陆运之铁路、公路，火车、汽车；水运之轮船；空运之飞机；以及邮政、电报、电话等。

在婚丧嫁娶方面，西方的婚俗已通过多种渠道传入中国并影响着都市青年。在广大农村地区，人们仍在遵循着传统或半传统的婚俗，都市中也有一些人遵循旧礼。依传统婚俗，男女结婚，须经媒人介绍、推算八字、相亲、订婚、拜天地、闹新房、回门谢亲等过程。依照西化的婚俗，青年男女结婚前要订婚，男方送给女方金或钻石戒指为订婚礼物，女方也送给男方饰物。男女方两家的亲戚朋友都要参加结婚仪式。婚礼一般在午前或午后举行，地址或在教堂或在自家住宅。但不论在哪里，都得有证婚人，其人或为牧师或为有地位有名望的人。教徒则必须请牧师证婚。典礼完毕，众人齐集新郎家客厅，由新郎的好友作为代表致辞，新娘为大家切蛋糕，分送客人。大家再玩一会儿，这时有人想走就可以走了。

在丧葬方面，当时官方虽号召人们实行火葬，但主要还是土葬。一则中国土葬传统根深蒂固，二则土葬亦不违西方丧葬习俗，并不显陈旧落后。

---

① 《大公报》，1912-09-08。

因此当时的新旧丧葬习俗之别，主要指的是仪式、过程之不同。广大的农村地区，人们遵循的仍是传统的习俗，其主要程序为入殓、报丧、开吊、出殡、下葬。当时的西式丧仪，则较为简略。先是人去世后，其子女亲戚或发书信或在报上登讣告，告知死者生前好友。亲朋好友接到或看见讣告，一般都于约定时间内来奔丧。丧礼开始后，先奏乐，再献花，读祭文，然后全体人士向灵前三鞠躬。死者生前好友扶柩而出，死者子女随其后，来宾次之，至公墓或火葬场。

在节日节庆、礼仪、娱乐等方面，也是中俗西俗并存于人们的生活之中。

四、理论上的争议

民国期间风俗变迁的实践始终伴随着理论上的争辩。思想界对风俗西化的问题颇为重视，当时对于这一问题的争辩，有两种有代表性的观点，即充分的肯定和有保留的肯定。

第一种意见以陈独秀和陈序经为代表。

陈独秀采用直接比较的方法，肯定西俗新俗，抨击中俗旧俗。他指出，在民族性上，“西洋民族性，恶侮辱，宁斗死；东洋民族性，恶斗死，宁忍辱。民族而具如斯卑劣无耻之根性，尚有何等颜面，高谈礼教文明而不羞愧！”[①]对于西人恪守法律、淡薄人情的习惯，他也予以称赞。当时一些人看到西人父子兄弟之间，也“称贷责偿，锱铢必较，违之者不惜诉诸法律”，就“每讥其俗薄而不惮烦”，陈独秀认为这些人都是见识短浅之辈，认识不到这样的习俗可以使人避免因私情而违法。他认为，中国旧俗中属“恶风”者甚多，而“凡此种种恶风，皆以伪饰虚文任用感情之故”，而多数中国人却把虚文感情作为风俗淳厚的象征，这使他很不满意，“其实施之者多外饰厚亲情，内恒愤忌。以君子始，以小人终；受之者习为贪惰，自促其生以弱其群耳。以此为俗，何厚之有？”西俗以法治实利为重，虽不免刻薄寡恩之嫌，但却可以使人养成独立的精神，大家也会各守己利，不相侵扰，社会经济，也会因之井然有序。他疾呼道：“以此为俗，吾则以为淳厚之征也。——即非淳厚也何伤？”

宣传“全盘西化”论的陈序经，对于中俗西化更是全盘肯定。当胡适认

① 陈独秀：《东西民族根本思想之差异》，载《青年杂志》，第1卷，第4号，1915-12-15。

为他“全盘西化”的说法不妥，以“充分世界化”的口号代之，并告诫人们不要沉溺于是否人人都要吃西菜、是否见了男人也要脱帽子等琐碎争论时，陈序经还撰文反驳了胡适，认为中国人在礼貌、饮食等方面的全盘西化也是没有理由要反对的。

对中俗西化有保留肯定的人居多数，李大钊、梁漱溟、胡适，甚至主张“中国本位文化”的王新命等人都是如此，只是在“量”上有多有少。

李大钊写了《新的！旧的！》一文，在文中列举了中俗、西俗在中国的并存与矛盾：在礼节上，“有的鞠躬，有的拜跪，有的脱帽，有的作揖”；在婚姻上，“一面立禁止重婚的刑律，一面许纳妾的习俗”；在行路上，一条窄路“其间竟能容纳多时代的器物：也有骆驼轿，也有上贴‘借光二哥’的一轮车，也有骡车、马车、人力车、自转车、汽车等。新的嫌旧的妨碍，旧的嫌新的危险”。① 怎样解决这些矛盾呢？他认为一应增强创造力，增加社会富力；二应培养起新精神，创造一种新生活，使老人青年都能“享享新文明的幸福，尝尝新生活的趣味”。对于西式婚姻、家庭关系，李大钊则持保留态度。

梁漱溟承认现在东方文化较之西方文化，后者占据了主动，处于优势，西洋民族的物质生活要好于东方民族，甚至断言：“假使西方的物质文明不来到中国，中国永远不会产生声光化电那些种种的物质文明。”②但又认为中国的精神生活中总的来说要强于西方，将来一旦在物质文明上中国赶上了西方，中国文化就可以翻身成为一种世界文化。在风俗的具体内容上，梁漱溟赞扬了西人的纪律习惯、公共观念和法制精神，认为这是中国人所缺乏的，应当虚心学习，予以接受，在家庭伦理方面，他却不主张中俗西化。

胡适赞同西化，但是他反对风俗文化方面的全盘西化，认为文化只是人民生活的方式，处处都不能不受人民的经济状况和历史习惯的影响，“吃饭的，决不能都改吃‘番菜’；用筷子的，决不能全改用刀叉”。③

主张“中国本位文化建设”的王新命等十教授，也讲“吸收欧美的文化是必要而且应该的”，只是不能吸收“渣滓”，而中国文化中有一些是应当被淘汰的“可诅咒的不良制度卑劣思想”。他们显然并不反对部分中俗的西化。

---

① 李大钊：《新的！旧的！》，载《新青年》，第4卷，第5号，1918-05-15。

② 《梁漱溟全集》第4卷，661页，济南，山东人民出版社，1991。

③ 胡适：《试评所谓“中国本位的文化建设”》，载《独立评论》第145号，1935-03-31。

第四节 哲学、科学、文学创作

一、自然科学

清朝末年戊戌变法以后，废科举兴学校，各类学校中开始开设有关自然科学的课程。小学有算术和格致课，中学有算学、博物、理化三个科目，大学有算学、星学、物理学、化学、动植物学、地质学等课程。民国初年中国出现了研究自然科学的机构和团体，如农商部的地质调查所和中国科学社。中国科学社是1915年中国留美学生赵元任、秉志、杨铨、任鸿隽等在美国成立的。1918年社址迁回国内，十年后社址定在上海。中国科学社的社员，大多数是在国内或国外从事科学研究与工程技术工作有成绩的人，其中不少人是中国近代自然科学中各学科的创建者带头人。该社进行的工作有：刊行《科学》杂志，《科学画报》；设立明复图书馆、博物馆、生物研究所；举办科学讲演和展览；召开学术讨论会等。《科学画报》刊载科学上的新发明，科学方面的新见闻、科学理论的阐释、科学小说等，图文并重，印刷精美，在普及科学知识方面起了很大作用。中国科学社到1949年会员发展到3776人。它对我国科学事业的发展起了重要作用，中国科学社的生物研究所(成立于1920年)、静生生物调查所(成立于1927年)，在秉志、胡先骕等主持下，对动物学植物学的发展做出了贡献，在世界学术界有重要地位。

1927年5月国民党中央决定设立中央研究院，次年6月正式成立，蔡元培为院长。中央研究院是当时的国家最高学术机关。它从1927年开始筹备到1930年初，共成立物理、化学、工程、地质、天文、气象、历史语言、心理、社会科学9个研究所和一个自然博物馆。这些研究所绝大部分是研究自然科学的，9个所共有专任、兼任、名誉、特约研究员91人，助理员64人，初步形成了一支有许多专家学者在内的科学研究队伍。到1949年研究所增加到112个。1929年9月北平研究院成立。全国各大学相继成立了不少研究所，到1947年共有157所，主要是理工科。自然科学刊物除一般性的期刊《科学》以外，重要的学术刊物有《中国地质学会会志》《中国科学社生物研究所丛刊》《中国生理学杂志》《中国物理学报》《气象学报》《中国化学会会志》等。

当时中国在自然科学研究方面，面临不少问题，国民知识水平低，人才不足，经费奇缺，加上政治上动荡不安，科学研究的开展和科学事业的兴办，受到很大限制。但是由于科学家和技术工作者的辛勤努力，自然科学的研究和发明创造，仍然取得了不少成绩，使我国的自然科学逐渐摆脱了单纯介绍外国科学成果的状况，有了自己的研究成果，其中有的达到了世界先进水平，并且培养了人才，积累了经验。自然科学知识在国民中得到一定程度的普及。

数学方面。民国建立后，数学界人士即着力于人才的培养，姜立夫、冯祖旬、顾澄等人分别在全国各大学讲授数学，北大、清华还聘有外籍数学教授。苏步青、胡明复、孙光远等人先后在国际刊物上发表科研论文。1929年以后，数学界研究之风日盛。研究拓扑学的有江泽涵、熊庆来、陈省身；研究代数的有杨武之、曾炯、李宗华；研究数论的有华罗庚；研究几何学的有苏步青等人。中国学者的论文大量刊载于《美国数学杂志》《美国数学会期刊》《剑桥数学杂志》《法国数学期刊》《皇家学会学报》等国际性学术刊物上，引起了国际学术界的注目。

物理学方面。民国初期，北京大学首创理学院，并成立物理系。其后，北京师范大学、东南大学、清华大学、燕京大学、金陵大学都设立了物理系，只是教授多聘请西人，设备也比较简陋，但中国物理人才的培养，此时正式开始。1928年，中央研究院物理研究所在上海成立，这是中国第一个物理研究机构，侧重于电磁学、X光和地球物理的探索，并兼设仪器制造厂，以供应国内各大学的科研教学之用。1932年，中国物理学会在北平成立，目的是加强物理学者们的联系并推动物理学在中国的发展。学会创办了《中国物理学报》，审定了大学物理系的课程及物理学名词，对中国物理学的发展贡献良多。就中国物理学家来讲，吴有训对康普顿效应的研究、钱三强对铀原子核的研究、钱学森对稀薄气体动力学理论的研究，都做出了贡献。在地球物理学方面，竺可桢的《中国气流之运行》根据大量观测资料，找出中国四季气候变化的规律。涂长望的《大气运行与世界气温的关系》为我国长期天气预报研究奠定了基础。

化学方面。1927年，中国化学研究有了具体的内容，此前还谈不上独立研究。这一年吴宪留学回国任教于北京协和医学院，研究蛋白质的分离及变性、抗体及营养等方面的问题。中国化学研究的全面展开是在1931年，曾昭抡先后在中央大学、北京大学任教，在有机化学的研究方面成果颇多；萨本铁留学回国后到清华大学任教，奠定了该校化学研究的基础。1933年，中国化学会成立，同年发行《中国化学会会志》，登载高质量的化学研究报告和论文。工业化学方面，侯德榜发明了新的制碱方法，这是中国人对工业化学的具有国际声誉的贡献。

地理学方面。中央大学、清华大学、北京师大、中山大学都先后成立了地理或地学系。科学地理的研究，在1927年后开始蓬勃展开。地理学界先后出版了《新地学》《滇缅铁路沿线经济地理》等专著，并创办了《地理集刊》《地学集刊》等学术刊物。在气象地理学的研究上，首推哈佛大学地学博士竺可桢创办的中央研究院气象研究所，该所编辑出版的《中国之雨量》《中国之温度》，汇集了全国各地几十年来的气候观测记录，是研究中国气候的基本资料。竺可桢本人所写的《中国气候之要素》《中国气候区域》两篇论文，为中国气候地理学的研究确立了体系。在地质学的研究上，地质调查所先后在丁文江、翁文灏、李四光的领导下，开展了野外调查和在实验室中的理论研究，推动了我国地质科学的进步。李四光的《东亚的几个特别构造型》一文，提出了地质力学的原理和方法。他对中国山岭区域冰川地质做了研究，提出了新见解。至于全国地图的绘制，1934年丁文江、翁文灏等人出版了中国分省地图，并按区域分别绘制地理和人文细图，是当时中国常用的最精确地图。

天文学方面。民国建立后，改钦天监为中央观象台，下设历数、天文、气象、地磁、地震等科。由于设备不足，除编制《历书》《观象岁书》外，无法做更精密的科学研究工作。1934年中央研究院天文研究所在南京紫金山建立天文台，开始了中国人自己的天文观测工作。1941年9月21日日全食时，我国组织观测队到西北进行观测，记录下了难得的资料。

古人类学和古生物学方面。1929年裴文中在周口店发现北京猿人头骨和大量古生物化石，这是轰动世界的大事。北京猿人头骨的发现在人类学和中华民族起源问题的研究上，都有重大价值。

考古学方面。1928年、1929年历史语言研究所开始在河南安阳小屯发掘殷墟。这是中国人用现代科学方法进行的第一次大规模地下考古发掘，发现了大量青铜器和甲骨文。这次发掘是世界和中国考古学史上的一件大事。

桥梁工程方面。在茅以升主持下修建了钱塘江大桥。

从以上这些未完全的列举中，可以看出，这一时期中国人在自然科学方面做出了可观的成绩。

二、哲　学

中国是一个哲学思想很发达的国家，有悠久的哲学发展史。清朝末期以来，中国人和西方接触日多，西方学术陆续被介绍到中国来，这其中也有哲学。从此中国哲学的发展就和西方哲学的影响分不开了。中国什么时候开始有介绍西方哲学的专门文章还说不清楚，但1903年出版的《新民丛报》第27期上，刊登《唯心派巨子黑智儿学说》一文，介绍了黑格尔的绝对唯心论、伦理学和历史哲学。五四时期介绍西方哲学的文章多了起来。西方主要哲学流派的学说差不多在中国都有介绍，如尼采的哲学、实用主义哲学、罗素的哲学、康德的哲学、黑格尔的哲学、柏格森的哲学、马克思主义哲学等。其中影响最大的是马克思主义哲学。

在中国现代哲学发展过程中，《哲学评论》和中国哲学会起了巨大作用。1927年4月由瞿世英、张东荪等主办的《哲学评论》创刊。它是一个重要的哲学专刊。1935年4月中国哲学会首届年会在北平举行。参加者有胡适、冯友兰、蒋梦麟、张东荪、张申府、贺麟等。此后召开了第二、三、四次年会。在各次会上发表了许多重要论文。中国哲学会及其年会为中国哲学家创造自己的哲学体系提供了园地和机会，这在中国哲学史上是很重要的。

中国早期共产主义者在宣传马克思主义的时候，也介绍了马克思主义哲学，重要文章有李大钊的《我的马克思主义观》《物质变动与道德变动》《唯物史观在现代史学上的价值》《唯物史观在现代社会学上的价值》，陈独秀的《马克思学说》等。20世纪20年代后半期和30年代，马克思主义哲学原著和国外阐述马克思主义哲学的著作，被大量翻译出版，如《费尔巴哈论》《反杜林论》《自然辩证法》《唯物主义和经验批判主义》《论一元论历史观之发展》《马克思主义哲学底根本问题》《辩证法的唯物论》《历史唯物主义》《唯物辩证法入门》等，连同国内编著的马克思主义哲学著作一起，达数十种之多。一时间辩证唯物论和唯物辩证法风行全国。1937年夏，毛泽东在延安的抗日军事政治大学作关于辩证唯物主义的演讲，《实践论》《矛盾论》是其中的两篇。

20世纪三四十年代，当权的国民党蒋介石集团，出于强化其反动统治的需要，大力宣扬“力行哲学”或叫“诚的哲学”。力行哲学是蒋介石歪曲孙中山的知行学说，利用外国法西斯主义的哲学观点，糅合王阳明的“知行合一”说而提出来的。他说：“古今来宇宙之间，只有一个‘行’字才能创造一切。”行是“天的本性，也是人的本性”。他把行说成哲学上的本体和实在。他说“‘行’的哲学，为唯一的人生哲学”。而“力行的起点在于‘诚”，“诚是行的原动力”。“事之不成者，由于心之不诚也。”这种力行哲学，就是法西斯的反理性的行动主义。

在20世纪三四十年代，除上述马克思主义哲学和法西斯主义哲学以外，建立自己的哲学体系、阐述自己的哲学见解的哲学家，主要有冯友兰、金岳霖、熊十力等。冯友兰的代表作是关于“新理学”的六本书：《新理学》《新事论》《新世训》《新原人》《新原道》《新知言》。新理学是程朱理学的继承和发挥，同时杂糅了一些佛道思想和西方哲学。新理学把世界划分为二，一个是此岸的现实世界，一个是彼岸的“理世界”。现实世界中的实际的物，是“相对的料”，它是第二性的。“理世界”那里是“万理俱备”，“万理不生不灭、不增不减”，则是第一性的。物是“理之实现”。金岳霖的代表作是《论道》和《知识论》。他在《论道》中提出和论述了“道”“式”“能”的概念。“式类似理与形”，“能类似气与质”，“它们的综合就是道”。“道”就是宇宙。熊十力的代表作是《新唯识论》《破〈破新唯识论〉》《佛家名相通释》等。熊十力的主要哲学命题是：“体用不二”和“翕辟成变”。前者是说：“用依体现，体待用存。”后者的意思是：翕是摄聚成物的势用，辟是刚健不物化的势用。二者同时存在于实体之中。二者相反相成，变化不已，大化流行，而辟是主宰。贺麟的代表作有《当代中国哲学》《近代唯心论简释》等。他的哲学思想是陆王心学与西方新黑格尔主义相结合的产物。他认为“不可离心而言物”。“心是主宰部分，物是工具部分”，“心为物之体，物为心之用。心为物之本质，物为心的表现”。冯友兰、贺麟的哲学受到马克思主义者的批评，陈家康、杜国庠、胡绳等著文批评了他们的哲学观点。

三、社会科学

史学　五四运动后，中国史学发展史进入一个新的阶段，随着马克思主义传入中国，中国的马克思主义史学开始出现。中国共产主义运动的先驱李大钊，是我国马克思主义史学的开创者和奠基人。他的《史学要论》(1924年5月出版)是我国最早用马克思主义观点写成的史学概论。1930年郭沫若著《中国古代社会研究》的出版，标志着中国马克思主义史学开始形成。此后马克思主义史学有了很大的发展。郭沫若对甲骨文、金文做了大量研究，先后发表了《甲骨文字研究》《两周金文辞大系》《金文丛考》《卜辞通纂》等著作。20 世纪 40 年代他又发表了《青铜时代》和《十批判书》。吕振羽在 20 世纪 30 年代发表了《殷周时代的中国社会》《史前期中国社会研究》《中国政治思想史》等著作。范文澜的主要著作有《中国通史简编》和《中国近代史》(上编第 1 分册)。翦伯赞的主要著作有《中国史纲》第 1、2 卷和《历史哲学教程》。侯外庐的研究主要在思想史方面，他著有《中国古代思想学说史》《中国近代思想学说史》，并和杜国庠、赵纪彬合著了《中国思想通史》第 1 卷。以上是马克思主义史学的主要成就。

20 世纪 20 年代疑古辨伪的风气在史学界盛行。这种学风主要是胡适、钱玄同、顾颉刚倡导的。胡适提倡“大胆的假设，小心的求证”；强调“尊重事实，尊重证据”，不受以往儒学经典的束缚。疑古精神表现得最坚决的是钱玄同。他说：“我们是决心要对于圣人和圣经干‘裂冠毁冕’‘撕袍子’‘剥裤子’的勾当的。”我们对于《六经》，“应当持‘志疑’‘纠谬’的态度，断不可无条件的信任它的”。顾颉刚提出了一个“层累地造成的中国古史”的观点。这种观点反对把古代看成黄金世界，对有关古史中的荒谬传说起了廓清作用。在疑古辨伪精神激发下，顾颉刚等进行了大量考证辨伪工作，取得了相当可观的成绩。

“五四”以后的 30 年间，中国史学的发展和研究成就，除上述以外，还有许多历史学者在他们从事的研究领域做出了重要贡献，使中国史学蔚为大观。梁启超是中国新史学理论的奠基人。早在 20 世纪初他就写了《中国史叙论》《新史学》等著作。以上两文代表了梁这一时期的史学思想。20 年代梁启超著有《清代学术概论》《先秦政治思想史》《中国历史研究法》及其补编、《中国近三百年学术史》等。梁启超的史学思想前后有很大变化。早先他曾号召“史界革命”，主张新史学要叙述人群进化现象而求得其“公理公例”；后来他又认为“我们既承认历史为人类自由意志的创造品，当然不能又认他受因果必然法则的支配”，否认了人类历史有“公理公例”。梁启超研究的领域颇为广泛，涉及了中国历史和史学理论的一些重要方面，还提出了编著中国通史和中国文化史的设想。王国维是在历史考据方面有很大成绩的史学家。他治史的最大特点是把新发现的材料跟古史记载结合起来，从而获得对古史的新解。他学识广博，在古文字、古器物、汉简、汉魏碑刻、敦煌文献、商周史、汉唐史、蒙古史，西北史地等方面，均有研究成果。他的重要著作有：《戬寿堂所藏殷墟文字考释》《殷卜辞中所见先公先王考》及《续考》《殷周制度论》《鬼方昆夷猃狁考》《鞑靼考》及《宋元戏曲史》等。他开创甲骨学，最早把甲骨文字资料用于商代历史和典章制度的研究。他在《殷卜辞中所见先公先王考》中，考证出卜辞中所见殷王室世系与《史记·殷本纪》所记基本相同。这就使《殷本纪》作为历史资料的可靠性得到证明，从而使中国古代的信史上推到商朝之初，他的文章在中国考据学史上有重要价值。《殷周制度论》也是一篇受到重视的文章。陈寅恪从事周边民族史、魏晋南北朝史、隋唐史、明清间史事的研究和考订，开创了以诗文证史的治学途径。他的主要著作有：《隋唐制度渊源略论稿》《唐代政治史述论稿》《秦妇吟校笺》等。他在前一书中论述了从汉魏到隋唐某些制度的演变，指明了隋唐制度的渊源。在第二本书中主要以统治集团的升降转移为中心来探索唐代政治史发展的基本线索。这两本书在中国很受重视，在国外也有影响。陈寅恪认为文艺作品的内容，往往是历史记载中所没有的，善于利用这些材料，不仅可以补充史书的缺漏、改正史书的内容，而且可以得到新的见解。陈垣的贡献主要在中国宗教史和历史文献学。后者包括目录学、年代学、史讳学、校勘学等方面。重史源讲类例是他在学风上的特点。他的重要著作有：《元也里可温教考》《元西域人华化考》《回回教入中国史略》《中国佛教史籍概论》《释氏疑年录》《南宋初河北新道教考》《二十史朔闰表》《中西回史日历》《史讳举例》《校勘学释例》等。他关于宗教史的叙述和考证有许多是补充了中国宗教史的空白。《中国佛教史籍概论》论述了佛教重要史籍的大概流传情况，是研究佛教史的必备目录书，史讳是中国历史上的一个特殊现象，他在这方面的研究超过了前人。他认为“校勘为读史先务”。他的《校勘学释例》是我国校勘学史上总结性的著作。

经济学 “五四”以后，翻译的和中国人自著的经济学著作大量增加，马克思主义政治经济学著作也介绍到中国来了。从1919年到1949年这30年中，粗略估计，出版的经济学著作有2000余种，经济杂志100多种。发表的论文也很多。

这个时期翻译出版的马克思主义经济学著作，主要的有：马克思《雇佣劳动与资本》全译文刊登在《晨报·副刊》上；李季译马克思《价值价格及利润》，1924年；陈寿增译卢森堡《新经济学》，1928年；陈豹隐译河上肇《经济学大纲》，1929年；郭沫若译马克思《政治经济学批判》，1932年；吴理屏译恩格斯《反杜林论》，1932年；施存统译波格达诺夫《经济科学大纲》，1932年；潘怀素译布哈林《转型期经济学》，1933年；吴清友译列宁《帝国主义论》，1937年；郭大力、王亚南译马克思《资本论》全译本，1938年；张仲实译列昂捷也夫《政治经济学教程》，1938年；郭大力译马克思《剩余价值学说史》，1948年，等等。从以上可见，许多重要的马克思主义经济学著作都有了中译本。

中国人翻译出版的外国资产阶级经济学著作也很多，其中重要的有：王开化译李斯特《国家经济学》，1929年；陈作谋译李嘉图《政治经济学及租税原理》，1931年；刘君穆译马歇尔《经济学原理》，1932年；王亚南译克赖士《经济学绪论》，1933年；郑学稼译萨伊《经济学精意》，1933年；郭大力译杰文斯《经济学理论》，1936年；曾迪先译庞巴维克《资本肯定论》，1937年；郭平叔译庇古《社会主义与资本主义》，1947年，等等。这些著作大多是资产阶级经济学理论方面的名著。此外应用经济学和经济史方面的译本还有很多。

在这30年中，中国人写了不少经济学著作，但在经济理论方面，不管是马克思主义经济学者写的还是资产阶级经济学者写的，一般都是"述而不作"，没有自己的理论体系。用马克思主义观点写的有：沈志远的《新经济学大纲》，1934年；狄超白的《通俗经济学讲话》，1936年；王亚南的《中国经济原论》，1946年；郭大力的《生产建设论》，1947年，等等。资产阶级学者的主要著作有：刘秉麟的《经济学》，1925年；李权时的《经济学原理》，1928年；赵兰坪的《经济学》，1933年；马寅初的《中国经济之改造》，1935年和《经济学概论》，1943年，等等。以上这些书都是流行比较广，影响比较大的。

从20世纪20年代以来，中国农村土地问题受到政界和学术界的极大注意。不少人对中国农村进行调查和研究，写出了若干重要著作。其中陈翰笙的《广东的农村生产关系与生产力》(1935年)，薛暮桥的《中国农村经济常识》(1937年)，是影响较大流行较广的书籍。费孝通的《江村经济》，1939年用英文在英国伦敦出版，是一部有国际影响的书。外国学者的著作中重要的有苏联学者马扎亚尔的《中国农村经济研究》，美国学者卜凯的《中国农场经济》(1930年)。后者是资产阶级学者关于中国农村经济的权威著作。

这一时期，出版的经济刊物约有140余种，其中出版时间较长影响较大的有《经济学季刊》《新经济》《中国农村》《中国经济》《经济周报》《金融周刊》《财政评论》等。

社会学 "五四"以后，中国向西方学习的风气大盛，社会学也在中国广泛传播，关于社会学的翻译、著述、设置学习专业和开设课程、组织学术团体、进行社会调查等活动，都发展活跃起来。下面分别叙述：

翻译方面有赵作雄译爱尔乌特《社会学及社会问题》、吴旭译黎朋《群众心理》、伏庐译罗素《社会结构学》、瞿世英译鲍格达《社会学概论》、许德珩译涂尔干《社会学方法论》、黄凌霜译沙罗坚《当代社会学学说》、张世文译麦其维《社会学原理》、费孝通译马凌诺斯基《文化论》等。西方社会学主要学派的著作大部分有了中译本。

中国人关于社会学的著作主要有陶孟和的《社会问题》、常乃德的《社会学要旨》、朱亦松的《社会学原理》、吴景超的《社会组织》、孙本文的《社会学大纲》和《社会学原理》等。这些书大多是关于社会学的一般介绍，或祖述西方某些学派的学说。中国学者对运用社会学观点考察中国实际问题是很注意的，人口问题就是其中之一。中国社会贫穷、政治纷乱，许多社会学学者认为原因在于人口太多。他们从人口问题上给中国找出路。这方面的文章和著作很多，陈长蘅的《中国人口论》和《三民主义与人口政策》、许仕廉的《中国人口问题》、陈达的《人口问题》，是其中主要的几种。

关于专业和课程设置，1919 年以来若干大学陆续成立社会学系，其中有厦门大学、燕京大学、复旦大学、中央大学等。起初许多大学的社会学系由外国人主持或授课。以后去外国学习社会学的中国人回国者日多，这种情况有所改变。国民政府为了推行所谓“社会建设”，设立了社会部，需要“社会事业”与“社会行政”方面的人员，因此，各校社会学系得到较大发展。

关于社会学的团体和刊物：1922 年余天休发起成立中国社会学会。但因当时研究社会学的人很少，会务不久就陷于停顿状态。同年余天休主编的《社会学杂志》创刊，这是中国最早的社会学期刊。随后因为研究社会学的人日多，1928 年由孙本文、吴景超发起，联络东南各大学的社会学教师和学生，组织东南社会学会。该会的刊物《社会学刊》(季刊)于 1929 年创刊，孙本文任主编。东南社会学会于 1930 年 2 月改组为中国社会学社，成为全国性的组织，到 1943 年共有社员 160 人。该社于 1930 年至 1937 年共开年会六次。1931 年 2 月在南京举行的第二届年会集中讨论了人口问题。1943 年 2 月在重庆、成都、昆明同时举行第七届年会，集中讨论了“战后社会建设”问题。《社会学刊》因受战事影响一度停刊，1944 年国民政府社会部与该社合作，共同创办《社会建设》(月刊)，以发表战时及战后“社会建设”与“社会行政”的文章为主。

注重联系实际，进行社会调查，是这门学科的一个重要特点。各大学社会学系、各社会学团体和社会学学者做了许多调查，其中有燕京大学的清河镇社会调查、中央大学的蒋庙村社会调查、金陵大学的各地农村调查、中山大学的樟林社会调查、云南大学的禄村农田调查和昆明劳工调查、中央研究院社会科学研究所的北平西郊六十四村社会调查、定县平民教育实验区的定县社会概况调查、苗族生活调查、西康社会调查等。这些调查提出了许多有益的解决社会问题的办法，提供了许多有用的资料，使中国人对中国社会的认识和改进深入细致了一步。

四、文学创作

“五四”以后纯文学社团雨后春笋般地涌现，并且出现了新的文学流派。据统计，从 1921 年到 1925 年出现的文学团体和刊物各有一百多个，几乎遍布各大中城市，其中影响大、成绩显著的是文学研究会和创造社。文学研究会是由郑振铎、沈雁冰、周作人、叶绍钧等人发起，于 1921 年 1 月在北京正式成立的。革新后的《小说月报》是该会的专门刊物。《文学研究会宣言》认为：“文学是一种工作，而且又是于人生很切要的一种工作。”文学要“为人生”，要反映人生、指导人生。这是他们对文学的基本看法。这种文学属于现实主义流派。创造社是由在日本的留学生郭沫若、郁达夫、田汉、成仿吾等，于 1921 年 7 月成立的。它主张为艺术而艺术，属于浪漫主义流派。他们尊崇自我，认为文学是作家的自我表现；推崇天才，说“文艺是天才的创造物”。他们反对功利主义，认为“美的追求是艺术的核心”。但另一方面也重视文学“对于时代的使命”。他们的浪漫主义一般说来是具有“五四”时代精神的积极浪漫主义。

在新诗的创作上，胡适作了很有意义的“尝试”，郭沫若、徐志摩、闻一多等人的成就突出。郭沫若的《女神》充满了对黑暗的旧社会的叛逆精神，充满了对美好理想的热烈追求，充满了爱国主义的炽热感情，充满了革新和创造的磅礴气势。它喊出了“五四”时代精神的最强音。郭沫若的热情奔放的革命浪漫主义诗歌具有巨大的感人力量。《女神》所显示的鲜明的时代色彩，独创的艺术风格，澎湃的感人力量，开创了一代新的诗风。闻一多和徐志摩也是这一时期的著名诗人。闻一多的诗对祖国命运和民族前途充满激情，爱国的感情炽热而又深沉。他是新格律诗的倡导者和尝试者。他的一些诗篇结构严谨、形式整齐、音节和谐、比喻贴切，具有自己的风格。徐志摩的诗在艺术上有很高的成就。他的诗形象生动、语言精练、辞藻色彩绚丽、音调铿锵和谐，对新诗的发展做出了重要贡献。臧克家在 20 世纪 30 年代初一登上诗坛便引起人们的注意。他的诗有坚实的生活基础，真挚的思想感情，用洗练的诗句抒写农民的勤劳与坚忍、苦难与不幸，表现了对光明的热望与对社会黑暗的憎恨。

在这一时期的文学创作中，散文是很有成绩的一个部门。在这方面除鲁迅以外，周作人是成就比较突出的一个。

1930 年 3 月，在共产党领导下，中国左翼作家联盟在上海成立。沈端先、冯乃超、钱杏邨、鲁迅、田汉等为常务委员。在“左联”领导下，左翼作家以大无畏的英勇气概，同国民党的文化“围剿”展开了顽强的斗争，对法西斯的“民族主义文艺”思想和资产阶级小资产阶级文艺思想进行了批判。但这种批判往往只从政治上着眼，有很大的片面性。

这个时期的文学创作取得了巨大成就。鲁迅在他一生的后十年，以写杂文为主。他的杂文所暴露和批判的政治社会现实是非常广泛的，涉及政治思想战线上的一系列斗争。他的杂文是文艺性的政论，具有锋利、泼辣、幽默的风格，具有深刻的思想性和艺术感染力。这一时期瞿秋白也写了精彩的杂文。

小说方面的成就是很突出的，这主要表现在茅盾、巴金、老舍、沈从文等在 20 世纪 30 年代发表了一批中国现代文学史上最优秀的长篇小说。茅盾写的长篇小说《子夜》和短篇小说《林家铺子》《春蚕》等是著名的作品。《子夜》于 1933 年 1 月出版后震动了中国文坛。它形象地真实地反映了 20 世纪 30 年代中国社会的现实和阶级矛盾，成功地塑造了买办资产阶级和民族资产阶级的典型人物。巴金最著名的长篇小说是《家》。它描写了“五四”以后一个官僚地主封建大家庭的没落。通过这个封建大家庭的分崩离析，反映了中国半殖民地半封建社会崩溃的现实。它揭露了封建社会的黑暗腐朽残暴，歌颂了青年知识分子的觉醒和反抗斗争。《骆驼祥子》是老舍的优秀长篇小说。它通过一个北平人力车夫祥子的悲剧，反映了城市贫民的悲惨生活。沈从文最著名的作品是中篇小说《边城》。小说以川湘边境一个小山城为背景，描写了一个老船夫和他的外孙女的生活和这个少女的爱情故事。作家对山城的自然风景、社会风习、人物性情作了生动细致的描绘，有浓厚的地方色彩。这个时期的重要小说家还有张天翼、丁玲、萧军等。

曹禺是这个时期的著名剧作家。他写的剧本《雷雨》《日出》《原野》在文学史上享有盛名。《雷雨》描写了一个带有浓厚封建性的资本家家庭的悲剧，展示了这个家庭的罪恶历史和现实，使人们看到了上层社会的腐朽。这个剧作具有强烈感人的艺术力量，是这一时期戏剧文学的最高成就。这时期著名的剧作家还有田汉、洪深、夏衍等。

抗战期间，出现了一批以历史题材为现实服务的剧本，其中最著名的是郭沫若的《屈原》。他在剧本中创造了一个热爱祖国、意志坚强、光明磊落、为正义献身的典型人物屈原。《屈原》表达了作者对国民党统治的愤恨，歌颂了不畏暴虐的斗争精神，这个剧本在当时的演出，收到了巨大的政治效果和艺术效果。夏衍的《法西斯细菌》也是一部优秀剧作。张天翼在抗战初期写的《华威先生》是一篇优秀的短篇小说。他以讽刺的笔调抨击了国民党官僚和国民党统治的黑暗腐败现象，在当时引起了广泛的注意。写得比较成功的长篇小说有茅盾的《腐蚀》和沙汀的《淘金记》等。

这时期出现的新诗人有艾青、田间等。叙事长诗《火把》是艾青著名的诗篇。《火把》写的是一位小资产阶级知识分子在人民大众的集体行动中受到教育，坚定了革命信念的故事。诗中燃烧着像火把一样的热情，非常激动人心，艾青在自由体诗方面的成就，使他成为中国现代文学史上最重要的诗人之一。

1942 年 5 月，中国共产党在延安召开文艺座谈会。毛泽东在会上作了讲话。他阐述了文艺为工农兵服务的方向、作家必须深入群众熟悉社会生活、普及与提高、小资产阶级的文艺工作者必须改造世界观等革命文学的基本问题。会后，解放区文艺界出现了崭新的面貌。它的影响扩大到全国，中国文学发展到一个新阶段。许多作家的作品，从所反映的内容、作品中含蕴的思想感情、人物形象，到语言艺术风格、表现手法，都有新的变化。此后到中华人民共和国成立，这个时期的文学创作有很大收获。赵树理的小说《小二黑结婚》《李有才板话》《李家庄的变迁》等深刻反映了中国农村的新变化，塑造了新型农民的形象。他的作品具有浓厚的中国气派和中国风格，深受广大群众的喜爱，对文学形式的民族化大众化做出了重大贡献。他的小说创作对以后产生了很大影响，形成了一个新的文学创作流派。孙犁的短篇小说《荷花淀》是一篇风格独特的作品。他的小说充满了诗情画意，颇具有写意画的特点。丁玲的《太阳照在桑干河上》、周立波的《暴风骤雨》是两部反映土改斗争的著名长篇小说。

在解放区产生了一种新的文艺形式——新歌剧。最著名的新歌剧是《白毛女》。它反映的是中国农村农民与地主的矛盾。它是在继承传统戏曲和学习新秧歌剧的基础上，借鉴西洋歌剧而创作出来的。它在思想性和艺术性上达到了很高的程度。李季的长篇叙事诗《王贵与李香香》是新诗创作的最重要的成果。他采取民歌形式和传统的比兴手法，表现了新的内容，做到了思想性和艺术性的和谐统一。

第2版后记

《中国现代史》(1919—1949)上下册是1975年冬开始撰著的。经过五年撰写于1981年1月出版了铅印本(一套共四册)，作为高等院校历史系的教材，内部发行。一万套书很快销售一空。之后，经过大量修改，于1983年由北京师范大学出版社公开正式出版发行，至今已销售了二十余万套。

此书自1983年出版至今已经三十多年了，这期间只做了一次个别字句的修改和少量错误史实的改正。为什么没有做大的改动，有下列原因：在开始撰著时定了两条基本原则，其一，把它写成中国现代通史，而不是中国现代革命史或中共党史的扩大加详。整体规模、篇章结构、史实择取，都是按这个原则处理的。其二，尽量做到实事求是，立论公允有据，文风平实，不作空虚溢美之论。这样就使这部教材具有较长时间的适用性。原则这样定了，但限于当时的主观客观条件，做得是不够的。

1978年中共十一届三中全会以来确立了解放思想实事求是的思想路线，否定了“三面红旗”和“以阶级斗争为纲”的指导思想，实行了经济体制改革和对外开放。从此中国人真正开眼看世界，发现了全世界的大变化，新时尚新思潮急剧涌入。中国人的思想发生了广泛的深刻的变化。在这种情况下，整个中国史学研究出现了前所未有的进步。同时这二十年间史学界发表了许多研究成果，国内外解密并公布了许多档案，本书的撰著者也做了不少研究工作。以上这些为这部教材的修改提高提供了有利的条件。

我们认为，撰写大学历史系教材需要考虑以下问题：

一、培养的目标对教材的要求。一个大学历史系本科生应该有多大的历史知识量，应该有何种程度的认识历史、总结历史经验发挥史学功能的能力，这是选择历史资料、叙述史实详略、就事实做出分析与结论的理论深度应考虑的前提。在教材中给学生适当分量的知识量，还比较容易确定，要通过教材使学生提高认识事物演变规律的能力，则是很难的。但这是编写教材应尽力去做的事，在教材中应当有所体现，这是衡量教材质量高低的重要问题。

二、要选择能恰当地说明历史事实的、具有典型性的材料去撰写教材。撰写教材所根据的资料，从一方面说是太多。撰写的史书不管部头多大，都不能把全部资料写入其中，这样做既不可能又无必要。从另一方面说又是嫌少，不够用的。后人写前人的历史，时常发现某些当时的大事，却没有记录留下来或记得太简单，也有许多资料没有留下来是被后人毁灭了。所以历史上的事情又是有许多空白或不清楚的。对于后一个原因，我们无从叙述，对于前一个原因，史书撰著者必须用心地选用历史资料。这个问题对编写教材比对写专著更为重要。撰写教材既要考虑培养目标的要求和根据学习时限决定教材繁简的量，同时又要对历史事实做准确的说明和论断。至于这些问题解决的好坏就取决于作者的学术水平了。

三、教材与个人专著有不同之处。写专著可以完全根据个人的见解去写，自己独到的见解写得越充分越好，不成熟的意见也可以写出来进行商讨，而编写教材在这方面就要受到限制。编著教材必须考虑培养目标的需要，个人研究的专长有的可以写入，有的则不需要写入。对于有争议的问题，把握不定的问题，教材根据比较公允的意见、通行的意见去写，而不必按作者独到的不同意见去写。这样似乎更为妥当。在这里编著者可以不必考虑会因此而低估教材的学术价值。

四、历史教材应当是一定时段历史研究优秀成果的汇集，也应当是有独具的特点和优点的专著。一本教材的首要要求是内容的全面，这就特别需要撰著者掌握丰富的资料和具备通识。教材不只要给学生史实方面的知识，而更要使他们对历史有正确的认识，这就要求撰著者有高度的理论修养。一部历史教材应当体现史学研究的新水平，要把新的研究成果吸收进教材之中，这就要求编著者比较全面地了解新的研究成果，有鉴别地进行取舍。这其中也包括作者自己的研究成果。教材是通史，通史的内容包括人类社会生活的各个方面，而人类社会生活的各方面是密切联系着的，因此历史著作不是杂乱无章的各不相关的资料堆积，而要找出它们之间事实上的联系。史学又是研究历史演变过程的，任何重大事件都有它的前因与后果，一个时段的历史是上下贯通的，因此通史必须“通古今之变”。横通纵通内部的关系及二者之间的关系必然要体现在史书上，这就是一本书的结构体系。以上所论，不仅是对历史教材的要求，也是对一般历史著作的要求，但对教材而言是更为重要的。以上这些做得好坏决定于作者的才、学、识、德。一部教材以上这些问题处理得好坏，就是它的学术水平的高低。一部教材应当写成高质量的学术著作，能够反映一个时期史学研究水平的著作。

以上是关于撰写教材的一些想法。

这次对教材的修改和增加主要有以下这些：

一、近代和现代之间的衔接。多年来形成一种情况，中国近代史（或旧民主主义革命史）止于辛亥革命，中国现代史（或新民主主义革命史）起于五四运动，其间几年的历史略而不详，而这段历史虽短，却是重要的转折时期。这次修改在这方面加详了，使历史发展的脉络更为清晰。

二、关于中国共产党的成立，按中共党史和中国革命史的传统写法，着重突出党的成立是马克思主义与工人运动的结合。这有文本上的根据。在中国，中共成立前工人运动并未发展起来，中国有组织的工人运动是中共成立后的事。本书未修改前已注意到这一点，把中共的成立放在整个中国的政治、文化思想大变动的背景中加以考察和论述。这次修改加强了这方面的叙述。这从章节题目及其结构与内容上可以看出来。

三、中国共产党是在列宁的共产国际操作下成立的。苏联共产党和共产国际同中国共产党、中国革命有极密切的关系。列宁建立共产国际（第三国际）的用意有二：一是反对第二国际，二是与凡尔赛—华盛顿体系对立。总的说是为了使整个资本主义制度尽快消灭。中共在成立之初就自愿加入共产国际，成为它属下的一个支部。共产国际第二次代表大会通过了《关于民族与殖民地问题的决议》及其《补充提纲》，把世界上落后国家和地区的民族与殖民地问题纳入列宁的无产阶级革命世界战略之中。中国革命成为共产国际世界革命战略的一部分。这种战略思想对中国共产党人有深远的影响，直到放弃划分“三个世界”的策略方针，接受“和平与发展是当今世界的主题”的说法为止（中间经过曲折）。这个问题是解析中共党史上许多重大事件的一把钥匙，也是深入研究中国现代史必然遇到的问题。这个问题以前已经注意到并有所表述，经过这次修改更为明确了。

四、国民革命的失败与中国共产党的右倾与“左”倾问题。这是一个近几年来有重大争议的问题。1927年上半年国民革命处在紧急关头，许多事情的出现和演变出乎共产国际和中国共产党人的预料。在这里我们不应忘记当时中共成立才五年多，它的政治斗争经验是很缺乏的。由俄国人主导的共产国际更没有这方面的经验。面临非常复杂严重的形势，不论是共产国际也好，中共也好，发生“过犹不及”的情况，即所谓的“左”倾右倾错误是不奇怪的，甚至可以说是不可避免的。事后对此做出正确的评价是政治家史学家应有的责任，但是这件历史公案给我们留下了太多的遗憾。

以国共合作为契机的中国革命高潮的兴起，正当列宁等无产阶级革命家寄予极大希望的推翻整个资本主义制度的欧洲革命高潮低落的时候，因而受到共产国际决策者苏共高层的极大重视。这时在苏共党内产生了共产国际对中国革命指导思想和策略上的分歧。在关于中国革命这个新事物上产生意见分歧本来应是正常现象，但是，这个问题被纳入苏共党内正在进行着的斯大林和托洛茨基的你死我活的权力之争。共产国际对中国革命的指导思想及策略是斯托之争的重点问题之一。共产国际对中国革命和中共行动的指导方针是斯大林、布哈林等主导的，因此，国民革命失败的责任问题就成了托洛茨基攻击斯大林的重磅炸弹。斯大林为了开脱自己的责任，辩解说：共产国际的政策是完全正确的，大革命之所以失败是由于陈独秀不执行共产国际的正确指示，推行了一条右倾投降主义路线。斯托斗争的结果是斯胜托败，陈独秀也就成了斯大林维护个人权力的牺牲品。陈独秀问题、对1924—1927年这段历史的认识问题，成为中共党史上、中国革命史上的重大问题，到今天还存在着。

中共党史上还有另一个极为重要的问题，是“左”倾思想理论与政策问题。民主革命时期中共党内曾有过三次“左”倾路线统治全党，这是定论。但在国民革命时期有无“左”倾错误在党史研究中是一个不明确的问题。长期以来的定论是1927年大革命失败的原因是由于陈独秀右倾投降主义，并且以后长期用“左”倾思想批判右倾错误，这个问题就被抹杀了。但是早在1937年3月刘少奇在肯定大革命时期存在“右倾的陈独秀主义”的同时，又指出那时“还有严重的右倾机会主义之反面的错误——‘左’倾错误”。这个意见长期以来没有受到重视，好在现在这个问题已被史学界公认了。

根据以上情况，我们对1927年大革命的结局是这样认识的：出乎中共的预料，蒋介石发动了反共事件，中国革命形势骤然进入紧急状态。在这样一个危急关头，成立只有六年的中共在决定应对危机的措施时出现过头(“左”的)或不及(右的)的情况，是不足为奇的。这次修改稿用了这样的标题：“中共的应急对策与它的‘左’倾与右倾”。我们认为这样处理是符合实际的，也是公允的。

五、南京国民党政权建立初期的反动性问题。南京国民政府从整体上看是一个反动政权，但是这个政权的反动性的暴露有一个过程，除了共产党人和宋庆龄、邓演达等少数人以外，大部分人对它的认识也有一个过程。蒋介石等人破坏了各阶级共同进行的国民革命以后，仍然打着反对帝国主义、打倒军阀的国民革命的旗号，仍然主张实行孙中山的三民主义。从北京赶走张作霖是符合中国人民的要求的。但很快国民党南京政权的反动性就逐渐暴露了。这次修改写了这样一个过程。

六、对中国托派的看法。由于斯大林和共产国际方面的原因，中共一直把中国托派看成十足的反革命。各种中共党史和中国现代革命史书上都是这样写的。近些年来史学界对这种看法有了改变。本书采取了客观叙述的写法，并增加了一些他们的政治主张的内容。

七、1927—1937 年间中国经济状况。本书第 1 版对这十年的中国经济叙述很少，并且有片面性。书中着重写经济如何破产，人民生活如何痛苦。这样写是为了给中国革命的正义性提供背景材料。但是中国经济也有一定的发展。1936 年是中国国民经济状态非常好的一年。日本帝国主义大举进攻中国打断了中国经济良好的发展势头。这次修改对这十年的中国经济状况做了比较全面的叙述。

八、抗战初期的国际关系。过去对英美等国政府着重写他们如何纵容日本侵华，现在改为中国抗战的国际反响这样的客观叙述。

九、增加了抗日战争时期国民政府建立战时体制和战时民众、财政、文教、外交等方面的内容。

十、太平洋战争爆发对中国的影响，中国国际地位的提高和中国融入世界的问题。太平洋战争对中国战局政局的影响与中国国际地位的提高过去已经写了，但有很大的局限。国际上提高中国国际地位的承担者是当时代表中国的国民政府。对这个政权，站在中共立场的写史者持批判否定态度，因此不多说，提到为止。现在史学界对此问题多持超党派的态度，以国家利害为着眼点，因此对中国国际地位的提高给予充分肯定。这次修改对此问题做了充分的叙述。

太平洋战争对国共两党的国际观察和内外政策有很大的影响，特别是对中共的影响更大。以太平洋战争爆发为契机，不仅客观上解放区战场早已是世界反法西斯战争的一部分，而且中共在主观上真正加入了世界反法西斯统一战线。从此中共加强了与英美等国的合作关系，同时也承认殖民地附属国的本地统治者是团结的对象。这些成为中国融入世界的重大步骤，对近代中国产生了很大影响。这是这次修改新增入的一个重要理论观点，也增加了国际大事与中国关系的分量。

十一、在解放战争时期这段历史中增加了“经济学界关于中国经济建设原则的讨论”。这是一个很重要的问题。大概说来，中华民国建立以后，经济建设问题在先进人物的思想中逐渐明确起来，成为促其实现的自觉行动。孙中山把大总统职位让给袁世凯以后，一度想专心搞经济建设，实现他的民生主义。第二次世界大战后期战争胜败局面明朗化的时候，世界上掀起了战后世界建设问题的讨论，与此同步中国出现了战后经济建设问题的讨论。此后讨论继续进行。一位经济学家收集了一些讨论经济建设的文章，编成《中国经济建设的路线》一书，该书编者说："世界各国因其历史背景之不同，其完成工业化所走的路线亦各不相同，例如英美等国所走的是自由经济的路线，而苏联所走的却是计划经济的路线。中国的社会经济条件与英美苏联皆有不同，既不能追从英美走资本主义的自由经济路线，也不能效颦苏联走社会主义的计划经济路线。我们必须于自由经济和计划经济两条路线之外，另创第三条路线。而这第三条路线的创造，必须参酌英美苏联的实际经验，必须综合自由经济与计划经济的优点，因之，这条路线，我们可以名之为'计划的自由经济'的路线。"关于中国经济发展的路线或叫经济模式，除此之外，当时提出了不少名称，有"民生主义的路线""自由主义的计划经济""混合经济"等。自社会主义思想传入中国之后，中国经济学家很少有人主张中国发展经济只采用自由放任的经济模式，几乎一致地主张自由经济与计划经济结合、国营经济与民营经济共同发展、多种所有制并存的模式。上面经济建设路线的名称虽有不同，但它们的内容基本上是相同的。

在以经济建设为中心的今天，在中国经济制度处于急剧变化的关键时刻，历史上关于中国经济建设问题的讨论，具有重要的现实意义和参考价值。

以上说到的是这次新增和改动的主要的明显的问题。此外，章节体系、某些论断、个别史实的增减等的修改是不胜列举的。这次修改除了内容含量增加以外，也做了删减，主要是战争过程和某些史实的叙述。过去某些战争细节的描述对培养学生已没有多大意义，不如腾出篇幅写其他更有用的东西。

本书原稿把边疆地区少数民族的社会、经济、政治、文化状况写了一个专章，把宗教和民间宗教性的会社写了一个专题，作为最后一章中的一节，这两部分由出版社删掉了。

撰写史书所根据的资料是客观的，作者也往往遵循某些公认的看法，但任何著作又都是依照作者的心裁写成的。一本史书质量的高下决定于著史者的才、学、识、德。任何著史者的这四个方面都不会是完美无缺的，他们的著作也不会是没有缺点错误的。真心欢迎别人批评缺点、指正错误是所有学者必备的品质。我们欢迎批评以便再提高本书的质量。

王桧林
2004年8月

修订版后记

习近平总书记指出："历史是最好的老师"，"中国革命的历史是最好的教科书"。"要在学生中加强中国历史特别是中国近现代史、中国革命史、中国共产党史、中华人民共和国史、中国改革开放史等的教育，坚持不懈培育和弘扬社会主义核心价值观。只有社会主义才能救中国，只有坚持和发展中国特色社会主义才能实现中华民族伟大复兴。要给学生讲清楚这一被实践证明了的历史逻辑和现实逻辑，增强学生的中国特色社会主义道路自信、理论自信、制度自信、文化自信，不被任何干扰所惑，立志肩负起民族复兴的时代重任。"①本书以唯物史观为指导，顺应当代高等教育和历史学科教育教学的发展趋势，吸收相关科研成果，对中国现代从五四运动到中华人民共和国成立这一时期的历史作了全方位的叙述。学习这一时期的历史，有助于我们"学史明理、学史增信、学史崇德、学史力行，传承红色基因，赓续红色血脉"②，进而为全面建设社会主义现代化国家、全面推进中华民族伟大复兴而团结奋斗！

《中国现代史》初编于 1975 年末，1983 年首次出版，至今已三十余年。本书由王桧林先生主编，白寿彝先生作序。本书历三十余年仍广为使用，其间经历两次大规模修订，均由王桧林先生主持。本次修订出版的《中国现代史》第 4 版，是在原第 3 版的基础上修订而成，保持了第 3 版的基本结构和框架，在适应新的教学实际基础上，保持了王桧林等前辈先生的思想精华。

本次修订工作得到了北京师范大学出版社的大力支持。

本书各章执笔者如下：

朱汉国：第一章。王桧林：第二章，全书统筹修改定稿。鲁振祥：第三章。郭大钧：第四章。张　皓：第五章。张　皓、李隆基：第六章。李起民、耿向东：第七章。李少兵：第八章。

编　者

2022 年 12 月

---

① 习近平：《以史为镜、以史明志，知史爱党、知史爱国》，载《求是》，2021(12)。

② 习近平：《高举中国特色社会主义伟大旗帜　为全面建设社会主义现代化国家而团结奋斗——在中国共产党第二十次全国代表大会上的报告》(2022 年 10 月 16 日)，载《人民日报》，2022-10-26。